MACRO ECONOMIA

Indicado para CONCURSOS, GRADUAÇÃO E PROFISSIONAIS

CADERNO DE QUESTÕES

GERALDO SANDOVAL GÓES
SÉRGIO RICARDO DE BRITO GADELHA

MACRO ECONOMIA

Indicado para **CONCURSOS, GRADUAÇÃO E PROFISSIONAIS**

CADERNO DE QUESTÕES

2019

EDITORA *Jus*PODIVM

www.editorajuspodivm.com.br

www.editorajuspodivm.com.br

Rua Território Rio Branco, 87 – Pituba – CEP: 41830-530 – Salvador – Bahia
Tel: (71) 3045.9051
• Contato: https://www.editorajuspodivm.com.br/sac

Copyright: Edições *Jus*PODIVM

Conselho Editorial: Eduardo Viana Portela Neves, Dirley da Cunha Jr., Leonardo de Medeiros Garcia, Fredie Didier Jr., José Henrique Mouta, José Marcelo Vigliar, Marcos Ehrhardt Júnior, Nestor Távora, Robério Nunes Filho, Roberval Rocha Ferreira Filho, Rodolfo Pamplona Filho, Rodrigo Reis Mazzei e Rogério Sanches Cunha.

Diagramação: SBNigri Artes e Textos Ltda. *(sbnigri@centroin.com.br)*

Capa: Marcelo S. Brandão *(santibrando@gmail.com)*
Imagem de Capa: http://www.stock.adobe.com www.stock.adobe.com – 203669387 e 211865737

ISBN: 978-85-442-2728-2

Sumário

Capítulo 1

Balanço de Pagamentos

1. Exercícios Resolvidos (Metodologia da 4ª Edição do Manual do Balanço de Pagamentos Brasileiro – BPM4)

1.1. Exercícios do tipo "múltipla escolha"

01. (Fundação Getúlio Vargas/Economista Jr./Potigás/2006) Num determinado ano, uma economia registrou, em suas transações com o exterior, os seguintes dados:

Especificação	Valor em $
Exportação de Mercadorias	1.000
Importações de Mercadorias	1.200
Saldo da Balança de Serviços (déficit)	500
Movimento de Capitais Autônomos	300
Donativos (recebimento)	100

Considerando que não há registro de Erros e Omissões, pode-se afirmar que o Saldo do Balanço de Pagamentos equivale a:

a) deficitário em $ 400.

b) superavitário em $ 100.

c) deficitário em $ 200.

d) superavitário em $ 200.

e) deficitário em $ 300.

Solução:

A resposta é a letra "e", conforme resolução descrita a seguir:

1. Balanço comercial $\begin{cases} Exportação = 1.000^{(a)} \\ Importação = -1.200^{(b)} \end{cases}$

    $$\overline{BC = -200}$$

2. Balanço de Serviços: $BS = -500^{(c)}$

3. Transferências Unilaterais: $TU = -100^{(e)}$

4. Saldo em Transações Correntes: $T = BC + BS + TU = -200 + (-500) + 100 = -600$

5. Capitais autônomos: $K_A = +300^{(d)}$

6. Erros e Omissões: $EO = 0$

7. Saldo Total do Balanço de Pagamentos: $B = T + K_A + EO = -600 + 300 + 0 = -300$

8. Capitais compensatórios: $K_C = CC + ER + A = +300$

$$K_C = \begin{cases} Contas\ de\ Caixa(CC) \begin{cases} Haveres = \begin{cases} -1.000^{(a)} & +500^{(c)} & -100^{(e)} \\ +1.200^{(b)} & -300^{(d)} \end{cases} \\ DES = 0 \\ ouro\ monetário = 0 \\ Reservas\ no\ FMI = 0 \end{cases} \\ \overline{CC = +300} \\ Empréstimos\ de\ Regularização = 0 \\ Atrasados = 0 \end{cases}$$

---

02. **(Fundação Cesgranrio/Técnico em Economia/Sead – AM/2005 - Adaptada) Considere os seguintes dados do Balanço de Pagamentos de um país (em US$ milhões):**

(a) Importações	80
(b) Exportações	110
(c) Remessa de lucros ao exterior	30
(d) Remessa de juros ao exterior	20
(e) Pagamento de fretes	10
(f) Pagamento de seguros	10
(g) Recebimento de transferências unilaterais em moeda estrangeira	25
(h) Recebimento de investimentos diretos	18
(i) Amortizações da dívida externa	20
(j) Reinvestimentos de lucros de não residentes	10
(k) Recebimento de investimento de curto prazo de não residentes	110

O saldo da balança de serviços e do Balanço de Pagamentos (em US$ milhões):

a) −80 e 93

b) −75 e 100

c) −80 e 110

d) −60 e 0

e) −55 e 115

Solução:

A resposta é a letra "a", conforme a análise a seguir:

1. Balanço comercial $\begin{cases} Exportação = +110^{(b)} \\ Importação = -80^{(a)} \end{cases}$

$$\overline{BC = +30}$$

2. Balanço de Serviços: $BS = BSF + BSNF = -60 - 20 = -80$

Balanço de serviços não fatores $\begin{cases} fretes \quad (pagamento) = -10^{(e)} \\ seguros \quad (pagamento) = -10^{(f)} \end{cases}$

$$\overline{BSNF = -20}$$

Balanço de serviços fatores $\begin{cases} juros \quad (remessa) = -20^{(d)} \\ lucros \quad (remessa) = -30^{(c)} \\ lucros \quad (reinvestidos) = -10^{(j)} \end{cases}$

$$\overline{BSF = -60}$$

3. Transferências Unilaterais: $TU = +25^{(g)}$

4. Saldo em Transações Correntes: $T = BC + BS + TU = +30 - 80 + 25 = -25$

5. Capitais autônomos $\begin{cases} investimentos\ diretos = +18^{(h)} \\ Amortizações = -20^{(i)} \\ reinvestimento = +10^{(j)} \\ capitais\ de\ curto\ prazo = +110^{(k)} \end{cases}$

$$\overline{K_A = +118}$$

6. Erros e Omissões: $EO = 0$

7. Saldo Total do Balanço de Pagamentos: $B = T + K_A + EO = -25 + 118 + 0 = +93$

8. Capitais compensatórios: $K_C = -93$

$$K_C = \begin{cases} Contas\ de\ Caixa(CC) \begin{cases} Haveres = \begin{cases} +80^{(a)} \quad -110^{(b)} \quad +30^{(c)} \quad +20^{(d)} \quad +10^{(e)} \\ +10^{(f)} \quad -25^{(g)} \quad +20^{(i)} \quad -110^{(k)} \quad -18^{(h)} \end{cases} \\ DES = 0 \\ ouro\ monetário = 0 \\ Reservas\ no\ FMI = 0 \end{cases} \\ \overline{CC = -93} \\ Empréstimos\ de\ Regularização = 0 \\ Atrasados = 0 \end{cases}$$

03. (Universidade Federal do Amapá/Economista/IPEM/2004) Sobre balanço de pagamentos:

I. Os pagamentos das amortizações da dívida externa brasileira são lançados na conta "Balança de Serviços" como débito.

II. As "transferências voluntárias" fazem parte da conta "Transações Correntes" e podem ser lançadas como débito ou como crédito.

III. Considerando que os "Erros e Omissões" são nulos, se o país obtiver déficit em transações correntes, somente poderá ser superavitário no Balanço de Pagamentos se o saldo positivo da balança comercial superar aquele déficit.

a) I e III estão corretas.

b) II e III estão correta.

c) I e II estão correta.

d) Somente a II está correta.

e) Todas as alternativas estão corretas.

Solução:

A resposta é a letra "d", pois somente o item II está correto. O item I está falso porque os pagamentos das amortizações da divida externa brasileira são lançadas na conta de capitais autônomos. O item III está falso porque, sob a hipótese de que os "Erros e Omissões" são nulos, se o país obtiver déficit em transações correntes, somente poderá ser superavitário no Balanço de Pagamentos se o saldo positivo da conta de capitais autônomos superar àquele déficit.

04. (Fundação Cesgranrio/Economista/Governo do Estado de Tocantins/2004) - Qual é a outra denominação de Balança Comercial?

a) Exportações Líquidas.

b) Superavit Comercial.

c) Deficit Comercial.

d) Equilíbrio Comercial.

e) Balança de Serviços.

Solução:

A resposta é a letra "A". Em macroeconomia, a balança comercial também é conhecida como exportações líquidas (NX), isto é, $BC = X - M = NX$.

05. (ESAF/Auditor-Fiscal da Receita Federal - AFRF/2003) - Considere os seguintes saldos do balanço de pagamentos para uma determinada economia hipotética, em unidades monetárias:

• Saldo da balança comercial: superávit de 100

• Saldo em transações correntes: déficit de 50

• Saldo total do balanço de pagamentos: superávit de 10

Com base nestas informações e considerando que não ocorreram lançamentos na conta "erros e omissões", é correto afirmar que:

a) o saldo da conta "transferências unilaterais" foi necessariamente superavitário.

b) independente do saldo da conta "transferências unilaterais", podemos afirmar com certeza que o saldo da balança de serviços foi superavitário.

c) o saldo dos movimentos de capitais autônomos foi negativo.

d) se a conta "transferências unilaterais" foi superavitária, podemos afirmar com certeza que a balança de serviços apresentou saldo positivo.

e) se a conta "transferências unilaterais" foi superavitária, podemos afirmar com certeza que a balança de serviços apresentou saldo negativo.

Solução:

A resposta da questão é a letra "e". Se existe um superávit na balança comercial, e supondo que a conta transferências unilaterais também é superavitária, o déficit em transações correntes é devido a um déficit na balança de serviços.

O item "a" é falso porque, diante dos dados apresentados, o déficit em transações correntes pode ser devido a um déficit na balança comercial e/ou a um déficit em "transferências unilaterais". O item "b" está falso porque os dados sugerem que há um déficit na balança de serviços. Além disso, como o saldo em transações correntes é deficitário, e não houve lançamentos na conta "erros e omissões", o superávit do balanço de pagamentos é devido a um saldo positivo no movimento de capitais autônomos. A letra "d" está falsa porque o déficit em transações correntes é devido a um saldo negativo na balança de serviços.

---

06. (ESAF/Analista de Comércio Exterior/2002) - Com relação ao balanço de pagamentos, é incorreto afirmar que:

a) um déficit na balança de serviços não necessariamente implica um déficit em transações correntes.

b) entradas de mercadorias no país são, necessariamente, consideradas como importações.

c) se o país não possui reservas, um déficit em transações correntes tem que ser necessariamente financiado com movimentos de capitais autônomos.

d) os investimentos diretos são considerados como item dos movimentos de capitais autônomos.

e) se, em valor absoluto, o déficit em transações correntes é igual ao superávit no movimento de capitais autônomos, então, na ausência de erros e omissões, o saldo total do balanço de pagamentos será nulo.

Solução:

Para encontrar o resultado, vamos analisar cada um dos itens a seguir.

a) **Solução:** Verdadeiro. Em países endividados e anfitriões de empresas multinacionais, como o Brasil, o balanço de serviços apresenta-se geralmente deficitário devido à pressão ali exercida pelos juros e pelos lucros e dividendos remetidos ao exterior. Todavia, esse déficit pode ser compensado por um superávit no balanço comercial (as transferências unilaterais geralmente não são bastante expressivas), acarretando em um superávit em transações correntes. Também podemos perceber isso de outro modo: sabemos que $T = BC + BS + TU$ e portanto um $BS<0$ não necessariamente implica em $T<0$ pois se a soma de BC+TU >0 e em módulo maior que BC teremos que $T>0$.

b) **Solução:** Verdadeiro. Pois podemos toda vez que ingressam mercadorias no país, a conta de importação deve ser debitada.

c) **Solução:** Falso. Esse déficit em transações correntes pode ser financiado além de uma entrada líquida de capitais autônomos por uma obtenção de empréstimos do FMI ou a venda ouro monetário.

d)   **Solução:** Verdadeiro. Os Capitais autônomos são compostos, além de outras contas, por investimentos diretos, empréstimos e amortização.

e)   **Solução:** Verdadeiro. O saldo total do balanço de pagamentos é a soma do saldo em transações correntes, mais Capitais Autônomos e mais Erros e Omissões: $B = T + KA + EO$. Logo se, em valor absoluto, o déficit em transações correntes é igual ao superávit no movimento de capitais autônomos ($-T = K_A$), então, na ausência de erros e omissões ($EO = 0$), o saldo total do balanço de pagamentos será nulo ($B = 0$).

---

07. (ESAF/Auditor-Fiscal de Controle Externo - AFCE-CE/TCU/2002) - Com base no balanço de pagamentos, é incorreto afirmar que:

a)   o saldo positivo no balanço de pagamentos num determinado período é necessariamente igual ao volume de reservas em moeda estrangeira do país nesse período.

b)   os serviços de fatores correspondem aos pagamentos ou recebimentos em função da utilização dos fatores de produção.

c)   as amortizações de empréstimos fazem parte dos movimentos de capitais autônomos.

d)   o pagamento de juros sobre empréstimos são registrados na balança de serviços.

e)   uma transferência unilateral realizada em mercadoria tem necessariamente como contrapartida lançamento na balança comercial.

Solução:

A resposta da questão é a letra "a". O saldo no balanço de pagamentos não é igual ao volume de reservas em moeda estrangeira do país porque A variação física das reservas internacionais é dada pela seguinte equação: $\Delta RES = B + ER + A + C$, onde B é o saldo total do balanço de pagamentos, ER são os empréstimos de regularização, A são os atrasados comerciais e C é o saldo das contrapartidas. Os demais itens estão todos corretos.

---

08. (ESAF/Técnico de Controle Interno/SEFAZ-PI/2001) - Considere os seguintes dados para uma economia hipotética, num determinado período de tempo, em unidades monetárias:

i)   **total das exportações de bens e serviços não fatores = 100**

ii) **total das importações de bens e serviços não fatores = 50**

iii) **saldo total em transações correntes = déficit de 100**

iv) **saldo total do balanço de pagamentos = superávit de 50**

Com base nestas informações, é correto afirmar que:

a)   o item "erros e omissões" é necessariamente igual a 50

b)   o país teve uma redução das suas reservas

c)   a renda líquida recebida do exterior é igual a 250

d)   o movimento de capitais autônomos apresentou déficit

e)   a renda líquida enviada ao exterior é igual a 150

Solução:

A resposta é a letra "e". Sabemos que $H = X_{nf} - M_{nf} = 100 - 50 = 50$. Como H é positivo, trata-se da transferência líquida de recursos para o exterior. O comando da questão informa que o saldo em transações correntes é deficitário em 100, logo:

$T = H - RLE \Rightarrow -100 = 50 - RLE \Rightarrow -RLE = -150 \Rightarrow RLE = 150$

Assim, a Renda Liquida Enviada ao Exterior é de 150.

---

09. **(ESAF/Auditor-Fiscal da Receita Federal - AFRF/2000) - São medidas que tendem a corrigir déficits no balanço de pagamentos:**
   a) Elevação do nível de atividade econômica, redução das taxas internas de juros, desvalorização da taxa nominal de câmbio.
   b) Redução do nível de atividade econômica, redução no nível geral de preços internos, elevação das taxas internas de juros.
   c) Redução do nível de atividade econômica, redução das taxas internas de juros, desvalorização da taxa nominal de câmbio.
   d) Elevação do nível de atividade econômica, redução das taxas internas de juros, redução no nível geral de preços internos.
   e) Elevação do nível de atividade econômica, elevação das taxas internas de juros, elevação no nível geral de preços internos.

Solução:

A resposta correta é a letra "b". Como dito acima as principais medidas de combate (correção, ajuste) à um déficit no balanço de pagamento são:

i.   Desvalorização da taxa real de câmbio, isto é, uma desvalorização da moeda nacional

ii.   Redução do nível de atividade econômica, isto é recessão

iii. Aumento da taxa de juros

iv.   Restrições tarifárias e não tarifárias às importações

v.   Subsídios às exportações

vi.   Restrições à saída de capitais.

Portanto: A opção (a) é falsa, pois uma elevação do nível de atividade econômica e uma redução das taxas internas de juros pioram o saldo do balanço de pagamento.

A opção (b) é verdadeira, pois como visto acima uma redução do nível de atividade econômica e uma elevação das taxas internas de juros melhoram o saldo do Balanço de pagamento. Enquanto que uma redução no nível geral de preços internos é acompanhada com uma redução do nível de atividade econômica que também melhora o saldo do Balanço de pagamento.

A opção (c) é falsa, pois uma redução das taxas internas de juros piora o saldo do balanço de pagamento.

A opção (d) é falsa, pois uma elevação do nível de atividade econômica e redução das taxas internas de juros pioram o saldo do balanço de pagamento.

A opção (e) é falsa, pois uma elevação do nível de atividade econômica e elevação no nível geral de preços internos pioram o saldo do balanço de pagamento.

---

10. **(ESAF/Analista de Finanças e Controle/Secretaria do Tesouro Nacional/1995) – Com relação ao Balanço de Pagamentos de um país é falso afirmar que:**
   a) Denomina-se transferência líquida de recursos para o exterior o saldo das exportações de bens e serviços não fatores sobre as importações de bens e serviços não fatores;

b) A renda líquida recebida ou enviada ao exterior é igual ao saldo de serviços fatores mais o de transferências unilaterais;

c) O saldo em transações correntes possui um significado macroeconômico bem preciso, indicando o quanto o país exporta e importa de poupança para o financiamento da sua formação de capital;

d) O saldo total do balanço de pagamentos corresponde exatamente à variação física das reservas internacionais;

e) Não é possível que o saldo de transações correntes e o saldo da conta de capitais tenham o mesmo sinal simultaneamente.

Solução:

A resposta da questão é a letra "d". A variação física das reservas internacionais é dada pela seguinte equação: $\Delta RES = B + ER + A + C$, onde B é o saldo total do balanço de pagamentos, ER são os empréstimos de regularização, A são os atrasados comerciais e C é o saldo das contrapartidas. Logo, o leitor irá observar que o saldo total do balanço de pagamentos não corresponde exatamente à variação física das reservas internacionais. O item "a" é verdadeiro porque $H = X_{nf} - M_{nf} \therefore H > 0$. O item "b" é verdadeiro. Lembre-se que a **R**enda **E**nviada é a soma das despesas do balanço de serviços fatores mais os donativos enviados, ao passo que a **R**enda **R**ecebida é a soma das receitas do balanço de serviços fatores mais os donativos recebidos. Assim, $RLE = -RLRE = BSF + TU$, onde RLE é a renda líquida enviada ao exterior, RLRE é a renda líquida recebida do exteior, BSF é o balanço de serviços fatores e TU são as transferências unilaterais. A letra "c" é verdadeira porque o um déficit em transações correntes, por exemplo, equivale a uma poupança externa positiva: $- T = + S_e$. O item "e" é verdadeiro porque o saldo em transações correntes equivale ao saldo da conta de capitais (autônomos mais compensatórios), mas com o sinal invertido: $+ T = - (K_A + K_C)$.

---

11. (Fundação Carlos Chagas - FCC/Economia/Banco Nacional de Desenvolvimento Econômico e Social - BNDES/2002) - Num determinado país, ocorreram as seguintes transações com o exterior, no ano-calendário, em bilhões de unidades monetárias (u.m.):

a) Exportações de Mercadorias..................................... 600

b) Importações de Mercadorias................................. 565

c) Fretes pagos... 10

d) Seguros pagos... 5

e) Juros remetidos.. 40

f) Lucros remetidos.. 16

g) Lucros reinvestidos.. 4

h) Doações recebidas em mercadorias...................... 2

i) Empréstimos recebidos 32

j) Investimentos diretos recebidos 13

O balanço de pagamentos dessa economia, nesse ano, considerando que não houve erros e omissões na sua elaboração, registrará um saldo positivo de (em bilhões de u.m.):

a) 13

b) 11

c) 9

d) 7

e) 5

Solução:

A resposta é a letra "c", conforme a análise a seguir:

1. Balanço comercial $\begin{cases} Exportação = 600^{(a)} \\ Importação = -565^{(b)} - 2^{(h)} \end{cases}$

$$\overline{BC = +33}$$

2. Balanço de Serviços = –75

Balanço de serviços não fatores $\begin{cases} fretes = -10^{(c)} \\ seguros = -5^{(d)} \end{cases}$

$$\overline{BSNF = -15}$$

Balanço de serviços fatores $\begin{cases} juros \quad (refinaciados) = -40^{(e)} \\ lucros \quad (reinvestidos) = -16^{(f)} - 4^{(g)} \end{cases}$

$$\overline{BSF = -60}$$

3. Transferências Unilaterais (donativos) = $+2^{(h)}$

4. Saldo em transação corrente do BP: T = +33 – 75 + 2 = – 40

5. Capitais autônomos $\begin{cases} Investimentos \quad Diretos = +13^{(j)} \\ Emprestimos \, / \, financiamentos = +32^{(i)} \\ reinvestimento = +4^{(g)} \end{cases}$

$$\overline{K_A = +49}$$

6. Erros e Omissões = 0

7. Saldo Total do BP: B = – 40 +49 +0 = +9

8. Capitais compensatórios: $K_C = -9$

12. **(ESAF/Analista de Comércio Exterior/Ministério do Desenvolvimento, Indústria e Comércio Exterior/2002) – Considere que tenham ocorrido apenas as seguintes operações nas contas de transações correntes, operações essas realizadas entre residentes e não-residentes de um país, em um determinado período de tempo, em unidades monetárias:**

1) **o país exporta mercadorias no valor de 500, recebendo a vista;**

2) **o país importa mercadorias no valor de 400, pagando a vista;**

3) **o país realiza doação de medicamentos no valor de 150;**

4) o país paga 300 a vista referente a juros e lucros;

5) o país paga 50 a vista referente a fretes.

Com base nessas informações e supondo que a conta de erros e omissões tenha saldo nulo, é incorreto afirmar que, no período considerado:

a) o balanço de serviços apresentou déficit de 350.

b) o saldo da balança comercial apresentou superávit de 100.

c) o saldo do item "transferências unilaterais" foi deficitário em 150.

d) o país apresentou déficit em transações correntes.

e) para que o país apresente um saldo nulo do balanço de pagamentos, o ingresso líquido de recursos na conta de movimento de capitais deverá ser de 250.

Solução.

A resposta é a letra "b", conforme análise a seguir:

1. Balanço comercial $\begin{cases} Exportação: +500^{(1)} + 150^{(3)} \\ Importação: -400^{(2)} \end{cases}$

$$BC = 250$$

2. Balanço de Serviços = – 350

   Balanço de serviços não fatores: $fretes = -50^{(5)}$

   Balanço de serviços fatores: $juros\ e\ lucros = -300^{(4)}$

3. Transferências Unilaterais (donativos): $-150^{(3)}$

4. Saldo em transação corrente do BP: $T = 250 - 350 - 150 = -250$

5. Capitais autônomos = 0

6. Erros e Omissões = 0

7. Saldo Total do BP = – 250 + 0 + 0 = – 250

8. Capitais Compensatórios = + 250

---

13. **(ESAF/Analista do Banco Central do Brasil/2002)** – Considere as seguintes operações entre residentes e não residentes de um país, num determinado período de tempo, em milhões de dólares:

    a. • o país exporta mercadorias no valor de 500, recebendo a vista;

    b. • o país importa mercadorias no valor de 400, pagando a vista;

    c. • o país paga 100 a vista, referente a juros, lucros e aluguéis;

    d. • o país amortiza empréstimo no valor de 100;

    e. • ingressam no país máquinas e equipamentos no valor de 100 sob a forma de investimentos diretos;

    f. • ingressam no país 50 sob a forma de capitais de curto prazo;

    g. • o país realiza doação de medicamentos no valor de 30.

    Com base nestas informações, pode-se afirmar que as reservas do país, no período:

    a) tiveram uma redução de 100 milhões de dólares.

    b) tiveram uma elevação de 50 milhões de dólares.

c) tiveram uma redução de 50 milhões de dólares.

d) tiveram uma elevação de 100 milhões de dólares.

e) não sofreram alterações.

Solução:

A resposta é a letra "c". Na questão em análise, o candidato deverá estar atento a dois lançamentos:

1º) ingressam no país máquinas e equipamentos no valor de 100 sob a forma de investimentos diretos.

Nesse caso, deduz-se que o investimento é recebido do exterior sem cobertura cambial (a transação foi efetuada sem que fosse necessário fechar contrato de câmbio), significando que o exterior efetuou subscrição de ações de uma companhia nacional, integralizando o capital sob a forma de bens, por exemplo, máquinas e equipamentos. Assim, debita-se Importação de Mercadorias (Balanço Comercial) e creditam-se Investimentos Diretos Recebidos do Exterior (Balanço/Movimento de Capitais Autônomos).

2º) o país realiza doação de medicamentos no valor de 30.

O envio de donativos internacionais sob a forma de mercadorias, por exemplo, a doação de medicamentos, é registrado da seguinte maneira: debitam-se donativos internacionais (Transferências Unilaterais) e credita-se exportação de mercadorias (Balanço Comercial). De outro modo, podemos apresentar o BP da seguinte forma:

1. Balanço comercial $\begin{cases} Exportação = +500^{(a)} + 30^{(g)} \\ Importação = -400^{(b)} - 100^{(e)} \end{cases}$

$$BC = +30$$

2. Balanço de Serviços: *juros, lucros e aluguéis* $= -100^{(c)}$

3. Transferências Unilaterais (donativos): $TU = -30^{(g)}$

4. Saldo em transação corrente do BP: $T = +30 - 100 - 30 = -100$

5. Capitais autônomos $\begin{cases} Investimentos\ Diretos = +100^{(e)} \\ amortização: -100^{(d)} \\ capitais\ a\ curto\ prazo = +50^{(f)} \end{cases}$

$$K_A = +50$$

6. Erros e Omissões $= 0$

7. Saldo Total do BP $= -100 + 50 + 0 = -50$

8. Capitais Compensatórios $= +50$

Sabemos que $\Delta Res = B + ER + A + C$, além disso, temos:

(i) Como não houve nenhum lançamento de empréstimos de regularização, então $ER = 0$.

(ii) Como não houve atrasados, então $A = 0$.

(iii) Como não houve nenhuma contrapartida para monetização/desmonetização de ouro monetário, para valorização/desvalorização e para alocação e cancelamento de DES, então C = 0.

Substituindo esses valores na fórmula $\Delta Res = B + ER + A + C$. Temos $\Delta Res = -50 + 0 + 0 + 0 = -50$

---

14. (CETAP/Economista/Companhia de Saneamento do Pará/2013/modificada) – O resultado da soma do saldo dos serviços de fatores, mais o saldo das transferências unilaterais é chamado de:

a) Renda líquida recebida ao exterior

b) Renda bruta enviada ao exterior

c) Saldo da conta corrente

d) Saldo da conta de capital

e) Saldo das transações reais

Solução:

Letra "a". A Renda Líquida Recebida do Exterior é dada pela soma do Balanço de Serviços Fatores (BSF) com as Transferências Unilaterais (TU) e é denotada por **RLRE:** RLRE = BSF + TU

---

15. (Fundação Cesgranrio/Profissional de Nível Superior I – Ciências Econômicas/CHESF/2012) - Qual das afirmativas a seguir está coerente com a estrutura de Balanço de Pagamentos?

a) O saldo do balanço de pagamentos é composto pela soma dos saldos dos seguintes balanços: transações correntes, comercial, conta de capitais autônomos e erros e omissões.

b) Quando o saldo do balanço de transações correntes é positivo, o país está transferindo bens e serviços para o resto do mundo.

c) Quando a poupança externa é negativa, o país está aumentando os passivos externos líquidos.

d) As exportações e importações contabilizadas no saldo da balança comercial incluem o frete e o seguro de seu transporte.

e) Um *superavit* no movimento de capitais compensatórios gera necessariamente um *déficit* no saldo de transações correntes.

Solução:

A resposta é a letra "b". O saldo positivo em transações correntes significa poupança externa negativa, de modo que o país poupou mais do que investiu internamente. Logo, o país está transferindo bens e serviços para o resto do mundo.

Considerando a metodologia antiga do balanço de pagamentos, vamos analisar os demais itens. O item "a" está falso porque o saldo do balanço de pagamentos é composto pela soma dos saldos em transações correntes, em capitais autônomos, bem como erros e omissões. O item "c" está falso pois poupança externa negativa indica que o país está diminuindo os passivos externos líquidos. O item "d" está falso porque frete e seguro são inclusos na balança de serviços não fatores. O item "e" está falso pois um superávit no movimento de capitais compensatórios indica um déficit no saldo total do balanço de pagamentos.

16. **(Fundação Cesgranrio/Economista/Banco Nacional de Desenvolvimento Econômico e Social - BN-DES/2008) – Na conta de transações correntes do balanço de pagamentos do país, entre outros itens, registram-se as(os)**

a) exportações e os investimentos estrangeiros que trazem divisas para o país.

b) exportações e as importações de mercadorias feitas pelos residentes no país.

c) variações das reservas internacionais no Banco Central.

d) empréstimos e os financiamentos de longo prazo.

e) pagamentos de juros e de amortizações de capital recebidos do exterior.

Solução:

A resposta é a letra "B". Na conta de transações correntes do balanço de pagamentos do país, dentre outros itens, registram-se as exportações e as importações de mercadorias feitas pelos residentes no país. Esse registro é realizado, especificamente, na balança comercial.

Os itens "A" e "D" são falsos porque exportações são registradas na balança comercial, mas investimentos estrangeiros, empréstimos e financiamentos de longo prazo são registrados na conta financeira (antiga conta de capitais autônomos). O item "C" está falso, uma vez que variações das reservas internacionais é uma conta distinta que reflete o saldo do balanço de pagamentos, mas com sinal inverso. O item "E" está falso porque amortizações de capital recebidos do exterior são registrados na conta financeira (antiga conta de capitais autônomos, apesar de que pagamentos de juros são registrados na balança de rendas (antiga balança de serviços fatores) na conta de transações correntes.

17. **(ESAF/Analista de Planejamento e Orçamento/Ministério do Planejamento, Orçamento e Gestão - MPOG/2008) – Pode-se afirmar que o Balanço de Pagamentos de um país é um resumo contábil das transações econômicas que este país faz com o resto do mundo, durante certo período de tempo. No que tange a Balanço de Pagamentos, assinale a única opção falsa.**

a) Na contabilização dos registros das transações efetuadas, adota-se o método das partidas dobradas.

b) Sob a ótica do Balanço de Pagamentos, as transações internacionais podem ser de duas espécies: as transações autônomas e as transações compensatórias.

c) O Brasil, ao longo de muitos anos, apresentou déficit na conta de transações correntes, que tinha que ser financiada por meio da entrada de capitais, levando ao aumento da divisa externa do país.

d) O déficit em conta corrente do Balanço de Pagamentos corresponde à poupança interna da economia, isto é, à diferença entre investimento e poupança interna na conta de capital do sistema de Contas Nacionais.

e) Os fluxos do Balanço de Pagamentos afetam a posição internacional de investimentos do país.

Solução:

A resposta é a letra "d". Conforme estudado no capítulo 2, item 2.5, um déficit em transações correntes significa uma poupança externa positiva, significando que o país é um devedor líquido em relação ao resto do mundo ($- T = + S_e$). Todos os demais itens estão corretos.

18. (Fundação Carlos Chagas/Analista Pericial – Economia/Ministério Público da União - MPU/2007) – São dadas as seguintes transações de um país com o exterior:

(a) Amortizações de empréstimos recebidos	300
(b) Juros pagos ao exterior	200
(c) Exportação de mercadorias (FOB) recebidas à vista	600
(d) Fretes líquidos recebidos do exterior	120
(e) Donativos recebidos em mercadorias	40
(f) Importação de mercadorias (FOB) pagas à vista	470
(g) Empréstimos líquidos recebidos	140
(h) Investimentos líquidos recebidos	230

Considerando-se apenas essas informações, pode-se concluir que o saldo de transações correntes do país foi:

a) positivo e igual a 240.

b) positivo e igual a 50.

c) nulo.

d) negativo e igual a 40.

e) negativo e igual a 80.

Solução:

A resposta é a letra "B", conforme análise realizada a seguir:

1. Balanço comercial $\begin{cases} Exportação = +600^{(c)} \\ Importação = -40^{(e)} - 470^{(f)} \end{cases}$

   $$BC = +90$$

2. Balanço de Serviços: $BS = BSF + BSNF = +120 - 200 = -80$

3. Balanço de serviços não-fatores: $\left\{ fretes \quad (recebimento) = +120^{(d)} \right.$

   $$BSNF = +120$$

4. Balanço de serviços fatores: $\left\{ juros \quad (pagamento) = -200^{(b)} \right.$

   $$BSF = -200$$

5. Transferências Unilaterais: $TU = + 40^{(e)}$

6. Saldo em Transações Correntes: $T = BC + BS + TU = + 90 - 80 + 40 = + 50$

7. Capitais autônomos $\begin{cases} investimentos \quad diretos = +230^{(h)} \\ Amortizações = -300^{(a)} \\ Empréstimos = +140^{(g)} \\ capitais \quad de \quad curto \quad prazo = 0 \end{cases}$

   $$K_A = +70$$

8. Erros e Omissões: $EO = 0$

9. Saldo Total do Balanço de Pagamentos: $B = T + K_A + EO = + 50 + 70 + 0 = + 120$

10. Capitais compensatórios: $K_C = CC + ER + A = -120 + 0 + 0 = -120$

$$K_C = \begin{cases} \textit{Contas de Caixa (CC)} \begin{cases} \textit{Haveres} = \begin{cases} +300^{(a)} & +200^{(b)} & -600^{(c)} & -120^{(d)} \\ +470^{(f)} & -140^{(g)} & -230^{(h)} \end{cases} \\ \textit{DES} = 0 \\ \textit{ouro monetário} = 0 \\ \textit{Reservas no FMI} = 0 \end{cases} \\ \overline{\begin{matrix} \textit{CC} = -120 \\ \textit{Empréstimos de Regularização} = 0 \\ \textit{Atrasados} = 0 \end{matrix}} \end{cases}$$

1.2. Exercícios do tipo "verdadeiro ou falso"

01. (Cespe-UnB/Economista/SEAD/PRODEPA/2004) – Julgue o item como verdadeiro (V) ou falso (F):

Quando um turista brasileiro compra equipamentos eletrônicos japoneses em Tóquio, essa transação é registrada como um débito no balanço de transações correntes do balanço de pagamentos brasileiro.

Solução:

Esse item é verdadeiro. O lançamento é feito a débito (sinal negativo) em importações (balança comercial) e a crédito (sinal positivo) em haveres de curto prazo.

02. (Cespe–UnB/Economista/FSCMP/2004) – Julgue os itens a seguir.

(1) As doações feitas pelo governo brasileiro aos desabrigados iranianos por ocasião do último terremoto no Irã são contabilizadas como débito no balanço de capital do Brasil.

Solução:

Falso. As doações são contabilizadas em transferências unilaterais (metodologia antiga do BP) ou em transferências unilaterais correntes (metodologia nova do BP).

(2) No curto prazo, períodos de expansão econômica tendem a expandir o déficit da balança comercial.

Solução:

Verdadeiro. Períodos de expansão econômica tendem a aumentar as importações e reduzir as exportações, expandindo assim o déficit da balança comercial. Com o aumento de renda, as pessoas tenderão a comprar produtos importados e, por outro lado, as exportações ficam prejudicadas porque a renda interna é maior do que a renda do resto do mundo.

03. (Cespe-UnB/Economista Pleno/Petrobras/2004) – Julgue os itens a seguir, como sendo verdadeiro ou falso:

(1) As importações brasileiras de petróleo nigeriano são registradas como um débito na conta corrente do balanço de pagamentos brasileiro e como um crédito na conta equivalente da Nigéria.

Solução:

Verdadeiro. As importações brasileiras de petróleo nigeriano são registradas como um débito (sinal negativo) na balança comercial brasileira porque a saída de divisas (para se pagar o petróleo nigeriano) é lançada a débito em uma conta operacional. Por outro lado, essa entrada de divisas no balanço de pagamentos nigeriano é lançado a crédito (sinal positivo) por se tratar de um lançamento feito em conta operacional.

(2) O Fundo Monetário Internacional foi criado para possibilitar aos países em desenvolvimento o acesso a empréstimos de longo prazo, que são destinados ao financiamento do desenvolvimento econômico.

Solução:

Falso. O Fundo Monetário Internacional (FMI) foi criado em 1945 e tem como objetivo básico zelar pela estabilidade do sistema monetário internacional, notadamente através da promoção da cooperação e da consulta em assuntos monetários entre os seus 185 países membros. Juntamente com o Banco Mundial (BIRD), o FMI emergiu das Conferências de Bretton Woods como um dos pilares da ordem econômica internacional do pós-Guerra. O FMI objetiva evitar que desequilíbrios nos balanços de pagamentos e nos sistemas cambiais dos países membros possam prejudicar a expansão do comércio e dos fluxos de capitais internacionais. O Fundo favorece a progressiva eliminação das restrições cambiais nos países membros e concede recursos temporariamente para evitar ou remediar desequilíbrios no balanço de pagamentos. Por outro lado, outros organismos multilaterais de créditos, como o Banco Mundial (BIRD) ou o Banco Interamericano de Desenvolvimento (BID) promovem o acesso a empréstimos de longo prazo destinados ao financiamento do desenvolvimento econômico.

04. (Cespe-UnB/Terceiro Secretário da Carreira de Diplomata/2004) – Julgue os itens a seguir, como verdadeiro ou falso:

(1) Quando nisseis brasileiros que trabalham no Japão remetem parte de suas economias a seus familiares, no Brasil, essa transação é registrada como uma transferência unilateral e constitui parte integrante da conta de transações correntes.

Solução:

Verdadeiro. Na metodologia convencional, os donativos em espécie são registrados como transferência unilateral na balança de transações correntes.

(2) Déficits em conta-corrente implicam que o montante de divisas arrecadado com as exportações é superior àquele exigido para financiar suas importações e transferências unilaterais líquidas.

Solução:

Falso. Déficits em conta corrente do balanço de pagamento ocorrem devido a um déficit na balança comercial (um excesso das importações sobre as exportações), um déficit na balança de serviços ou a um déficit expressivo na conta de transferências unilaterais.

05. (Cespe-UnB/Analista Pleno I/Área: Economia/CNPq/2004) – Julgue o item a seguir, como verdadeiro ou falso:

Se, em determinado país, existe déficit em conta-corrente, isso significa que, para esse país, o montante de divisas arrecadado com as exportações é inferior ao exigido para financiar suas importações e transferências unilaterais líquidas.

Solução:

Esse item é verdadeiro, e a explicação é a mesma da assertiva 2 da questão 30. Déficits em conta corrente do balanço de pagamento ocorrem devido a um déficit na balança comercial (um excesso das importações sobre as exportações), um déficit na balança de serviços ou a um déficit expressivo na conta de transferências unilaterais.

06. (Cespe-UnB/Técnico Científico/Área: Economia/BASA/2004) – Julgue o item a seguir, como verdadeiro ou falso:

(0) Restrições voluntárias às exportações e cotas de importação constituem exemplos de barreiras comerciais que geram perda de eficiência, as diferem das tarifas pelo fato de o governo não obter receitas, como no caso da proteção tarifária.

Solução:

Esse item é verdadeiro. As **cotas de importação** são restrições quantitativas (barreiras comerciais) que provocam reduções nas importações, combatendo, portanto, um possível déficit no balanço de pagamentos. Contudo, as cotas de importação geram perda de eficiência porque, ao contrário das tarifas, o governo não obtém receitas com esse tipo de mecanismo. As cotas de importação são as formas mais simples de restrição quantitativa. Consistem na limitação da quantidade de produto importado a um valor pré-estabelecido. São alocadas sob a base global ou específica e possuem um sistema de administração e licenciamento, que pode variar do leilão à concessão discricionária.

As **cotas tarifárias** são uma forma de restrição quantitativa. Esse sistema é constituído pela aplicação de uma tarifa de importação (tarifa intra-cota) mais baixa sobre uma quantidade de produto pré-determinada (cota), aplicando-se outra tarifa, mais alta que a primeira, para importações acima dessa quantidade (tarifa extra-cota).

As **restrições voluntárias** à exportação é uma forma de restrição quantitativa em que o país exportador limita as exportações de determinado produto. O objetivo desse tipo de restrição de oferta pode ser o de tornar o produto escasso no país importador e assim maximizar o preço e bem-estar do exportador. Dessa forma, o país exportador se apropria de ganhos advindos da restrição voluntária ao importador, sendo que tais ganhos não seriam passíveis de apropriação quando da imposição de tarifas de exportação. Restrições voluntárias à exportação foram muito empregadas nos anos de 1970 e 1980, especialmente para calçados, automóveis e autopeças, no bojo de acordos chamados de "zona cinzenta". Tais restrições são proibidas pelo artigo XI do GATT, com as reformulações estabelecidas na Rodada Uruguai.

(1) Quando uma empresa brasileira utiliza os serviços de uma transportadora norte-americana, o valor pago pelo transporte representa um débito e, portanto, é contabilizado no balanço comercial brasileiro.

Solução:

Falso. O valor pago pelo transporte representa um débito, mas é contabilizado na balança de serviços (não-fatores).

07. **(Cespe-UnB/Consultor do Senado Federal/2002) - O balanço de pagamentos registra, de forma detalhada, a composição da conta-corrente e das várias transações que a financiam. Nesse contexto, julgue os itens a seguir.**

(1) Quando o brasileiro compra livros e CDs na livraria virtual sediada no exterior, essa transação é registrada na conta de capital do balanço de pagamentos brasileiro.

Solução:

Falso. Essa transação é registrada na balança comercial brasileira.

(2) *Ceteris paribus*, a recessão econômica que está ocorrendo nos EUA, ao contribuir para aumentar as exportações líquidas, tende a reduzir o déficit no balanço comercial norte-americano.

Solução:

Verdadeiro. Conforme já explicado, as importações são uma função direta da renda interna, ao passo que as exportações são uma função direta da renda do resto do mundo. Assim, se a renda interna aumenta (e a renda do resto do mundo diminui), cresce a demanda por produtos importados e diminuem-se as exportações, provocando déficit na balança comercial. Por outro lado, se a renda interna diminui (e a renda do resto do mundo aumenta), aumentam-se as exportações, como medida para estimular o crescimento econômico, bem como as importações diminuem, contribuindo assim para a melhora no saldo da balança comercial.

(3) As doações feitas pelo governo brasileiro aos refugiados afegãos são debitadas no balanço das transações correntes.

Solução:

Verdadeiro. As doações feitas pelo Brasil aos refugiados afegãos são lançadas a débito (sinal negativo) em transferências unilaterais, que faz parte do saldo em transações correntes.

(4) Quando a poupança doméstica é superior ao investimento doméstico, a economia apresenta um déficit no balanço comercial.

Solução:

Falso. Se a poupança doméstica é superior ao investimento doméstico, a economia apresenta um superávit na balança comercial.

(5) Quando há superávit no balanço de transações correntes, pode-se dizer que houve poupança externa positiva e, portanto, o país está absorvendo recursos reais do restante do mundo.

Solução:

Falso. Um superávit na balança de transações correntes representa uma poupança externa negativa.

---

08. (Cespe-UnB /Economista/CADE-Ministério da Justiça/2014) – Julgue o item a seguir como verdadeiro ou falso.

No balanço de pagamentos, a conta atrasados é empregada quando determinado país não paga um débito. Para efetuar esse mecanismo contábil, fazem-se créditos na conta amortização e débitos na conta atrasados.

Solução:

Falso. Na metodologia antiga do balanço de pagamentos, todos os compromissos vencidos e não pagos eram registrados na conta "Atrasados". Faz-se crédito na conta atrasados e débito na conta que deu origem ao fato gerador da obrigação, por exemplo, se o país deixa de pagar juros, creditamos a conta "atrasados" e debitamos a conta "juros".

---

09. (Cespe-UnB/Analista Legislativo – Ciências Econômicas/Assembleia Legislativa do Estado do Ceará/2011) – Julgue o item a seguir como verdadeiro ou falso.

A forma de contabilizar as exportações, e também as importações, denominada FOB (*free on board*) caracteriza-se pela inclusão das despesas incorridas até o embarque no valor da mercadoria, como é o caso do frete.

Solução:

Falso. Existem duas maneiras de contabilizarmos importações e exportações: (i) *free on board* (FOB), que representam o valor da mercadoria antes de embarcá-la, ou seja, sem frete; (ii) *cost, insurance and freight* (CIF) que inclui, além do custo, os fretes e seguros relacionados ao transporte da mercadoria. Em resumo, a balança comercial trata da contabilidade dos bens comercializados com o exterior. Note que se trate de bens *free on board* (FOB), significando que o preço contabilizado é livre dos encargos com frete, por exemplo, que é um serviço.

---

10. (Cespe-UnB/Técnico Científico – Economia/BASA/2007) - A análise macroeconômica das economias abertas permite examinar questões referentes ao balanço de pagamentos e ao mercado de câmbio. Com relação a esse assunto, julgue os próximos itens.

(0) A venda de aviões pela Empresa Brasileira de Aeronáutica (EMBRAER) para executivos norte-americanos aumenta simultaneamente as exportações líquidas do Brasil e a detenção de ativos estrangeiros por brasileiros.

Solução:

Verdadeiro. A venda de aviões brasileiros a estrangeiros, com recebimento integral em moeda estrangeira, é creditada em exportações (balança comercial) e debitada em haveres da autoridade monetária. Portanto, observa-se um aumento simultâneo das exportações líquidas (*NX*) e a detenção de ativos estrangeiros (moeda estrangeira) por brasileiros.

(2) A compra de ações de empresas brasileiras por investidores estrangeiros deve ser contabilizada na conta-corrente do balanço de pagamentos brasileiro como um crédito.

Solução:

Falso. Trata-se de entrada de investimentos diretos, de modo que os lançamentos serão realizados na conta financeira e em haveres da autoridade monetária, mas de modo nenhum na conta-corrente do balanço de pagamentos. De maneira específica, credita-se investimentos estrangeiros em carteira (ações de companhia brasileira), e debita-se haveres da autoridade monetária.

(3) Em uma economia aberta cuja entrada de capital estrangeiro é positiva, a poupança nacional financia tanto o investimento doméstico como também parte das despesas em investimento de outros países.

Solução:

Falso. A poupança externa positiva, proveniente da entrada de capital estrangeiro, irá compor, juntamente com a poupança doméstica ou interna (poupança privada mais poupança pública), a poupança agregada, a qual irá financiar apenas os investimentos agregados da economia, isto é, $I = S_p + S_g + S_e \Rightarrow I = S_i + S_e \therefore S_i = S_p + S_g$.

---

11. **(Cespe-UnB/Analista Econômico/Instituto Estadual de Meio Ambiente e Recursos Hídricos/2007) - Na fase atual de globalização do espaço econômico, o estudo da economia internacional é crucial para uma inserção adequada no cenário mundial. Usando as noções básicas dessa teoria, julgue o item seguinte:**

Os aumentos recentes das compras brasileiras de insumos para o setor de informática, aparelhos de telefonia, têxteis e brinquedos, provenientes da China, são contabilizadas no balanço comercial do Brasil como débitos, porém, não integram o balanço brasileiro de transações correntes.

Solução:

Esse item é falso porque as compras brasileiras de insumos para o setor de informática, aparelhos de telefonia, têxteis e brinquedos, provenientes da China, são registradas no balanço comercial como importação, sendo lançadas a débito. Consequentemente, essas compras integram o balanço em transações correntes.

---

12. **(Cespe-UnB/Economista/Ministério do Desenvolvimento Social e Combate à Fome/2006) - A globalização da economia mundial torna particularmente importante o estudo da economia internacional, que analisa os princípios fundamentais que norteiam as relações econômicas entre países. Utilizando os conceitos essenciais dessa teoria, julgue o item seguinte.**

Quando um brasileiro, residente no Japão, remete fundos para os seus familiares no Brasil, essa transação é contabilizada no balanço de pagamentos brasileiro como uma transferência unilateral.

Solução:

Verdadeiro. As remessas de imigrantes são registradas na conta transferências unilaterais (correntes).

2. Exercícios Resolvidos (Metodologia da 5ª Edição do Manual do Balanço de Pagamentos Brasileiro – BPM5)

2.1. Exercícios do tipo "múltipla escolha"

01. (Fundação Getúlio Vargas/Economista/Companhia Pernambucana de Saneamento/2014) - No dia 03/02/2014, o portal de notícias G1, publicou a notícia intitulada *"Balança inicia 2014 no vermelho e registra o pior mês da história"*. Um trecho afirmava que:

"Após atingir em 2013 o menor superávit comercial em 13 anos, a balança comercial brasileira iniciou este ano no vermelho, com mais importações do que exportações, e registrou um saldo negativo de US$ 4,06 bilhões em janeiro - o pior resultado já apurado em todos os meses, segundo informações divulgadas nesta segunda-feira (3) pelo Ministério do Desenvolvimento, Indústria e Comércio Exterior (MDIC)."

(http://g1.globo.com/economia/noticia/2014/02/balanca-inicia-2014-no-vermelhoe-tem-pior-mes-da-historia-em-janeiro.html, acessado em 05/04/2014.)

A partir desse trecho, é correto afirmar que o déficit comercial, no início de 2014, contribuiu para:

a) reduzir o saldo em transações correntes.

b) reduzir o saldo da conta de serviços.

c) reduzir o saldo da conta de renda.

d) reduzir o saldo da conta capital.

e) aumentar o saldo da conta financeira.

Solução:

A resposta é a letra "a", pois um déficit na balança comercial (BC) irá contribuir para reduzir o saldo em transações correntes (T). De fato, temos que T = BC + BS + TU. Se BC diminui, então T diminui

02. (Consulplan/Economista/Ministério da Agricultura, Pecuária e Abastecimento – MAPA/2014) – O balanço de pagamentos de uma economia, constituído de um registro contábil de todas as transações econômicas realizadas entre os países, tem como padrão de método contábil o das partidas dobradas. Sobre os conceitos do balanço de pagamentos, assinale a afirmativa INCORRETA.

a) A balança comercial registra as exportações de mercadorias de um país, bem como suas importações de mercadorias do resto do mundo.

b) As transferências unilaterais adicionam valores transferidos por estrangeiros a residentes no país e subtrai as transferências efetuadas por residentes no país a pessoas residentes no exterior.

c) A balança de capitais contabiliza os capitais das firmas estrangeiras e nacionais que entram e saem do país, os financiamentos, as amortizações, bem como os juros pagos e recebidos por residentes e não residentes.

d) A balança de serviços inclui os pagamentos e recebimentos de fretes entre países, seguros, assistência técnica, gastos de turismo, transferência de lucro e outros serviços e rendimentos de fatores percebidos por não residentes no país.

Solução:

A resposta é a letra "d", uma vez que juros pagos e recebidos por residentes e não residentes são contabilizados na balança de serviços fatores (metodologia antiga) ou balança de rendas (metodologia nova).

03. (FUNCERN/Economista/CAERN/2013) – O Balanço de Pagamentos apresenta os seguintes componentes (em US$ milhões):

Exportações	152.995
Importações	127.705
Transferências Unilaterais Correntes	3.338
Serviços e Rendas	– 52.930
Conta Capital	1.129
Conta Financeira	70.172
Erros e Omissões	– 347

Baseando-se nos dados apresentados, é correto afirmar que há

a) déficit na Conta de Transações Correntes e saldo positivo no Balanço de Pagamentos.

b) déficit na Conta de Transações Correntes e saldo negativo no Balanço de Pagamentos.

c) superávit na Conta de Transações Correntes e saldo positivo no Balanço de Pagamentos.

d) superávit na Conta de Transações Correntes e saldo negativo no Balanço de Pagamentos.

Solução:

A resposta é a letra "a", pois teremos um déficit em transações corrente (-24.302) e um saldo positivo no balanço de pagamentos (46.652), conforme resolução a seguir:

1. BALANÇO COMERCIAL = +152.995[a]   - 127.705[b] = +25.290

2. BALANÇO DE SERVIÇOS = – 52.930[d]

3. BALANÇO DE RENDA = 0

4. TRANSFERÊNCIAS UNILATERIAIS CORRENTES = +3.338[c]

5. SALDO EM CONTA-CORRENTE DO BALANÇO DE PAGAMENTO ≡ 1+2+3+4 = +25.290 – 52.930 + 3.338 = - 24.302

6. CONTA CAPITAL = +1.129[e]

7. CONTA FINANCEIRA =+70.172[f]

8. ERROS E OMISSÕES = – 347[g]

9. SALDO TOTAL DO BALANÇO DE PAGAMENTO ≡ 5+6+7+8 ≡ -24.302 + 1.129 + 70.172 – 347 = +46.652

10. VARIAÇÃO DAS RESERVAS INTERNACIONAIS = - 46.652

Contas de caixa

$$\begin{cases} Haveres = -152.995^{(a)} + 127.705^{(b)} - 3.338^{(c)} + 52.930^{(d)} - 1.129^{(e)} - 70.172^{(f)} + 347^{(g)} \\ Ouro\ Monetário = 0 \\ DES = 0 \\ Reservas\ no\ FMI = 0 \end{cases}$$

$CC = -46.652$

04. **(FJPF/Economista – EMDUR/RO/2008) – Em relação ao Balanço de Pagamentos do Brasil, pode-se afirmar que a conta Movimentos de Capital engloba as seguintes parcelas:**

a) Empréstimos e financiamentos de curto, médio e longo prazos e carteira de curto prazo, Transferências unilaterais e Erros e Omissões.

b) Investimento e reinvestimentos diretos, Empréstimos e financiamentos de curto, médio e longo prazos e carteira de curto prazo e Amortizações.

c) Investimento e reinvestimentos diretos, Transferências unilaterais e Amortizações.

d) Investimentos de longo prazo, Erros e Omissões e Seguro.

e) Movimentos Autônomos de Capital, Transporte e Seguro.

Solução:

A resposta é a letra "b". Na metodologia do BPM4 do balanço de pagamentos, cada um desses itens faz parte da Conta de Capitais Autônomos. Na metodologia do BPM5, porém, esses itens fazem parte da Conta Financeira.

05. **(ESAF/Especialista em Políticas Públicas e Gestão Governamental/2008) – Conforme consta nas notas metodológicas do Banco Central do Brasil sobre o Balanço de Pagamentos, a conta que inclui os "serviços financeiros, que compreende serviços bancários tais como corretagens, comissões, tarifas por prestações de garantias e fianças, comissões e outros encargos acessórios sobre o endividamento externo" é a conta:**

a) transferências unilaterais correntes.

b) de rendas.

c) de serviços.

d) de capital.

e) financeira.

Solução:

A resposta é a letra "c", pois na metodologia do BPM5 do balanço de pagamentos, os serviços financeiros descritos acima foram explicitadas na balança de serviços.

06. **(ESAF/Analista do MPU/Área Pericial – Especialidade Economia/2004 - adaptada) - Supondo**

BP = saldo do balanço de pagamentos

RE = resultados das transações compensatórias

TC = transações correntes

MC = movimento de capitais autônomos

Com base nessas informações e na ausência de erros e omissões, é correto afirmar que, necessariamente,

a) BP = RE e TC = MC - RE.

b) BP = 0.

c) BP = - RE e BP = 0.

d) BP = MC + RE.

e) BP = - RE e TC = - (MC + RE).

Solução:

A resposta corrente é a letra "e". O saldo total do balanço de pagamentos (BP) equivale, com sinal trocado, ao saldo do balanço de capitais compensatórios (-RE), e considerando ausência de erros e omissões. O saldo em transações correntes (TC) é igual à soma de Capitais Autônomos mais Capitais Compensatórios, **com sinal trocado** [-(MC+RE)], salvo erros e omissões.

2.2. Exercícios do tipo "verdadeiro ou falso"

01. (Cespe-UnB/Auditor de Controle Externo/TCDF/2014) – Julgue os itens a seguir, com relação ao balanço de pagamentos, como verdadeiro ou falso.

O pagamento de juros de empréstimos internacionais é registrado na conta capital e financeira do balanço de pagamentos.

Solução:

Falso. O pagamento de juros de empréstimos internacionais é registrado na Balança de Rendas.

02. (Cespe-UnB/Especialista em Regulação de Serviços de Transportes Terrestres – Área: Economia/ ANTT/2013) – Um determinado país realizou, durante um ano, as transações com o exterior mostradas na tabela abaixo.

Contas	Valor (em bilhões de unidades monetárias)
(a) Importações de mercadorias no valor FOB	20
(b) Exportações de mercadorias no valor FOB	10
(c) Recebimento de empréstimos do exterior	5
(d) Remessa de lucros para o exterior	3
(e) Pagamento de serviços de fretes e seguros	1
(f) Recebimento de recursos relacionados à cessão de patentes	3

Com base nessas informações e nos conceitos relacionados ao balanço de pagamentos, julgue os próximos itens.

(0) O saldo das contas capital e financeira é de oito bilhões de unidades monetárias.

(1) O pais transferiu poupança para o exterior, apresentando déficit em transações correntes de 11 bilhões de unidades monetárias.

Solução:

Para respondermos a esses dois itens, inicialmente, vamos realizar os lançamentos no balanço de pagamentos:

1.   BALANÇO COMERCIAL = - 20[a] +10[b] = -10

2.   BALANÇO DE SERVIÇOS = -1[e]

3.   BALANÇO DE RENDA = - 3[d]

4.   TRANSFERÊNCIAS UNILATERIAIS CORRENTES = 0

5. SALDO EM CONTA-CORRENTE DO BALANÇO DE PAGAMENTO $\equiv$ (1)+(2)+(3)+(4) = -10 -1 -3 = - 14

6. CONTA CAPITAL = +3[f]

7. CONTA FINANCEIRA = (7.1) +(7.2) + (7.3) + (7.4) = +5

   7.1 INVESTIMENTO DIRETO = 0

   7.2 INVESTIMENTO EM CARTEIRA = 0

   7.3 DERIVATIVOS = 0

   7.4 OUTROS INVESTIMENTOS = +5[c]

8. ERROS E OMISSÕES = 0

9. SALDO TOTAL DO BALANÇO DE PAGAMENTO $\equiv$ (5)+(6)+(7)+(8)=-14+3+5 = - 6

10. VARIAÇÃO DAS RESERVAS INTERNACIONAIS $\equiv$ (- 9) = +6

$$Contas\,de\,Caixa \begin{cases} Haveres = +20^{(a)} - 10^{(b)} - 5^{(c)} + 3^{(d)} + 1^{(e)} - 3^{(f)} \\ Ouro\,Monetário = 0 \\ DES = 0 \\ \underbrace{Reservas\,no\,FMI = 0} \\ \qquad\qquad CC=+6 \end{cases}$$

O item (0) é verdadeiro, pois, de fato, o saldo das contas capital e financeira é de oito bilhões de unidades monetárias.

O item (1) é falso, uma vez que o déficit em transações correntes foi de 14 bilhões. Além disso, déficit em transações correntes significa poupança externa positiva, logo, o país não transferiu poupança para o exterior, pelo contrário, captou poupança externa para financiar os investimentos da economia.

---

03. (Cespe-UnB/Atividades de Complexidade Individual – Especialidade: Economia/Ministério das Comunicações/2013) – Julgue o item a seguir, como verdadeiro ou falso.

As amortizações de dívidas são registradas nas transações correntes do balanço de pagamentos.

Solução:

Falso. As amortizações de dívidas são registradas na conta financeira do balanço de pagamentos, subconta "Outros Investimentos".

---

04. (Cespe-UnB /Economista/Ministério da Justiça/2013) – Julgue os itens a seguir como verdadeiro ou falso.

(0) Os valores referentes às transações com serviços financeiros e *royalties* são parte da conta de rendas.

Solução:

Falso. Na metodologia do BPM5 do balanço de pagamentos, os valores referentes às transações com serviços financeiros e *royalties* são parte da conta de serviços.

(1) Sempre que se registrar a entrada de investimento externo direto na conta do balanço de pagamentos brasileiro, haverá acúmulo de reservas internacionais no Brasil.

Solução:

Falso. Uma entrada de investimento direto do exterior não necessariamente implica em uma conta financeira superavitária, pois existem outros itens dentro da conta financeira que podem ser deficitários. Mesmo que a conta financeira fosse deficitária, isso não implica um saldo total deficitário do balanço de pagamentos (B < 0), pois o saldo em conta corrente do BP pode ser superavitário e maior, em módulo, do que o possível déficit na conta financeira. Em outras palavras, o que acarreta um acúmulo de reservas internacionais é um saldo total superavitário do balanço de pagamentos, porém, uma conta financeira superavitária, em decorrência da entrada de capitais internacionais, não garante esse superávit no saldo total do balanço de pagamentos.

05. (Cespe-UnB/Diplomata/Instituto Rio Branco/2012) – Julgue os itens a seguir, como verdadeiro ou falso.

Considere que uma empresa mineradora brasileira compre empresa da área de mineração da Tailândia. Nessa situação, a transação deve ser registrada na conta capital da CCF (conta capital e financeira) do balanço de pagamentos brasileiros.

Solução:

Falso. Tendo como referência a metodologia do BPM5 do balanço de pagamentos, na conta capital registram-se as transferências unilaterais de capital relacionados com patrimônio de migrantes e a aquisição/alienação de bens não financeiros não produzidos, tais como cessão de patentes e marcas. Logo, nada tem a ver com o fluxo de empréstimos e investimentos entre residentes no país e no exterior, que serão contabilizados na conta financeira. A questão estaria correta se estivesse escrito algo do tipo "(...) Nessa situação, a transação deve ser registrada na conta financeira da CCF do balanço de pagamentos brasileiro".

A conta de capital registra as transferências unilaterais de ativos reais, financeiros e intangíveis entre residentes e não residentes. A principal diferença em relação às transferências unilaterais correntes é o fato de que as transferências de capital envolvem direitos de propriedade sobre ativos, em vez de renda.

Na metodologia do BPM5 do balanço de pagamentos no Brasil, a conta de capital é dividida em duas categorias: (i) transferências unilaterais de capital, que incluem ativos reais e financeiros; e (ii) transferências de bens não financeiros não produzidos, que incluem, por exemplo, cessão de patentes e direitos autorais sem contrapartida financeira.

3. Exercícios Propostos

01. (Economista/Instituto Federal de Educação, Ciência e Tecnologia de Tocantins/2012) - O Balanço de Pagamentos contém o registro de:

a) Somente as transacoes externas com mercadorias e servicos.

b) Apenas as transacoes de movimento de capital, exceto as amortizacoes.

c) Transacoes de mercadorias e de movimentos de capital.

d) Todas as transacoes economicas e financeiras de um pais com o exterior.

---

02. (Economista/Instituto Federal de Educação, Ciência e Tecnologia de Tocantins/2012) - Se houver um déficit em transações correntes, o equilíbrio do Balanço de Pagamentos:

a) Exigira, obrigatoriamente, o ingresso de capitais de risco.

b) Tanto pode ser obtido atraves do ingresso de capitais autonomos, como por movimentos induzidos de capital (emprestimos oficiais).

c) Nao podera ser obtido a curto prazo.

d) Forcara uma reducao da remessa de juros para o exterior.

---

03. (Instituto Machado de Assis/Economista/Prefeitura Municipal de Campo Maior/2012) – O balanço de pagamentos é constituído de dois grandes grupos de contas: conta corrente ou transações correntes e conta capital ou movimento de capitais. Considerando a conta capital, qual dos itens abaixo NÃO faz parte de sua estrutura.

a) Remuneração do capital na forma de juros.

b) Investimentos diretos.

c) Investimentos em ações e títulos.

d) Empréstimos e amortizações.

---

04. (UFG/Economista/Prefeitura Municipal de Goiânia/2012) – No caso de déficit em transações correntes, o equilíbrio do Balanço de Pagamentos poderá ser obtido

a) pelo aumento das exportações e pelo aumento do pagamento de juros para o exterior.

b) pela redução das reservas internacionais e pelo aumento da remessa de lucros para o exterior.

c) pela amortização de empréstimos feitos ao exterior e pelo aumento das importações.

d) pelo ingresso de capitais autônomos e empréstimos oficiais.

---

05. (MSCONCURSOS/Economista/IPAG – RS/2012) – Sobre as contas nacionais do Brasil, assinale a alternativa CORRETA:

a) A conta Transferência Unilateral representa o saldo das receitas e despesas com turistas.

b) A conta Reinvestimentos se refere ao capital de não residentes no país aplicados no país, sejam estes diretos ou em carteira.

c) A conta de Rendas de Capital registra os empréstimos recebidos do exterior e concedidos para outros países, tanto para governos quanto para empresas.

d) A conta Transportes e Seguros representa as negociações internacionais dos chamados bem intangíveis, e os rendimentos de investimentos.

e) O Balanço de Pagamentos representa um resumo contábil das transações econômicas que esse país faz com o resto do mundo, durante certo período de tempo.

---

06. (MSCONCURSOS/Economista/IPAG – RS/2012) - O Sistema de Contas Nacionais é composto por várias demonstrações contábeis, sendo que uma delas é o Balanço de Pagamentos. Sobre este é CORRETO afirmar que:

a) Dentro da Balança Comercial, encontra-se a conta Erros e Omissões.

b) Na conta Balança de Serviços encontram-se Amortizações.

c)   A conta Variação de Reservas pertence ao grupo Balança de Capitais.

d)   O saldo do Balanço de Pagamentos é formado pelas Transações Compensatórias mais Balança de Transações Correntes.

e)   Empréstimos à Curto Prazo faz parte do grupo Balança de Capitais.

---

07. (Fundação Dom Cintra/Economista/Prefeitura Municipal de Petrópolis/2012) - Quando um país apresenta déficit em transações correntes, vai apresentar também:

a)   déficit no balanço de pagamentos;

b)   superávit na balança comercial;

c)   necessidade de atrair capitais;

d)   transferências líquidas recebidas;

e)   superávit no balanço de pagamentos.

---

08. (AOCP Concursos/Economista/Governo do Estado de Tocantins/2012) - O Balanço de Pagamentos constitui-se como uma demonstração contábil em que se dá o registro de todas as transações comerciais e financeiras realizadas entre residentes e não residentes de uma determinada economia. Acerca da estrutura do Balanço de Pagamentos, assinale a alternativa correta.

a)   O saldo líquido das operações de crédito integra a conta de capital e financeira.

b)   O saldo líquido dos investimentos econômicos (capital reprodutível) integra as contas correntes.

c)   O saldo líquido de aplicações financeiras integra as contas correntes.

d)   As remessas autônomas de indivíduos, empresas e governos, bem como outros tipos de doações são inerentes à conta de capital e financeira.

e)   Os saldos líquidos das remessas de rendas dos fatores produtivos trabalho e capital integram as contas correntes.

---

09. (PROGRAD/Economista/Universidade Federal Fluminense/2012) - Na estrutura básica do Balanço de Pagamentos, aquilo que corresponde à presença das exportações nas vendas de bens e serviços localmente produzidos, bem como ao conteúdo de importações nas compras domésticas (bens finais e intermediários), denomina-se:

a)   passivo externo líquido;

b)   transferências unilaterais;

c)   quadro de serviços não-de-fatores;

d)   balança comercial e de serviços não-de-fatores;

e)   serviço de fatores.

---

10. (NEC/Economista/Universidade Federal do Maranhão/2012) - Considerando a estrutura da Balança de Pagamentos é correto afirmar:

a)   A balança de pagamentos se subdivide em: Balança Comercial, Balança de Serviços e Balança de Transações Correntes.

b)   As despesas com seguros e serviços dos produtos exportados/importados estão inclusos na balança comercial.

c)   Entradas de equipamentos estão inclusos na subconta rendas de capital.

d)   A balança de serviços representa as negociações internacionais dos chamados bens invisíveis e os rendimentos de investimentos.

e)   Empréstimos recebidos do exterior estão na Balança de Serviços.

11. (Economista/VALEC Engenharia, Construções e Ferrovias S. A./2012) – Considere somente as contas da Balança de Serviços das contas representadas a seguir do Balanço de Pagamentos.

Exportação de bens	256.040
Importação de bens	-226.233
Transportes	-8.334
Viagens internacionais	-14.709
Seguros	-1.212
Computação e informação	-3.800
Royalties e licenças	-2.710
Lucros e dividendos	-27.379
Juros de títulos de renda fixa	-1.377
Transferências unilaterais de capital	1.580
Investimento brasileiro direto	1.029
Investimento estrangeiro direto	66.660
Empréstimo intercompanhia	11.878
Investimento em Carteira	35.311

O saldo da Balança de Serviços é:

a) – 29.714

b) – 59.521

c) – 57.941

d) – 31.466

e) 56.937

12. (Fundação Carlos Chagas/Economista/Infraero/2011) – Provoca o aumento do estoque de reservas internacionais

a) a importação de bens.

b) o pagamento de juros da dívida externa.

c) a contratação de empréstimos estrangeiros por empresas nacionais.

d) a remessa de lucros e *royalties* para o exterior.

e) a aquisição de participações societárias no exterior.

13. (Economista/Companhia Integrada de Desenvolvimento Agrícola de Santa Catarina/2011) – Sobre o balanço de pagamentos, é correto afirmar:

a. ( ) É necessariamente expresso em moeda estrangeira.

b. ( ) A conta capital e financeira registra operações que não envolvem alterações nos ativos ou passivos externos.

c. ( ) Na conta de importação de bens e serviços são registradas as remunerações de fatores de produção de propriedade de não-residentes.

d. ( ) Investimento estrangeiro em carteira significa a carteira de empresas de propriedade de não-residentes.

e. ( ) Um déficit em transações correntes é compensado por um superávit na conta capital e financeira, por redução das reservas internacionais ou uma combinação de ambos.

14. **(Economista/Departamento Municipal de Água e Esgotos de Porto Alegre – DMAE/2011) – Suponha as seguintes operações do Brasil em um determinado ano medidas em dólares.**

    I. O Brasil importa, pagando à vista, mercadorias no valor de 100 milhões.

    II. Ingressam no Brasil, sob forma de investimento direto, sem cobertura cambial, 25 milhões em equipamentos.

    III. O Brasil recebe 10 milhões de donativos sob a forma de mercadorias.

    IV. O Brasil recebe, em moeda, um empréstimo compensatório do FMI, para a regularização do déficit do balanço de pagamentos, no valor de 500 milhões.

    V. O Banco Central do Brasil monetiza ouro no valor de 50 milhões.

    VI. O Brasil deixa de pagar juros da dívida no valor de 300 milhões.

    VII. O Brasil exporta, pagando à vista, mercadorias no valor de 100 milhões.

    Tendo como referência as operações, e correto afirmar que

    a) o saldo do balanço comercial brasileiro é zero.

    b) deve-se registrar a operação (III) da seguinte forma: transferências unilaterais = + 10 milhões; haveres de curto prazo no exterior = – 10 milhões.

    c) o saldo do balanço de pagamentos em conta corrente é zero.

    d) deve-se registrar a operação (V) da seguinte forma: ouro monetário = – 50 milhões; contrapartida para monetização = + 50 milhões.

    e) deve-se registrar a operação (VI) da seguinte forma: amortizações = + 300 milhões; atrasados = – 300 milhões.

15. **(Fundação Universa/Economista/Embratur/2011) – com referência à estrutura do balanço de pagamentos, assinale a alternativa correta.**

    a) O saldo do balanço de transações correntes é obtido mediante a diferença entre as contas da balança comerciam com serviços e rendas e com transferências unilaterais correntes.

    b) A conta serviços e rendas é formada pelas exportações e pelas importações.

    c) O saldo do balanço de pagamentos é constituído pelo somatório das contas do balanço de transações correntes com a conta capital e financeira com a variação de reservas.

    d) A conta serviços e rendas é constituída pelos donativos ou doações.

    e) O saldo do balanço de transações correntes é obtido mediante o somatório das contas da balança comercial, com serviços e rendas, e com transferências unilaterais correntes.

16. **(FUNDEP/Economista/Prefeitura Municipal de Contagem/2011) – Analise os seguintes dados e informações extraídos do demonstrativo do Saldo em Transações Correntes (em US$ milhões) do Balanço de Pagamentos do Brasil, relativo ao exercício de 2009.**

    Déficit em Conta Corrente = 24.334

    Superávit em Transferências Unilaterais = 3.263

    Déficit na Balança de Serviços = 19.260

    Déficit no Balanço de Rendas = 33.684

    Exportações = 152.995

    Com base nesses dados e informações, é *CORRETO* afirmar que, em 2009, o valor das

    Importações brasileiras foi de

    a) 52.994.

    b) 25.347.

    c) 127.648.

    d) 180.592.

17. **(Economista/Prefeitura Municipal de Maracanaú/2011) - As contas do Balanço de Pagamento são divididas em dois grandes grupos, assinale o item que apresenta as contas corretas:**

a) Serviços e Renda;

b) Comerciais e Financeira;

c) Operacionais e Caixa;

d) Capital e Financeira;

e) Fluxo e Estoque.

18. **(MSCONCURSOS/Economista/Prefeitura Municipal de Pelotas/2011) - A situação econômica internacional de um país pode ser avaliada observando seu Balanço de Pagamentos – resumo contábil das transações econômicas que este país faz com outros países. Elaborado pelo Banco Central, o Balanço de Pagamentos brasileiro registra, como crédito:**

a) Importações de bens e serviços.

b) Exportação de bens e serviços.

c) Compras de ativos de estrangeiros.

d) Reembolsos de capital a estrangeiros.

19. **(Fundação CEFET Bahia/Economista/Empresa Baiana de Alimentos S.A – EBAL/2010) - Sobre o Balanço de Pagamentos de um país, pode-se afirmar:**

a) As transações correntes do Balanço de Pagamentos são subdivididas em três contas: a balança comercial, a conta de capital e as transferências unilaterais.

b) Para que haja superávit nas transações correntes desse país é condição suficiente que ele apresente um volume de exportações superior ao de importações.

c) A amortização de dívidas de um país, em relação aos credores internacionais, gera um débito na conta de capitais do balanço de pagamentos do país.

d) O envio de lucros e dividendos das empresas multinacionais para o exterior não altera o balanço de pagamentos em função da globalização da economia mundial.

e) Um país, necessariamente, terá que dar o calote nos seus credores, se o balanço de pagamentos registrar déficit e não houver reservas internacionais suficientes.

20. **(Fundação Getúlio Vargas/Economista/BADESC/2010) – Analise os lançamentos no Balanço de Pagamentos de um país durante um ano.**

Exportação de bens 152.994

Importação de bens .... –127.647

Transferências Unilaterais Correntes 2.314

Viagens internacionais .... –5.593

Investimento brasileiro direto 10.084

Investimento estrangeiro direto 25.948

Royalties e licenças .... –2.078

Lucros e dividendos .... –17.765

O saldo em transações correntes desse país é:

a) 2.225.

b) –5.106.

c) –2.792.

d) 1.535.

e) 8.414.

21. **(Fundação Universa/Economista/COFECON/2010) - Com base nos conceitos referentes à estrutura do balanço de pagamentos, assinale a alternativa correta.**

   a) Balanço de serviços corresponde a um item do balanço de pagamentos em que são lançadas as exportações e as importações de mercadorias, em termos FOB.

   b) Conta capital e financeira é a parte do balanço de pagamentos relativa às transações com capitais internacionais, físicos ou monetários. Compõe-se dos seguintes itens: investimentos diretos, reinvestimentos, empréstimos e financiamentos autônomos e amortizações.

   c) Balanço de transações correntes é o item do balanço de pagamentos em que são lançadas as transações com serviços, como fretes, seguros, viagens internacionais, juros, lucros, *royalties*, assistência técnica etc.

   d) Balança comercial é o registro contábil de todas as transações de um país com o resto do mundo.

   e) O balanço de pagamentos é constituído somente pelas seguintes subdivisões: balança comercial; serviços e rendas e as transferências unilaterais correntes.

22. **(Fundação Cesgranrio/Economista/Eletrobrás/2010) - A conta corrente do balanço de pagamentos de um país**

   está superavitária quando ocorre uma redução no pagamento

   de juros e dividendos para o exterior. Em consequência,

   a) aumenta o *superavit* em conta corrente.

   b) aumenta a entrada líquida de capitais externos.

   c) há uma queda nas reservas de divisas internacionais

   dos residentes do país.

   d) há uma desvalorização cambial da moeda do país.

   e) não se altera o *superavit* em conta corrente.

23. **(Fundação Dom Cintra/Economista/FUNASA/2010) – No Balanço de Pagamentos, a conta na qual são contabilizados os créditos comerciais, empréstimos e financiamentos, além das disponibilidades em moedas e depósitos, é denominada:**

   a) serviços e rendas

   b) capital e financeira

   c) outros investimentos

   d) participação no capital

   e) transferências unilaterais correntes

24. **(CONUPE/Analista de Transporte I – Economista/Governo do Estado de Pernambuco/2010) – A estrutura do balanço internacional de pagamentos é definida a partir da natureza das transações, que se agrupam em duas grandes categorias de contas – as transações correntes e os movimentos de capitais. Acerca do tema proposto, indique a alternativa que contém, exclusivamente, contas da categoria de transações correntes.**

   a) Rendas de capitais; seguros; amortizações.

   b) Exportações de mercadorias; serviços governamentais; erros e omissões .

   c) Amortizações; viagens internacionais; investimentos e financiamentos de longo prazo.

   d) Importações de mercadorias; exportações de mercadorias; erros e omissões .

   e) Outros serviços; rendas de capitais; importações de mercadorias.

25. (Fundação Dom Cintra/Economista/Ministério da Agricultura, Pecuária e Abastecimento/2010) - Os itens do Balanço de Serviços referentes a pagamentos a empresas estrangeiras, na forma de fretes, seguros e transporte, denominam-se:

a) serviços de não-fatores;

b) serviços de fatores;

c) royalties;

d) renda líquida do exterior;

e) renda enviada ao exterior.

26. (BIORIO Concursos/Economista/Prefeitura Municipal de Barra Mansa/2010) - Seguindo as definições do balanço de pagamentos é correto afirmar que:

a) o saldo da conta de capital é igual a soma da balança comercial com a renda líquida de investimentos e as transferências recebidas do exterior;

b) o saldo da balança comercial é igual aos fluxos líquidos de capital vindos do resto do mundo;

c) a conta de transações correntes e a conta de capital são imagens espelhadas uma da outra;

d) o déficit na balança comercial é sempre compensado com um superávit na conta de capital;

e) o valor das exportações maior do que o das importações implica em superávit da conta corrente.

27. (Fundação Carlos Chagas/Economista/Sergipe Gas S.A./2010) - Se a Conta Corrente do Balanço de Pagamentos de um país for superavitária, isto implica que

a) a balança comercial é igualmente superavitária.

b) o saldo da conta financeira é nula.

c) a poupança do Resto do Mundo é negativa.

d) o déficit do balanço de serviços é superior, em valor absoluto, ao superávit da balança comercial.

e) o país está perdendo reservas internacionais.

28. (CETRO/Auditor-Fiscal Tributário Municipal – Área: Gestão Tributária/Prefeitura do Município de São Paulo/2014) - Considere as seguintes operações internacionais efetuadas por um país, em determinado período de tempo:

O país exportou mercadorias no valor de $700 milhões de dólares, recebendo à vista.

O país importou mercadorias no valor de $600 milhões de dólares, pagando à vista.

O país pagou $380 milhões de dólares, à vista, referente a juros, lucros e aluguéis.

O país amortizou empréstimo no valor de $20 milhões de dólares.

Ingressaram, no país, máquinas e equipamentos no valor de $350 milhões de dólares.

Ingressaram, no país, $80 milhões de dólares, sob a forma de capitais de curto prazo.

O país realizou doação de medicamentos no valor de $50 milhões de dólares.

Tomando por base as informações acima, pode-se afirmar que as reservas do país, no período, apresentaram

a) elevação de $80 milhões de dólares.

b) elevação de $130 milhões de dólares.

c) diminuição de $120 milhões de dólares.

d) diminuição de $200 milhões de dólares.

e) diminuição de $220 milhões de dólares.

29. (Consulplan/Economista/Companhia das Docas do Rio Grande do Norte/2014) - O balanço de pagamentos é o instrumento macroeconômico contábil utilizado pelos países que transacionam bens e serviços e o movimento dos capitais entre si. É também um instrumento de política econômica indispensável para auxiliá-los a quantificar as divisas alheias que são cambiadas entre si, sendo seu gerenciamento de extrema importância para condução econômica do país. Neste encaminhamento, assinale o saldo das transações correntes (TC) (em milhões) do Balanço de Pagamentos, considerando os seguintes dados:

Dados	Em milhões R$
Investimento Direto	50
Juros, Lucros e Dividendos	-50
Empréstimos a Médio e Longo Prazo	120
Erros e Omissões	-20
Exportações	1.200
Importações	300
Serviços que não são fatores	80
Transferências Unilaterais	150
Empréstimos a Curto Prazo	10

a) 1.080.

b) 1.130.

c) 1.140.

d) 1.300.

e) 1.330.

Enunciado para as questões de números 30 e 31.

Em um certo ano, um país exportou $1 000, importou $800, ambos os valores FOB (*free on board*). Recebeu turistas que gastaram $100, pagou juros de $300 e recebeu $300 em investimentos diretos.

30. (VUNESP/Economista/Agência de Desenvolvimento Paulista – Desenvolve SP/2014) – O saldo da Balança Comercial é:

a) zero.

b) $100.

c) $200.

d) $300.

e) $400.

31. (VUNESP/Economista/Agência de Desenvolvimento Paulista – Desenvolve SP/2014) – O saldo em Transações Correntes é:

a) zero.

b) $100.

c) $200.

d) $300.

e) $400.

32. (Instituto Federal Farroupilha/Economista/Secretaria de Educação Profissional e Tecnológica/Ministério da Educação/2014) - Entre as afirmações a seguir, umas são verdadeiras, outras falsas. Examine-as com atenção e marque a alternativa que corresponda com sua interpretação.

I. Um determinado país registra déficit em transações correntes quando suas receitas cambiais são superiores às suas despesas cambiais com exportações de mercadorias e serviços, desde que o movimento líquido das transferências unilaterais seja igual a zero.

II. O endividamento externo de um país decorre, diretamente, do ingresso líquido de capitais sobre a forma de investimentos estrangeiros de risco.

III. Dada uma situação de equilíbrio em transações correntes a obtenção de equilíbrio no balanço de pagamentos tanto pode ser realizada via ingresso de capitais autônomos, como por movimentos induzidos de capital.

IV. Supondo-se superávit na balanças comercial, ocorrem, necessariamente, tensões inflacionárias internas, desde que a economia esteja operando a níveis bem inferiores aos de pleno emprego dos fatores.

V. Os superávits do Balanço internacional de pagamentos implicam acumulação de haveres financeiros externos; de um lado, eles podem exercer efeitos internos perversos, geralmente de conteúdo inflacionário, desde que a acumulação de reservas cambiais se transforme em fator de expansão da base monetária; de outro lado, quando resultantes de saldos positivos em transações correntes, implicam desacumulação externa líquida.

A sequência correta é:

a) F - F - F - V - V
b) V - F - V - F - F
c) V - F - V - V - F
d) F - F - V - F - V
e) F - V - V - F - V

33. (Universidade Federal Fronteira do Sul/Economista/2014) - Considere V (verdadeiro) e F (falso). Sobre o Balanço de Pagamentos, pode-se afirmar que:

( ) A Balança Comercial tende a diminuir o superávit ou aumentar o déficit com uma desvalorização cambial.

( ) A Balança de Capital tende a aumentar o superávit ou diminuir o déficit diante de uma elevação da taxa de juros doméstica.

( ) O pagamento de juros da dívida externa deve ser contabilizado na Balança de Serviços.

( ) O Saldo do Balanço de Pagamentos, em qualquer valor apresentado, mantém inalteradas as Reservas em Moeda Estrangeira do país (Reservas Internacionais).

A sequência CORRETA, de cima para baixo, é:

a) V, V, F, F.
b) V, F, F, V.
c) F, V, V, F.
d) V, V, V, V.
e) F, F, F, F.

34. (Fundação Carlos Chagas/Agente Técnico – Economista/Ministério Público do Estado do Amazonas/2013) - Considerando a estrutura do Balanço de Pagamentos do Brasil, a única transação que não induz à diminuição do estoque de reservas internacionais é

a) a aquisição de aviões para a Força Aérea Brasileira.

b) a remessa de *royalties* por empresas de alta tecnologia com matrizes no exterior.

c) o pagamento do principal de empréstimos contraídos junto a bancos no exterior.

d) o envio de doações humanitárias a países africanos.

e) a venda de empresas brasileiras a estrangeiros que não operavam no país.

35. (Economista/Departamento Municipal de Água e Esgotos de Porto Alegre – DMAE/2011) – Tendo como referência a estrutura geral do Balanço de Pagamentos e considerando que os erros e omissões são zero, pode-se afirmar que

a) se o saldo em transações correntes é deficitário, então a conta de capital compensatório apresentará um saldo positivo.

b) se o saldo da conta de capital compensatório é zero, então o saldo da conta de capital autônomo é igual ao saldo em transações correntes.

c) se o saldo em transações correntes e o saldo da conta de capital compensatório são ambos positivos, então o saldo da conta de capital autônomo é negativo.

d) se o saldo total do balanço de pagamentos é positivo, então a conta de capital compensatório apresentará um saldo também positivo.

e) N.R.A.

36. (VUNESP/Agente Técnico – Economista/Ministério Público do Estado do Espírito Santo/2013) - Os seguintes dados foram extraídos do Balanço de pagamentos de 2011 publicado pelo Banco Central do Brasil, em milhões de dólares

Déficit em Transações Correntes	52.480
Déficit no Balanço de Serviços	37.952
Déficit no Balanço de Rendas	47.319
Superávit em Transações Unilaterais Correntes	2.984

Pode-se concluir, a partir das informações fornecidas, que o superávit da balança comercial (FOB) naquele ano correspondeu, em milhões de dólares, a

a) 29.807.

b) 24.995.

c) 35.775.

d) 32.791.

e) 27.853.

37. (FGV Projetos/Economista/Secretaria de Estado de Saúde do Amazonas – SUSAM/2014) - Em relação à estrutura de *balanço de pagamentos*, analise as afirmativas a seguir.

I. A balança de transações correntes é composta pelas balanças comercial, de serviços e de rendas e pelas transferências unilaterais correntes.

II. A transferência líquida de recursos ao exterior é, por definição, igual ao hiato de recursos.

III. A remessa de juros ao exterior afeta positivamente o saldo dos capitais compensatórios.

Assinale:

a) se somente a afirmativa I estiver correta.

b) se somente a afirmativa II estiver correta.

c) se somente as afirmativas I e II estiverem corretas.

d) se somente as afirmativas I e III estiverem corretas.

e) se todas as afirmativas estiverem corretas.

38. (Economista/CELESC Distribuição S.A./2013) - Observe as informações abaixo:

Saldo da Balança Comercial	29
Saldo de Viagens Internacionais	-14
Investimento Estrangeiro Direto (saldo)	16
Empréstimos e Financiamentos (saldo)	20
Saldo em Transportes Internacionais	-8
Juros Pagos	-6

Considerando que os itens não descritos acima são nulos, o saldo em transações correntes é igual a:

a) 4

b) 10

c) 15

d) 26

e) 40

39. (Fundação Cesgranrio/Economista Jr./Petrobrás Distribuidora S.A./2011) - Considere que a discrepância estatística seja nula no cálculo do balanço de pagamentos de um país. Esse país apresenta um saldo nulo de tal balanço quando

a) a soma do saldo em transações correntes e o saldo da conta capital se anulam, de forma que o primeiro é financiado pelo segundo.

b) a soma do saldo em transações correntes, da conta capital e da conta financeira, excluindo as reservas, for nula.

c) o saldo em transações correntes é totalmente financiado por empréstimos internacionais incluindo os movimentos de reservas.

d) o saldo das exportações se iguala ao saldo das importações e das transferências unilaterais líquidas.

e) o saldo dos ativos estrangeiros mantidos no país e o dos ativos do país, mantidos no exterior, se anulam.

40. (ESAF/Analista de Planejamento e Orçamento/2010) - Quanto ao balanço de pagamentos de um país, sabe-se que:

a) o saldo total do balanço de pagamentos é igual à soma da balança comercial com o balanço de serviços e rendas e as transferências unilaterais correntes, salvo erros e omissões.

b) o saldo das transações correntes, se positivo (*superávit*), implica redução em igual medida do endividamento externo bruto, no período.

c) o saldo total do balanço de pagamentos é igual à soma da balança comercial com a conta de serviços e rendas, salvo erros e omissões.

d) a conta Capital e Financeira iguala (com sinal trocado) o saldo total do balanço de pagamentos.

e) a conta Capital e Financeira iguala (com o sinal trocado) o saldo de transações correntes, salvo erros e omissões.

41. (Cespe-UnB/Diplomata – Terceiro Secretário/Instituto Rio Branco/2014) – Julgue o item a seguir como verdadeiro ou falso:

Para administrar a conta movimento de capitais compensatórios, a autoridade monetária dispõe das reservas de caixa e dos empréstimos de regularização, não sendo instrumento para essa finalidade a operação denominada atrasados, que é um mecanismo contábil usado para debitar amortizações e creditar movimentos de capitais compensatórios.

42. (Economista/VALEC Engenharia, Construções e Ferrovias S.A./2012) - Sobre a dinâmica do Balanço de Pagamentos é correto afirmar que:

a) a conta Haveres da Autoridade Monetária apresenta sinal contrário e igual ao valor à conta movimento de capitais, sob o regime flutuante;

b) uma crise cambial com ataque especulativo ocorre sob um regime de câmbio fixo no qual existe superávit estrutural no saldo em transações correntes;

c) um aumento das reservas internacionais de um país significa que esse país apresenta superávit na conta de Transações Correntes do Balanço de Pagamentos;

d) no sistema de câmbio flexível movimentos na taxa de câmbio ajustam os saldos de Transações Correntes e Movimento de Capitais de forma a equilibrar o Balanço de Pagamentos;

e) uma diminuição das reservas internacionais, sob um regime de câmbio fixo, resulta em valorização cambial e retorno ao equilíbrio do Balanço de Pagamentos.

43. (AOCP Concursos Públicos/Economista/Companhia de Saneamento de Sergipe – DESO/2013) - É muito raro o comércio exterior de um país ser precisamente equilibrado. A diferença entre exportações e as importações de bens e serviços é conhecida como

a) saldo em transações individuais.

b) gastos em transações correntes.

c) saldo em transações correntes.

d) gastos em transações individuais.

e) excedentes em transações individuais.

44. (FGV Projetos/Economista/Defensoria Pública do Estado do Rio de Janeiro/2014) - Em 2013, o país apresentou um déficit recorde de transações correntes, com um acumulado no ano de mais de 80 bilhões de dólares. Como forma de reverter esse déficit, uma das possíveis políticas seria

a) gerar os incentivos para o aumento do investimento direto de empresas estrangeiras no Brasil.

b) reduzir os custos de transação para compra de ações de empresas brasileiras.

c) aperfeiçoar o cálculo dos saldos do balanço de pagamentos para reduzir os erros e omissões.

d) estimular o envio de lucros de empresas estrangeiras a suas matrizes no exterior.

e) reduzir a tributação sobre produtos exportados por empresas brasileiras.

45. (Planejamento e Execução IESES/Analista Judiciário – Economista/Tribunal de Justiça do Estado do Maranhão/2009) – Sobre o Balanço de pagamentos é correto afirmar que:

a) O Balanço de pagamentos registra única e exclusivamente todos os pagamentos feitos por não residentes aos residentes de um país.

b) O Balanço de pagamentos registra todas as transações entre residentes e não residentes de um país num determinado período de tempo.

c) O Balanço de pagamentos registra única e exclusivamente todos os pagamentos feitos por residentes aos não residentes de um país.

d) O Balanço de pagamentos registra todas as transações entre residentes de um país num determinado período de tempo.

46. (Planejamento e Execução IESES/Analista Judiciário – Economista/Tribunal de Justiça do Estado do Maranhão/2009) – Sobre o Balanço de pagamentos é INCORRETO afirmar que:

a) A Balança de serviços registra a movimentação de serviços tais como a remessa de lucros, juros e despesas com transportes.

b) O movimento de capitais registra os investimentos, empréstimos, financiamentos e demais capitais financeiros entre países.

c) A Balança Comercial registra o saldo das exportações, importações e movimentos cambiais de um país em um determinado período.

d) A Balança Comercial registra a movimentação de mercadorias, ou seja, exportações e importações.

47. (Analista de Gestão Organizacional – Economista/PRODEPA/2008) – Em se tratando do Balanço de Pagamentos de um país que apresenta num determinado exercício um déficit conjuntural e, considerando que este país não dispõe de reservas cambiais, não mantém saldos bancários no exterior e nem possui ouro. Nessa situação, para saldar o déficit do Balanço de Pagamentos, o país pode recorrer a um empréstimo bancário no exterior. Referido empréstimo é denominado Empréstimo:

a) Compensatório.

b) Compulsório.

c) Moratório.

d) de segurança.

48. (Fundação Cesgranrio/Especialista em Regulação de Petróleo e Derivados, Álcool Combustível e Gás Natural – Especialidade: Economia/Agência Nacional de Petróleo/2008) – Quando um país tem um *deficit* no balanço comercial do seu balanço de pagamentos, pode-se afirmar que

a) as exportações são menores que as importações.

b) as reservas internacionais do banco central estão em queda.

c) a taxa de câmbio (preço da moeda estrangeira em moeda local) vai se desvalorizar.

d) a taxa de câmbio (preço da moeda estrangeira em moeda local) vai se valorizar.

e) há um *deficit* em conta corrente no balanço de pagamentos.

49. (Fundação Cesgranrio/Economista/Banco Nacional de Desenvolvimento Econômico e Social – BNDES/2008) – Na conta de transações correntes do balanço de pagamentos do país, entre outros itens, registram-se as(os)

a) exportações e os investimentos estrangeiros que trazem divisas para o país.

b) exportações e as importações de mercadorias feitas pelos residentes no país.

c) variações das reservas internacionais no Banco Central.

d) empréstimos e os financiamentos de longo prazo.

e) pagamentos de juros e de amortizações de capital recebidos do exterior.

50. (Fundação Cesgranrio/Economista/Instituto Estadual do Ambiente – INEA - RJ/2008) – Quando um país apresenta *superavit* no seu balanço comercial, certamente,

a) a taxa de câmbio (preço da moeda estrangeira em moeda doméstica) se desvaloriza.

b) a taxa de juros aumenta.

c) o banco central do país acumula reservas.

d) o país apresenta *superavit* na conta corrente do balanço de pagamentos.

e) as exportações excedem as importações.

51. (Fundação Cesgranrio/Economista/Petrobrás/2008) – No balanço de pagamentos de um país, se os juros e os dividendos líquidos pagos ao exterior forem vultosos,

a) serão registrados como transferências unilaterais.

b) serão registrados na conta de capital.

c) serão registrados na conta corrente.

d) causarão, necessariamente, uma desvalorização cambial da moeda do país.

e) causarão, necessariamente, um aumento nas reservas internacionais do país.

52. (Fundação Getúlio Vargas/Economista/Assembleia Legislativa do Estado de Mato Grosso/2013) - Considere as seguintes nomenclaturas:

PIB = Produto Interno Bruto; PNB = Produto Nacional Bruto.

Assinale a alternativa que indica a estática comparativa que está de acordo com as identidades macroeconômicas básicas.

a) Um aumento da depreciação reduz o PIB a preços de mercado.

b) Um aumento dos impostos indiretos eleva o PIB a custo de fatores.

c) Uma redução da renda líquida enviada ao exterior aumenta o PNB a custo de fatores.

d) Um aumento dos impostos diretos sobre as famílias reduz a renda nacional.

e) Uma redução dos aluguéis aumenta a poupança privada.

53. (Fundação Carlos Chagas/Analista de Planejamento e Orçamento/SEAD-SEPLAN-PI/2013) - De acordo com os princípios macroeconômicos, há uma concepção de que a produção de elevados e constantes superávits do balanço de pagamentos, ou seja, a entrada de divisas superior à saída, seja um sinal de robustez da economia. Os dois saldos de grupos que impactam o resultado do balanço de pagamentos de acordo com sua estrutura, são classificados como

a) renda de investimentos e transações correntes.

b) balança comercial e transações correntes.

c) transações correntes e conta financeira.

d) conta financeira e investimento estrangeiro.

e) transferências unilaterais correntes e balança comercial.

54. (ESAF/Analista de Comércio Exterior/MDIC/2012) - Não faz parte da conta de serviço do balanço de pagamentos as despesas e/ou receitas realizadas entre residentes e não residentes de um país:

a) com corretagens.

b) com *Royalties* e licenças.

c) com aluguéis de equipamentos.

d) com eventos culturais e recreacionais.

e) com as aplicações em fundos de renda fixa.

55. (CESPE-UnB/Economista/CADE-Ministério da Justiça/2014) – Julgue o item a seguir como verdadeiro ou falso.

O saldo do balanço de pagamentos em transações correntes corresponde ao somatório do saldo da balança comercial, da balança de serviços e das transferências unilaterais. O saldo destas ultimas corresponde a diferença entre recebimentos e pagamentos de donativos.

56. **(Instituto Federal de Educação, Ciência e Tecnologia/Economia/Paraíba/2014) - Um Balanço de Pagamentos pode ser considerado deficitário em uma das seguintes situações. Assinale-a.**
   a) Saída líquida de capitais autônomos e transações correntes deficitárias.
   b) Transferências unilaterais com saldo negativo e balanço de serviços deficitário.
   c) Exportações menores do que as importações em bens e serviços.
   d) Saldo da Balança de Transações Correntes deficitário.
   e) Entrada líquida de capitais autônomos superior ao déficit das transações correntes.

57. **(Instituto Federal de Educação, Ciência e Tecnologia/Economia/Paraíba/2014) - Considerando um país que paga juros sobre sua dívida externa para outro país credor, tem-se a seguinte transação registrada no Balanço de Pagamentos do país devedor:**
   a) O valor será registrado com sinal negativo no balanço de serviços.
   b) O valor será registrado com sinal positivo no balanço de serviços.
   c) O valor será registrado com sinal negativo no balanço de capitais autônomos.
   d) O valor será registrado com sinal positivo no balanço de capitais autônomos.
   e) O valor será registrado com sinal negativo na rubrica das transferências unilaterais.

58. **(Fundação Carlos Chagas/Analista de Gestão – Economia/SABESP/2014) - A balança comercial é o principal indicador do comportamento das exportações e das importações de um país em um determinado período, impactando diretamente no comportamento da produção das indústrias nacionais. As importações são favoráveis para a produção da indústria de um país quando**
   a) favorecem a comercialização de produtos importados substituindo os de produção local.
   b) promovem a inovação tecnológica.
   c) o governo do país incentiva a entrada de bens de consumo importados para controle da inflação.
   d) existe a importação de um produto usado.
   e) existe a importação de um produto com produção similar no mercado interno.

59. **(Fundação Carlos Chagas/Analista Desenvolvimento Gestão Jr. – Economia/Metrô-SP/2014) - Analise a tabela a seguir.**

Operação realizada por um país	Rubrica de Conta
1. Investimento Direto	I. Conta capital
2. Bens não financeiros não produzidos – cessão de marcas e patentes	II. Conta de serviço e rendas
3. Aluguel de equipamentos	III. Balança comercial
4. Viagens internacionais	IV. Conta financeira

As corretas correlações entre a operação realizada por um país e a rubrica de contas às quais essas operações podem pertencer estão expressas em:
   a) 1-II – 2-II – 3-I – 4-I.
   b) 1-IV – 2-I – 3-II – 4-II.
   c) 1-II – 2-III – 3-I – 4-IV.
   d) 1-IV – 2-II – 3-I – 4-III.
   e) 1-III – 2-I – 3-III – 4-II.

60. (Fundação Cesgranrio/Economista/Petrobrás/2008) – O balanço comercial de um país é superavitário em US$ 30 bilhões, mas seu *superavit* em conta corrente é de US$ 5 bilhões, e as transferências unilaterais líquidas são nulas. Isto indica que

a) as importações estão muito elevadas.

b) a poupança externa é positiva.

c) a entrada líquida de capital externo é positiva.

d) o país está perdendo reservas internacionais.

e) há um *deficit* no balanço de serviços.

61. (Fundação Getúlio Vargas/Economista/Assembleia Legislativa do Estado de Mato Grosso/2013) – Segundo o sistema de contas nacionais brasileiro, uma queda dos passivos externos líquidos, mantido tudo o mais constante, implica:

a) um superávit das transações correntes.

b) uma poupança externa positiva.

c) um saldo positivo das contas capital e financeira e de capitais compensatórios.

d) um superávit da conta de rendas.

e) uma queda da posição internacional líquida de investimento.

62. (Vunesp/Analista Nível I – Economia/CEAGESP/2010) - Um país apresenta, ao final de um ano, R$ 200 milhões em exportações, R$ 300 milhões em importações, R$ 100 milhões em gastos de turistas estrangeiros, R$ 50 milhões em pagamentos de juros ao exterior e R$ 200 milhões em investimento direto do exterior. O saldo da conta Transações Correntes é

a) negativo em R$ 50 milhões.

b) zero.

c) positivo em R$ 50 milhões.

d) positivo em R$ 100 milhões.

e) positivo em R$ 150 milhões.

63. (Fundação Cesgranrio/Análise Socioeconômica/IBGE/2010) – Um país recebe do exterior poupança externa positiva no valor de US$ 30 bilhões. Isso significa que, no seu balanço de pagamentos, a(o)

a) conta capital é superavitária em US$ 30 bilhões.

b) conta-corrente é deficitária em US$ 30 bilhões.

c) dívida externa está se reduzindo.

d) acumulação de reservas em divisas internacionais é positiva.

e) balanço comercial é superavitário.

64. (IADES/Analista Administrativo – Economia/Empresa Brasileira de Serviços Hospitalares/2013) - Analise os dados a seguir, extraídos do Balanço de Pagamentos de agosto de 2012.

Balanço de Pagamentos	
Exportações	22.381
Importações	19.155
Serviços	-3.011
Rendas	-3.063
Transferências Unilaterais	280

Balanço de Pagamentos	
Investimento Direto	3.660
Investimentos em Carteira	2.109
Erros e Omissões	333
Variação das Reservas Internacionais	-493

Fonte: Banco Central do Brasil – em US$ milhões

O saldo de Transações Correntes do Balanço de Pagamentos é:

a) $ -2.568.

b) $ -493.

c) $ 3.041.

d) $ 3.534.

e) $ 41.315.

65. (Fundação Getúlio Vargas/Economista/Superintendência do Desenvolvimento do Nordeste/2013) - Em relação aos efeitos sobre o Balanço de Pagamentos (BP), assinale V para a afirmativa verdadeira e F para a falsa, considerando tudo o mais mantido constante.

( ) Uma melhora do saldo da Balança Comercial gera também uma melhora no saldo do BP.

( ) Um investimento em carteira, como aquisição de ações e títulos de renda fixa, não afeta o saldo do BP.

( ) Um aumento do saldo da conta de capitais compensatórios eleva também o saldo do BP.

As afirmativas são, respectivamente,

a) F, V e F.

b) V, F e F.

c) V, F e V.

d) V, V e F.

e) V, V e V.

66. (Vunesp/Economista/Fundação Universidade Federal do ABC/2013) – Os seguintes dados, em US$ milhões, foram extraídos do Balanço de Pagamentos do Brasil relativos ao ano de 2012:

Superávit da balança comercial	19.415
Déficit na balança de serviços	41.044
Déficit em transações correntes	54.230
Déficit da conta capital	1.877
Superávit da conta financeira	72.030
Erros e omissões (superávit)	2.977

A partir desses dados, pode-se concluir que as reservas internacionais do Brasil aumentaram, em milhões de dólares, no ano de 2012, em:

a) 15.923.

b) 17.023.

c) 18.900.

d) 19.930.

e) 21.823.

67. **(PROAD/Economista/Universidade Federal de Mato Grosso/2013) – O saldo do Balanço de Pagamentos, desprezando-se erros e omissões, é a soma de:**

a) Balanço Comercial, de Serviços e Movimento de Capitais Autônomos.

b) Balanço de Transações Correntes e Movimento de Capitais Autônomos.

c) Balanço Comercial, de Serviços e Transferências Unilaterais.

d) Balanço de Transações Correntes e Transferências Unilaterais.

68. **(SUGEP/Economista/Universidade Federal Rural de Pernambuco/2013) - Se as importações de um país forem maiores que as suas exportações, então:**

a) a moeda do país tenderá a se desvalorizar em relação à moeda estrangeira.

b) a balança comercial será deficitária.

c) a economia do país tenderá à recessão.

d) a conta corrente do Balanço de Pagamentos será deficitária.

e) as reservas de divisas internacionais diminuirão.

69. **(SUGEP/Economista/Universidade Federal Rural de Pernambuco/2013) – Os lucros remetidos pelas empresas estrangeiras no país e os lucros reinvestidos por empresas estrangeiras instaladas no país são registrados, respectivamente, a débito e a crédito, na seguinte subconta do Balanço de Pagamentos:**

a) investimentos.

b) transferências unilaterais.

c) rendas de capital.

d) reinvestimentos.

e) amortizações.

70. **(Economista/Universidade Federal de Alfenas/2013) - Suponha que o país "A" teve as seguintes movimentações no Balanço de Pagamentos (BP) no ano de 2013.**

1. O país "A" exporta 5000 unidades monetárias (u.m.) em mercadorias.

2. O país "A" importa 2000 u.m. em mercadorias.

3. Os cidadãos do resto do mundo gastam 25 u.m. em viagens ao país "A".

4. O país "A" paga 30 u.m. em frete de mercadorias importadas a empresas do resto do mundo.

5. O país "A" recebe doações de 15 u.m. do resto do mundo devido a enchentes que assolaram determinadas regiões do país.

6. Os cidadãos do resto do mundo recebem 110 u.m. em dividendos pagos por ações compradas no país "A", e remetem esse valor para o seu país de origem.

7. Os cidadãos do país "A" recebem 145 u.m. em lucros de investimentos em atividades produtivas no resto do mundo.

8. Cidadãos do resto do mundo investem 250 u.m. na abertura de uma empresa no país "A".

9. Cidadãos residentes no país "A" compram 400 u.m. em ações de empresas do resto do mundo.

Em relação a esse país "A", no que concerne à situação do BP e suas contas no final do período, infere-se que:

a) O saldo da Balança Comercial é positivo de 2970 u.m.

b) A conta de serviços e rendas tem um saldo positivo de 30 u.m.

c) A Conta Capital e Financeira apresenta um saldo negativo de 115 u.m.

d) O Resultado do Balanço de Transações Correntes é 3030 u.m. positivo.

e) O resultado do Balanço de Pagamentos do país "A" é positivo e de 2865 u.m.

71. (Fundação Carlos Chagas/Analista de Regulação – Economista/ARCE/2012). Foram extraídos os seguintes dados, em milhões de dólares americanos, do Balanço de Pagamentos do Brasil em 2010 publicado no Boletim do Banco Central do Brasil do mesmo ano:

Superávit da balança comercial 20.221

Entrada líquida de investimentos diretos 36.919

Erros e omissões (valor negativo) .... (3.196)

Resultado positivo do balanço de pagamentos 49.101

Déficit de Transações Correntes 47.365

Entrada líquida de investimentos em carteira 63.011

Pode-se concluir, com base nos dados fornecidos, que a soma dos saldos da conta capital e da conta financeira foi, em milhões de dólares americanos, igual a:

a) 99.662.

b) 96.466.

c) 102.858.

d) 86.020.

e) 99.930.

72. (Economista/Câmara Municipal de Teresina/2012) – Se as importações de um país forem maiores que as suas exportações:

a) a moeda do país tenderá a se desvalorizar em relação à moeda estrangeira.

b) a balança comercial será deficitária.

c) a economia do país tenderá à recessão.

d) a conta corrente do balanço de pagamento será deficitária.

e) as reservas de divisas internacionais diminuirão.

GABARITO DO CAPÍTULO 1

01 – D	11 – B	21 – B	31 – A	41 – F	51 – C	61 – A	71 – A
02 – B	12 – C	22 – A	32 – D	42 – D	52 – C	62 – A	72 – B
03 – A	13 – E	23 – C	33 – C	43 – C	53 – C	63 – B	
04 – D	14 – D	24 – E	34 – E	44 – E	54 – E	64 – A	
05 – E	15 – E	25 – A	35 – C	45 – B	55 – V	65 – B	
06 – E	16 – C	26 – C	36 – A	46 – C	56 – A	66 – C	
07 – C	17 – C	27 – C	37 – D	47 – A	57 – A	67 – B	
08 – A	18 – B	28 – E	38 – A	48 – A	58 – B	68 – B	
09 – D	19 – C	29 – A	39 – B	49 – B	59 – B	69 – C	
10 – D	20 – A	30 – C	40 – E	50 – E	60 – E	70 – B	

Capítulo 2

Contabilidade Nacional

1. Exercícios Resolvidos da Teoria Econômica da Contabilidade Nacional

1.1. Exercícios Resolvidos do Tipo "Múltipla Escolha"

01. **(FUNCAB/Economista/Departamento de Estradas de Rodagem e Transporte – DER/2010) – A macroeconomia tem interesse inegável para todos os indivíduos e sociedades, uma vez que as questões macroeconômicas fundamentais visam, em última instância, influenciar o bem-estar em um país no qual todos estão inseridos. Neste sentido, abaixo há uma opção que NÃO condiz com as características de um ambiente macroeconômico. Assinale tal opção.**

a) A macroeconomia apresenta uma visão simplificada da realidade para, assim, explicar a conduta dos agentes econômicos e a evolução das variáveis agregadas em um determinado país.

b) Na macroeconomia são elaborados modelos que pretendem ilustrar o funcionamento da economia em suas individualidades (famílias e empresas) através da formação dos preços em um mercado específico.

c) Na macroeconomia, os distintos bens e serviços, assim como os mercados são agregados até serem reduzidos a um só bem genérico, que representa o conjunto de todos os produtos produzidos em um país.

d) Pelo ramo da macroeconomia, são estudadas as variáveis econômicas agregadas, como a produção da economia em seu conjunto, denominada produção agregada, ou mesmo o nível geral de preços.

e) Pelo ramo da macroeconomia, verifica-se que há o estudo do funcionamenteo da economia em seu conjunto, permitindo conhecer o nível da atividade econômica de um determinado país e atuar sobre ele.

Solução:

A resposta é a letra "b". A elaboração de modelos que pretendem ilustrar o funcionamento da economia em suas individualidades (famílias e empresas) através da formação dos preços em um mercado específico é objeto de análise da Microeconomia. Todos os demais itens estão corretos.

02. **(FUNCAB/Economista/Departamento de Estradas de Rodagem e Transporte – DER/2010) – A política macroeconômica é o conjunto de medidas do governo que tentam influenciar o andamento da economia de um país. Neste sentido, dentre os objetivos-chave desta política, podemos constatar, marcando a alternativa correta.**

a) A elevação do nível de emprego, a estabilidade do nível de preços e a satisfação do consumidor.

b) O controle do déficit público, o controle do déficit externo e a maximização da receita das empresas.

c) O crescimento do produto interno bruto, a estabilidade do nível de preços e o nível de emprego elevado.

d) A elevação do nível de emprego, o controle do déficit externo e a maximização do lucro das empresas.

e) A satisfação do consumidor, a maximização da receita das empresas e o crescimento do produto interno bruto.

Solução:

A resposta é a letra "c". Temas como satisfação do consumidor e maximização da receita (do lucro) das empresas são analisados na Microeconomia.

03. **(Centro de Seleção UFG/Técnico em Planejamento, Orçamento e Finanças – Economia/Universidade do Estado do Amapá/2014) – O cálculo do produto interno bruto (PIB) a preço de mercado, pela ótica da produção, corresponde:**

a) ao somatório do consumo (C), investimento (I), gastos do governo (G), mais gastos dos brasileiros no exterior (BE), sendo descrito em fórmula, como: PIB = C + I +G + BE.

b) à soma das remunerações dos fatores de produção [salário (S), lucros (L), juros (J) e dividendos (D)] mais tributos indiretos (T) menos subsídios (S), sendo descrito em fórmula, como: PIB = S + L + J + D + (T – S).

c) ao valor bruto da produção (VBP) menos o valor dos insumos adquiridos de outras empresas para processamento, ou seja, o consumo intermediário (CI) mais tributos indiretos (T) subtraído dos subsídios (S), sendo descrito, em fórmula, como: PIB = VBP – CI + (T –S).

d) ao valor líquido da produção (VLP) menos o valor dos insumos adquiridos de outras empresas para processamento, ou seja, o consumo intermediário (CI), mais tributos indiretos (T) e subsídios (S), sendo descrito, em fórmula, como: PIB = VLP – CI + T + S.

Solução:

A resposta é a letra "c". Em um conceito mais abrangente, define-se o valor agregado ou valor adicionado como sendo igual ao valor bruto da produção ou valor total da produção (VBP) menos o consumo de bens e serviços intermediários, mais tributos indiretos subtraídos dos subsídios, ou seja: PIB = VBP – CI + (T –S).

04. **(Fundação Getúlio Vargas/Economista/Companhia de Desenvolvimento Urbano do Estado da Bahia/2013) – De acordo com os conceitos da Contabilidade Nacional, assinale a afirmativa correta.**

a) O PIB a preços de mercado pode ser computado como o valor bruto da produção em cada etapa da cadeia produtiva.

b) O PIB a custo de fatores é definido como a soma dos salários e do excedente operacional bruto.

c) A renda interna é por definição a renda nacional de um país.

d) Quando os impostos indiretos e subsídios são nulos, o PIB a custo de fatores iguala o PIB a preços de mercado.

e) No cômputo da despesa interna bruta a preços de mercado, inclui-se as exportações e importações tanto dos não fatores como dos fatores de produção.

Solução:

A resposta é a letra "d", pois, sabemos que o PIB a preços de mercado menos os impostos indiretos e mais os subsídios resulta no PIB a custo de fatores. Caso os impostos indiretos e os subsídios são nulos, o PIB a custo de fatores iguala o PIB a preços de mercado.

---

05. (Vunesp/Agente Técnico – Economista/Ministério Público do Estado do Espírito Santo/2013) – Do Sistema de contas nacionais do Brasil, foram extraídas as seguintes informações em milhões de reais, relativas ao ano de 2009:

Formação Bruta de Capital (inclusive variação de estoques)	577.846
Produto Interno Bruto	3.239.404
Exportação de Bens e Serviços	355.653
Importação de Bens e Serviços	360.847

Pode-se concluir que a Despesa de Consumo Final em nosso país naquele ano correspondeu, em milhões de reais, a

a) 3.100.750.

b) 2.666.752.

c) 2.656.364.

d) 2.588.624.

e) 1.945.058.

Solução:

A resposta é a letra "b", conforme cálculo a seguir descrito.

$$PIB = C + \underbrace{\left(FBKF + \Delta e\right)}_{I} + G + X - M \Rightarrow 3.239.404$$

$$= \underbrace{\left(C + G\right)}_{CF} + 577.846 + 355.653 - 360.847 \Rightarrow CF$$

$$= 3.239.404 - 577.846 - 355.653 + 360.847 \Rightarrow CF = 2.666.752$$

---

06. (UEPA/Fiscal de Receitas Estaduais/SEFAZ-PA/2013) - Sobre o Produto Interno Bruto (PIB), analise as afirmativas abaixo e assinale a alternativa correta:

I. Quando se calcula o Produto Interno Bruto (PIB) pelo método do dispêndio divide-se a produção em quatro categorias: consumo das famílias, investimentos privados, gasto público e exportações líquidas. As exportações líquidas entram no cálculo do PIB com sinal negativo.

II. O gasto público compreende o consumo do setor público. As aquisições de bens de capital em uma economia são computadas na categoria "investimentos" para o cálculo do Produto Interno Bruto (PIB).

III. O Produto Interno Bruto (PIB) nominal é medido a preços correntes. Quando se objetiva medir o PIB a preços constantes de um dado ano qualquer, é preciso utilizar um deflator que represente o crescimento da inflação no período. Assim, o PIB real será dado pela equação: PIB real = ((PIB nominal/Índice de preços) x 100).

IV. A variação de estoques não deve ser incluída no cálculo do investimento privado, a ser considerado no Produto Interno Bruto (PIB) de uma economia. Assim, o investimento líquido é que é relevante para esse fim.

A alternativa que apresenta todas as afirmativas corretas é:

a) III

b) I

c) I e III

d) I e II

e) III e IV

Solução:

A resposta é o item "a", indicando que apenas o item III é correto. O item I está falso porque as exportações líquidas (a diferença entre exportações e importações) entram no cálculo do PIB com sinal positivo. Além disso, na maior parte dos livros-textos de macroeconomia, quando se calcula o PIB de uma economia, a rubrica "investimentos" refere-se ao investimento agregado da economia, incorporando tanto investimento do setor público quanto investimento do setor privado. Mas há alguns poucos livros-textos de macroeconomia indicando que essa rubrica se refere apenas aos investimentos privados, ao passo que na rubrica "gastos governamentais" incorpora-se tanto o consumo corrente do governo quanto as despesas com investimentos públicos.

O item II está falso porque o gasto público pode se dividir em despesa corrente, representando o consumo do setor público, quanto em despesa de capital, por exemplo, investimento público, o qual compõe, juntamente com o investimento privado, o investimento agregado. Isso ocorre porque a formação bruta de capital fixo advém tanto do setor público quanto do setor privado.

O item IV está falso, uma vez que investimento agregado é definido como sendo a soma da formação bruta de capital fixo e variação de estoques. Em contabilidade nacional, o investimento agregado divide-se em investimento privado e em investimento público. Logo, teremos formação bruta de capital fixo do setor privado e formação bruta de capital fixo do setor bruto. Por analogia, teremos variações de estoque no setor público e no setor privado. Quando uma empresa realiza determinado volume de produção do qual apenas uma parte será vendida, o restante da produção, ou seja, estoque, passa a ser considerado na teoria macroeconômica como sendo investimento, de maneira específica, um aumento da capacidade de consumo futuro.

---

07. **(Fundação Getúlio Vargas/Economista/Assembleia Legislativa do Estado do Mato Grosso/2013) – Segundo o sistema de contas nacionais brasileiro, uma queda dos passivos externos líquidos, mantido tudo o mais constante, implica:**

a) um superávit das transações correntes.

b) uma poupança externa positiva.

c) um saldo positivo das contas capital e financeira e de capitais compensatórios.

d) um superávit da conta de rendas.

e) uma queda da posição internacional líquida de investimento.

Solução:

A resposta é a letra "a". Sabemos que um déficit em transações correntes equivale a uma poupança externa positiva que, por sua vez, resulta em um aumento dos passivos externos líquidos. Portanto, uma queda dos passivos externos líquidos resulta em uma poupança externa negativa e um superávit das transações correntes.

08. (Fundação Getúlio Vargas/Economista/Assembleia Legislativa do Estado do Mato Grosso/2013) –
Considere as seguintes nomenclaturas:
PIB = Produto Interno Bruto; PNB = Produto Nacional Bruto.

Assinale a alternativa que indica a estática comparativa que está de acordo com as identidades macroeconômicas básicas.

a) Um aumento da depreciação reduz o PIB a preços de mercado.

b) Um aumento dos impostos indiretos eleva o PIB a custo de fatores.

c) Uma redução da renda líquida enviada ao exterior aumenta o PNB a custo de fatores.

d) Um aumento dos impostos diretos sobre as famílias reduz a renda nacional.

e) Uma redução dos aluguéis aumenta a poupança privada.

Solução:

A resposta é a letra "c". Sabemos que a diferença entre o PIB e a RLE resulta no PNB, ou seja: PIB – RLE = PNB. Assim, uma redução da renda líquida enviada ao exterior fará com que o PIB diminua e o PNB aumente. Quando a depreciação for nula, PIB = PNB.

09. (PUC-PR/Economista/Defensoria Pública do Estado do Pará/2012) – As estimativas do valor do Produto Interno Bruto em um país são feitas em termos nominais. Para que se possa ter uma informação do comportamento do Produto Interno Bruto em termos reais, deve-se:

a) Eliminar as diferenças entre a inflação no país e a inflação média dos principais parceiros comerciais do país.

b) Eliminar as variações ocorridas no nível geral dos preços no país, em relação a um determinado período-base.

c) Eliminar as variações ocorridas na tributação sobre a produção durante o período.

d) Eliminar as variações sofridas pela taxa de juros no país no período.

e) Eliminar as variações da taxa de câmbio durante o período.

Solução:

A resposta é a letra "b". Conforme visto, o PIB real é obtido dividindo-se o PIB nominal pelo deflator do PIB (um indicador da variação geral dos preços a partir de um período-base), de modo a eliminar do cálculo as variações de preços.

10. (ISAE/Economista/Assembleia Legislativa do Amazonas/2011) – Com relação aos conceitos de produto nacional e agregados macroeconômicos, analise as afirmativas a seguir.

I. Em países desenvolvidos, nos quais as receitas recebidas do exterior são maiores que as enviadas, o PNB (Produto Nacional Bruto) é menor que o PIB (Produto Interno Bruto).

II. A poupança nacional (S) de uma economia fechada pode ser derivada da equação de Demanda Agregada e pode ser expressa como: S = Y – C – I – G.

III. O deflator implícito é a razão entre o PIB Nominal e o PIB Real e pode ser considerado como uma medida de inflação.

Assinale:

a) se somente a afirmativa II estiver correta.

b) se somente a afirmativa III estiver correta.

c) se somente as afirmativas I e II estiverem corretas.

d) se somente as afirmativas II e III estiverem corretas.

e) se todas as afirmativas estiverem corretas.

Solução:

A resposta é a letra "b", em que apenas a afirmativa III está correta. O item I está falso pois, em países desenvolvidos, o PNB é maior que o PIB. O item II está falso pois a poupança em uma economia fechada é dada por: $S = Y - C$.

---

11. **(Fundação Cesgranrio/Economista Júnior/Petrobrás/2011) - No que concerne à Contabilidade Nacional, um instrumento que registra os principais agregados macroeconômicos de um país, assim como o balanço de pagamentos, todas as afirmações a seguir estão corretas, EXCETO**

   a) a poupança doméstica é uma variável de fluxo e não de estoque.

   b) a contrapartida da entrada de investimentos diretos é o pagamento de lucros e dividendos que são contabilizados juntamente com o próprio fluxo de investimentos diretos, nas transações correntes do Balanço de Pagamentos.

   c) a variação de estoques é uma das componentes da rubrica investimentos, de forma que uma situação de acúmulo indesejado de estoques por parte dos produtores leva a um aumento do produto interno bruto na economia.

   d) o *déficit* primário corresponde aos gastos correntes do governo (em consumo e em investimento) subtraído da receita com impostos e, portanto, não leva em consideração o pagamento de juros da dívida interna.

   e) segundo a identidade contábil de igualdade entre investimento e poupança, a soma dos investimentos públicos e privados equivale ao conjunto da soma das poupanças dos setores públicos e privados e do *déficit* em transações correntes.

Solução:

A alternativa errada é a letra "b". Na metodologia antiga do balanço de pagamentos, a contrapartida da entrada de investimentos diretos é a conta haveres. Contudo, caso se trate de entrada de investimentos diretos sem cobertura cambial, a contrapartida é a conta importação, na balança comercial. Todos os demais itens estão corretos.

---

12. **(Fundação Cesgranrio/Analista do Banco Central do Brasil/2010) - O Produto Interno Bruto de um país, num certo ano, é menor que o seu Produto Nacional Bruto, no mesmo ano, se a(o)**

   a) entrada de poupança externa for elevada.

   b) entrada líquida de capitais do exterior exceder as importações.

   c) renda líquida recebida do exterior for positiva.

   d) reserva em divisas estrangeiras, no Banco Central, aumentar.

   e) superávit no balanço comercial e de serviços for positivo.

Solução:

A resposta é a letra "C", pois PIB menos a RLE é igual ao PNB.

1.2. Exercícios Resolvidos do Tipo "Verdadeiro ou Falso"

---

01. **(CESPE-UnB/Economista/CADE – Ministério da Justiça/2014) – Julgue o item a seguir, como verdadeiro ou falso.**

   Na macroeconomia, quando se avaliam as relações que se estabelecem entre produto, renda, consumo e investimento, pressupõe-se que todo produto será vendido.

Solução:

Verdadeiro, pois na relação que se estabelecem entre determinadas variáveis macroeconômicas, como o produto agregado, a renda agregada, o consumo agregado e o investimento agregado, pressupõe-se que todo produto será vendido aos agentes da economia.

---

02. (Cespe-UnB/Analista Legislativo – Atribuição: Consultor Legislativo – Área IX/Câmara dos Deputados/2014) – Julgue o item a seguir como verdadeiro ou falso:

A diferença básica entre o Produto Interno Bruto (PIB) e o Produto Nacional Bruto (PNB) é que o PIB mede o produto gerado dentro das fronteiras do país tanto por cidadãos quanto por estrangeiros, ao passo que o PNB mede o produto gerado pelos cidadãos do país, independentemente de sua localização no mundo.

Solução:

Esse item é verdadeiro. O PIB é a produção realizada dentro do país seja por residentes ou não residentes, ou seja, é um conceito meramente geográfico. O PNB é a produção que pertence ao país, que utiliza recursos que pertencem ao país independente do local onde se dá a produção, isto é, trata-se de um conceito de titularidade.

---

03. (CESPE-UnB /Analista Legislativo – Atribuição: Consultor Legislativo – Área IX/Câmara dos Deputados/2014) – Julgue o item a seguir, como verdadeiro ou falso.

As informações referentes a recursos financeiros, institucionais e legais do governo são irrelevantes e, portanto, dispensáveis em termos de extração de dados agregados para análise macroeconômica de um país.

Solução:

Falso. As informações relacionadas ao setor governo são relevantes para a análise macroeconômica de um país, pois o setor financeiro, além de ser um dos setores da economia, possui fluxos de entrada e de saída com os demais setores.

---

04. (CESPE-UNB/Economista/Ministério da Justiça/2013) – Em relação ao sistema de contas nacionais e à atual metodologia de balanço de pagamentos, julgue os itens a seguir, considerando que PIB, sempre que usado, refere-se a produto interno bruto.

(0) O país que, em determinado ano, envie liquidamente rendas ao exterior terá o produto nacional bruto maior que o PIB no período.

Solução:

Falso. O país que, em determinado ano, envie liquidamente rendas ao exterior terá o produto interno bruto maior que o produto nacional bruto no período. Lembre-se que: PIB – RLEE = PNB.

(1) Os estoques acumulados no ano de 2012 devem ser contabilizados como investimento em 2012 e contribuirão para o PIB do ano em que forem comercializados.

Solução:

Falso, de fato em 2012 os estoques devem ser contabilizados como investimento, pois O Investimento é composto da soma de FBKF com a variação de estoque e desse modo em 2012 contribuirão para a formação do PIB pela ótica do produto. Porém no ano em que serão comercializados não entram no PIB, pois será uma simplestroca de titularidade. A primeira afirmação do ítem é verdadeira, mas a segunda afirmação é falsa o que torna o ítem falso como um todo.

(2) O PIB a preço de mercado é equivalente ao PIB a custo de fatores adicionado dos impostos indiretos e deduzido dos subsídios.

Solução:

Verdadeiro. Lembre-se que: $PIB_{pm} = PIB_{cf} +$ Impostos Indiretos – Subsídios.

---

05. (CESPE-UNB/Economista/Ministério da Saúde/2013) – Com relação ao sistema de contas nacionais e às identidades macroeconômicas, julgue os itens subsequentes.

(0) Se a poupança externa de um país for positiva, esse país apresenta, necessariamente, déficit na balança comercial.

Solução:

Falso. Se a poupança externa de um país for positiva, esse país apresenta déficit em transações correntes: $+S_e = -T$.

(1) Em uma economia fechada, o produto nacional bruto é igual ao produto interno bruto.

Solução:

Sabemos que a diferença entre produto interno bruto e produto nacional bruto envolve a renda líquida enviada ou recebida do exterior, isto é:

$$PIB \xrightarrow{-RLE} PNB$$

$$PIB \xrightarrow{+RLRE} PNB$$

Caso se trate de uma economia fechada, isto é, sem relações econômicas com o resto do mundo, não haverá RLE ou RLRE, de modo que o produto nacional bruto é igual ao produto interno bruto.

---

06. (Cespe-UnB/Analista do Banco Central do Brasil/1998) – Na teoria econômica, muitas vezes é oportuno classificar as variáveis como sendo do tipo "estoque" ou "fluxo". Tomando como caso os conceitos de dívida e deficit público, podemos dizer que:

a) a dívida pública pode ser considerada como uma variável do tipo "fluxo", enquanto o deficit público pode ser considerado como uma variável do tipo "estoque".

b) a dívida pública pode ser considerada como uma variável do tipo "estoque", enquanto o deficit público pode ser considerado como uma variável do tipo "fluxo".

c) tanto a dívida pública quanto o deficit público são variáveis "fluxo".

d) tanto a dívida pública quanto o deficit público são variáveis "estoque".

e) dependendo do enfoque, tanto o deficit público quanto a dívida pública podem ser considerados variáveis "estoque" ou variáveis "fluxo".

Solução:

A resposta é a letra "b". O deficit público é uma variável "fluxo", pois é medido em período de tempo. Já a dívida pública é uma variável "estoque", pois é avaliada em determinado momento do tempo. O déficit público é a variação do estoque da dívida pública. A dívida pública é formada pelos déficits públicos acumulados.

07. (Cespe-UnB/Economista Júnior – Petrobras/2001) – Julgue o item a seguir como verdadeiro ou falso.

A queda do valor das ações das empresas, recentemente observada no mercado acionário brasileiro, causa uma diminuição no investimento, reduzindo, assim, o produto interno bruto (PIB).

Solução:

Esse item é falso, pois aquisição de títulos ou ações é aplicação financeira, mas não investimento, não há redução do investimento agregado nem do PIB de uma economia. Note que, por exemplo, a queda do valor das ações das empresas, recentemente observada no mercado acionário brasileiro, não causa uma diminuição no investimento, nem redução do produto interno bruto (PIB).

08. (Cespe-UnB/Escrivão da Política Federal/1999) – Julgue o item a seguir como verdadeiro ou falso.

O dinheiro depositado por uma família em uma caderneta de poupança, junto a um banco comercial, quando utilizado para comprar um apartamento usado, é computado, simultaneamente, como poupança e como investimento.

Solução:

Esse item é falso, pois a utilização da poupança, sacada do banco para uma compra, é uma despoupança, pois reduz a poupança global. Enquanto, conforme já visto, a aquisição de um apartamento usado (produzido, portanto, em outro ano), não configura um investimento e, por conseguinte, não é computado no PIB.

09. (Cespe-UnB/Analista Legislativo – Ciências Econômicas/ Assembleia Legislativa do Estado do Ceará/2011) - Considere que uma economia hipotética apresente os seguintes dados.

Conta	Valores em R$
Salários	400
Aluguéis	200
Juros	100
Lucros	40
Depreciação	40
Consumo das famílias	300
Gasto do governo	400
Variação de estoques	50
Renda líquida enviada ao exterior	100
Impostos indiretos	200
Subsídios	80

(0) De acordo com os esses dados, o produto interno bruto a preços de mercado da economia em questão é igual a R$ 900,00.

Solução:

Falso. Em regra na ótica da renda a soma de salários, aluguéis, juros e lucros (retidos e distribuídos) representa a remuneração dos fatores de produção apenas dos residentes, isto é, não contém a remuneração dos fatores de produção dos não residentes (que nada mais senão a renda líquida enviada ao exterior), e assim temos que : salários + aluguéis + juros +lucros (distribuídos e retidos) + Impostos diretos líquidos de transferências das empresas (ID – transferências) + outras recitas do governo (ORG) = RNLcf = PNLcf. Desse modo temos então:

Dados	Valor (em R$)
(+) Salários	400
(+) Aluguéis	200
(+) Juros	100
(+) Lucros (Distribuídos e Retidos)	40
(+) Impostos diretos das empresas	0
(-) transferencias a empresas	0
(+) Outras Receitas do Governo (ORG)	0
(=) RNL_{cf} = PNL_{cf} = **Renda Nacional**	**740**
(+) Depreciação	40
(=) PNB_{cf}	**780**
(+) Impostos Indiretos	200
(-) Subsídios	80
(=) PNB_{pm}	**900**
(+) RLE	100
(=) PIB_{pm}	**1000**
(-) Depreciação	40
(=) PIL_{pm}	**960**
(-) Impostos Indiretos	200
(+) Subsídios	80
(=) RIL_{cf} = PIL_{cf}	**840**
(-) RLE	**100**
(=) RNL_{cf} = PNL_{cf} = **Renda Nacional**	**740**
(-) Lucros retidos das empresas	-
(-) Impostos diretos das empresas	-
(-) Contribuições previdenciárias das empresas	-
(-) Outras receitas governamentais	-
(+) Transferências governamentais	-
(+) Juros pagos pelo governo a pessoas	-
(+) Juros pagos por pessoas a pessoas	-
(=) **Renda Pessoal**	
(-) Impostos diretos das pessoas	-
(=) **Renda Pessoal Disponível**	-

Caso consideremos a soma de salários, aluguéis, juros e lucros (retidos e distribuídos) como a remuneração dos fatores de produção de residentes e não residentes, então o PIBpm seria apenas 900,pois a renda líquida enviada ao exterior (RLE) já estaria sendo contabilizada e precisaríamos extorná-la e então o PIBpm seria 900 = 1000 -100.

(1) Considere que determinada economia hipotética apresente os seguintes agregados macroeconômicos.

Conta	Valores em R$
Salários	50
Juros	10
Aluguéis	20
Lucros Distribuídos	5
Impostos Diretos	30
Transferências Governamentais	20

De acordo com esses agregados macroeconômicos, é correto afirmar que a renda pessoal disponível na economia em apreço é de R$ 75,00.

Solução:

Esse item é verdadeiro, conforme demonstração a seguir. Primeiro, precisamos obter o valor da renda nacional (que, por convenção, é a renda nacional líquida a custo de fatores). Em seguida, obtemos o valor da renda pessoal e, finalmente, da renda pessoal disponível.

Dados	Valor (em R$)
(+) Salários	50
(+) Aluguéis	20
(+) Juros	10
(+) Lucros (Distribuídos e Retidos)	5
(+) Impostos diretos das empresas	0
(-) transferencias a empresas	0
(+) Outras Receitas do Governo (ORG)	0
(=) $RNL_{cf} = PNL_{cf}$ = Renda Nacional	85
(-) Lucros retidos das empresas	-
(-) Impostos diretos das empresas	-
(-) Contribuições previdenciárias das empresas	-
(-) Outras receitas governamentais	-
(+) Transferências governamentais	20
(+) Juros pagos pelo governo a pessoas	-
(+) Juros pagos por pessoas a pessoas	-
(=) Renda Pessoal	105
(-) Impostos diretos das pessoas	30
(=) Renda Pessoal Disponível	75

(2) O modelo do fluxo circular da renda permite medir o produto da economia pelas despesas e pela renda, o que leva à identidade produto = renda = despesa. Do ponto de vista das famílias, o valor despendido para a produção é igual à soma das rendas obtidas (salários, lucros, juros e aluguéis).

Solução:

Falso. A teoria tradicional do fluxo circular da renda leva em conta uma economia no curto prazo fechada e sem governo. Utilizando o modelo do fluxo circular de renda, é possível medir o produto da economia quer pelas despesas, quer pela renda. No modelo de fluxo circular da renda, do ponto de vista das famílias, a despesa para a aquisição de bens e serviços é igual à soma das rendas, isto é, da remuneração dos fatores de produção (salários, lucros, juros e aluguéis). Do ponto de vista das empresas, o valor despendido para a produção (despesas) é equivalente ao valor recebido pela venda dos bens e serviços (renda).

(3) Sob a ótica da renda, o conceito de renda nacional líquida a custo de fatores é o mais utilizado e corresponde ao somatório dos salários, lucros, juros e aluguéis.

Solução:

O gabarito oficial indica que esse item é verdadeiro. Para o item ser considerado como verdadeiro temos que a renda nacional líquida a custo de fatores é o somatório dos salários, lucros, juros e aluguéis relativos à remuneração dos fatores de produção dos residentes apenas, sem considerar a remuneração dos fatores de produção dos não residentes (RLE), pois, neste caso teríamos a renda interna líquida.

De fato gostaríamos de destacar que a Renda Interna Líquida a custo de fatores – RIL_{cf} (que, por convenção, é denominada de apenas de Renda Interna, e equivale ao Produto Interno Líquido a custo de fatores - PIL_{cf}) corresponde ao total da remuneração efetuada pelas unidades produtivas de um país aos proprietários dos fatores de produção, como contrapartida pela utilização de seus serviços para efetivar a produção interna. Ou seja, é o total das remunerações pagas aos proprietários dos fatores de produção que colaboraram na produção interna de bens e serviços, independentemente de serem residentes no país ou no exterior. Ao subtrairmos a renda líquida enviada ao exterior do conceito de renda interna líquida a custo de fatores, obteremos a renda nacional líquida a custo de fatores.

(4) No âmbito das contas nacionais no Brasil, entende-se a atividade de produção como um processo físico realizado sob responsabilidade, controle e gestão de uma unidade institucional, na qual o trabalho e o capital são utilizados para transformar matérias-primas em outros bens e serviços.

Solução:

Verdadeiro. Sob uma perspectiva microeconômica, trabalho e capital são insumos utilizados na produção das firmas (empresas).

(5) Considerando que a poupança bruta do setor privado e o saldo em conta-corrente do governo sejam constantes, o fato de o governo tomar decisão de aumentar o déficit em transação corrente do balanço de pagamentos acarretará redução das possibilidades de investimento na economia.

Solução:

Falso. Denotaremos:

T= saldo em conta-corrente do balanço de pagamento.

(-T) = déficit em conta-corrente do balanço de pagamento

Si = poupança interna

Sp = poupança privada

Sg = poupança do governo ou saldo em conta-corrente do governo

Sabemos que T= Si – I, ou seja: I = Si – T = Sp + Sg + (-T), o ítem afirma que, considerando Sp e Sg constente se (-T) aumenta então o Invrstiemnto I diminui, o que é, claramente falso pela equação, ou seja, considerando Sp e Sg constante se (-T) aumenta então o investimento I também aumentará.

(6) Normalmente, nas economias abertas, déficit orçamentário leva a déficits gêmeos.

Solução:

Verdadeiro. A hipótese dos déficits gêmeos fundamenta em duas explicações teóricas, a saber, o Modelo Mundell-Fleming e a Teoria Keynesiana da Absorção.

A abordagem do Modelo Mundell-Fleming (FLEMING, 1962[1]; MUNDELL, 1963[2]) postula que, sob o regime de câmbio flexível, o aumento do déficit orçamentário resulta em um aumento da demanda agregada e da taxa real de juros doméstica que, por consequência, aumenta a entrada líquida de capitais internacionais no país. O excesso de moeda estrangeira no país resulta em uma apreciação real da moeda nacional e a deterioração da balança comercial por meio do desestimulo as exportações e aumento das importações, impactando em uma deterioração do saldo em conta corrente.

A segunda explicação teórica da relação entre os déficits gêmeos é a Teoria Keynesiana da Absorção, a qual sugere que um aumento no déficit governamental irá provocar um aumento na absorção doméstica e, portanto, na renda doméstica. O aumento na renda doméstica irá estimular as importações e, eventualmente, provocará déficits na balança comercial e em conta corrente do balanço de pagamentos[3].

A hipótese dos déficits gêmeos surge da afirmação de que o déficit público resultaria em um déficit em transações correntes. Apesar de não haver um consenso nos resultados empíricos de estudos relacionados ao tema, essa relação é demonstrada teoricamente por meio das identidades macroeconômicas para uma economia aberta e com governo. Desse modo, partindo do pressuposto macroeconômico de que o investimento é igual à poupança, tem-se:

---

[1] FLEMING, J. M. Domestic financial policies under fixed and under floating exchange rates. *Staff Papers of International Monetary Fund*, v. 10, p. 369-380, 1962.

[2] MUNDELL, R. A. Capital mobility and stabilization policy under fixed and flexible exchange rates. *Canadian Journal of Economics and Political Science*, v. 29, n. 4, p. 475-485, 1963.

[3] A partir da nova metodologia do balanço de pagamentos vigente no Brasil, segundo o Manual de Balanço de Pagamentos do Fundo Monetário Internacional, pode-se argumentar que um déficit na balança comercial poderá resultar em um déficit em conta corrente do balanço de pagamentos (isto é, um déficit em transações correntes) se os saldos da balança de renda, balança de serviços e de transferências unilaterais correntes não forem suficientes para reverter o déficit da balança comercial.

$$I = S \Rightarrow I_p + I_g = S_p + S_g + S_e \tag{1}$$

em que I = *investimento* e S = *poupança*. Considerando que o investimento é formado pelo investimento privado (I_p) e pelo investimento do governo (I_g), bem como que a poupança é formada pela poupança privada (S_p), poupança governamental (S_g) e pela poupança externa (S_e), verifica-se que:

$$\left(I_g - S_g\right) = \left(S_p - I_p\right) + S_e \Rightarrow S_e = -\left(S_p - I_p\right) + \left(I_g - S_g\right) \Rightarrow \underbrace{S_e}_{=DTC}$$

$$= \left(I_p - S_p\right) + \underbrace{\left(I_g - S_g\right)}_{=DG} \tag{2}$$

em que $DG = (I_g - S_g)$ é definido como sendo o déficit público (déficit orçamentário ou déficit governamental) e que $(I_p - S_p)$ é o excesso de investimento privado sobre a poupança privada. Se, por hipótese, os investimentos privados sejam totalmente financiados pela poupança privada, tem-se a seguinte expressão:

$$DTC = DG \tag{3}$$

em que a poupança externa positiva igual ao déficit em transações correntes do balanço de pagamentos ($DTC = +S_e$). Uma nação com um déficit em conta corrente está tomando emprestado recursos do resto do mundo, os quais deverão ser pagos no futuro. Por exemplo, se essa nação estiver investindo os recursos dos empréstimos obtidos no exterior em investimentos mais produtivos disponíveis no resto do mundo, não haverá problemas porque um investimento lucrativo irá gerar um alto retorno para cobrir o montante principal e os juros desses empréstimos internacionais. Como resultado, a nação irá crescer apesar de seu estoque de dívida pública externa. Por outro lado, se o déficit em conta corrente ocorre por razão de se elevar a parcela de consumo, mas não há melhoria no estoque de capital, então esse déficit irá fazer com que a nação tenha menos capacidade de pagar sua dívida pública externa no futuro.

De acordo com o conceito de déficits gêmeos, movimentos no déficit orçamentário leva a mudanças similares no déficit em conta corrente do balanço de pagamentos. Há uma outra forma alternativa de se analisar a relação entre esses dois déficits a partir da identidade da renda nacional para uma economia aberta:

$$Y = C + I + G + X - M \tag{4}$$

em que Y é a renda nacional (ou PIB nacional); C é o consumo privado ou consumo das famílias; I é o investimento agregado na economia, proveniente tanto do setor público quanto do setor privado; G são os gastos governamentais com bens e serviços finais; X são as exportações de bens e serviços; e M são as importações de bens e serviços.

A partir da equação (4), o saldo em conta corrente do balanço de pagamentos (TC) pode ser definido, de maneira bastante simplificada, como sendo a diferença entre exportações e importações, sendo representado por:

$$\underbrace{X - M}_{TC} = Y - C - I - G = Y - (C + I + G) \tag{5}$$

em que $(C + I + G)$ pode ser definido como sendo o gasto com residentes domésticos ou absorção doméstica. Em uma economia fechada, ou seja, uma economia sem comércio com o exterior, a poupança interna ou poupança doméstica, que é a soma da poupança bruta do setor privado mais a poupança governamental $(S = S_p + S_g)$, representa a própria poupança nacional (poupança agregada) da economia, a qual é igual o investimento interno ou investimento agregado $(S = I)$. Todavia, no caso de uma economia aberta, essa relação pode ser definida da seguinte forma:

$$S = I \Rightarrow S_p + S_g + S_e = I \Rightarrow S_p + S_g = I - S_e \Rightarrow \underbrace{S_p + S_g}_{S_i} = I + TC \tag{6}$$

em que S_i é a poupança doméstica ou poupança interna, de modo que a poupança nacional ou poupança agregada passa a ser expressa por $S = S_p + S_g + S_e = S_i + S_e$. Em outras palavras, a poupança agregada (ou poupança nacional) passa a ser expressa como a soma da poupança interna (ou poupança doméstica) com a poupança externa (que, por definição, representa um déficit em transações correntes, isto é, $+S_e = -TC$).

A equação (6) estabelece que uma economia aberta utiliza poupança interna (doméstica) e poupança externa para financiar seu investimento agregado, composto por investimento privado e investimento público. Em outras palavras, o endividamento externo permite o financiamento do investimento agregado em níveis além daqueles que poderiam ser financiados através de poupança doméstica. A poupança bruta do setor privado é definida como sendo:

$$S_p = Y - T - C \tag{7}$$

em que T é a arrecadação tributária ou, simplesmente, tributação. Já a poupança governamental será definida por:

$$S_g = T - G \tag{8}$$

Substituindo as equações (7) e (8) na equação (6), tem-se:

$$S_p + S_g = I + TC \Rightarrow S_p = I + TC - S_g \Rightarrow S_p = I + TC - (T - G) \Rightarrow S_p = I + TC + $$
$$(G - T) \Rightarrow S_p = I + TC + (G - T) \Rightarrow \underbrace{-TC}_{=DTC} = I - S_p + \underbrace{(G - T)}_{=DG} \tag{9}$$

A equação (9) postula que um aumento no déficit governamental irá causar um aumento similar no déficit em conta corrente se, e somente se, poupança privada e investimento sejam constantes ou iguais. Portanto, sob a hipótese dos déficits gêmeos, o déficit em conta corrente do balanço de pagamentos é uma função do déficit governamental, isto é, $DTC = f(DG)$.

10. (CESPE-UNB/Analista de Economia/Ministério Público da União/2010) – Julgue os itens a seguir, como verdadeiro ou falso.

(0) Um superávit em transações correntes implica poupança externa negativa.

Solução:

Verdadeiro. Verdadeiro. Sabemos que a poupança externa positiva equivale a um déficit em transações correntes e, consequentemente, a um aumento do passivo externo líquido: $+S_e = -T$. Portanto, um superávit em transações correntes implica, por sua vez, em uma poupança externa negativa: $-S_e = +T$.

(1) Um país com 200 bilhões de produto nacional bruto a custo de fatores (PNBcf), 10 bilhões em impostos indiretos, 5 bilhões em subsídios e 3 bilhões em renda líquida enviada ao exterior (RLEV) tem 213 bilhões como produto interno bruto a preços de mercado.

Solução:

Falso. O produto interno bruto a preços de mercado será de 208 bilhões, conforme cálculo a seguir:

Dados	Valor (em R$ bilhões)
(=) PNB_{cf}	200
(+) RLE	3
(=) PIB_{cf}	203
(+) Impostos Indiretos	10
(-) Subsídios	5
(=) PIB_{pm}	208

(2) A política comercial adotada como subsídio à exportação gera perdas para os consumidores e os governos locais e ganhos para os produtores exportadores.

Solução:

Verdadeiro. Uma política de subsídios beneficia o setor exportador em detrimento dos consumidores e do próprio governo, pois haverá um aumento das vendas no mercado externo em decorrência da diminuição do preço.

(3) Nos últimos meses o Brasil vem apresentando saldos negativos na conta de transações correntes do balanço de pagamentos. Isso caracteriza uma situação ruim das contas externas brasileiras.

Solução:

Falso. Por exemplo, se os saldos das contas capital e financeira sejam positivos de tal forma que cubra o déficit em transações correntes, teremos uma situação de superávit no saldo total do balanço de pagamentos.

11. (Cespe-UnB/Economista/Ministério da Saúde/2010) – Julgue os itens a seguir, como verdadeiro ou falso.

(0) Uma política governamental que leve a déficit orçamentário público acarretará déficit nas transações correntes do seu balanço de pagamentos, isto é, déficit gêmeos.

Solução:

Verdadeiro. Um déficit público acarreta em déficit nas transações correntes, ou seja, déficits gêmeos, caso toda a poupança bruta do setor privado seja alocada para financiamento dos investimentos privados da economia.

(1) O sucesso da utilização do índice de desenvolvimento humano (IDH) como indicador de desenvolvimento está no fato de ele não considerar variáveis de renda em seu cálculo, mas somente indicadores sociais.

Solução:

Falso. O IDH agrega, em sua metodologia de cálculo, três variáveis: saúde, educação e renda *per capita*. E os indicadores sociais considerados para sua obtenção são: (i) expectativa de vida; (ii) taxa de alfabetização; (iii) taxa de matrícula; e (iv) PIB *per capita* PPC (paridade do poder de compra).

12. (Cespe-UnB/Economista/DFTRANS/2008) – O Produto Interno Bruto de um país é o valor monetário de todos os bens e serviços finais produzidos dentro do país no período de um ano. A partir desse conceito, julgue os itens a seguir:

(0) Segundo a ótica do valor adicionado, o preço dos ônibus adquiridos pelas empresas do setor de transporte urbano não é computado no cálculo do PIB desse setor.

Solução:

Verdadeiro. O valor adicionado remunera os fatores de produção em cada uma das etapas de fabricação de um bem. O valor adicionado de uma etapa (ou de um setor) é calculado subtraindo-se do valor da produção em cada etapa (ou setor) o valor da produção da etapa anterior (ou de outros setores) de maneira que, ao se proceder dessa maneira não se comete erros de dupla contagem. Por essa razão, o preço dos ônibus adquiridos pelas empresas do setor de transporte urbano não é computado no cálculo do PIB desse setor.

(1) Pela ótica da renda, o cálculo do PIB do setor de transporte urbano inclui os salários pagos para os motoristas dos ônibus das empresas desse setor.

Solução:

Verdadeiro. Pela ótica da renda, o PIB é obtido através da soma de todas as remunerações dos fatores de produção pagas aos agentes econômicos em um determinado ano, ou seja: salários + aluguéis + juros + lucros distribuídos + lucros retidos + impostos diretos das empresas – transferências à empresas + ORG + RLE + depreciação + Impostos indiretos – subsídios.

(2) Se o capital de uma empresa de transporte urbano for totalmente internacional (empresa multinacional), o valor da produção dessa empresa não deve entrar no cálculo do PIB.

Solução:

Falso. O Produto Interno é a produção realizada no país, portanto, sendo um conceito geográfico, ou seja, pertence ao produto interno de um país todo bem ou serviço final produzido dentro dos limites geográficos desse país, não importando se é produzido por empresas nacionais ou empresas multinacionais instaladas nesse país. Logo, se o capital de uma empresa de transporte urbano for totalmente internacional (empresa multinacional), o valor da produção dessa empresa deve sim entrar no cálculo do PIB. Por outro lado, o Produto nacional é a produção do país, que pertence ao país. O conceito de produto nacional é um conceito de titularidade, assim, pertence ao produto nacional de um país os produtos que empregam fatores de produção que pertencem aos residentes desse país, independente do local onde esse produto foi realizado.

(3) No cálculo do PIB, não se considera a excessiva poluição dos ônibus de transporte urbano, que é um problema do setor.

Solução:

Verdadeiro. Embora a maioria dos bens e serviços seja avaliada por seus valores de mercado no cálculo do PIB, existem bens e serviços que não podem ser assim computados porque não são vendidos no mercado. A poluição, por exemplo, é um problema de externalidade negativa do setor de transporte urbano.

(4) Por melhorar o bem-estar da população, contemplando uma demanda até então não atendida, o transporte público clandestino tem sido considerado no cálculo do PIB.

Solução:

Falso. As atividades econômicas ilegais (economia subterrânea) e as atividades legais não-declaradas (para fins de sonegação de impostos – economia informal) não são consideradas no cálculo do PIB. Enquanto que a **economia informal** refere-se à desobediência as atividades normais de mercado, em outras palavras, abrange as atividades que não respeitam as regras institucionais impostas na sociedade, especialmente as legislações fiscais e trabalhistas (por exemplo, trabalhadores sem carteira assinada, camelôs, sacoleiros, produções caseiras de mel, geléia e biscoitos etc.), o conceito de **economia subterrânea** refere-se a certas atividades como trabalhar como imigrante ilegal, trabalhar recebendo seguro-desemprego e atividades ilícitas (por exemplo, contrabando, tráfico, jogos clandestinos, tráfico de drogas, prostituição, agiotagem, transporte clandestino etc.).

---

13. (CESPE-UNB/Economista/MDS/2006) - Julgue o item a seguir, como verdadeiro ou falso:

O valor da produção das empresas brasileiras referente à fabricação de mercadorias no exterior deve ser contabilizado no Produto Interno Bruto (PIB) e na Renda Nacional (RN), porque representa pagamentos efetuados a agentes nacionais.

Solução:

Falso, pois:

Produto Interno: É a produção realizada **no** país. O conceito de produto interno, portanto, é um **conceito geográfico**, ou seja, **pertence ao produto interno de um país todo bem ou serviço final produzido dentro dos limites geográficos desse país**, não importando se é produzido por empresas nacionais ou empresas multinacionais instaladas nesse país. Por exemplo, a produção da Ford no Brasil pertence ao produto interno brasileiro, assim como a produção da Camargo Corrêa em Angola pertence ao produto interno de Angola.

Produto nacional: É a produção **do** país, que **pertence ao país**. O conceito de produto nacional é um conceito de titularidade, assim, pertence ao produto nacional de um país os produtos que empregam fatores de produção que pertencem aos residentes desse país, independente do local onde esse produto foi realizado. Por exemplo, a renda que a matriz da IBM nos Estados Unidos recebe de sua filial no Brasil pertence ao produto nacional americano. **A diferença entre o produto Interno e o Produto Nacional é a Renda Líquida Enviada ao Exterior (RLE), pois, o Produto Interno inclui (contabiliza) a RLE e o Produto Nacional exclui (não contabiliza) a RLE.** Por exemplo: a renda que a Ford do Brasil envia para sua filial nos Estados Unidos pertence ao Produto Interno Brasileiro (pois foi produzida no Brasil) e não pertence ao Produto Nacional Brasileiro (pois não pertence à residentes no Brasil).

---

14. (CESPE-UNB/Economista/Prodepa/2004) – Julgue os itens a seguir como verdadeiro ou falso.

(0) Os gastos em investimento, que são relevantes para o cálculo da despesa agregada, englobam tanto a compra de máquinas e equipamentos pelas firmas privadas como as despesas com aquisições de ações de empresas pelos clientes de corretoras de valores.

Solução:

Essa afirmativa está falsa, pois o conceito de investimento significa os gastos com bens e serviços que implicam aumento do estoque de capital físico. Compra de títulos ou ações de empresas já existentes são classificadas como aplicações financeiras.

(1) Contrariamente ao conceito de Produto Interno Bruto (PIB), que é geograficamente delimitado, o de Produto Nacional Bruto (PNB) inclui a produção e a renda nacionais, geradas tanto no país como no exterior.

Solução:

Verdadeiro. Trata-se dos conceitos de PIB e PNB.

Produto Interno: É a produção realizada **no** país. O conceito de produto interno, portanto, é um **conceito geográfico**, ou seja, **pertence ao produto interno de um país todo bem ou serviço final produzido dentro dos limites geográficos desse país**, não importando se é produzido por empresas nacionais ou empresas multinacionais instaladas nesse país. Por exemplo, a produção da Ford no Brasil pertence ao produto interno brasileiro, assim como a produção da Camargo Corrêa em Angola pertence ao produto interno de Angola.

Produto nacional: É a produção **do** país, que **pertence ao país**. O conceito de produto nacional é um conceito de titularidade, assim, pertence ao produto nacional de um país os produtos que empregam fatores de produção que pertencem aos residentes desse país, independente do local onde esse produto foi realizado. Por exemplo, a renda que a matriz da IBM nos Estados Unidos recebe de sua filial no Brasil pertence ao produto nacional americano. **A diferença entre o produto Interno e o Produto Nacional é a Renda Liquida Enviada ao Exterior (RLE), pois, o Produto Interno inclui (contabiliza) a RLE e o Produto Nacional exclui (não contabiliza) a RLE.** Por exemplo: a renda que a Ford do Brasil envia para sua filial nos Estados Unidos pertence ao Produto Interno Brasileiro (pois foi produzida no Brasil) e não pertence ao Produto Nacional Brasileiro (pois não pertence à residentes no Brasil).

Em resumo, o conceito de Produto Interno Inclui a Renda Liquida Enviada ao Exterior), já o conceito de Produto Nacional exclui a Renda Líquida Enviada ao Exterior.

Apesar de não ser comum, também podemos diferenciar o Produto Interno do Produto Nacional pela **Renda Líquida Recebida do Exterior (RLRE)**. O produto Interno exclui a RLRE e o Produto Nacional inclui a RLRE. Por exemplo: a renda que o Brasil recebe da Camargo Corrêa de Angola pertence ao Produto Nacional Brasileiro e não pertence ao Produto Interno Brasileiro (pois não foi produzida no Brasil).

(2) Se as exportações brasileiras, em um determinado período, forem superiores às importações, então o investimento estrangeiro líquido será negativo, contribuindo assim para expandir a produção doméstica.

Solução:

Falso. Quando as exportações são maiores que as importações, teremos um saldo positivo na balança comercial. Investimento estrangeiro líquido não está correlacionado diretamente com essas variáveis, pois se trata da subtração da aquisição de ativos estrangeiros por residentes internos pela aquisição de ativos internos por residentes no estrangeiro.

---

15. (CESPE-UNB/Consultor do Senado Federal – Política Econômica/2002) - Julgue o item que se segue.

De acordo com a Lei de Okun, se a taxa de desemprego aumentar 4%, o produto nacional bruto (PNB), em termos reais, será reduzido na mesma proporção.

Solução:

A **Lei de Okun,** expressa a relação entre crescimento e variações na taxa de desemprego, ou seja, a relação entre o hiato do produto e a taxa de desemprego. Essa lei diz que a taxa de desemprego declina quando o crescimento estiver acima da taxa tendencial de 2,5%. Especificamente, para cada ponto percentual de crescimento do Produto Real acima da taxa tendencial que for mantida por um ano, a taxa de desemprego cai 0,4 pontos percentuais. Matematicamente,

$$\Delta u = -0,4(y - 2,5)$$

Onde Δu = variação na taxa de desemprego; y = taxa de crescimento do produto; crescimento tendencial do produto = 2,5. Por exemplo, se o crescimento do produto for de 4%, isso implica uma redução da taxa de desemprego de 0,6:

$$\Delta u = -0,4(4 - 2,5) = 0,6$$

<u>Outro exemplo</u>: quanto de crescimento é requerido para se reduzir a taxa de desemprego em um ponto percentual. A resposta é 5%:

$$- 1 = -0,4(5 - 2,5)$$

Assim, a Lei de Okun resume a relação entre o crescimento e a variação na taxa de desemprego. Altas taxas de crescimento causam quedas na taxa de desemprego e taxas baixas ou negativas de crescimento são acompanhadas de aumentos na taxa de desemprego.

O elevado crescimento do produto é associado à diminuição do desemprego e, em sentido oposto, o baixo crescimento está ligado ao aumento da taxa de desemprego. Assim, o crescimento do produto provoca o aumento do emprego, uma vez que as empresas têm de contratar mais trabalhadores para produzir mais. O aumento do emprego leva, por sua vez, à diminuição do desemprego. Em resumo:

ALTO crescimento do produto = MENOR taxa de desemprego

REDUZIDO crescimento do produto = MAIOR taxa de desemprego

Se a taxa corrente de desemprego for muito alta, será necessário um período de crescimento mais acelerado para reduzi-la. Se, em vez disso, a taxa de desemprego for mais ou menos adequada, o produto deve crescer a uma taxa coerente com a constância de tal taxa de desemprego. Portanto, a taxa de desemprego proporciona aos macroeconomistas um sinal de onde se encontra a economia do país e qual é a taxa de crescimento desejável. Se o desemprego for alto demais, será desejável um crescimento maior do produto; se for muito baixo, será preciso um crescimento menor.

Esse item é falso, pois o PNB, em termos reais, será reduzido em 7,5%, conforme demonstração a seguinte demonstração,

$$4 = -0,4(y - 2,5) \Rightarrow (y - 2,5) = -\frac{4}{0,4} \Rightarrow y = -10 + 2,5 \Rightarrow y = -7,5$$

---

16. (CESPE-UNB/Economista Júnior – Petrobras/2001) – Julgue o item a seguir como verdadeiro ou falso.

A queda do valor das ações das empresas, recentemente observada no mercado acionário brasileiro, causa uma diminuição no investimento, reduzindo, assim, o produto interno bruto (PIB).

Solução:

Esse item também é falso, pois aquisição de títulos ou ações é aplicação financeira, mas não investimento, não há redução do investimento agregado nem do PIB de uma economia.

Há uma diferença, em Economia, entre um **investimento** e uma **aplicação financeira**. O **investimento** é a aplicação de poupança na compra de uma máquina, na construção de uma casa ou uma fábrica, em uma estrada ou um curso para formação profissional. Ou seja, há capacidade produtiva e ocorre um aumento equivalente no Produto Interno Bruto (PIB).

Por outro lado, ocorre uma simples **aplicação financeira** quando se adquire títulos ou ações, ou uma casa e um automóvel já construídos anteriormente. Nesse caso, há uma simples mudança de propriedade do ativo sem efeito sobre o PIB. Exemplos de aplicações financeiras: um agente econômico investe R$ 10.000,00 em ações da Telebrás; um investidor norte-americano compra ações da Embraer no mercado acionário brasileiro. Note que, por exemplo, a queda do valor das ações das empresas, recentemente observada no mercado acionário brasileiro, não causa uma diminuição no investimento, nem redução do produto interno bruto (PIB).

---

17. (CESPE-UNB/Escrivão de Política Federal/1999) – Julgue o item a seguir como verdadeiro ou falso.

O dinheiro depositado por uma família em uma caderneta de poupança, junto a um banco comercial, quando utilizado para comprar um apartamento usado, é computado, simultaneamente, como poupança e como investimento.

Solução:

Esse item é falso, pois a utilização da poupança, sacada do banco para uma compra, é uma despoupança, pois reduz a poupança global. Enquanto, conforme já visto, a aquisição de um apartamento usado (produzido, portanto, em outro ano), não configura um investimento e, por conseguinte, não é computado no PIB.

2. Exercícios Resolvidos sobre a Nova Metodologia das Contas Nacionais Brasileiras

2.1. Exercícios Resolvidos do Tipo "Múltipla Escolha"

---

01. (Fundação Getúlio Vargas/Analista de Gestão – Economista/Companhia Pernambucana de Saneamento/2014) - Segundo o sistema de contas nacionais, um aumento do saldo de poupança externa, mantido constante o saldo da poupança interna:

a) reduz a formação futura de capital da conta de capital.

b) reduz a utilização dos recebimentos correntes da conta de transações correntes com o resto do mundo.

c) reduz os recebimentos correntes da conta de transações correntes com o resto do mundo.

d) eleva a utilização da renda nacional disponível líquida da conta renda nacional.

e) eleva o financiamento da formação de capital da conta de capital.

Solução:

A resposta é a letra "e". Um aumento do saldo de poupança externa, mantindo constante o saldo da poupança interna, irá elevar o financiamento da formação de capital da conta de capital, isto é:

$$\underbrace{S_b + S_e + (TKR - TKE)}_{Poupança\ Agregada} = \underbrace{(FBKF + \Delta e)}_{Investimento\ Agregado}$$

$$\Rightarrow \underbrace{S_b + (TKR - TKE)}_{=Poupança\ Interna} + \underbrace{\uparrow S_e}_{Poupança\ Externa} = \underbrace{(\uparrow FBKF + \Delta e)}_{Investimento\ Agregado}$$

02. (ESAF/Especialista em Políticas Públicas e Gestão Governamental/2013) – Considerando o sistema de contas nacionais, é correto afirmar que:

a) a Renda Nacional Líquida é igual ao Excedente Operacional Bruto mais os impostos diretos e indiretos sobre os produtos e rendas nacionais e externas menos a depreciação.

b) a Despesa Nacional Bruta é igual à formação bruta de capital menos o consumo final.

c) o Produto Interno Bruto é igual à despesa de consumo final mais a formação bruta de capital fixo mais a variação de estoques mais o saldo da balança comercial.

d) o Produto Interno Bruto é igual ao valor da produção mais o consumo intermediário menos os impostos não incluídos no valor da produção.

e) a Renda Nacional Disponível Bruta é igual à Renda Nacional Bruta mais os impostos correntes sobre a renda e o patrimônio líquidos, recebidos do exterior, mais as contribuições e benefícios sociais e outras transferências correntes líquidas, recebidas do exterior.

Solução:

A resposta é a letra "e", conforme os itens conceitos macroeconômicos discutidos anteriormente.

03. (ESAF/Especialista em Políticas Públicas e Gestão Governamental/2013) – Considere os seguintes dados para uma economia hipotética, em um determinado período de tempo, em unidades monetárias:

Remuneração dos empregados: 861

Rendimento misto bruto: 201

Excedente operacional bruto: 755

Imposto sobre a produção e importação: 335

Subsídios à produção e importação: 4

Com base nesses dados e considerando as identidades macroeconômicas básicas, pode-se afirmar que o PIB desta economia foi de:

a) 2.148

b) 1.821

c) 1.955

d) 1.956

e) 2.160

Solução:

O caro leitor poderá verificar que se trata, praticamente, do mesmo exercício cobrado no concurso para o cargo de Analista de Comércio Exterior (MDIC), em 2012. A resposta é a letra "a", conforme explicação que se segue:

$$ISL = ISP - Subsídios \Rightarrow ISL = 335 - 4 \Rightarrow ISL = 331$$

$$PIB - (RE + ILS) = EOB + RMB \Rightarrow PIB - (861 + 331) = 755 + 201 \Rightarrow PIB - 1.192 = 956 \Rightarrow PIB$$
$$= 956 + 1.192 \Rightarrow PIB = 2.148$$

A Tabela da Conta de Geração de Renda será preenchida da seguinte maneira:

Conta 2 – Conta da Renda
2.1 – Conta de Distribuição Primária da Renda
2.1.2 – Conta de Geração da Renda

Usos (1.000.000 R$)	Operações e Saldos	Recursos (1.000.000 R$)
	Produto Interno Bruto (PIB)	**2.148**
861	Remuneração dos empregados	
	Residentes	
	Não-residentes	
335	Impostos sobre a produção e de importação	
(-) 4	Subsídios à produção	
956	Excedente operacional bruto e rendimento misto bruto (EOB)	
201	Rendimento misto bruto	
755	Excedente operacional bruto	

04. (ESAF/Especialista em Políticas Públicas e Gestão Governamental/2013) – Considerando o sistema de contas nacionais, é correto afirmar que:

a) a Renda Nacional Líquida é igual ao Excedente Operacional Bruto mais os impostos diretos e indiretos sobre os produtos e rendas nacionais e externas menos a depreciação.

b) a Despesa Nacional Bruta é igual à formação bruta de capital menos o consumo final.

c) o Produto Interno Bruto é igual à despesa de consumo final mais a formação bruta de capital fixo mais a variação de estoques mais o saldo da balança comercial.

d) o Produto Interno Bruto é igual ao valor da produção mais o consumo intermediário menos os impostos não incluídos no valor da produção.

e) a Renda Nacional Disponível Bruta é igual à Renda Nacional Bruta mais os impostos correntes sobre a renda e o patrimônio líquidos, recebidos do exterior, mais as contribuições e benefícios sociais e outras transferências correntes líquidas, recebidas do exterior.

Solução:

A resposta é a letra "e" pois, na nova metodologia das contas nacionais, a Renda Nacional Disponível Bruta é igual à Renda Nacional Bruta mais os impostos correntes sobre a renda e o patrimônio líquidos, recebidos do exterior, mais as contribuições e benefícios sociais e outras transferências correntes líquidas, recebidas do exterior.

05. (ESAF/Analista de Comércio Exterior/MDIC/2012) - Os agregados do Sistema de Contas Nacionais são indicadores de síntese e grandezas-chave para os objetivos da análise macroeconômica e para comparações no espaço e no tempo. De acordo com o conceito de agregados adotado pelo IBGE, apresentado nas Contas Econômicas Integradas para uma economia aberta, é correto afirmar que:

a) a Demanda Total da Economia é igual ao somatório do consumo intermediário, da despesa de consumo final, da formação bruta de capital fixo, da variação de estoque, das exportações de bens e serviços menos o valor das importações de bens e serviços.

b) o Produto Interno Bruto medido pela ótica da renda é igual à remuneração dos empregados mais o total dos impostos (líquidos de subsídios) sobre a produção e importação mais o rendimento misto bruto mais o excedente operacional bruto.

c) a Renda Nacional Bruta é igual ao PIB menos as rendas primárias a pagar, líquidas das rendas primárias a receber, das unidades não residentes (Resto do Mundo).

d) o Saldo do Balanço de Pagamentos em transação corrente é igual ao saldo externo da conta de operações correntes com o Resto do Mundo registrado com o sinal trocado.

e) o Produto Interno Bruto medido pela ótica da produção é igual ao valor da produção menos o consumo intermediário mais os impostos, líquidos de subsídios, sobre produtos não incluídos no valor da produção.

Solução:

A resposta é a letra "b", conforme conceitos macroeconômicos discutidos anteriormente.

2.2. Exercícios Resolvidos do Tipo "Verdadeiro ou Falso"

01. (CESPE-UnB/Economista/CADE – Ministério da Justiça/2014) – Julgue o item a seguir, como verdadeiro ou falso.

As contas econômicas integradas, constantes do Sistema de Contas Nacionais do Brasil, consistem nas contas de fluxos inter-relacionados, as quais são detalhadas por setor institucional e incluem empresas financeiras, empresas não financeiras, administração pública e famílias.

Solução:

Verdadeiro. Segundo Feijó *et al.* (2013, p. 71-72), "as contas nacionais oferecem as referências básicas de classificação de atividades e de setores institucionais, definições sobre a fronteira econômica e conceitos para definir e classificar unidades estatísticas e suas transações. Assim, elas permitem que se integre o conjunto de dados sistematicamente disponível sobre a realidade econômica e social. Portanto, constituem a principal força atrás da consistência das estatísticas econômicas, sociais e demográficas. O sistema visa integrar os vários sistemas contábeis de representação da atividade econômica, como o balanço de pagamentos, as contas monetárias e financeiras e as contas fiscais em um sistema de Contas Econômicas Integradas (CEI), de onde são derivados os principais agregados macroeconômicos. As CEI constituem o corpo central do sistema e são apresentadas por setores institucionais (empresas financeiras e não financeiras, famílias, administrações públicas, instituições sem fins lucrativos a serviço das famílias)."

02. (CESPE-UNB/Analista de Economia/Ministério Público da União/2010) – Julgue o item a seguir, como verdadeiro ou falso.

Considera-se poupança bruta, a soma da poupança do setor privado, da poupança do governo e da poupança externa.

Solução:

Falso. Na metodologia antiga das contas nacionais, a poupança agregada da economia é dada pela soma da poupança bruta do setor privado, da poupança governamental e da poupança externa: $S = S_{bsp} + S_g + S_e$. Devido ao primeiro componente, podemos considerar a poupança agregada bruta, a qual é utilizada para financiar o investimento agregado da economia, definido como sendo a formação bruta de capital fixo mais variação de estoques:

$$\underbrace{FBKF + \Delta e}_{=I} = \underbrace{S_{bsp} + S_g + S_e}_{=S}$$

Note que, na metodologia antiga das contas nacionais, a poupança interna (ou poupança doméstica) é dada por: $S_i = S_{bsp} + S_g$.

Todavia, na nova metodologia das contas nacionais, poupança bruta equivale a poupança interna, ou seja, a poupança bruta inclui apenas a poupança bruta do setor privado e a poupança governamental, mas exclui a poupança externa. Tendo como referência o atual sistema de contas nacionais vigente no Brasil, Conta de Acumulação, subconta Conta de Capital, iremos verificar que a poupança bruta é o recurso que deve financiar a formação bruta de capital fixo e a variação de estoques.

3. Exercícios Propostos

01. **(Fundação Escola Superior do Ministério Público do Rio Grande do Sul/Auditor Público Externo do Tribunal de Contas do Estado/2011) - Relacione a coluna da direita com a coluna da esquerda e depois marque a sequência correta nas alternativas abaixo. Alguns números poderão ser utilizados mais de uma vez, e outros poderão não ser usados.**

1 – conta produto interno bruto	( ) saldo: poupança interna
2 – conta renda nacional disponível líquida	( ) rendas recebidas pelas famílias e pelo governo mais o resultado líquido da renda e transferências para o exterior
3 – conta transações correntes com o resto do mundo	( ) pagamento das firmas aos fatores de produção
4 – conta capital	( ) poupança das famílias e firmas, do setor externo e do governo

a) 4 – 3 – 1 – 2

b) 2 – 1 – 4 – 3

c) 2 – 2 – 1 – 4

d) 5 – 3 – 2 – 1

e) 3 – 2 – 1 – 4

02. **(Fundação Getúlio Vargas/Economista/Assembleia Legislativa do Estado de Mato Grosso/2013) – Em relação ao Sistema Brasileiro de Contas Nacionais, assinale V para a afirmativa verdadeira e F para a falsa.**

( ) O total dos débitos da conta de capital é a soma da formação bruta de capital fixo e da variação de estoques.

( ) O volume de exportações não fatores entra no lado dos créditos da conta de transações correntes com o resto do mundo.

( ) Uma elevação dos impostos indiretos, mantido tudo o mais constante, aumenta o total da receita corrente da conta corrente das administrações públicas.

As afirmativas são, respectivamente,

a) F, V e V.

b) F, V e F.

c) F, F e V.

d) V, F e V.

e) V, V e V.

---

03. (Fundação Getúlio Vargas/Economista/Companhia de Desenvolvimento Urbano do Estado da Bahia - CONDER/2013) - Em relação à *estrutura do Balanço de Pagamentos*, assinale V para a afirmativa verdadeira e F para a falsa.

( ) Donativos recebidos em mercadorias não impactam o saldo em transações correntes.

( ) Um déficit no saldo em transações correntes implica um superávit na conta capital e financeira.

( ) Considerando as Contas Econômicas Integradas, o total de créditos da conta capital corresponde à soma da poupança interna e externa.

As afirmativas são, respectivamente,

a) V, V e V.

b) V, V e F.

c) V, F e V.

d) F, F e V.

e) F, F e F

---

04. (Fundação Getúlio Vargas/Economista/Assembleia Legislativa do Estado de Mato Grosso/2013) – Em relação ao Sistema Brasileiro de Contas Nacionais, assinale V para a afirmativa verdadeira e F para a falsa.

( ) O total dos débitos da conta de capital é a soma da formação bruta de capital fixo e da variação de estoques.

( ) O volume de exportações não fatores entra no lado dos créditos da conta de transações correntes com o resto do mundo.

( ) Uma elevação dos impostos indiretos, mantido tudo o mais constante, aumenta o total da receita corrente da conta corrente das administrações públicas.

As afirmativas são, respectivamente,

a) F, V e V.

b) F, V e F.

c) F, F e V.

d) V, F e V.

e) V, V e V.

---

05. (Fundação Cesgranrio/Economista Júnior/Petrobrás/2012) - A poupança externa recebida por determinado país aumenta se em seu balanço de pagamentos aumentar o(a)

a) *deficit* de transações em conta-corrente

b) *superavit* do balanço comercial

c) nível de reservas em divisas internacionais

d) entrada líquida de capitais financeiros externos

e) dívida externa bruta

06. (IBFC/Economista/Fundação HEMOMINAS/2013) - Suponha um país que produza apenas arroz e feijão. Na tabela abaixo são apresentados os preços e as respectivas quantidades produzidas nos anos de 2010 e 2011.

Ano	Preço em R$ por Kg (Arroz)	Quantidade produzida em Kg (Arroz)	Preço em R$ por Kg (Feijão)	Quantidade produzida em Kg (Feijão)
2010	5,00	100	8,00	100
2011	5,00	130	9,60	90

Sendo 2010 o ano-base, o crescimento econômico desse país, em porcentagem, no ano de 2011 em relação a 2010 foi de aproximadamente:

a) 16%.

b) 20%.

c) 5%.

d) 10%.

07. (SETEC/Economista/IFPA/2013) - Considere os dados do sistema de contas nacional de uma economia hipotética.

Consumo do setor privado	$ 120,00
Investimento do setor privado	$ 30,00
Gasto de consumo e investimento do setor governo	$ 12,00
Exportações de bens	$ 28,00
Importações de bens	$ 10,00
Pagamento de juros da dívida interna	$ 5,00
Renda líquida recebida do exterior	$ 6,00
Renda líquida enviada ao exterior	$ 4,00
Tributos	$ 8,00
Empréstimo a curto prazo	$ 8,00
Amortizações	$ 5,00

A alternativa CORRETA está em:

a) O PIB é $ 200,00.

b) O saldo da Balança Comercial é de $ 28,00.

c) O Balanço de Serviços apresenta saldo de $ -2,00.

d) A poupança privada é $ 48,00.

e) O saldo no Balanço de Pagamento é $ 20,00.

08. (CETRO/Economista/Ministério das Cidades/2013) - Em relação às Contas Nacionais, analise as assertivas abaixo.

I. Produto interno bruto é igual ao valor bruto da produção, a preços básicos, menos o consumo intermediário, a preços de consumidor, mais os impostos, líquidos de subsídios, sobre produtos.

II. Produto interno bruto é igual à despesa de consumo das famílias, mais o consumo do governo, mais o consumo das instituições sem fins de lucro a serviço das famílias (consumo final), mais a formação bruta de capital fixo, mais a variação de estoques.

III. Renda nacional bruta é igual ao produto interno bruto, mais os rendimentos líquidos dos fatores de produção enviados/ recebidos ao/ do resto do mundo.

É correto o que se afirma em:

a) I, apenas.

b) II, apenas.

c) III, apenas.

d) I e II, apenas.

e) I e III, apenas.

09. **(FUNCAB/Economista/Prefeitura Municipal de Cacoal – RO/2013) - Um país hipotético apresenta os seguintes valores em suas contas nacionais:**

• Renda Nacional Líquida a custo de fatores	8.000
• Impostos Indiretos	1.600
• Impostos Diretos	800
• Subsídios	160
• Transferências	320
• Depreciação	640
• Renda Líquida enviada ao Exterior	0

Utilizando somente duas casas decimais, o índice percentual de carga tributária líquida é igual a:

a) 19,05%

b) 0,19%

c) 23,80%

d) 0,24%

e) 20,34%

10. **(FUNCAB/Economista/Prefeitura Municipal de Cacoal – RO/2013) - Supondo que as exportações de bens e serviços de um país representem 7,5% de seu Produto Interno Bruto e considerando que as demais parcelas da demanda global permanecerão constantes, o crescimento real das exportações para haver um crescimento do PIB de 3,0% no ano deverá ser de:**

a) 60%

b) 25%

c) 40%

d) 50%

e) 30%

11. **(Economista/Prefeitura de Iguatu – CE/2013) – Assinale a alternativa que apresenta o tipo de conta do Sistema de Contas Nacionais que diz respeito a transações que representam acumulação de renda para o futuro.**

a) Conta Produto Interno Bruto;

b) Conta de Transações Correntes;

c) Conta de Renda Nacional Disponível;

d) Conta de Capital;

e) Conta de Pagamentos Gerais.

12. (IBEG/Economista/Companhia de Saneamento de Goiás/2013) – Considere os seguintes dados, em unidades monetárias:

Exportações de bens e serviços não - fatores	$ 80
Importações de bens e serviços não - fatores	$ 180
Renda líquida enviada ao exterior	$ 40
Poupança líquida do setor privado	$ 200
Depreciação	$ 5
Saldo do governo em conta corrente	$ 50
Variação de estoques	$ 50

Com base no sistema de contas nacionais, é correto afirmar que a formação bruta de capital é igual a:

a) 395

b) 140

c) 400

d) 345

e) 65

13. (CONUPE/Economista/Secretaria da Mulher – Pernambuco/2013) - Considerando o conceito de produto agregado, é INCORRETO afirmar que

a) se pode considerar o produto agregado como uma "variável fluxo".

b) é possível uma queda no produto agregado real junto com uma elevação do produto agregado nominal.

c) o produto agregado a preços de mercado é necessariamente maior que o produto agregado a custos de fatores.

d) o produto interno bruto pode ser menor que o produto nacional bruto.

e) o produto agregado pode ser considerado como a renda agregada da economia.

14. (CONUPE/Economista/Secretaria da Mulher – Pernambuco/2013) - Um déficit no balanço de pagamento em conta corrente, numa economia aberta corresponde a uma das alternativas abaixo. Assinale-a.

a) Uma saída de capitais para o exterior.

b) Uma entrada autônoma de capitais do exterior em valor igual ao déficit.

c) Uma importação de poupança externa, que se destina a investimentos domésticos.

d) Uma exportação de poupança doméstica que se destina a investimentos no mercado externo.

e) Um aumento do nível de reservas internacionais do país.

15. (IADES/Economista/Superintendência do Desenvolvimento do Centro-Oeste/2013) - O valor das exportações de bens e serviços de um país hipotético, representa 8% do seu PIB. Supondo que as demais parcelas da Demanda Agregada permaneçam sem alteração, o crescimento real das exportações para que o crescimento do PIB seja de 4,5%, deverá ser de:

a) 77,80%

b) 12,50%

c) 56,25%

d) 43,75%

e) 13,60%

16. (Vunesp/Economista/Fundação Universidade Federal do ABC/2013) - Uma determinada economia apresentou os seguintes dados em suas contas nacionais em unidades monetárias:

Produto nacional bruto a custos de fatores	4.000
Depreciação do estoque de capital	300
Impostos indiretos	1.000
Impostos diretos	200
Renda líquida recebida do exterior	500
Subsídios	100
Exportações de bens e serviços	700

O produto interno bruto a preços de mercado, nesse ano, dessa economia correspondeu a:

a) 4.400

b) 4.600

c) 4.100

d) 5.100

e) 5.400

17. (Vunesp/Economista/Fundação Universidade Federal do ABC/2013) - Os índices de produto nominal e do nível geral de preços de um país entre 2010 e 2012 estão discriminados na tabela a seguir:

Ano	Produto Nominal	Índice Geral de Preços
2010	100,0	100
2011	105,0	99
2012	115,5	97

A taxa de crescimento do produto real dessa economia, entre 2010 e 2012, correspondeu, em percentagem (despreze as casas decimais), a:

a) 12%.

b) 16%.

c) 17%.

d) 18%.

e) 19%.

18. (PROAD/Economista/Universidade Federal de Mato Grosso/2013) – Os agregados macroeconômicos que medem o valor dos bens e serviços finais produzidos dentro das fronteiras do País e o valor de bens finais e serviços produzidos por insumos domésticos, são denominados, respectivamente:

a) PNB e PIB.

b) PIB e Renda Nacional.

c) PIB e PNB.

d) Renda Nacional e PNB

19. (PROAD/Economista/Universidade Federal de Mato Grosso/2013) – Em uma economia em que a renda enviada para o exterior é superior à renda recebida do exterior:

a) o PIB é menor que o PNB.

b) o PIB é igual ao PNL.

c) o PIB é maior que o PNB.

d) o PIB é menor que o PNL.

20. **(SUGEP/Economista/Universidade Federal Rural de Pernambuco/2013) - Considere os seguintes dados para uma economia fechada e sem governo.**

Salários = 400

Lucros = 300

Juros = 200

Aluguéis = 100

Consumo pessoal = 500

Variação de estoques = 100

Depreciação = 50

Com base nessas informações, a formação bruta de capital fixo e a renda nacional bruta são, respectivamente:

a) 500 e 1050

b) 400 e 1000

c) 450 e 1000

d) 400 e 1050

---

21. **(ESAF/Analista de Finanças e Controle/Secretaria do Tesouro Nacional/1994) – O Produto Nacional Bruto é o valor de mercado de:**

a) Todas as transações em uma economia durante o período de um ano.

b) Todos os bens e serviços transacionados em uma economia durante o período de um ano.

c) Todos os bens finais e serviços produzidos em uma economia durante o período de um ano.

d) Todos os bens finais e serviços produzidos e transformados em uma economia durante o período de um ano.

---

22. **(PROGRAD/Economista/Universidade Federal de Uberlândia/2013) - O conceito de Produto Interno Bruto (PIB) é a principal medida do desempenho de uma economia. Sobre este conceito, assinale a alternativa INCORRETA.**

a) A produção para estoque aumenta o PIB tanto quanto a produção para venda final.

b) O PIB inclui apenas o valor dos produtos finais, pois o valor dos bens intermediários já é contado como parte do preço dos bens finais.

c) O PIB real mede o valor total de bens e serviços produzidos numa economia a preços correntes.

d) A renda de um trabalhador doméstico sem carteira não entra no cômputo do PIB.

---

23. **(Economista/Universidade Federal de Alfenas/2013) - O modelo do fluxo circular da renda é um dos modelos básicos utilizados para a construção de alguns dos fundamentos da teoria econômica. Consiste numa representação simplificada da economia que mostra sua forma de organização e interação entre seus componentes básicos. Em relação a este modelo, observa-se que as empresas:**

a) Adotam a versão mais simples do modelo para uma economia fechada e mostram as interações desta economia ao resto do mundo.

b) Remuneram o trabalho com salários e os latifundiários são remunerados com os lucros.

c) Adquirem no mercado de bens e serviços os fatores de produção de que necessitam.

d) São compradoras e as famílias são vendedoras no mercado de fatores de produção.

e) São compradoras e as famílias são vendedoras no mercado de bens e serviços.

24. (Fundação Carlos Chagas/Analista de Regulação – Economista/ARCE/2012) - É correto afirmar:

a) Se o Produto Interno Bruto é menor que o Produto Nacional Líquido, a renda recebida do exterior é menor que o valor da depreciação do estoque de capital fixo da economia.

b) O Produto Nacional Líquido medido a preços de mercado é seguramente menor que o Produto Interno Bruto medido a custo de fatores de uma economia.

c) O Produto Interno Bruto corresponde ao somatório do valor de produção de todos os bens e serviços de uma economia em determinado intervalo de tempo.

d) Se o Produto Interno Líquido a preços de mercado é maior que o Produto Nacional Bruto a custo de fatores, então o valor dos impostos diretos líquidos de subsídios é maior que o valor da depreciação do estoque de capital fixo da economia.

e) O Produto Nacional Líquido a custo de fatores corresponde à Renda Nacional de uma economia.

25. (Cespe-UnB/Economista/TJ-RO/2012) - Em relação às contas nacionais, assinale a opção correta.

a) A soma dos gastos em bens e serviços finais produzidos internamente é igual à soma das remunerações dos fatores de produção.

b) Considere que um bem produzido em 2011 tenha sido vendido em 2012. Nesse caso, é correto afirmar que esse bem contribui para o PIB de 2012, mas não para o PIB de 2011.

c) Em uma economia aberta, o produto nacional bruto (PNB) é determinado pelos gastos em produtos domésticos efetuados por residentes e não residentes do país.

d) Se um bem produzido em 2011 foi vendido em 2012, então esse bem será contabilizado como investimento nas contas nacionais.

e) A variação do produto interno bruto (PIB) real será sempre igual ou inferior à sua variação nominal.

26. (Economista/Câmara Municipal de Teresina/2012) - Considere os seguintes dados para uma economia fechada e sem governo:

Salários = 400

Lucros = 300

Juros = 200

Aluguéis = 100

Consumo pessoal = 500

Variação de estoques = 100

Depreciação = 50

Com base nessas informações, a formação bruta de capital fixo e a renda nacional bruta são, respectivamente:

a) 500 e 1050

b) 400 e 1000

c) 450 e 1000

d) 400 e 1050

e) 450 e 1050

27. (PUC-PR/Economista/Defensoria Pública do Estado do Pará/2012) - O Produto Nacional Bruto será superior ao Produto Interno Bruto em um país sempre que:

a) O país enviar mais renda ao exterior do que receber.

b) O país arrecadar menos em impostos indiretos do que conceder em subsídios à produção.

c) As exportações do país forem superiores às suas importações.

d) O país receber mais renda do exterior do que enviar.

e) As importações do país forem superiores às suas exportações

28. (PUC-PR/Economista/Defensoria Pública do Estado do Pará/2012) - Considere as informações a seguir, referentes a um país hipotético:

Valor bruto da produção	$ 10.000
Valor das transações intermediárias	$ 3.000
Impostos indiretos	$ 2.000
Subsídios	$ 500
Depreciação	$ 400
Renda enviada ao exterior	$ 2.500
Renda recebida do exterior	$ 1.500

Com base nessas informações, depreende-se que o Produto Interno Líquido ao custo dos fatores do país é:

a) $ 4.600

b) $ 5.900

c) $ 5.100

d) $ 4.100

e) $ 6.100

29. (Economista/Instituto de Previdência dos Servidores Públicos Municipais de Hortolândia) - Sob o ponto de vista Macroeconômico é correto afirmar:

a) a Macroeconomia analisa o comportamento de indivíduos e empresas, assumindo que agregados como o rendimento nacional ou taxa de desemprego se mantêm constantes.

b) a Macroeconomia analisa o comportamento de agregados como o rendimento nacional e a taxa de desemprego, ignorando as diferenças dos indivíduos.

c) a Macroeconomia trata especificamente de seus conceitos denominados: oferta, demanda, equilíbrio de mercado e elasticidade.

d) o PIB (produto interno bruto) é uma medida oficial do produto ainda não agregado nas economias de mercado contemporâneas.

30. (Economista/Instituto Federal de Educação, Ciência e Tecnologia de Tocantins/2012) - Com relação ao ciclo da atividade econômica, estão erradas as afirmativas abaixo, exceto:

a) O processo da origem a um único fluxo econômico: o da produção ou fluxo real.

b) O processo da origem apenas ao fluxo monetário, traduzido nas remunerações feitas aos recursos utilizados.

c) O processo da origem a dois fluxos: o da renda e o da produção, ou seja, fluxo monetário e fluxo real.

d) O processo mostra que a economia está sempre e obrigatoriamente em equilíbrio.

31. (Economista/Instituto Federal de Educação, Ciência e Tecnologia de Brasília/2012) - Com relação ao fluxo circular simplificado do sistema econômico, com dois agentes econômicos, assinale a opção correta.

a) O fluxo real é caracterizado pelos pagamentos (despesas) de consumo de bens e de serviços e pela remuneração aos serviços dos fatores de produção.

b) As famílias não fazem parte dos mercados de bens e de fatores de produção, pois não constituem a demanda no mercado de bens nem a oferta no mercado de fatores.

c) O processo produtivo dá origem a dois fluxos distintos: o monetário (referente à oferta e à procura dos bens e serviços) e o real (referente aos pagamentos dos fatores de produção).

d) O fluxo circular simplificado do sistema econômico possui dois fluxos: o real e o monetário.

e) No fluxo circular simplificado do sistema econômico com dois agentes econômicos, a oferta de bens e serviços é tipicamente um fluxo monetário.

32. **(FUNCAB/Economista/Prefeitura de Aracruz/2012) - A contabilidade nacional (ou contabilidade social) - é o conjunto de estatísticas de ordem econômica, preparadas e sistematizadas com o objetivo de possibilitar uma visão quantitativa da economia de um país, sendo, na verdade, uma síntese contábil dos fatos que caracterizam a atividade econômica desse país. Em função disso, suponha o quadro abaixo que apresenta valores hipotéticos das contas (nacionais) de uma determinada economia.**

Contas Nacionais do País	Valores (em $ bilhões)
Produto Interno Líquido a custo de fatores (PILcf)	20.000,00
Renda Recebida do Exterior (RR)	3.000,00
Depreciação (D)	1.500,00
Impostos Indiretos (II)	9.000,00
Renda Enviada para o Exterior (RR)	5.000,00
Subsídios (Sub)	2.000,00

Dadas as considerações acima, assinale a alternativa correta.

a) Produto Interno Líquido a preços de mercado (PILpm) = $ 25.000,00.

b) Produto Interno Bruto a custo de fatores (PIBcf) = $ 20.200,00.

c) Renda Líquida do Exterior (RLE) = $ 4.000,00.

d) Produto Interno Bruto a preços de mercado (PIBpm) = $ 27.000,00.

e) Produto Nacional Bruto a preços de mercado (PNBpm) = $ 26.500,00.

33. **(Cetro/Economista/Prefeitura Municipal de Campinas/2012) - Em relação às contas nacionais, assinale a alternativa correta.**

a) Há desigualdade na soma total das compras ocorridas numa economia, num dado período, em relação ao valor monetário de todos os bens produzidos e serviços prestados na economia durante esse período.

b) Gastos de Consumo compreendem os dispêndios feitos pelas famílias, instituições não-lucrativas e empresas privadas, no que tange a aquisições de bens de capital, tais como instalações, equipamento durável de produção e variação de estoques dos almoxarifados.

c) Gastos de Investimento compreendem os dispêndios feitos pelas famílias, instituições não-lucrativas, e empresas privadas no que tange aos principais bens e serviços tais como bens duráveis, não duráveis e serviços.

d) Nos Gastos do Governo, estão incluídos todos os dispêndios feitos pelos Governos nos níveis Federal, Estadual e Municipal, no tange à obtenção de bens e serviços produzidos pelos funcionários, todas as compras governamentais de bens e serviços e os Gastos de Investimentos Brutos das empresas governamentais.

34. **(UFG/Economista/Prefeitura Municipal de Goiânia/2012) – O Produto Interno Bruto (PIB) pode ser mensurado pelo lado da oferta ou pelo lado da demanda. No cálculo do PIB, pelo lado da demanda final, as importações do país:**

a) não são contabilizadas, porque não são produzidas no país.

b) são contabilizadas com sinal positivo.

c) são contabilizadas no caso de superávit na Balança Comercial.

d) são contabilizadas com sinal negativo.

35. (UFG/Economista/Prefeitura Municipal de Goiânia/2012) – O Produto Interno Bruto (PIB) representa o fluxo de riqueza gerada em uma região, em um determinado período de tempo. Considere os dados, a seguir, que representam o PIB de uma determinada economia.

Consumo privado = 500

Investimento privado = 400

Consumo do governo + investimento do governo = 300

Exportações de bens e serviços = 100

Importações de bens e serviços = 80

Pagamento de juros sobre a dívida interna = 120

Recebimento de renda vinda do exterior = 15

Remessa de renda ao exterior = 5

Tributos = 70

De acordo com os dados apresentados, o valor do PIB desta economia é igual a:

a) 1220

b) 1590

c) 1230

d) 1190

36. (MSCONCURSOS/Economista/IPAG – RS/2012) - Considerando os seguintes agregados macroeconômicos abaixo, assinale a alternativa CORRETA: Consumo = R$ 100,00, Investimento = R$ 35,00; (Consumo + Investimento) do Governo = R$ 10,00; Exportação = R$ 15,00; Importação = R$ 10,00; Pagamento de juros da dívida interna =R$ 5,00; Recebimento de renda vinda do exterior pelos agentes domésticos = R$ 5,00; Remessa de renda ao exterior pelos agentes privados domésticos = R$ 10,00 e Tributos = R$5,00.

a) O PIB é igual a R$140,00.

b) A variação das reservas de divisas é igual a R$ 5,00.

c) Se houvesse um imposto inflacionário de R$10,00 a poupança seria de R$55,00.

d) O PIB é igual a R$ 155,00.

e) A variação das reservas de divisas é igual a R$ 45,00.

37. (Economista/Prefeitura Municipal de Lagoa Santa/2012) - Analise os seguintes dados e informações sobre os agregados macroeconômicos de uma economia hipotética (em US$ milhares) no exercício de 2011.

Produção bruta total = 3.000

Importação de bens e serviços = 200

Impostos sobre produtos = 140

Consumo intermediário = 1.800

Consumo final = 1.000

Formação bruta de capital fixo = 250

Variação de Estoques = 40

Com base nesses dados e informações, é *CORRETO* afirmar que, no exercício de 2011, os valores do produto interno bruto e das exportações de bens e serviços foram, respectivamente, iguais a:

a) 1.250 e 350.

b) 1.280 e 250.

c) 1.340 e 250.

d) 1.500 e 350.

38. (Fundação Dom Cintra/Economista/Prefeitura Municipal de Petrópolis/2012) - Em uma determinada economia (valores hipotéticos) o Produto Nacional Líquido a custo de fatores é de U$300.000,00. Sabendo-se que:

- Impostos indiretos: US$60.000,00

- Depreciação: US$60.000,00

- Renda líquida enviada ao exterior: US$70.000,00

- Subsídios: US$30.000,00

O Produto Interno Bruto a preços de mercado dessa economia é:

a) US$ 280.000,00;

b) US$ 340.000,00;

c) US$ 430.000,00;

d) US$ 460.000,00;

e) US$ 520.000,00.

39. (Objetiva Concursos/Economista/Empresa Pública de Transporte e Circulação/Município de Porto Alegre/2012) - Um país apresenta os seguintes dados de produto e renda:

Produto Interno Bruto a preços de mercado	$ 10.000,00
Produto Interno Bruto a custo de fatores	$ 9.600,00
Produto Interno Líquido a custo de fatores	$ 9.450,00
Produto Nacional Bruto a preços de mercado	$ 9.000,00
Renda Nacional	$ 8.450,00
Renda Pessoal	$ 8.320,00
Renda Pessoal Disponível	$ 8.100,00

Considerando os dados acima apresentados, assinalar a alternativa CORRETA:

a) Lucros retidos pelas empresas, impostos diretos sobre empresas, outras receitas do governo (contribuição previdenciária, FGTS, etc) menos as transferências governamentais (como aposentadorias, seguro desemprego, etc) somam $ 1.900.

b) A Renda Líquida Enviada ao Exterior é $ 1.000.

c) Impostos indiretos menos subsídios somam $ 150.

d) A Depreciação é $ 400.

Com os dados abaixo, para uma economia hipotética, responda às questões 40 e 41.

PIB a preços de mercado	2.000
Tributos indiretos	500
Subsídios	250
Consumo final das famílias	400
Formação bruta de capital fixo	400
Variação de estoques	100
Exportações de bens e serviços de não fatores	500
Importações de bens e serviços de não fatores	100
Depreciação	100
Impostos diretos	200
Transferências de assistência e previdência	150
Outras receitas correntes líquidas do governo	600
Juros da dívida pública interna	100
Poupança corrente do governo (superávit)	100

40. (Economista/Prefeitura Municipal de Santo Antônio da Platina/2012) - O consumo final das administrações públicas é igual a quantas unidades monetárias?

a) 1.100

b) 700

c) 650

d) 600

e) 550

41. (Economista/Prefeitura Municipal de Santo Antônio da Platina/2012) - Quantas unidades monetárias possui o total das receitas correntes do governo?

a) 1.950

b) 1.700

c) 1.300

d) 1.150

e) 800

42. (AOCP Concursos/Economista/Governo do Estado de Tocantins/2012) - No que concerne às medidas da atividade econômica, o investimento agregado é composto pelo(a)

a) investimento em bens de capital e variação de estoques.

b) variação de estoques e transferência financeira.

c) transferência financeira e formação bruta de capital fixo.

d) investimento em bens de capital e transferência financeira.

e) variação de estoques e investimento em bens de consumo duráveis.

43. (COPESE/Economista/UFJF/2012) - Considere as seguintes informações da renda nacional para um país qualquer:

PNB	2400
Investimento bruto	400
Investimento líquido	150
Consumo	1500
Compras de bens e serviços por parte do governo	480
Superávit orçamentário do governo	15

Assim, qual é o valor das exportações líquidas?

a) 10

b) 15

c) 20

d) 25

e) 30

44. **(CEPS/Economista/Universidade Federal do Oeste do Pará/2012) - O Sistema de Contas Nacionais do Brasil foi estruturado segundo as orientações das Nações Unidas divulgadas no documento intitulado** *System of National Accounts 1993,* **publicado em conjunto com outros organismos internacionais, com vistas a servir como referência para os países com economia de mercado montarem seus sistemas de contas nacionais. Sobre o documento em tela e sobre o Sistema de Contas Nacionais do Brasil, é verdadeira a assertiva de que**

a) O sistema de contas nacionais recomendado pelas Nações Unidas está centrado nas Contas Econômicas Integradas (CEIs) e nas Tabelas de Recursos e Usos (TRUs), sendo as TRUs formadas por um conjunto de contas de operações e contas de ativos e passivos dos setores institucionais e do resto do mundo.

b) As Contas Econômicas Integradas são constituídas por três subconjuntos de contas assim denominadas: Contas Correntes, Contas de Capital e Contas de Patrimônio.

c) Na Conta de Alocação da Renda, são registradas as seguintes operações e saldos, dentre outros: Excedente Operacional Bruto, Remuneração dos Empregados, Impostos sobre a Produção e Importação, Rendas de Propriedade enviadas e recebidas do resto do mundo e a Renda Nacional Bruta.

d) A conta de Operações de Bens e Serviços é considerada a Conta 0 (zero) no Sistema de Contas Nacionais e sua relevância consiste em ser considerada a base de todo o Sistema por apresentar, de forma detalhada, todas as transações intermediárias registradas no aparelho produtivo da economia.

e) Em função de limitações metodológicas, poucos países conseguiram construir um Sistema de Contas Nacionais completo, com todos os componentes das CEIs e das TRUs recomendados pelas Nações Unidas. O Brasil é um dos poucos países a realizar tal façanha e, por isso, tem recebido elogios e reconhecimento internacional.

45. **(CEPS/Economista/Universidade Federal do Oeste do Pará/2012) - Os registros abaixo, em R$ 1.000, foram feitos na conta de alocação da renda do sistema de contas nacionais de um determinado país.**

Excedente operacional bruto	260.245.035
Rendimento de autônomos	38.128.990
Remuneração dos empregados residentes	247.075.857
Remuneração dos empregados não residentes	57.182
Impostos sobre a produção e de importação	104.115.611
Subsídios à produção	3.575.363
Renda de propriedade enviada ao exterior	13.135.440
Renda de propriedade recebida do resto do mundo	3.125.903

O valor da Renda Nacional Bruta desse país, em reais, é de

a) 632.037.775

b) 633.037.775

c) 634.037.775

d) 635.037.775

e) 636.037.775

46. (COMPERVE/Economista/Universidade Federal do Rio Grande do Norte/2012) - Suponha que, em certa localidade, alguns agregados macroeconômicos assumiram os valores dispostos no quadro a seguir.

Agregados Macroeconômicos	Valor em $ bilhões
Consumo privado	100
Salários	80
Variação de Estoques	-10
Consumo governamental	30
Depreciação	5
Impostos indiretos	50
Subsídios	10
Exportações	35
Formação Bruta de Capital Fixo	50
Importações	25
Renda Líquida Enviada ao Exterior	15

O valor do Produto Interno Bruto dessa localidade será então de

a) $ 165 bilhões.

b) $ 180 bilhões

c) $ 230 bilhões.

d) $ 390 bilhões.

47. (COPERVES/Economista/Universidade Federal de Santa Maria/2012) - Em relação à teoria macroeconômica, marque verdadeira (V) ou falsa (F) nas afirmações a seguir:

( ) Todas as divisas remetidas para o Brasil pelas famílias que moram no exterior aumentam a renda nacional bruta.

( ) Aumentos do déficit público levam sempre e necessariamente à igual elevação do déficit externo.

( ) A igualdade entre poupança e investimento não é equivalente ao equilíbrio no mercado de bens.

( ) A conta de capitais será positiva quando a poupança doméstica for menor que o investimento.

A seguir, assinale a sequência correta.

a) V – V – V - V

b) V – F – F – V

c) V – F – F – F

d) F – F – F – V

e) V – F – V – F

48. (COPERVES/Economista/Universidade Federal de Santa Maria/2012) - Com base nas informações hipotéticas de um país qualquer apresentadas a seguir, calcule o Produto Interno Bruto (PIB) e o Produto Nacional Bruto (PNB).

Consumo agregado	R$4,00
Investimento agregado	R$ 3,00
Consumo do governo	R$2,00
Exportações de bens e serviços não fatores	R$ 5,00
Importações de bens e serviços não fatores	R$ 6,00
Renda líquida enviada ao exterior	R$ 4,00

Assim, a alternativa correta é

a) R$ 4,00 e R$ 2,00

b) R$ 5,00 e R$ 3,00

c) R$ 9,00 e R$ 5,00

d) R$ 8,00 e R$ 4,00

e) R$ 4,00 e R$ 1,00

---

49. **(Contador/Banco Nacional de Desenvolvimento Econômico e Social - BNDES/2004) – Em relação às contas nacionais, em uma economia aberta e com governo, é correto afirmar que:**

a) O Produto Interno Bruto de um país assume um valor inferior ao seu Produto Nacional Bruto sempre que a renda líquida enviada ao exterior for positiva.

b) A definição de Produto Interno Bruto e Renda Nacional costumam levar a um valor numérico idêntico.

c) As transferências do governo, constituídas, entre outros, por pagamentos feitos por ele às pessoas sem contrapartida de serviços, também incluem os juros dos títulos da dívida pública que, assim, são computados no Produto Nacional Bruto.

d) O Produto Interno Bruto a preços de mercado é obtido pela inclusão da depreciação do capital fixo e dos impostos indiretos e a subtração do montante de subsídios ao Produto Interno Líquido a custo de fatores.

e) Um déficit em conta-corrente no Balanço de Pagamentos de um país indica um excesso de investimento interno sobre a poupança doméstica, implicando uma transferência de recursos reais do país para o exterior.

---

50. **(Economista/Universidade Federal do Amapá/2012) - Considere os seguintes dados:**

- **Consumo do Governo: 400;**
- **Subsídios: 70;**
- **Transferências: 200;**
- **Impostos diretos: 700;**
- **Impostos indiretos: 100;**
- **Outras receitas correntes líquidas: 50.**

Com base nas informações anteriores, a poupança será de:

a) -80.

b) 980.

c) 320.

d) 180.

e) 930.

---

51. **(Economista/VALEC Engenharia, Construções e Ferrovias S. A./2012) - Sobre o Sistema de Contas Nacionais, relacione os conceitos a seguir e as suas definições:**

A	Produto Interno Bruto (PIB) a preços de mercado	I	Expressa a renda disponível da nação para consumo final e para poupança
B	Renda Nacional Bruta a preços de mercado	II	Mede o total dos bens e serviços produzidos pelas unidades produtoras residentes sendo, portanto, a soma dos valores adicionados pelos diversos setores acrescido dos impostos sobre produtos não incluídos na valoração da produção
C	Renda Nacional Disponível Bruta	III	É igual à poupança bruta mais as transferências de capital líquidas, a receber do exterior menos a formação bruta de capital fixo menos a variação de estoques
D	Necessidade Líquida de Financiamento	IV	É igual ao PIB menos as rendas primárias a pagar, líquidas a receber das unidades não-residentes

A relação correta é:

a) A - II; B - IV; C - I; D - III;

b) A - I; B - IV; C - II; D - III;

c) A - II; B - I; C - IV; D - III;

d) A - II; B - IV; C - III; D - I;

e) A - IV; B - II; C - I; D - III.

---

52. **(Fundação Carlos Chagas/Economista/Infraero/2011) - No ano de 2010, o PIB de um determinado país totalizou 2,55 trilhões de unidades monetárias e o PNB totalizou 2,35 trilhões de unidades monetárias, sendo ambos os agregados medidos a preços de mercado. Isso significa que, no período, foi de 200 milhões de unidades monetárias:**

a) a depreciação do estoque de capital.

b) o saldo comercial superavitário.

c) o saldo comercial deficitário.

d) a arrecadação de impostos indiretos, líquida de subsídios.

e) a renda líquida de fatores de produção enviada para o exterior.

---

53. **(ISAE/Economista/Assembleia Legislativa do Amazonas/2011) - Uma certa economia apresenta os seguintes resultados:**

Produto Nacional Líquido 20.000

Depreciação 1.000

Renda Enviada ao Exterior 3.500

O Produto Interno Bruto dessa economia é:

a) 15.500.

b) 17.500.

c) 20.000.

d) 22.500.

e) 24.500.

---

54. **(Economista/Companhia Integrada de Desenvolvimento Agrícola de Santa Catarina/2011) - Sobre as contas nacionais, é correto afirmar:**

a. ( ) PIB maior que PNB significa que a balança comercial é deficitária.

b. ( ) Na conta de excedente operacional bruto é incluída a remuneração do capital.

c. ( ) O problema de dupla contagem é evitado somando o valor adicionado ao valor bruto da produção.

d. ( ) A heterogeneidade da produção torna conveniente calcular o PIB em unidades físicas, o que também evita contabilizar efeitos decorrentes exclusivamente da variação nos preços.

e. ( ) O PIB calculado pela ótica da produção de bens finais é maior que o calculado pela ótica da remuneração dos fatores de produção.

---

55. **(Economista/Departamento Municipal de Água e Esgotos de Porto Alegre – DMAE/2011) - Com relação as contas nacionais de uma economia aberta e com o governo e INCORRETO afirmar que**

a) o produto interno bruto a preço de mercado é igual ao produto interno bruto a custos de fatores menos os subsídios mais os impostos indiretos.

b) o produto nacional líquido é igual ao produto nacional bruto menos as depreciações.

c) o produto nacional bruto é igual ao produto interno bruto menos a renda líquida enviada ao exterior.

d) a despesa interna bruta é igual ao consumo pessoal, mais o consumo do governo, mais a formação bruta de capital fixo, mais as variações de estoques, menos as importações, mais as exportações de bens e serviços não-fatores.

e) a poupança bruta do setor privado é igual a poupança pessoal, mais depreciações, mais lucros retidos.

56. (Makiyama/Economista/Eletrobrás - Acre/2011) - Em uma economia são conhecidos os valores, para determinado ano, dos agregados macroeconômicos abaixo listados:

- **Consumo do Setor Privado: 200 bilhões**

- **Investimento do Setor Privado: 100 bilhões**

- **Poupança do Setor Privado: 100 bilhões**

- **Gasto total do setor público: 50 bilhões**

- **Exportações de bens e serviços não fatores: 300 bilhões**

- **Importações de Bens e Serviços não fatores: 250 bilhões**

- **Renda Líquida enviada ao exterior: 50 bilhões**

O Produto Interno Bruto dessa economia a preços de mercado no ano em questão é dado pela soma algébrica:

a) 500 bilhões

b) 450 bilhões

c) 400 bilhões

d) 850 bilhões

e) 600 bilhões

57. (Makiyama/Economista/Eletrobrás - Acre/2011) – Considere os dados abaixo:

- **Consumo privado = $ 100**

- **Investimento privado = $ 35**

- **Consumo do governo + Investimento do governo = $ 10**

- **Exportações de bens e serviços = $ 15**

- **Importações de bens e serviços = $ 10**

- **Pagamentos de juros sobre a dívida pública interna = $ 5**

- **Recebimento de renda vinda do exterior pelos agentes privados domésticos = $ 5**

- **Remessa de renda do exterior pelos agentes privados domésticos = $ 10**

- **Tributos = $ 5**

O PIB é:

a) igual a $ 160.

b) igual a $ 210.

c) menor que o PNB

d) é negativo

e) é maior que o PNB

58. (Fundação Universa/Economista/Embratur/2011) - Acerca da sistematização das contas nacionais do Brasil, assinale a alternativa correta:

a) A conta nacional Produto Interno Bruto (PIB) é uma conta de produção.

b) A conta de capital é uma conta de apropriação.

c) A conta nacional PIB é uma conta de acumulação

d) A conta renda nacional disponível bruta é uma conta de produção.

e) A conta das transações correntes com o resto do mundo é uma conta nacional que não envolve as variáveis exportação e importação.

59. (FUNDEP/Economista/Prefeitura Municipal de Contagem/2011) - Analise no quadro a seguir os dados e informações sobre a economia do país "Y", produtor de três tipos de bens.

Produtos	2009		2010	
	Quantidade	Preços	Quantidade	Preços
A	100	$ 1	110	$ 1
B	200	$ 3	200	$ 3
C	150	$ 2	100	$ 4

Com base no contexto desta economia, assinale a alternativa *CORRETA*.

a) Considerando 2010 como ano base, o valor do PIB nominal em 2009 é $ 1.300.

b) Considerando 2009 como ano base, o valor do PIB real em 2010 é $ 1.110.

c) Considerando 2009 como ano base, o PIB real decresceu $ 90 entre 2009 e 2010.

d) Considerando 2010 como ano base, o PIB real cresceu $ 110 entre 2009 e 2010.

60. (Economista/Universidade Federal do Rio de Janeiro/2011) - Quanto ao conceito de produto agregado, é ERRADO afirmar

a) o produto agregado pode ser considerado como uma "variável fluxo".

b) a elevação do produto agregado nominal junto com uma queda no produto agregado real é possível.

c) o produto agregado a preços de mercado é necessariamente maior do que o produto agregado a custos de fatores.

d) o produto agregado pode ser entendido como a renda agregada da economia.

e) o produto interno bruto pode ser menor do que o produto nacional bruto.

61. (Economista/Universidade Federal do Rio de Janeiro/2011) - O fluxo circular da atividade econômica reflete

a) a conduta de atividades comerciais.

b) o fluxo de fundos entre bancos e órgãos do governo.

c) as interações entre empresas e indivíduos.

d) os ganhos de produtividade de um sistema econômico.

e) uma alocação específica de bens para os indivíduos.

62. (FUNCAB/Economista/Instituto Brasileiro de Museus/2010) – A contabilidade social (ou contabilidade nacional) é uma forma estatística econômica, de natureza contábil, que expressa os totais das transações econômicas de um país (ou de uma sociedade), em um determinado período de tempo. Nesse sentido, suponha a tabela abaixo que apresenta as contas (nacionais) de um determinado país.

Contas (Nacionais) do País X	Valores (em R$ bilhões)
Produto Interno Bruto a preços de mercado (PIBpm)	4.000,00
Renda Recebida do Exterior (RRdE)	100,00
Depreciação (D)	200,00
Impostos Indiretos (II)	400,00
Renda Enviada para o Exterior (REpE)	200,00
Subsídios (Sub)	200,00

Assim, o valor do produto nacional líquido a custo de fatores (PNLcf) é (em R$ bilhões):

a) 3.800,00

b) 3.600,00

c) 3.700,00

d) 3.100,00

e) 3.500,00.

63. (Fundação Sousandrade/Economista/Agência Goiânia de Habitação S.A./2010) - Com frequência, os governos pagam subsídios a determinadas atividades econômicas e cobram impostos (diretos e indiretos) das empresas e das pessoas. Isto faz com que se possa afirmar que

a) o Produto Interno Bruto a custo de fatores = Produto Interno Bruto a preços de mercado + subsídios concedidos – impostos indiretos.

b) o Produto Interno Bruto a custo de fatores = Produto Interno Bruto a preços de mercado – impostos diretos.

c) o Produto Interno Bruto a custo de fatores = Produto Interno Bruto a preços de mercado – subsídios concedidos + impostos indiretos.

d) o Produto Interno Bruto a custo de fatores = Produto Interno Bruto a preços de mercado – subsídios concedidos – impostos indiretos.

e) o Produto Interno Bruto a custo de fatores = Produto Interno Bruto a preços de mercado + subsídios concedidos + impostos indiretos.

64. (Fundação Getúlio Vargas/Economista/BADESC/2010) - O conceito de *Deflator Implícito* do PIB relaciona:

a) o PNB Real com o PIB Real.

b) o PIB Nominal com o PIB Real.

c) o PNB Nominal com o PIB Nominal.

d) o PIL Nominal com o PIB Nominal.

e) o PNB Nominal com o PIB Real.

65. (Fundação Universa/Economista/Companhia de Eletricidade de Brasília S.A./2010) - Com base nos conceitos referentes às medidas da atividade econômica, assinale a alternativa incorreta.

a) O Produto Nacional (PN) é o valor monetário de todos os bens e serviços finais produzidos em determinado período de tempo.

b) A Renda Nacional (RN) é a soma dos rendimentos pagos às famílias que são proprietárias dos fatores de produção, pela utilização de seus serviços produtivos, em determinado período de tempo.

c) Consumo (C) é o gasto com bens que foram produzidos, e que aumentam a capacidade produtiva da economia para os períodos seguintes.

d) Despesa Nacional (DN) é o valor das despesas dos vários agentes na compra de bens e de serviços finais.

e) Poupança Agregada (S) é a parcela da Renda Nacional (RN) não consumida no período, isto é, da renda gerada (salários, juros, aluguéis e lucros), parte não é gasta em bens de consumo.

66. (Fundação Universa/Economista/Companhia de Eletricidade de Brasília S.A./2010) - A Teoria Econômica divide-se em duas grandes vertentes. A primeira é a Macroeconomia, que estuda os grandes agregados econômicos, além do mercado como um todo. A segunda vertente é a Microeconomia, que estuda os mercados específicos, assim como analisa a formação de preços no mercado. Assinale a alternativa correta correspondente aos principais objetivos ou metas da Política Macroeconômica do governo.

a) Elevação do nível de emprego; estabilidade de preços, distribuição equitativa de renda e crescimento econômico.

b) Política fiscal; política monetária; políticas cambial e comercial e política de rendas.

c) Política de gastos e política tributária.

d) Oferta monetária; economia ou rendimentos de escala.

e) Política cambial; inflação e taxas de juros.

67. (Fundatec/Economista/Companhia Estadual de Distribuição de Energia Elétrica – RS/2010) - Assinale V (verdadeiro) ou F (falso) para as afirmações seguintes, relacionadas à contabilidade social e aos conceitos básicos em macroeconomia.

( ) O PNB (Produto Nacional Bruto) mede a renda dos residentes de determinada economia, não importando se ela é obtida na produção doméstica ou na produção externa.

( ) O deflator de preço implícito do PIB (Produto Interno Bruto) pode ser calculado dividindo-se o PIB real pelo PIB nominal.

( ) Existe um superávit em conta corrente de uma economia quando a poupança nacional for maior que o investimento nacional, e a diferença vai emprestada para o exterior.

( ) Hiato do produto mede a diferença entre a produção planejada e a real.

A ordem correta de preenchimento, de cima para baixo, é:

a) V – V – V – V.

b) V – F – V – V.

c) V – F – V – F.

d) F – F – V – F.

e) F – V – F – F.

68. (FUNCAB/Economista/Departamento de Estradas de Rodagem e Transporte – DER/2010) – A contabilidade nacional ou contabilidade social mede a atividade de uma economia ao longo de um período de tempo (geralmente de um ano). Na verdade, registra as transações realizadas entre os diferentes agentes que fazem parte desta economia. Nesse sentido, suponha a tabela abaixo que apresenta as contas nacionais de um determinado país Y.

Contas (Nacionais) do País Y	Valores (em $ bilhões)
Produto Interno Bruto a preços de mercado (PIBpm)	8.000,00
Renda Recebida do Exterior (RRdE)	200,00
Depreciação (D)	400,00
Impostos Indiretos (II)	800,00
Renda Enviada para o Exterior (REpE)	400,00
Subsídios (Sub)	400,00

Assim, o valor do produto nacional líquido a custo de fatores PNLcf é, em$ bilhões:

a) 8.000,00

b) 7.800,00

c) 8.700,00

d) 7.400,00

e) 7.000,00

69. (Fundação Cesgranrio/Economista/Eletrobrás/2010) - A variação percentual do Produto Interno Bruto (PIB) nominal de um país, de um ano para o outro,

a) é sempre maior que a variação do Produto Nacional Bruto entre os mesmos anos.

b) é sempre maior que a variação do PIB real entre os mesmos anos.

c) é igual à variação percentual dos meios de pagamentos entre os mesmos anos.

d) nunca pode ser negativa, se houver inflação.

e) pode ser um valor maior do que 1.000%.

70. (Fundação Cesgranrio/Economista/Eletrobrás/2010) - O Produto Interno Bruto (PIB) anual de um país é de 100 unidades monetárias, e os meios de pagamento, no mesmo ano, são, em média, de 20 unidades monetárias. Logo, o(a)

a) nível de preços desta economia deve-se reduzir.

b) PIB deve diminuir para se adequar ao total monetário.

c) multiplicador da base monetária é 5 vezes/ano.

d) oferta de moeda na economia é insuficiente.

e) velocidade renda de circulação da moeda é 5 vezes/ano.

71. (Fundação Dom Cintra/Economista/FUNASA/2010) - Considere os seguintes dados em bilhões de reais de uma economia hipotética, aberta e com governo.

Impostos diretos	80
Impostos indiretos	90
Renda interna bruta, a custo de fatores	800
Transferências do governo às famílias	10
Subsídios do governo às empresas privadas	7
Depreciação dos ativos fixos	27
Renda enviada ao exterior	5
Renda recebida do exterior	2

Com base nessas informações, o valor do Produto Nacional Líquido a preços de mercado equivale a:

a) 853

b) 870

c) 887

d) 890

e) 919

---

72. **(Fundação Dom Cintra/Economista/FUNASA/2010)** - Observe os seguintes dados, em bilhões de reais, de uma economia hipotética, aberta ao exterior e com governo.

Renda interna bruta, a custo de fatores	456
Subsídios do governo às empresas privadas	6
Transferências do governo às famílias	8
Depreciação dos ativos fixos	24
Renda enviada ao exterior	8
Renda recebida do exterior	3
Impostos diretos	64
Impostos indiretos	50

Com base nessas informações, o índice da carga tributária líquida corresponde a:

a) 24,40%

b) 23,82%

c) 22,09%

d) 21,87%

e) 20,00%

---

73. **(CONUPE/Analista de Transporte I – Economista/Governo do Estado de Pernambuco/2010)** - Dentre as alternativas a seguir, identifique a atividade ou transação que NÃO será computada nem nos cálculos do Produto Interno Bruto (PIB) nem nos das contas nacionais.

a) A construção da nova sede da empresa 'Ba Be Bi Ltda.'

b) A compra de um terreno.

c) O pagamento do salário de servidores da Prefeitura da Cidade Divina.

d) A construção de uma rodovia estadual.

e) A compra de um novo automóvel.

---

74. **(COMPERVE/Instituto Federal de Educação, Ciência e Tecnologia – RN/2010)** - Considerando os dados hipotéticos de uma economia com dois produtos finais A e B analise as informações de vendas (milhões) e preços para estes produtos, para dois anos, conforme quadro abaixo.

Ano	Quantidade do bem A	Preço do bem A	Quantidade do bem B	Preço do bem B
2000	80	1,0	100	0,6
2001	150	0,2	130	1,0

Pode-se afirmar que a variação percentual do PIB REAL e a variação percentual dos preços, medidas pelo índice de Laspeyres entre os anos de 2000 e 2001, foram, respectivamente,

a) 14,28% e 17,14%.

b) 62,86% e 17,14%.

c) 14,28% e -17,14%.

d) 62,86% e -17,14%.

75. **(COMPERVE/Instituto Federal de Educação, Ciência e Tecnologia – RN/2010) - Suponha que, em 2009, o faturamento, em termos nominais de uma empresa, tenha aumentado 10% em relação ao ano de 2008. Conclui -se que**

a) a taxa de inflação deveria ser de 10% em 2009, para haver incremento no faturamento real.

b) ocorreu incremento no faturamento real, caso a inflação tenha sido inferior a 10%.

c) o faturamento a preços constantes de 2008 aumentou 10% em 2009.

d) os preços dos bens e serviços da economia se mantiveram constantes para o período considerado.

76. **(Fundação Dom Cintra/Economista/Ministério da Agricultura, Pecuária e Abastecimento/2010) - A demanda agregada de uma economia aberta é constituída pela soma do consumo das famílias, dos investimentos, dos gastos do governo e:**

a) dos efeitos da tributação;

b) do saldo da conta capital;

c) da saída líquida de juros;

d) do investimento estrangeiro direto;

e) da demanda líquida do setor externo.

77. **(FUNCAB/Economista/Secretaria de Estado de Justiça – RO/2010) – O Produto Nacional Bruto, PNB, é o valor de todos os bens e serviços produzidos na economia, num dado período de tempo. Já o Produto Nacional Líquido, PNL, corresponde a:**

a) PNB menos impostos.

b) PNB menos exportações.

c) PNB menos depreciação.

d) PNB menos importações, mais exportações.

e) PNB mais importações, menos exportações.

78. **(Fundação Carlos Chagas/Economista/Sergipe Gas S.A./2010) - Uma economia hipotética apresenta os seguintes agregados:**

Exportação de bens e serviços	500
Consumo Final das Famílias e das Administrações Públicas	2.700
Formação Bruta de Capital Fixo	600
Importação de Bens e Serviços	400
Variação de Estoques	100
Déficit do Balanço de Pagamentos em Conta Corrente	300

O valor do PIBpm dessa economia é

a) 3.200.

b) 3.500.

c) 3.800.

d) 3.400.

e) 3.100.

79. **(Economista/Secretaria da Inclusão e Mobilização Social – AM/2010) - Considere os seguintes dados:**

Produto Interno Bruto a custo de fatores	1.200
Impostos indiretos	180
Renda enviada ao exterior	120
Renda recebida do exterior	50
Subsídios	40
Depreciação	20

De acordo com os dados fornecidos acima, a Renda Nacional Líquida a preços de mercado e o Produto Nacional Bruto a custo de fatores são, respectivamente

a) 1.250 e 1.130.

b) 1.020 e 1.130.

c) 1.140 e 1.250.

d) 980 e 1.020.

e) 1.130 e 1.250.

80. **(Analista de Finanças e Controle Externo/TCU/1998) – A teoria macroeconômica analisa o desempenho da economia a partir do estudo dos grandes agregados macroeconômicos. À luz dos conceitos básicos dessa teoria, julgue o item a seguir como verdadeiro ou falso.**

Se um agente econômico investir R$ 10.000,00 em ações da Telebrás, o investimento doméstico privado eleva-se, implicando um aumento equivalente no Produto Interno Bruto (PIB).

81. **(CETRO/Auditor-Fiscal Tributário Municipal – Área: Gestão Tributária/Prefeitura do Município de São Paulo/2014) - Com relação aos conceitos básicos de macroeconomia, marque V para verdadeiro ou F para falso e, em seguida, assinale a alternativa que apresenta a sequência correta.**

( ) Países com a renda líquida enviada ao exterior negativa possuem um PNB maior do que o PIB.

( ) A renda nacional de um país é calculada subtraindo-se a depreciação e os impostos indiretos do PIB.

( ) Uma das formas de mensuração do produto é a ótica da despesa em que se avalia o produto de uma economia, considerando a soma dos valores de todos os bens e serviços produzidos no período em que não foram destruídos ou absorvidos como insumos na produção de outros bens e serviços.

( ) No sistema de contas nacionais considerado economia aberta com governo, exportações de bens e serviços não fatores são lançadas a crédito na conta transações com o resto do mundo e a débito na conta de capital.

( ) Na identidade macroeconômica para economia aberta, em que Y + M = C + I + G + X, o lado esquerdo da expressão representa a oferta agregada global.

a) V/ V/ F/ V/ V

b) V/ F/ V/ F/ V

c) F/ F/ V/ V/ F

d) V/ V/ F/ F/ F

e) F/ V/ V/ F/ V

82. **(CETRO/Auditor-Fiscal Tributário Municipal – Área: Gestão Tributária/Prefeitura do Município de São Paulo/2014) - A tabela abaixo apresenta informações da evolução dos preços (P) e a quantidade (Q) de três produtos (A, B e C), entre os anos de 2012 e 2013. Assinale a alternativa que apresenta o índice Laspeyres de preços para esses três produtos, no período considerado, tomando por base o ano de 2012.**

	2012		2013	
	P	Q	P	Q
A	5	30	7	100
B	12	60	17	100
C	26	110	32	140

a) 1,2735.

b) 1,2810.

c) 1,2884.

d) 1,4316.

e) 1,4484.

83. **(Centro de Seleção UFG/Técnico de Planejamento, Orçamento e Finanças/Governo do Estado do Amapá/2014) - A variação percentual do produto interno bruto (PIB) nominal de um país, de um ano para o outro,**

a) é sempre maior que a variação do produto nacional bruto entre os mesmos anos.

b) é sempre maior que a variação do PIB real entre os mesmos anos.

c) é igual à variação percentual dos meios de pagamentos entre os mesmos anos.

d) nunca pode ser negativa, se houver inflação.

Enunciado para as questões de números 84 e 85.

Uma economia produziu, no ano de 2012, 2 000 cocos ao preço de $1 e 1 000 laranjas ao preço de $2. No ano de 2013, produziu 2 200 cocos ao preço de $3 e 1 400 laranjas ao preço de 4.

84. **(VUNESP/Economista/Agência de Desenvolvimento Paulista – Desenvolve SP/2014) – O crescimento do PIB nominal foi de:**

a) 205%.

b) 100%.

c) 25%.

d) 20%.

e) 10%.

85. **(VUNESP/Economista/Agência de Desenvolvimento Paulista – Desenvolve SP/2014) – O crescimento do PIB real foi de:**

a) 205%.

b) 100%.

c) 25%.

d) 20%.

e) 10%.

86. **(VUNESP/Economista/Agência de Desenvolvimento Paulista – Desenvolve SP/2014) – Em uma economia, os salários totalizam $2 000, os juros $500, os aluguéis $500 e os lucros $1 000. A depreciação é $100, não há transferências ou subsídios e a renda líquida enviada ao exterior é $400. O PIB desta economia é:**

a) $5 000.

b) $4 500.

c) $4 000.

d) $3 500.

e) $3 000.

---

87. **(Universidade Federal Fronteira do Sul/Economista/2014) - Considere V (verdadeiro) e F (falso). Sobre a estrutura básica das Contas Nacionais, pode-se afirmar que:**

( ) O Produto Interno Bruto a preços de mercado, menos a Renda Líquida Enviada ao exterior é igual ao Produto Nacional Bruto a preços de mercado.

( ) O Produto Interno Bruto a preços de mercado, menos a depreciação é igual ao Produto Nacional Líquido a preços de mercado.

( ) O Produto Nacional Líquido a preços de mercado, menos os impostos indiretos, mais subsídios é igual ao Produto Nacional Líquido a custos de fatores.

( ) A estrutura básica das Contas Nacionais é formada pelas seguintes contas: Produção, Apropriação, Governo, Setor Externo e Capital.

A sequência CORRETA, de cima para baixo, é:

a) V, V, F, F.

b) V, F, F, V.

c) F, V, V, F.

d) V, V, V, V.

e) F, F, F, F.

---

88. **(Fundação Carlos Chagas/Analista Desenvolvimento Gestão Júnior – Economista/Companhia do Metropolitano de São Paulo – Metrô/2014) - Um estudo divulgado pela Receita Federal do Brasil informou que a Carga Tributária Bruta brasileira passou de 35,31% do PIB em 2011 para 35,85% do PIB em 2012. Considerando os conceitos de Carga Tributária Bruta e Carga Tributária Líquida, é correto afirmar:**

a) Verificar o crescimento da Carga Tributária Bruta entre 2011 e 2012 é suficiente para concluir que houve decréscimo do PIB brasileiro no mesmo período.

b) A medida da Carga Tributária Bruta como percentual do produto da economia se faz pela razão entre a arrecadação tributária federal e o PIB medido a custo de fatores, ambos em termos nominais.

c) É condição necessária para a elevação da Carga Tributária Bruta que a arrecadação tributária de todas as esferas de governo tenha aumentado como proporção do PIB.

d) A Carga Tributária Líquida do Brasil deve ser inferior a 35% do PIB, pois neste conceito não são computados os impostos indiretos como o Imposto sobre Produtos Industrializados.

e) A medida da Carga Tributária Bruta como percentual do produto da economia se faz pela razão entre a arrecadação tributária das três esferas de governo e o PIB medido a preços de mercado, ambos em termos nominais.

89. **(Fundação Carlos Chagas/Analista Desenvolvimento Gestão Júnior – Economista/Companhia do Metropolitano de São Paulo – Metrô/2014) - A Economia é conhecida como a "ciência das escolhas", pois se notabiliza pelo auxílio aos agentes no enfrentamento de dilemas cotidianos que afetam, inclusive, a esfera da definição de objetivos econômicos de um país. NÃO reflete algum tipo de conflito entre objetivos macroeconômicos:**

   a) a curva de Phillips.

   b) a equidade e eficiência econômicas.

   c) a curva de Engel.

   d) o hiato do produto.

   e) a sustentabilidade ambiental.

90. **(Fundação Carlos Chagas/Analista Desenvolvimento Gestão Júnior – Economista/Companhia do Metropolitano de São Paulo – Metrô/2014) - O total das remunerações pagas aos proprietários dos fatores de produção que são residentes no país corresponde ao agregado macroeconômico denominado:**

   a) Renda Interna Líquida a preços de mercado.

   b) Renda Interna Bruta a preços de mercado.

   c) Renda Nacional Líquida a custo de fatores.

   d) Produto Nacional Bruto a preços de mercado.

   e) Produto Interno Bruto a custo de fatores.

91. **(Fundação Carlos Chagas/Agente Técnico – Economista/Ministério Público do Estado do Amazonas/2013) - Com respeito à mensuração do Produto Interno Bruto (PIB) de um país, é correto afirmar:**

   a) O consumo de bens e serviços efetuado pelo governo não influencia o cômputo do PIB.

   b) O aumento de estoques da economia é um redutor do PIB, pois reduz o montante da formação bruta de capital fixo.

   c) Em uma economia aberta, os conceitos de PIB (Produto Interno Bruto) e PNB (Produto Nacional Bruto) sempre são equivalentes.

   d) O PIB é o melhor instrumento para mensurar o dinamismo inter-setorial da economia, já que computa o valor nominal de todas as transações intermediárias.

   e) O PIB de um país será tanto maior quanto maior for o saldo de sua balança comercial e da balança de serviços não fatores de produção.

92. **(FUNDEPES/Economista/Prefeitura Municipal de Santana do Ipanema/Estado de Alagoas/2013) - A saída do produto interno bruto para o produto nacional bruto, pela óptica da produção, é definida em que opção?**

   a) Produto interno bruto ao custo dos fatores menos a receita líquida do exterior.

   b) Produto interno bruto ao custo dos fatores menos a amortização.

   c) Produto interno bruto ao custo dos fatores mais a amortização.

   d) Produto interno bruto ao custo dos fatores menos os tributos.

   e) Produto interno bruto ao custo dos fatores mais a receita líquida do exterior.

93. **(COPS/Economista/Companhia de Saneamento do Paraná/2013) - Segundo dados do Instituto Paranaense de Desenvolvimento Econômico e Social (Ipardes), o crescimento do PIB do Paraná no primeiro trimestre de 2013 contrasta com o PIB nacional. Enquanto, segundo dados do IBGE, o PIB nacional atingiu 0,6% no trimestre, no Paraná o crescimento foi de 2,8%. Sobre os fatores que motivaram esse crescimento, considere as afirmativas a seguir.**

I. **A venda de veículos.**

II. **O crescimento na safra de verão, com destaque para soja e milho.**

III. **Os segmentos de máquinas e equipamentos.**

IV. **Os segmentos de móveis e eletrodomésticos.**

Assinale a alternativa correta.

a) Somente as afirmativas I e II são corretas.

b) Somente as afirmativas I e IV são corretas.

c) Somente as afirmativas III e IV são corretas.

d) Somente as afirmativas I, II e III são corretas.

e) Somente as afirmativas II, III e IV são corretas.

94. **(Fundação Cesgranrio/Área de Conhecimento: Análise Socioeconômica/Instituto Brasileiro de Geografia e Estatística – IBGE/2010) - O Produto Interno Bruto de um país**

a) é sempre maior que o seu Produto Nacional Bruto.

b) é sempre maior que as suas exportações totais.

c) é maior que o Produto Nacional Bruto se a renda líquida recebida do exterior for positiva.

d) exclui as importações de bens de consumo.

e) inclui as importações de bens de investimento.

95. **(Fundação Cesgranrio/Economista/Eletrobrás/2010) - A variação percentual do Produto Interno Bruto (PIB) nominal de um país, de um ano para o outro,**

a) é sempre maior que a variação do Produto Nacional Bruto entre os mesmos anos.

b) é sempre maior que a variação do PIB real entre os mesmos anos.

c) é igual à variação percentual dos meios de pagamentos entre os mesmos anos.

d) nunca pode ser negativa, se houver inflação.

e) pode ser um valor maior do que 1.000%.

96. **(FGV Projetos/Técnico de Fomento – Economista/Agência de Fomento do Estado de Santa Catarina S.A. – BADESC/2010) - Com relação ao Sistema de Contas Nacionais do Brasil, analise as afirmativas a seguir.**

I. **O Sistema de Contas Nacionais apresenta, por setor institucional, as contas correntes e a conta de acumulação, primeiro segmento das contas financeiras.**

II. **A visão de conjunto da economia é fornecida pelas Contas Econômicas Integradas – CEI.**

III. **A conta de distribuição primária da renda subdivide-se em duas subcontas: o valor adicionado entre os fatores de produção trabalho e capital e a parte restante da distribuição operacional da renda.**

Assinale:

a) se somente a afirmativa I estiver correta.

b) se somente as afirmativas I e II estiverem corretas.

c) se somente as afirmativas I e III estiverem corretas.

d) se somente as afirmativas II e III estiverem corretas.

e) se todas as afirmativas estiverem corretas.

---

97. (Economista/Universidade do Estado do Mato Grosso/2010) - Considerando-se os dois grandes agregados macroeconômicos: Produto Interno Bruto (a preços de mercado) e Produto Nacional Bruto (a preços de mercado), em um sistema econômico aberto como, por exemplo, o brasileiro, se o país remete mais renda para o exterior do que dele recebe, temos:

a) PIBpm > PNBpm

b) PIBpm < PNBpm

c) PIBpm = PNBpm

d) As transações com o exterior não afetam nem o PIB nem o PNB.

e) Importações > Exportações

---

98. (NEC/Economista/Universidade Federal do Maranhão/2012) - Quando a renda líquida de um país enviada ao exterior for positiva, é correto afirmar que:

a) Houve um déficit na Balança Comercial e superávit nas transações correntes.

b) O Banco Central elevou a taxa de juros interna.

c) O Produto Interno Bruto é menor que o Produto Nacional Bruto.

d) O Produto Interno Bruto é Maior que o Produto Nacional Bruto.

e) Este país aumentando a taxação de remessa de lucros para o exterior.

---

99. (FUNCAB/Economista/Prefeitura Municipal de Armação dos Búzios/Rio de Janeiro/2012) - O Produto Nacional Bruto é medido a preços de mercado. Já a Renda Nacional é medida a custo de fatores. Se adicionarmos os impostos indiretos à Renda Nacional teremos:

a) o Produto Nacional Bruto.

b) o Produto Nacional Líquido.

c) a Renda Pessoal Disponível.

d) o Produto Nacional Bruto mais o lucro das empresas.

e) o Produto Nacional Bruto menos o lucro das empresas.

100.(Aplicativa/Economista/Instituto de Previdência dos Servidores Públicos Municipais de Hortolândia – Hortoprev/2012) - Como forma elevada de estatística econômica, a contabilidade nacional classifica e mede as transações de bens e serviços na economia de uma nação. Neste diapasão, qual a variável em destaque, uma vez que na maioria das análises macroeconômicas, esta é a medida de nível de produto e renda de uma economia.

a) INPC - Índice Nacional de Preços ao Consumidor, divulgado pelo IBGE.

b) o produto da arrecadação do IR – Imposto sobre a Renda.

c) o IGP-M – Índice Geral de Preços do Mercado.

d) o PIB – Produto interno Bruto.

101. **(FUNCAB/Economista/Instituto de Pesos e Medidas do Estado de Rondônia – IPEM/2013) - Algumas transações que ocorrem no mercado são excluídas, ou não consideradas na determinação do Produto Nacional. Entre elas, está a atividade de:**

    a) auxílio-moradia para funcionário público.

    b) imóvel ocupado pelo próprio construtor.

    c) reforma de residência.

    d) valorização e desvalorização de ativos.

    e) consumo de bens e serviços, pelo próprio produtor.

102. **(FUNCAB/Economista/Superintendência do Desenvolvimento do Centro-Oeste/2013) - Considere uma economia hipotética, em que o Investimento Bruto seja igual a 1.610; a depreciação igual a 69; o Déficit do Balanço de Pagamentos em Transações Correntes, igual a 230 e o Saldo do Governo em Conta Corrente, igual a 920. A Poupança Líquida do Setor Privado será igual a:**

    a) 322

    b) 851

    c) 529

    d) 276

    e) 391

103. **(Economista/SANEAGO/2013) - De acordo com os dados de uma economia hipotética onde, por simplicidade, será suposta a existência de uma única empresa (X).**

Empresa X	
Imposto de Bens Intermediários	100
Despesa de depreciação	50
Impostos indiretos	260
(Subsídios)	(30)
Salários	320
Juros pagos:	
A residentes no país	40
A residentes no exterior	30
Lucros:	
A residentes no país	280
A residentes no exterior	150

- **Você foi informado que a empresa importou matérias-primas do exterior no valor de $ 100;**

- **Produziu bens e serviços que, avaliados a preços de mercado, equivaleram a $1.200; e toda produção foi vendida no período, sendo $1.000 a consumidores finais e $200 no mercado externo. Qual o valor do Produto Interno Bruto a preço de mercado (PIBpm) e, Produto Interno Bruto a custo de fatores(PIBcf), respectivamente.**

    a) 1.150 e 970.

    b) 1.200 e 890.

    c) 1.100 e 870.

    d) 970 e 1.150.

    e) As alternativas a e b estão corretas.

104.(Fundação Universa/Economista/Companhia de Eletricidade de Brasília – CEB Distribuição S.A./2010) - Conforme o estudo das Contas Nacionais, calcule a Renda Interna Líquida a custo de fatores (RILcf), assinale a alternativa correta, considerando os seguintes dados:

Dados, em bilhões de reais	R$
Salários pagos às famílias (W)	350
Juros, aluguéis e lucros pagos (j + a + L)	450
Depreciação de ativos fixos (d)	25
Impostos indiretos (Ti)	100
Impostos diretos (Td)	88
Subsídios do governo a empresas privadas (Sub)	10
Outras receitas correntes do governo (Orec)	20
Renda enviada ao exterior (RE)	7
Renda recebida do exterior (RR)	2
Pagamentos de aposentadoria (Tr)	40

Obs.: Sabe-se que os valores dos salários, juros, aluguéis e lucros são brutos, no sentido de que ainda não foram descontados os impostos diretos, a depreciação e a renda enviada ao exterior, e não incluída a renda recebida do exterior.

a) RILcf = 805.

b) RILcf = 775.

c) RILcf = 780.

d) RILcf = 785.

e) RILcf = 790.

105.(Cespe-UnB/Professor – Gestão Financeira/Instituto Federal de Educação, Ciência e Tecnologia de Brasília/2011)

Trigo		Farinha		Bolos	
		Matéria prima	300	Matéria prima	500
Lucros produtor	200	Lucros moinho	100	Lucros forno	100
Salários	100	Salários	100	salários	100
Valor bruto da produção	300	Valor bruto da produção	500	Valor bruto da produção	700

Suponha que exista uma economia fechada, sem governo e com somente três setores: um setor que produza trigo, um setor que transforme todo o trigo produzido em farinha e um setor que transforme toda a farinha em bolos. A tabela acima apresenta os dados referentes às produções dessa economia. Com base nessas informações, julgue os itens seguintes.

(0) O valor do produto interno bruto dessa economia é igual a 1.500.

(1) Nessa economia, o produto nacional bruto é igual ao produto interno bruto, porque essa é uma economia sem governo.

(3) Os valores adicionados à produção nos setores de trigo, farinha e bolos são, respectivamente, 0, 300 e 500.

106.(Cespe-UnB/Economista/Ministério da Saúde/2010) – Julgue os itens a seguir, como verdadeiro ou falso.

No país Y, há apenas três empresas: uma produz trigo, outra produz farinha de trigo, e a terceira produz pão. Toda a produção de trigo e de farinha é comprada pela fábrica de pão. A produtora de trigo não compra insumos (matérias-primas), e a produtora de farinha de trigo compra seus insumos de outro país. A tabela abaixo apresenta, em unidades monetárias, os valores da produção.

Item	Trigo	Farinha de trigo	Pão
Insumos	-	100	1.500
Salários	200	300	500
Lucros	450	450	600
Valor total	650	850	2.600
Depreciação	-	200	200

Considerando essa situação hipotética, julgue os itens que se seguem, acerca das contas nacionais macroeconômicas de Y.

(0) Pela ótica do valor adicionado, o valor do produto interno bruto (PIB) de Y é superior a 2.600.

(1) O produto interno líquido de Y é igual a 2.100.

(2) Pela ótica da renda, o valor do PIB de Y é igual a 2.500.

(3) Se metade dos lucros da empresa do setor de farinha de trigo, depois de descontada a depreciação, forem remetidos para sua matriz no exterior, o produto nacional líquido de Y será igual a 1.975.

107.(CESPE-UNB/Diplomata/Instituto Rio Branco/2013) – O objetivo da contabilidade nacional é analisar a evolução dos indicadores da economia de um país como um todo. Julgue o item a seguir, como verdadeiro ou falso.

No cálculo da poupança externa, não se incluem aumentos ou diminuições das reservas cambiais do país.

108.(Fundação Sousândrade/Analista Técnico – Economista/AGEHAB/2010) – Nosso sistema de Contabilidade Social baseia-se em quatro contas, a saber:

a) conta de apropriação, conta de acumulação, conta de transações correntes com o resto do mundo e conta da previdência.

b) conta de produção, conta de exportação, conta de acumulação e conta de apropriação.

c) conta de produção, conta de acumulação, conta de importação e conta de transações correntes com o resto do mundo.

d) conta de produção, conta de apropriação, conta de acumulação e conta de transações correntes com o resto do mundo.

e) conta de produção, conta de apropriação, conta de transações correntes com o resto do mundo e conta de serviços.

109.(Fundação Cesgranrio/Economista Júnior/Petrobrás/2010) - Quando há um superávit em conta-corrente no balanço de pagamentos, em um determinado período, isso significa que, nesse período, necessariamente, o(a)

a) valor das exportações de bens suplantou o das importações.

b) pagamento de juros para o exterior foi reduzido.

c) entrada líquida de capitais financeiros externos foi positiva.

d) reserva de divisas internacionais aumentou.

e) poupança externa foi negativa.

110.(Fundação Cesgranrio/Economista Júnior/Petrobrás/2010) – A renda nacional de um país é calculada subtraindo-se a depreciação e os impostos indiretos do(a)

a) saldo do Balanço de Pagamentos.

b) Produto Interno Bruto.

c) Produto Nacional Líquido.

d) Produto Nacional Bruto.

e) Renda Interna Bruta.

111.(ESAF/Analista de Planejamento e Orçamento/2010) - A diferença entre Renda Nacional Bruta e Renda Interna

Bruta é que a segunda não inclui:

a) o valor das importações.

b) o valor dos investimentos realizados no país por empresas estrangeiras.

c) o saldo da balança comercial do país.

d) o valor da renda líquida de fatores externos.

e) o valor das exportações.

112.(Fundação Cesgranrio/Analista do Banco Central do Brasil/2010) - O Produto Interno Bruto de um país, num certo ano, é menor que o seu Produto Nacional Bruto, no mesmo ano, se a(o)

a) entrada de poupança externa for elevada.

b) entrada líquida de capitais do exterior exceder as importações.

c) renda líquida recebida do exterior for positiva.

d) reserva em divisas estrangeiras, no Banco Central, aumentar.

e) superávit no balanço comercial e de serviços for positivo.

113.(Cespe-UnB/Diplomata – Terceiro Secretário/Instituto Rio Branco/2014) – Julgue o item a seguir como verdadeiro ou falso:

O Produto Nacional Bruto (PNB) representa o valor dos bens e serviço finais, em preços correntes, e o seu deflator é obtido pela razão entre o PNB nominal e o PNB real.

114.(Economista/VALEC Engenharia, Construções e Ferrovias S.A./2012) - Avalie os dados a seguir relativos a um certo país:

PNB a preços de mercado: 5000

Déficit em Transações Correntes: 400

Renda Líquida enviada para o exterior: -100

Impostos Indiretos: 250

Consumo Pessoal: 2800

Depreciação: 50

Subsídios: 200

Lucro retido das empresas: 100

Exportações: 450

O Produto Interno Líquido a custo de fatores para esse país é de:

a) 4650

b) 4700

c) 4800

d) 4900

e) 5050

115.(Cespe-UnB/Consultor de Orçamento e Fiscalização Financeira/Câmara dos Deputados/2014) – Julgue o item a seguir como verdadeiro ou falso.

Para efeitos do cálculo da carga tributária bruta, deve-se subtrair do total dos impostos, das taxas e das contribuições arrecadadas as transferências diretas feitas para pessoas físicas, visto que estas atuam como um redutor do imposto recolhido.

116.(Analista do Meio Ambiente – Economista/Universidade do Estado do Mato Grosso – UNEMAT/2010) – Qual dos itens a seguir não seria contabilizado como um investimento nas contas nacionais?

a) Um aumento no estoque de matéria-prima da Ford.

b) Um aumento no estoque de componentes acabados da Ford.

c) A construção de uma fábrica pela Ford.

d) A compra de uma cota de ações da Ford por um funcionário da Ford.

e) A adição de algum equipamento pela Ford.

117.(Cespe-UnB/Analista em Geociências – Economia/Companhia de Pesquisa de Recursos Minerais/2013) - Com relação as principais identidades macroeconômicas e as contas nacionais, julgue os itens a seguir.

(0) Uma variação positiva do PIB nominal tem como consequência, necessariamente, o crescimento real da economia.

(1) Se a economia operar com déficit em transações correntes e o governo mantiver o orçamento equilibrado, a poupança privada será maior que o investimento.

(2) O acumulo de estoques indesejados por parte das empresas implica o aumento do investimento agregado.

118.(FGV Projetos/Economista/Defensoria Pública do Estado do Rio de Janeiro/2014) - Considerando a Conta Produto Interno Bruto do Sistema de Contas Nacionais, é possível avaliar o efeito do forte crescimento dos salários nos últimos anos no Brasil.

Nesse sentido, mantidos os demais fatores do lado do Débito dessa conta constantes, a contrapartida do aumento dos salários pelo lado do Crédito pode ser um (uma)

a) crescimento dos impostos indiretos.

b) redução dos subsídios.

c) redução do consumo do governo.

d) redução da variação dos estoques.

e) aumento do consumo das famílias.

119.(FGV Projetos/Economista/Defensoria Pública do Estado do Rio de Janeiro/2014) - Suponha que um país tenha (em bilhões de reais) os seguintes valores de alguns dos principais agregados macroeconômicas

Salários = 50

Juros pagos às famílias = 100

Aluguéis pagos às famílias = 80

Lucros distribuídos = 100

Impostos diretos = 10

Impostos indiretos =20

Subsídios = 10

Logo, o PIB a preços de mercado é igual a:

a) 310

b) 330

c) 340

d) 350

e) 370

---

120. (FGV Projetos/Economista/Defensoria Pública do Estado do Rio de Janeiro/2014) - Considere a seguinte identidade macroeconômica

Y = PIBpm – depreciação – impostos indiretos + subsídios,

em que, PIBpm é o PIB a preços de mercado.

Logo, Y é igual a

a) Produto Nacional Líquido a preços de mercado.

b) Produto Nacional Líquido a custo de fatores.

c) Renda Pessoal Disponível.

d) Produto Interno Bruto a custo de fatores.

e) Produto Interno Líquido a custo de fatores.

---

121. (Fundação Sousândrade/Analista Técnico – Economista/AGEHAB/2010) –

Setor agrícola	Em unidades monetárias
Aluguel da terra	100
Valor das sementes recebidas do período anterior	50
Salários pagos	
Valor total do setor	150
	300
Setor de transformação I	
Custo dos produtos agrícolas	300
Lucros	80
Salários	70
Valor total do setor	450
Setor de transformação II	
Custo das matérias-primas	450
Lucro	130
Salários	120
Valor total do setor	700

O quadro acima mostra um país fechado que produziu um único bem final que é consumido inteiramente por seus habitantes. Pode-se afirmar que o valor bruto da produção e o valor adicionado são, respectivamente,

a) 650 e 700.

b) 700 e 650.

c) 1450 e 700.

d) 700 e 50.

e) 1450 e 650.

122.(Instituto de Planejamento e Apoio ao Desenvolvimento Tecnológico e Científico – IPAD/Analista de Gestão – Economista/Companhia Pernambucana de Saneamento – COMPESA/2009) – Sobre o deflator do PIB, pode-se afirmar que ele:

a) fornece o preço médio do produto.

b) é igual ao índice de preços ao consumidor.

c) é usado para medir o custo de vista.

d) é calculado com base na mesma cesta de produtos que o índice de preços ao consumidor.

e) é obtido dividindo-se o produto real pelo produto nominal

123.(Fundação Carlos Chagas/Economista/Infraero/2009) - Em uma determinada economia, o Produto Nacional Líquido a preços de mercado é maior que o Produto Interno Bruto a preços de mercado. Isso ocorre nessa economia porque o valor

a) da renda líquida enviada para o exterior é maior que o da depreciação.

b) da renda líquida recebida do exterior é maior que o dos impostos líquidos de subsídios.

c) da depreciação é maior que o da renda líquida enviada para o exterior.

d) da renda líquida recebida do exterior é maior que o da depreciação.

e) dos impostos diretos líquidos de subsídios é maior que o da depreciação.

124.(Cespe-UnB/Fiscal de Receita Estadual/Secretaria de Estado da Fazenda – Acre/2009) – As identidades básicas da contabilidade nacional, uma vez definidas as principais variáveis macroeconômicas, são indispensáveis ao conhecimento e à análise da situação econômica do país.
Marco Antonio Sandoval Vasconcellos. Economia: micro e macro. São Paulo: Atlas. Parte III, cap. 9.4.

Tendo o fragmento de texto acima como referência inicial, considere os seguintes dados, de um país hipotético, disponíveis em unidades monetárias (UM):

Consumo = 45

Tributos = 34

Poupança = 19

Exportações = 26

Investimento = 17

Importações = 22

Gastos do governo = 39

Com base nos dados acima, é correto concluir que, no país em questão,

a) a renda interna bruta foi de 102 UM.

b) o PIB correspondeu a 120 UM.

c) a absorção interna doméstica com o PIB foi de 81 UM.

d) a poupança interna foi superior à externa em 18 UM.

125.(Fundação Cesgranrio/Economista Júnior/Sociedade Fluminense de Energia Ltda – SFE/2009) – O Produto Interno Bruto (PIB) de um pais:

a) exclui as mercadorias exportadas.

b) inclui as mercadorias importadas.

c) é uma medida de sua riqueza material.

d) é invariavelmente crescente com o tempo.

e) é sempre maior que o seu Produto Nacional Bruto (PNB).

126.(Fundação Cesgranrio/Economista Júnior/Sociedade Fluminense de Energia Ltda – SFE/2009) – Um país recebe poupança externa quando:

a) acumula reservas de divisas internacionais.

b) apresenta um déficit em conta corrente no seu balanço de pagamentos.

c) exporta mais do que importa (balanço comercial superavitário).

d) a entrada líquida de capital do exterior é positiva.

e) o investimento direto do exterior é vultoso.

127.(FGV Projetos/Fiscal de Rendas do Estado do Rio de Janeiro/2009) - Numa economia, apenas dois bens são produzidos: azeitonas e sorvete. Em 2006, foram vendidos um milhão de latas de azeitonas a R$ 0,40 cada e 800.000 litros de sorvete a R$ 0,60 cada. De 2006 a 2007, o preço da lata de azeitonas subiu 25% e a quantidade de latas vendidas caiu 10%. No mesmo período, o preço do litro de sorvete caiu 10% e o número de litros vendidos aumentou 5%. A respeito do texto acima, analise as afirmativas a seguir:

I. O PIB nominal em 2006 equivale a R$ 880.000,00 e em 2007 a R$ 903.600,00.

II. O PIB real de 2007, usando ano base de 2006, foi de R$ 864.000,00.

III. O uso da série de PIB nominal dessa economia para os anos 2006 e 2007 pode induzir o analista a subestimar seu crescimento econômico.

Assinale:

a) se somente a afirmativa I estiver correta.

b) se somente as afirmativas I e III estiverem corretas.

c) se somente as afirmativas I e II estiverem corretas.

d) se somente as afirmativas II e III estiverem corretas.

e) se todas as afirmativas estiverem corretas.

128.(Analista de Gestão Organizacional – Economista/PRODEPA/2008) – Em linhas gerais, pode-se dizer que o investimento agregado é determinado por dois fatores básicos: a taxa de rentabilidade esperada e a taxa de juros de mercado. Neste sentido o correto está em:

a) se a taxa de retorno do empreendimento superar a taxa de juros de mercado, haverá investimentos na compra de bens de capital.

b) a demanda de investimentos não pode ser afetada pela disponibilidade de fundos de longo prazo.

c) se a taxa de retorno do mercado produtivo for maior que a taxa de juros, há preferência em direcionar os recursos em aplicações financeiras ou especulativas.

d) a rentabilidade esperada dos projetos interfere na ampliação da capacidade produtiva, independentemente da eficiência marginal do capital.

129.(Analista de Gestão Organizacional – Economista/PRODEPA/2008) – Considere os seguintes dados de Conta Nacional (valores em bilhões de dólares) e identifique abaixo a alternativa que contém, respectivamente: o Produto Nacional Bruto, o Produto Nacional Líquido e a Renda Nacional:

Consumo	750
Gastos Governamentais de Bens e Serviços	500
Investimentos	75
Exportações	20
Importações	10
Depreciação	250
Impostos Indiretos	100

a) 1.085; 1.335 e 985.

b) 985; 1.335 e 1.085.

c) 1.335; 985 e 1.085.

d) 1.335; 1.085 e 985.

---

130. **(Fundação Carlos Chagas/Analista Trainee – Economista/Metrô SP/2008) – Para responder às questões de números 150 a 152, considere as informações abaixo.**

Produto Interno Bruto a preços de mercado..........800.000

Depreciação do estoque de capital 20.000

Impostos diretos 70.000

Renda líquida enviada para o exterior.....................15.000

Impostos indiretos 130.000

Transferências do Governo às famílias.....................30.000

Subsídios..10.000

Lucros retidos pelas empresas.................................75.000

O valor correspondente à renda nacional (ou Produto Nacional Líquido a custo de fatores) é de

a) 645.000

b) 660.000

c) 665.000

d) 695.000

e) 705.000

---

131. **(Fundação Carlos Chagas/Analista Trainee – Economista/Metrô SP/2008) – A renda pessoal disponível nessa economia é de**

a) 540.000

b) 530.000

c) 500.000

d) 495.000

e) 490.000

---

132. **(Fundação Carlos Chagas/Analista Trainee – Economista/Metrô SP/2008) – A carga tributária bruta e a líquida, em percentagem, são, respectivamente (desprezando os algarismos a partir da segunda casa decimal depois da vírgula) de**

a) 31,0% e 24,8%.

b) 29,4% e 23,5%.

c) 28,3% e 22,6%.

d) 25,0% e 20,0%.

e) 24,3% e 19,5%.

---

133. **(Fundação Carlos Chagas/Analista Trainee – Economista/Metrô SP/2008) – Analise as cestas de consumo de dois bens, A e B, onde P = preço e Q = Quantidade, que são utilizados, por hipótese, para elaboração de um índice de preços ao consumidor:**

Período/Produto	A		B	
	P	Q	P	Q
Novembro 2007	15	100	10	80
Dezembro 2007	20	50	12	70

Assumindo que o índice de preço de novembro de 2007 seja igual a 100, é correto afirmar que o índice de Paasche de preços para dezembro de 2007 foi (desprezando as casas decimais depois da vírgula)

a) superior a 130.

b) igual ao índice Laspeyres de Preços.

c) igual a 125.

d) inferior ao índice Laspeyres de Preços.

e) inferior a 122.

---

134. (Fundação Carlos Chagas/Analista Trainee – Economista/Metrô SP/2008) – O índice de preços ao consumidor de uma determinada economia apresentou o seguinte comportamento em um período de dez anos:

Ano	Índice
1997	100
1998	102
1999	106
2000	113
2001	121
2002	126
2003	131
2004	135
2005	143
2006	152

Assumindo que este índice seja utilizado para medir a taxa de inflação da economia, é correto afirmar que a taxa de inflação

a) acumulada no período foi inferior a 50%.

b) foi crescente no período 1998-2000.

c) de 2004 foi a mais alta do período.

d) foi estritamente decrescente no período 2002-2006.

e) de 2001 foi a mais baixa do período.

---

135. (Fundação Cesgranrio/Especialista em Regulação de Petróleo e Derivados, Álcool Combustível e Gás Natural – Especialidade: Economia/Agência Nacional de Petróleo/2008) – A taxa de crescimento do PIB potencial de uma determinada economia depende da(o)

a) maturidade de seu parque industrial.

b) *deficit* do seu setor público.

c) número de habitantes do país.

d) total das importações entrando no país.

e) volume de investimentos sendo realizados.

136.(Fundação Cesgranrio/Economista/Banco Nacional de Desenvolvimento Econômico e Social – BNDES/2008) –
Os residentes de certo país recebem liquidamente renda do exterior. Então, necessariamente,

a) o país tem *deficit* no balanço comercial.

b) o país está atraindo investimentos externos.

c) o PNB do país é maior que seu PIB.

d) a taxa de juros doméstica está muito baixa.

e) ocorrerá uma valorização da taxa de câmbio.

137.(Fundação Cesgranrio/Economista/Instituto Estadual do Ambiente – INEA - RJ/2008) –
O PIB e o PNB são medidas do produto agregado da economia de um país. Uma comparação que se pode estabelecer entre elas é:

a) o PIB é sempre maior que o PNB.

b) o PIB se mede em reais e o PNB, em dólares, no Brasil.

c) o PNB é maior que o PIB se a renda líquida recebida do exterior for positiva.

d) o PNB é maior que o PIB se as reservas em divisas internacionais no Banco Central aumentarem.

e) o PNB é maior que o PIB se o balanço comercial for superavitário.

138.(Fundação Cesgranrio/Economista/Petrobrás/2008) – O crescimento de uma economia, no sentido de aumento da capacidade de produção do seu PIB potencial, será maior quanto maior for o(a)

a) *superavit* em conta corrente do balanço de pagamentos.

b) grau de urbanização do país.

c) consumo da população.

d) nível de investimentos realizados.

e) população do país.

139.(Fundação Getúlio Vargas/Economista/Assembleia Legislativa do Estado de Mato Grosso/2013) –
Considere as seguintes nomenclaturas:
PIB = Produto Interno Bruto; PNB = Produto Nacional Bruto.

Assinale a alternativa que indica a estática comparativa que está de acordo com as identidades macroeconômicas básicas.

a) Um aumento da depreciação reduz o PIB a preços de mercado.

b) Um aumento dos impostos indiretos eleva o PIB a custo de fatores.

c) Uma redução da renda líquida enviada ao exterior aumenta o PNB a custo de fatores.

d) Um aumento dos impostos diretos sobre as famílias reduz a renda nacional.

e) Uma redução dos aluguéis aumenta a poupança privada.

140.(AOCP/Economista/Companhia de Saneamento de Sergipe/2003) - O PIB (Produto Interno Bruto) é composto por três componentes:

a) Poupança do Governo, consumo e investimento residencial.

b) Gastos do Governo, investimento e poupança.

c) Consumo, investimento e gastos do Governo.

d) Poupança, poupança do Governo e investimento residencial.

e) Consumo, investimentos e poupança.

141.(Fundação Cesgranrio/Profissional Básico - Economia/BNDES/2013) – A renda líquida enviada ao exterior (RLEE) de determinado país é positiva. Logo, com base nessa informação, conclui-se que

a) PIB > PNB

b) PIB < PNB

c) PIB = PNB

d) PIB < PNL

e) PNL > PNB

142.(Fundação Cesgranrio/Tecnologista em Informações Geográficas e Estatísticas – Análise Socioeconômica/IBGE/2013) - O total das exportações de um país, durante um ano calendário, nunca pode exceder, no mesmo período, seu

a) Produto Interno Bruto

b) Produto Nacional Bruto

c) *superavit* na conta corrente do balanço de pagamentos

d) consumo doméstico

e) total de comércio exterior

143.(Fundação Cesgranrio/Economista Júnior/Petrobrás/2012) - A respeito do Produto Interno Bruto (PIB), do Produto Nacional Bruto (PNB), do valor das exportações (EX) e das importações (IM) de um país, em certo ano, tem-se que o

a) PIB sempre é maior que o PNB.

b) PIB nunca é maior que o PNB.

c) PIB pode ser menor que EX.

d) PNB sempre é maior que IM.

e) IM nunca é maior que EX.

144.(Fundação Cesgranrio/Economista Júnior/Petrobrás - Transpetro/2011) - O Produto Interno Bruto (PIB) de um país, em um certo período de tempo,

a) é sempre maior que o seu Produto Nacional Bruto (PNB).

b) é sempre maior que as importações do país no período.

c) aumenta se o valor das ações das empresas nacionais diminuir.

d) diminui se o *superávit* do balanço comercial aumentar.

e) contabiliza a produção interna de bens e serviços finais no período.

145.(Fundação Escola Superior do Ministério Público do Rio Grande do Sul/Auditor Público Externo do Tribunal de Contas do Estado/2011) - Indique a opção que completa corretamente as lacunas da assertiva a seguir.

> Denomina-se _____ o valor monetário de todos os bens finais produzidos na economia no período de um ano; por outro lado, chama-se _____ o total de pagamentos feitos aos fatores de produção que foram utilizados para a obtenção daqueles bens.

a) despesa nacional / produto nacional

b) renda nacional / despesa nacional

c) renda nacional / produto nacional

d) produto nacional / renda nacional

e) produto nacional / despesa nacional

146. (NCE/Auditoria Geral do Estado de Mato Grosso/2004) - O Produto Interno Bruto a preços de mercado é igual ao:

a) Produto Nacional Bruto a preços de mercado menos a renda líquida enviada ao exterior;

b) Produto Nacional Bruto a preços de mercado menos a renda líquida recebida do exterior;

c) Produto Nacional Bruto a preços de mercado mais depreciação menos a renda líquida enviada ao exterior;

d) Produto Nacional Líquido a custos de fatores mais depreciação menos renda líquida enviada ao exterior;

e) Produto Nacional Líquido a custos de fatores mais depreciação menos renda líquida recebida do exterior.

147. (Fundação Cesgranrio/Economista Jr. – Sociedade Fluminense de Energia Ltda/2009) – O Produto Interno Bruto (PIB) de um pais

a) exclui as mercadorias exportadas.

b) inclui as mercadorias importadas.

c) é uma medida de sua riqueza material.

d) é invariavelmente crescente com o tempo.

e) é sempre maior que o seu Produto Nacional Bruto (PNB).

148. (Fundação Cesgranrio/Economista Jr. – Sociedade Fluminense de Energia Ltda/2009) – Um país recebe poupança externa quando

a) acumula reservas de divisas internacionais.

b) apresenta um déficit em conta corrente no seu balanço de pagamentos.

c) exporta mais do que importa (balanço comercial superavitário).

d) a entrada líquida de capital do exterior é positiva.

e) o investimento direto do exterior é vultoso.

149. (Fundação Cesgranrio/Analista do Banco Central do Brasil/2010) - O Produto Interno Bruto de um país, num certo ano, é menor que o seu Produto Nacional Bruto, no mesmo ano, se a(o)

a) entrada de poupança externa for elevada.

b) entrada líquida de capitais do exterior exceder as importações.

c) renda líquida recebida do exterior for positiva.

d) reserva em divisas estrangeiras, no Banco Central, aumentar.

e) superávit no balanço comercial e de serviços for positivo.

150. (Fundação Cesgranrio/Economista/BNDES/2008) - Os residentes de certo país recebem liquidamente renda do exterior. Então, necessariamente,

a) o país tem *déficit* no balanço comercial.

b) o país está atraindo investimentos externos.

c) o PNB do país é maior que seu PIB.

d) a taxa de juros doméstica está muito baixa.

e) ocorrerá uma valorização da taxa de câmbio.

151. **(ESAF/Analista de Planejamento e Orçamento/MPOG/2010) – A diferença entre Renda Nacional Bruta e Renda Interna Bruta é que a segunda não inclui:**
   a) o valor das importações.
   b) o valor dos investimentos realizados no país por empresas estrangeiras.
   c) o saldo da balança comercial do país.
   d) o valor da renda líquida de fatores externos.
   e) o valor das exportações.

152. **(FUNCERN/Economista/CAERN/2013) - Considere as afirmativas, a seguir, referentes a Contabilidade Nacional.**
   I. O PIB corresponde ao PNB mais a renda líquida enviada ao exterior.
   II. O Produto Nacional a preços de mercado equivale ao Produto Nacional a custo dos fatores menos os impostos indiretos.
   III. A Renda Nacional é igual ao Produto Nacional Líquido a custo dos fatores.
   IV. A depreciação é a diferença entre o Produto Nacional a preços de mercado e o Produto Nacional a custo dos fatores.

   Estão corretas as afirmativas
   a) II e III.
   b) II e IV.
   c) I e III.
   d) I e IV.

153. **(Fiscal de Rendas/SEFAZ-RJ/2009) – Numa economia, apenas dois bens são produzidos: azeitonas e sorvete. Em 2006, foram vendidos um milhão de latas de azeitonas a R$ 0,40 cada e 800 litros de sorvetes a R$ 0,60 cada. De 2006 a 2007, o preço da lata de azeitonas subiu 25% e a quantidade de latas vendidas caiu 10%. No mesmo período, o preço do litro de sorvete caiu 10% e o número de litros vendidos aumentou 5%. A respeito do texto, analise as afirmativas a seguir:**
   I. O PIB nominal em 2006 equivale a R$ 880.000,00 e em 2007 a R$ 903.600,00.
   II. O PIB real de 2007, usando ano base de 2006, foi de R$ 864.000,00.
   III. O uso da série de PIB nominal dessa economia para os anos 2006 e 2007 pode induzir o analista a subestimar seu crescimento econômico.

   Assinale:
   a) se somente a afirmativa I estiver correta.
   b) se somente as afirmativas I e III estiverem corretas.
   c) se somente as afirmativas I e II estiverem corretas.
   d) se somente as afirmativas II e III estiverem corretas.
   e) se todas as afirmativas estiverem corretas.

154. **(Fundação Getúlio Vargas/Economista/Companhia de Desenvolvimento Urbano do Estado da Bahia - CONDER/2013) - De acordo com os conceitos da Contabilidade Nacional, assinale a afirmativa correta.**
   a) O PIB a preços de mercado pode ser computado como o valor bruto da produção em cada etapa da cadeia produtiva.
   b) O PIB a custo de fatores é definido como a soma dos salários e do excedente operacional bruto.

c) A renda interna é por definição a renda nacional de um país.

d) Quando os impostos indiretos e subsídios são nulos, o PIB a custo de fatores iguala o PIB a preços de mercado.

e) No cômputo da despesa interna bruta a preços de mercado, inclui-se as exportações e importações tanto dos não fatores como dos fatores de produção.

155.(ESAF/Analista de Comércio Exterior/MDIC/2012) - Em uma economia hipotética, foram acompa-nhados os preços e quantidades de seus produtos no momento t_0 e t_1. A partir dessas informações de preços e quantidades foram obtidos os seguintes somatórios:

$\Sigma p_0 q_0 = 50 \ \Sigma p_1 q_1 = 220 \ \Sigma p_0 q_1 = 120 \ \Sigma p_1 q_0 = 160$

Para o período t = 1, é correto afirmar que o (use duas decimais)

a) índice de Paasche de quantidade é igual a 1,83.

b) índice de Fischer de quantidade é igual a 2,42.

c) índice de Paasche de preço é igual a 1,38.

d) índice de Laspeyres de preço é igual a 3,20.

e) índice de Fischer de preço é igual a 1,82.

156.(Fundação Cesgranrio/Economista/BNDES/2008) - Os residentes de certo país recebem liquidamen-te renda do exterior. Então, necessariamente,

a) o país tem *deficit* no balanço comercial.

b) o país está atraindo investimentos externos.

c) o PNB do país é maior que seu PIB.

d) a taxa de juros doméstica está muito baixa.

e) ocorrerá uma valorização da taxa de câmbio.

157.(ESAF/Analista de Planejamento e Orçamento/MPOG/2010) – A diferença entre Renda Nacional Bru-ta e Renda Interna Bruta é que a segunda não inclui:

a) o valor das importações.

b) o valor dos investimentos realizados no país por empresas estrangeiras.

c) o saldo da balança comercial do país.

d) o valor da renda líquida de fatores externos.

e) o valor das exportações.

158.(Fundação Cesgranrio/Tecnologista em Informações Geográficas e Estatísticas – Análise Socioeco-nômica/IBGE/2013) - Em certo país, o Produto Interno Bruto (PIB) a preços correntes do ano T foi de 112 unidades monetárias. O PIB, no mesmo ano T, calculado a preços constantes de um ano base anterior, foi de 100 unidades monetárias. Usando-se essas informações, entre o ano base e o ano T, uma estimativa da variação do (s)

a) PIB real seria de 12%.

b) PIB nominal seria de 12%.

c) PIB corrente seria menor que 12%.

d) preços seria de 12%.

e) preços seria menor que 12%.

GABARITO DO CAPÍTULO 2

01 – C	21 – C	41 – C	61 – C	81 – B	101 – D	121 – E	141 – A
02 – C	22 – C	42 – A	62 – E	82 – A	102 – E	122 – D	142 – E
03 – C	23 – D	43 – C	63 – A	83 – D	103 – C	123 – D	143 – C
04 – C	24 – E	44 – C	64 – B	84 – A	104 – B	124 – D	144 – E
05 – A	25 – D	45 – E	65 – C	85 – C	105 – (0) F, (1) F, (2) F	125 – C	145 – D
06 – C	26 – E	46 – B	66 – A	86 – B	106 – (0) F, (1) V, (2) V, (3) V	126 – B	146 – B
07 – D	27 – D	47 – B	67 – C	87 – D	107 – V	127 – C	147 – C
08 – E	28 – C	48 – D	68 – E	88 – E	108 – D	128 – A	148 – B
09 – A	29 – B	49 – D	69 – E	89 – C	109 – E	129 – D	149 – C
10 – C	30 – C	50 – D	70 – E	90 – C	110 – D	130 – A	150 – C
11 – D	31 – D	51 – A	71 – A	91 – E	111 – D	131 – B	151 – D
12 – D	32 – E	52 – E	72 – E	92 – E	112 – C	132 – D	152 – C
13 – C	33 – D	53 – E	73 – B	93 – D	113 – V	133 – D	153 – C
14 – C	34 – D	54 – B	74 – D	94 – D	114 – C	134 – B	154 – D
15 – C	35 – A	55 – C	75 – B	95 – E	115 – F	135 – E	155 – D
16 – A	36 – C	56 – C	76 – E	96 – B	116 – D	136 – C	156 – C
17 – E	37 – C	57 – E	77 – C	97 – A	117 – (0) F, (1) F, (2) V	137 – C	157 – D
18 – C	38 – D	58 – A	78 – B	98 – D	118 – E	138 – D	158 – D
19 – C	39 – B	59 – C	79 – A	99 – B	119 – D	139 – C	
20 – E	40 – B	60 – C	80 – F	100 – D	120 – E	140 – C	

Capítulo 3

Determinação da Taxa de Câmbio

1. Exercícios Resolvidos

1.1. Exercícios Resolvidos do Tipo "Múltipla Escolha"

01. (UFG/Técnico em Planejamento, Orçamento e Finanças/2014) – No regime cambial de taxa flutuante (ou flexível), uma subida dos juros domésticos tem como consequência:

a) desvalorizar a moeda do país.

b) prejudicar as importações.

c) prejudicar as exportações.

d) aumentar o preço dos produtos importados.

Solução:

A resposta é a letra "C", pois a subida dos juros domésticos irá provocar uma entrada de capitais no país, pela lei da oferta e da procura, o aumento da oferta de divisas causará uma diminuição do preço da moeda estrangeira (uma desvalorização da moeda estrangeira) o que equivale a uma valorização da moeda nacional, essa valorização da moeda nacional vai desestimular (prejudicar) as exportações do país.

02. (Fundação Carlos Chagas/Analista de Gestão – Economia/SABESP/2014) - O mercado de câmbio é o ambiente onde compradores e ofertantes realizam operações de compra e venda de moeda estrangeira. Neste mercado, o papel do Banco Central do Brasil é

a) elaborar procedimentos técnicos-operacionais para a determinação de cenários econômicos futuros de curto prazo.

b) determinar o valor da cotação da moeda estrangeira.

c) executar a política cambial definida pelo Conselho Monetário Nacional.

d) emitir certificado técnico do valor da cotação de moeda estrangeira baseado na Taxa de Juros SELIC.

e) elaborar a política cambial vigente no país.

Solução:

A resposta é a letra "c", pois cabe ao Banco Central do Brasil executar a política cambial definida pelo Conselho Monetário Nacional.

---

03. **(UEPA/Fiscal de Receitas Estaduais/SEFAZ–PA/2013) - Sobre a taxa de câmbio e política cambial, analise as afirmativas abaixo e as identifique em Verdadeiro ou Falso.**

( ) **A paridade de poder de compra (PPC) significa manter a taxa real de câmbio constante. Para calcular as desvalorizações nominais que corrigem as valorizações reais causadas pela inflação de maneira a se manter a PPC, usa-se a fórmula de Cassel.**

( ) **Paridade de poder de compra (PPC) significa fazer desvalorizações nominais para compensar a valorização real causada pela inflação, de maneira a manter o câmbio real constante.**

( ) **Quando há arbitragem a lei do preço único ocorre.**

( ) **Uma desvalorização real da moeda nacional, na cotação do incerto, gera uma tendência a um superávit na balança comercial.**

( ) **Quando o regime de câmbio é fixo, a política cambial e a política monetária são exógenas, pois a autoridade monetária tem o controle sobre a taxa de câmbio e a taxa de juros.**

A sequência correta é:

a) V,V,V,F,V

b) F,V,V,V,V

c) V,V,F,V,F

d) V,V,V,V,F

e) V,F,V,V,F

Solução:

A resposta é a letra "d", em que apenas a última alternativa está errada. No regime de câmbio fixo, a Autoridade Monetária (Banco Central) fixa o valor da taxa de câmbio, e intervém continuamente no mercado para mantê-la fixa, ou seja, o Banco Central se compromete a comprar e a vender moeda estrangeira à taxa estipulada. A principal vantagem do regime de câmbio fixo é a estabilidade dos preços relativos que facilita a tomada de decisão dos agentes econômicos.

A grande desvantagem do regime de câmbio fixo é criar um elo (um mecanismo de transmissão) entre a política monetária e o desempenho das contas externas, ou seja, o regime de câmbio fixo atrela a moeda ao setor externo. Com o regime de câmbio fixo, um superávit externo causa uma expansão monetária, e um déficit externo causa uma contração monetária. Além disso, no regime de câmbio fixo, a moeda se endogeiniza, portanto, a política monetária é inócua pois não afeta o nível do produto e da renda, ou seja, o Banco Central perde a capacidade de realizar uma política monetária eficiente. A Autoridade Monetária tem o controle sobre a taxa de câmbio, mas não tem controle sobre a taxa de juros, por exemplo.

---

04. **(UEPA/Fiscal de Receitas Estaduais/SEFAZ–PA/2013) – Considerando a oferta e a demanda de divisas e que a taxa de câmbio real, na cotação do incerto, é dada pelo produto entre a taxa de câmbio nominal (e) e a razão entre o nível de preço externo e interno (P*/P), analise as afirmativas abaixo e identifique-as em Verdadeiro ou Falso:**

( ) Uma desvalorização real terá efeitos positivos sobre as exportações.

( ) Uma elevação da taxa de câmbio nominal terá efeitos positivos sobre as exportações.

( ) A taxa nominal de câmbio é uma paridade entre moedas, enquanto a taxa real de câmbio é uma paridade entre produtos (bens e serviços).

( ) Se o diferencial entre a taxa de juros nacional e a taxa de juros estrangeira aumenta, há uma tendência para a queda da taxa de câmbio.

( ) Aumentos da renda do país estrangeiro têm o mesmo efeito que um aumento de preços nacionais sobre a taxa de câmbio.

A sequência correta é:

a) V,F,F,F,V

b) V,V,V,V,F

c) V,V,F,V,F

d) V,V,V,V,V

e) F,F, V,V,F

Solução:

A resposta é a letra "b", em que apenas o último item está falso. Note que aumentos da renda do país estrangeiro irá contribuir para o aumento das exportações no Brasil, *ceteris paribus*. Por outro lado, considerando a cotação do incerto, um aumento do nível de preços internos (nacionais) fará com que a taxa de câmbio real diminua, provocando uma apreciação/valorização real da moeda nacional, que irá estimular as importações, mas desestimular as exportações. Todos os demais itens estão corretos.

---

05. (VUNESP/Analista Nível I – Economia/CEAGESP/2010) - O regime cambial em que é estabelecido um valor máximo e mínimo para a taxa de câmbio, e quando ela está entre estes dois valores flutua livremente, é denominado regime de

a) bandas cambiais.

b) câmbio flutuante.

c) câmbio fixo.

d) minidesvalorizações.

e) maxidesvalorizações.

Solução:

A resposta é a letra "a". No regime de bandas cambiais, o Banco Central fixa uma taxa de câmbio central, e um intervalo aceito de variação para acima e para baixo, ou seja, duas taxas extremas: (i) um teto (e^+), que é o limite superior, isto é, o preço máximo que a moeda estrangeira de referência pode atingir, ou seja, o maior valor permitido pelo Banco Central para a taxa de câmbio; (ii) um piso (e^-), que é o limite inferior, isto é, o preço mínimo que a moeda estrangeira de referência pode atingir, ou seja, o menor valor permitido pelo Banco Central para a taxa de câmbio. Enquanto as flutuações da taxa de câmbio ocorrerem dentro dessa faixa, o Banco Central não intervém no mercado cambial. Mas o Banco Central somente irá interferir no mercado de divisas quando a taxa de câmbio atinge os limites da banda.

Por exemplo, quando a taxa de câmbio aumenta, atingindo o teto da banda (devido a uma grande desvalorização/depreciação da moeda nacional), o Banco Central intervém no mercado vendendo moeda estrangeira (divisas) para evitar que a taxa de câmbio ultrapasse o limite superior da banda. Busca-se, então, derrubar a cotação da moeda estrangeira comprando moeda nacional.

Por outro lado, quando a taxa de câmbio diminui, atingindo o piso da banda (devido a uma grande valorização/apreciação da moeda nacional), o Banco Central intervém no mercado comprando moeda estrangeira (divisas) para evitar que a taxa de câmbio ultrapasse o limite inferior da banda. Busca-se, portanto, comprar moeda estrangeira e vender moeda nacional, de forma a evitar que esse limite seja ultrapassado.

---

06. (ESAF/Auditor-Fiscal do Tesouro Nacional - AFTN/1985) - Em função do desequilíbrio das contas externas brasileiras, o governo vem adotando a política de minidesvalorização do cruzeiro em relação às moedas internacionais. Com isso, pretende-se:

a) manter o nível atual das exportações e importações;

b) diminuir as exportações e aumentar as importações;

c) aumentar as exportações e diminuir as importações;

d) diminuir a taxa de juros internacional;

e) aumentar a atração de capitais externos.

Solução:

A resposta é a letra "a". A partir de 1968, o Brasil, cuja economia se caracterizou ao longo da história pela presença de elevadas taxas de inflação, desenvolveu o **regime de taxa real de câmbio fixa**, em que o Banco Central corrigia regularmente a taxa de câmbio nominal pelo diferencial entre as inflações interna e externa. Nesse caso, as desvalorizações nominais da taxa de câmbio efetuavam-se em intervalos curtos de tempo, pelo diferencial entre a taxa de inflação interna e a da moeda estrangeira de referência.

---

07. (CESPE-UnB/Técnico Científico/Área: Econômica/BASA/2004) – Tendo como referência os ensinamentos básicos da macroeconomia aberta, julgue os itens a seguir:

Como a teoria da paridade do poder de compra implica que a taxa de câmbio real é fixa, então modificações nas taxas de câmbio nominais entre duas moedas quaisquer refletem o diferencial de inflação entre os países considerados.

Solução:

Esse item é verdadeiro.

---

08. (Fundação Carlos Chagas/Analista de Gestão – Economia/SABESP/2014) - No regime cambial flutuante, o principal motivo que faz o valor da cotação de moeda estrangeira ter variações diárias, decorrentes do comportamento no mercado *spot*, é

a) o aumento no pagamento de pró-labore das Empresas que possuem ações cotadas em bolsa de valores.

b) a medida de controle do COPOM.

c) a variação no preço da *commoditie* internacional.

d) o movimento de oferta e demanda.

e) o aumento da alíquota do IOF de câmbio no dólar *ptax*.

Solução:

A resposta é a letra "d". No regime de câmbio flutuante, a taxa de câmbio é determinada livremente pelas flutuações na demanda e na oferta de divisas.

09. (IPAD/Economista/Prefeitura Municipal de Caruaru/Piauí/2012) - Assinale a alternativa correta.

a) Uma desvalorização ocorre quando o preço da moeda estrangeira, sob o regime de taxa de câmbio fixa, é aumentado por uma ação oficial.

b) Uma desvalorização ocorre quando o preço da moeda estrangeira, sob o regime de taxa de câmbio flutuante, é aumentado por uma ação oficial.

c) Uma apreciação ocorre quando o preço da moeda estrangeira, sob o regime de taxa de câmbio fixa, é aumentado por uma ação oficial.

d) Uma apreciação ocorre quando o preço da moeda estrangeira, sob o regime de taxa de câmbio flutuante, é aumentado por uma ação oficial.

e) Uma desvalorização ocorre quando o preço da moeda doméstica, sob o regime de taxa de câmbio flutuante, é aumentado por uma ação oficial.

Solução:

A resposta é a letra "a", pois, sob um regime de câmbio fixo, uma desvalorização da moeda nacional ocorre quando o preço da moeda estrangeira (que é a taxa de câmbio) aumenta devido a uma ação oficial, por exemplo, uma intervenção do Banco Central no mercado cambial comprando dólares.

1.2. Exercícios Resolvidos do Tipo "Verdadeiro ou Falso"

01. (Cespe-UnB/Consultor do Executivo – Ciências Econômicas/SEFAZ-ES/2010) – Julgue os itens a seguir como verdadeiro ou falso.

No sistema *currency board*, a autoridade monetária assume o compromisso legal do câmbio da moeda nacional pela estrangeira, atuando como uma caixa de conversão.

Solução:

Verdadeiro. O *"currency board"* é um regime cambial segundo o qual o país adota a ancoragem unilateral de sua moeda nacional a uma moeda forte estrangeira (como o dólar), condicionando o volume de moeda local em circulação à quantidade da moeda forte existente no país.

02. (Cespe-UnB/Analista Legislativo – Atribuição: Consultor Legislativo – Área IX/Câmara dos Deputados/2014) - No que concerne aos regimes cambiais, julgue os seguintes itens.

(0) No regime de câmbio fixo, a política monetária é inócua e a taxa de juros não consegue ativar a economia, dado que a autoridade monetária deve assegurar o equilíbrio no mercado de câmbio à paridade fixada entre moeda nacional e estrangeira. Como vantagem, a taxa de cambio fixa pode ser utilizada como âncora para a estabilidade de preços, mas esse regime depende do crescimento das reservas, que é limitado.

Solução:

Verdadeiro. No regime de câmbio fixo, a Autoridade Monetária (Banco Central) fixa o valor da taxa de câmbio, e intervém continuamente no mercado para mantê-la fixa, ou seja, o Banco Central se compromete a comprar e a vender moeda estrangeira à taxa estipulada. A principal vantagem do regime de câmbio fixo é a estabilidade dos preços relativos que facilita a tomada de decisão dos agentes econômicos.

A grande desvantagem do regime de câmbio fixo é criar um elo (um mecanismo de transmissão) entre a política monetária e o desempenho das contas externas, ou seja, o regime de câmbio fixo atrela a moeda ao setor externo. Com o regime de câmbio fixo, um superávit externo causa uma expansão monetária, e um déficit externo causa uma contração monetária. Além disso, no regime de câmbio fixo, a moeda se endogeiniza, portanto, a política monetária é inócua pois não afeta o nível do produto e da renda, ou seja, o Banco Central perde a capacidade de realizar uma política monetária eficiente. A Autoridade Monetária tem o controle sobre a taxa de câmbio, mas não tem controle sobre a taxa de juros, por exemplo.

(1) Após a adoção de um regime de câmbio fixo durante os primeiros anos do Plano Real, o Brasil sofreu um ataque especulativo e adotou, desde 1999, um sistema de taxa de câmbio flutuante.

Solução:

Verdadeiro. A partir de 1999, oficialmente, o Brasil adota o regime de câmbio flutuante (flexível), apesar de que, na prática, é flutuação suja.

(2) No regime de flutuação pura, que tem taxas de câmbio flexíveis e cuja principal desvantagem é a passividade da política monetária, o Banco Central determina a oferta de moeda e a taxa de cambio ajusta-se ao equilíbrio do mercado cambial.

Solução:

Falso. Uma das vantagens do regime de câmbio flexível é que esse regime desatrela a política monetária das transações com o exterior, ou seja, isola a moeda do resultado das contas externas. Em resumo, a autoridade monetária (Banco Central) recupera sua capacidade de realizar política monetária. Logo, no regime de câmbio flexível, não há passividade da política monetária.

(3) O arranjo misto entre o regime de câmbio flutuante e o de câmbio fixo caracterizam o regime de bandas de flutuação, no qual as autoridades econômicas permitem que a taxa de câmbio deslize para baixo ou para cima em determinada percentagem diária ou semanal, já que o objetivo é usar o câmbio como âncora progressiva dos preços domésticos.

Solução:

Falso. No regime de bandas cambiais, o Banco Central fixa uma taxa de câmbio central, e um intervalo aceito de variação para acima e para baixo, ou seja, duas taxas extremas: (i) um teto (e^+), que é o limite superior, isto é, o preço máximo que a moeda estrangeira de referência pode atingir, ou seja, o maior valor permitido pelo Banco Central para a taxa de câmbio; (ii) um piso (e^-), que é o limite inferior, isto é, o preço mínimo que a moeda estrangeira de referência pode atingir, ou seja, o menor valor permitido pelo Banco Central para a taxa de câmbio. Enquanto as flutuações da taxa de câmbio ocorrerem dentro dessa faixa, o Banco Central não intervém no mercado cambial. Mas o Banco Central somente irá interferir no mercado de divisas quando a taxa de câmbio atinge os limites da banda.

Por exemplo, quando a taxa de câmbio aumenta, atingindo o teto da banda (devido a uma grande desvalorização/depreciação da moeda nacional), o Banco Central intervém no mercado vendendo moeda estrangeira (divisas) para evitar que a taxa de câmbio ultrapasse o limite superior da banda. Busca-se, então, derrubar a cotação da moeda estrangeira comprando moeda nacional.

Por outro lado, quando a taxa de câmbio diminui, atingindo o piso da banda (devido a uma grande valorização/apreciação da moeda nacional), o Banco Central intervém no mercado comprando moeda estrangeira (divisas) para evitar que a taxa de câmbio ultrapasse o limite inferior da banda. Busca-se, portanto, comprar moeda estrangeira e vender moeda nacional, de forma a evitar que esse limite seja ultrapassado.

03. (Cespe-UnB/Economista/Conselho Administrativo de Defesa Econômica - CADE/2014) – Julgue os itens a seguir como verdadeiro ou falso.

(0) A taxa de cambio fixa possui a vantagem de trazer segurança aos agentes econômicos, de modo a facilitar as transações internacionais. Por outro lado, essa taxa tem a desvantagem de gerar ônus ao Banco Central, que deve assegurar a sua estabilidade.

Solução:

Verdadeiro. No regime de câmbio fixo, a Autoridade Monetária (Banco Central) fixa o valor da taxa de câmbio, e intervém continuamente no mercado para mantê-la fixa, ou seja, o Banco Central se compromete a comprar e a vender moeda estrangeira à taxa estipulada. A principal vantagem do regime de câmbio fixo é a estabilidade dos preços relativos que facilita a tomada de decisão dos agentes econômicos.

A grande desvantagem do regime de câmbio fixo é criar um elo (um mecanismo de transmissão) entre a política monetária e o desempenho das contas externas, ou seja, o regime de câmbio fixo atrela a moeda ao setor externo. Com o regime de câmbio fixo, um superávit externo causa uma expansão monetária, e um déficit externo causa uma contração monetária. Além disso, no regime de câmbio fixo, a moeda se endogeiniza, portanto, a política monetária é inócua pois não afeta o nível do produto e da renda, ou seja, o Banco Central perde a capacidade de realizar uma política monetária eficiente.

04. (Cespe-UnB/Analista do Banco Central do Brasil/2013) – Julgue o item a seguir, como verdadeiro ou falso.

Os regimes cambiais em que os bancos centrais intervêm para comprar e vender moedas estrangeiras com o objetivo de influenciar as taxas de câmbio são conhecidos como sistemas de flutuação limpa.

Solução:

Falso. Um regime de flutuação cambial pura ou limpa, que tem taxas de câmbio flexíveis (flutuantes), é caracterizado pelo fato de que a taxa de câmbio é determinada, exclusivamente, por meio da atuação das forças de mercado. Ou seja, o Banco Central nem compra nem vende moedas estrangeiras, e a taxa de câmbio oscila ao sabor das forças de mercado.

Note que nos demais regimes cambiais, a saber, câmbio fixo, bandas cambiais e flutuação suja, observa-se uma intervenção do Banco Central no mercado de câmbio, comprando e vendendo moedas estrangeiras com o objetivo de influenciar a taxa de câmbio.

05. (Cespe-UnB/Analista de Correios - Economista/Empresa Brasileira de Correios e Telégrafos/2011) – Julgue o item a seguir, como verdadeiro ou falso.

O regime de câmbio fixo é um sistema em que a autoridade monetária assume o compromisso legal de efetuar o câmbio de moeda nacional, a uma cotação fixa, por uma moeda estrangeira forte, denominada moeda âncora.

Solução:

Falso. O regime descrito na questão refere-se ao regime de âncora cambial, e não ao regime de câmbio.

06. (Cespe-UnB/Analista Pericial – Economia/MPU/2010) – Julgue os itens a seguir como verdadeiro ou falso:

(0) Saldos positivos e expressivos do balanço de pagamentos não são necessários para o Brasil sustentar a taxa de câmbio, pois o Banco Central utiliza uma política cambial de taxas flutuantes.

Solução:

Verdadeiro. Uma das vantagens do regime de câmbio flexível (flutuante) é que se assegura o equilíbrio automático do balanço de pagamentos.

(1) Com a adoção de uma política cambial de taxas fixas de câmbio perde-se a autonomia da política monetária como instrumento interno.

Solução:

Verdadeiro. No regime de câmbio fixo que a moeda se endogeiniza, de modo que a política monetária se torna inócua (não afeta o nível do produto, da renda), ou seja, o Banco Central perde a capacidade de realizar uma política monetária eficiente. Em resumo, a política monetária torna-se endógena, de modo que a autoridade monetária perde sua capacidade de definir que política monetária adotar.

2. Exercícios Propostos

01. (CESPE-UnB/Economista/SEAD/PRODEPA/2004) – Julgue o item a seguir como verdadeiro (V) ou falso (F):

Em mercados globalizados, um aumento no consumo de frutas tropicais brasileiras pelos norte-americanos aumenta a demanda de reais e, em regime de taxas de câmbio flutuantes, conduz a uma apreciação da moeda norte-americana frente ao real.

02. (AOCP Concursos Públicos/Economista/Prefeitura Municipal de Camaçari/Estado da Bahia/2014) - A administração da taxa cambial, a fixação de taxas cambiais múltiplas e especiais e o controle das operações de câmbio, são chamados de instrumentos

a) financeiros.

b) políticos.

c) monetários.

d) comerciais.

e) cambiais.

03. (ISAE/Economista/Secretaria de Cultura do Estado de Amazonas/2012) - Sobre o setor externo e regimes cambiais, avalie as afirmativas a seguir.

I. No regime de câmbio fixo, um déficit no Balanço de Pagamentos resulta em perda de reservas para o exterior.

II. Em um regime de câmbio fixo, a depreciação da taxa de câmbio não melhora a balança comercial nem eleva a demanda agregada.

III. Em um regime de câmbio fixo, na ausência de políticas de esterilização no mercado aberto, os movimentos de reservas internacionais não alteram a base monetária.

Assinale:

a) se somente a afirmativa I estiver correta.

b) se somente as afirmativas I e II estiverem corretas.

c) se somente as afirmativas II e III estiverem corretas.

d) se somente as afirmativas I e III estiverem corretas.

e) se todas as afirmativas estiverem corretas.

04. (MS Concursos/Economista/Prefeitura Municipal de Pelotas/2011) - A partir de janeiro de 1999, o Banco Central brasileiro adotou o regime de " flutuação suja" das taxas de câmbio. Isto significa dizer que:

a) O Banco Central define regras explícitas de intervenção no mercado.

b) O Banco Central nunca intervém no mercado.

c) Haveria intervenções esporádicas do Banco Central, sem nenhuma regra anunciada.

d) Não há alternativa correta.

05. (Núcleo de Eventos e Concursos – NEC/Economista/Universidade Federal do Maranhão/2012) - A taxa de câmbio é o instrumento utilizado na conversão entre moedas, o que permite a realização/ efetivação do comércio internacional. Assim, é correto afirmar que:

a) No regime de câmbio flutuante, o Banco Central fica totalmente impotente na definição da taxa de câmbio. A mesma é definida única e exclusivamente pelo movimento do mercado.

b) Uma valorização cambial aumenta a competitividade do setor produtivo nacional, onde a taxa de crescimento da produtividade é mais elevada.

c) Um câmbio valorizado encarece as importações e não permite ao país ter acesso à novas tecnologias e insumos internacionais em melhores condições.

d) No regime de câmbio fixo, a taxa de câmbio real é fixada de acordo com o que o mercado sinaliza e a paridade em momentos de turbulência econômica deve ser mantida por meio da intervenção do Banco Central no mercado cambial, comprando ou vendendo moeda de acordo com as necessidades de ajustamento desse mercado. Se houver excesso de oferta (demanda) de divisas, o Banco Central intervém no mercado comprando (vendendo) divisas pela taxa fixada.

e) Quando o governo realiza uma desvalorização cambial sua Balança de Pagamentos se apresenta superavitária, podendo também estimular um aumento na demanda.

06. (IADES/Analista Administrativo – Economia/Empresa Brasileira de Serviços Hospitalares/2013) - Sobre os regimes cambiais apresentados na literatura econômica, assinale a alternativa incorreta.

a) Em regimes cambiais flexíveis, a taxa de câmbio é determinada pela interação entre demanda e oferta de divisas.

b) Em regimes cambiais flexíveis, um superávit na balança comercial aumenta a oferta de divisas, baixando o preço de mercado da moeda estrangeira.

c) Em regimes de câmbio fixo, a autoridade monetária intervém no mercado comprando ou vendendo divisas para equilibrar a oferta e a demanda.

d) Em regimes de câmbio fixo, o excesso de oferta de divisas implica em aumento das reservas internacionais.

e) Em regimes cambiais flexíveis, a manutenção da taxa de câmbio de equilíbrio implica na variação das reservas internacionais.

---

07. (Cespe-UnB/Analista do Banco Central do Brasil/2013) – Julgue o item a seguir como verdadeiro ou falso.

Considere que o banco central de determinado país objetive promover a valorização cambial da moeda local, sem provocar impactos indesejáveis no mercado interno, mantendo constantes as demais variáveis econômicas não afetadas diretamente pela atuação do banco central. Nessa situação, o banco central poderá atuar no mercado de câmbio, vendendo determinado montante de suas reservas cambiais e comprando o montante equivalente de sua própria moeda, desde que compre títulos no mercado aberto interno em valor correspondente à operação cambial.

---

08. (FUDEPES/Economista/Companhia de Saneamento de Alagoas – CASAL/2010) - Atualmente a economia brasileira vive o sistema de câmbio flutuante, cuja variação da taxa de câmbio é dada pelo comportamento da oferta e demanda de cambiais. Como ultimamente a oferta de cambiais é maior do que a demanda, visto a forte atratividade de nossa economia por capitais externos, a taxa de câmbio tem estado sobrevalorizada. Outro dia, foi interessante o depoimento de um importador que afirmou: "...eu até me lembro quando eu importava o equivalente a U$ 10,000.00 (dez mil dólares) e pagava por isso R$ 25.000,00 (vinte e cinco mil reais)...". Face a essa afirmação, a taxa de câmbio nominal naquele momento era

a) U$ 2.50/R$ 1,00.

b) U$ 0.40/R$ 1,00.

c) R$ 0,40/U$ 1.00.

d) R$ 2,50/U$ 1.00.

e) R$ 2,00/U$ 1.00.

---

09. (Planejamento e Execução IESES/Analista Judiciário – Economista/Tribunal de Justiça do Estado do Maranhão/2009) – É correto afirmar que:

a) A taxa de câmbio nominal expressa à riqueza nacional.

b) A taxa de câmbio real mostra o valor da taxa de juros nacional comparada à taxa de juros estrangeira.

c) A taxa de câmbio real é o principal índice para mensuração da inflação pelo Banco Central.

d) A taxa de câmbio nominal mostra o preço da moeda nacional em termos de uma unidade de moeda estrangeira.

---

10. (Planejamento e Execução IESES/Analista Judiciário – Economista/Tribunal de Justiça do Estado do Maranhão/2009) – É correto afirmar que:

a) Em um regime de câmbio fixo a taxa de câmbio é definida pelo Banco Central.

b) Em um regime de câmbio fixo a taxa de câmbio é definida pelo Mercado Cambial.

c) Em um regime de câmbio fixo a taxa de câmbio é definida pelo Tesouro Nacional.

d) Em um regime de câmbio flutuante a taxa de câmbio é definida pelo Banco Central.

11. **(Planejamento e Execução IESES/Analista Judiciário – Economista/Tribunal de Justiça do Estado do Maranhão/2009) – Sobre a taxa real de câmbio, é correto afirmar:**

   a) A taxa real de câmbio não é afetada pela inflação interna, e somente pela inflação externa.

   b) A taxa real de câmbio é afetada somente pela a inflação externa e não pela inflação interna.

   c) A taxa real de câmbio não é influenciada pelo nível de preços.

   d) A taxa real de câmbio expressa o valor dos bens nacionais em termos de bens estrangeiros.

12. **(Fundação Cesgranrio/Agente Judiciário - Economista/Tribunal de Justiçado Estado de Rondônia/2009) – Num país que adota o regime de taxa de câmbio fixa,**

   a) o Banco Central precisa manter divisas estrangeiras em reserva.

   b) o PIB é maior que o PNB.

   c) a política monetária não permite que haja redução das taxas de juros.

   d) a entrada líquida de capital estrangeiro tende a ser muito reduzida.

   e) não é possível ocorrer uma reforma tributária.

13. **(Analista de Gestão Organizacional – Economista/PRODEPA/2008) – Em se tratando do mercado cambial, encontram-se entre os agentes participantes do mesmo os vendedores (possuidores de divisas estrangeiras) e compradores (aqueles que demandam moedas estrangeiras). Nesse caso, identifica-se entre os vendedores no mercado de câmbio:**

   a) turistas procedentes do exterior.

   b) importadores de máquinas e equipamentos.

   c) turistas nacionais que viajam para o exterior.

   d) devedores de empréstimos externos.

14. **(Analista de Gestão Organizacional – Economista/PRODEPA/2008) – Na atual conjuntura do mercado cambial brasileiro, a taxa de câmbio em relação ao dólar norte-americano encontra-se em situação de valorização da moeda nacional – o Real, tendo atingido, em determinadas ocasiões, cotações abaixo de R$1,65. Nesta situação, podemos dizer que o Real valorizado:**

   a) favorece as exportações.

   b) desestimula o turismo do país para o exterior.

   c) estimula as importações.

   d) estimula as operações de crédito contingenciado.

15. **(Analista de Gestão Organizacional – Economista/PRODEPA/2008) – Em 1973, o Fundo Monetário Internacional – FMI, aceitou que cada país adotasse o sistema cambial que melhor servisse às suas particularidades relacionadas ao comércio internacional. Nesse caso, um grande número de países adotou como sistema aquele em que não há paridade oficial da moeda nacional com a moeda estrangeira, sendo que os desequilíbrios no setor externo tendem a corrigir-se automaticamente, mediante as variações da taxa de câmbio. Nesse caso, estamos nos referindo ao Sistema de:**

   a) Câmbio Fixo.

   b) Bandas Cambiais.

   c) Câmbio Flexível.

   d) Câmbio Múltiplo.

16. (Fundação Cesgranrio/Economista/Petrobrás/2008) – No regime cambial de taxa flutuante (ou flexível), uma subida dos juros domésticos
   a) tende a desvalorizar a moeda do país.
   b) tende a prejudicar as importações.
   c) tende a prejudicar as exportações.
   d) aumenta o preço dos produtos importados.
   e) causa fuga de capitais do país.

17. (Universidade Federal de Juiz de Fora/Economista/2012) - Considerando as seguintes afirmações sobre regimes cambiais, avalie as afirmativas:
   I) Em um regime de bandas cambiais, é o mercado que sempre determina a taxa de câmbio.
   II) No regime de conselhos da moeda (currency boards), é o mercado que sempre determina a taxa de câmbio.
   III) O principal objetivo na adoção do regime de minidesvalorização ativa é o controle da inflação interna via importação da credibilidade da moeda estrangeira.
   Julgue qual opção as classifica como verdadeira (V) ou falsa (F), respectivamente.
   a) F, F, V
   b) V, F, F
   c) F, V, F
   d) V, V, V
   e) F, F, F

18. (AOCP/Economista/Governo do Estado de Tocantins/2012) – O sistema de taxa de câmbio em que o Banco Central realiza intervenções esporádicas elimitadas no mercado cambial, com o intuito fundamental de evitar eventuais excessos de volatilidade da taxa de câmbio no curto prazo, é definido como:
   a) Sistema de bandas cambiais.
   b) Sistema de flutuação suja.
   c) Sistema de câmbio fixo ajustável.
   d) Conselho da moeda.
   e) Sistema de flutuação pura.

19. (Economista/Instituto Federal Farroupilha/Ministério da Educação/2014) - Quanto à taxa de Câmbio, assinale a opção incorreta:
   a) Quando as taxas reais de juros internas aumentam em relação às externas, há tendência a um aumento no fluxo de capitais financeiros internacionais para o país, aumentando a demanda por divisas estrangeiras, e promovendo uma queda na taxa de câmbio.
   b) Na ausência de intervenção da autoridade monetária, a ocorrência de um superávit no balanço de pagamentos tende a reduzir o preço da moeda estrangeira em termos da moeda nacional;
   c) Em um regime de taxas fixas de câmbio, supondo-se que a oferta e a demanda de divisas estão inicialmente em equilíbrio, a demanda de divisas estrangeiras supera a oferta de divisas se a inflação interna for maior que a externa e não houver variação de taxa de câmbio;
   d) Uma desvalorização real da taxa de câmbio eleva os encargos da dívida externa, em moeda nacional, numa proporção maior que a inflação do período, da mesma forma que estimula as exportações e dificulta as importações;
   e) Quando as taxas reais de juros internas aumentam em relação às externas, há tendência a um aumento no fluxo de capitais financeiros internacionais para o país, aumentando a oferta de divisas estrangeiras, e promovendo uma queda na taxa de câmbio.

20. **(Universidade Federal de Juiz de Fora/Economista/2012) - Suponha que a taxa de câmbio nominal, definida como número de moeda nacional por uma unidade de moeda estrangeira, seja igual a 2 no período "t". Suponha também que em "t+1" houve uma inflação de 8,5% na economia nacional e uma inflação de 4% na economia estrangeira. Assim, todo o mais, permanecendo constante, qual deveria ser a taxa de câmbio em "t+1" de forma a manter constante o volume das exportações e importações?**
   a) 2,05
   b) 2,07
   c) 2,09
   d) 2,11
   e) 2,14

21. **(Universidade Federal do Amapá/Economista/2012) – Marque a assertiva que melhor condiz com o mercado de câmbio:**
   a) A cotação do incerto também é conhecida como método indireto.
   b) O Brasil expressa a taxa de câmbio na cotação do certo.
   c) Na cotação do incerto, diminuir a taxa de câmbio significa desvalorizar a moeda nacional.
   d) Na cotação do certo, aumentar a taxa de câmbio significa desvalorizar a moeda nacional.
   e) Na cotação do incerto, a taxa de câmbio e as exportações líquidas são diretamente proporcionais.

22. **(Economista/VALEC Engenharia, Construções e Ferrovias S.A./2012) - Sobre taxa de câmbio e movimentos no balanço de pagamento, avalia as seguintes afirmações:**
   I. **Mesmo que a taxa de câmbio nominal permaneça constante, um aumento no preço relativo dos bens domésticos em termos dos bens importados representa uma apreciação real da taxa de câmbio doméstica.**
   II. **Dadas as taxas de câmbio nominais e a renda externa como fixas, um aumento da renda interna provoca uma diminuição do saldo em transações correntes pelo aumento das importações.**
   III. **A desvalorização cambial torna os produtos nacionais mais barato em relação aos estrangeiros, aumentando as exportações e melhorando o saldo em transações correntes.**

   Está correto o que se afirma em:
   a) I, apenas;
   b) I e II, apenas;
   c) I e III, apenas;
   d) II e III, apenas;
   e) I, II e III.

23. **(Economista/Companhia Integrada de Desenvolvimento Agrícola de Santa Catarina – CIDASC/2011) - Sobre a teoria de paridade internacional da taxa de juros, é correto afirmar:**
   a. ( ) A paridade coberta funciona quando o país tem reservas internacionais em nível no mínimo igual à sua dívida externa.
   b. ( ) O investidor internacional necessariamente é neutro ao risco.
   c. ( ) Diferenças de percepção de risco entre países asseguram que a paridade coberta seja mantida.
   d. ( ) O modelo de overshooting ou ultrapassagem é utilizado para explicar que o movimento da taxa de câmbio é menor no curto prazo do que no equilíbrio de longo prazo.
   e. ( ) Na paridade descoberta, o diferencial de juros é a expectativa de depreciação da moeda doméstica.

24. (Makiyama/Economista/Eletrobrás - Acre/2011) - Você está considerando realizar uma operação cambial. Você vai ao Banco e vê as seguintes informações:

R$ 1,57/ US$ (REAL BRASILEIRO)

CAN$ 0,90/ US$ (DÓLAR CANADENSE)

AUD$ 0,77/US$ (DÓLAR AUSTRALIANO)

EUR$ 1,48/ US$ (EURO COMUNIDADE EUROPÉIA)

PESO$ 2,85/US$ (PESO ARGENTINO)

CNY$ 7,39/US$ (IUAN-RENMIMBI CHINÊS)

Qual a taxa de troca de dólares canadenses por reais?

a) CAN$ 0,57
b) CAN$ 1,41
c) CAN$ 1,74
d) CAN$ 0,90
e) CAN$1,57

---

25. (Fundação Universa/Economista/Embratur/2011) – Com relação aos sistemas de taxas de câmbio fixas e flexíveis/flutuantes, assinale a alternativa correta:

a) No sistema de taxa de câmbio fixa, o Banco Central não é obrigado a disponibilizar as reservas cambiais.
b) A taxa de câmbio flutuante não é o único instrumento de ajuste dos fluxos externos e de equilíbrio do balanço de pagamentos, tanto em transações correntes quanto em movimento de capital.
c) No sistema de taxa de câmbio flexível, as reservas cambiais estão menos protegidas de ataques especulativos.
d) No sistema de câmbio flexível, a taxa de câmbio não fica dependente da volatilidade dos mercados financeiros nacional e internacional.
e) No sistema de câmbio flexível, a taxa de câmbio não tem dificuldade de controle das pressões inflacionárias, devido às desvalorizações cambiais.

---

26. (Fundação Euclides da Cunha/Economista/Investe Rio/2011) - O regime de câmbio que tem como característica o fato de que alterações na taxa de câmbio não influenciam o saldo das reservas internacionais (e sim provocam impactos em outras variáveis macroeconômicas) é denominado:

a) de flutuação suja;
b) curreny board;
c) de banda diagonal endógena;
d) fixo;
e) flutuante.

---

27. (MS Concursos/Economista/Prefeitura Municipal de Pelotas – RS/2011) - O saldo da Balança Comercial é determinado por fatores como nível de renda da economia e do resto do mundo, taxa de câmbio e termos de troca. Observe as proposições a seguir e indique a alternativa INCORRETA.

I. Quanto maior a renda do país, maior será a demanda por produtos importados e pior será o saldo comercial.

II. No que se refere à taxa de câmbio, quanto mais valorizada a moeda nacional em relação às moedas estrangeiras, maior a competitividade dos produtos nacionais, o que estimula as exportações.

III. Sobre termos de troca, temos que quanto mais caros forem os produtos que exportamos em relação aos itens que importamos, melhor será o saldo da Balança Comercial.

a) Somente a proposição III está incorreta.

b) Somente a proposição II está incorreta.

c) Somente a proposição I está incorreta.

d) Todas as proposições estão incorretas.

---

28. **(FGV Projetos/Técnico de Fomento – Economista/Agência de Fomento do Estado de Santa Catarina S.A. – BADESC/2010) - A respeito do balanço de pagamentos e relações com o resto do mundo, analise as afirmativas a seguir.**

I. **Uma remessa de lucro de uma empresa estrangeira é lançada como saída de moeda na Balança de Serviços e Rendas, que é parte da conta de Transações Correntes.**

II. **Em um regime de câmbio flutuante, o déficit no Balanço de Pagamentos resulta em valorização da moeda local.**

III. **Um aumento na taxa de juros internacional desvaloriza a moeda local pela saída de capitais de curto prazo.**

Assinale:

a) se somente a afirmativa I estiver correta.

b) se somente as afirmativas I e III estiverem corretas.

c) se somente as afirmativas I e II estiverem corretas.

d) se somente as afirmativas II e III estiverem corretas.

e) se todas as afirmativas estiverem corretas.

---

29. **(Fundação Universa/Conselho Federal de Economia – Economista/2010) - Com relação aos regimes cambiais, suas características, vantagens e desvantagens, assinale a alternativa correta.**

a) O câmbio fixo tem como característica o fato de que o Banco Central não é obrigado a disponibilizar as reservas cambiais.

b) O câmbio flutuante (flexível) tem como vantagem maior controle da inflação (custo das importações).

c) O câmbio flutuante (flexível) tem como desvantagem o fato de as reservas cambiais serem vulneráveis a ataques especulativos.

d) O câmbio fixo tem como desvantagem a maior dificuldade de controle das pressões inflacionárias, devido às desvalorizações cambiais.

e) A determinação da taxa de câmbio pode ocorrer de dois modos: institucionalmente, pela decisão das autoridades econômicas com a fixação periódica das taxas (taxas fixas de câmbio), ou pelo funcionamento do mercado, no qual as taxas flutuam automaticamente em decorrência das pressões de oferta e de demanda por divisas estrangeiras (taxas flutuantes ou flexíveis).

---

30. **(Fundação Universa/Conselho Federal de Economia – Economista/2010) - Mediante o estudo dos sistemas de taxas de câmbio e conceitos, assinale a alternativa correta.**

a) Taxa de câmbio é o preço da moeda nacional, em termos da moeda (divisa) estrangeira.

b) A oferta de divisas não depende do volume de exportações e da entrada de turistas e capitais externos (agentes que querem trocar dólares por reais).

c) Quanto maior a oferta de divisas (dada a demanda), menor a taxa de câmbio: aumenta a disponibilidade de moeda estrangeira, ela torna-se mais barata, isto é, o dólar fica mais barato, em termos reais. Portanto, há uma valorização da moeda nacional e uma desvalorização do dólar.

d) Uma desvalorização cambial representa um aumento do poder de compra da moeda nacional, o que corresponde a uma redução da taxa de câmbio.

e) A demanda de divisas (agentes que querem trocar reais por dólares) não depende do volume das importações e da saída de turistas e capitais externos (amortizações de empréstimos, remessa de lucros, pagamento de juros etc.).

31. **(Bio Rio Concursos/Economista/Prefeitura Municipal de Barra Mansa/2010) - Sobre a relação de paridade de juros descoberta, NÃO é correto afirmar que:**

a) afirma que as taxas de retorno esperadas, em termos de moeda nacional, para os títulos da dívida interna ou estrangeira, têm de ser iguais;

b) é imprecisa porque ignora os custos de transação;

c) implica que a taxa de juros internacional seja aproximadamente igual à taxa de juros interna mais a taxa de depreciação esperada para a moeda nacional;

d) é imprecisa porque não mede os riscos cambiais;

e) não é totalmente realista porque impõe a hipótese de que os investidores só desejarão os títulos de dívida com a taxa de retorno esperada mais alta.

32. **(Economista/Secretaria da Inclusão e da Mobilização Social – SIMS/Governo do Estado do Amapá/2010) - O Banco Central do Brasil - Bacen foi criado em 1964 para atuar na organização e regulamentação do Sistema Financeiro do país. Desde o início da década de 1930, vinham-se desenvolvendo estudos desse sistema. É privativa a competência do Bacen de efetuar o controle dos capitais estrangeiros; atuar no sentido da regulação do mercado cambial, podendo comprar e vender moeda estrangeira, influenciando direta e indiretamente neste mercado. Referente a esta atuação, qual o regime em que a autoridade financeira atua no mercado, no qual a taxa de câmbio flutua dentro de certos limites fixados pelo Banco Central?**

a) Câmbio flutuando.

b) Câmbio fixo.

c) Flutuação suja.

d) Regime de Padrão Ouro.

e) Bandas cambias.

33. **(Fundação Cesgranrio/Economista/Eletrobrás/2010) - A conta corrente do balanço de pagamentos de um país está superavitária quando ocorre uma redução no pagamento de juros e dividendos para o exterior. Em consequência,**

a) aumenta o superavit em conta corrente.

b) aumenta a entrada líquida de capitais externos.

c) há uma queda nas reservas de divisas internacionais dos residentes do país.

d) há uma desvalorização cambial da moeda do país.

e) não se altera o superavit em conta corrente.

34. **(CESPE-UnB/Analista de Comércio Exterior/MDIC/2004) – Considerando a definição de políticas de câmbio de um país, que consideram tanto argumentos de ordem teórica quanto resultados práticos, julgue os itens a seguir como verdadeiro ou falso:**

(0) A opção entre uma taxa de câmbio fixa ou flexível deve considerar o tempo de ajuste a um choque: se deixada ao ritmo do mercado, a taxa de câmbio é um preço altamente sensível e pode provocar correções nos preços relativos antes que os outros preços variem.

(1) Taxas de câmbio flexíveis favorecem a ocorrência de efeitos disciplinadores da política econômica, uma vez que políticas equivocadas (ou a permanência de desequilíbrios) podem provocar alterações nos preços relativos e nas taxas de câmbio, como uma punição imposta pelos mercados.

(2) A condição básica para que uma taxa de câmbio se mantenha em equilíbrio é que haja equilíbrio em todos os demais mercados associados (de bens, de serviços, de fatores de produção e de divisas).

(3) Modalidades de política cambial como minidesvalorizações, desvalorizações pré-anunciadas e bandas cambiais são opções intermediárias entre sistemas de taxas fixas e flexíveis; e, ao permitirem um maior grau de gestão do processo, facilitam a previsão de eventuais choques externos.

35. (ESAF/Auditor-Fiscal do Tesouro Nacional/1998) - A taxa cambial reflete o valor da moeda nacional em relação a outras moedas. Assim sendo, pressões sobre as taxas de câmbio de um país de economia estável ocorrem quando:

O Fundo Monetário Internacional determina a país(es) importantes na economia mundial que proceda(m) a uma desvalorização ou valorização de sua(s) moeda(s);

Há mudanças na paridade ouro/dólar americano;

Há variações nas disponibilidades de reservas em ouro;

Há variações significativas na oferta e procura da moeda neste país, em decorrência de déficits e/ou superávits no Balanço de Pagamentos;

Há entrada no país de grande volume de capitais de curto prazo.

36. (CESPE-UnB/Técnico Científico/Área: Econômica/BASA/2004) – Tendo como referência os ensinamentos básicos da macroeconomia aberta, julgue o item a seguir como verdadeiro (V) ou falso (F):

Como o balanço de pagamentos encontra-se sempre em equilíbrio e as taxas de câmbio flutuantes corrigem os desequilíbrios que ocorrem no mercado de divisas, é correto inferir que as taxas de câmbio são estáveis.

37. (CESPE-UnB/Analista Legislativo/Câmara dos Deputados/2004) – Quanto à gestão de uma economia aberta, julgue os itens a seguir como verdadeiro ou falso:

(0) A lei do preço único é condição básica para o critério da paridade do poder de compra. Por isso, é indiferente se as estimativas de atraso cambial são feitas a partir do índice de preços ao consumidor ou ao produtor.

(1) O ritmo de abertura comercial de uma economia é uma decisão soberana de cada país, a partir dos propósitos de aumentar a eficiência produtiva. Mesmo quando entre os objetivos está a preservação do equilíbrio comercial externo, em situações de liquidez internacional, a apreciação cambial apenas induz o governo a alterar as políticas fiscal e creditícia de forma compensatória, não guardando, portanto, relação com o ritmo da abertura.

GABARITO DO CAPÍTULO 3

01 – F	11 – D	21 – E	31 – C
02 – E	12 – A	22 – E	32 – E
03 – A	13 – A	23 – E	33 – A
04 – C	14 – C	24 – A	34 – (0) V, (1) V, (2) V, (3) F
05 – E	15 – C	25 – B	35 – D
06 – E	16 – C	26 – E	36 – F
07 – V	17 – E	27 – B	37 – (0) F, (1) F
08 – D	18 – B	28 – B	
09 – D	19 – A	29 – D	
10 – A	20 – C	30 – C	

Capítulo 4

Oferta Monetária e Sistema Monetário

1. Exercícios Resolvidos

1.1. Exercícios Resolvidos do Tipo "Múltipla Escolha"

01. **(FGV Projetos/Economista/Defensoria Pública do Estado do Rio de Janeiro/2014) - Os agregados monetários são definidos como M1, M2, M3 e M4. Um crescimento do M2 decorre por meio da elevação de diversos ativos monetários, COM EXCEÇÃO do aumento**

a) do papel-moeda em poder do público.

b) dos depósitos de poupança.

c) das quotas de fundo de renda fixa.

d) dos depósitos à vista.

e) dos títulos emitidos por instituições depositárias.

Solução:

A resposta é a letra "C". As quotas de fundo de renda fixa irão afetar apenas M3 e M4.

02. **(Fundação Cesgranrio/Análise Socioeconômica/IBGE/2010) - Os instrumentos clássicos de política monetária NÃO incluem as:**

a) variações no requisito de depósito compulsório dos bancos junto ao Banco Central.

b) vendas no mercado aberto de títulos públicos realizadas pelo Banco Central.

c) variações no *deficit* orçamentário do setor público.

d) alterações na taxa de redesconto dos empréstimos do Banco Central aos bancos.

e) compras no mercado aberto de títulos públicos realizadas pelo Banco Central.

Solução:

A resposta é a letra "C", pois o saldo orçamentário (déficit/superávit) do governo não faz parte dos instrumentos clássicos de política monetária.

---

03. **"O objetivo global da política monetária consiste, obviamente, no controle do total dos meios de pagamento. Ocorre que a criação de moeda não se processa apenas pelas Autoridades Monetárias, mas também pelos bancos comerciais. O Banco Central (...) pode controlar a base monetária. Mas o volume total de meios de pagamento é um múltiplo dessa base" SIMONSEN, M.H. Macroeconomia. APEC, 1979.**

    A relação entre a base monetária e os meios de pagamentos é dada pelo multiplicador monetário. Ainda que esse multiplicador seja relativamente estável no curto prazo, o Banco Central tem mecanismos (instrumentos) que o afetam. Para reduzir o multiplicador, o Banco Central tem controle sobre,

    a) a venda de títulos no mercado aberto.

    b) a compra de títulos no mercado aberto.

    c) a redução da taxa de juros básica (redesconto).

    d) a redução do depósito compulsório dos bancos comerciais no Banco Central.

    e) o aumento do depósito compulsório dos bancos comerciais no Banco Central.

Solução:

O item correto é o item "e", pois o Banco Central pode reduzir o multiplicador por meio do aumento de depósitos compulsórios dos bancos comerciais no Banco Central.

---

04. **(CIAAR/Admissão ao Estágio de Adaptação de Oficiais Temporários – Economia/Comando da Aeronáutica/2010) - Quando a taxa de juros do redesconto for _____ e o montante de redesconto _____ , tem-se um estímulo ao volume dos meios de pagamentos.**

    Assinale a alternativa que completa correta e respectivamente as lacunas.

    a) baixa / elevado

    b) alta / elevado

    c) baixa / reduzido

    d) alta / reduzido

Solução:

A resposta é a letra "a", pois quando a taxa de juros do redesconto for baixa e o montante de redesconto elevado, tem-se estímulo ao volume de meios de pagamentos.

---

05. **(Núcleo de Eventos e Concursos/Economista/Universidade Federal do Maranhão/2012) - O Banco Central do Brasil é o órgão executivo central do sistema financeiro. Sobre as competências exclusivas do Banco Central do Brasil, é correto afirmar:**

    a) Verifica o cumprimento dos limites e condições relativos à realização de operações de crédito dos Estados, do Distrito Federal e dos Municípios, compreendendo as respectivas administrações diretas, fundos, autarquias, fundações e empresas estatais dependentes.

    b) Gerencia risco da dívida pública.

c) Edita normas sobre a programação financeira e a execução orçamentária e financeira, bem como promove o acompanhamento, a sistematização e a padronização da execução da despesa pública.

d) Controla o fluxo de capitais estrangeiros.

e) Financia investimentos em infraestrutura.

Solução:

A resposta é a letra "d". Dentre as competências exclusivas (ou atribuições) do Banco Central do Brasil, temos o controle do fluxo de capitais estrangeiros. Todos os demais itens estão falsos.

06. **(Pontífice Universidade Católica do Paraná/Economista/Defensoria Pública do Estado do Paraná/2012) - Quando as instituições bancárias precisam cobrir uma eventual necessidade de caixa, elas podem recorrer a empréstimos de outros bancos ou tomar recursos emprestados do Banco Central. De modo geral, esses empréstimos são de curtíssimo prazo e exigirão o pagamento de juros, calculados a uma certa taxa: a taxa de juros no mercado interbancário (para recursos de outros bancos) ou a taxa de redesconto (para recursos do Banco Central). Caso o Banco Central pretenda induzir os bancos comerciais a aumentar o nível das suas reservas voluntárias, ele deve:**

a) Reduzir a taxa de redesconto.

b) Manter a taxa de redesconto um pouco abaixo da taxa de juros vigente no mercado interbancário.

c) Permitir operações de redesconto com prazos mais longos.

d) Aumentar a taxa de redesconto.

e) Aumentar o volume de recursos financeiros disponíveis para operações de redesconto.

Solução:

A resposta é a letra "d". Um aumento na taxa de redesconto faz que o custo do banco de tomar dinheiro emprestado do Banco Central fique maior. Assim, os bancos são desencorajados a tomar emprestado e administrarão seus fundos de modo a satisfazer as exigências de reservas compulsórias e a ter um caixa compatível com os hábitos de seus depositantes. (Fonte: Fundamentos de economia: vol. 1: macroeconomia, de José L. Carvalho, James D. Gwartney, Richard L. Stroup, Russel S. Sobel. Cengage Learning, 2008, cap. 13).

07. **(Economista/Câmara Municipal de Teresina/2012) - Considere as seguintes variáveis:**

c = papel-moeda em poder do público/M

d = depósito à vista nos bancos comerciais/M

R = encaixe total dos bancos comerciais/depósito à vista nos bancos comerciais

Sabendo que $c = d$ e que $R = 0,50$, o valor do multiplicador da base monetária em relação aos meios de pagamento será de, aproximadamente:

a) 1,3333

b) 1,9600

c) 1,5436

d) 1,1100

e) 1,2500

Solução:

A resposta é a letra "a". Se c = d = 0,5 e R = 0,5, então, o multiplicador monetário será dado por:

$$m = \frac{1}{1 - d_1\left(1 - R\right)} \Rightarrow m = \frac{1}{1 - 0,5\left(1 - 0,5\right)} \Rightarrow m = \frac{1}{1 - 0,5\left(0,5\right)} \Rightarrow$$

$$m = \frac{1}{1 - 0,25} \Rightarrow m = \frac{1}{0,75} \Rightarrow m \cong 1,3333$$

---

08. **(COPEVE/Economista/Companhia de Saneamento de Alagoas/2010) - O objetivo principal da política monetária é o controle dos meios de pagamentos, cuja atribuição para isso cabe, basicamente, ao Banco Central do Brasil. Um dos instrumentos utilizados pelo Banco Central do Brasil para atingir aquele objetivo é o multiplicador monetário, que nada mais é do que a relação entre a base monetária e os meios de pagamentos. Assim, considere que d = 0,9 (fração de depósitos à vista do público nos bancos comerciais sobre os meios de pagamentos) e R = 0,2 (fração de reservas bancárias sobre os depósitos à vista do público nos bancos comerciais). Com base nesses dados, o multiplicador monetário é**

a) 3,57.

b) 3,00.

c) 4,60.

d) 4,25.

e) 2,95.

Solução:

A resposta é a letra "a". Considere as seguintes informações:

$$d_1 = \frac{DVBC}{M} = 0,9$$

$$R = \frac{ET}{DVBC} = 0,2$$

Então, o multiplicador monetário será dado por:

$$m = \frac{1}{1 - d_1\left(1 - R\right)} \Rightarrow m = \frac{1}{1 - 0,9\left(1 - 0,2\right)} \Rightarrow m = \frac{1}{1 - 0,9\left(0,8\right)}$$

$$\Rightarrow m = \frac{1}{1 - 0,72} \Rightarrow m = \frac{1}{0,28} \Rightarrow m \cong 3,57$$

---

09. **(ESAF/Especialista em Políticas Públicas e Gestão Governamental/2008) - Conforme definição adotada pelo Banco Central do Brasil, as contas analíticas do setor bancário são o resultado da consolidação das contas analíticas do Sistema Monetário (Autoridade Monetária mais os Bancos Criadores de Moeda) e das outras instituições bancárias. As informações são reagrupadas e apresentadas em dois grupos: ativo e passivo. Não é componente do ativo:**

a) os ativos externos líquidos.

b) o crédito ao governo federal (líquido).

c) as obrigações por títulos do Banco Central do Brasil.

d) o crédito a governos estaduais e municipais.

e) o crédito a empresas públicas não-financeiras.

Solução:

A resposta é a letra "c" porque as obrigações por títulos do Banco Central do Brasil são componentes do passivo. Conforme informações disponíveis no sítio eletrônico do Banco Central do Brasil[4], o ativo é composto por: Ativos Externos Líquidos e os Créditos Internos, subdivididos em Crédito ao Governo Federal (líquido), Crédito a Governos Estaduais e Municipais, Crédito a Empresas Públicas não-Financeiras, Crédito ao Setor Privado e Crédito a Instituições Financeiras não-Bancárias.

Já o passivo é subdividido em: Passivos com Liquidez, Instrumentos do Mercado Monetário, Obrigações por Títulos do Banco Central do Brasil, Depósitos Especiais, Passivos Externos de Longo Prazo, Obrigações com Instituições Financeiras não-Bancárias, Contas de Capital e Outros Itens (líquidos).

1.2. Exercícios Resolvidos do Tipo "Verdadeiro ou Falso"

---

01. (Cespe-UnB/Auditor de Controle Externo/TCDF/2014) – Julgue os itens a seguir, com relação ao balanço de pagamentos, como verdadeiro ou falso.

A variação negativa das reservas internacionais implica retração da base monetária.

Solução:

Verdadeiro. Apenas para reforçar os conceitos já estudados, lembremos que um saldo total superavitário do Balanço de Pagamentos ($B > 0$) representa um aumento das reservas internacionais, isto é, uma variação positiva dessas reservas, o que fica evidenciado pelo saldo deficitário da rubrica Variação de Reservas, pois essas rubricas são compostas essencialmente por contas de caixa, que aumentam seu saldo por débito.

De modo análogo, um saldo total deficitário do Balanço de Pagamentos ($B < 0$) representa uma redução das reservas internacionais, isto é, uma variação negativa dessas reservas, o que fica evidenciado pelo saldo superavitário da rubrica Variação de Reservas, pois essas rubricas são compostas essencialmente por contas de caixa, que diminuem seu saldo por crédito.

A base monetária (BM) é dada pela soma das reservas internacionais (ΔResInt.) com o Crédito Interno Líquido (CIL), ou seja, BM = ΔResInt. + CIL. Desse modo, fica claro que, uma variação de reservas internacionais negativa implica em uma redução da base monetária.

---

02. (Cespe-UnB/Analista Administrativo – Área 1: Administração e Economia/2013) - Com relação as contas do balanço de pagamentos, assinale a opção correta.

a) Se o Banco Central fixar a taxa básica de juros da economia, o superávit do balanço de pagamentos provocará elevação permanente da base monetária.

b) O superávit global do balanço de pagamentos é igual a variação da base monetária.

---

[4] Disponível em: <http://www.bcb.gov.br/pec/sdds/port/ctasanal_setbanc_p.htm>

c) O pagamento de amortização de empréstimo internacional junto ao Fundo Monetário Internacional (FMI) é registrado nas transações correntes do balanço de pagamentos.

d) Afirmar que um país possui poupança externa positiva é equivalente a afirmar que a sua balança comercial é deficitária.

e) É suficiente para a perda de reservas internacionais que o país apresente déficit em transações correntes.

Solução:

O gabarito oficial indica que o item correto é a letra "b". Lembremos que um saldo total superavitário do Balanço de Pagamentos (B > 0) representa um aumento das reservas internacionais, isto é, uma variação positiva dessas reservas, o que fica evidenciado pelo saldo deficitário da rubrica Variação de Reservas, pois essas rubricas são compostas essencialmente por contas de caixa, que aumentam seu saldo por débito.

De modo análogo, um saldo total deficitário do Balanço de Pagamentos (B < 0) representa uma redução das reservas internacionais, isto é, uma variação negativa dessas reservas, o que fica evidenciado pelo saldo superavitário da rubrica Variação de Reservas, pois essas rubricas são compostas essencialmente por contas de caixa, que diminuem seu saldo por crédito.

A base monetária (BM) é dada pela soma das reservas internacionais (ΔResInt.) com o Crédito Interno Líquido (CIL), ou seja, BM = ΔResInt. + CIL. Desse modo, fica claro que o saldo total do balanço de pagamento equivale à variação das reservas internacionais, que por sua vez causa uma variação na base monetária, por exemplo um saldo deficitário no balanço de pagamento resulta em uma diminuição das reservas internacionais que implica em uma redução da base monetária.

O item "a" está falso pois, como vocês já sabem, o COPOM, periodicamente, define a taxa básica de juros da economia, o que não implica que o superávit do balanço de pagamentos provocará elevação permanente da base monetária.

Em particular, o item "c" está falso, pois o pagamento de amortização de empréstimo internacional junto ao Fundo Monetário Internacional (FMI) é registrado na conta financeira. O item "d" está falso pois, afirmar que um país possui poupança externa positiva é equivalente a afirmar que o saldo em transações correntes é deficitário.

---

03. (CESPE-UnB/Especialista em Regulação de Serviços de Transporte Terrestre/ANTT/2013) – Considerando os conceitos de agregados monetários, julgue o próximo item.

Em uma economia em que 20% dos meios de pagamento são detidos na forma de papel-moeda e 10% dos depósitos a vista são mantidos pelos bancos como reservas, o multiplicador monetário deve ser igual a 4.

Solução:

Verdadeiro. Considere as seguintes informações:

$$c = \frac{PMPP}{M} = 0,2$$

$$R = \frac{ET}{DVBC} = 0,1$$

$$c + d_1 = 1 \Rightarrow 0,2 + d_1 = 1 \Rightarrow d_1 = 1 - 0,2 \Rightarrow d_1 = 0,8$$

$$m = \frac{1}{1 - d_1\left(1 - R\right)} \Rightarrow m = \frac{1}{1 - 0{,}8\left(1 - 0{,}1\right)} \Rightarrow m = \frac{1}{1 - 0{,}8\left(0{,}9\right)} \Rightarrow m = \frac{1}{1 - 0{,}72}$$

$$\Rightarrow m = \frac{1}{0{,}28} \Rightarrow m = 3{,}57 \Rightarrow m \cong 4$$

---

04. (CESPE-UnB/Diplomata/Instituto Rio Branco/2013) – Com relação ao conceito de meios de pagamento (M_1), que corresponde ao estoque de moeda disponível para uso da coletividade, julgue os itens a seguir como verdadeiro ou falso.

(0) O valor do multiplicador da base monetária varia na razão inversa da taxa de reservas dos bancos comerciais e na razão direta da taxa de retenção da moeda pelo público.

Solução:

Falso. Em alguns livros-textos de macroeconomia norte-americanos, como Mankiw e Blanchard, a fórmula do multiplicador monetário é expressa da seguinte forma:

$$m = \frac{M}{B} = \frac{PMPP + DVBC}{PMPP + ET} = \frac{\dfrac{PMPP + DVBC}{DVBC}}{\dfrac{PMPP + ET}{DVBC}} = \frac{\dfrac{PMPP}{DVBC} + \dfrac{DVBC}{DVBC}}{\dfrac{PMPP}{DVBC} + \dfrac{ET}{DVBC}} = \frac{\dfrac{PMPP}{DVBC} + 1}{\dfrac{PMPP}{DVBC} + R}$$

Note que relação encaixe/depósitos ou taxa de reservas bancárias (R) indica o quanto os encaixes bancários representam do total dos depósitos à vista. Quanto maiores forem os encaixes bancários, menos recursos disponíveis os bancos terão para emprestar, o que reduzirá o processo da moeda escritural. Dessa forma, uma elevação da relação encaixe/depósitos dos bancos comerciais provoca uma contração dos meios de pagamento, sem qualquer efeito sobre a base monetária:

$$\uparrow R = \uparrow \left(\frac{ET}{DVBC} \right) \Rightarrow \downarrow m$$

Quanto maior for a relação $PMPP/DVBC$ (taxa de retenção da moeda pelo público), isto é, quanto mais o público mantiver moeda manual em seu poder, menor será o valor do multiplicador monetário:

$$\uparrow \left(\frac{PMPP}{DVBC} \right) = \downarrow m$$

(1) O saldo de M1 é composto pelo saldo da moeda em poder do público somado ao saldo dos depósitos à vista e aos depósitos de poupança.

Solução:

Falso. A oferta de moeda, dada pela disponibilidade de ativos financeiros de liquidez imediata, os chamados meios de pagamento, inclui o papel-moeda em poder do público (moeda manual) e os depósitos à vista feitos pelo público nos bancos comerciais (moeda escritural). Trata-se do agregado monetário de maior liquidez: $M_1 = PMPP + DVBC$.

(2) Em processos inflacionários, tende a diminuir a razão entre o volume de moeda em poder do público e o volume de moeda bancária.

Solução:

Falso. Em processos inflacionários intensos normalmente ocorre a chamada desmonetização da economia, isto é, diminui a quantidade de moeda sobre o total de ativos financeiros, em decorrência do fato de as pessoas procurarem defender-se da inflação com aplicações financeiras que rendem juros.

A monetização é o processo inverso, ou seja, com inflação baixa, as pessoas mantêm mais moeda que não rende juros em relação aos demais ativos financeiros.

(3) O resgate de um empréstimo bancário representa destruição de moeda.

Solução:

Verdadeiro. O resgate de um empréstimo bancário representa destruição de moeda uma vez que os recursos saem do público e retornam ao caixa dos bancos.

(4) As emissões de papel moeda pelo Tesouro Nacional são instrumento de política monetária à disposição do Ministério da Fazenda.

Solução:

Falso. O Tesouro Nacional não emite papel moeda. Uma das funções clássicas de um Banco Central é ser banco emissor de papel moeda. Isto é, o Banco Central possui o monopólio da emissão de moeda, dentro dos limites estabelecidos pelo Conselho Monetário Nacional.

---

05. (CESPE-UnB/Atividades de Complexidade Individual – Especialidade: Economia/Ministério das Comunicações/2013) – Julgue o item a seguir.
No regime de câmbio fixo, uma variação nas reservas internacionais proporciona igual variação na base monetária.

Solução:

Verdadeiro. Se há aumento de reservas internacionais, a compra de moeda estrangeira pelo Banco Central excede as vendas e, portanto, haverá um aumento na base monetária (e o inverso ocorre quando houver redução nas reservas internacionais).

2. Exercícios Propostos

---

01. (FUNDEP/Economista/Prefeitura Municipal de Lagoa Santa/2012) - Sobre o multiplicador monetário, assinale a afirmativa *INCORRETA*.

a) As preferências do público entre depósito à vista e papel-moeda podem se alterar, modificando o tamanho do multiplicador monetário, sem que o Banco Central tenha qualquer tipo de controle sobre essas variáveis.

b) Exceto em casos extremos, o valor do multiplicador monetário é sempre maior do que 1 (um).

c) O valor do multiplicador monetário aumenta quando aumenta a razão entre o papel-moeda em poder do público e o volume dos depósitos à vista feitos pelo público nos bancos comerciais.

d) Quanto maior for a razão entre o encaixe total dos bancos comerciais e o volume dos depósitos à vista do público nesses bancos, menor será o valor do multiplicador monetário.

02. (Objetiva Concursos/Economista/2012) - Assinalar a alternativa CORRETA:

a) Quando um banco comercial compra títulos da dívida pública possuídos pelo público, há criação de meios de pagamento.

b) Quando um banco comercial aumenta seu capital vendendo ações ao público, há criação de meios de pagamento.

c) Quando um banco comercial fornece dinheiro à União adquirindo Letras Financeiras do Tesouro Nacional, não há criação nem destruição de meios de pagamento.

d) Quando um indivíduo leva R$ 1.000 em notas de R$ 50 a um banco comercial e faz um depósito à vista, há destruição de meios de pagamento.

03. (Consulplan/Economista/Prefeitura Municipal de Porto Velho – RO/2012) - "De acordo com a teoria monetária padrão, existe uma relação estreita entre a base monetária e os meios de pagamento, dada pelo multiplicador monetário". Diante do exposto, é correto afirmar que o(a)

a) multiplicador monetário é igual a um, caso os encaixes totais sejam iguais aos depósitos à vista.

b) aumento da relação encaixes totais/depósitos à vista eleva o multiplicador monetário.

c) multiplicador monetário é igual a um, caso os encaixes totais sejam nulos e os depósitos à vista forem a metade dos meios de pagamento.

d) redução da relação depósito à vista/meios de pagamento aumenta o multiplicador monetário.

e) aumento da relação depósito à vista/meios de pagamento diminui o multiplicador monetário.

04. (Fundatec/Economista/Prefeitura Municipal de Sapucaia do Sul – RS/2012) - Em um regime sem lastro, a oferta monetária e as reservas que os bancos comerciais mantêm no banco central são determinadas, basicamente, pela política governamental. Nesse sentido, são feitas as seguintes afirmações:

I. O banco central poderá atuar diretamente sobre o agregado base monetária através de operações de compra e venda de títulos públicos.

II. Quanto maior for a razão Reservas/Depósitos à vista, maior será o multiplicador da base monetária.

III. Base monetária é o passivo da autoridade monetária, composto pelo saldo de moeda em circulação mais reservas dos bancos comerciais na autoridade monetária.

Quais estão corretas?

a) Apenas I.

b) Apenas II.

c) Apenas I e III.

d) Apenas II e III.

e) I, II e III.

05. (Metta C&C/Economista/Prefeitura Municipal de Serra Talhada/2012) - O banco central é o controlador do sistema monetário, garantindo-lhe saúde e regulação financeira, utilizando instrumentos que disponibilizara o retrai moeda no mercado. São VERDADEIRAS as ferramentas de controle:

I. Alteração das Reservas exigidas.

II. Fixação de percentuais para limitação das importações e exportações, gerando balança comercial favorável.

III. Alteração da Taxa de Redesconto.

IV. Operações de Mercado Aberto.

V. Operações Desconto Operacionais.

a) I e II;

b) II e III;

c) I, II e III;

d) I, III e IV;

e) I, II, III, IV e V.

06. **(AOCP Concursos/Economista/Governo do Estado de Tocantins/2012) - O Banco Central possui entre outras funções, o controle da base monetária da economia. Para exercer este controle, ele dispõe de vários instrumentos, EXCETO**

a) operações de *open market*.

b) redução de gasto corrente.

c) reservas compulsórias.

d) política de redescontos.

e) encaixes bancários.

07. **(COPESE/Economista/Universidade Federal de Juiz de Fora – MG/2012) - Considerando os instrumentos de condução de política monetária, avalie as afirmativas:**

I. O intuito do Banco Central, ao aumentar a alíquota do depósito compulsório, é reduzir a liquidez do mercado.

II. Quando o Banco Central se torna mais seletivo na definição dos títulos elegíveis à operação de redesconto, está sinalizando para o mercado sua intenção de racionamento de crédito.

III. Nas operações de mercado aberto, a atuação do Banco Central, na forma de compra de títulos públicos em valores superiores à venda de títulos públicos em um determinado dia, implicaria em retração das reservas dos bancos.

Julgue qual opção as classifica como verdadeira (V) ou falsa (F), respectivamente.

a) F, F, V

b) V, F, F

c) F, V, F

d) V, V, F

e) V, V, V

08. **(COPESE/Economista/Universidade Federal de Juiz de Fora – MG/2012) - Considerando o multiplicador da base monetária, avalie as afirmativas:**

I. Quanto maior for o depósito compulsório, menor será o multiplicador da base.

II. Quanto maior for a razão entre depósitos a vista nos bancos comerciais e meios de pagamentos, menor é o multiplicador da base monetária.

III. Quanto menor for a razão entre reservas bancária e depósitos a vista nos bancos comerciais, menor é o multiplicador da base monetária.

Julgue qual opção as classifica como verdadeira (V) ou falsa (F), respectivamente.

a) F, F, V

b) V, F, F

c) F, V, F

d) V, V, V

e) V, V, F

---

09. **(Núcleo de Eventos e Concursos/Economista/Universidade Federal do Maranhão/2012) - 32 Os agregados monetários são uma das formas de medida da moeda em uma economia. No Brasil, é correto afirmar sobre os agregados que:**

a) Incluem-se nos Agregados Monetários - Meios de Pagamentos: M1, M2, M3 e M4. São adotados Conceitos/Definições internacionalmente aceitos e fundamentados na Teoria Econômica. Os detentores dos meios de pagamentos no sentido amplo compõem-se do setor não financeiro da economia e das instituições financeiras que não emitem instrumentos considerados como moeda.

b) O M1 compreende os ativos de liquidez imediata. É composto pelo Papel-moeda em Poder do Público (PMPP) e pelos Depósitos à Vista (DV). O PMPP é o resultado da diferença entre o Papel-moeda Emitido pelo Banco Central do Brasil e as disponibilidades de "caixa" do sistema bancário.

c) O M2 engloba, além do M1, os depósitos para investimento e as emissões de baixa liquidez realizadas primariamente no mercado interno por instituições depositárias - as que realizam multiplicação de crédito.

d) O M3 inclui o M2 mais as captações internas por intermédio dos fundos de renda variável e a posição líquida de títulos registrados no Sistema Especial de Liquidação e Custódia (Selic), decorrente de financiamento em operações compromissadas.

e) O M4 engloba o M3 e os títulos públicos de baixa liquidez.

---

10. **(Núcleo de Eventos e Concursos/Economista/Universidade Federal do Maranhão/2012) - O Sistema Financeiro Brasileiro é segmentado em quatro grandes "mercados". Sobre os mesmos é correto afirmar que:**

a) Mercado monetário é o mercado onde se concentram as operações para controle da oferta de moeda e das taxas de juros de longo prazo com vistas a garantir a liquidez da economia. O Banco Central do Brasil atua neste mercado praticando a chamada Política Monetária.

b) O mercado de capitais é o conjunto de mercados, instituições e ativos que viabiliza a transferência de recursos financeiros entre tomadores (companhias abertas) e aplicadores (investidores) destes recursos.

c) Mercado de crédito é onde atuam neste mercado diversas instituições financeiras e não financeiras prestando serviços de intermediação de recursos de curto e médio prazo para agentes deficitários que necessitam de recursos para consumo ou capital de giro. O Banco Central do Brasil não é o principal órgão responsável pelo controle, normatização e fiscalização desse mercado.

d) Mercado de câmbio é o mercado onde são negociadas as trocas de moedas estrangeiras por reais. O Banco Central do Brasil é o responsável pela administração, fiscalização e controle das operações de câmbio e da taxa de câmbio, atuando através de sua Política Monetária.

e) O Banco Central do Brasil é o principal órgão responsável pela fiscalização do mercado de capitais.

---

11. **(CEPS/Economista/Universidade Federal do Pará/2012) - Conceitua-se oferta monetária como o total de moeda que o público tem a sua disposição para o pagamento de transações e corresponde ao total dos meios de pagamentos da economia. O governo controla diretamente uma parcela da oferta monetária porque possui a prerrogativa da emissão de moeda. Sobre os depósitos à vista do público nos bancos comerciais, o governo possui apenas controle indireto fazendo com que o setor bancário seja capaz de *criar* moeda. A respeito do processo de criação e da destruição de moeda, é correto afirmar que**

a) Existe criação de moeda no sistema econômico quando há troca de um ativo monetário do sistema bancário por um ativo monetário do sistema não bancário.

b) Quando um banco comercial desconta um título de dívida junto às autoridades monetárias ocorre destruição de moeda.

c) O volume dos meios de pagamentos é aumentado quando uma pessoa paga uma dívida junto a um estabelecimento bancário, resgatando um título de crédito.

d) A elevação da taxa dos depósitos compulsórios dos bancos comerciais junto às autoridades monetárias diminui o valor do multiplicador dos meios de pagamentos porque diminui o saldo de papel moeda em circulação.

e) Constitui um instrumento de aumento do efeito multiplicador dos meios de pagamento uma diminuição dos depósitos compulsórios junto às autoridades monetárias.

---

12. **(Economista/Universidade Federal do Amapá/2012) - O Sistema Financeiro Brasileiro é considerado um dos mais modernos do mundo. Com base no seu conhecimento sobre Política Monetária Nacional, marque a afirmativa CORRETA:**

a) Os depósitos compulsórios são um instrumento de política monetária, em que os bancos comerciais recolhem junto ao Banco Central. Ocorrendo um aumento da taxa de recolhimento, diminui a capacidade desses bancos de criarem moeda escritural e, portanto, diminui a liquidez do sistema.

b) Os Encaixes Totais (ET) são dados pela soma do caixa em moeda corrente, mais depósitos compulsórios dos bancos comerciais na autoridade monetária, mais os depósitos em moedas estrangeiras.

c) Atualmente, o Banco Central do Brasil e o Banco do Brasil S.A desempenham funções de autoridade monetária.

d) O Banco Central utiliza as operações de *open market*. Quando a autoridade monetária compra títulos, a liquidez do mercado diminui.

e) O Banco Central possui o monopólio da emissão de moeda, dentro dos limites estabelecidos pelo Comitê de Política (COPOM).

---

13. **(Cespe-UnB/Analista de Correios – Especialidade: Economista/2011) - Julgue os itens subsequentes, relativos à macroeconomia e seus agregados, ao sistema financeiro e a aspectos monetários.**

(0) O sistema financeiro compõe-se de órgãos normativos e entidades supervisoras. Entre as entidades supervisoras, incluem-se o Instituto de Resseguros do Brasil, o Banco Central do Brasil, a Comissão de Valores Mobiliários e a Superintendência de Seguros Privados.

(1) As bolsas de mercadoria e futuros são exemplos de operadores que compõem o sistema financeiro brasileiro. Essas bolsas prestam serviços aos intermediários financeiros e criam as condições propícias para a negociação de commodities e contratos futuros, mas não efetuam operações de compra e venda.

(2) O Banco Central do Brasil não tem de controlar a base monetária de forma indireta, se utilizar as operações de mercado aberto ou as taxas de reserva e de redesconto.

---

14. **(Consulplan/Economista/Departamento Municipal de Água e Esgoto de Porto Alegre – DMAE/2011) - Se a relação deposito a vista mais meio de pagamento é igual a meio e, se a autoridade monetária implementa uma política na qual 100% dos depósitos a vista devem ser compulsoriamente enviados ao Banco Central, então o efeito de uma variação de 10% da Base Monetária (B) sobre os Meios de Pagamento (MP) será igual a**

a) 10%

b) 5%

c) 20%

d) 0%

e) 100%

15. **(Economista/Prefeitura de Maracanaú/2011) - De acordo com a definição de agregados monetários os depósitos de poupança são considerados:**

a) M1-M0;

b) M2-M1;

c) M3-M2;

d) M3-M1;

e) M4-M3.

16. **(Economista/Universidade Federal do Estado do Rio de Janeiro/2011) - Uma das características marcantes da criação da economia moderna relaciona-se com um instrumento que permite a troca de valores por mercadoria. Este instrumento chama-se**

a) moeda-financeira.

b) títulos financeiros.

c) cheque.

d) papel-moeda.

e) cartão de crédito.

17. **(Cespe-UnB/Professor – Área: Gestão Financeira/Instituto Federal de Educação, Ciência e Tecnologia de Brasília/2011) – Julgue os itens a seguir como verdadeiro ou falso.**

(0) Normalmente, quanto mais verticalizada é a economia, menos se tem meios de pagamento M1.

(1) Mesmo com uma taxa de reservas bancárias de 100%, bancos comerciais podem criar moeda em uma economia.

18. **(Fundação Universa/Economista/Embratur/2011) - A respeito do sistema bancário, assinale a alternativa correta.**

a) A função de intermediação financeira diz respeito à função de transformar ativos com determinadas características de investimento, volume, risco de crédito, risco de preço e liquidez em outros tipos de ativos com características diferentes.

b) A função de câmara de compensação é a tarefa de deslocar recursos de unidades superavitárias para unidades deficitárias, ou, dito de outra forma, de fazer a ponte entre poupadores e tomadores de recursos.

c) Os intermediários financeiros não-bancários são aqueles que captam recursos com depósitos à vista, e não com meios que caracterizam a chamada quase-moeda.

d) As funções essenciais de um banco são intermediação financeira, transmutação de ativos e câmara de compensação, as quais são realizadas em razão da especialização e da existência de economias de escala no volume de transações, no processamento de informações e na administração de carteiras, bem como por imposição legal.

e) A função de transmutação de ativos é intermediar trocas de moeda ou de liquidez na economia, cujos agentes transferem moeda e fazem pagamentos por intermédio dos bancos.

19. **(Fundação Universa/Economista/CEB Distribuição S.A./2010) - Com base no estudo da economia monetária, referente aos tópicos de moeda e crédito, sistema bancário, intermediações e instituições financeiras, assinale a alternativa corrente, referente aos conceitos básicos.**

a) O modelo tradicional de criação de moeda pelos bancos comerciais fundamenta-se na hipótese de constância da relação reservas/depósitos, ao longo de todo o processo multiplicador; apesar de simples, essa hipótese é realista e irrefutável.

b) De acordo com o conceito convencional de moeda, os depósitos do público no sistema bancário comercial correspondem à menor parcela dos meios de pagamento manejados pelo público, na maior parte das modernas economias.

c) Mesmo que os bancos retivessem em caixa a totalidade dos depósitos à vista efetuados pelo público, ainda assim a moeda bancária se expandiria, em decorrência do efeito multiplicador desses depósitos.

d) Em uma economia moderna, podem ser citados inúmeros exemplos de ativos que apresentam graus de liquidez iguais ao da moeda.

e) A elevação da taxa de encaixe voluntário dos bancos comerciais, mantidos inalterados outros fatores, implica uma redução no efeito multiplicador da moeda bancária.

---

20. (FUNDATEC/Economista/Companhia Estadual de Distribuição de Energia Elétrica/Governo do Estado do Rio Grande do Sul/2010) - A economia monetária postula que o montante dos meios de pagamentos (M1) na economia é um múltiplo da base monetária (B), isto é, $M1 = \varphi B$, em que φ é o multiplicador monetário. Analise as seguintes assertivas sobre esse tema.

I. Um aumento das reservas bancárias, em relação aos depósitos bancários a vista, não afeta o multiplicador monetário.

II. A compra, pelo Banco Central, de títulos do governo em circulação não modifica o multiplicador monetário.

III. Um aumento da relação moeda em poder do público/depósitos bancários a vista faz com que o multiplicador monetário também aumente.

Quais estão corretas?

a) Apenas I.

b) Apenas II.

c) Apenas III.

d) Apenas I e II.

e) Apenas II e III.

---

21. (Fundação Universa/Economista/Conselho Federal de Economia - COFECON/2010) - Fundamentado nos instrumentos de política monetária e nos efeitos causados nos meios de pagamento, assinale a alternativa correta.

a) As operações de redesconto são um instrumento de política monetária que consiste na compra e venda de títulos da dívida pública pelo Banco Central.

b) A redução da taxa de juros do redesconto e a ampliação dos prazos para resgate dos títulos redescontados implicam aumento das reservas bancárias e, por esta via, expansão dos meios de pagamento.

c) Quando o Banco Central aumenta a taxa de reservas compulsórias exigida dos bancos comerciais, as disponibilidades do sistema bancário para empréstimos ficam diminuídas e induzem à redução dos meios de pagamento.

d) Entre os instrumentos de política monetária, o open market (mercado aberto) é o que tem menor poder de impacto, em curtíssimo prazo, sobre a oferta de moeda e a taxa de juros.

e) As reservas e a liquidez geral do sistema bancário contraem-se quando, agindo no Open Market (mercado aberto), o Banco Central resgata títulos em volume superior às novas colocações.

---

22. (CONUPE/Economista/Grande Recife Consórcio de Transporte/Governo do Estado de Pernambuco/2010) - São instrumentos de expansão de política monetária ou elementos de aumento da base monetária:

I. Elevação da taxa de redesconto.

II. Redução da taxa de recolhimento dos compulsórios.

III. Operações de venda de títulos públicos.

IV. Elevação da proporção dos depósitos à vista face aos meios de pagamento.

V. Aumento da proporção do papel-moeda em poder do público face aos meios de pagamento.

Com base nas proposições acima, marque a alternativa que contém a quantidade de itens CORRETOS.

a) 1.

b) 2.

c) 3.

d) 4.

e) 5.

23. **(COMPERVE/Economista/Instituto Federal de Educação, Ciência e Tecnologia/2010) - A Política Monetária pode ser definida como o controle da oferta de moeda e das taxas de juros em uma economia. Abaixo estão relacionados alguns tradicionais instrumentos de política monetária.**

   I. **Fixação do percentual de recolhimento compulsório**

   II. **Operações com derivativos**

   III. **Metas contingenciais de crescimento do PIB**

   IV. **Operações de mercado aberto**

   V. **Controle do crédito e do débito do consumidor**

   VI. **Operações de redesconto**

   A opção que apresenta corretamente três instrumentos de Política Monetária é

   a) II, V e VI.

   b) I, III e V.

   c) II, III e VI.

   d) I, IV e VI.

24. **(Economista/Investe Rio/2010) - Com relação às atividades do Banco Central (BC), é incorreto afirmar que**

   a) há destruição de base monetária nas operações de mercado aberto quando o BC compra títulos públicos.

   b) a taxa de redesconto é a taxa de juros que o BC cobra dos bancos comerciais quando estes se encontram com uma necessidade temporária de reservas.

   c) compulsórios são depósitos que os bancos comerciais são obrigados a fazer junto ao BC.

   d) o BC afeta o estoque de moeda por meio do controle da base monetária.

   e) o BC controla o estoque de base monetária principalmente por meio das operações de mercado aberto.

25. **(Cespe-UnB/Economista/Ministério da Saúde/2010) – Julgue o item a seguir como verdadeiro ou falso.**

   O Banco Central do Brasil pode destinar recursos para cobrir os déficits de pessoas jurídicas de direito privado, ainda que o ato de destinação não tenha sido autorizado por lei específica.

26. **(Cespe-UnB/Consultor do Executivo – Formação Ciências Econômicas/Secretaria de Estado da Fazenda/Governo do Estado do Espírito Santo/2010) – Julgue os itens a seguir como verdadeiro ou falso.**

   Em decorrência de as facilidades de realocação de portfólio permitirem que M1 esteja sempre no nível necessário às transações e responda passivamente à elevações no nível de preços, os meios de pagamento ampliados são indicadores melhores que os meios de pagamento restritos.

27. **(Fundação Cesgranrio/Economista/MP/RO/2005) – Qual das funções abaixo NÃO pode ser atribuída ao Banco Central do Brasil?**

   a) Banco dos bancos.

   b) Banqueiro do governo.

   c) Executor da política monetária.

   d) Executor da política fiscal.

   e) Gestor do Sistema Financeiro Nacional.

28. **(Fundação Cesgranrio/Economista/MP/RO/2005) – Uma elevação na alíquota média de recolhimento compulsório sobre depósitos à vista, mantida constante a alíquota de recolhimento compulsório sobre depósitos a prazo, provoca:**

   a) contração da base monetária.

   b) contração dos meios de pagamento.

   c) redução da taxa de juros.

   d) expansão dos meios de pagamento.

   e) elevação da base monetária.

29. **(Fundação Cesgranrio/Profissional Júnior – Economia/Petrobrás Distribuidora S.A./2011) - Considere o balancete do Banco Central em milhões de unidades monetárias.**

   Base Monetária... 1.000

   Caixa, em moeda corrente, dos Bancos Comerciais....................... 60

   Depósitos à vista do público nos Bancos Comerciais.................. 4.000

   Depósitos dos Bancos Comerciais no Banco Central

   Voluntários......................... 40

   Compulsórios.................... 800

   Mantendo constantes a demanda por depósitos à vista, que é totalmente atendida pelos bancos comerciais, e também a quantidade de papel-moeda em poder do público, o impacto de uma Política Monetária de aumento da taxa do compulsório de 20% para 25% representa um(a)

   a) aumento do multiplicador monetário para 6%

   b) aumento da retenção de papel moeda por parte dos agentes econômicos relativamente aos meios de pagamentos totais para 10%

   c) redução da base monetária para 800

   d) redução da capacidade dos bancos em multiplicar o crédito, com redução do multiplicador monetário para 3,4%

   e) redução do multiplicador monetário para 5%

30. **(ESAF/Analista de Comércio Exterior/MDIC/2012) - Considere os seguintes coeficientes de comportamento monetário:**

   d = (depósitos a vista/meios de pagamentos)

   c = (papel moeda em poder do público/meios de pagamentos)

   R = (encaixes totais dos bancos comerciais/depósitos a vista nos bancos comerciais)

   Considere d = 0,6 e R = c. Então, para cada unidade a mais de Base Monetária na economia, haverá:

   a) 1,5625 a mais de meios de pagamentos na economia.

   b) 1,9642 a mais de meios de pagamentos na economia.

c) 1,8944 a mais de meios de pagamentos na economia.

d) Haverá uma diminuição dos meios de pagamentos na economia.

e) Nada acontecerá com os meios de pagamento na economia, já que R = c.

---

31. **(Fundação Cesgranrio/Profissional de Nível Superior I – Ciências Econômicas/Companhia Hidroelé- trico do São Francisco – CHESF/2012) - A base monetária é afetada pela quantidade de papel-moeda em poder do público e pelo volume de reservas mantido pelos bancos comerciais. A base monetária se expande quando**

a) o Banco Central eleva os seus encaixes e as reservas compulsórias.

b) o Banco Central compra títulos do Tesouro Nacional.

c) o Banco Central aumenta a taxa de redesconto e reduz os limites de tais operações.

d) o *superavit* fiscal aumenta.

e) as reservas internacionais do país diminuem.

---

32. **(ESAF/Especialista em Políticas Públicas e Gestão Governamental/2013) - Em relação à política mo- netária, é incorreto afirmar que:**

a) tudo mais constante e considerando que o multiplicador monetário é maior do que um, as compras de títulos pelo Banco Central elevam os Meios de Pagamentos.

b) considerando o balancete do Banco Central, a Base Monetária pode ser alterada a partir das denomina- das "operações ativas" do Banco Central.

c) tudo mais constante, quanto maior for o coeficiente "(encaixes totais dos bancos comerciais)/(depósi- tos à vista realizados nos bancos comerciais)", menor serão os Meios de Pagamentos.

d) o Banco Central possui total controle sobre o multiplicador monetário por poder exercer influência plena sobre os denominados "coeficientes de comportamento monetário".

e) se o multiplicador monetário é maior do que um, então o agregado monetário M_1 será necessariamen- te maior do que a Base Monetária.

---

33. **(Fundação Getúlio Vargas/Economista – Tipo 1/Companhia de Desenvolvimento Urbano do Estado da Bahia/2013) - Assinale a alternativa que apresente uma possível situação em que o papel moeda em poder do público se eleve.**

a) O Banco Central eleva a taxa de reservas compulsórias junto ao setor bancário elevando o montante no seu caixa.

b) O Banco Central emite papel moeda sem alterar os demais instrumentos de controle monetário.

c) Os bancos comerciais elevam voluntariamente o volume de reservas depositado no caixa do Banco Central.

d) O Banco Central retira de circulação cédulas e moedas defeituosas.

e) Os bancos comerciais vendem bens e serviços para seus clientes.

---

34. **(Fundação Getúlio Vargas/Economista – Tipo 1/Assembleia Legislativa do Estado de Mato Grosso/2013) - O Banco Central decide reduzir a base monetária. A chance de lograr êxito aumenta quando**

a) ele amplia as reservas internacionais do país.

b) ele compra títulos públicos emitidos pelo Tesouro Nacional.

c) ele diminui os depósitos do Tesouro Nacional.

d) ele emite papel moeda.

e) ele eleva a taxa de juros de redesconto.

35. **(ESAF/Especialista em Políticas Públicas e Gestão Governamental/2009) - Em relação aos conceitos relacionados a uma economia monetária, é incorreto afirmar que:**

a) os bancos podem alterar o multiplicador bancário alterando os seus recolhimentos voluntários junto ao Banco Central.

b) alterando os recolhimentos compulsórios, o Banco Central consegue controlar os coeficientes de comportamento bancário "c" e "d".

c) um banco cria meios de pagamentos quando compra bens ou serviços do público pagando com moeda corrente.

d) o valor do multiplicador da base monetária pode se alterar independente das intenções do Banco Central.

e) quanto maior o coeficiente "papel moeda em poder do público/M_1", menor será o multiplicador da base monetária.

36. **(ESAF/Especialista em Políticas Públicas e Gestão Governamental/2009) - Considere os seguintes coeficientes de comportamento monetário:**

M_1 = meios de pagamentos

c = (papel-moeda em poder do público/M_1)

d = (depósitos a vista nos bancos comerciais/M_1)

R = (encaixes totais dos bancos comerciais/depósitos a vista nos bancos comerciais)

Considerando que c = d/3 e R = 0,3, o valor do multiplicador da base monetária será de, aproximadamente,

a) 2,105

b) 3,103

c) 1,290

d) 1,600

e) 2,990

37. **(VUNESP/Consultor Técnico Legislativo – Economia/CMSP/2007) - Suponha que a base monetária de uma economia seja $1000 e o público retenha 80% de seus meios de pagamento em depósitos à vista. Se o governo exige dos bancos comerciais reserva compulsória de 20%, e os bancos retêm 5% como reservas voluntárias, o estoque de meios de pagamento corresponde a**

a) $ 1 000.

b) $ 2 500.

c) $ 5 000.

d) $ 2 778.

e) $ 4 000.

38. **(NCE-RJ/Economista/SESPA/PA/2006) - A oferta de moeda aumenta quando:**

a) o governo eleva suas despesas;

b) o banco central compra títulos nas operações de mercado aberto;

c) uma empresa privada reduz seus ativos vendendo títulos públicos;

d) uma empresa privada emite ações para financiar seus investimentos;

e) aumenta as exportações.

39. **(Fundação Cesgranrio/Economista/MP/RO/2005) – Assinale a opção que apresenta um dos instrumentos de política monetária.**
   a) Base monetária.
   b) Meios de pagamento.
   c) Controle e seleção de crédito.
   d) Reservas bancárias.
   e) Taxa de câmbio.

40. **(Fundação Dom Cintra/Economista/Prefeitura de Itaboraí/2012) - A função da moeda que representa o instrumento usado para anunciar os preços e registrar débitos denomina-se :**
   a) entesouramento
   b) unidade de conta
   c) reserva de valor
   d) meio de troca
   e) liquidez

41. **(FGV Projetos/Economista/Assembleia Legislativa do Estado de Mato Grosso/2013) - Em relação aos agregados monetários, um aumento dos depósitos de poupança, mantido tudo o mais constante,**
   a) eleva o papel moeda em circulação.
   b) eleva o papel moeda em poder do público.
   c) eleva os agregados M1, M2, M3 e M4 da economia.
   d) eleva apenas os agregados M2, M3 e M4 da economia.
   e) eleva apenas os agregados M3 e M4 da economia.

42. **(FIDENE/Economista/Prefeitura Municipal de Ijuí/2013) - As reservas bancárias são classificadas em:**
   a) Voluntárias e compulsórias.
   b) Exógenas e endógenas.
   c) Federais e privadas.
   d) Voluntárias e compulsórias ou excedentes.
   e) Voluntárias ou excedentes e compulsórias.

43. **(IPAD/Economista/Prefeitura Municipal de Caruaru/2012) - Sejam H, a base monetária, e M o estoque monetário. Julgue as afirmações.**
   1) **O Banco Central controla totalmente o estoque de moeda porque controla a base monetária.**
   2) **O Banco Central não pode controlar totalmente o estoque monetário porque o multiplicador não é previsível.**
   3) **Quando a quantidade de reservas aumenta, o multiplicador também aumenta.**
   Está(ão) correta(s):
   a) 1, apenas.
   b) 2, apenas.
   c) 3, apenas.
   d) 1 e 2, apenas.
   e) 1, 2 e 3.

44. (Cespe-UnB/Economista/Ministério da Saúde/2010) – Julgue os itens a seguir como verdadeiro ou falso.

(0) Um ativo que tem a função de meio de troca transfere o poder de compra para o futuro.

(1) Uma autoridade monetária que tenha R$ 100,00 em depósitos à vista nos bancos comerciais de seu país e que exija 10% de reservas compulsórias terá R$ 1.000,00 como oferta total de moeda nacional nessa economia.

45. (COPESE/Economista/Universidade Federal de Juiz de Fora/2012) - Com relação à criação e destruição de meios de pagamentos, sejam as seguintes afirmações:

I. Quando uma empresa do setor imobiliário vende um imóvel a um banco de investimento, há criação de meios de pagamentos.

II. Quando uma empresa importadora compra dólares em um banco comercial e o pagamento é feito em moeda manual, há destruição de meios de pagamento.

III. Uma empresa do ramo atacadista vende suas ações para um banco comercial do qual ela é cliente e o pagamento é feito através de transferência financeira para a conta corrente da empresa. Nesse caso, houve criação de meios de pagamento.

Julgue qual opção as classifica como verdadeira (V) ou falsa (F), respectivamente.

a) V, F, F

b) V, V, F

c) F, F, V

d) F, V, V

e) F, F, F

46. (Cespe-UnB/Economista/Ministério da Justiça/2013) – Julgue o item a seguir como verdadeiro ou falso.

A elevação na taxa de redesconto e a redução das alíquotas das reservas compulsórias são formas que o Banco Central utiliza para elevar a quantidade de moeda na economia.

47. (ESAF/Especialista em Políticas Públicas e Gestão Governamental/2013) - Até meados dos anos 1980, o Banco do Brasil funcionava como agente do Tesouro Nacional, efetuando gastos tipicamente fiscais a partir da determinação do Ministério da Fazenda. Em relação a essa condição do Banco do Brasil, pode-se afirmar que:

a) os gastos fiscais do Banco do Brasil eram aprovados pelo Congresso Nacional.

b) os gastos fiscais do Banco do Brasil eram financiados com emissão de moeda sem a prévia autorização do Banco Central.

c) a participação do Banco do Brasil como Autoridade Monetária harmonizava as competências entre as autoridades fiscal e monetária.

d) o Banco do Brasil era de fato o órgão que representava todos os interesses e obrigações do Tesouro Nacional.

e) os ativos do Tesouro Nacional eram administrados pelo Banco do Brasil enquanto os passivos eram administrados pelo Banco Central.

48. (Economista/Universidade Federal de Alfenas/2013) - No Brasil, existem 5 agregados monetários que são classificados segundo sua liquidez. O conceito de meios de pagamento (representado por M0 + M1) inclui, como agregados monetários:

a) Depósitos à vista os bancos comerciais + depósitos em cadernetas de poupança.

b) Títulos públicos em poder do público + depósitos à vista nos bancos comerciais.

c) Títulos públicos em poder do público + depósitos em cadernetas de poupança.

d) Moeda em poder do público + depósitos à vista nos bancos comerciais.

e) Moeda em poder do público + depósitos em caderneta de poupança.

---

49. (SUGEP/Economista/Universidade Federal Rural de Pernambuco/2013) - Considere as seguintes informações:

c = papel moeda em poder do público/M

d = depósitos à vista nos bancos comerciais/M

R = encaixe total dos bancos comerciais/depósitos à

vista nos bancos comerciais

Qual o valor do multiplicador da base monetária em relação aos meios de pagamento, sabendo que c = d e que R = 0,25?

a) 1,6000

b) 1,9600

c) 1,5436

d) 1,1100

e) 1,2500

---

50. (Economista/Prefeitura Municipal de Iguatu – Ceará/2013) - Para que as autoridades monetárias possam executar a política monetária, elas se utilizam de alguns instrumentos para influenciar a oferta de moeda e regular a taxa de juros, dentre os quais a "compra e venda de títulos públicos por parte do Banco Central, objetivando regular os fluxos gerais de liquidez da economia". Tal instrumento é chamado de:

a) Operações no mercado aberto;

b) Controle do dinheiro em circulação;

c) Fixação de taxa de reserva;

d) Fixação de taxa de redesconto;

e) Controle seletivo de crédito.

---

51. (Cespe-UnB/Diplomata – Terceiro Secretário/Instituto Rio Branco/2014) – Julgue os itens a seguir como verdadeiro ou falso:

(0) A política de desvalorização da moeda nacional, que cria a necessidade de mais unidades de moeda nacional para manter a equivalência com uma unidade de moeda estrangeira, resulta em aumento das exportações, diminuição das importações e proteção do mercado interno contra a competição externa.

(1) A vantagem do regime de taxas de câmbio fixas é a de ajustar automaticamente a economia, o que facilita as transações internacionais e desonera o Banco Central do Brasil dessa incumbência.

(2) A adoção do câmbio flutuante apresenta a desvantagem de ficar o câmbio condicionado à movimentação especulativa dos capitais externos, que são muito voláteis e implicam excessivo ônus para a autoridade reguladora da estabilidade econômica do país.

52. (Consulplan/Economista/Ministério da Agricultura, Pecuária e Abastecimento – MAPA/2014) - Analise os dados apresentados:

Rubrica Monetária Sintética	Saldo em trilhões de R$
Papel Moeda em Poder do Público	R$ 1.300,00
Cadernetas de Poupança	R$ 300,00
Títulos Privados em Poder do Público	R$ 200,00
Fundos e Depósitos Especiais Remunerados a curto prazo	R$ 200,00
Títulos do Governo em Poder do Público	R$ 1.300,00
Depósito à Vista nos Bancos	R$ 800,00

Um funcionário do Ministério da Agricultura, Pecuária e Abastecimento, auxiliando no fornecimento de informações e no gerenciamento da política monetária junto ao Ministério da Fazenda, necessita, para concluir um trabalho de pesquisa, apurar o valor do M_3 desta economia, que é:

a) R$ 3.400 trilhões.

b) R$ 3.600 trilhões.

c) R$ 3.800 trilhões.

d) R$ 3.900 trilhões.

53. (Funcern/Economista/Companhia de Águas e Esgotos do Estado do Rio Grande do Norte/2014) - São instrumentos de Política Monetária:

a) reservas obrigatórias, operações de mercado aberto e política de redesconto.

b) superávit primário, metas de inflação e câmbio flutuante.

c) reservas obrigatórias, metas de inflação e emissão monetária.

d) operações de mercado aberto, emissão de debêntures e arbitragem de juros.

54. (Fundação Universa/Economista/Conselho Federal de Economia/2010) - Com referência ao estudo do sistema financeiro nacional, assinale a alternativa correta, mediante os conceitos básicos.

a) Segundo ainda as classificações usuais do sistema financeiro brasileiro, o Conselho Monetário Nacional faz parte do subsistema de intermediação.

b) A intermediação financeira não acarreta nenhum benefício social.

c) No Brasil, como em quaisquer outros países, as instituições que operam no mercado de ações não fazem parte do sistema financeiro nacional.

d) Nas classificações usuais do sistema financeiro brasileiro, enquadram-se dentro do subsistema normativo o Banco do Brasil e o BNDES.

e) O sistema financeiro nacional possui dois subsistemas: o normativo (autoridades monetárias) e o da intermediação financeira.

55. (Fundação Universa/Economista/Conselho Federal de Economia/2010) - Com referência ao estudo dos agregados monetários (meios de pagamento) que são: M0; M1; M2; M3 e M4, assinale a alternativa correta, mediante os seus conceitos.

a) O encaixe mantido pelos bancos comerciais inclui-se no conceito convencional de meios de pagamento.

b) M0 e M1 são meios de pagamento de liquidez imediata que rendem juros.

c) Os meios de pagamento M3 são iguais aos meios de pagamento M2 + títulos públicos de alta liquidez.

d) M2, M3 e M4 incluem as quase-moedas, que não rendem juros aos aplicadores.

e) Os meios de pagamento (M1) são constituídos por M0 (Moeda em Poder do Público) + os depósitos à vista nos bancos comerciais.

56. (Fundação Universa/Economista/Conselho Federal de Economia/2010) - De acordo com o estudo das autoridades monetárias, assinale a alternativa correta, referente aos seus principais objetivos, atribuições e funções normativas.

a) O Conselho Monetário Nacional (CMN) tem como objetivo: organizar, disciplinar e fiscalizar o Sistema Financeiro Nacional, procurando o seu permanente aperfeiçoamento.

b) Devido ao seu elenco de atribuições, o Banco Central do Brasil pode ser considerado como banco dos bancos e ainda como banco emissor.

c) O Banco Central do Brasil tem como atribuição regulamentar as operações de redesconto de títulos.

d) A Comissão de Valores Mobiliários é uma autarquia subordinada ao Ministério da Fazenda que tem como função receber os depósitos obrigatórios e voluntários dos bancos.

e) No Brasil, a emissão do papel-moeda e de moedas metálicas é da privativa competência do Conselho Monetário Nacional.

57. (Fundação Universa/Economista/Conselho Federal de Economia/2010) - Conforme o estudo acerca do sistema bancário e das instituições financeiras, assinale a alternativa correta, acerca dos principais conceitos.

a) Através da análise do processo de criação do dinheiro bancário, introduziu-se a suposição simplificadora de que as autoridades econômicas ordenaram aos bancos que mantivessem uma porcentagem variável do total de seus depósitos em forma de efetivo.

b) Os bancos não oferecem os seguintes serviços: conceder crédito, ser cofre de segurança; receber depósitos, realizar transações e outros serviços, como assessoria financeira.

c) Mediante a análise do processo de criação do dinheiro bancário, introduziu-se a suposição simplificadora de que todo o dinheiro que os bancos emprestam não é redepositado por outros clientes.

d) O processo de depósitos e empréstimos continuará enquanto o banco tiver falta de liquidez, e enquanto os clientes não possuírem demasiado dinheiro líquido para depositar no banco.

e) De acordo com os depósitos recebidos, os bancos concedem empréstimos a pessoas e empresas que necessitam de financiamento para fazerem gastos de consumo e investimento.

58. (Fundação CEFETBAHIA/Economista/Empresa Baiana de Alimentos S.A. – EBAL/2010) - Sobre a criação de base monetária e dos meios de pagamento, pode-se afirmar.

a) Os empréstimos de um banco comercial, realizados para outro banco comercial, provocam um aumento de igual magnitude nos meios de pagamentos.

b) O Banco Central cria moeda, pela tomada de empréstimos externos, quando aumenta suas reservas internacionais.

c) Os meios de pagamentos são definidos como a soma do papel-moeda em poder do público com as reservas bancárias.

d) A realização de operações de mercado aberto, em que o Banco Central vende títulos governamentais, aumenta a demanda de moeda.

e) O aumento dos meios de pagamento pode ser causado pela expansão de operações de redesconto bancário.

59. (PROGRAD/Economista/Universidade Federal Fluminense – UFF/2012) - O Banco Central realiza o controle da moeda. A moeda em poder do público e as reservas dos bancos comerciais compõem um agregado monetário relevante. O produto deste agregado pelo multiplicador monetário deve evidenciar o(a):

a) demanda de moeda;

b) base monetária;

c) meio de pagamento;

d) oferta de moeda;

e) papel moeda emitido.

---

60. **(Cespe-UnB/Analista Judiciário – Especialidade: Economista/Tribunal de Justiça do Estado de Rondônia/2012) – Julgue o item a seguir, como verdadeiro ou falso.**

Assinale a opção correta, no que se refere à economia monetária.

a) Quando maior for a velocidade de circulação da moeda, maior será o multiplicador monetário.

b) Os meios de pagamentos são, por definição, iguais à soma do papel moeda em poder do público mais a reserva bancária.

c) Se, em uma economia, as reservas bancárias forem iguais aos depósitos à vista, então o multiplicador monetário será igual a 1.

d) No Brasil, o Banco Nacional de Desenvolvimento Econômico e Social (BNDES), por ser um banco, é capaz de criar moeda. Para tanto, basta que a instituição realize uma operação de empréstimo.

e) Se o banco central local reduzir o compulsório sobre depósitos à vista dos bancos comerciais, então haverá elevação dos meios de pagamentos da economia.

---

61. **(Metta C&C – Concursos e Consultoria/Economista/Prefeitura de Serra Talhada/2012) - O sistema de pagamento brasileiro forma um conjunto de procedimento por meio eletrônico que fornece assistência necessária às movimentações financeiras. Compõem o sistema de pagamento brasileiro, EXCETO:**

a) Banco Central Brasileiro; Câmara de Registro, Compensação e Liquidação de Operações de Ativos BM&F; Visanet;

b) Instituições Financeiras; Câmara de Registro, Compensação e Liquidação de Operações de Câmbio BM&F; Companhia Brasileira de Liquidação e Custódia;

c) Sistema especial de liquidação e de custódia; Câmara de Registro, Compensação e liquidação de operações de fundo perdido BM&F; Central de custódia e liquidação financeira de títulos;

d) Câmara Interbancária de pagamentos; Câmara de registro, compensação e liquidação de operações de derivativos BM&F; Redecard;

e) Banco Central do Brasil; Câmara de registro, Compensação e Liquidação de Operações de Câmbio BM&F; Sistema especial de liquidação e de custódia.

---

62. **(Planejamento e Execução IESES/Analista Judiciário – Economista/Tribunal de Justiça do Estado do Maranhão/2009) – Para executar a política monetária, o Banco Central dispõe de algumas ferramentas, com EXCEÇÃO de:**

a) Compra e venda de títulos públicos.

b) Controle de taxa de câmbio.

c) Controle da taxa de juros.

d) Controle de Reserva Bancária.

---

63. **(Planejamento e Execução IESES/Analista Judiciário – Economista/Tribunal de Justiça do Estado do Maranhão/2009) – A reunião do COPOM que dura dois dias, tem por finalidade:**

a) Analisar a conjuntura econômica para tomar decisões sobre a emissão de títulos públicos.

b) Analisar a conjuntura sócio-econômica para poder ajustar todos os mecanismos de política monetária e assim, poder permitir uma maior liquidez na economia.

c) Analisar a conjuntura econômica doméstica e internacional para estudar seus impactos sobre o nível de inflação e assim para poder decidir sobre a taxa SELIC.

d) Analisar a conjuntura econômica para decidir sobre os depósitos compulsórios e a política creditícia.

---

64. **(Planejamento e Execução IESES/Analista Judiciário – Economista/Tribunal de Justiça do Estado do Maranhão/2009) – O Banco Central possui três instrumentos para efetuar a política monetária. Estes são:**

a) Operações de mercado aberto, tributos e empréstimo compulsório.

b) Operações de mercado aberto, redesconto bancário e empréstimo compulsório.

c) Operações de mercado aberto, redesconto bancário e taxa real de câmbio.

d) Operações de mercado aberto, redesconto bancário e Gastos do governo.

---

65. **(Fundação Cesgranrio/Analista de Nível Superior – Economia e Finanças/Casa da Moeda do Brasil/2009) – O Sistema Financeiro Nacional se subdivide em dois subsistemas: o normativo e o de intermediação. Do subsistema normativo fazem parte o(a)**

a) Conselho Monetário Nacional e o Banco Central do Brasil.

b) Banco Central do Brasil e a Caixa Econômica Federal.

c) Caixa Econômica Federal e o Banco Nacional de Desenvolvimento Econômico e Social.

d) Superintendência de Seguros Privados e as Bolsas de Valores.

e) Comissão de Valores Mobiliários e o Fundo Monetário Internacional.

---

66. **(Fundação Cesgranrio/Analista de Nível Superior – Economia e Finanças/Casa da Moeda do Brasil/2009) – O Banco Central do Brasil tem várias atribuições, dentre as quais NÃO se encontra a de**

a) receber os recolhimentos compulsórios dos bancos comerciais.

b) emprestar às instituições financeiras para resolver problemas de liquidez.

c) autorizar o funcionamento de instituições financeiras.

d) garantir cada empréstimo feito pelas instituições financeiras.

e) regular o serviço de compensação de cheques.

---

67. **(Analista de Gestão Organizacional – Economista/PRODEPA/2008) – O Sistema Financeiro Nacional possui dois subsistemas: o normativo e o de intermediação financeira. Sobre o Banco Central do Brasil identifique as afirmativas abaixo com V (verdadeiro) ou F (falso):**

( ) **É o executor da Política Monetária.**

( ) **Constitui-se no Banco emissor de moeda.**

( ) **É a autoridade máxima do Sistema Financeiro Nacional.**

( ) **Órgão normativo por excelência, responsável pela normatização da bolsa de valores e do mercado de ações.**

A sequência correta de cima para baixo está em:

a) V, V, V, V

b) V, F, V, F

c) V, V, F, F

d) F, V, F, V

68. **(Analista de Gestão Organizacional – Economista/PRODEPA/2008) – Entende-se por moeda o instrumento ou objeto aceito pela coletividade para intermediar as transações econômicas, para pagamentos de bens e serviços. Atualmente, essa aceitação é garantida por lei, possuindo "curso forçado". Dentre as funções da moeda, identifique nas alternativas abaixo a função que possibilita que sejam expressos em unidades monetárias os valores de todos os bens e serviços produzidos pelo sistema econômico, constituindo-se num padrão de medida:**

   a) Reserva de Valor.

   b) Meio de Pagamento de máxima liquidez.

   c) Denominador comum monetário.

   d) Instrumento de meio de troca.

69. **(Analista de Gestão Organizacional – Economista/PRODEPA/2008) – Instituição que regulamenta e fiscaliza o mercado de câmbio no Brasil, englobando as operações de compra e venda de moeda estrangeira, as operações em moeda nacional entre residentes, domiciliados ou com sede no país, e residentes, domiciliados ou com sede no exterior. Estamos nos referindo ao:**

   a) Banco Central do Brasil.

   b) Banco do Brasil.

   c) Departamento de Intermediação Financeira Internacional.

   d) Comitê de Operações Cambiais e de Livre Comércio.

70. **(Fundação Carlos Chagas/Analista Trainee – Economista/Metrô SP/2008) – É atribuição do COPOM (Comitê de Política Monetária) definir**

   a) a meta da taxa anual de inflação.

   b) a taxa média anual de crescimento econômico a longo prazo.

   c) a meta para a Taxa SELIC e seu eventual viés.

   d) o superávit esperado do balanço de transações correntes.

   e) a política de financiamento do Banco Nacional de Desenvolvimento Econômico e Social.

71. **(Fundação Carlos Chagas/Analista Trainee – Economista/Metrô SP/2008) – É uma causa de redução do multiplicador da base monetária:**

   a) Aumento da percentagem da moeda em poder do público em relação ao total dos meios de pagamento.

   b) Diminuição dos limites dos redescontos de liquidez para as instituições financeiras.

   c) Aumento da percentagem que os depósitos à vista do público nos bancos comerciais representam do total dos meios de pagamento.

   d) Aumento da tributação compensado por igual acréscimo nos gastos governamentais.

   e) Aumento dos gastos do governo financiado exclusivamente pela colocação de títulos públicos em operações de mercado aberto.

72. **(Fundação Cesgranrio/Economista/Instituto Estadual do Ambiente – INEA - RJ/2008) – O aumento do percentual da reserva compulsória que o Banco Central exige dos bancos reduz a(o)**

   a) oferta de moeda.

   b) demanda por bens públicos.

   c) taxa de juros vigente na economia.

   d) *spread* cobrado pelos bancos.

   e) gasto do governo.

73. **(CETRO/Auditor-Fiscal Tributário Municipal/Prefeitura Municipal de São Paulo/2014) - Quanto ao sistema financeiro e ao multiplicador bancário, assinale a alternativa correta.**

a) No balanço estilizado do Banco Central, os títulos públicos federais estão lançados como passivo.

b) Quando uma empresa desconta duplicatas em um banco comercial e recebe o valor descontado em sua conta corrente, não há nem destruição nem criação de moeda. Há apenas deslocamento de saldos monetários.

c) Depósitos à vista e depósitos a prazo são lançados nas contas do Ativo no balancete consolidado dos bancos comerciais.

d) Quando a quantidade de depósitos à vista, em relação ao total de meios de pagamento, é aumentada, dada uma quantidade de reservas bancárias em relação ao total de depósitos à vista, maior será o multiplicador monetário.

e) As operações de redesconto servem basicamente para determinar qual será a massa de recursos que ficará disponível para os bancos comerciais emprestarem.

74. **(Fundação Carlos Chagas/Analista Legislativo – Especialidade Consultoria Legislativa/Área Orçamento Público e Desenvolvimento Público/Assembleia Legislativa do Estado de Pernambuco/2014) - Em relação ao Sistema Financeiro Nacional e seus órgãos reguladores, é correto afirmar que**

a) as finalidades do Conselho Monetário Nacional – CMN restringem-se à proposição, ao acompanhamento e à avaliação das políticas cambial e de relações financeiras com o exterior, as quais serão implementadas pelo Banco Central do Brasil.

b) os bancos de desenvolvimento têm por objetivo proporcionar o suprimento de recursos necessários ao financiamento, a médio e a longo prazos, de programas e projetos que visem a promover o desenvolvimento econômico e social de um estado da federação, o qual deverá ser seu controlador.

c) os bancos múltiplos devem operar pelo menos três, dentre as seguintes carteiras: comercial, de investimento e/ou de desenvolvimento, de crédito imobiliário, de arrendamento mercantil e de crédito, financiamento e investimento.

d) são atribuições do Banco Central do Brasil receber recolhimentos compulsórios e voluntários das instituições financeiras, executar os serviços de compensação de cheques, exercer a fiscalização das instituições financeiras e intermediar o fluxo de capitais estrangeiros no país.

e) as agências de fomento são instituições financeiras privadas que se destinam à concessão de financiamento de capital fixo e de giro associados a projetos localizados exclusivamente na Unidade da Federação onde se situa sua sede, podendo captar recursos por meio de depósitos a prazo do público em geral.

75. **(Cespe-UnB/Analista Legislativo – Atribuição: Consultor de Orçamento e Fiscalização Financeira/Câmara dos Deputados/2014) - A base monetária é definida como a soma do papel-moeda em poder do público com os encaixes voluntários e obrigatórios dos bancos comerciais. Os meios de pagamento no conceito restrito (M1) são definidos pela soma do papel moeda em poder do público com os depósitos a vista nos bancos comerciais. Com relação a esse tema e ao desenvolvimento da teoria monetária, julgue os itens seguintes.**

(0) Caso o multiplicador dos meios de pagamento se mantenha constante, os meios de pagamento no conceito restrito (M1) aumentarão quando o governo federal depositar recursos da arrecadação tributária em sua conta no BCB.

(1) O multiplicador dos meios de pagamento diminuirá caso o público decida manter maior proporção dos meios de pagamento sob a forma de depósitos bancários.

(2) Se o BCB determinar um aumento nos encaixes compulsórios dos bancos comerciais, haverá aumento da base monetária.

76. (Cespe-UnB/Analista Legislativo – Atribuição: Consultor Legislativo – Área IX/Câmara dos Deputados/2014) – Julgue o item a seguir como verdadeiro ou falso.

Moeda divisionária é o valor legal fixado em relação à moeda-padrão, consistente nos depósitos à vista existentes nos bancos ou em outras instituições creditícias, os quais são normalmente movimentados por intermédio de cheques.

77. (Vunesp/Economista/Agência de Desenvolvimento Paulista – Desenvolve SP/2014) - Se o governo decide aumentar o nível de reservas compulsórias ao mesmo tempo que vai realizar operações no mercado aberto e modificar a taxa de redesconto, é de se esperar que ele:

a) compre títulos e aumente a taxa de redesconto.

b) compre títulos e diminua a taxa de redesconto.

c) compre títulos e mantenha a taxa de redesconto.

d) venda títulos e diminua a taxa de redesconto.

e) venda títulos e aumente a taxa de redesconto.

78. (Vunesp/Economista/Agência de Desenvolvimento Paulista – Desenvolve SP/2014) – Se em uma economia a base monetária é $1 000 e o total dos meios de pagamento (M1) é $4 000, isso significa que o nível de reservas compulsórias é:

a) zero.

b) no máximo 25%.

c) no mínimo 20%.

d) exatamente 25%.

e) exatamente 20%.

79. (Economista/Universidade Federal da Fronteira do Sul - UFFS/2014) - Considere V (verdadeiro) e F (falso). Sobre a moeda, pode-se afirmar que:

( ) A moeda que circula nas economias monetárias modernas mantém lastro com metais preciosos, principalmente o ouro.

( ) Os meios de pagamento são compostos apenas pela moeda que está em poder do público, não considerando os depósitos existentes nos bancos.

( ) Uma moeda é reconhecida com tal quando cumpre a função de intermediária nas trocas, serve para expressar os preços da economia e, ao ser guardada na carteira, serve como reserva de valor.

( ) A liquidez da moeda é a capacidade que ela tem de ser um ativo prontamente disponível e aceito para as mais diversas transações.

A sequência CORRETA, de cima para baixo, é:

a) V, V, V, F.

b) V, F, F, V.

c) F, F, V, V.

d) V, V, V, V.

e) F, F, F, F.

80. **(Fundação Carlos Chagas/Analista Desenvolvimento Gestão Júnior/Companhia do Metropolitano de São Paulo – Metrô/2014) - Relativamente ao mercado monetário de uma dada economia, é correto afirmar:**

a) A taxa de redesconto e as operações de mercado aberto são instrumentos de política monetária que promovem deslocamentos da curva de demanda por moeda.

b) Quando a base monetária cresce, o volume de meios de pagamento decresce em mesma proporção.

c) A taxa de reservas compulsórias dos bancos comerciais guarda razão inversa com o tamanho da oferta monetária.

d) A demanda por moeda será tanto menor quanto maior o nível de renda da economia.

e) Quanto maior a razão entre o papel moeda mantido pelo público e os meios de pagamento, maior o multiplicador monetário.

81. **(FGV Projetos/Economista/Defensoria Pública do Estado do Rio de Janeiro/2014) - Em relação ao balancete do Banco Central e dos bancos comerciais, analise as afirmativas a seguir:**

I. **A base monetária se expande com um aumento do ativo do Banco Central não compensado por um aumento do seu passivo monetário.**

II. **A ampliação apenas das reservas internacionais eleva a base monetária.**

III. **O aumento dos depósitos de poupança aumenta o passivo monetário dos bancos comerciais.**

Assinale se:

a) somente a afirmativa I estiver correta.

b) somente a afirmativa II estiver correta.

c) somente as afirmativas I e II estiverem corretas.

d) somente as afirmativas II e III estiverem corretas.

e) todas as afirmativas estiverem incorretas.

82. **(Vunesp/Agente Técnico – Economista/Ministério Público do Estado do Espírito Santo/2013) - É uma medida de política monetária que reduz os meios de pagamento de uma economia:**

a) a diminuição da taxa do depósito compulsório que os bancos devem efetuar ao Banco Central.

b) a emissão de papel-moeda combinada com o resgate de títulos públicos por parte da Autoridade Monetária.

c) a baixa na taxa de redesconto do Banco Central.

d) a venda de títulos públicos em operações de mercado aberto.

e) a substituição do meio circulante da economia por cédulas novas.

83. **(Economista/CELESC Distribuição S.A./2013) – Sobre o sistema financeiro brasileiro, é correto afirmar:**

a. ( ) Dentre as instituições financeiras bancárias estão os bancos comerciais, as caixas econômicas e as sociedades de crédito, financiamento e investimento.

b. (X) Dentre as funções do Conselho Monetário Nacional está a determinação dos encaixes compulsórios.

c. ( ) Instituições do sistema de distribuição são aquelas que prestam serviços aos intermediários financeiros, criando condições para a emissão e circulação de títulos e valores mobiliários, sem, contudo, realizar operações de compra e venda.

d. ( ) As autoridades monetárias responsáveis pelas operações de emissões de moeda são o Conselho Monetário Nacional, o Banco Central do Brasil e o Banco do Brasil.

e. ( ) O Conselho Monetário nacional é composto por um representante dos seguintes órgãos: Ministério da Fazenda, Banco Central do Brasil, Secretaria de Comércio Exterior e Comissão de Valores Mobiliários.

84. **(Fundação de Integração, Desenvolvimento e Educação do Noroeste do Estado do Rio Grande do Sul/Economista/Município de Ijuí/2013) - Assinale a alternativa que indica instrumentos de Política Monetária:**
    a) Demanda por Moeda; Oferta de Moeda.
    b) Taxas de Juros; Base Monetária; Bolsa de Valores.
    c) Reservas Compulsórias; Taxas de Juros.
    d) Reservas Compulsórias; Taxas de Redesconto; Operações de Mercado Aberto.
    e) Operações de Open Market; Taxas de Desconto; Reservas Excedentes.

85. **(Vunesp/Economista/Fundação Universidade Federal do ABC/2013) - É uma medida que pode ser adotada pelo Banco Central para reduzir os meios de pagamento:**
    a) baixar a taxa e ampliar os limites do redesconto.
    b) aumentar a percentagem dos depósitos compulsórios dos bancos comerciais.
    c) intervir no mercado livre de câmbio, vendendo divisas estrangeiras.
    d) resgatar títulos públicos federais em operações de mercado aberto.
    e) aumentar a tributação sobre aplicações financeiras de renda fixa.

86. **(FUNCAB/Economista/Instituto de Pesos e Medidas do Estado de Rondônia – IPEM RO/2013) - A ação esperada do Banco Central visando a diminuir o volume dos meios de pagamento é:**
    a) reduzir a reserva compulsória dos bancos comerciais.
    b) aumentar a taxa de redesconto bancário.
    c) reduzir a taxa de juros para desconto de títulos comerciais.
    d) adquirir títulos da dívida pública.
    e) aumentar a emissão de papel-moeda.

87. **(ESAF/Analista de Finanças e Controle/Secretaria do Tesouro Nacional/2013) - Se o público retém 80% dos meios de pagamentos em depósitos a vista nos bancos comerciais, supondo que alíquota de depósito compulsório de 30% e que, além disso, os bancos retêm 7,5% dos depósitos a vista como reserva para contingência e se o saldo de papel moeda em circulação for de 5 trilhões de unidades monetárias, pode-se afirmar que:**
    a) o multiplicador da base monetária é igual a 2.
    b) o volume do papel moeda em poder do público é de 10 trilhões de unidades monetárias.
    c) a base monetária é igual a 2 trilhões de unidades monetárias.
    d) o total de depósitos a vista nos bancos comerciais é de 2 trilhões de unidades monetárias.
    e) o estoque dos meios de pagamento é de 50 trilhões de unidades monetárias.

88. **(Fundação Carlos Chagas/Analista de Regulação – Economista/Agência Reguladora de Serviços Públicos Delegados do Estado do Ceará – ARCE/2012) - A oferta de moeda em uma economia, tudo o mais constante, aumenta quando**
    a) o Banco Central aumenta as taxas e limites de redesconto.
    b) um banco comercial autorizado a operar em câmbio desconta cambiais de um exportador.
    c) o Banco Central promove a venda de títulos públicos mediante leilões realizados no mercado aberto.
    d) aumenta a proporção da moeda mantida no caixa dos bancos comerciais.
    e) a proporção de papel-moeda retida pelo público como meio de pagamento aumenta.

89. (Fundação Ajuri/Analista Municipal – Economista/Prefeitura Municipal de Boa Vista/2012) - O BC de um país pode controlar a oferta de moeda existente na economia utilizando operações de mercado aberto (*open-market*). Caso o BC realize venda de títulos do tesouro nacional a base monetária:

a) decrescerá e a taxa de juros diminuirá;

b) e a taxa de juros se manterão as mesmas;

c) crescerá e a taxa de juros aumentará;

d) decrescerá e a taxa de juros aumentará;

e) crescerá e a taxa de juros diminuirá.

90. (IPAD/Economista/Prefeitura Municipal de Caruaru/2012) - Analise as afirmativas abaixo.

1) O banco comercial é uma empresa bancária, autorizada a captar depósitos à vista.

2) O banco de investimento é uma empresa bancária autorizada a captar depósitos a prazo.

3) O banco de investimento é uma empresa não bancária autorizada a captar depósitos a prazo.

4) Os financiamentos de imóveis são lastreados na captação de cadernetas de poupança.

Está(ão) correta(s), apenas:

a) 1, 2 e 3.

b) 1, 3 e 4.

c) 1, 2 e 4.

d) 1 e 4.

e) 2 e 4.

91. (Centro de Seleção UFG/Analista em Organização e Finanças – Economista/Prefeitura de Goiânia – GO/2012) - Para reduzir a liquidez da economia, o Banco Central, no uso de suas atribuições, poderá

a) elevar o custo de resgate nas operações de redesconto.

b) diminuir a taxa de depósito compulsório.

c) aumentar a base monetária da economia.

d) efetuar o resgate de títulos no mercado aberto.

92. (MS Concursos/Economista/Instituto de Previdência e Assistência dos Servidores Municipais de Gravataí – RS/2012) - As autoridades monetárias (o Banco Central) emitem papel-moeda. Contudo, somente uma parte fica em poder do público, outra no próprio Banco Central e outra no interior dos bancos comerciais. Sobre os agregados monetários, é CORRETO afirmar que:

a) M1 é o papel moeda em poder do público (PMPP) mais os depósitos à vista nos bancos comerciais (DVBC).

b) M2 é M1 mais os depósitos à prazo.

c) M3 é M2 mais títulos privados.

d) M4 é M3 mais depósitos de poupança.

e) M2 é M1 mais depósitos à prazo mais títulos públicos.

GABARITO DO CAPÍTULO 4

01 – C	21 – C	41 – D	61 – C	81 – B
02 – A	22 – B	42 – A	62 – B	82 – D
03 – A	23 – D	43 – B	63 – C	83 – B
04 – C	24 – A	44 – (0) F, (1) V	64 – B	84 – D
05 – D	25 – V	45 – D	65 – A	85 – B
06 – B	26 – V	46 – F	66 – D	86 – B
07 – D	27 – D	47 – B	67 – C	87 – A
08 – B	28 – E	48 – D	68 – C	88 – B
09 – A	29 – D	49 – A	69 – A	89 – D
10 – B	30 – A	50 – A	70 – C	90 – B
11 – E	31 – B	51 – (0) V, (1) F, (2) F	71 – A	91 – A
12 – A	32 – D	52 – D	72 – A	92 – E
13 – (0) F, (1) V, (2) F	33 – B	53 – A	73 – D	
14 – A	34 – E	54 – E	74 – B	
15 – C	35 – B	55 – E	75 – (0) F, (1) F, (2) F	
16 – D	36 – A	56 – B	76 – F	
17 – (0) V, (1) F	37 – B	57 – E	77 – E	
18 – D	38 – B	58 – E	78 – B	
19 – E	39 – C	59 – D	79 – C	
20 – B	40 – B	60 – C	80 – C	

Capítulo 5

Modelo Clássico

1. Exercícios Resolvidos de Concursos Públicos

1.1. Exercícios Resolvidos do Tipo "Múltipla Escolha"

01. (Objetiva Concursos/Economista/Prefeitura Municipal de Porto Alegre/2012) - Sobre a Teoria Quantitativa da Moeda (TQM), assinalar a alternativa CORRETA:

a) Em sua versão original, a TQM mostra que mudanças no estoque de moeda geram efeitos permanentes sobre as variáveis reais, como emprego e renda.

b) Na versão da TQM de Irving Fisher, a velocidade de circulação representa a taxa de utilização da moeda ou quantas vezes a moeda muda de mãos durante um período de tempo.

c) A versão de Cambridge diferencia-se das versões anteriores por não aceitar a Lei de Say e a tendência automática ao pleno emprego.

d) A versão de Cambridge procura mostrar que a demanda por moeda é função também da taxa de juros.

Solução:

A resposta é a letra "b". A velocidade-renda da moeda mede o número de vezes que uma unidade de moeda se torna renda para algum indivíduo em um determinado período. Em outras palavras, a velocidade-renda da moeda não mede o número de vezes que um real (R\$) é gasto, mais o número de vezes que ele se torna renda durante o ano. Por definição, a velocidade de circulação é a renda nominal agregada dividida pela quantidade de moeda e representa o "giro" da moeda, ou seja, o número de vezes por período que uma unidade monetária é gasta para adquirir o total de bens e serviços produzidos na economia (HILLBRECHT, 1999)[5]: $MV = PY \Rightarrow V = (PY)/M$.

Segundo Irving Fisher, são os fatores tecnológicos e institucionais que determinam a velocidade de circulação da moeda. Quanto menos moeda for demandada, maior será a velocidade-renda da

[5] HILLBRECHT, R. Economia Monetária. São Paulo, Atlas: 1999.

moeda. Nesse sentido, por exemplo, se os indivíduos usam cartões de crédito para fazer compras, eles precisam manter menos moeda para efetuar determinado volume de transações e, portanto, a velocidade-renda da moeda é maior do que quando dinheiro ou cheques (que são ordem de pagamento à vista) são utilizados. Fisher considerou que esses fatores tecnológicos e institucionais mudam lentamente ao longo do tempo, de maneira que a velocidade de circulação da moeda poderia ser considerada constante no curto prazo.

---

02. (Fundação Cesgranrio/Analista do Banco Central do Brasil/2010) - No modelo macroeconômico clássico, as variações na oferta monetária, decorrentes da atuação do Banco Central, têm conseqüências, a curto prazo, apenas sobre o(a)

a) nível geral de preços.

b) produto real da economia.

c) utilização da capacidade ociosa.

d) taxa de desemprego.

e) taxa de câmbio.

Solução:

A resposta é a letra "A". No modelo clássico, a quantidade de moeda afeta apenas o nível geral de preços e variáveis nominais, significando que variáveis reais, bem como os preços relativos não são afetados pela política monetária, de acordo com a teoria quantitativa da moeda (ou teoria de Cambridge).

---

03. (Esaf/Analista de Finanças e Controle/Secretaria do Tesouro Nacional/2008) - John M. Keynes, em sua *Teoria Geral do Emprego, do Juro e da Moeda (Abril Cultural, Coleção "Os Economistas", 1983)*, procurou analisar e sistematizar os pressupostos da Economia Clássica. Considerando a interpretação dada por Keynes à Teoria Clássica, não pode ser considerado como hipótese da Teoria Clássica:

a) não existe o que se chama de desemprego involuntário no seu sentido estrito.

b) o salário real é igual à desutilidade marginal do trabalho existente.

c) o produto marginal do trabalho é zero para qualquer nível de produção e de emprego.

d) a oferta cria a sua própria procura.

e) o preço da procura agregada é igual ao preço da oferta agregada para todos os níveis de produção e de emprego.

Solução:

A resposta falsa é a letra "c" porque no nível de pleno emprego o produto marginal do trabalho corresponde ao salário real. O item "a" é verdadeiro porque, para os clássicos, a economia sempre opera em pleno emprego de mão-de-obra, ou seja, não existe desemprego involuntário, apenas desemprego voluntário ou friccional. O item "b" é verdadeiro porque a desutilidade marginal do trabalho sintetiza a relação de *trade-off* (relação antagônica) entre trabalho e lazer, ou seja, é o que faz as pessoas trocarem seus momentos de lazer por trabalho. Como elas não sofrem de ilusão monetária, tem-se que é o salário real (e não o nominal) que corresponde à desutilidade marginal do trabalho. O item "d" é verdadeiro por se tratar da Lei de Say, em que os trabalhadores recém-empregados iriam utilizar toda a renda gerada na produção adicional para comprá-la. O item "e" é verdadeiro porque o modelo clássico pressupõe mercado em concorrência perfeita.

04. (Esaf/Analista de Finanças e Controle/ Secretaria do Tesouro Nacional /2008) - Sobre a Escola Clássica (Liberalismo) é correto afirmar:

a) trata-se de um sistema econômico baseado na livre-empresa, mas com acentuada participação do Estado na promoção de benefícios sociais, com o objetivo de proporcionar padrões de vida mínimos, desenvolver a produção de bens e serviços sociais, controlar o ciclo econômico e ajustar o total da produção, considerando os custos e as rendas sociais.

b) admite, por princípio, que a ação do Estado deve restringir-se ao mínimo indispensável, como a defesa militar, a manutenção da ordem, a distribuição da justiça e pouco mais, pois a iniciativa privada faz melhor uso dos recursos públicos.

c) deu-se a partir das décadas de 1980 e 1990, a reboque da crise fiscal, do início do processo de globalização da economia e da ineficiência do Estado na produção de bens e serviços.

d) de caráter nacionalista e intervencionista, preconiza para o Estado uma política econômica e financeira fundada na maior posse de dinheiro e metais preciosos, acreditando que nisso reside a base da prosperidade.

e) corresponde fundamentalmente às diretrizes estatais aplicadas nos países desenvolvidos por governos social-democratas. Nos Estados Unidos, certos aspectos de seu desenvolvimento ocorreram, particularmente, no período de vigência do *New Deal*.

Solução:

A resposta é a letra "b". A escola clássica, iniciada em 1776 com Adam Smith em sua obra "Riqueza das Nações", particularmente sequenciada com Malthus e Ricardo, completada, em 1848, com Stuart-Mill em sua obra "Princípios de Economia Política", possuía um forte contraste com os mercantilistas. Partindo do ponto de vista de uma análise real, os economistas clássicos desconfiavam do governo e enfatizavam a convergência entre os interesses individuais e nacionais. Salvo em casos que a interferência estatal ocorresse visando garantir a operação competitiva dos agentes econômicos, as regulamentações governamentais sobre os mercados eram mal vistas pelos clássicos. Em outras palavras, a escola clássica admite, por princípio, que a ação do Estado deve restringir-se ao mínimo indispensável, como a defesa militar, a manutenção da ordem, a distribuição da justiça e pouco mais, pois a iniciativa privada faz melhor uso dos recursos públicos.

A ênfase da economia clássica nos fatores reais e a certeza da eficácia do mecanismo do livre mercado desenvolveram-se com base em controvérsias sobre questões de longo-prazo e do interesse sobre os determinantes do desenvolvimento da ciência econômica. As posições clássicas sobre problemas de longo-prazo foram importantes na formação de opiniões acerca das questões de curto-prazo. Nesta forma, podem-se identificar duas características gerais da análise clássica que ficaram estabelecidas como parte do ataque contra o mercantilismo: (i) Os economistas clássicos acentuavam o papel dos fatores reais, por oposição aos monetários, na determinação das variáveis reais, como produção e o emprego. A moeda tem somente a função de meio de troca. (ii) Os economistas clássicos insistiam nas tendências de auto-regularização das economias, ou seja, na igualdade entre produção e demanda.

O item "a" é falso porque os economistas clássicos defendem a mínima participação do Estado na economia e na formulação de políticas econômicas ou na promoção de benefícios sociais. O item "c" é falso porque a escola clássica teve início com Adam Smith e sua obra, em 1776, sendo posteriormente seguida por Malthus, Ricardo e Stuart-Mill. O item "d" é falso porque a escola clássica não era de caráter nacionalista e intervencionista, bem como possuía um forte contraste com os mercantilistas. Por exemplo, para os economistas clássicos, a moeda é apenas um meio de troca, portanto, não se preconiza para o Estado uma política econômica e financeira fundada na maior posse de dinheiro e metais preciosos. O item "e" também é falso porque, historicamente, governos social-democratas defendem uma maior intervenção do Estado na economia, produzindo mais emprego e estimulando o crescimento econômico. Note que, entre os anos 1960 e 1980, o chamado Estado de Bem-Estar Social (*Welfare State*) se consolidou nos países industrializados, como uma resposta para a imperfeição do sistema de livre-mercado, especialmente em face das crises econômicas e sociais que assolaram o mundo no período entre guerras. Os governos liberais, por outro lado, são mais adeptos aos postulados da teoria clássica, pois, por exemplo, uma menor participação do Estado na economia pode produzir mais emprego e crescimento econômico devido a maior participação da iniciativa privada.

---

05. (NCE/Auditoria Geral do Estado de Mato Grosso/2004) - De acordo com a Teoria Quantitativa da Moeda, a velocidade de circulação da moeda é:

a) endógena e constante no longo prazo;

b) endógena e constante no curto prazo;

c) exógena e constante no curto prazo;

d) exógena e variável no curto prazo;

e) sempre variável.

Solução:

A resposta é a letra "C". No modelo clássico, a velocidade de circulação da moeda é exógena e constante no curto prazo.

---

06. (VUNESP/Economista/Agência de Desenvolvimento Paulista – Desenvolve SP/2014) – De acordo com a Teoria Quantitativa da Moeda, quando há um aumento no PIB real de 2%, acompanhado de um aumento nos preços de 3%, devemos esperar que os meios de pagamento tenham crescido em, aproximadamente:

a) 1%

b) 2%

c) 3%

d) 5%

e) 6%

Solução:

A resposta é a letra "d". Utilizando a teoria quantitativa da moeda em sua forma percentual, teremos que, considerando velocidade de circulação da moeda constante:

$$\left(1+\frac{\Delta M}{M}\right)=\left(1+\frac{\Delta P}{P}\right)\times\left(1+\frac{\Delta Y}{Y}\right)\Rightarrow\left(1+\frac{\Delta M}{M}\right)=(1+0,03)\times(1+0,02)$$

$$\Rightarrow\left(1+\frac{\Delta M}{M}\right)=1,03\times1,02\Rightarrow\left(1+\frac{\Delta M}{M}\right)=1,0506\Rightarrow\frac{\Delta M}{M}$$

$$=1,0506-1\Rightarrow\frac{\Delta M}{M}=0,0506\Rightarrow\frac{\Delta M}{M}\cong5\%$$

07. (Economista/Instituto Federal de Educação, Ciência e Tecnologia Farroupilha/2014) - A teoria quantitativa da moeda pode ser expressa pela relação P = [(M x V)/Q], onde: P = índice geral de preços, M = quantidade de moeda, V = velocidade de circulação da moeda, Q = quantidade de mercadorias transacionadas. Suponha que Q cresça, em determinado ano, à taxa equivalente a 5%, M cresça a 31% e V se mantenha constante. Qual será, nessa versão estrita da equação quantitativa do valor da moeda, a taxa de crescimento do nível de preços P?

a) 33,20%
b) 31,43%
c) 24,76%
d) 26,00%
e) 31,00%

Solução:

A resposta é a letra "c". Utilizando a teoria quantitativa da moeda em sua forma percentual, e considerando velocidade de circulação da moeda constante, teremos que:

$$\left(1+\frac{\Delta M}{M}\right)=\left(1+\frac{\Delta P}{P}\right)\times\left(1+\frac{\Delta Q}{Q}\right)\Rightarrow\left(1+0,31\right)=\left(1+\frac{\Delta P}{P}\right)\times\left(1+0,05\right)\Rightarrow 1,31$$

$$=\left(1+\frac{\Delta P}{P}\right)\times 1,05\Rightarrow\left(1+\frac{\Delta P}{P}\right)=\frac{1,31}{1,05}\Rightarrow\left(1+\frac{\Delta P}{P}\right)=1,247619$$

$$\Rightarrow\frac{\Delta P}{P}=1,247619-1\Rightarrow\frac{\Delta P}{P}=0,247619\Rightarrow\frac{\Delta P}{P}\cong 24,76\%$$

08. (FUNCAB/Economista/Instituto de Pesos e Medidas do Estado de Rondônia – IPEM/RO/2013) - A relação existente entre o PIB nominal (PIB monetário igual ao PIB real vezes o nível geral de preços) e o saldo dos meios de pagamento (M_1) define:

a) a quantidade de moeda na economia.
b) o multiplicador da base monetária.
c) a velocidade renda da moeda.
d) a demanda por moeda para transações.
e) a taxa de retenção do público.

Solução:

A resposta é a letra "C", uma vez que $MV = PY \Rightarrow V = (PY)/M$

09. (Economista/VALEC Engenharia, Construções e Ferrovias S.A./2012) – Sobre a Teoria Quantitativa da Moeda (TQM), é INCORRETO afirmar que:

a) a TQM é uma teoria explicativa da inflação como fenômeno exclusivamente monetário;
b) a velocidade de circulação da moeda (V) é constante no curto prazo e pode aumentar no longo prazo, dependendo de fatores estruturais;
c) na versão de Cambridge da TQM, T é um índice de quantidade que significa o volume total de todos os bens transacionados na economia;
d) na versão de Cambridge da TQM, o nível de preços P é determinado pela Renda Y que não guarda relação com a quantidade de moeda (M) e, portanto, a moeda nunca é neutra, nem no curto nem no longo prazo;
e) na versão de Fisher da TQM o processo inflacionário é explicado com base nos fluxos monetário e nominal de cada transação econômica.

Solução:

A resposta é a letra "d". No modelo clássico, o lado real e o lado monetário não estão interligados. Esse fato é chamado de Dicotomia Clássica, ou seja, as variáveis nominais (do lado nominal da economia) não afetam as variáveis reais (do lado real da economia). Em particular notamos a chamada "**neutralidade da moeda**", ou seja, para os clássicos a expansão monetária não afeta o nível de produção (produto).

---

10. (VUNESP/Economista/Câmara Municipal de Mauá/2012) - De acordo com a Teoria Quantitativa da Moeda, um aumento na oferta de moeda de 2% quando o produto real aumenta 3% provocará

a) deflação.
b) inflação de 1%.
c) inflação de 2%.
d) inflação de 3%.
e) inflação de 5%.

Solução:

A resposta é a letra "a", isto é, deflação, pois:

$$\left(1+\frac{\Delta M}{M}\right) = \left(1+\frac{\Delta P}{P}\right) \times \left(1+\frac{\Delta Y}{Y}\right) \Rightarrow 1,02 = \left(1+\frac{\Delta P}{P}\right) \times (1,03) \Rightarrow \left(1+\frac{\Delta P}{P}\right)$$

$$= \frac{1,02}{1,03} \Rightarrow \left(1+\frac{\Delta P}{P}\right) = 0,99029 \Rightarrow \frac{\Delta P}{P} = 0,99029 - 1 \Rightarrow \frac{\Delta P}{P}$$

$$= -0,00971 \Rightarrow \frac{\Delta P}{P} \cong -1\%$$

1.2. Exercícios Resolvidos do Tipo "Verdadeiro ou Falso"

---

01. (Cespe-UnB/Analista de Empresa de Comunicação Pública – Atividade: Economia/Empresa Brasileira de Comunicação/2011) – Julgue o item a seguir, como verdadeiro ou falso.
As hipóteses do modelo clássico são incompatíveis com a existência de desemprego involuntário.

Solução:

Verdadeiro. Para os economistas clássicos, a economia sempre opera em pleno emprego, em decorrência da possibilidade de corte nos salários nominais, isto é, a hipótese de flexibilidade para baixo de salários nominais. Note, porém, que pleno emprego de mão-de-obra significa ausência de desemprego involuntário. Todavia, pleno emprego não significa que todos os trabalhadores estão empregados, visto que alguns estarão desempregados, pois não desejam trabalhar a um determinado salário (desemprego voluntário), ou estarão saindo de um emprego e procurando outro emprego (desemprego friccional). Mesmo no pleno emprego, existe desemprego voluntário ou desemprego friccional. A soma desses dois tipos de desemprego é chamada de desemprego natural. Dito de outro modo, no pleno emprego existe apenas o desemprego natural, ou ainda, pode-se dizer que o desemprego natural é o desemprego associado ao pleno emprego. Assim, toda vez que a economia estiver em pleno emprego, então, o desemprego estará na sua taxa natural.

A causa do desemprego voluntário é o desejo do trabalhador de não trabalhar a determinado salário. A causa do desemprego friccional é a migração (saída de um emprego e procura por outro) setorial ou regional. Observe, porém, que, para os economistas clássicos, esses desempregos são momentâneos (não perduram) ou, se perdurarem, representam uma lâmina, isto é, uma fatia ínfima do mercado de trabalho. Por essa razão, o desemprego natural também é conhecido como desemprego laminar.

Para os economistas clássicos, o nível de emprego no equilíbrio representa o pleno emprego, em que todos os trabalhadores que desejam trabalhar ao salário real de equilíbrio conseguem emprego. A teoria clássica não negou que uma economia pudesse estar sujeita ao desemprego; o que negava, realmente, era que uma economia pudesse estar em equilíbrio ao mesmo tempo em que houvesse desemprego involuntário. A causa do desemprego pode ser encontrada, de forma resumida, nas imperfeições do mercado de trabalho decorrentes, por exemplo, da rigidez dos salários nominais ocasionada pelos contratos de trabalhos, pela ação dos sindicatos e pela legislação de fixação de salários mínimos. Para os clássicos, o desemprego independe da situação da demanda agregada, sendo voluntário e resultado da negativa dos trabalhadores em aceitar certos níveis de salários reais.

---

02. (Cespe-UnB/Economista/Ministério da Saúde/2010) – Julgue o item a seguir como verdadeiro ou falso.

Pela dicotomia clássica, a moeda é neutra em uma economia com desemprego dos fatores de produção.

Solução:

Falso. Pela dicotomia clássica, a moeda é neutra em uma economia que esteja em pleno emprego, isto é, com utilização plena dos fatores de produção. Por exemplo, a taxa de desemprego da força de trabalho encontra-se em seu nível natural.

---

03. (Cespe-UnB/Analista Administrativo – Ciências Econômicas/ANS/MS/2005) – Julgue o item a seguir, como verdadeiro ou falso:

De acordo com a visão clássica, políticas monetárias expansionistas são, no longo prazo, inoperantes porque se traduzem em um nível de preços mais elevado, de forma a garantir o equilíbrio no mercado monetário.

Solução:

Verdadeiro. A neutralidade monetária, associada à teoria clássica, implica que uma expansão da oferta de moeda, no longo prazo, não modifica as variáveis reais, mas altera as variáveis nominais e o nível de preços.

---

04. (Cespe-UnB/Técnico de Planejamento e Pesquisa do IPEA/2008) – Julgue o item a seguir, como verdadeiro ou falso

A equação quantitativa da moeda prevê que, para um mesmo nível de produção, um aumento da quantidade de moeda na economia aumentará os preços, já que provocará um aumento na velocidade de circulação da moeda.

Solução:

Falso. Segundo a teoria quantitativa da moeda, a velocidade de circulação da moeda é constante.

05. (Cespe-UnB/Economista/SESPA/2004) – Julgue o item a seguir, como verdadeiro ou falso:

De acordo com a teoria quantitativa da moeda, a oferta monetária está diretamente relacionada à taxa de juros.

Solução:

Falso. A teoria quantitativa da moeda (TQM), em sua versão tradicional, estabelece uma relação de proporcionalidade entre os aumentos da quantidade da moeda e os aumentos da renda nominal, supondo que a velocidade-renda da moeda seja constante:

$$MV = PY$$

onde Y = Produto ou Renda Real; V = Velocidade-Renda da Moeda; PY = Produto Nominal.

Ou seja, não há qualquer relação entre a oferta monetária e a taxa de juros.

06. (Cespe-UnB/Economista/FSCMP/PA/2004) - Julgue o item a seguir, como verdadeiro ou falso:

A velocidade de circulação da moeda é igual ao quociente entre o Produto Nacional Bruto e o índice geral de preços.

Solução:

Falso. A partir da equação quantitativa da moeda, pode-se definir a velocidade de circulação da moeda como sendo o quociente entre o produto nominal (no caso, PNB) e a oferta monetária, conforme descrito a seguir:

$$MV = PY \Rightarrow V = \frac{PY}{M}$$

2. Exercícios Propostos

01. (Pontífice Universidade Católica do Paraná/Economista/Defensoria Pública do Estado do Paraná/2012) - Desemprego devido ao desajuste entre a qualificação ou a localização da força de trabalho e a qualificação requerida pelo empregador. Trata-se do:

a) Desemprego cíclico.

b) Desemprego estrutural.

c) Desemprego friccional.

d) Desemprego sazonal.

e) Desemprego voluntário.

02. (Metta C&C Concursos e Consultoria/Economista/Prefeitura de Serra Talhada/2012) - O combate ao desemprego tem sido bandeira "meta" seja dos Governos Municipais, Estaduais e Federal, mas exis-

ti os desempregados que por alguma eventualidade passam algum tempo para encontrar outro emprego graças a mudanças setoriais ou até após uma capacitação são recolocados em outro cargo. Caracterizados por:

a) Desemprego Friccional;

b) Desemprego Estrutural;

c) Desemprego Passageiro;

d) Desemprego Voluntariado;

e) Desemprego Modal.

03. (Consulplan/Economista/Prefeitura do Município de Porto Velho – RO/2012) – Com relação ao modelo clássico, marque V para as afirmativas verdadeiras e F para as falsas.

( ) O aumento da produtividade do trabalho eleva a produção numa quantia maior do que o aumento decorrente da elevação do número de trabalhadores no processo produtivo.

( ) A redução da produtividade do trabalho reduz a oferta de trabalho e, consequentemente, o nível de emprego.

( ) A fixação de um salário real acima do de equilíbrio, eleva a curto prazo a produção, porque os trabalhadores estarão mais dispostos a ofertar trabalho.

( ) A função de demanda por trabalho é decrescente no plano salário real-nível de emprego e apresenta a sua concavidade voltada para cima.

A sequência está correta em

a) V, F, F, F

b) F, V, F, V

c) V, V, F, F

d) F, F, V, V

e) V, V, V, V

04. (Planejamento e Execução IESES/Analista Judiciário – Economista/Tribunal de Justiça do Estado do Maranhão/2009) – Sobre a Moeda é correto afirmar que:

a) A teoria quantitativa da moeda, em sua forma clássica, propõe que o nível de preços é sempre inverso ao estoque monetário.

b) Possui três funções: meio de troca, unidade de conta e reserva de valor.

c) O estoque monetário nominal em uma economia é sempre igual ao estoque monetário real.

d) Possui três funções: meio de troca, conversão internacional e financiamento do balanço de pagamentos.

05. (Planejamento e Execução IESES/Analista Judiciário – Economista/Tribunal de Justiça do Estado do Maranhão/2009) – Sobre a Teoria Quantitativa da Moeda é correto afirmar:

a) Esta teoria defende que o nível de produto é determinado pela quantidade de moeda em circulação e pela sua velocidade de circulação.

b) Esta teoria defende que o nível dos preços é determinado pela quantidade de moeda em circulação e pela sua velocidade de circulação.

c) Esta teoria defende que o nível das exportações é determinado pela quantidade de moeda em circulação e pela sua velocidade de circulação.

d) Esta teoria defende que a taxa nominal de câmbio é determinada pela quantidade de moeda em circulação e pela sua velocidade de circulação.

06. (Cespe-UnB/Analista Pericial – Economia/MPU/2010) – Julgue os itens a seguir, como verdadeiro ou falso.

(0) A curva de oferta de mão de obra é descendente por causa do produto marginal decrescente.

(1) Imigração, mudança nas preferências do trabalhador e mudanças tecnológicas deslocam a curva de oferta de mão de obra.

(2) Quando uma empresa competitiva contrata trabalhadores até o ponto em que o valor do produto marginal é igual ao salário, ela também produz até o ponto em que o preço é igual ao custo marginal.

07. (Fundação Getúlio Vargas/Fiscal de Rendas/Sefaz-RJ/2009) - Supondo que a economia se encontre num ponto de equilíbrio de curto e longo prazo, segundo o modelo clássico de nível de preços, o efeito da emissão de moeda na economia é caracterizado por:

a) no curto prazo, haver um aumento da demanda agregada, levando a um PIB real superior ao de equilíbrio, que ao longo do tempo é ajustado via aumento dos salários nominais.

b) no longo prazo, o efeito nos salários nominais deslocar a curva de oferta de curto prazo para a direita, num novo equilíbrio onde o PIB real é igual ao anterior à mudança, mas sob um nível de preços superior.

c) um novo equilíbrio da economia em que o PIB real é superior ao anterior à mudança, apesar de implicar um nível de preços superior.

d) no longo prazo, haver uma redução da demanda agregada, levando a um PIB real inferior ao de equilíbrio, que ao longo do tempo é ajustado via redução dos salários nominais. O novo equilíbrio da economia é tal que o PIB real é inferior ao anterior à mudança, com um nível de preços superior.

e) no curto e no longo prazo, não haver efeito sob a demanda agregada, apenas um ajuste dos salários nominais, que perdem seu poder de compra.

08. (Consulplan/Economista/Departamento Municipal de Água e Esgotos de Porto Alegre – DMAE/2011) - Assuma que a Teoria Quantitativa da Moeda (TQM) seja válida. Se num pais, em determinado ano, a oferta nominal de moeda cresceu em 20%, o produto real aumentou em 3% e os preços subiram em 14%, a que taxa variou a velocidade-renda de circulação da moeda?

a) + 2,1 %

b) + 1 %

c) – 3 %

d) + 5,5 %

e) – 10 %

09. (Economista/Prefeitura Municipal de Maracanaú/2011) - A Taxa de Circulação da Moeda, mede o número médio de vezes que cada unidade monetária disponível na economia é utilizada em transações durante o período de tempo (velocidade da moeda). Considerando, podemos afirmar que a fórmula de Irving Fisher é constituída pelas seguintes variáveis, exceto:

a) Taxa de juros nominal;

b) Volume de transação;

c) Velocidade – transação da moeda;

d) Índice de preços dos itens transacionados;

e) Quantidade de moeda em um dado momento.

10. **(FGV/Economista/Assembleia Legislativa do Estado de Mato Grosso/2013) - Muitos analistas consideram que o mercado de trabalho atual se encontra em pleno emprego, situação que pode ser explicada pelo modelo clássico. Neste caso as políticas de estímulo da demanda agregada tendem a**

a) ampliar o produto real, sem efeitos inflacionários.

b) elevar o nível de preços, sem efeito sobre o produto real.

c) pressionar os salários reais, pois os trabalhadores estão com maior poder de barganha.

d) estimular o crescimento, pois a demanda se constituem uma restrição à oferta.

e) ampliar o nível de investimento pois a demanda efetiva fica maior do que a demanda planejada.

11. **(ESAF/Analista de Finanças e Controle/Secretaria do Tesouro Nacional/2013) - De acordo com a Teoria Clássica de determinação da renda, supondo plena flexibilidade de preços e salários, de tal forma que o salário real de equilíbrio seja alcançado, a economia encontra-se:**

a) em equilíbrio aquém do pleno emprego.

b) em desequilíbrio, mas com pleno emprego.

c) em equilíbrio acima do pleno emprego.

d) em equilíbrio com o salário nominal superior ao valor da produtividade marginal do trabalho.

e) em pleno emprego e sua taxa de desemprego é a natural.

12. **(Fundação Cesgranrio/Analista/Banco Central do Brasil/2010) - No modelo macroeconômico clássico, as variações na oferta monetária, decorrentes da atuação do Banco Central, têm consequências, a curto prazo, apenas sobre o(a)**

a) nível geral de preços.

b) produto real da economia.

c) utilização da capacidade ociosa.

d) taxa de desemprego.

e) taxa de câmbio.

13. **(FEPESE/Analista Financeiro do Tesouro Estado/Governo de Santa Catarina/2010) - Sobre a teoria quantitativa da moeda (TQM), é verdadeiro afirmar:**

a) A TQM sustenta que a moeda é neutra no longo prazo.

b) A TQM segundo a versão de Cambridge, argumenta que a demanda de saldos reais é proporcional à renda permanente dos indivíduos.

c) A TQM foi formalmente apresentada, pela primeira vez, por Adam Smith, o qual relacionou a elevação de preços com choques de produtividade.

d) Na versão da TQM de equação de trocas, o nível de preços é determinado por choques de custos e pressões de demanda.

e) Na versão da TQM de equação de trocas, argumenta-se que existe uma relação de bicausalidade no curto prazo entre nível de preços e moeda.

14. **(Fundação Cesgranrio/Economista Júnior/Petrobrás/2010) - No modelo macroeconômico clássico, o produto real e o emprego total na economia são determinados pela(o)**

a) oferta agregada, utilizando plenamente os fatores de produção.

b) oferta monetária total disponibilizada pelo Banco Central.

c) demanda pelos bens de investimento por parte dos empresários.

d) demanda pelos bens de consumo por parte das famílias.

e) nível da demanda agregada.

15. **(Fundação Cesgranrio/Economista Júnior/Transpetro/2011) – Uma característica importante do modelo macroeconômico clássico é a(o)**

a) ilusão monetária dos agentes econômicos.

b) rigidez dos preços e dos salários nos mercados da economia.

c) produção ser determinada apenas pelo lado da oferta.

d) desequilíbrio permanente no mercado de trabalho.

e) desconhecimento dos preços por parte dos agentes econômicos.

16. **(Cetro/Economista/Ministério das Cidades/2013) – Sobre o modelo clássico de determinação da renda, analise as assertivas abaixo.**

I. **Um aumento de gastos do governo, independentemente da forma como for financiado, provocará inflação.**

II. **Um aumento nos gastos do governo irá elevar o nível de demanda agregada.**

III. **Um corte na alíquota marginal de imposto de renda provoca uma queda no nível de preços.**

É correto o que se afirma em:

a) I, apenas.

b) II, apenas.

c) III, apenas.

d) I e II, apenas.

e) I e III, apenas.

17. **(FGV Projetos/Economista/Companhia Pernambucana de Saneamento - COMPESA/2014) – O mercado de trabalho apresenta 3 tipos de desemprego: cíclico ou conjuntural, friccional e estrutural. O desemprego estrutural caracteriza-se**

a) por um processo recessivo da economia.

b) por um processo de estagflação.

c) pela existência de assimetria informacional.

d) pela destruição criativa de emprego.

e) pelo alto custo de procura por emprego.

18. **(Cespe-UnB/Analista de Correios – Especialidade: Economista/Empresa Brasileira de Correios e Telégrafos/2012) – Julgue o item a seguir como verdadeiro ou falso.**

Para os keynesianos de Cambridge, como Joan Robinson, a poupança é igual ao investimento porque o investimento implica poupança na mesma quantidade; e o comportamento da poupança não tem relação com a determinação da acumulação de capital e crescimento, exceto pelo paradoxo da poupança.

19. **(Fundação Escola Superior do Ministério Público do Rio Grande do Sul/Auditor Público Externo/Tribunal de Contas do Estado do RS/2011) - O desemprego pode apresentar diversos tipos em uma economia capitalista. Sobre as definições apresentadas abaixo assinale a alternativa INCORRETA.**

a) O desemprego friccional surge devido a incessante movimentação de pessoas entre as regiões e diversos empregos e por diferentes estágios do ciclo da vida. Este surge devido a que tanto os trabalhadores como as firmas necessitarem de tempo para realizar um *matching* (casamento das vagas com indivíduo) e processar as informações.

b) O desemprego cíclico surge quando a demanda por mão de obra é baixa. Ocorre durante as recessões, quando os empregos caem como resultado do desequilíbrio entre a oferta e a demanda agregada no longo prazo.

c) O desemprego voluntário, também chamado de desemprego de espera, reflete o fato de que algumas pessoas que estão na força de trabalho não desejam trabalhar ao nível de salário vigente no mercado.

d) O desemprego involuntário ocorre quando os indivíduos estão dispostos e são capazes de trabalhar, pelas taxas salariais vigentes, mas não conseguem encontrar emprego.

e) O desemprego estrutural é causado pelo rápido desenvolvimento tecnológico, que tende a marginalizar a parcela da mão de obra que não tem habilidades para acompanhar as mudanças tecnológicas.

20. (Cespe-UnB/Analista do MPU – Economista/2013) – Julgue o item a seguir como verdadeiro ou falso.

A neutralidade da moeda, no curto e no longo prazo, constitui fundamento central da Teoria Quantitativa da Moeda (TQM).

21. (Consulplan/Economista/Prefeitura do Município de Porto Velho – RO/2012) - Com relação ao modelo clássico, marque V para as afirmativas verdadeiras e F para as falsas.

( ) O aumento da produtividade do trabalho eleva a produção numa quantia maior do que o aumento decorrente da elevação do número de trabalhadores no processo produtivo.

( ) A redução da produtividade do trabalho reduz a oferta de trabalho e, consequentemente, o nível de emprego.

( ) A fixação de um salário real acima do de equilíbrio, eleva a curto prazo a produção, porque os trabalhadores estarão mais dispostos a ofertar trabalho.

( ) A função de demanda por trabalho é decrescente no plano salário real-nível de emprego e apresenta a sua concavidade voltada para cima.

A sequência está correta em

a) V, F, F, F

b) F, V, F, V

c) V, V, F, F

d) F, F, V, V

e) V, V, V, V

22. (SESI PAJUÇARA/Economista/Prefeitura Municipal de Maracanaú/2011) - Conforme a função de Oferta Agregada Clássica, podemos afirmar que:

a) Preços e Salários são fixos;

b) Preços e Salários são flexíveis;

c) O nível de produto não está situado ao nível de pleno emprego;

d) Não reflete um equilíbrio no mercado de trabalho;

e) Valores mais altos de nível de preços requerem valores mais baixos de salário monetário.

23. (PRODGEP/Economista/Universidade Federal do Acre/2010) - No modelo macroeconômico clássico, a moeda é considerada neutra, pois:

I. Não há separação entre o chamado lado real e o lado monetário da economia;

II. A demanda agregada tem um papel totalmente passivo na economia;

III. A política monetária não tem qualquer influência sobre as variáveis nominais da economia;

Analise as afirmações acima e assinale:

a) Se apenas os itens I e II estiverem corretos.

b) Se apenas os itens II e III estiverem corretos.

c) Se apenas o item I estiver correto.

d) Se apenas o item II estiver correto.

e) Se todos os itens estiverem corretos.

24. **(PRODGEP/Economista/Universidade Federal do Acre/2010) – Em relação ao mercado de trabalho no modelo macroeconômico clássico, marque as proposições abaixo com (V) para verdadeira e (F) para falsa:**

( ) **Há desemprego voluntário;**

( ) **Há desemprego involuntário;**

( ) **Há desemprego friccional;**

Portanto, de acordo com a seqüência de cima para baixo assinale:

a) VVF

b) VFV

c) VVV

d) FVV

e) FFF

25. **(economista/Prefeitura Municipal de Iguatu – Ceará/2013) - O tipo de desemprego que consiste em indivíduos desempregados temporariamente, e que é vivenciado por pessoas que estão no processo de mudança voluntária de emprego, ou que foram despedidas e estão procurando um novo trabalho, ou que estão no mercado de trabalho buscando emprego pela primeira, vez é chamado de:**

a) Desemprego Cíclico;

b) Desemprego Estrutural;

c) Desemprego Sazonal;

d) Desemprego Casual;

e) Desemprego Friccional.

GABARITO DO CAPÍTULO 5

01 – B	11 – E	21 – A
02 – A	12 – A	22 – B
03 – A	13 – A	23 – D
04 – B	14 – A	24 – B
05 – B	15 – C	25 – E
06 - (0) F, (1) F, (2) V	16 – C	
07 - A	17 – D	
08 – C	18 – V	
09 – A	19 – B	
10 – B	20 – F	

Capítulo 6

Modelo Keynesiano

1. Exercícios Resolvidos de Concursos Públicos

1.1. Exercícios Resolvidos do Tipo "Múltipla Escolha"

01. (ESAF/Analista da Comissão de Valores Mobiliários – Mercado de Capitais/2010) - Considere o modelo keynesiano simplificado, fechado e com governo. É correto afirmar que política de expansão dos gastos do governo:

a) será neutra, porque o investimento público substituirá o investimento privado (*crowding out*).

b) terá impacto menor sobre o crescimento da renda do que a política de transferência de renda do governo.

c) terá impacto maior do que política de transferência de renda, na proporção do inverso da propensão marginal a consumir.

d) afeta o dispêndio agregado, mas não afeta a renda da economia.

e) afeta negativamente o dispêndio agregado e a renda da economia.

Solução:

A resposta é a letra "c", pois o multiplicador dos gastos autônomos é dado por $\dfrac{\Delta y}{\Delta \overline{G}} = K$, enquanto que o multiplicador das transferências autônomas é dado por $\dfrac{\Delta y}{\Delta \overline{R}} = c.K$. Como a propensão marginal a consumir (c) encontra-se entre 0 e 1, o fator K é maior do que o fator $c.K$.

Disto, decorre que: (i) a política fiscal via tributação é mais intensa (impacta mais a renda) do que a política fiscal via transferência; (ii) note que $\dfrac{\dfrac{\Delta y}{\Delta \overline{G}}}{\dfrac{\Delta y}{\Delta \overline{R}}} = \dfrac{K}{cK} = \dfrac{1}{c}$.

02. (ESAF/Fiscal de Rendas – Prefeitura do RJ/2010) - A partir de um modelo keynesiano simplificado, fechado e sem governo, podemos dizer que, quando a produção está acima do equilíbrio macroeconômico,

a) a produção supera a demanda.

b) há excesso de demanda por bens.

c) há excesso de oferta de moeda.

d) o investimento equivale à poupança.

e) a taxa de juros da economia deve cair.

Solução:

A resposta é a letra "a". No equilíbrio, a produção e a demanda são iguais. Se a produção está acima do equilíbrio, então a produção é maior do que a demanda.

03. (ESAF/Auditor-Fiscal da Receita Federal do Brasil/2009) – Considere o modelo de determinação da renda com as seguintes informações, em unidades monetárias (quando for o caso):

C = 100 + 0,8.Y

M = 50 + m.Y

X = 100

G = 100

I = 200

onde:

Y = produto agregado; C = consumo agregado; G = gastos do governo; I = investimento agregado; X = exportações; M = importações; e "m" uma constante positiva.

Considerando uma renda agregada de equilíbrio igual a 900, a propensão marginal a importar será igual a:

a) 0,15

b) 0,50

c) 0,20

d) 0,30

e) 0,25

Solução:

A resposta é a letra "D", segundo explicação a seguir descrita:

$$Y = C + I + G + X - M \Rightarrow Y = \left(100 + 0,8Y\right) + 200 + 100 + 100 - \left(50 + mY\right)$$

$$\Rightarrow Y - 0,8Y + mY = 450 \Rightarrow 0,2Y + mY = 450 \Rightarrow Y\left(0,2 + m\right) = 450 \Rightarrow Y_E = \frac{1}{\left(0,2 + m\right)} \times 450$$

$$\Rightarrow 900 = \frac{1}{\left(0,2 + m\right)} \times 450 \Rightarrow \left(0,2 + m\right) = \frac{1}{900} \times 450 \Rightarrow 0,2 + m = 0,5 \Rightarrow m = 0,5 - 0,2$$

$$\Rightarrow m = 0,3$$

04. (ESAF/Analista de Planejamento e Orçamento/Ministério do Planejamento, Orçamento e Gestão/2008) - A política fiscal pode ser dividida em duas grandes partes: a política tributária e a política de gastos públicos. No que se refere à política fiscal, assinale a única opção incorreta.

a) Quando o governo aumenta os gastos públicos, diz-se que a política fiscal é expansionista.

b) Os gastos do governo podem ser divididos em dois grandes grupos: despesas correntes e as de capital.

c) A política fiscal será expansionista ou contracionista dependendo do que o governo está pretendendo atingir com a política de gastos.

d) O governo também pode atuar sobre o sistema tributário de forma a alterar as despesas do setor privado (entre bens, entre consumo e investimento, por exemplo) e a incentivar determinados segmentos produtivos.

e) As despesas correntes do governo referem-se às despesas que o governo efetua para manter e aumentar a capacidade de produção de bens e serviços no país (construção de escolas e de hospitais, por exemplo).

Solução:

A resposta é a letra "e". A classificação das despesas por categoria economia tem o objetivo de oferecer informações sobre os efeitos que o gasto público tem na atividade econômica de um país. Segundo a Lei nº 4.320/1964, artigo 12, "a despesa será classificada nas seguintes categorias econômicas":

(i) Despesas Correntes: são destinadas à manutenção e funcionamento dos serviços públicos gerais anteriormente criados na administração pública direta ou indireta. Classificam-se nesta categoria todas as despesas que não contribuem, diretamente, para a formação ou aquisição de um bem de capital. As despesas correntes são divididas em três grupos de natureza de despesa: (1) pessoal e encargos sociais; (2) juros e encargos da dívida; (3) outras despesas correntes.

(ii) Despesas de Capital: são efetuadas pela Administração Pública com a intenção de adquirir ou constituir bens de capital (máquinas, veículos, equipamentos, imóveis, entre outros) que enriquecerão o patrimônio público ou serão capazes de gerar novos bens e serviços. As despesas de capital são divididas em três grupos de natureza de despesa: (1) investimentos; (2) inversões financeiras; (3) amortização da dívida.

Portanto, a letra "e" está falsa por se tratar da classificação de despesas de capital, e não despesas correntes. Todos os demais itens estão corretos. Fonte: Albuquerque, C; Medeiros, M; Feijó, P. H., 2008[6].

05. (ESAF/Analista de Finanças e Controle/Secretaria do Tesouro Nacional/2008) – Considere o seguinte modelo keynesiano

$Y = C + I_0 + G$

$C = a + bY$

$C = a + bY$

Onde $0 < b < 1$; Y = Produto Agregado; C = Consumo Agregado; "a" uma constante positiva; I_0 = Investimento Autônomos; G = Gastos do Governo.

6 Albuquerque, C; Medeiros, M; Feijó, P. H. Gestão das Finanças Públicas, 2ª edição. Coleção Gestão Pública: Brasília, 2008.

Com base neste modelo, é <u>incorreto</u> afirmar que:

a) $Y = A/(1-b)$, onde $A = (I_0 + G)/a$
b) $\Delta Y/\Delta G = \Delta Y/\Delta a$
c) Dado que $0 < b < 1$, o multiplicador keynesiano é maior do que 1.
d) Um aumento do consumo autônomo aumenta o nível do produto;
e) $\Delta Y/\Delta G = \Delta Y/\Delta I_0$

Solução:

A resposta falsa é a letra "a". Combinando as duas equações, teremos:

$$Y = (a + bY) + I_0 + G \Rightarrow Y - bY = a + I_0 + G \Rightarrow (1-b)Y = a + I_0 + G$$

$$\Rightarrow Y = \frac{1}{1-b}(a + I_0 + G) \Rightarrow Y = \frac{A}{1-b} \therefore A = a + I_0 + G$$

Todos os demais itens estão corretos.

---

06. (NCE-RJ/Economista/SESPA/PA/2006) - Dada a função consumo C = 100 + 0,8(Y – T), na qual C representa o consumo, Y, a renda e T, o imposto, se o governo aumenta os gastos e os impostos pelo mesmo montante de um real, o nível de renda de equilíbrio:

a) permanecerá constante;
b) aumenta em um real;
c) aumenta em dois reais;
d) aumenta em 1,5 real;
e) diminui um real.

Solução:

A resposta é a letra "B". O Teorema do Orçamento Equilibrado (ou Teorema de Havelmo) postula que o equilíbrio entre gastos e receitas gera efeitos expansionistas. Ou seja, uma idêntica elevação das despesas e da tributação do governo fará com que a renda nacional aumente na mesma proporção. Dessa forma, aumentos dos gastos do governo cobertos por aumentos de arrecadação produzem expansão da demanda agregada.

---

07. (Fundação Carlos Chagas/TRT 4ª Região/Analista Judiciário/2006) – No conhecido modelo keynesiano simples para uma economia fechada, o valor do multiplicador é função decrescente de:

a) da propensão marginal a consumir;
b) da taxa de juros;
c) do investimento autônomo;
d) da propensão marginal a poupar;
e) da propensão marginal a investir

Solução:

A resposta é a letra "d", pois quanto menor a propensão marginal a poupar, maior o multiplicador keynesiano (e vice-versa): $\downarrow s \Rightarrow \uparrow k \quad e \quad \uparrow s \Rightarrow \downarrow k$.

08. **(ACEP/Economista/Banco do Nordeste/2006) - Suponha uma economia em que o volume de investimento (I) seja R$ 200,00 e o consumo seja explicitado pela seguinte função: C = R$ 50,00 + 0,8Y; nesse caso a renda de equilíbrio será:**

a) R$ 750,00

b) R$ 1.000,00

c) R$ 1.250,00

d) R$ 1.500,00

e) R$ 1.750,00

Solução:

A resposta é a letra "C", conforme explicação abaixo transcrita:

$$Y = C + I \Rightarrow Y = \left(50 + 0,8Y\right) + 200 \Rightarrow Y - 0,8Y = 250 \Rightarrow 0,2Y = 250 \Rightarrow Y = \frac{250}{0,2}$$

$$\Rightarrow Y_E = 1.250$$

09. **(NCE-RJ/Economista/Ministério da Integração Nacional/2005) - A escola de pensamento econômico que adota como um dos elementos explicativos de sua teoria de determinação do investimento a idéia do "animal spirit" é:**

a) novo-clássica;

b) monetarista;

c) keynesiano;

d) marxista;

e) teoria do ciclo real.

Solução:

A resposta é a letra "C". A escola keynesiana se fundamenta no princípio de que o ciclo econômico não é auto-regulador como pensavam os neoclássicos, uma vez que é determinado pelo "espírito animal" dos empresários. É por esse motivo, e pela ineficiência do sistema capitalista em empregar todos que querem trabalhar que Keynes defende a intervenção do Estado na economia.

O ciclo de negócios segundo Keynes ocorre porque os empresários têm "impulsos animais" psicológicos que os impedem de investir a poupança dos consumidores, o que gera desemprego e reduz a demanda efetiva novamente, e por sua vez causa uma crise econômica. A crise, para terminar, deve ter uma intervenção estatal que aumente a demanda efetiva através do aumento dos gastos públicos.

Segundo Keynes, o nível de investimentos de uma economia (componente mais volátil no curto prazo na equação de demanda agregada) não pode ser entendido meramente como uma função linear da taxa de juros dessa economia. Os empresários decidem investir de acordo com suas expectativas de lucro, as quais são fundamentalmente psicológicas e voláteis, determinadas pelo "clima" da economia. Por isso, Keynes denomina as expectativas de lucros que levam os empresários a investir como "*Animal Spirit*" (estado de ânimo) dos mesmos.

10. (NCE/Economista/Ministério das Cidades/2005) - Dado o seguinte modelo da economia:
C = 180 + 0,8(Y – T); I = 190; G = 250; e T = 150,

Onde C representa o consumo, Y a renda, T o tributo, I o investimento privado e G o gasto do governo, o nível de renda de equilíbrio será:

a) 2.500;

b) 1.250;

c) 1.550;

d) 2.550;

e) 2.000.

Solução:

A resposta é a letra "a". De acordo com a condição de equilíbrio macroeconômico, a renda de equilíbrio inicial terá o seguinte valor:

$$Y = C + I + G + X - M \Rightarrow Y = \left[180 + 0,8(Y - T)\right] + 190 + 250$$
$$\Rightarrow Y = 180 + 0,8(Y - 150) + 190 + 250$$
$$\Rightarrow Y - 0,8Y = 180 - 120 + 190 + 250 \Rightarrow 0,2Y = 500 \Rightarrow Y_E = 2500$$

1.2. Exercícios Resolvidos do Tipo "Verdadeiro ou Falso"

01. (Cespe-UnB/Economista/Ministério da Justiça/2013) – Julgue o item a seguir, como verdadeiro ou falso.

(0) De acordo com o modelo keynesiano simples, em uma economia fechada e sem governo, a função consumo é linear, estabelecendo-se que a relação entre consumo e renda seja dada pela propensão média a consumir mais o consumo autônomo não negativo.

Solução:

Falso. De acordo com o modelo keynesiano simples, a função consumo é linear, estabelecendo-se que a relação entre consumo e renda seja dada pela propensão marginal a consumir mais o consumo autônomo não negativo, ou seja:

$$C = \overline{C} + cY$$

Em que C é o consumo das famílias; $\overline{C}$ é o consumo autônomo; c é a propensão marginal a consumir; e Y é a renda.

A Função Consumo é uma relação linear, isto é, caracterizada por dois parâmetros: $\overline{C}$ (Consumo Autônomo) e c (Propensão Marginal a Consumir). No modelo keynesiano, o consumo é função direta da renda corrente.

A Propensão Marginal a Consumir (PMgC ou c) é a declividade ou coeficiente angular da função consumo. É a relação entre o acréscimo de consumo (ΔC) e o acréscimo da renda (ΔY) que o originou. Como $0 < c < 1$, a inclinação da reta é menor do que 1.

As pessoas tendem a consumir apenas uma parte de qualquer aumento da renda e a poupar o resto. Keynes postulava que a propensão marginal a consumir era positiva, porém inferior à unidade, devido à lei psicológica fundamental,

*"extraída do conhecimento da natureza humana e dos ensinamentos da experiência, de que os homens estão dispostos, de modo geral e em média, **a aumentar o seu consumo à medida que a renda cresce embora não em quantia igual ao aumento da renda".***

Segundo Keynes, o fato de c ser menor que 1 implicava na estabilidade do equilíbrio. Caso a propensão marginal a consumir seja maior ou igual a 1, o equilíbrio macroeconômico será instável.

Para Keynes, o valor da propensão marginal a consumir é influenciado por uma série de circunstâncias objetivas (variações nas unidades de salários, o nível e a distribuição da tributação, os controles governamentais, necessidades biológicas) como subjetivos (avareza, precaução etc.).

(1) Considere que determinada empresa apresente, em sua função de produção, os fatores capital e trabalho. Com o intuito de maximizar o lucro, essa empresa deve alugar capital e contratar trabalhadores até que o produto marginal do fator capital seja igual à taxa de juros real e o produto marginal do fator trabalho seja igual ao salário real.

Solução:

Verdadeiro. O lucro das empresas corresponde à diferença entre suas receitas com a venda da produção e os custos para gerar o produto, ou seja,

Lucro Total = Receita Total – Custo Total → LT = PY – (WL + RK)

onde, W = salário nominal por unidade de trabalho L; R = custo por unidade de capital K; P = preço do produto Y. Em um mercado em concorrência perfeita, as empresas não decidem nem sobre o preço (P) que vendem seus produtos, o qual, para elas é um dado, nem sobre o salário que pagarão ao trabalho, restringindo suas decisões a quanto contratar de mão-de-obra (L) e determinar quanto produzir, de modo a obter o lucro máximo, ou seja, deve-se maximizar a função lucro em relação a L. Maximizando a função lucro anterior, temos:

$$\frac{\partial LT}{\partial L} = P \times \frac{\partial Y}{\partial L} - W = 0 \Rightarrow P \times f_L - W = 0 \Rightarrow P \times f_L = W \Rightarrow f_L = \frac{W}{P} \Rightarrow PMgL = \frac{W}{P}$$

onde PMgL é a Produtividade Marginal do Trabalho.

As firmas, em busca da otimização do lucro, encontram seu equilíbrio, relativamente ao fator trabalho, quando $PMgL = \frac{W}{P}$. Esta é a relação de demanda pelo fator.

Em outras palavras, isso indica que a maximização de lucro implica que a empresa contrate trabalhadores até o ponto em que a PMgL iguale ao salário real W/P. A PMgL representa a relação de demanda de trabalho pela empresa.

Por analogia, o produto marginal do capital será dado por:

$$\frac{\partial LT}{\partial K} = P \times \frac{\partial Y}{\partial K} - R = 0 \Rightarrow P \times f_K - R = 0 \Rightarrow P \times f_K = R \Rightarrow f_K = \frac{R}{P} \Rightarrow PMgK = \frac{R}{P}$$

Com o intuito de maximizar o lucro, essa empresa deve alugar capital e contratar trabalhadores até que o produto marginal do fator capital seja igual à taxa de juros real e o produto marginal do fator trabalho seja igual ao salário real.

---

02. (Cespe-UnB/Analista de Economia - Perito/Ministério Público da União/2010) – Julgue os itens a seguir, como verdadeiro ou falso.

(0) A curva de oferta de mão-de-obra é descendente por causa do produto marginal decrescente.

Solução:

Falso. No modelo keynesiano, a oferta de mão-de-obra é função crescente do salário real, isto é, a oferta de trabalho é positivamente inclinada.

Por outro lado, a demanda por mão-de-obra é função decrescente do salário real. Como a produtividade marginal do trabalho (PMgN) é decrescente, para que haja mais contratações de trabalho, o salário real (W/P) deve se reduzir. Por ser a demanda de trabalho uma função decrescente do salário real, por exemplo, um aumento no nível de preços provoca aumento da demanda de trabalho, diminuição no salário real (inflexibilidade para baixo dos salários nominais), aumento da produção e do emprego: $(W/{\uparrow}P) \downarrow \Rightarrow \uparrow N^d \Rightarrow \uparrow produto \Rightarrow \uparrow emprego$.

Note que a demanda por mão-de-obra é definida pelo valor do produto marginal do trabalho. Por sua vez, o valor do produto marginal do trabalho é igual ao preço do bem multiplicado pelo produto marginal do trabalho:

$$VPMgN = P \times PMgN$$

O produto marginal do trabalho é decrescente, de tal forma que o $VPMgN$, isto é, a curva de demanda de trabalho, também será decrescente. Logo, conclui-se que a curva de demanda de mão-de-obra é descendente por causa do produto marginal do trabalho decrescente.

(1) Imigração, mudança nas preferências do trabalhador e mudanças tecnológicas deslocam a curva de oferta de mão-de-obra.

Solução:

Falso.

(2) Quando uma empresa competitiva contrata trabalhadores até o ponto em que o valor do produto marginal é igual ao salário, ela também produz até o ponto em que o preço é igual ao custo marginal.

Solução:

Verdadeiro. A condição de lucro de uma firma em concorrência perfeita é que o preço deve ser igual ao custo marginal:

$$p = CNg$$

Uma firma competitiva, com o objetivo de maximizar seu lucro ou de minimizar seu prejuízo, sempre irá igualar seu custo marginal ao preço do bem que produz.

---

03. (Cespe-UnB/Especialista em Regulação de Serviços de Transporte Terrestre/ANTT/2013) – Julgue os itens a seguir, como verdadeiro ou falso.

(0) Entende-se por política fiscal a atuação do governo voltada para o estímulo do crescimento econômico e a redução da taxa de desemprego populacional, por intermédio da elaboração do orçamento público.

Solução:

Verdadeiro. Política fiscal é o uso que o governo faz de seus gastos e receitas (tributação), por intermédio da elaboração do orçamento público, para influenciar a demanda agregada e, portanto, o crescimento econômico. Por exemplo, uma política fiscal expansionista eleva o nível de renda da economia e, consequentemente, reduz a taxa de desemprego populacional.

(1) O imposto de renda e o seguro desemprego podem ser considerados como estabilizadores automáticos da economia, inserindo-se como políticas públicas de estabilização econômica.

Solução:

Verdadeiro. Estabilizadores automáticos são programas de proteção social, tais como o seguro-desemprego, assistência social, tributação progressiva etc., cujas transferências tendem a crescer com o aumento do desemprego, colaborando para manter o consumo elevado, e se retrairiam com a retomada do emprego. Portanto, um estabilizador automático é qualquer mecanismo na economia que reduz o volume pelo qual a produção varia em resposta a uma alteração na demanda autônoma. A tributação progressiva exerce a função de estabilizador automático das flutuações cíclicas da economia, pois, em momentos de retração econômica, diminui-se a carga tributária do setor privado liberando maior quantidade de recursos para os gastos, e na expansão, via subtração da renda do setor privado, o que contrai os gastos. O estabilizador automático tem uma característica anticíclica, e a tributação é uma função de nível de renda nacional.

---

04. (Cespe-UnB/Diplomata/Instituto Rio Branco/Ministério das Relações Exteriores/2012) – Julgue os itens a seguir, como verdadeiro ou falso.

(0) Segundo o paradoxo da parcimônia, um aumento da poupança, no curto prazo, contribui para elevar o investimento e o nível de equilíbrio do produto interno bruto.

Solução:

Falso. O paradoxo da parcimônia (ou paradoxo da poupança) caracteriza-se por uma situação provocada pela tentativa das pessoas de poupar mais, o que pode levar tanto ao declínio do produto quanto à ausência de alterações na poupança. Por exemplo, considere um país que faça uma campanha para elevar sua taxa de poupança. Se os gastos autônomos forem mantidos inalterados, uma elevação da propensão marginal a poupar levará a uma queda no nível do investimento e na renda nacional (note que o multiplicador keynesiano se reduz), tornando a sociedade mais pobre, caso essa poupança não seja investida. Dessa forma, se os agentes econômicos buscassem aumentar sua poupança para fazer frente ao risco do desemprego, poderiam ocorrer sucessos individuais, mas a tentativa seria frustrada para o conjunto dos agentes na economia.

Sendo a poupança um vazamento no fluxo de renda, se ela não for reinjetada no fluxo de renda, provocará queda no nível de atividades da economia. Dessa forma, uma maior propensão da sociedade a poupar poderá quebrar o ritmo da demanda agregada, desmotivando novos investimentos em expansão da produção. O crescimento e a prosperidade da economia poderão ser impactados para baixo.

(1) Em uma economia aberta, caso a propensão marginal a poupar seja igual a 0,25, e a propensão marginal a consumir bens importados, igual a 0,15, então, o multiplicador keynesiano será igual a 10.

Solução:

Falso. No caso de uma economia aberta, o valor do multiplicador keynesiano será obtido da seguinte forma. Primeiro, se $1 - c = s$, então: $1 - c = 0,25 \Rightarrow c = 1 - 0,25 \Rightarrow c = 0,75$. Assim:

$$k = \frac{1}{1 - c(1 - t + r) - i + m} \Rightarrow k = \frac{1}{1 - 0,75\left(1 - \underset{=0}{t} + \underset{=0}{r}\right) - \underset{=0}{i} + 0,15} = \frac{1}{1 - 0,75 + 0,15} = \frac{1}{0,4} = 2,5$$

---

05. (Cespe-UnB/Analista Legislativo – Ciências Econômicas/Assembleia Legislativa do Estado do Ceará/2011) – Julgue o item a seguir, como verdadeiro ou falso.

Se, no curto e médio prazos, uma redução do consumo do governo (*G*), mantendo-se a oferta de moeda constante (*M*), acarretar uma redução do produto (*Y*) e uma queda do investimento (*I*), então, no longo prazo, a redução de *G* implicará aumento tanto de *I* quanto de *Y*.

Solução:

Falso. Trata-se de uma questão que envolve conceitos de modelo keynesiano simples e modelo IS-LM. Uma redução do consumo do governo representa uma política fiscal restritiva, deslocando a curva IS para a esquerda e para baixo, reduzindo o nível de produto e a taxa de juros da economia. Como o investimento é uma função inversa da taxa de juros, a redução na taxa de juros resultará em um crescimento do investimento agregado na economia, resultando em um efeito deslocamento, mas que, desta vez, são os investimentos que substituem os gastos governamentais na economia. Por se tratar de curto e médio prazos, deve-se considerar os dois casos em que a curva LM encontra-se em seu trecho horizontal e positivamente inclinada. Já no longo prazo, a curva LM é vertical, tratando-se da interpretação da teoria clássica na estrutura teórica do modelo IS-LM, de modo que deslocamentos da curva IS não irão afetar o nível do produto de pleno emprego, mas apenas o nível de taxa de juros.

---

06. (Cespe-UnB/Analista de Empresa de Comunicação Pública – Atividade: Economia/Empresa Brasileira de Comunicação/2011) – Considerando o fato de que um aumento do gasto governamental provoca um aumento proporcional da renda nacional e sabendo que a constante de proporcionalidade, nesse caso, é denominada multiplicador keynesiano de gastos, julgue os itens subsecutivos.

(0) Se o governo aumentar seu gasto em R$ 100 milhões e a propensão marginal a consumir da sociedade sob esse governo for igual a 80%, então o aumento correspondente na renda nacional será igual a R$ 500 milhões.

Solução:

Verdadeiro. Considere o modelo keynesiano simplificado, fechado e com governo. Então, os valores do multiplicador keynesiano e, por conseguinte, da variação da renda nacional, serão obtidos da seguinte maneira:

$$k = \frac{1}{1-c} \Rightarrow k = \frac{1}{1-0,8} = \frac{1}{0,2} = 5$$

$$\frac{\Delta Y}{\Delta G} = k \Rightarrow \frac{\Delta Y}{100} = 5 \Rightarrow \Delta Y = 5 \times 100 \Rightarrow \Delta Y = 500$$

(1) O efeito multiplicador em questão pressupõe que a economia esteja em desemprego.

Solução:

Verdadeiro. Em sua *Teoria Geral do Emprego, do Juro e da Moeda*, Keynes procurou mostrar que a teoria clássica era um caso particular da teoria keynesiana, e que o equilíbrio de uma economia em uma situação de pleno emprego era apenas uma das possíveis situações e que, na realidade, o equilíbrio se daria em uma situação em que houvesse desemprego no mercado de trabalho.

(2) Supondo invariável o lado monetário da economia, o referido multiplicador corresponde ao inverso da propensão marginal a poupar.

Solução:

Verdadeiro. Podemos expressar o multiplicador keynesiano da seguinte forma, em uma economia fechada e com governo:

$$k = \frac{1}{1-c} = \frac{1}{s}$$

Em que s é a propensão marginal a poupar.

---

07. (Cespe-UnB/Auditor de Controle Externo/Tribunal de Contas do Distrito Federal/2011) – Julgue o item a seguir, como verdadeiro ou falso.

Em uma economia hipotética, cuja propensão marginal a consumir seja igual a 0,6, se o governo ampliar o crédito de tal forma que o consumo aumente em R$ 1 bilhão, o produto dessa economia aumentará em R$ 2,5 bilhões.

Solução:

Verdadeiro. Considere o modelo keynesiano simplificado, fechado e com governo. Então, os valores do multiplicador keynesiano e, por conseguinte, da variação da renda nacional, serão obtidos da seguinte maneira:

$$k = \frac{1}{1-c} \Rightarrow k = \frac{1}{1-0,6} = \frac{1}{0,4} = 2,5$$

$$\frac{\Delta Y}{\Delta C} = k \Rightarrow \frac{\Delta Y}{1} = 2,5 \Rightarrow \Delta Y = 2,5 \times 1 \Rightarrow \Delta Y = 2,5$$

2. Exercícios Propostos

01. (Economista/Instituto Federal de Educação, Ciência e Tecnologia do Pará/2013) - Suponha as seguintes informações para uma economia hipotética: um aumento na renda disponível de R$ 20 bilhões para R$ 22 bilhões e um aumento nos gastos com consumo de R$ 7 bilhões para 9,5 bilhões, a propensão marginal a consumir será:

a) 1,25.

d) 4,25.

b) 2,24.

e) 4,35.

c) 3,25.

02. (Economista/Instituto Federal de Educação, Ciência e Tecnologia do Pará/2013) – considere o mercado de bens e serviços de uma economia fechada representado pelas seguintes funções.

Consumo privado: $C = C_0 + c(Y - T)$, com $C_0 > 0$ e $0 < c < 1$.

Investimento privado: $I = I_0$.

Gastos do governo: $G = G_0$.

Receita do governo: $T = T_0 + tY$, com $0 < t < 1$.

Em que C_0 é o consumo autônomo e c é a propensão marginal a consumir. O investimento privado e o gasto do governo são exógenos. Uma parte da receita tributária do governo é autônoma, T_0, mas outra depende da renda tY, sendo t a alíquota de imposto de renda.

Nesse contexto, analise as proposições abaixo e marque a alternativa correta.

a) Nesse modelo, um aumento de uma unidade monetária nos gastos do governo eleva a renda na proporção do multiplicador $1/(1-c)$.

b) Considerando $c = 0,6$ e $t = 0,3$, e se o governo decidir aumentar o volume de gastos em $\Delta G_0 = \$100$, o efeito na renda será de $\Delta Y = \$160$.

c) O efeito na renda ΔY, decorrente do aumento do gasto do governo ΔG_0 acompanhado de aumento igual da receita tributária ΔT é exatamente igual a 1.

d) Um incremento do investimento privado ΔI_0 deslocará a renda de equilíbrio para um novo patamar, na proporção $\Delta Y = [c/1 - c(1 - t)] \times \Delta I_0$.

e) Incrementos na receita do governo via tributo autônomo, deslocará a renda de equilíbrio na proporção $\Delta Y = -[t/1 - c(1 - t)] \times \Delta T_0$.

03. (Cetro/Economista/Ministério das Cidades/2013) - Com relação ao modelo keynesiano simples, analise as assertivas abaixo.

I. Um aumento da propensão a consumir provoca uma elevação da renda de equilíbrio, mantidos os demais fatores constantes.

II. Um aumento no déficit público não alterará o nível de renda, mantidos os demais fatores constantes.

III. Um aumento do superávit na balança comercial, mantidos os demais fatores constantes, tem um efeito similar ao do aumento do investimento do ponto de vista de determinação da renda de equilíbrio.

É correto o que se afirma em:

a) I, apenas.

b) II, apenas.

c) III, apenas.

d) I e III, apenas.

e) II e III, apenas.

---

04. (FUNCAB/Economista/Prefeitura Municipal de Cacoal – RO/2013) – Numa economia fechada, em que a tributação (T) corresponde a 25% da renda nacional (Y), os gastos do governo (G) são iguais a \$ 480, o consumo (C) é expresso por C = 0,8 (Y – T) e o investimento (I) é igual a \$ 480, havendo equilíbrio, o orçamentário será de:

a) \$ 480

b) \$ 240

c) \$ 120

d) \$ 360

e) \$ 600

---

05. (IADES/Economista/Superintendência do Desenvolvimento da Amazônia – SUDAM/2013) - Suponha que a função consumo seja: C = 100 + 0,8Y e I = 500. Onde: C = Consumo, Y = Renda e I = Investimento. Com base nestas informações, qual será o valor de "I" de equilíbrio?

a) 2500.

b) 3000.

c) 3200.

d) 500.

e) 1800.

---

06. (FUNCAB/Economista/Superintendência do Desenvolvimento do Centro-Oeste – SUDECO/2013) - Numa economia, a Propensão Marginal a Consumir é de 75%. O multiplicador de uma unidade adicional de Investimento sobre o Produto Nacional será de:

a) 1,3333

b) 3,0000

c) 3,5000

d) 0,3333

e) 4,0000

---

07. (VUNESP/Economista/Fundação Universidade Federal do ABC/2013) - O modelo keynesiano descrito a seguir representa o lado real de uma economia aberta:

C = 100 + 0,8 Yd

I = 400

G = 500

T = 0,3 Y

X = 100

M = 20 + 0,06 Y

Onde:

C = Consumo Privado

Yd = Renda disponível após a tributação

I = Investimento

G = Gastos do Governo

T = Tributação

X = Exportações de bens e serviços

M = Importações de bens e serviços

O multiplicador do investimento, nessa economia, é igual a

a) 5.

b) 4.

c) 3.

d) 2.

e) 1.

08. **(COPESE/Economista/Universidade Federal do Piauí/2013)** - Considerando o modelo keynesiano básico e as variáveis Consumo (C), Investimento (I), Poupança (S), Demanda do governo (G), Exportações (X) e Importações (M), a equação que representa a demanda agregada é:

a) C+I+(M-X)

b) C+I

c) C+I+G+(X-M)

d) C+S

e) C+I+G +X

09. **(COPESE/Economista/Universidade Federal do Piauí/2013)** - Analisando a variável consumo, é COR-RETO afirmar que:

a) A propensão marginal a consumir representa a variação na renda, dada uma variação na unidade de consumo.

b) Pela lei psicológica de Keynes, o aumento do consumo pode ser maior do que o aumento na renda.

c) Consumo autônomo é a parte do consumo que depende da renda.

d) O consumo é uma função linear da renda nacional.

e) Consumo é igual à poupança.

10. **(COPESE/Economista/Universidade Federal do Piauí/2013)** - Dado o modelo Keynesiano simples, é CORRETO afirmar que:

a) Quando o governo tiver suas contas em equilíbrio, o investimento será maior do que a poupança.

b) O financiamento das despesas do governo pelo sistema de venda de títulos públicos não possui efeitos sobre a taxa de juros.

c) A tributação leva ao aumento da renda disponível para as famílias.

d) Os gastos do governo não são computados entre as despesas agregadas da economia.

e) Quando houver déficit fiscal, o governo irá recorrer ao excesso de poupança do setor privado.

11. **(SUGEP/Economista/Universidade Federal Rural de Pernambuco/2013) - Considere que a Função Consumo de um país é dada por:**

C= 100 +0,75 Y.

Suponha um modelo do tipo Y = C+I+G, onde

Y = renda

C = função consumo keynesiana

I = Investimento

G = Gastos governamentais

Se as despesas governamentais aumentarem em 100 unidades monetárias, a variação na renda de equilíbrio será de:

a) 133

b) 400

c) 57

d) 500

e) 250

12. **(Cespe-UnB/Analista Judiciário – Especialidade: Economista/Tribunal de Justiça do Estado de Rondônia/2012) - Uma economia fechada é descrita pelas seguintes equações: $C = C_0 + 0,85Y^D$; $I = 300$; $G = 500$; $T = 150$, em que C é a função consumo; $C_0 = 400$ é o consumo autônomo; o coeficiente 0,85 representa a propensão marginal ao consumo; Y^D é a renda disponível; I é o investimento autônomo; G são os gastos autônomos do governo; e T é a tributação. Com base nessas informações, assinale a opção correta.**

a) O produto de equilíbrio dessa economia é de 7.150 unidades monetárias.

b) Uma expansão dos gastos do governo em uma unidade monetária trará como efeito a expansão do produto em magnitude inferior a uma unidade monetária, o que demonstra a ineficiência dos gastos do governo.

c) O multiplicador dos gastos autônomos é igual ao multiplicador da tributação, de modo que, se o governo efetuar uma política de expansão dos gastos financiados por aumento na tributação, o efeito final sobre o produto de equilíbrio será nulo.

d) Se o produto potencial dessa economia for de 9 mil unidades monetárias, então a economia estará operando acima do produto potencial.

e) O multiplicador dos gastos do governo é inferior a 1, sendo, portanto, inelástico em relação ao produto.

13. **(Cespe-UnB/Analista Judiciário – Especialidade: Economista/Tribunal de Justiça do Estado de Rondônia/2012) – Keynes, na Teoria Geral do Juro, do Emprego e da Moeda, mensura o produto nacional em termos de unidades de salários, isto é, ele usa a variável PY/w, em que Y representa o produto nacional, P é o nível de preços e w denota o salário nominal. Nesse sentido, assinale a opção correspondente à unidade de mensuração dessa variável.**

a) os bens

b) o tempo

c) o salário real

d) o produto real

e) os trabalhadores

14. **(VUNESP/Economista/Câmara Municipal de Mauá/2012) -** Num modelo keynesiano simples para uma economia fechada em que a propensão marginal a consumir é 0,5, um aumento nos gastos do governo em R$ 120 milhões leva a um aumento do produto de R$ 200 milhões. Isso significa que a carga tributária é

a) 0%.

b) 10%.

c) 20%.

d) 50%.

e) 100%.

15. **(Universidade Estadual do Piauí/Economista/Câmara Municipal de Teresina/2012) -** Suponha o modelo $Y = C + I + G$, e que a propensão marginal a consumir seja igual a 0,75, onde Y = renda; C = função consumo keynesiana; I = Investimento; G = gastos do governo. Se as despesas governamentais aumentarem em 100 unidades monetárias, a variação na renda de equilíbrio será de:

a) 133

b) 400

c) 57

d) 500

e) 250

16. **(Fundação Ajuri/Economista/Prefeitura Municipal de Boa Vista/2012) -** Considere uma economia fechada e com governo, dada por $Y = C + I + G$, onde Y representa a renda e C, I e G, correspondem ao consumo, investimento e gastos públicos, respectivamente. Se a função consumo for do tipo $C = 10 + 0,8\,(Y-T)$ e houver uma variação dos gastos públicos de duas unidades monetárias ($\Delta G = 2$) a renda da economia será acrescida em:

a) 5

b) 10

c) 7,5

d) 4

e) 12

17. **(Instituto Machado de Assis/Economista/Prefeitura Municipal de Campo Maior – Piauí/2012) -** o Modelo Keynesiano para uma economia fechada é representado como $Y = C + I + G$, onde G representa as compras de bens e serviços por parte do Estado, sem incluir os gastos em transferências, como pensões ou seguro-desemprego. Considerando o sistema em equilíbrio e que a Propensão Marginal a Consumir (PMC), em um determinado país Ocidental seja de 0,8, um aumento nos gastos governamentais, da ordem de 100 bilhões, considerando-se todas as demais variáveis constantes, isso resultará em um incremento do PIB da ordem de:

a) 400

b) 500

c) 600

d) 700

18. **(Universidade Federal de Goiás/Economista/Prefeitura de Goiânia/2012) - A macroeconomia keynesiana analisa as decisões de investimento e as decisões de poupança. As decisões de investimento dependem**
    a) das taxas de juros e da velocidade de circulação da moeda.
    b) da eficiência marginal do capital e das expectativas adaptativas.
    c) das taxas de juros e das expectativas racionais.
    d) das taxas de juros e da eficiência marginal do capital.

19. **(Fundação Dom Cintra/Economista/Prefeitura Municipal de Petrópolis/2012) - A característica que se pode inferir da função C = 380 + 0,6 Yd, na qual C é consumo e Yd é a renda disponível, é o(a):**
    a) número associado à Yd pode ser menor que zero;
    b) país poupa $0,60 em cada $1 a mais na renda;
    c) variável Yd é sempre maior que a renda nacional;
    d) inclinação da curva de consumo depende de Yd;
    e) propensão marginal a consumir no país é de $ 0,60.

20. **(Economista/Prefeitura Municipal de Santo Antônio da Platina – Paraná/2012) - De acordo com o pensamento keynesiano, qual alternativa apresenta fatores que contribuem para a elevação do produto real na economia?**
    a) Redução do déficit governamental, tudo o mais constante.
    b) Maiores exportações e menores importações de bens e serviços, menor tributação, enquanto a economia se encontrar em nível abaixo do pleno emprego dos fatores.
    c) Maiores gastos do governo, maior poupança interna e menores níveis de tributação, por induzirem a maior demanda agregada.
    d) Redução de barreiras alfandegárias às importações de bens e serviços.
    e) Redução das exportações de bens e serviços, em razão de provocar aumento na disponibilidade interna de bens e serviços.

21. **(Economista/VALEC Engenharia, Construções e Ferrovias S.A./2012) - Dada uma economia fechada com um consumo autônomo de 250, uma propensão marginal a consumir de 0,75 e uma renda de 2000, a poupança é:**
    a) 0
    b) 250
    c) 400
    d) 500
    e) 750

22. **(Economista/VALEC Engenharia, Construções e Ferrovias S.A./2012) - Uma economia aberta apresenta as seguintes contas:**
    Consumo: C = 500 + 0,8Y, sendo Y = Renda Nacional
    Investimento: I = 700
    Gastos do Governo: G = 400
    Exportações: 600
    Importações: 400 + 0,05Y

A Renda Nacional de equilíbrio é igual a:

a) 1600

b) 1800

c) 2000

d) 2200

e) 2400

23. **(Instituto Superior de Administração e Economia/Economista/Assembleia Legislativa do Estado do Amazonas/2011) - Analise a função consumo composta de consumo autônomo, propensão marginal a consumir dependente da renda corrente e os agregados da demanda agregada, a seguir.**

Consumo autônomo: .... $300 bilhões

Propensão marginal a consumir: 70%

Investimento privado: .... 20% da Renda Nacional

Investimento público: .... R$100 bilhões

Saldo da Balança Comercial: .... –$50 bilhões

Com base nas informações acima, assinale a alternativa que apresente o valor da Renda Nacional (PIB) corrente.

a) $350 bilhões.

b) $665 bilhões.

c) $1.650 bilhões.

d) $2.500 bilhões.

e) $3.500 bilhões.

24. **(Economista/Prefeitura Municipal de Maracanaú/2011) - Keynes refutou os postulados da economia clássica, partindo de algumas críticas básicas, qual das opções não faz parte dessas críticas:**

a) Lei de Say;

b) Flexibilidade dos preços;

c) Demanda de Moeda;

d) Oferta de Moeda;

e) Nenhuma das opções.

25. **(Cespe-UnB/Professor – Gestão Financeira/Instituto Federal de Educação, Ciência e Tecnologia de Brasília/2011) - Com base na teoria keynesiana de determinação da renda (Y) de uma economia conforme os dados abaixo, julgue os itens a seguir:**

Consumo Autônomo	700 reais
Investimento	200 reais
Gastos do Governo	100 reais
Propensão marginal a consumir	0,8

(0) Caso o governo aumente seus gastos em 100%, a renda dessa economia aumentará em 10%.

(1) A função poupança dessa economia é $S(Y) = -1.000 + 0,2Y$.

(2) A renda de equilíbrio dessa economia é de R$ 5.000,00.

26. (Analista do Meio Ambiente – Economista/Universidade do Estado de Mato Grosso/2010) - Em um modelo keynesiano simples, se a propensão marginal a poupar for 20% e houver um aumento de R$ 100 milhões na demanda por investimento, a expansão do produto nacional:

a) será de R$ 200 milhões.

b) será de R$ 500 milhões.

c) não pode ser calculada, pois não se sabe qual a propensão marginal a consumir.

d) não ocorrerá.

e) será de R$ 2 milhões.

27. (Analista do Meio Ambiente – Economista/Universidade do Estado de Mato Grosso/2010) – Dados, para uma economia hipotética aberta e com governo.

C = 10 + 0,8Yd

I = 5 + 0,1Y

G = 50

X = 100

M = 10 + 0,14Y

T = 12 + 0,2Y

Onde:

C = consumo das famílias

Yd = renda disponível

G = gastos do governo

X = Exportação de bens e serviços

M = Importação de bens e serviços

Y = Produto Nacional

T = tributação

Um aumento de 100 unidades monetárias nos gastos do governo, tudo o mais mantido constante, provocaria acréscimo do produto nacional igual a:

a) 100 unidades monetárias.

b) menos que 100 unidades monetárias, porque a tributação também aumentaria.

c) 250 unidades monetárias.

d) 500 unidades monetárias.

e) 1.000 unidades monetárias.

28. (FGV Projetos/Economista/Agência de Fomento do Estado de Santa Catarina S.A./2010) - Uma economia fechada possui as seguintes características:

Consumo: C = 200 + 0,6Y, sendo Y = Renda Nacional

Investimento: I = 400

Gastos do Governo: G = 200

A *renda nacional de equilíbrio* dessa economia é igual a:

a) 800

b) 1280

c) 1333

d) 2000

e) 3200

29. (Fundação Universa/Economista/CEB Distribuição S.A./2010) - Em virtude do equilíbrio macroeconômico de curto prazo, em termos de oferta e de demanda agregadas de bens e serviços, obtém-se a condição de equilíbrio. Com base nesse assunto, calcule o valor do Consumo de Equilíbrio (C*), em uma Economia Aberta, mediante os seguintes dados:

Renda em Equilíbrio (Y*): Y* = 117,9

Função Consumo: C = 10 + 0,8 (Y – T);

Função Investimento (I): I = 10 + 0,2 y;

Função Impostos (T): T = 15 + 0,1y;

Função Importação (M): M = 20 + 0,2y;

Gastos (G): G = 20; e

Exportação (X): X = 25.

a) C*= 85,28
b) C*= 83,52
c) C*= 86,48
d) C*= 82,88
e) C*= 87,56

30. (Fundação Dom Cintra/Economista/Fundação Nacional de Saúde – FUNASA/2010) - Uma economia fechada e com governo possui produto agregado = 1800; consumo agregado = 200 + 0,7Y; e investimento agregado = 300. De acordo com o modelo keynesiano simplificado e para que as autoridades econômicas obtenham um aumento de 10% no produto agregado, o percentual de aumento necessário nos gastos do governo é de:

a) 10%
b) 25%
c) 50%
d) 100%
e) 135%

31. (FEPESE/Economista/Fundação Universidade do Estado de Santa Catarina/2010) - Em um mercado de bens em que a demanda agregada (DA) é dada pela seguinte expressão DA = C + I + G, onde o consumo (C) é função da renda e o investimento (I) e o gasto do governo (G) são autônomos, é correto afirmar que:

a) o multiplicador do investimento é maior do que o multiplicador do gasto do governo.
b) no ponto de equilíbrio, o investimento excede a poupança, indicando o efeito multiplicador.
c) no ponto de equilíbrio, há um excesso de oferta agregada em relação à demanda agregada.
d) o multiplicador do investimento é maior, quanto maior for a propensão marginal a consumir.
e) um aumento do gasto do governo de 100 tem um efeito menor do que 100 sobre o produto de equilíbrio.

32. (PRODGEP/Economista/Fundação Universidade Federal do Acre/2010) - A respeito do princípio da demanda efetiva keynesiano, marque as proposições abaixo com
(V) para verdadeira e (F) para falsa:

( ) Atualiza a chamada Lei de Say, que preconiza que toda oferta gera sua própria demanda;

( ) Os principais componentes da demanda são o consumo e o investimento;

( ) O comportamento da demanda efetiva determina o nível do produto e do emprego na economia;

Portanto, de acordo com a seqüência de cima para baixo, assinale:

a) VVV

b) VVF

c) FFF

d) VFV

e) FVV

---

33. **(PRODGEP/Economista/Fundação Universidade Federal do Acre/2010) - Considerando um modelo keynesiano simples de uma economia fechada sem governo, calcule a renda de equilíbrio da seguinte função consumo: C = 12 + 0,8Y, onde C é o Consumo. Sendo que o investimento inicial I é 22. Resposta:**

a) 250

b) 210

c) 110

d) 170

e) 190

---

34. **(PRODGEP/Economista/Fundação Universidade Federal do Acre/2010) - Em relação ao multiplicador de gastos do modelo keynesiano, pode-se afirmar que:**

I. O multiplicador será tanto maior quanto menor for a propensão marginal a consumir;

II. Os impostos governamentais têm como um de seus efeitos a redução do multiplicador sobre a variação do nível de renda;

III. Numa economia aberta, as importações têm o efeito de aumentar o valor do multiplicador e, consequentemente, impactar positivamente a renda;

Analise as afirmações acima e assinale:

a) Se apenas o item III estiver incorreto.

b) Se apenas os itens I e III estiverem incorretos.

c) Se apenas o item I estiver incorreto.

d) Se apenas o item II estiver incorreto.

e) Se todos os itens estiverem incorretos.

---

35. **(Cespe-UnB/Economista/Ministério da Saúde/2010) – Julgue o item a seguir como verdadeiro ou falso.**

Pelo princípio multiplicador keynesiano, em uma economia fechada com propensão marginal a consumir de 0,8 e a soma do consumo autônomo, do investimento e dos gastos governamentais igual a 1.000, um aumento de 10% nos gastos do governo implicará um aumento de 10% na renda dessa economia.

---

36. **(Fundação Dom Cintra/Economista/Fundação Nacional de Saúde – FUNASA/2010) - Observe as seguintes informações, em unidades monetárias, de uma determinada economia hipotética, aberta e com governo, num determinado período de tempo:**

_ consumo autônomo: 120

_ investimento agregado autônomo: 100

_ gastos do governo: 130

_ exportações autônomas: 60

_ importações autônomas: 30

Considere ainda que $t = m = 0$, onde t é a propensão marginal a tributar e m é a propensão marginal a importar. Caso a propensão marginal a poupar seja igual a 0,2, a renda de equilíbrio equivalerá a:

a) 350

b) 440

c) 475

d) 1.750

e) 1.900

---

37. **(Economista/Universidade Federal da Fronteira do Sul/2014) – Considere V (verdadeiro) e F (falso). Sobre o a propensão marginal a consumir, pode-se afirmar que:**

( ) É a variação esperada no consumo decorrente de uma variação na renda disponível.

( ) Uma propensão marginal a consumir de 0,75 determina que um aumento de R$100 milhões na renda disponível provoca um aumento de R$75 milhões no consumo.

( ) Há um efeito multiplicador entre os gastos do governo e a renda (produto) que funciona por meio da propensão marginal a consumir.

( ) Quanto maior a propensão marginal a consumir menor o efeito multiplicador dos gastos do governo sobre a renda (produto).

A sequência CORRETA, de cima para baixo, é:

a) V, V, V, F.

b) V, F, F, V.

c) F, F, V, V.

d) V, V, V, V.

e) F, F, F, F.

---

38. **(Economista/Universidade Federal de Alfenas/2013) - Em conformidade com o Modelo Keynesiano Simples de demanda agregada com setor externo, qual análise é adequada?**

a) O efeito sobre o nível de produto agregado é nulo ao realizar uma variação dos gastos do governo e dos impostos no mesmo montante e direção.

b) O imposto sobre a renda tem o efeito de estabilizar as flutuações sobre o produto agregado, pois diminui o valor do multiplicador Keynesiano.

c) O aumento da propensão marginal a consumir está associado a uma diminuição da propensão marginal a poupar e do produto de equilíbrio.

d) O produto de equilíbrio da economia é maior e o saldo da balança comercial é menor quanto maior a propensão marginal a importar.

e) O nível de investimento da economia é diretamente correlacionado com o nível da taxa de juros.

---

39. **(Cespe-UnB/Analista Legislativo – Atribuição: Consultor de Orçamento e Fiscalização Financeira/ Câmara dos Deputados/2014) – Julgue o item a seguir como verdadeiro ou falso.**

Conforme o teorema do orçamento equilibrado, a variação do consumo nacional será nula se, com tudo o mais constante, houver aumento do gasto governamental de 10 unidades monetárias, visto que implicará o acréscimo de 10 unidades monetárias em impostos, reduzindo-se proporcionalmente o consumo privado.

40. (Economista/Instituto Federal de Educação, Ciência e Tecnologia Farroupilha/2014) - Observando o Modelo Keynesiano, pode-se afirmar que:

a) Em uma economia fechada com governo, onde o consumo é dado pela expressão C= 100 + 0,8YD e que I=50, enquanto a política fiscal se resume por G=200, TR = 62,5 e t = 0,25, onde C = consumo, YD = renda disponível, G = gastos autônomos, TR = tributos autônomos, I =investimento autônomo, e t = propensão marginal a tributar, o multiplicador será 0,8.

b) Segundo a abordagem Keynesiana, o nível de procura agregada depende da renda, porque a procura varia em função dos preços e estes são acompanhados pela renda nacional.

c) Em uma economia fechada sem governo, se I = I0 e que C = C0 + cY, onde C0 é uma constante a função poupança pode ser expressa por S = C0 +Y(1-c) onde, I= investimento, C= consumo, S = poupança, Y = renda e c = propensão marginal a consumir.

d) Em uma economia fechada com governo, a condição de equilíbrio para o mercado de bens pode ser expressa pela equação Y0 = [1/ 1-c(1-t)](G+cTR +I), onde G(gastos), TR(tributos) e I(investimentos) são considerados autônomos, c é a propensão marginal a consumir, t a propensão marginal a tributar e Y0 é a renda de equilíbrio.

e) Em uma economia fechada com governo, onde o consumo é dado pela expressão C= 50 + 0,8YD e que I=70, enquanto a política fiscal se resume por G=200, TR = 100 e t = 0,20, onde C = consumo, YD = renda disponível, G = gastos autônomos, TR = tributos autônomos, I =investimento autônomo, e t = propensão marginal a tributar, o nível de equilíbrio da renda neste modelo será Y=1000.

41. (AOCP Concursos Públicos/Economista/Companhia de Saneamento de Sergipe – DESO/2013) - As decisões de consumo dependem de muitos fatores. Mas sem dúvida o principal é a renda disponível, quando a renda disponível sobe, as pessoas compram mais bens; quando diminui, compram menos. Assim, assinale a alternativa que apresenta a função consumo linear.

a) C= Y+L

b) L= C + cY

c) Y= c0 + c1CD

d) C= c0 + c1YD

e) C= c0 + c1

42. (IPAD/Economista/Prefeitura Municipal de Caruaru/2012) - Analise cada uma das afirmações abaixo, indicando V quando for verdadeira ou F quando for falsa.

( ) Para neoclássicos, na intermediação financeira, investimento e poupança são determinados simultaneamente, tendo como variável de ajuste a taxa de juros.

( ) Para Keynes, na intermediação financeira investimento e poupança são determinados simultaneamente, sendo a taxa de juros a variável de ajuste.

( ) Para Keynes o investimento era o fator preponderante na determinação da renda e da poupança.

( ) A poupança é um pré-requisito para o investimento.

( ) As decisões de consumir e de poupar dependem unicamente da renda.

A sequência correta, de cima para baixo é:

a) F, V, V, F, V.

b) V, F, V, F, F.

c) V, V, F, V, F.

d) V, V, F, F, F.

e) F, F, V, V, F.

43. **(MAKIYAMA/Economista/Eletrobrás Distribuição Acre/2011) - Alterações da política fiscal que estimulam a demanda agregada quando a economia entra em recessão sem que os formuladores de políticas econômicas tenham que tomar qualquer ação deliberada são chamados:**

a) Estabilizadores de oferta.

b) Estabilizadores automáticos.

c) Estabilizadores de demanda.

d) Estabilizadores de crédito.

e) Nenhuma das alternativas citadas acima está correta.

---

44. **(Fundação Sousândrade/Economista/Secretaria de Ciência e Tecnologia/Governo do Estado de Goiás/2010) - No modelo clássico para determinação do produto, os preços são considerados como perfeitamente flexíveis. No modelo keynesiano extremo, os preços são completamente rígidos. Em decorrência desses pressupostos, pode-se afirmar que**

a) no caso clássico, o nível do produto é determinado pelo estoque de fatores de produção e pela tecnologia, enquanto que no caso keynesiano é a demanda que determinará o nível do produto.

b) no caso clássico, a demanda determinará o nível do produto, enquanto que no caso keynesiano o nível do produto é determinado pelo estoque dos fatores de produção.

c) tanto no caso clássico quanto no keynesiano, o nível do produto é determinado exclusivamente pelo estoque dos fatores de produção e pela tecnologia.

d) tanto no caso clássico quanto no keynesiano, o nível do produto é determinado exclusivamente pela demanda.

e) nos casos clássico e keynesiano, o nível do produto é indeterminado.

---

45. **(Fundação Sousândrade/Economista/Secretaria de Ciência e Tecnologia/Governo do Estado de Goiás/2010) - Para Keynes, os trabalhadores, por não possuírem qualquer tipo de controle sobre os salários reais, lutam por salários nominais, e, dado o nível de emprego,**

a) o salário nominal sempre se ajustará para superar a produtividade marginal do trabalho e elevar a massa salarial.

b) o salário nominal se ajustará à produção total de tal forma que o salário real será constante.

c) o salário real aumentará ou diminuirá sempre na mesma proporção da variação do salário nominal.

d) o salário real variará na direção inversa à da variação da produtividade marginal do trabalho, não tendo qualquer relação com o volume da massa salarial.

e) o salário real se ajustará para igualá-lo à produtividade marginal do trabalho compatível com o referido emprego, definindo, dessa forma o volume da massa salarial.

---

46. **(Fundação Sousândrade/Economista/Secretaria de Ciência e Tecnologia/Governo do Estado de Goiás/2010) - Para Keynes, a eficiência marginal do capital é fundamental, juntamente com a taxa de juro, para a determinação**

a) do volume dos novos investimentos, sem qualquer influência no emprego.

b) do volume dos novos investimentos e do emprego, dada a propensão a consumir.

c) do volume do emprego, dada a propensão a poupar.

d) do volume dos novos investimentos e da depreciação.

e) da propensão a consumir, mantendo-se inalterados os níveis do emprego e da renda.

47. (Instituto de Planejamento e Apoio ao Desenvolvimento Tecnológico e Científico – IPAD/Analista de Gestão – Economista/Companhia Pernambucana de Saneamento – COMPESA/2009) – Com base nas informações abaixo relativas a uma economia com governo e sem comércio exterior, responda essa questão e a questão 68 a seguir.

• Y = C + I + G, onde Y (produto), C (consumo), I (investimento) e G (gastos do governo)

• A função consumo é dada por $C = 120 + 0,75Yd$, onde dY representa a renda disponível

• A alíquota do imposto de renda é 20%

• O investimento é $ 50

• Os gastos do governo importam em $ 80

• As transferências do governo importam em $ 20

Para esta economia o multiplicador de renda é

a) 2,50

b) 3,00

c) 2,00

d) 1,25

e) 2,75

48. (Instituto de Planejamento e Apoio ao Desenvolvimento Tecnológico e Científico – IPAD/Analista de Gestão – Economista/Companhia Pernambucana de Saneamento – COMPESA/2009) – Se a renda variar $ 300, mantido constante investimento e gastos do governo, então as transferências deveriam variar

a) $ 150

b) $ 155

c) $ 160

d) $ 165

e) $ 170

49. (Planejamento e Execução IESES/Analista Judiciário – Economista/Tribunal de Justiça do Estado do Maranhão/2009) – Sobre o multiplicador da renda, é correto afirmar que:

a) O multiplicador da renda mostra quanto uma elevação no gasto autônomo eleva o nível de equilíbrio da renda.

b) Multiplicador da renda mostra quanto uma elevação na taxa de câmbio eleva o nível de equilíbrio da renda.

c) Multiplicador da renda mostra quanto uma elevação na taxa de juros eleva o nível de equilíbrio da renda.

d) O multiplicador da renda mostra quanto uma elevação no gasto autônomo reduz o nível de equilíbrio da renda.

50. (Planejamento e Execução IESES/Analista Judiciário – Economista/Tribunal de Justiça do Estado do Maranhão/2009) – Sobre a função Consumo é correto afirmar que:

a) Quanto maior a propensão marginal a consumir maior a taxa de poupança na economia.

b) Quanto maior a propensão marginal a consumir, menor o multiplicador da renda.

c) Quanto maior a propensão marginal a consumir, maior o multiplicador da renda.

d) Quanto maior a propensão marginal a consumir maior o consumo autônomo das famílias.

51. **(Cespe-UnB/Fiscal de Receita Estadual/Secretaria de Estado da Fazenda – Acre/2009) – Considerando que o conhecimento das relações funcionais entre variáveis econômicas é relevante para que se possa atuar sobre elas, aplicando os instrumentos de política econômica, e tendo em vista a análise comparativa das funções consumo e poupança, em nível agregado, assinale a opção correta.**

   a) A propensão marginal a consumir é crescente em relação ao aumento da renda.

   b) A um dado nível de renda, se a propensão média a consumir for de 0,75, a propensão média a poupar será de 0,25.

   c) Os consumidores de países mais ricos apresentam propensão média a consumir maior que a dos consumidores de países mais pobres, e propensão marginal a poupar menor que a dos países mais pobres.

   d) O consumo autônomo diminui com o aumento da renda.

52. **(ESAF/Analista de Finanças e Controle/STN/2013) - Considere o modelo keynesiano básico para uma economia fechada e sem governo. Admitindo que a economia esteja em equilíbrio a tal ponto que uma elevação de 50 unidades monetárias no investimento provoca um aumento de 250 unidades monetárias no produto, nesse caso:**

   a) a propensão marginal a consumir é de 0,8.

   b) a propensão marginal a poupar é de 0,8.

   c) o multiplicador keynesiano é de 0,2.

   d) o multiplicador keynesiano é de 2.

   e) a propensão média a consumir é de 0,8.

Considere as informações a seguir para responder às questões de números 02 e 03:

Um modelo keynesiano simples para uma economia fechada é representado pelas seguintes funções:

C = 200 + 0,8 Yd

I = 600

G = T = 800

Onde:

C = Consumo Agregado

Yd = Renda Disponível

I = Investimento

G = Gastos do Governo

T = Tributação

53. **(VUNESP/Agente Técnico – Economista/Ministério Público do Estado do Espírito Santo/2013) - A renda de equilíbrio dessa economia é**

   a) 4.000.

   b) 4.200.

   c) 4.800.

   d) 3.600.

   e) 3.800.

54. (VUNESP/Agente Técnico – Economista/Ministério Público do Estado do Espírito Santo/2013) - Se a renda de equilíbrio correspondente ao nível de pleno emprego da mão de obra dessa economia for 6.000, o aumento dos gastos do governo que permitiria que ela fosse alcançada seria

a) 400.

b) 240.

c) 1.200.

d) 200.

e) 180.

55. (VUNESP/Analista – Nível I – Economia/CEAGESP/2010) - Em um modelo keynesiano simples para uma economia fechada, a propensão marginal a consumir é 0,8 e a carga tributária é 25%. Um aumento nos gastos do governo de $ 100 levará a um aumento do produto de

a) R$ 100.

b) R$ 150.

c) R$ 200.

d) R$ 250.

e) R$ 300.

56. (ESAF/Fiscal de Rendas/Prefeitura Municipal do Rio de Janeiro/2010) - A partir de um modelo keynesiano simplificado, fechado e sem governo, podemos dizer que, quando a produção está acima do equilíbrio macroeconômico,

a) a produção supera a demanda.

b) há excesso de demanda por bens.

c) há excesso de oferta de moeda.

d) o investimento equivale à poupança.

e) a taxa de juros da economia deve cair.

57. (Cetro Concursos Públicos/Auditor Fiscal Tributário Municipal/Prefeitura do Município de São Paulo/2014) - Com relação ao modelo keynesiano simples de determinação da renda, assinale a alternativa correta.

a) O princípio de demanda efetiva keynesiano baseia-se na hipótese de flexibilidade de preços.

b) Para Keynes, o consumo cresce proporcionalmente menos que a renda, pois os indivíduos de rendas elevadas têm o hábito de poupar uma proporção maior de suas rendas. Essa relação conduz a uma situação de instabilidade econômica, caracterizada por níveis aviltados de renda e índices elevados de desemprego. Nessa situação, o governo deveria incentivar importações, de modo a aumentar a renda de equilíbrio.

c) No modelo keynesiano com consumo e investimento, o investimento é uma variável dependente da renda.

d) Se a função consumo for $C = 280 + 0,76Y$, o investimento $I = 360$, o gasto público $G = 517$ e a tributação $T = 0,25Y$, o multiplicador do gasto será 1.500.

e) Se o nível de produção se encontra além da posição de equilíbrio, mas aquém do nível de pleno emprego, as empresas acumularão estoques indesejados, o que levará a economia a se afastar ainda mais da posição de pleno emprego.

58. (Fundação Carlos Chagas/Analista Legislativo/Assembleia Legislativa do Estado de Pernambuco/2014) - No Modelo Keynesiano, para uma economia fechada, o

a) efeito multiplicador de uma elevação dos gastos do governo será tanto maior quanto menor a propensão marginal a consumir.

b) efeito multiplicador de uma elevação dos gastos do governo será tanto menor quanto menor a propensão marginal a poupar.

c) efeito multiplicador de uma redução da tributação é menor que o efeito multiplicador do aumento dos gastos do governo de igual valor.

d) nível de renda de pleno emprego só será atingido se uma das despesas autônomas for elevada em montante igual ao hiato entre a renda atual e a renda de pleno emprego.

e) fato da tributação ser autônoma ou função da renda é irrelevante para a determinação da magnitude do multiplicador dos gastos do governo.

Para responder às questões 08 e 09, considere as afirmações abaixo:

Em uma economia fechada e sem governo, são dados:

I. a função consumo, pela equação $C = 40 + (3/4)Y$, em que Y é o nível de renda;

II. o nível de investimento autônomo igual a 60; e

III. o produto de pleno emprego igual a 600.

---

59. (Instituto Federal de Educação, Ciência e Tecnologia – Paraíba/Professor Efetivo de Ensino Básico, Técnico e Tecnológico/2014) - Qual o valor do multiplicador keynesiano de investimentos?

a) 3/4

b) 1,33

c) 3

d) 4

e) 4/3

---

60. (Instituto Federal de Educação, Ciência e Tecnologia – Paraíba/Professor Efetivo de Ensino Básico, Técnico e Tecnológico/2014) - A variação do nível de investimento necessária para que a economia esteja equilibrada com pleno emprego será:

a) 80

b) 200

c) 266

d) 400

e) 50

---

61. (Centro de Seleção UFG/Técnico em Planejamento, Orçamento e Finanças – Economia/2014) – Considere um modelo simplificado de uma economia aberta e com governo, com função de demanda agregada dada por $DA = C + I + G + X - M$ e a função de consumo das famílias dada por $C = 20 + 0,75Y_d$. O termo "DA" corresponde à demanda agregada, "C" ao consumo das famílias, "I" ao investimento realizado pelas firmas; "G" aos gastos do governo; X, às exportações; M, às importações e Y_d à renda disponível. Agora, leve em conta as seguintes informações: $I = 20$, $G = 25$, $X = 30$, $M = 15$ e $T = 20$. Na situação dada, qual é a renda de equilíbrio (y^*)?

a) $y^* = 260$

b) $y^* = 320$

c) $y^* = 60$

d) $y^* = 80$

62. **(FGV Projetos/Economista/Companhia Pernambucana de Saneamento – COMPESA/2014) - Seja o modelo keynesiano simples, e os seus seguintes componentes:**

Produto Real = 100.

Consumo = 50.

Investimento Voluntário = 30.

Logo, o investimento involuntário será igual a

a) 0, sem acúmulo de estoques.

b) 80, pois há excesso de oferta agregada.

c) 50, pois há excesso de oferta agregada.

d) 20, pois há excesso de demanda agregada.

e) 20, pois há excesso de oferta agregada.

63. **(Consulplan/Economista/Companhia Docas do Rio Grande do Norte – CODERN/2014) - Admitindo-se que uma unidade familiar dispõe de um consumo autônomo estimado em R$ 800,00 e uma propensão marginal a consumir igual a 0,80, assinale a função poupança estimada dessa família.**

a) S = 800 + 0,2y.

b) S = 800 + 0,3y.

c) S = – 800 – 0,2y.

d) S = – 800 + 0,2y.

e) S = – 800 + 0,3y.

64. **(Vunesp/Economista/Agência de Desenvolvimento Paulista – Desenvolve SP/2014) - Em um modelo keynesiano simples para uma economia fechada, um aumento nos gastos do governo em $100 faz com que a renda aumente em $250. Se o total de impostos representa 20% da renda, a propensão marginal a poupar é:**

a) 20%.

b) 25%.

c) 40%.

d) 50%.

e) 75%.

65. **(Instituto Federal de Educação, Ciência e Tecnologia Farroupilha/2014) - Quanto aos multiplicadores da Demanda Agregada (DA) é incorreto afirmar que:**

a) O efeito multiplicador das despesas governamentais expande o nível de renda mais que o multiplicador de tributos a reduz.

b) Como o multiplicador líquido do orçamento equilibrado é igual à unidade, significa que o acréscimo final sobre o nível de renda equivale à magnitude do gasto governamental (G), quando gasto governamental for igual aos tributos (G = T).

c) A função consumo relaciona os gastos com consumo à renda. O consumo aumenta com a renda. A renda que não é consumida é poupada, de modo que a função poupança pode ser derivada da função consumo. O multiplicador por sua vez, é o volume pelo qual uma variação de $1 nos gastos autônomos faz variar o nível de produção. Quanto maior a propensão marginal a consumir, mais baixo é o multiplicador.

d) Multiplicador do investimento é um coeficiente (número) associado à variação dos investimentos que determina a magnitude de variação no nível da renda nacional e pode ser expressa por $K = 1/(1-c_1)$, onde K é o multiplicador e c1 é a Propensão Marginal a Consumir.

e) Supomos uma economia fechada sem governo, onde o equilíbrio é representado pela equação $Y = C + I$, onde a função consumo é dada por $C = 100 + 0,5Y$, enquanto o investimento é representado por $I = 50+0,3Y$, o multiplicador para essa economia será 5(cinco).

66. (Instituto Federal de Educação, Ciência e Tecnologia Farroupilha/2014) - A equação de equilíbrio para uma economia onde o equilíbrio é dado pela equação Y = C + I + G, ou seja, uma economia fechada com governo, onde: C = Co + cY; I = Io +Iy e G = Go +gY, e c_1 = propensão marginal a consumir, i_1=propensão marginal a investir e g_1=propensão marginal a gastar do governo, poderá ser expressa por:

a) $Y^e = [1/(1-c_1)](c_0 -c_1 T+ I +G)$

b) $Y^e = [1/(1-c_1)](c_0 + I_0 +G_0)$

c) $Y^e = [1/(1- c_1 - i_1 - g_1)](C_0 -c_1 T+ I_0 +G_0)$

d) $Y^e = [1/(1-c_1 -i_1)](C_0 + I_0 +G)$

e) $Y^e = [1/(1-c_1 - i_1 - g_1)](C_0 + I_0 +G_0)$

67. (FGV Projetos/Técnico Superior Especializado em Economia/Defensoria Pública Geral do Estado do Rio de Janeiro/2014) - Considere o modelo keynesiano com consumo e investimento com as seguintes expressões:

Consumo autônomo = 200

Propensão Marginal a consumir = 0,5

Investimento = 100

A renda de equilíbrio dessa economia será igual a:

a) 600.

b) 400.

c) 300.

d) 200.

e) 100.

68. (VUNESP/Agente Técnico – Economista/Ministério Público do Estado do Espírito Santo/2013) - É correto afirmar que, segundo a teoria keynesiana de determinação da renda:

a) o investimento é uma função crescente da taxa de juros.

b) o consumo é uma função crescente da taxa de juros.

c) as variações no volume de investimentos da economia não impactam a demanda agregada.

d) o consumo é uma função crescente da renda da economia.

e) a propensão marginal a consumir é geralmente superior à propensão média a consumir.

69. (IADES/Analista Administrativo – Economia/Empresa Brasileira de Serviços Hospitalares/Hospitais Universitários Federais/2013) – Sobre os conceitos de consumo e poupança, em uma propensão marginal a consumir menor que 1 (um), assinale a alternativa correta.

a) Quanto maior o nível de renda maior será o consumo do indivíduo e, consequentemente, menor será sua poupança.

b) Com taxas de juros mais altas, os indivíduos têm maior estímulo à poupança, possibilitando o aumento do consumo presente.

c) Um aumento de 100 unidades monetárias na renda do indivíduo causará um aumento no consumo menor que 100 unidades monetárias.

d) Uma diminuição da riqueza dos indivíduos, mantendo-se constante o nível de renda, não afetará o consumo.

e) O consumo varia positivamente com a taxa de juros.

70. (IADES/Analista Administrativo – Economia/Empresa Brasileira de Serviços Hospitalares/Hospitais Universitários Federais/2013) – Dada a função consumo C = 500 + 0,75Y_d, onde Y_d é a renda disponível. Para uma renda Y_d = $ 2.000, a poupança dessa economia é:

a) $ -500.

b) $ 0.

c) $ 500.

d) $ 1.500.

e) $ 2.500.

71. (IADES/Analista Administrativo – Economia/Empresa Brasileira de Serviços Hospitalares/Hospitais Universitários Federais/2013) – A poupança agregada de uma economia é dada por:

S = Y – (A + bY), onde:

S = poupança agregada

Y (renda nacional) = $ 2.000

A (consumo autônomo) = $ 100

b (propensão marginal a consumir) = 0,7

O consumo dessa economia é

a) $ 100.

b) $ 500.

c) $ 1.000.

d) $ 1.400.

e) $ 1.500.

GABARITO DO CAPÍTULO 6

01 – A	12 – A	23 – E	34 – B	45 – E	56 – A	67 – A
02 – C	13 – E	24 – D	35 – V	46 – B	57 – E	68 – D
03 – D	14 – C	25 - (0) V, (1) V, (2) V	36 – E	47 – B	58 – C	69 – C
04 – C	15 – B	26 – B	37 – A	48 – B	59 – D	70 – B
05 – D	16 – B	27 – C	38 – B	49 – A	60 – E	71 – E
06 – E	17 – B	28 – D	39 – F	50 – C	61 – A	
07 – D	18 – D	29 – D	40 – D	51 – B	62 – E	
08 – C	19 – E	30 – E	41 – D	52 – A	63 – D	
09 – D	20 – E	31 – D	42 – B	53 – C	64 – B	
10 – E	21 – B	32 – E	43 – B	54 – B	65 – C	
11 – B	22 – E	33 – D	44 – A	55 – D	66 – E	

Capítulo 7

Modelo IS-LM

1. Exercícios Resolvidos de Concursos Públicos

1.1. Exercícios Resolvidos do Tipo "Múltipla Escolha"

01. **(Cetro/Economista/Ministério das Cidades/2013-Adaptada) - Com relação à demanda de moeda, marque V para verdadeiro ou F para falso e, em seguida, assinale a alternativa que apresenta a sequência correta.**

(i) A demanda de moeda, para os clássicos, não contemplava o motivo precaução.

(ii) A principal diferença entre a teoria clássica e a teoria keynesiana é o motivo especulação.

a) V/ F

b) F/ V

c) F/ F

d) V/ V

Solução:

A resposta é a letra "b". O item (i) é falso porque a demanda por moeda, para os economistas clássicos, era apenas para fins de transação ou precaução. O item (ii) é verdadeiro pois só existe demanda especulativa por moeda para Keynes, para os clássicos não existe demanda especulativa por moeda, ou seja, para os clássicos não existe encaixes monetários ociosos, para os clássicos não é racional reter moeda a não ser por motivo transacional ou precaucional.

02. **(Fundação Cesgranrio/Economista/CEFET/2014) - Considere o modelo macroeconômico IS/LM, representando uma economia fechada. Nesse modelo, a política fiscal expansionista é impotente, no sentido de não conseguir estimular a renda, o produto e o emprego na economia, se a**

a) demanda por moeda for totalmente inelástica em relação à taxa de juros.

b) demanda por moeda for totalmente elástica em relação à taxa de juros.

c) situação de armadilha da liquidez prevalecer.

d) política monetária expansionista for impotente para estimular a economia.

e) rigidez de preços e salários nominais for elevada.

Solução:

A resposta é a letra "a", pois trata-se do modelo clássico, em que a demanda por moeda é totalmente inelástica em relação à taxa de juros. Nesse caso, a curva LM é vertical, assim como a política fiscal é inócua, isto é, a política fiscal não afeta a produção e o emprego.

---

03. **(SESI PAJUÇARA/Economista/Prefeitura Municipal de Maracanaú/2011) - O modelo IS – LM que mostra a interligação entre o setor monetário e o setor real da economia, possui como variáveis exógenas, exceto:**

a) Demanda por moeda;

b) Oferta de moeda;

c) Impostos;

d) Gastos públicos;

e) Nível de preço.

Solução:

A resposta é a letra "a", pois a demanda por moeda é endógena no modelo IS-LM, sendo feita pelos agentes econômicos: famílias, firmas, governo e setor externo. As famílias e as firmas precisam de moeda para fazer seus pagamentos, manter encaixes monetários preventivos ou para especular. O governo precisa de dinheiro para financiar seus gastos e o setor externo precisa de moeda nacional para investir e adquirir bens produzidos no país. Assim todos os agentes demandam moeda. Os demais itens referem-se às variáveis exógenas no modelo IS-LM.

---

04. **(Fundação Cesgranrio/Analista do Banco Central do Brasil/2010) – Entre as várias ações do Banco Central que resultam numa política monetária expansionista, NÃO se encontra a**

a) compra de moeda estrangeira no mercado cambial.

b) compra de títulos federais no mercado aberto.

c) venda de títulos federais no mercado aberto.

d) redução do percentual de recolhimento compulsório dos bancos ao Banco Central.

e) redução da taxa de juros dos empréstimos de liquidez do Banco Central aos bancos.

Solução:

A resposta é a letra "C", pois venda de títulos federais no mercado aberto representa uma medida de política monetária restritiva. Por outro lado, uma política monetária expansiva (aumento da oferta monetária e/ou redução do nível de preços) desloca a curva LM para a direita e para baixo, aumentando o nível de renda e reduzindo a taxa de juros. O aumento da oferta monetária pode ocorrer devido a: (i) Compra de títulos governamentais pelo Banco Central no mercado de capitais; (ii) Diminuição da taxa de redesconto paga pelo Banco Central; (iii) Diminuição dos depósitos compulsórios dos bancos comerciais; (iv) Aumento dos limites quantitativos do redesconto que pode ser efetuado pelo Banco Central.

05. (Fundação Cesgranrio/Economista Jr. – Sociedade Fluminense de Energia Ltda/2009) – O gráfico abaixo mostra as curvas IS e LM para certa economia.

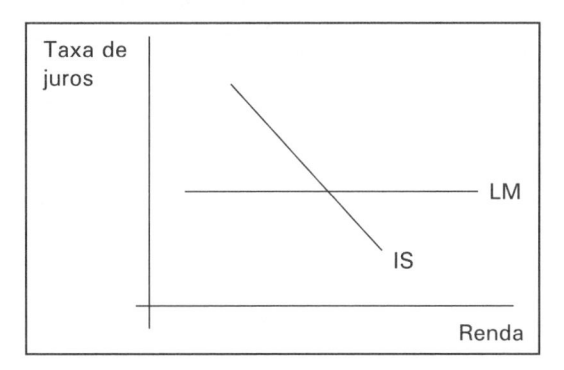

Afirma-se que, neste caso,

a) há uma situação de armadilha da liquidez.

b) o gráfico ilustra a neutralidade da moeda.

c) a inclinação da curva IS no gráfico está errada.

d) a política fiscal seria impotente para estimular a economia.

e) a política monetária seria potente para estimular a economia.

Solução:

A resposta é a letra "A". Na **Armadilha da Liquidez (Trecho Horizontal ou Keynesiano da LM),** a economia apresenta um cenário de grande liquidez e baixas taxas de juros. A demanda de moeda para fins especulativos tornar-se infinitamente elástica em relação à taxa de juros, fazendo com que a curva LM também o seja. Características da Armadilha da Liquidez: (i) A curva LM é horizontal; (ii) A demanda por moeda é infinitamente elástica à taxa de juros: a elasticidade da demanda por moeda em relação à taxa de juros (d) é infinita; (iii) Só existe demanda especulativa da moeda: a área keynesiana da curva LM é justificada pelo fato de que a taxa de juros é tão baixa que qualquer aumento na oferta de moeda, tudo o mais constante, é todo canalizado para a demanda de moeda, sendo incapaz de contribuir para o aumento do produto e da renda. Ou seja, é uma situação em que a taxa de juros encontra-se em um nível tão baixo que qualquer ampliação na oferta de moeda será retida pelo público, mesmo sem alteração na taxa de juros. Keynes sugeriu que este caso poderia ser aplicado na Grande Depressão da década de 1930.

06. (ESAF/Analista de Finanças e Controle/STN/2008) - Assim entendida como a atuação do governo no que diz respeito à arrecadação de impostos e aos gastos públicos, a política fiscal possui como objetivos, exceto:

a) prestação de serviços públicos (atendimento de necessidades da comunidade).

b) redistribuição de renda (bem-estar social).

c) estabilização econômica, que corresponde ao controle da demanda agregada (C+I+G+X-Z) no curto prazo.

d) promoção do desenvolvimento econômico, que corresponde ao estímulo da oferta agregada.

e) controle da moeda nacional em relação a outras moedas.

Solução:

A resposta é a letra "e". O controle da moeda nacional em relação a outras moedas é um dos objetivos da política monetária, e não da política fiscal.

07. **(Pontifícia Universidade Católica do Paraná/Economista/Defensoria Pública do Estado do Paraná/2012) - Com relação a um caso especial do Modelo IS-LM, a ocorrência da armadilha de liquidez, é CORRETO afirmar que:**
   a) A execução de uma política fiscal expansionista deixa de estimular a economia, pois perde a capacidade de influenciar a taxa de juros.
   b) A execução de uma política monetária expansionista deixa de estimular a economia, pois perde a capacidade de influenciar a taxa de juros.
   c) A execução de uma política fiscal expansionista passa a ser a única opção para o governo reduzir a taxa de juros e estimular a economia.
   d) A execução de uma política fiscal contracionista passa a ser a única opção para o governo reduzir a taxa de juros e estimular a economia.
   e) A execução de uma política fiscal contracionista deixa de desestimular a economia, pois perde a capacidade de influenciar o nível de renda da economia.

Solução:

Letra "b". Quando ocorre a armadilha de liquidez, a política monetária deixa de exercer efeitos sobre a taxa de juros e o nível de renda. Neste caso, então, resta ao governo utilizar uma política fiscal expansionista para estimular a economia, pois apenas a política fiscal poderá seguir influenciando o nível de renda da economia. Como a curva LM será, neste caso, horizontal, a influência da política fiscal será apenas sobre a renda, não alterando o nível da taxa de juros.

08. **(Pontifícia Universidade Católica do Paraná/Economista/Defensoria Pública do Estado do Paraná/2012) - Com relação à configuração padrão do Modelo IS-LM, é CORRETO afirmar que:**
   a) A execução de uma política fiscal expansionista provoca uma elevação na taxa de juros e uma redução na renda; a execução de uma política monetária expansionista provoca uma redução na taxa de juros e uma redução na renda.
   b) A execução de uma política fiscal expansionista provoca uma redução na taxa de juros e uma redução na renda; a execução de uma política monetária contracionista provoca uma elevação na taxa de juros e uma redução na renda.
   c) A execução de uma política fiscal expansionista provoca uma elevação na taxa de juros e uma elevação na renda; a execução de uma política monetária contracionista provoca uma elevação na taxa de juros e uma redução na renda.
   d) A execução de uma política fiscal contracionista provoca uma redução na taxa de juros e uma redução na renda; a execução de uma política monetária expansionista provoca uma elevação na taxa de juros e uma elevação na renda.
   e) A execução de uma política fiscal contracionista provoca uma elevação na taxa de juros e uma redução na renda; a execução de uma política monetária contracionista provoca uma elevação na taxa de juros e uma redução na renda.

Solução:

Letra "c". Os efeitos de uma política fiscal expansionista são a ampliação da renda e da taxa de juros; pode ser visto, ainda, que uma política monetária contracionista, no mesmo modelo, acarreta uma elevação da taxa de juros e uma queda na renda.

09. (FGV/Fiscal de Rendas/SEFAZ-RJ/2008) - Suponha que as seguintes equações descrevam o comportamento da economia no curto prazo:

$C = 0,8(1 - t)Y$

$t = 0,25$

$I = 900 - 50i$

$G = 800$

$L = 0,25Y - 62,5i$

$M/P = 500$

Notação: C é o consumo agregado, t é a taxa de imposto sobre a renda, Y é a renda, I é o investimento privado, i é a taxa de juros, G é o gasto do governo, L representa a demanda por moeda e M/P é a oferta de moeda. Dessa forma, pode-se afirmar que a renda de equilíbrio nessa economia será:

a) 1.500.

b) 2.000.

c) 2.500.

d) 3.500.

e) 3.000.

Solução:

A resposta é a letra "D". Em primeiro lugar, na curva LM o equilíbrio no mercado monetário é dado igualando as equações de demanda e de oferta monetária para se obter a expressão da taxa de juros:

$$L = \frac{M}{p} \Rightarrow 0,25Y - 62,5i = 500 \Rightarrow 62,5i = 0,25Y - 500 \Rightarrow i = \frac{0,25Y - 500}{62,5}$$

$$\Rightarrow i = \frac{0,25}{62,5}Y - \frac{500}{62,5} \Rightarrow i = 0,004Y - 8$$

A nova expressão do consumo é obtida substituindo a taxa de imposto sobre a renda na equação do consumo:

$C = 0,8(1 - 0,25)Y \Rightarrow C = 0,8(0,75)Y \Rightarrow C = 0,6Y$

A nova expressão dos investimentos é obtida substituindo a expressão da taxa de juros na equação do investimento:

$I = 900 - 50i \Rightarrow I = 900 - 50(0,004Y - 8) \Rightarrow I = 900 - 0,2Y + 400 \Rightarrow I = 1.300 - 0,2Y$

Na curva IS, a renda de equilíbrio dessa economia será:

$Y = C + I + G + X - M \Rightarrow Y = 0,6Y + 1.300 - 0,2Y + 800 + 0 - 0 \Rightarrow Y = 0,4Y + 2.100$

$$\Rightarrow Y - 0,4Y = 2.100 \Rightarrow 0,6Y = 2.100 \Rightarrow Y = \frac{2.100}{0,6} \Rightarrow Y_E = 3.500$$

10. (Fundação Cesgranrio/Economista/EPE/2006) - A demanda real de moeda de uma economia se expressa por *M/P = 0,4Y – 40r* em que Y iguala a renda real e r, a taxa de juros. A curva IS é dada por *Y = 1000 – 350r*. Considerando que a renda de equilíbrio desta economia é igual a 611,11 e que o nível geral de preços é igual a 1, o valor da oferta de moeda necessária para que se atinja essa renda de equilíbrio é igual a:

a) 200

b) 300

c) 400

d) 500

e) 600

Solução:

O gabarito divulgado pela Fundação Cesgranrio indicava a alternativa "D" como a correta. Entretanto, conforme as demonstrações abaixo transcritas, a resposta da questão é a letra "A".

Na curva IS, a taxa de juros de equilíbrio dessa economia será:

$$Y = 1.000 - 350r \Rightarrow 611,11 = 1.000 - 350r \Rightarrow 350r = 1.000 - 611,11 \Rightarrow 350r = 388,89$$

$$r = \frac{388,89}{350} \Rightarrow r_E \cong 1,11$$

Na curva LM o equilíbrio no mercado monetário é dado igualando as equações de demanda e de oferta monetária, de modo que se obtém a oferta de moeda necessária para se atinja a renda de equilíbrio:

$$\frac{M}{P} = 0,4Y_E - 40r_E \Rightarrow \frac{M}{1} = 0,4(611,11) - 40(1,11) \Rightarrow M = 244,44 - 44,44 \Rightarrow M = 200$$

Prova:

$$200 = 0,4Y_E - 40(1,11) \Rightarrow 0,4Y_E = 200 + 44,4 \Rightarrow Y_E = \frac{244,44}{0,4} \Rightarrow Y_E = 611,11$$

11. (NCE-RJ/Economista/SESPA/PA/2006) - Aceitando-se a teoria quantitativa da moeda *MV = PY*, na qual *M* indica a quantidade de moeda, *V*, a velocidade renda da moeda, *P*, o nível de preços, *Y*, a renda, e supondo *V* constante, a curva de LM desenhada com taxa de juros no eixo das ordenadas e a renda no eixo das abscissas será:

a) positivamente inclinada;

b) negativamente inclinada;

c) horizontal;

d) vertical;

e) parte com inclinação positiva e parte com inclinação negativa.

Solução:

A resposta é a letra "D". Se o equilíbrio de uma economia ocorre numa situação extrema de escassez de liquidez, a economia está na chamada zona clássica da função LM ou LM vertical. Assim, no **Modelo Clássico**, temos as seguintes características: (i) A curva LM é vertical; (ii) A demanda por moeda é perfeitamente inelástica, insensível, à taxa de juros, isto é, a demanda de moeda independe da taxa de juros; (iii) Não existe demanda especulativa por moeda; (iv) A elasticidade da demanda de moeda em relação à taxa de juros é nula ($d = 0$); (v) Prevalece a Teoria Quantitativa da Moeda (a velocidade-renda da moeda é constante).

---

12. (NCE/UFRJ – Economista/Eletronorte 2006) - De acordo com a teoria macroeconômica neo-keynesiana, os seguintes elementos determinariam o nível de investimento autônomo:

a) expectativas (racionais) e nível de poupança;

b) gastos públicos e nível de transferências;

c) nível de consumo agregado e taxação;

d) eficiência marginal do capital e taxa de juros;

e) nível de investimento pregresso e nível de renda.

Solução:

A resposta é a letra "d". A **eficiência marginal do capital (EMC)** é a taxa que iguala a somatória do valor presente dos rendimentos esperados de um bem de capital a seu preço de oferta, e é usada como um critério de decisão para se efetuar um investimento. Se a EMC for superior à taxa de juros do mercado, é racional para a firma realizar o investimento (compra do bem de capital). Por outro lado, se a EMC for inferior à taxa de juros de mercado, não é vantajoso para a firma investir.

---

13. (Fundação Cesgranrio/Analista Economista/MP/RO/2005) - O efeito *crowding-out* ou efeito deslocamento total decorre da:

a) expansão dos gastos públicos, mantendo-se inalterado o produto.

b) expansão monetária, mantendo-se inalterado o investimento privado.

c) desvalorização da taxa de câmbio, mantendo-se inalterada a oferta de moeda.

d) redução da taxa de juros, mantendo-se inalterados os gastos públicos.

e) redução dos gastos públicos, mantendo-se inalterado o investimento privado.

Solução:

A resposta é a letra "a". O efeito-deslocamento ou *crowding-out* resulta da interferência do governo via política fiscal (por exemplo, aumento dos gastos públicos), retirando recursos do setor privado e diminuindo, assim, a participação dos investimentos privados.

---

14. (Fundação Cesgranrio/Economista/MP/RO/2005) – O efeito *crowding-out* ou efeito deslocamento total decorre da:

a) expansão dos gastos públicos, mantendo-se inalterado o produto.

b) expansão monetária, mantendo-se inalterado o investimento privado.

c) desvalorização da taxa de câmbio, mantendo-se inalterada a oferta de moeda.

d) redução da taxa de juros, mantendo-se inalterados os gastos públicos.

e) redução dos gastos públicos, mantendo-se inalterado o investimento privado.

Solução:

A resposta é a letra "A". O efeito *crowding-out* refere-se à **interferência do governo, via política fiscal, retirando recursos do setor privado e diminuindo a participação dos investimentos empresariais.** Em uma economia em que o investimento relaciona-se inversamente com a taxa de juros, a utilização de uma política fiscal expansionista para aumentar o produto provoca, em geral, queda dos investimentos privados. Na situação em que a redução dos investimentos privados for de mesma magnitude do aumento dos gastos governamentais, o produto pode se manter inalterado: $Y = C + \downarrow I + \uparrow G + X - M$.

---

15. **(ESAF/Especialista em Políticas Públicas e Gestão Governamental/Ministério do Planejamento, Orçamento e Gestão/2005) - Considere os dois modelos a seguir:**
    I - modelo keynesiano simplificado

    $Y = C + I + G$

    $C = C(Y)$

    II - modelo IS/LM

    $Y = C(Y) + I(i) + G$

    $M^s = L(Y, i)$

    Onde Y = produto; I = investimento; G = gastos do governo; i = taxa de juros; Ms = oferta de moeda; e L(Y, i) = função demanda por moeda. Considerando o nível de preços igual a 1 e que todas as funções dos dois modelos seguem os pressupostos da denominada "teoria keynesiana" sem os denominados "casos extremos" do modelo IS/LM, é incorreto afirmar que:

    a) no modelo II, $\Delta Y/\Delta M^s = Ly/(1 - c')$, onde Ly é a derivada parcial de L em relação a y.
    b) no modelo II, uma política fiscal expansionista eleva o nível do produto; o conseqüente aumento da renda resulta então numa elevação na demanda por moeda, o que pressiona para cima a taxa de juros.
    c) no modelo II, $\Delta i/\Delta Ms < 0$.
    d) no modelo II, é possível avaliar o denominado efeito "crowding out".
    e) no modelo I, $\Delta Y/\Delta G = \Delta Y/\Delta I = 1/(1 - c')$.

Solução:

A resposta falsa é a letra "a", conforme teoria explicada no texto.

---

16. **(ESAF/Técnico de Planejamento e Pesquisa do IPEA/2004) - Considere o seguinte modelo com as seguintes equações (adaptado do livro Macroeconomia, de R. Dornbusch e S. Fischer, 2a. Edição, Ed. McGraw-Hill):**
    $Y = \alpha.(A - b.i)$

    $i = (1/h).(k.Y - M/P)$

    onde Y = produto; A = gastos autônomos; i = taxa de juros; (M/P) = oferta de encaixes reais.

    Para que possamos considerar este sistema de equações como o modelo IS/LM, onde a primeira equação representa o equilíbrio no mercado de bens e a segunda equação o equilíbrio no mercado monetário:

    a) apenas o parâmetro b tem que ser negativo.
    b) os parâmetros α, b, h, e k têm que ser todos negativos.

c) apenas os parâmetros a e b têm que ser negativos.

d) apenas os parâmetros h e k têm que ser negativos.

e) os parâmetros a, b, h, e k têm que ser todos positivos.

Solução:

O item correto é a letra "e". Observe que o parâmetro a representa o multiplicador keynesiano; o parâmetro b representa a elasticidade do investimento à taxa de juros; o parâmetro h representa a elasticidade da demanda por moeda à taxa de juros; e o parâmetro k representa a elasticidade da demanda por moeda em relação à renda. Por definição, ambos os parâmetros devem ser positivos. O leitor pode reescrever essas equações, da maneira como está sendo estudada nesse capítulo:

$$Y_E = k\left(\overline{A} - fr\right)$$

$$r = \frac{a}{d}Y - \frac{M}{Pd} = \left(\frac{1}{d}\right)\left(aY - \frac{M}{P}\right)$$

---

17. **(ESAF/Técnico de Planejamento e Pesquisa do IPEA/2004) - Considere as seguintes informações:**

(i) curva LM: (M/P) = 0,15.Y - 20.r

(ii) curva IS: Y = 800 - 1200.r

(iii) renda real de pleno emprego = 500

onde (M/P) = oferta real de moeda; Y = renda real; r = taxa de juros.

Supondo o nível geral de preços P igual a 1, a taxa de juros e o valor da oferta de moeda necessários para o pleno emprego são, respectivamente,

a) 0,25 e 70

b) 0,25 e 75

c) 0,30 e 64

d) 0,30 e 75

e) 0,15 e 60

Solução:

A resposta é a letra "a". Substituindo o valor da renda real de pleno emprego, dado em (iii), na equação da curva IS, dada em (ii), teremos o seguinte valor da taxa de juros:

$$Y_P = 800 - 1.200r \Rightarrow 500 = 800 - 1.200r \Rightarrow 500 - 800 = -1.200r$$

$$\Rightarrow -300 = -1.200r(-1) \Rightarrow 300 = 1.200r \Rightarrow r = \frac{300}{1.200} \Rightarrow r = 0,25$$

Em seguida, considerando P igual a 1, substitua o valor encontrado de r, juntamente com o valor da renda real de pleno emprego na equação (i), para se ter a oferta de moeda necessária ao pleno emprego:

$$\left(\frac{M}{P}\right) = 0,15Y_P - 20r \Rightarrow \left(\frac{M}{1}\right) = 0,15(500) - 20(0,25) \Rightarrow M = 75 - 5 \Rightarrow M = 70$$

18. (ESAF/Auditor-Fiscal da Receita Federal/2003) - Considere:

(i) M/P = 0,2.Y - 15.r

(ii) Y = 600 - 1.000.r

(iii) Y_p = 500

(iv) P = 1

onde: M = oferta nominal de moeda; P = nível geral de preços; Y = renda real; Y_p = renda real de pleno emprego; e r = taxa de juros.

Com base nestas informações, pode-se afirmar que o valor da oferta de moeda necessária ao pleno emprego é de:

a) 80,0

b) 98,5

c) 77,2

d) 55,1

e) 110,

Solução:

A resposta é a letra "b".Substituindo o valor da renda real de pleno emprego, dado em (iii), na equação da curva IS, dada em (ii), teremos o seguinte valor da taxa de juros:

$$Y_p = 600 - 1.000r \Rightarrow 500 = 600 - 1.000r \Rightarrow 500 - 600 = -1.000r$$

$$\Rightarrow -100 = -1.000r(-1) \Rightarrow 100 = 1.000r \Rightarrow r = \frac{100}{1.000} \Rightarrow r = 0,1$$

Em seguida, considerando P igual a 1, substitua o valor encontrado de r, juntamente com o valor da renda real de pleno emprego na equação (i), para se ter a oferta de moeda necessária ao pleno emprego:

$$\left(\frac{M}{P}\right) = 0,2Y_P - 15r \Rightarrow \left(\frac{M}{1}\right) = 0,2(500) - 15(0,1) \Rightarrow M = 98,5$$

---

19. (ESAF/Especialista em Políticas Públicas e Gestão Governamental/2002) - A demanda real de moeda é expressa pôr *(M / P) = 0,3Y – 40r,* **onde Y representa a renda real e** *r* **a taxa de juros. A curva IS é dada pôr** *Y = 600 – 800r,* **a renda real de pleno emprego é 400, enquanto o nível de preços se mantém igual a 1. Indique o valor da oferta de moeda necessária para o pleno emprego.**

a) 80

b) 90

c) 100

d) 110

e) 120

Solução:

A resposta é a letra "d". Considere os seguintes dados da questão:

IS: $Y = 600 - 800r$

$$LM : \frac{M}{P} = 0,3Y - 40r$$

$Y_p = 400$

$P = 1$

$M = ?$

1º Passo: Cálculo da equação da demanda por moeda. Substituindo $P = 1$ e $Y_p = 400$ na equação da LM, teremos:

$$\frac{M}{P} = 0,3Y - 40r \Rightarrow \frac{M}{1} = 0,3(400) - 40r \Rightarrow M = 120 - 40r \qquad (1).$$

2º Passo: Cálculo da taxa de juros. Substituindo $Y_p = 400$ na equação da curva IS, teremos:

$$400 = 600 - 800r \Rightarrow 800r = 600 - 400 \Rightarrow 800r = 200 \Rightarrow r = 0,25 \qquad (2).$$

3º Passo: Substituindo (2) em (1), temos que: $M = 120 - 400 (0,25) \Rightarrow M = 110$

---

20. (ESAF/Auditor-Fiscal da Previdência Social/2002) - Considere o seguinte modelo (modelo IS/LM):
Equilíbrio no mercado monetário: M/P = L(Y, r); $\Delta L/\Delta Y > 0$ e $\Delta L/\Delta r < 0$

Equilíbrio no mercado de bens: Y = C(Y) + I + G; $0 < \Delta C/\Delta Y < 1$,

onde: M = oferta de moeda; P = nível geral de preços; L (Y, r) = função demanda por moeda;

Y = renda; r = taxa de juros; C = consumo agregado; I = investimento agregado (exógeno); G = gastos do governo; Δ= símbolo que representa "variação".

Com base nessas informações, é correto afirmar que:

a) uma política fiscal expansionista reduz as taxas de juros.

b) como forma de elevar o produto, a política monetária é mais eficiente do que a política fiscal.

c) nem a política fiscal nem a política monetária afetam o produto.

d) nesse modelo, a curva IS é horizontal.

e) a política monetária só afeta as taxas de juros.

Solução:

O gabarito oficial é a letra "e". Contudo, essa resposta está incompleta porque a política monetária não só afeta a taxa de juros, como também o nível de renda da economia. Os demais itens estão falsos.

---

21. (ESAF/Especialista em Políticas Públicas e Gestão Governamental/2002) - No modelo IS-LM um aumento dos gastos públicos (política fiscal expansionista) promove um deslocamento da curva IS e um aumento da oferta de moeda (política monetária expansionista) promove um deslocamento da curva LM, respectivamente, para:

a) direita e direita

b) esquerda e esquerda

c) direita e esquerda

d) esquerda e direita

e) baixo e cima

Solução:

A resposta é a letra "a". Suponha que o governo promova uma política fiscal expansionista, elevando os gastos públicos, o que acarretará em um deslocamento da curva IS para a direita e para cima, aumentando o nível de renda e de taxa de juros. Nesse contexto, considerando que o Banco Central tenha por estabilidade da taxa de juros, a Autoridade Monetária poderá ampliar a oferta monetária na economia, deslocando a curva LM para a direita e para baixo, aumentando a renda e reduzindo a taxa de juros. A combinação dessas duas políticas irá provocar uma grande elevação da renda, sem influência na taxa de juros. Observe que, quando o Banco Central tem por objetivo a estabilidade da taxa de juros, a oferta monetária tornar-se endógena, condicionada à política fiscal.

---

22. (ESAF/Especialista em Políticas Públicas e Gestão Governamental/Ministério do Planejamento, Orçamento e Gestão/2002) - A interferência do governo via política fiscal (por exemplo, aumento dos gastos públicos), retirando recursos do setor privado e diminuindo a participação dos investimentos privados, denomina-se:
    a) efeito-preço total
    b) efeito-renda
    c) efeito-deslocamento
    d) efeito-substituição
    e) efeito-marginal

Solução:

A resposta é a letra "c", pois uma política fiscal expansionista, via aumento dos gastos públicos, ao retirar recursos do setor privado, diminui participação dos investimentos privados na economia. Trata-se de substituir os investimentos privados por investimentos públicos.

---

23. (Economista/BNDES/2002) - No modelo macroeconômico do tipo IS-LM, o impacto de um aumento do montante do gasto público sobre o produto nominal da economia será
    a) tanto maior quanto menor for a propensão marginal a consumir.
    b) tanto maior quanto maior for a sensibilidade do investimento em relação à taxa de juros.
    c) tanto maior quanto mais inclinada for a curva LM.
    d) tanto menor quanto maior for a propensão marginal a consumir.
    e) totalmente anulado pelo decréscimo dos investimentos se a curva LM for vertical.

Solução:

A resposta é a letra "e". No modelo clássico, o *crowding-out* é máximo.

---

24. (ESAF/Analista de Comércio Exterior/1998) - Para uma economia fechada, os dados das contas nacionais são:

    $Y = 5000$ (produto agregado)

    $G = 1000$ (gastos do governo)

    $T = 1000$ (total de impostos)

    $C = 250 + 0.75(Y-T)$ (consumo do setor privado)

    $I = 1000 - 50r$ (investimentos, sendo r a taxa de juros)

Para esta economia, a taxa de juros de equilíbrio será dada por:

a) 5%

b) 7.5%

c) 10%

d) 15%

e) 17.5%

Solução:

Na resolução dessa questão, em primeiro lugar substitua os valores do produto agregado e do total dos impostos na função consumo:

$C = 250 + 0,75 (5.000 - 100) \Rightarrow C = 3.250$

Então, por meio da condição de equilíbrio no mercado do produto, a taxa de juros será de:

$Y = C + I + G \Rightarrow 5.000 = 3.250 + [1.000 - 50r] + 1.000 \Rightarrow 5.000 - 5.250 = -50r \Rightarrow -250 = -50r (- 1)$

$\Rightarrow 250 = 50r \Rightarrow r = \left(\dfrac{250}{50}\right) \Rightarrow r = 5$

Como as alternativas de respostas estão com dados em percentuais, a resposta é a letra "a", isto é, a taxa de juros é de 5%.

1.2. Exercícios Resolvidos do Tipo "Verdadeiro ou Falso"

01. (Cespe-UnB/Economista/Ministério da Saúde/2013) – No que se refere ao modelo IS/LM, julgue os próximos itens.

(0) Na situação de armadilha da liquidez, o Banco Central do Brasil perde sua capacidade de estímulo à economia por meio do **canal dos juros**, permanecendo, contudo, capaz de influenciar a economia pelo canal monetário.

Solução:

Verdadeira. Perceba então que a questão não está dizendo que a política monetária é eficiente na armadilha da liquidez, mas sim que na armadilha da liquidez a política monetária é ineficiente pelo canal da taxa de juros, mas continua sendo eficiente por outros canais, por exemplo, o canal monetário, o canal de crédito ou o canal cambial.

(1) O aumento exógeno da incerteza gera a redução da taxa de juros e da renda de equilíbrio.

Solução:

Falso. O aumento exógeno da incerteza afeta a demanda por moeda, consequentemente, afeta também a curva LM. De maneira específica, um aumento exógeno da incerteza aumenta a demanda por moeda, deslocando a curva LM para esquerda e para cima, aumentando a taxa de juros e reduzindo a renda de equilíbrio da economia.

(2) O aumento dos gastos do governo gera o aumento da renda e da taxa de juros de equilíbrio.

Solução:

Verdadeiro. O aumento dos gastos governamentais caracteriza uma política fiscal expansionista. No modelo IS-LM, a curva IS se desloca para a direita e para cima, aumentando a taxa de juros e o nível de renda da economia.

(3) O aumento da quantidade ofertada de moeda gera a redução da taxa de juros e da renda de equilíbrio.

Solução:

Falso. O aumento da quantidade ofertada de moeda caracteriza uma política monetária expansionista. A curva LM se desloca para a direita e para baixo, reduzindo a taxa de juros, mas aumentando o nível de renda da economia.

---

02. (Cespe-UnB/Economista/Ministério da Justiça/2013) – Julgue os itens a seguir, como verdadeiro ou falso.

(0) Em comparação à situação de fixação da taxa de juros, quando o Banco Central mantém inalterada a quantidade de moeda, há menos choques reais na volatilidade da renda.

Solução:

Verdadeiro. Como a quantidade de oferta monetária afeta o nível de atividade econômica, se o Banco Central mantém inalterada a quantidade de moeda, isto é, não pratica política monetária expansionista ou recessiva, haverá menos choques reais na volatilidade da renda na economia.

(1) De acordo com o modelo IS-LM, os efeitos de política fiscal sobre o produto para uma economia fechada são maiores para o caso de taxa de juros fixa.

Solução:

Verdadeiro. O caso da taxa de juros fixa remete à situação da armadilha da liquidez. Na armadilha da liquidez, a política fiscal é eficiente, na verdade, possui eficiência máxima, isto é, afeta

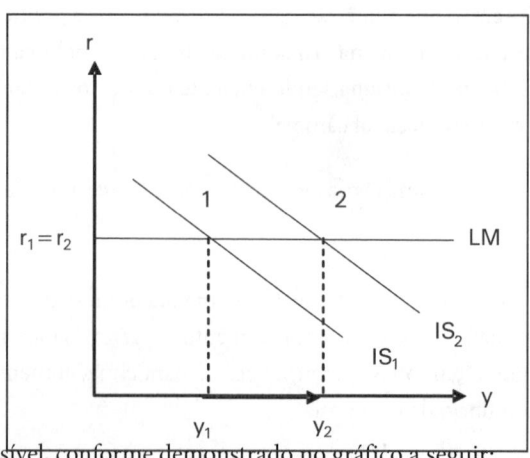

a renda o máximo possível, conforme demonstrado no gráfico a seguir:

03. (Cespe-UnB/Auditor de Controle Externo/Tribunal de Contas do Distrito Federal/2011) – Julgue o item a seguir, como verdadeiro ou falso.

Qualquer ponto sobre a curva IS demonstra implicitamente que o mercado de bens está em equilíbrio, enquanto qualquer ponto sobre a curva LM demonstra implicitamente que os mercados financeiros estão em equilíbrio.

Solução:

Verdadeiro. O mercado do produto estará equilibrado quando a demanda e oferta globais de bens e serviços forem iguais. Acontece que essa condição é análoga à igualdade entre poupança e investimento. De fato, quando a poupança é maior que o investimento (S > I), o mercado do produto estará desequilibrado com excesso de oferta, pois uma economia que mais poupa do que investe se formam estoques. Quando a poupança é menor que o investimento (S < I), o mercado do produto estará desequilibrado com excesso de demanda, pois numa economia onde se investe mais do que se poupa haverá excesso da procura sobre de bens (os estoques são todos consumidos). Se a Poupança(S) e o Investimento (I) são iguais, isto é, se S = I, então, o mercado do produto está equilibrado, pois não haverá nem excesso de oferta, e nem excesso de demanda.

Além disso, para qualquer ponto situado em cima da curva LM, teremos uma igualdade entre demanda e oferta de moeda. Para qualquer ponto fora da curva LM (acima ou abaixo da curva), teremos desequilíbrio no mercado monetário. Assim, a curva LM realmente é o lócus dos pontos de equilíbrio do mercado monetário, isto é, a curva LM é o lugar geométrico das combinações de taxa de juros e renda que igualam a demanda com a oferta de moeda.

04. (Cespe-UnB/Auditor de Controle Externo/Tribunal de Contas do Distrito Federal/2011) – Julgue os itens a seguir, como verdadeiro ou falso.

(0) De acordo com o modelo IS-LM, uma política monetária expansionista associada a uma política fiscal contracionista determina um crescimento econômico com redução das taxas de juros.

Solução:

Falso. Uma política monetária expansionista desloca a curva LM para a direita e para baixo, reduzindo a taxa de juros e aumentando o nível de renda da economia. Quando o Banco Central faz uma política monetária expansiva (por exemplo: aumentando a oferta monetária, diminuindo o recolhimento compulsório ou comprando títulos), a curva LM se desloca para a direita (passando de LM_1 para LM_2). O equilíbrio inicial se dá no **ponto 1**, na intersecção da curva IS com a curva LM_1. Nesse **ponto 1** do equilíbrio inicial, a renda e a taxa de juros de equilíbrio são respectivamente y_1 e r_1. Após o deslocamento da curva LM para a direita, o novo equilíbrio será dado pelo **ponto 2**, na intersecção da nova curva LM_2 com a antiga curva IS. Nesse **ponto 2** do equilíbrio final a nova renda de equilíbrio será y_2 e a nova taxa de juros de equilíbrio será r_2.

Por outro lado, quando o Governo faz uma política fiscal restritiva, isto é, contracionista (diminuindo seus gastos, aumentando a tributação ou diminuindo as transferências governamentais), a curva IS se desloca para a esquerda (passando de IS_1 para IS_2). O equilíbrio inicial se dá no **ponto 1**, na intersecção da curva IS_1 com a curva LM_1. Nesse **ponto 1** do equilíbrio inicial, a renda e a taxa de juros de equilíbrio são respectivamente y_1 e r_1. Após o deslocamento da curva IS para a esquerda, o novo equilíbrio será dado pelo **ponto 3**, na intersecção da nova curva IS_2 com a curva LM_2. Nesse **ponto 3** do equilíbrio final, a renda de equilíbrio retorna ao seu nível inicial antes da política monetária expansionista, mas a nova taxa de juros de equilíbrio será r_3.

Portanto, uma combinação de política monetária expansionista e uma política fiscal restritiva resulta em uma diminuição da taxa de juros da economia, mas não se observa crescimento econômico.

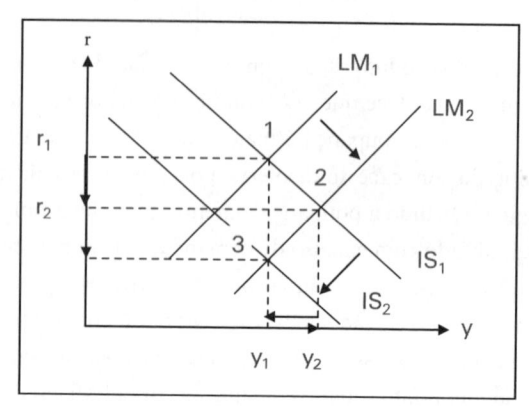

(1) Qualquer variável — excetuando-se o nível de preços — que desloque a curva IS ou a curva LM também deslocará a curva de demanda agregada.

Solução:

Verdadeiro. Qualquer variável (excetuando-se o nível de preços) que desloque a curva IS ou a curva LM para a direita, ou seja, políticas fiscal ou monetária expansionistas, também desloca a curva de demanda agregada para a direita e, vice-versa, políticas fiscal ou monetária restritivas deslocam a curva de demanda agregada para a esquerda.

(2) A redução do déficit orçamentário causa redução do produto e da taxa de juros da economia no curto prazo. No médio prazo, a reduzida taxa de juros permite que haja retorno do produto ao nível anterior.

Solução:

Verdadeiro. Uma redução do déficit orçamentário pode ser provocada por uma política fiscal restritiva, caracterizada por uma redução no nível dos gastos do governo e/ou um aumento da tributação. No modelo IS-LM, a curva IS se desloca para a esquerda e para baixo, reduzindo a taxa de juros e o nível de renda da economia. Como o investimento é uma função inversa da taxa de juros, então uma redução da taxa de juros resultará, no médio prazo, em um aumento dos investimentos da economia. Como os investimentos são um dos componentes da demanda agregada, haverá um retorno do produto ao seu nível inicial antes da política fiscal restritiva.

---

05. (Cespe-UnB/Analista de Economia - Perito/Ministério Público da União/2010) – Julgue os itens a seguir, como verdadeiro ou falso.

(0) Modificações no consumo autônomo, devido a mudanças no estado de confiança dos consumidores, podem levar a deslocamentos da curva IS.

Solução:

Verdadeiro. Qualquer alteração em um dos componentes da demanda agregada (consumo agregado, investimento agregado, gastos governamentais, exportações e importações) pode levar a deslocamentos da curva IS.

(1) Na armadilha da liquidez, a demanda por moeda é insensível à taxa de juros.

Solução:

Falso. Na armadilha da liquidez, a demanda por moeda é infinitamente elástica à taxa de juros. Intuitivamente, a armadilha da liquidez é justificada pelo fato de que a taxa de juros é tão baixa que qualquer aumento na oferta de moeda, tudo o mais constante, é todo canalizado para a demanda especulativa de moeda, sendo incapaz de contribuir para o aumento do produto ou da renda. Ou seja, trata-se de uma situação em que a taxa de juros encontra-se em um nível tão baixo que qualquer ampliação na oferta de moeda será retida pelo público, mesmo sem alteração na taxa de juros. Keynes sugeriu que este caso poderia ser aplicado na Grande Depressão de 1930.

Matematicamente, a armadilha da liquidez é caracterizada por uma curva LM horizontal. Lembre-se que, quanto menor for a inclinação (mais "deitada", mais "achatada") da curva LM, mais a demanda por moeda é elástica à taxa de juros, isto é, quanto mais a curva LM tender a ser perpendicular ao eixo vertical da taxa de juros, mais a procura por moeda vai ser tornando sensível às variações na taxa de juros, portanto, maior será a demanda especulativa por moeda. Se a curva LM é horizontal, então a demanda por moeda torna-se infinitamente elástica à taxa de juros, isto é, a demanda por moeda é totalmente sensível à taxa de juros. Em outras palavras, a demanda por moeda somente depende da taxa de juros, logo, só existe demanda especulativa por moeda. Veja o gráfico a seguir:

(2) A neutralidade da moeda em termos reais não se aplica no longo prazo.

Solução:

Falso. De acordo com a teoria clássica, no longo prazo a moeda é neutra.

(3) Efeito Fischer é o ajuste da taxa de juros real à taxa de inflação.

Solução:

Falso. A equação de Fisher é expressa da seguinte forma:

$$i = r + \pi^e$$

onde i é a taxa nominal de juros, r é a taxa real de juros e π^e é a taxa de inflação esperada. Quando existe previsão perfeita temos que $\pi^e = \pi$ e nesse caso a equação de Fischer será:

$$i = r + \pi$$

Onde π é a taxa de inflação. Logo, segundo a equação de Fisher, a taxa de juros nominal paga pelos bancos pode ser alterada em função de variações na taxa de juros real ou na inflação.

06. (Cespe-UnB/Economista/Conselho Administrativo de Defesa Econômica – CADE/Ministério da Justiça/2014) – Julgue os itens a seguir, como verdadeiro ou falso.

(0) Ao se analisar a inclinação da curva investimento-poupança, infere-se que, quanto mais pobre for uma economia, maior será a propensão marginal a consumir, maior será a sensibilidade do consumo em relação a renda e mais achatada será a curva IS.

Solução:

Verdadeiro. De fato, em países muito pobres, a propensão marginal a consumir é maior, de modo que a curva IS será mais achatada. Por exemplo, no Brasil, argumenta-se que as transferências relacionadas ao Programa Bolsa Família contribuem para o aumento do consumo das famílias mais pobres, ou seja, o Programa Bolsa Família beneficia diretamente famílias mais pobres com elevada propensão marginal a consumir. Por outro lado, nas famílias com maior nível de renda, é de se esperar uma menor propensão marginal a consumir, ou seja, maiores níveis de renda estão relacionados com proporções menores de recursos destinados ao consumo.

(1) Uma política fiscal expansionista, considerada no contexto da curva LM elástica, leva ao crescimento da economia, mas põe o controle da inflação em risco, uma vez que taxas de juros mais baixas fazem com que o consumo aumente e os preços subam.

Solução:

Falso, pois em consequência da política fiscal expansionista, a taxa de juros aumenta

---

07. (Cespe-UnB/Analista Legislativo – Ciências Econômicas/Assembleia Legislativa do Estado do Ceará/2011) – Julgue os itens a seguir, como verdadeiro ou falso.

(0) Se a demanda real de moeda for dada pela expressão $M/P = 0,2Y - 10r$, em que r corresponde à taxa de juros e Y, ao produto, a curva IS for dada pela expressão $Y = 30 - r$ e a renda real no pleno emprego for igual a 50, então, com o nível de preços unitário, a oferta de moeda no pleno emprego será igual a 9.

Solução:

O gabarito oficial do Cespe/UnB aponta que essa questão é correta. Contudo, iremos mostrar nossa discordância quanto a esse gabarito conforme a resolução disposta a seguir:

Curva LM: $M/P = 0,2Y - 10r$

Curva IS: $Y = 30 - r$

Renda real de pleno emprego = 50

Substituindo o valor da renda real de pleno emprego na equação da curva IS, teremos o seguinte valor da taxa de juros no pleno emprego:

$$Y_p = 30 - r \Rightarrow 50 = 30 - r \Rightarrow r = 30 - 50 \Rightarrow r = -20$$

Considerando o nível de preços P igual a 1, então a oferta de moeda no pleno emprego será dada por:

$$\frac{M_p}{1} = 0,2Y_p - 10r_p \Rightarrow M_p = 0,2(50) - 10(-20) = 10 + 200 = 210$$

Portanto, a resposta é falsa, discordando, assim, do gabarito oficial.

(1) Quando se usa o modelo IS-LM para determinar o nível de produto, pressupõe-se que as firmas possam produzir o que for demandado sem alterar o nível de preços, o que é aceitável no curto e médio prazos.

Solução:

Falso. No modelo IS-LM, supõe-se que os preços são rígidos no curto e médio prazos.

(2) Ao se adotar uma postura monetária contracionista e uma política fiscal expansionista, o governo pretende conter a inflação e aumentar a arrecadação de impostos para promover a distribuição equitativa da renda e a elevação do nível de emprego.

Solução:

Falso. Ao se adotar uma política monetária contracionista, o governo pode conter a inflação por meio de uma elevação da taxa de juros (regra de Taylor). Mas uma política fiscal expansionista é caracterizada por um aumento dos gastos governamentais e/ou redução da tributação. Uma política monetária restritiva, isto é, contracionista, desloca a curva LM para esquerda e para cima, elevando a taxa de juros e diminuindo o nível de renda da economia. Quando o Banco Central faz uma política monetária restritiva (por exemplo: diminuindo a oferta monetária, aumentando o recolhimento compulsório ou vendendo títulos), a curva LM se desloca para a esquerda (passando de LM_1 para LM_2). O equilíbrio inicial se dá no **ponto 1**, na intersecção da curva IS com a curva LM_1. Nesse **ponto 1** do equilíbrio inicial, a renda e a taxa de juros de equilíbrio são respectivamente y_1 e r_1. Após o deslocamento da curva LM para a esquerda, o novo equilíbrio será dado pelo **ponto 2**, na intersecção da nova curva LM_2 com a antiga curva IS. Nesse **ponto 2** do equilíbrio final a nova renda de equilíbrio será y_2 e a nova taxa de juros de equilíbrio será r_2.

Quando o Governo faz uma política fiscal expansiva (aumentando seus gastos, diminuindo a tributação ou aumentando as transferências governamentais), a curva IS se desloca para a direita (passando de IS_1 para IS_2). O equilíbrio inicial se dá no **ponto 1**, na intersecção da curva IS_1 com a curva LM_1. Nesse **ponto 1** do equilíbrio inicial, a renda e a taxa de juros de equilíbrio são respectivamente y_1 e r_1. Após o deslocamento da curva IS para a direita, o novo equilíbrio será dado pelo **ponto 3**, na intersecção da nova curva IS_2 com a curva LM_2. Nesse **ponto 3** do equilíbrio final a nova renda de equilíbrio volta a ser y_1 e a nova taxa de juros de equilíbrio será r_3.

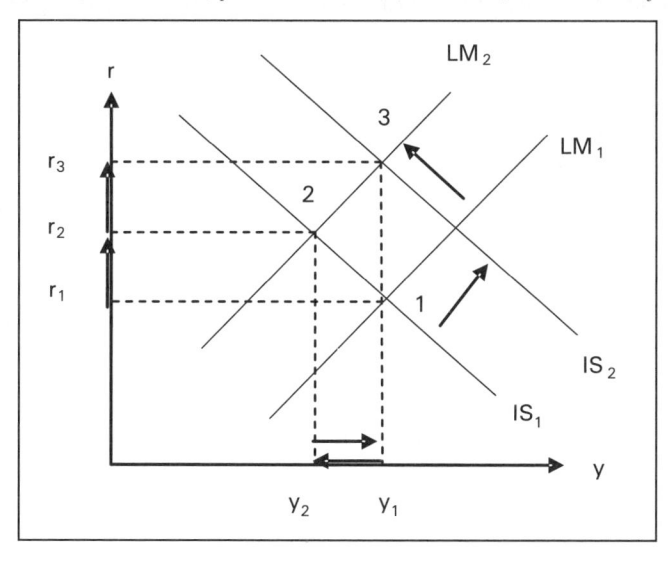

(3) A elasticidade da demanda por moeda em relação à taxa de juros é um dos fatores que determinam a eficácia da política fiscal sobre a renda da economia.

Solução:

Verdadeiro. A inclinação da curva LM será tanto maior (mais forte a política monetária) quanto maior for a elasticidade da demanda por moeda em relação à renda. Como as políticas monetária e fiscal são antagônicas, pode-se dize que uma política fiscal forte equivale a uma política monetária fraca, ao passo que uma política monetária forte equivale a uma política fiscal fraca.

(4) O efeito deslocamento (*crowding-out*) mostra o quanto a curva LM desloca devido à alteração dos gastos na economia.

Solução:

Falso. O efeito deslocamento (*crowding-out*) é a redução (deslocamento) do investimento privado causado por um aumento dos gastos públicos via taxa de juros. Logo, não há que se falar em deslocamentos da curva LM, visto que as alterações dos gastos da economia provocam deslocamentos da curva IS.

Quando o governo aumenta seus gastos (política fiscal expansionista), isso representa um deslocamento da curva IS para a direita, aumentando a taxa de juros. Como os investimentos são uma função inversa da taxa de juros, esse aumento de gastos governamentais resultará em uma redução dos investimentos da economia. Essa queda do investimento causada pela elevação da taxa de juros decorrente do aumento dos gastos públicos é chamada de *crowding-out*.

Em outras palavras, o efeito deslocamento representa uma interferência do governo, via política fiscal, retirando recursos do setor privado e diminuindo a participação dos investimentos empresariais. Em uma economia em que o investimento relaciona-se inversamente com a taxa de juros, a utilização da uma política fiscal expansionista para aumentar o produto provoca, em geral, queda dos investimentos privados causado pelo aumento dos gastos governamentais via taxa de juros.

(5) A armadilha da liquidez constitui-se em uma situação extrema em que a política fiscal não terá efeito algum sobre a renda.

Solução:

Falso. Na armadilha da liquidez (trecho horizontal ou trecho keynesiano da curva LM), a economia apresenta um cenário de taxas de juros excessivamente baixas. As características da armadilha da liquidez são: (i) a curva LM é horizontal; (ii) a demanda por moeda é infinitamente elástica à taxa de juros; (iii) só existe demanda especulativa por moeda; (iv) a política fiscal possui eficiência máxima; (v) a política monetária é inócua, isto é, não afeta a renda. Portanto, na armadilha da liquidez, a política fiscal é eficiente, na verdade, possui eficiência máxima, ou seja, afeta a renda o máximo possível.

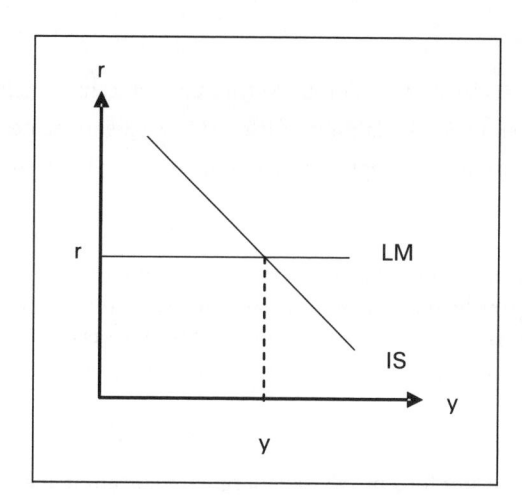

08. (Cespe-UnB/Especialista em Estudos e Pesquisas Governamentais/Instituto Jones dos Santos Neves/ES/2010) – Julgue o item a seguir como verdadeiro ou falso

Em uma economia com renda real definida por Y e taxa de juros, por r, em que a demanda real de moeda seja $(M/P) = 0{,}4Y - 30r$, a curva IS corresponda a $Y = 500 - 1.000r$ e a renda real no pleno emprego seja igual a R$ 400, com o nível de preços unitário, a oferta de moeda no pleno emprego será de R$ 177.

Solução:

Falso. Na curva IS, a taxa de juros de equilíbrio dessa economia será:

$$Y = 500 - 1.000r \Rightarrow 400 = 500 - 1.000r \Rightarrow 1.000r = 500 - 400 \Rightarrow 1.000r = 100$$

$$\Rightarrow r = \frac{100}{1.000} \Rightarrow r_E = 0{,}1$$

Na curva LM o equilíbrio no mercado monetário é dado igualando as equações de demanda e de oferta monetária, de modo que se obtém a oferta de moeda necessária para se atinja a renda de equilíbrio:

$$\frac{M}{P} = 0{,}4Y_E - 30r_E \Rightarrow \frac{M}{1} = 0{,}4\big(400\big) - 30\big(0{,}1\big) \Rightarrow M = 160 - 3 \Rightarrow M = 157$$

Prova:

$$157 = 0{,}4Y_E - 30r_E \Rightarrow 0{,}4Y_E = 157 + 3 \Rightarrow 0{,}4Y_E = 160 \Rightarrow Y_E = \frac{160}{0{,}4} \Rightarrow Y_E = 400$$

09. (Cespe-UnB/Analista de Comércio Exterior/MDIC/2008) - Julgue os itens a seguir:

No Brasil, quanto mais inelástica for a curva LM e quanto mais acomodatícia for a política monetária, maior será o impacto expansionista decorrente da ampliação dos programas de transferência de renda, como o bolsa-família.

Solução:

Falso. Quanto mais inelástica for a curva LM (mais íngreme, mais inclinada), maior a eficácia da política fiscal e menor a eficácia da política fiscal. Consequentemente, menor será o impacto fiscal expansionista decorrente da ampliação dos programas de transferência de renda, como o programa bolsa-família.

---

10. **(CESPE-UnB/Economista-DFTRANS/2008) - A curva IS (*investment saving*) mostra as condições de equilíbrio no mercado de bens e a curva LM (*liquidity money*) representa o equilíbrio no mercado de ativos. No que concerne a esses conceitos, julgue os itens seguintes.**

(0) Quanto maior for a propensão marginal a consumir, menor será a inclinação da curva IS.

Solução:

Verdadeiro. Quanto maior for a propensão marginal a consumir, menor a inclinação da curva IS, ou seja, a curva IS torna-se mais horizontal, de modo que menor a eficácia de uma política fiscal e maior a eficácia da política monetária. A propensão marginal a consumir elevada provoca grandes efeitos multiplicadores para variações no investimento, além de determinar a magnitude do deslocamento da curva IS provocado pela política fiscal. E quanto maior a propensão marginal a consumir, maior o multiplicador e, portanto, maior o deslocamento da curva IS, em decorrência de uma alteração na política fiscal.

(1) Implicitamente, a curva LM considera a oferta e a demanda de moeda levando em conta a lei de Walras do mercado de ativos.

Solução:

Verdadeiro. A Lei de Walras afirma que, em uma economia composta por n mercados em que $(n - 1)$ mercados se encontram em equilíbrio, então o enésimo mercado também estará em equilíbrio. Em outras palavras, a lei de Walras garante apenas que, em uma economia formada por n mercados, quando $(n - 1)$ estão em equilíbrio, todos estão. Por essa razão, no tocante à análise de equilíbrio um dos mercados é irrelevante. Por exemplo, em uma economia com três ativos financeiros (moeda, títulos públicos e títulos privados), a condição de equilíbrio no mercado monetário exige que os dois outros mercados de ativos financeiros encontrem-se em equilíbrio

(2) Desconsiderando-se situações extremas, o aumento da oferta de moeda provoca aumento do investimento e consequente aumento da renda da economia.

Solução:

Verdadeiro. Por exemplo, uma política monetária expansionista (aumento da oferta de moeda) desloca a curva LM para direita e para baixo, aumentando o nível de renda e reduzindo a taxa de juros. Como o investimento é função inversa da taxa de juros, uma redução da taxa de juros irá provocar um aumento do investimento e, consequentemente, um aumento da renda da economia.

(3) Na armadilha da liquidez, a curva LM será totalmente horizontal e a política monetária não terá efeito algum sobre a renda.

Solução:

Verdadeiro. Em presença de armadilha da liquidez, a política monetária é ineficaz para aumentar a renda nacional. A economia apresenta um cenário de grande liquidez e baixas taxas de juros (LM totalmente horizontal).

(4) O aumento do gasto público faz aumentar a renda e também o investimento privado.

Solução:

Falso. Por exemplo, observa-se o efeito-deslocamento ou *crowding-out* quando ocorre o deslocamento (redução) do investimento privado causado pelo aumento dos gastos governamentais via taxa de juros. O aumento dos gastos públicos eleva a renda, desloca a demanda de moeda para a direita, aumenta a taxa de juros e reduz o investimento privado.

2. Exercícios Propostos

01. (Vunesp/Consultor Técnico Legislativo – Economia/CMSP/2007) - Diante do exposto, pode-se afirmar que a renda de equilíbrio é

a) 1 800.

b) 1 400.

c) 1 200.

d) 1 000.

e) 900.

02. (Vunesp/Consultor Técnico Legislativo – Economia/CMSP/2007) - Na mesma economia, a taxa de juros de equilíbrio é

a) 15%.

b) 18%.

c) 19%.

d) 20%.

e) 21%.

03. (ESAF/Analista de Planejamento e Orçamento/MPOG/2008) - A política fiscal pode ser dividida em duas grandes partes: a política tributária e a política de gastos públicos. No que se refere à política fiscal, assinale a única opção incorreta.

a) Quando o governo aumenta os gastos públicos, diz-se que a política fiscal é expansionista.

b) Os gastos do governo podem ser divididos em dois grandes grupos: despesas correntes e as de capital.

c) A política fiscal será expansionista ou contracionista dependendo do que o governo está pretendendo atingir com a política de gastos.

d) O governo também pode atuar sobre o sistema tributário de forma a alterar as despesas do setor privado (entre bens, entre consumo e investimento, por exemplo) e a incentivar determinados segmentos produtivos.

e) As despesas correntes do governo referem-se às despesas que o governo efetua para manter e aumentar a capacidade de produção de bens e serviços no país (construção de escolas e de hospitais, por exemplo).

04. (ESAF/Analista de Planejamento e Orçamento/MPOG/2008) - Com relação à política monetária, identifique a única opção incorreta.

a) A política monetária apresenta maior eficácia do que a política fiscal quando o objetivo é uma melhoria na distribuição de renda.

b) Se o objetivo é o controle da inflação, a medida apropriada de política monetária seria diminuir o estoque monetário da economia, como, por exemplo, o aumento da taxa de reservas compulsórias (percentual sobre os depósitos que os bancos comerciais devem colocar à disposição do Banco Central).

c) A política econômica deve ser executada por meio de uma combinação adequada de instrumentos fiscais e monetários.

d) Uma vantagem, frequentemente apontada, da política monetária sobre a fiscal é que a primeira pode ser implementada logo após a sua aprovação, dado que depende apenas de decisões diretas das autoridades monetárias, enquanto que a implementação de políticas fiscais depende de votação do Congresso.

e) A política monetária refere-se à atuação do governo sobre a quantidade de moeda e títulos públicos.

05. (Fundação Cesgranrio/Economista/Petrobrás/2008) – As variações na demanda especulativa por moeda decorrem do(a):

a) uso da moeda como meio de pagamento.

b) multiplicador da base monetária ser negativo.

c) incerteza sobre o comportamento futuro da taxa de juros.

d) elasticidade-renda da demanda por moeda ser elevada.

e) atuação estabilizadora do Banco Central.

06. (Cespe-UnB/Analista Pericial – Economia/MPU/2010) – Julgue os itens a seguir como verdadeiro ou falso:

(0) Modificações no consumo autônomo, devido a mudanças no estado de confiança dos consumidores, podem levar a deslocamentos da curva IS.

(1) Na armadilha da liquidez a demanda por moeda é insensível à taxa de juros.

07. (Fundação Cesgranrio/Economista/MP/RO/2005) - A política fiscal no modelo IS-LM será tão mais eficaz quanto:

a) menor a sensibilidade do investimento à taxa de juros, maior o multiplicador e maior a sensibilidade da demanda de moeda à taxa de juros.

b) menor o multiplicador, maior a sensibilidade da demanda de moeda à taxa de juros e maior a sensibilidade do investimento à taxa de juros.

c) maior o multiplicador, maior a sensibilidade da demanda de moeda à taxa de juros e maior a sensibilidade do investimento à taxa de juros.

d) maior o multiplicador, menor a sensibilidade do investimento à taxa de juros e menor a sensibilidade da demanda de moeda à taxa de juros.

e) maior o multiplicador, sendo que a sensibilidade da demanda de moeda e a sensibilidade do investimento à taxa de juros não interferem na eficácia da política fiscal.

08. (ESAF/Analista de Comércio Exterior/MDIC/2012) - Considere o modelo de oferta e demanda por moeda e o modelo keynesiano. Suponha um aumento nos gastos públicos. Considerando tudo mais constante, é correto afirmar que o aumento dos gastos públicos provocará

a) uma redução na demanda por moeda. Se a oferta de moeda ficar estável, o efeito final será a ocorrência de um equilíbrio com taxas de juros mais baixas.

b) uma redução na demanda por moeda, pois tornará os títulos públicos mais atrativos.

c) um aumento na taxa de juros por resultar em um aumento na base monetária sem alterar a demanda por moeda.

d) um aumento na taxa de juros por elevar a demanda por moeda.

e) uma queda na demanda por moeda com efeitos nulos sobre a taxa de juros no curto prazo.

---

09. (Cetro Concursos Públicos/Auditor Fiscal Tributário Municipal – Gestão Tributária/2014) - Considerando as curvas IS e LM, assinale a alternativa correta.

a) Partindo de uma situação de equilíbrio entre o mercado de bens e o monetário, um aumento nos impostos, tudo o mais constante, desloca a curva IS para a esquerda, refletindo queda de taxa de juros e aumento da renda motivada pelo crescimento do consumo.

b) No modelo IS-LM, uma expansão monetária eleva produto e taxa de juros.

c) Quanto maior for o multiplicador da demanda agregada e maior for a elasticidade do investimento em relação à taxa de juros, mais inclinada será a curva IS.

d) A função LM mostra as combinações de demanda agregada e as taxas de juros consistentes com o equilíbrio monetário para certo nível dado de saldos monetários reais.

e) No caso especial da armadilha da liquidez em que a demanda por moeda não é sensível à taxa de juros, a curva LM é vertical e a expansão fiscal provoca efeitos sobre a renda.

---

10. (Fundação Carlos Chagas/Analista Legislativo – Área: Orçamento Público e Desenvolvimento Econômico/2014) - Com relação ao mercado monetário,

a) a demanda por moeda tem elasticidade-renda e elasticidade-juros positivas em função dos motivos transação e especulação para reter moeda.

b) os meios de pagamentos em seu conceito M2 incluem depósitos à vista, depósitos a prazo e depósitos de poupança.

c) quando um agente econômico efetua saques em dinheiro de depósitos à vista por ele mantidos em um banco comercial está ocorrendo a criação de moeda em seu conceito M1.

d) o Banco Central pode controlar a oferta monetária por meio da taxa de reservas compulsórias dos bancos comerciais, elevando-a para aumentar a oferta de moeda, ou reduzindo-a para diminuir a oferta de moeda.

e) a base monetária é composta pelo papel-moeda em poder do público e os depósitos à vista mantidos no Banco Central do Brasil, consistindo na principal variável de política monetária do país.

---

11. (Fundação Carlos Chagas/Agente Técnico – Economista/Ministério Público do Estado do Amazonas/2013) - Um país de economia fechada que tenha por objetivo elevar o nível de emprego poderá utilizar uma política monetária expansiva. É um requisito para que essa política seja eficaz:

a) A demanda de moeda não ser perfeitamente elástica à taxa de juros.

b) A demanda por investimentos ser perfeitamente inelástica à taxa de juros.

c) Serem adotadas, simultaneamente, medidas ou ajustes fiscais contracionistas.

d) A economia operar em seu nível de Produto Interno Bruto potencial.

e) O governo apresentar superávit primário em suas contas nos últimos anos.

---

12. (FEPESE/Economista/CELESC Distribuição S.A./2013) - Sobre os efeitos da política fiscal, é correto afirmar:

a) Uma expansão do gasto do governo desloca a curva LM para direita e para cima.

b) O efeito deslocamento ou *crowding out* do investimento público é maior se a demanda por moeda é insensível a mudanças na renda.

c) Se a demanda por moeda é totalmente insensível a mudanças na taxa de juros, o impacto de um aumento dos gastos de governo é nulo sobre o produto da economia.

d) Em um esquema IS-LM, se uma política fiscal expansionista é acompanhada de uma política monetária contracionista, o efeito positivo sobre o produto é ampliado.

e) Em um esquema IS-LM, se uma política fiscal contracionista é acompanhada de uma política monetária contracionista, o impacto sobre o aumento da taxa de juros é ampliado.

---

13. (FIDENE/Economista/Município de Ijuí/2013) – Uma Política Monetária contracionista, é definida como:

a) É aquela que eleva o Produto Agregado.

b) É aquela que reduz o nível da Taxa de Juros.

c) É aquela que eleva a taxa de juros, mas não deprime os investimentos.

d) É aquela que contrai o nível do Produto Agregado.

e) É aquela que reduz o nível de tributação sobre ativos financeiros.

---

14. (Cetro/Economista/Ministério das Cidades/2013) - Sobre a curva LM no modelo IS/ LM, analise as assertivas abaixo.

I. A inclinação da curva é negativa.

II. Quanto maior a elasticidade de demanda da moeda em relação aos juros (em valores absolutos), menor a inclinação da curva LM.

III. Um aumento no estoque de moeda determinado exogenamente provoca um deslocamento da curva para a direita.

É correto o que se afirma em

a) I, apenas.

b) II, apenas.

c) III, apenas.

d) I e II, apenas.

e) II e III, apenas.

---

15. (Cetro/Economista/Ministério das Cidades/2013) - Sobre a curva IS no modelo IS/ LM, analise as assertivas abaixo.

I. O aumento nos gastos do governo provoca um deslocamento da curva IS para a direita.

II. A redução nos impostos provoca um deslocamento da curva para a esquerda.

III. A melhoria na expectativa de lucratividade dos investimentos provoca um deslocamento da curva para a esquerda.

É correto o que se afirma em

a) I, apenas.

b) II, apenas.

c) III, apenas.

d) I e II, apenas.

e) I e III, apenas.

16. **(COPS/Economista/Companhia de Saneamento do Paraná/2013) - Os economistas keynesianos defendem que o governo deve usar políticas macroeconômicas para estabilizar a economia, assim, no caso de uma crise de liquidez com alto desemprego, o governo deve**

a) aumentar o depósito compulsório e vender seus títulos no mercado aberto.

b) aumentar os juros, reduzir os gastos públicos e apreciar a taxa de câmbio.

c) reduzir gastos públicos e tarifar os investimentos privados.

d) reduzir as tarifas de importação para elevar competitividade industrial.

e) reduzir os impostos, aumentar os gastos públicos e expandir a oferta de moeda.

17. **(FGV Projetos/Economista/Superintendência do Desenvolvimento do Nordeste – SUDENE/2013) - No modelo IS-LM, a armadilha da liquidez ocorre quando**

a) a curva IS é vertical.

b) a curva IS é horizontal.

c) a curva LM é vertical.

d) a curva LM é horizontal.

e) a curva IS e LM não se cruzam.

18. **(COPESE/Economista/Universidade Federal do Piauí/2013) - A curva IS é um importante instrumento gráfico para sintetizar muitas situações possíveis da política econômica. Das opções abaixo, aquela que provoca um deslocamento da curva IS para a direita, é.**

a) redução da carga tributária.

b) redução dos gastos do governo.

c) redução do crédito ao consumo.

d) aumento da carga tributária.

e) uma política monetária não expansionista.

19. **(COPESE/Economista/Universidade Federal do Piauí/2013) - Considerando o modelo IS/LM, que possibilita relacionar o lado real com o monetário da economia, se o Banco Central praticasse uma política monetária expansionista, uma consequência seria:**

a) o aumento da taxa de juros.

b) a curva LM deslocar-se para a direita.

c) verificar-se uma diminuição da renda nacional.

d) a queda na taxa de juros diminuiria a demanda por moeda para especulação.

e) a curva IS deslocar-se-ia para a esquerda.

20. **(SUGEP/Economista/Universidade Federal Rural de Pernambuco/2013) - Sobre o modelo IS/LM, é correto afirmar que:**

a) no caso keynesiano, a demanda por moeda pode ser expressa de forma semelhante à Teoria Quantitativa da Moeda.

b) o caso da armadilha de liquidez ocorre quando a taxa de juros é extremamente alta.

c) no caso clássico, a LM é horizontal.

d) o governo pode utilizar a política monetária para anular os efeitos de uma política fiscal expansionista sobre a taxa de juros.

e) uma política fiscal expansionista aumenta a taxa de juros, uma vez que reduz a demanda por moeda.

21. (Fundação Carlos Chagas/Analista de Regulação - Economista/Agência Reguladora de Serviços Públicos Delegados do Estado do Ceará – ARCE/2012) - É uma medida de política fiscal que visa estimular o crescimento da economia:

a) a diminuição das compras do Governo junto ao setor privado.

b) o aumento dos impostos incidentes sobre a renda e a riqueza.

c) a diminuição dos impostos indiretos sobre bens de consumo duráveis.

d) o aumento da taxa de juros pela venda de títulos públicos no mercado.

e) a redução dos investimentos feitos pelo Governo na infraestrutura da economia.

22. (Cespe-UnB/Analista Judiciário – Especialidade: Economista/Tribunal de Justiça do Estado de Rondônia/2012) – Considerando o modelo IS/LM para uma economia fechada com $Y = C + I + G$, em que Y é o produto, C é o consumo agregado, I é o investimento agregado e G são os gastos do governo, assinale a opção correta.

a) Um aumento exógeno da demanda por moeda (devido ao nível de renda e à taxa de juros, que é fixada pelo banco central local) — em razão, por exemplo, de mudanças nas preferências dos agentes — não possui efeito sobre o nível de produto de equilíbrio.

b) Se o governo aumentar de forma exógena os seus gastos, considerando-se que o banco central local fixa a taxa de juros da economia, o aumento do produto de equilíbrio será superior ao aumento que ocorreria no modelo em que o banco central local fixa a quantidade de moeda em circulação.

c) Se o banco central local fixar a taxa de juros da economia, a curva LM será horizontal — produto representado no eixo das abscissas e taxa de juros, no eixo das ordenadas — e, nesse caso, a economia estará operando em armadilha de liquidez.

d) Se o Banco Central fixa a taxa de juros da economia, então a curva LM é vertical (produto no eixo das abscissas e taxa de juros no eixo das ordenadas).

e) Caso a economia esteja operando em condições de armadilha de liquidez, a política monetária é a única política eficaz para aumentar o produto.

23. (VUNESP/Economista/Câmara Municipal de Mauá/2012) - No modelo IS-LM, a situação denominada "armadilha pela liquidez" equivale a:

a) IS horizontal.

b) LM horizontal.

c) IS vertical.

d) LM vertical.

e) IS e LM paralelas.

24. (Economista/Instituto Federal de Educação, Ciência e Tecnologia de Tocantins/2012) – um modelo IS-LM, estando a renda corrente de equilíbrio abaixo do nível de pleno emprego, o governo deverá acionar uma das medidas abaixo, exceto:

a) Reduzir a oferta monetária.

b) Reduzir os impostos.

c) Aumentar seus gastos.

d) Aumentar as transferências.

25. (Economista/Instituto Federal de Educação, Ciência e Tecnologia de Tocantins/2012) – Num modelo IS-LM, o efeito de uma expansão monetária será:

a) Um deslocamento para a esquerda da curva LM.

b) Um deslocamento para a direita da curva IS.

c) Um deslocamento ao longo da curva LM, para baixo.

d) Um deslocamento da curva LM para a direita.

---

26. (Economista/Instituto Federal de Educação, Ciência e Tecnologia de Tocantins/2012) – Quando o Banco Central realiza uma venda maciça de títulos públicos federais, o efeito será:

a) Redução dos meios de pagamentos e da taxa de juros.

b) Redução dos meios de pagamentos e aumento da taxa de juros.

c) Aumento dos meios de pagamentos e da taxa de juros.

d) Aumento dos meios de pagamentos e queda da taxa de juros.

---

27. (FUNCAB/Economista/Prefeitura de Aracruz/2012) - Conforme o desenho, tem-se uma interseção entre as curvas IS e LM, sendo a taxa de juros e a renda (ou o produto) real da economia. Sabendo-se que essa interseção se apresenta em uma economia fechada e com governo cujas alterações no ponto de equilíbrio decorrem de deslocamentos dessas curvas em função de medidas de política econômica, leia atentamente as considerações abaixo e assinale a alternativa correta.

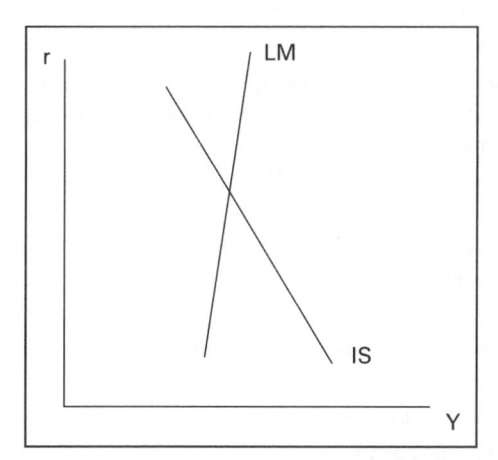

I. Um aumento da oferta de moeda, por meio da política monetária, provoca uma alteração da posição da curva IS para a direita e para cima, levando a uma nova situação de equilíbrio, com aumento da taxa de juros e expansão do produto real.

II. Uma expansão monetária, por meio da política monetária, provoca um deslocamento para a direita e para baixo da curva LM, levando a uma nova situação de equilíbrio, com queda da taxa de juros e expansão na renda real.

III. Uma política fiscal contracionista, por meio de uma queda dos gastos públicos, provoca um deslocamento da curva LM para esquerda e para cima, fazendo elevar a taxa de juros, bem como a restrição da renda real numa nova posição de equilíbrio.

a) I, II e III são verdadeiras.

b) I, II e III são falsas.

c) I é verdadeira e II e III são falsas.

d) II é verdadeira e I e III são falsas.

e) III é verdadeira e I e II são falsas.

28. (FUNCAB/Economista/Prefeitura Municipal de Armação dos Búzios - RJ/2012) - Considerando o modelo IS-LM, qual das afirmações abaixo é correta sobre a curva IS?

a) A curva IS é positivamente inclinada porque um aumento na taxa de juros reduz os gastos de investimentos planejados e, consequentemente, também a demanda agregada, resultando na redução do nível de equilíbrio da renda.

b) Quanto maior o multiplicador e quanto menos sensível a despesa de investimentos a variações da taxa de juros, mais inclinada será a curva.

c) Quanto menor o multiplicador e quanto mais sensível a despesa de investimentos a variações da taxa de juros, mais inclinada será a curva.

d) A curva IS nunca é deslocada por variações nos gastos autônomos.

e) A curva IS é a curva de combinações de taxa de juros e nível de renda, de forma que o mercado de bens fique equilibrado.

29. (FUNCAB/Economista/Prefeitura Municipal de Armação dos Búzios - RJ/2012) - Considerando o modelo IS-LM, qual das afirmações abaixo é correta sobre a curva LM?

a) A curva LM é a curva das combinações de taxa de juros e nível de renda, tal que o mercado monetário fique equilibrado.

b) A curva LM tem inclinação negativa.

c) A curva LM nunca desloca-se quando há variações da oferta de moeda.

d) Para pontos à direita da curva LM, há escassez de demanda por moeda; para pontos à sua direita, há excesso de oferta de moeda.

e) Quando o mercado monetário está desequilibrado, o mercado de títulos está equilibrado.

30. (Fundação Cesgranrio/Economista/Petrobrás/2008) – No modelo IS/LM comum, uma política monetária contracionista acarreta, normalmente, uma redução

a) dos gastos do governo e das exportações.

b) das exportações e um aumento da demanda agregada.

c) da oferta agregada e das taxas de juros.

d) da produção e um aumento das taxas de juros.

e) da produção e um aumento dos preços.

31. (Instituto Machado de Assis/Economista/Prefeitura Municipal de Campo Maior – PI/2012) - No modelo IS-LM a intercessão das curvas define o ponto de equilíbrio. A eficácia de uma política depende, em parte, da inclinação dessas curvas. Quanto à inclinação da curva LM Podemos afirmar que:

a) Quanto mais inclinada à curva, maior será a eficiência da política monetária.

b) Quanto mais inclinada, maior deverá ser a redução nos impostos para um efeito maior na política monetária.

c) Quanto menos inclinada, significa que a demanda por moeda é pouco sensível aos juros.

d) A política monetária não depende da inclinação da curva LM.

32. (Universidade Federal de Goiás/Economista/Prefeitura de Goiânia/2012) - A equação de equilíbrio da demanda agregada, em uma economia fechada e com governo, é representada como $Y = C + I + G$. Considere os dados das contas nacionais a seguir:

$Y = 5.000$ (produto agregado)

$G = 1.000$ (gastos do governo)

$T = 1.000$ (tributos arrecadados)

C = 250 + 0,75 (Y – T) (consumo do setor privado)

I = 1000 – 50r (investimento)

Para essa economia, o valor da variável "r", que compõe os investimentos, é

a) 5,0

b) 7,5

c) 10,0

d) 17,5

---

33. **(Universidade Federal de Goiás/Economista/Prefeitura de Goiânia/2012) - No modelo IS–LM, para uma economia fechada, qual é a consequência de um aumento dos gastos públicos sobre o deslocamento da curva IS, sobre a renda real (Y) e sobre a taxa de juros (i)?**

a) IS desloca para a direita; elevação de Y e elevação de i.

b) IS desloca para a esquerda; redução de Y e elevação de i.

c) IS desloca para a esquerda; elevação de Y e redução de i.

d) IS desloca para a direita; redução de Y e redução de i.

---

34. **(Fundação Dom Cintra/Economista/Prefeitura Municipal de Petrópolis/2012) - Tendo por base um modelo IS-LM fechado, o impacto de um aumento de impostos desloca a curva:**

a) LM, elevando a demanda por moeda;

b) IS, reduzindo o produto de equilíbrio;

c) LM, aumentando os juros de equilíbrio;

d) IS, aumentando a demanda por títulos;

e) IS e LM, aumentando o nível da renda.

---

35. **(Objetiva Concursos/Técnico Científico – Economista/Prefeitura de Porto Alegre/2012) - Considerando os dados abaixo, com relação ao mercado de bens e ao mercado monetário, assinalar a alternativa que apresenta o valor da taxa de juros e do nível de renda real, respectivamente, que equilibram simultaneamente o lado real e o lado monetário:**

Função Poupança: S = -10 + 0,25Y

Função Investimento: I = 20 - i

Oferta de Moeda: Ms=200

Função Demanda de Moeda: Md=0,5Y + 160 - 2i

Em que Y é a renda real e i é a taxa de juros.

a) i = 4 e Y = 200

b) i = 0,25 e Y = 160

c) i = 5 e Y = 100

d) i = 2 e Y = 80

---

36. **(Consulplan/Economista/Prefeitura do Município de Porto Velho – RO/2012) - Com relação ao modelo IS-LM padrão, analise.**

I. **A curva LM será mais elástica, quanto mais baixa for a elasticidade da demanda por moeda com relação à taxa de juros.**

II. A curva LM será horizontal, se a curva de demanda por moeda for totalmente inelástica à taxa de juros.

III. Quanto mais alta for a elasticidade do investimento com relação à taxa de juros, mais horizontal será a curva IS.

IV. A curva IS terá inclinação de 45°, se a sensibilidade dos investimentos com relação à taxa de juros for igual ao investimento autônomo.

Está(ão) correta(s) apenas a(s) afirmativa(s)

a) I, IV

b) I, II, III

c) III

d) IV

e) II, III

---

37. (ISAE/Economista/Secretaria de Cultura do Estado do Amazonas/2012) - Com relação ao modelo keynesiano simples e ao modelo IS/LM, analise as afirmativas a seguir.

I. No modelo IS/LM o investimento é autônomo e não depende da taxa de juros.

II. Tanto no modelo IS/LM quanto no modelo keynesiano simples o equilíbrio no mercado de bens e serviços tem, subjacente, a igualdade entre poupança e investimento.

III. A inclinação da curva IS depende do multiplicador do modelo keynesiano simples e da sensibilidade do investimento à taxa de juros.

Assinale:

a) se somente a afirmativa II estiver correta.

b) se somente a afirmativa III estiver correta.

c) se somente as afirmativas I e III estiverem corretas.

d) se somente as afirmativas II e III estiverem corretas.

e) se todas as afirmativas estiverem corretas.

---

38. (COPESE/Economista/Universidade Federal de Juiz de Fora/2012) - Com relação ao Modelo IS-LM em uma economia fechada, sejam as seguintes afirmações:

I. Quanto maior a sensibilidade do investimento a variações na taxa de juros, mais inclinada é a curva LM.

II. Se os gastos do governo e os impostos aumentarem na mesma magnitude, a curva IS se desloca da esquerda para a direita.

III. Suponha que a economia esteja operando em equilíbrio com a interseção da curva IS com a curva LM na parte da curva LM conhecida com Armadilha da Liquidez. Assim, nessa situação, uma política monetária expansionista teria como efeito a expansão do nível de renda.

Julgue qual opção as classifica como verdadeira (V) ou falsa (F), respectivamente.

a) V, F, F

b) V, V, F

c) F, V, F

d) F, F, V

e) V, F, V

39. (COPESE/Economista/Universidade Federal de Juiz de Fora/2012) - Considere as seguintes informações, relativas ao modelo IS-LM.

C = 0.8Yd; I = 200 – 20i; G = 400; TR = 0; t = 0.25; L = Y - 50i; M/P= 300; sendo C o consumo; Yd a renda disponível; I o investimento; G o gasto do governo; TR as transferências do governo; t é a alíquota de imposto direto; i é a taxa de juros; L é a demanda total de moeda e M/P é a oferta de moeda. O valor do multiplicado de política fiscal é:

a) 1,11

b) 1,25

c) 1,30

d) 1,72

e) 2,5

40. (COPESE/Economista/Universidade Federal de Juiz de Fora/2012) - Considerando as informações da questão anterior (27), o valor do multiplicador de política monetária seria de:

a) 0,50

b) 0,80

c) 1,25

d) 2,5

e) 4

41. (NEC/Economista/Universidade Federal do Maranhão/2012) - Sobre o modelo IS-LM pode-se afirmar:

a) A curva IS mostra o efeito da política monetária e da variação da renda sobre o nível de taxas de juros. A curva LM mostra, principalmente, a variação dos gastos autônomos sobre a renda agregada.

b) No modelo IS-LM para uma economia fechada, quanto menor a propensão marginal a consumir, menos inclinada será a curva IS e maior o efeito da política monetária sobre a renda.

c) Na tradição Keynesiana, que tanto influência exerce sobre a macroeconomia das curvas ISLM, o mercado financeiro não tem um papel fundamental na determinação do nível de produto e emprego da economia. Este papel se traduz através da função investimento e através do chamado multiplicador da renda Keynesiana.

d) O tradicional modelo IS-LM estendido às economias abertas incorpora uma nova condição de equilíbrio, que corresponde às posições em que o saldo da balança de pagamentos é igual a zero.

e) O modelo IS/LM, na sua versão mais simples, descreve, formalizando analítica e graficamente, o comportamento de uma economia constituída por três mercados: bens e serviços, monetário e títulos. O modelo estabelece a ligação entre os três mercados através de duas variáveis endógenas, o produto ou rendimento (**Y**) e a taxa de juro (**i**), mantendo-se o pressuposto Keynesiano da rigidez dos preços. Como tal, o modelo revela-se apropriado para uma análise conjuntural de longo prazo, onde a oferta de bens e serviços se ajusta passivamente à procura.

42. (CEPS/Economista/Universidade Federal do Oeste do Paraná/2012) - Considere a figura abaixo na qual estão representadas as curvas IS e LM relacionando o nível do produto ou renda (Y) com a taxa de juros (i). No ponto em que as duas curvas se interceptam, ocorre o equilíbrio tanto no mercado de bens quanto nos mercados financeiros. A partir da análise do modelo IS-LM apresentado na figura, conclui-se que

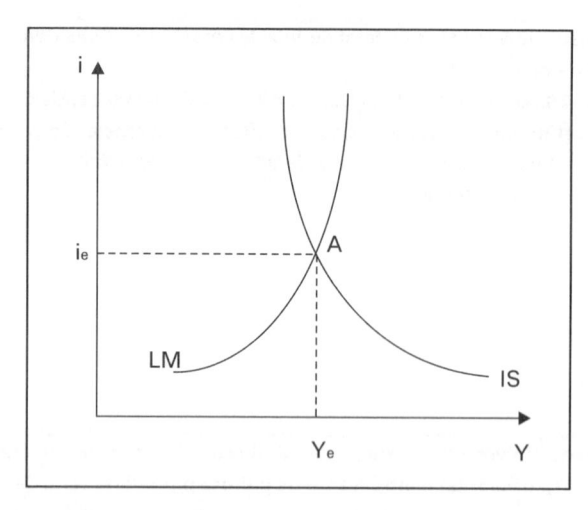

a) Quando os impostos são aumentados, a curva IS desloca-se para a direita e faz aumentar os níveis de equilíbrio do produto e da taxa de juros.

b) Se ocorrer um aumento nos gastos públicos, a curva LM não será afetada, mas a curva IS sofrerá um deslocamento para a direita, elevando os níveis tanto do produto quanto da taxa de juros.

c) Ocorrendo expansão monetária, a curva LM sofre um deslocamento para cima, elevando a taxa de juros e diminuindo o nível do produto.

d) Quando os impostos são reduzidos, a curva LM desloca-se para cima, aumentando a taxa de juros e diminuindo o nível do produto.

e) Ocorrendo contração monetária, a curva IS sofre um deslocamento para a esquerda, diminuindo tanto a taxa de juros quanto o nível do produto.

---

43. **(CEPS/Economista/Universidade Federal do Oeste do Paraná/2012) - Considere as equações abaixo, compatíveis com os pressupostos da teoria keynesiana de determinação da renda e relativas a uma economia fechada cujos componentes da demanda são o consumo (C), o investimento (I) e os gastos do governo (G). T representa os impostos arrecadados.**

$Y = C + I + G$

$C = A + b(Y - T)$

$T = tY$

A renda de equilíbrio (YE) é definida pela equação

a) $YE = (A + I + G) / 1 - b(1 + t)$

b) $YE = (A + I + G) / 1 + b(1 + t)$

c) $YE = (A + I + G) / 1 + b(1 - t)$

d) $YE = (A + I + G) / 1 - b(1 - t)$

e) $YE = (A + I + G) / (1 - b - bt)$

---

44. **(COPERVES/Economista/Universidade Federal de Santa Maria/2012) - Em relação aos deslocamentos das curvas IS/LM, um aumento do gasto do governo faz**

a) IS deslocar para a esquerda e LM não se deslocar.

b) IS deslocar para a direita e LM deslocar para a esquerda.

c) IS deslocar para a direita e LM não se deslocar.

d) IS não se deslocar e LM não se deslocar.

e) IS se deslocar para a esquerda e LM se deslocar para a direita.

45. (Consulplan/Economista/Departamento Municipal de Água e Esgotos de Porto Alegre – DMAE/2011) - Tendo como referência as quatros figuras (apresentadas em sentido horário) e assumindo que a sensibilidade da demanda por moeda com relação a renda e igual a um, assinale a alternativa correta.

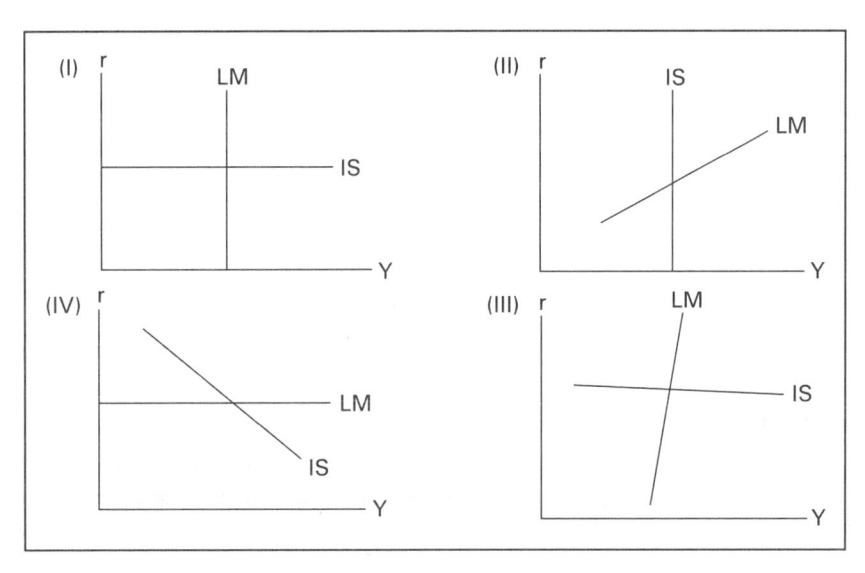

a) A economia ilustrada representada pela figura (I) representa a situação da armadilha da liquidez.

b) A economia representada ilustrada pela figura (II) apresenta uma alta sensibilidade dos investimentos com relação à taxa de juros.

c) Na economia ilustrada pela figura (I), os investimentos são menos sensíveis à taxa de juros do que na economia representada pela figura (II).

d) A economia representada pela figura (III) tem na política fiscal um instrumento para afetar o produto mais eficiente do que na política monetária.

e) A economia representada pela figura (IV) tem uma elevada sensibilidade da demanda por moeda com relação à taxa de juros.

46. (Consulplan/Economista/Departamento Municipal de Água e Esgotos de Porto Alegre – DMAE/2011) – Suponha o seguinte modelo macroeconômico para uma hipotética economia fechada.

(1) $C = 60 + 0,8Y_D$

(2) $I = 150 - 0,1r$

(3) $G = 250$

(4) $T = 200$

(5) $M^S = 100$

(6) $M^D = 100 + 10Y - 10r$

A partir destas informações, tem-se que

I. a renda e a taxa de juros de equilíbrio são iguais a 1.000.

II. a curva IS tem inclinação de 45°.

III. a curva LM tem inclinação de 45°.

IV. a renda de equilíbrio é igual a 1.000 e a taxa de juros de equilíbrio é igual a 100.

Estão corretas apenas as afirmativas

a) I, II, III, IV

b) I, II, III

c) I, III

d) II, III, IV

e) II, IV

---

47. (Consulplan/Economista/Departamento Municipal de Água e Esgotos de Porto Alegre – DMAE/2011) – Assuma o seguinte modelo IS-LM para uma economia hipotética:

(1) I = 100 – 0,5i

(2) C = 500 + 0,5(Y – T)

(3) T = 300

(4) G = 300

(5) $(M/P)^S$ = 800

(6) $(M/P)^D$ = 0,8Y – 0,8i

Onde Y: renda nacional; C: consumo das famílias; I: investimento; G: gastos do governo; T: tributos; $(M/P)^S$: oferta real de moeda; $(M/P)^D$: demanda real de moeda; i: taxa de juros. A partir destas informações, o valor da renda de equilíbrio será:

a) 1.000

b) 1.250

c) 250

d) 750

e) 1.500

---

48. (Consulplan/Economista/Departamento Municipal de Água e Esgotos de Porto Alegre – DMAE/2011) – Assuma o modelo da questão anterior e assinale a afirmativa correta.

a) As políticas fiscal e monetária exercem a mesma influência sobre o produto.

b) A política fiscal tem a capacidade de influenciar mais o produto do que a política monetária.

c) A política monetária tem a capacidade de influenciar mais o produto do que a política fiscal.

d) Um aumento de 10% no investimento autônomo eleva a renda numa magnitude maior do que um aumento de 10% nos gastos do governo.

e) A economia se encontra, inicialmente, com superávit orçamentário.

---

49. (Fundação Euclides da Cunha/Economista/Investe Rio – Agência de Fomento/2011) - As alterações nas taxas de redesconto e no montante de depósitos compulsórios constituem instrumentos de política:

a) de rendas;

b) de gestão mobiliária;

c) fiscal;

d) monetária;

e) de juros.

50. (FUNDEP/Economista/Prefeitura Municipal de Contagem/2011) - Analise os seguintes dados e informações sobre uma economia fechada. A demanda real de moeda é dada por $(M/P) = 0,4\,Y - 30\,r$, onde Y = renda real e r = taxa de juros. A curva *IS* é dada por $Y = 750 - 1000\,r$. A renda real de pleno emprego = 550. O nível de preços se mantém = 1. Com base nesses dados e informações, é *CORRETO* afirmar que o valor da oferta de moeda necessária para o pleno emprego é:

a) 214.

b) 220.

c) 226.

d) 232.

51. (SESI PAJUÇARA/Economista/Prefeitura Municipal de Maracanaú/2011) – Dentre os fatores determinantes para eficácia das políticas monetária e fiscal, podemos destacar respectivamente:

a) Elasticidade da Demanda de moeda em relação à taxa de juros e Elasticidade do investimento em relação à taxa de juros;

b) Magnitude do Multiplicador e Elasticidade da demanda de moeda em relação à taxa de juros;

c) Elasticidade do investimento em relação à taxa de juros e Magnitude do Multiplicador;

d) Amplitude Comercial e Logística Financeira;

e) Nenhuma das opções anteriores.

52. (Fundação Cesgranrio/Economista Júnior/Petrobrás Distribuidora S.A./2011) - Considere as seguintes equações do modelo IS-LM.

$C = 5 + 0,8\,Y$

$I = 5 - 0,4r$

$G = 10$

$L = 0,2Y - 0,4r$

$M/P = 4$

Em que: C = consumo; I = investimento; Y = renda ou produto interno; r = taxa real de juros; G = gastos do governo; L = demanda por moeda; M/P = oferta de moeda. A variação da renda de equilíbrio, quando há um aumento do consumo autônomo de R$ 5,00 para R$ 7,00, é

a) 2

b) 5

c) 7

d) 10

e) 50

53. (Universidade do Estado de Mato Grosso/Analista de Meio Ambiente - Economista/Governo do Estado de Mato Grosso/2011) - No modelo IS/LM, o conhecido "efeito multiplicador" das despesas governamentais, dos investimentos autônomos e das exportações é tanto maior:

a) Quanto maior for o efeito das taxas de juros sobre o consumo e o investimento.

b) Quanto menor for o efeito das taxas de juros sobre o consumo e o investimento.

c) Quanto menor for a propensão marginal a consumir e a investir.

d) Quanto maior for o efeito da inflação sobre o consumo.

e) Quanto menor for o efeito da inflação sobre o consumo.

54. **(Universidade do Estado de Mato Grosso/Analista Regulador - Economista/Governo do Estado de Mato Grosso/2011) - Conforme o modelo das curvas IS-LM, se o governo cortasse os impostos, ao mesmo tempo em que houvesse um aumento autônomo da demanda por investimentos, o que ocorreria?**

a) A renda aumentaria, mas o efeito sobre a taxa de juros seria incerto.

b) A renda aumentaria, e a taxa de juros cairia.

c) A taxa de juros aumentaria, mas o efeito sobre a renda seria incerto,.

d) Os efeitos sobre a renda e a taxa de juros seriam incertos.

e) A renda e a taxa de juros aumentariam.

55. **(Economista/Investe Rio/2010) - O modelo IS-LM descreve situações de equilíbrio nos mercados de bens e serviços e no mercado monetário. A respeito desta modelagem é correto afirmar que**

a) a situação na qual a política monetária é bastante eficaz para afetar a taxa de juros é denominada de armadilha pela liquidez.

b) uma redução na taxa de juros pode ser obtida tanto a partir de uma política monetária expansionista quanto por meio de uma política fiscal expansionista.

c) um aumento na oferta de moeda desloca a curva IS para a direita.

d) o caso clássico, no qual a curva LM é vertical, está associado à teoria quantitativa da moeda na medida em que a política monetária tem um efeito máximo sobre o nível de renda.

e) uma contração monetária gera, "*coeteris paribus*", um aumento no produto de equilíbrio.

56. **(Economista/Investe Rio/2010) - Marque a alternativa que descreve corretamente o chamado efeito deslocamento no modelo IS-LM.**

a) A curva LM é vertical e a demanda por moeda não depende da taxa de juros.

b) A curva IS é horizontal e a política monetária expansionista reduz a taxa de juros.

c) A curva LM é vertical e a política fiscal expansionista reduz os gastos com investimentos privados.

d) A curva IS é vertical e a sensibilidade-juro da demanda por moeda é infinita.

e) A curva LM é horizontal e a política fiscal contracionista desloca mais que proporcionalmente o produto de equilíbrio.

57. **(Bio Rio Concursos/Economista/Prefeitura Municipal de Barra Mansa - RJ/2010) - Sobre a oferta e demanda de moeda e a taxa de juros no modelo LM, NÃO é correto afirmar que:**

a) a taxa de juros é determinada pela igualdade entre oferta e demanda por moeda;

b) quando o Banco Central vende títulos da dívida, ele aumenta a oferta de moeda e diminui a taxa de juros;

c) a demanda por moeda varia de forma inversa à variação da taxa de juros;

d) mudanças na oferta de moeda pelo Banco Central podem afetar a taxa de juros;

e) a demanda por moeda aumenta em na mesma direção da renda nominal.

58. **(FUNCAB/Economista/Secretaria de Estado da Justiça – RO/2010) - No modelo IS/LM, tomando-se por constantes a estrutura tributária e a quantidade real de moeda, qual o efeito do aumento dos gastos governamentais sobre a demanda?**

a) reduz.

b) não altera.

c) aumenta.

d) primeiro reduz e depois aumenta.

e) primeiro reduz e depois não altera.

59. (Fundação Carlos Chagas/Economista/SERGAS – Sergipe Gás S.A./2010) - É medida que diminui a oferta de moeda de uma economia

a) a elevação da taxa do depósito compulsório dos bancos comerciais no Banco Central.

b) o aumento dos gastos públicos.

c) a depreciação real da taxa de câmbio.

d) o resgate de títulos públicos no mercado aberto.

e) a diminuição da taxa de redesconto do Banco Central.

60. (Fundação Carlos Chagas/Economista/SERGAS – Sergipe Gás S.A./2010) - Em uma economia fechada que apresente desemprego de mão de obra no curto prazo e onde os preços podem ser considerados rígidos, o efeito mais provável de uma política fiscal expansiva é:

a) o crescimento do produto e a redução da taxa de juros.

b) o crescimento do produto e da taxa de juros.

c) o aumento da taxa de juros e o decréscimo do produto.

d) o decréscimo do produto e da taxa de juros.

e) deixar inalterados tanto o produto, quanto a taxa de juros.

61. (FEPESE/Economista/Fundação Universidade do Estado de Santa Catarina/2010) - Em um modelo IS/LM, de curto prazo, com preços rígidos e economia fechada, pode-se afirmar:

a) Uma política de venda de títulos públicos desloca a curva LM para a direita.

b) A curva IS é mais elástica ou mais horizontal quando o valor do multiplicador do investimento é mais baixo.

c) Uma política de aumento dos gastos do governo seguida de uma política de aumento do volume de crédito têm efeitos não necessariamente de expansão da demanda agregada.

d) A armadilha de liquidez ocorre quando sucessivas medidas de contração da liquidez resultam em taxas de juros tão elevadas que o investimento converge a zero.

e) A curva LM é resultado do equilíbrio entre oferta de moeda, considerada exógena, e demanda por moeda, considerada função direta da renda e inversa da taxa de juros.

62. (PRODGEP/Economista/Universidade Federal do Acre/2010) – Em relação ao efeito-deslocamento da política fiscal no modelo clássico, numa economia fechada:

I. Modifica a composição da curva de demanda, permanecendo inalterada a curva de oferta;

II. O impacto da política de aumento dos gastos públicos seria o inverso da política de redução de impostos;

III. O efeito da política fiscal é justamente dinamizar o setor produtivo, aumentando os níveis de investimento privado da nação;

Analise as afirmações acima e assinale:

a) Se apenas os itens II e III estiverem incorretos.

b) Se apenas o item II estiver incorreto.

c) Se apenas o item III estiver incorreto.

d) Se apenas o item I estiver incorreto.

e) Se todos os itens estiverem incorretos.

63. **(PRODGEP/Economista/Universidade Federal do Acre/2010) – A respeito da curva IS, numa economia fechada:**

I. A curva IS tem inclinação negativa, pois o produto é uma função decrescente da taxa de juros, tendo em vista o equilíbrio no mercado de bens;

II. A curva IS se desloca para a esquerda com um aumento dos impostos;

III. O aumento dos gastos do governo desloca a curva IS para a esquerda;

Assinale:

a) Se apenas o item III estiver correto.

b) Se apenas os itens I e II estiverem corretos.

c) Se apenas o item I estiver correto.

d) Se apenas o item II estiver correto.

e) Se todos os itens estiverem corretos.

64. **(PRODGEP/Economista/Universidade Federal do Acre/2010) – A respeito da curva LM, numa economia fechada:**

I. O equilíbrio nos mercados financeiros implica que a taxa de juros seja função crescente do nível de renda;

II. A curva LM tem inclinação descendente;

III. A diminuição de moeda na economia desloca a curva LM para baixo;

Responda:

a) Se apenas o item I estiver incorreto.

b) Se apenas os itens I e III estiverem incorretos.

c) Se apenas o item II estiver incorreto.

d) Se apenas os itens II e III estiverem incorretos.

e) Se todos os itens estiverem incorretos.

65. **(PRODGEP/Economista/Universidade Federal do Acre/2010) – A respeito do impacto de uma política de contração fiscal no modelo IS-LM, numa economia fechada:**

I. A qualquer taxa de juros, o aumento de imposto diminui o produto, levando a curva IS a se deslocar para a esquerda;

II. O aumento de imposto não afeta a curva LM;

III. À medida que a curva IS se desloca, a economia se move ao longo da curva LM;

Responda:

a) Se apenas o item II estiver correto.

b) Se apenas os itens II e III estiverem corretos.

c) Se apenas o item III estiver correto.

d) Se apenas os itens I e III estiverem corretos.

e) Se todos os itens estiverem corretos.

66. **(PRODGEP/Economista/Universidade Federal do Acre/2010) – A respeito do impacto de uma política de expansão monetária no modelo IS-LM, numa economia fechada:**

I. O aumento da oferta de moeda leva a um produto menor e a uma taxa de juros maior;

II. O aumento do estoque de moeda implica na diminuição da taxa de juros, deslocando a curva LM para baixo;

III. A curva IS acompanha o movimento de deslocamento da curva LM;

Responda:

a) Se apenas o item II estiver incorreto.

b) Se apenas o item III estiver incorreto.

c) Se apenas o item I estiver incorreto.

d) Se apenas os itens I e III estiverem incorretos.

e) Se todos os itens estiverem incorretos.

---

67. **(PRODGEP/Economista/Universidade Federal do Acre/2010) – A combinação de uma política de expansão monetária com contração fiscal, no modelo ISLM, numa economia fechada, implica:**

a) No aumento do produto com taxas de juros menores.

b) Na diminuição das taxas de juros e pouca ou nenhuma diminuição do produto.

c) Na manutenção das taxas de juros com pouco ou nenhum aumento do produto.

d) No aumento das taxas de juros com diminuição do produto.

e) Nenhuma das alternativas acima.

---

68. **(Fundação Cesgranrio/Área: Análise Socioeconômica/Instituto Brasileiro de Geografia e Estatística – IBGE/2010) - Considere um aumento na demanda por moeda, em função da maior preferência pela liquidez por parte do público, decorrente de percepções de maior risco na economia. Essa circunstância**

a) causa um aumento imediato da inflação.

b) reduz a demanda agregada por bens e serviços.

c) diminui a taxa de desemprego.

d) diminui as taxas de juros.

e) leva a uma expansão imediata da oferta monetária

---

69. **(Cespe-UnB/Especialista em Estudos e Pesquisas Governamentais – Área: Economia e Estatística/ Instituto Jones dos Santos Neves/2010) – Julgue o item a seguir como verdadeiro ou falso.**

Em uma economia com renda real definida por Y e taxa de juros, por r, em que a demanda real de moeda seja $(M/P) = 0,4Y – 30r$, a curva IS corresponda a $Y = 500 - 1.000\,r$ e a renda real no pleno emprego seja igual a R$ 400, com o nível de preços unitário, a oferta de moeda no pleno emprego será de R$ 177.

---

70. **(IBFC/Economista/Fundação Hemominas/2013) A respeito do setor público, assinale a alternativa que representa uma medida de política fiscal expansiva:**

a) São fechadas várias bases militares no país, que juntas empregam milhares de pessoas.

b) Há um aumento no valor de um imposto federal cobrado sobre os preços dos cigarros.

c) O governo aumenta os recursos empregados nos programas sociais.

d) funcionários públicos terão benefícios cortados.

---

71. **(Economista/Comando da Aeronáutica/2010) - Mantidas constantes as demais condições, pode-se dizer, com base no modelo IS-LM, que a eficácia da política**

a) fiscal diminui, quando a propensão marginal a consumir aumenta.

b) monetária aumenta, quando a elasticidade da demanda de moeda em relação à taxa de juros aumenta.

c) monetária diminui quanto mais o Investimento seja sensível à taxa de juros.

d) fiscal diminui, quando a elasticidade dos investimentos em relação à taxa de juros aumenta.

72. **(Fundação Cesgranrio/Analista do Banco Central do Brasil/2010) – Entre as várias ações do Banco Central que resultam numa política monetária expansionista, NÃO se encontra a**

   a) compra de moeda estrangeira no mercado cambial.

   b) compra de títulos federais no mercado aberto.

   c) venda de títulos federais no mercado aberto.

   d) redução do percentual de recolhimento compulsório dos bancos ao Banco Central.

   e) redução da taxa de juros dos empréstimos de liquidez do Banco Central aos bancos.

73. **(UNEMAT/Economista/Governo do Estado de Mato Grosso/2011) - Um programa conjunto de política monetária e fiscal para reduzir a inflação poderia incluir um:**

   a) corte nos gastos do governo e uma redução da taxa de redesconto.

   b) corte nos gastos do governo e uma compra de títulos do governo no mercado aberto.

   c) aumento tributário e uma venda de títulos no mercado aberto.

   d) corte tributário e uma redução da taxa de reservas compulsórias sobre as contas de movimento.

   e) aumento tributário e uma compra de títulos no mercado aberto.

74. **(Cetro Concursos Públicos/Economista/Ministério das Cidades/2013) – Com relação a um modelo macroeconômico keynesiano, marque V para verdadeiro ou F para falso e, em seguida, assinale a alternativa que apresenta a sequência correta.**

   ( ) Quanto mais inclinada a curva LM, maior a eficácia da política fiscal.

   ( ) Quanto menor a inclinação da curva LM, menor a eficácia da política monetária.

   ( ) Quanto maior a inclinação da curva IS, maior a eficácia da política fiscal.

   a) V/ F/ F

   b) F/ V/ F

   c) F/ F/ V

   d) V/ F/ V

   e) F/ V/ V

75. **(Fundação Cesgranrio/Economista/CEFET/2014) - O modelo macroeconômico clássico, ao representar uma determinada economia, supõe e atribui algumas características importantes a essa economia. Entre essas características NÃO se encontra a(o)**

   a) perfeita flexibilidade de preços e salários

   b) curva de oferta agregada vertical, em um gráfico com o produto na abcissa e o nível de preços na ordenada

   c) desnecessidade de políticas governamentais macroeconômicas para estimular a produção e o emprego

   d) demanda por moeda totalmente inelástica em relação à renda

   e) ajuste rápido à posição de equilíbrio dos mercados de bens e serviços, de trabalho e de ativos

76. **(Fundação Cesgranrio/Economista/CEFET/2014) – Os modelos clássicos e keynesiano diferem no que diz respeito às curvas de demanda e de oferta agregadas de determinada economia (ambas traçadas em um gráfico com o nível de produção na abscissa e o nível de preços na ordenada). Assim, segundo o modelo**

   a) keynesiano de preços fixos, a oferta agregada seria vertical.

   b) keynesiano, a posição da demanda agregada dependeria apenas da oferta monetária total.

c) clássico, a oferta agregada seria horizontal.

d) clássico, a posição da demanda agregada dependeria apenas da taxa de inflação.

e) clássico, o aumento da demanda agregada teria efeito apenas sobre o nível de preços.

---

77. **(FUNCAB/Economista/Instituto de Pesos e Medidas do Estado de Rondônia – IPEM/RO/2013) - Para que a curva IS (*investiment-savings*) se desloque para a direita é necessário que se adote qual medida de política econômica?**

a) aumento dos salários nominais.

b) redução dos gastos do governo.

c) aumento da carga tributária autônoma.

d) redução dos salários nominais.

e) redução da carga tributária autônoma.

---

78. **(Economista/Prefeitura Municipal de Santo Antônio da Platina/2012) - Das medidas de política econômica abaixo, indique aquela que provoca deslocamento para a direita da curva IS.**

a) Aumento dos salários nominais.

b) Aumento da carga tributária autônoma.

c) Redução dos salários nominais.

d) Redução da carga tributária autônoma.

e) Redução dos gastos do governo.

---

79. **(Fundação Carlos Chagas/Economista/Sergipe Gás S.A./2010) – Sobre o modelo keynesiano de determinação do nível de renda de equilíbrio, é correto afirmar que:**

a) Se a taxa de juros for constante e a diferença entre a renda de equilíbrio de pleno emprego e a renda de equilíbrio corrente for de 10 bilhões, é necessário que algum componente autônomo da demanda agregada aumente em 10 bilhões.

b) A propensão média a consumir é a relação entre a variação do consumo agregado e a variação da renda disponível.

c) O investimento agregado é diretamente relacionado à taxa de juros de mercado.

d) O equilíbrio macroeconômico ocorre quando a oferta agregada iguala à demanda agregada, independentemente de a economia estar com todos os seus recursos empregados.

e) Se a taxa de juros for constante, o valor do multiplicador, no caso em que o investimento agregado seja função da renda, é menor que o valor do multiplicador no caso em que o investimento agregado seja totalmente autônomo.

---

80. **(FGV Projetos/Economista/Secretaria de Estado de Saúde do Amazonas – SUSAM/2014) - O caso da *armadilha da liquidez* no modelo IS-LM apresenta como característica**

a) uma política fiscal expansionista no máximo de sua eficácia, com elevação da renda e taxa de juros constante.

b) uma política monetária expansionista totalmente inócua, com a curva LM vertical e fixa, com ampliação apenas do nível de renda.

c) uma política cambial totalmente ineficaz, sem efeito sobre a renda e a taxa de juros.

d) uma política monetária expansionista totalmente eficaz, com elevação da renda e manutenção da taxa de juros.

e) uma política fiscal expansionista totalmente ineficaz, com a curva IS vertical e fixa, com ampliação apenas da taxa de juros.

81. **(ISAE/Técnico de Nível Superior – Economista/Secretaria de Cultura do Estado do Amazonas/2012) -** A respeito do modelo IS/LM avalie as afirmativas a seguir.

I. Para a curva IS, a variável independente é a taxa de juros e a variável dependente o nível de renda da economia.

II. A curva LM mostra a combinação de taxas de juros e níveis de renda da economia para os quais o mercado monetário está em equilíbrio.

III. Um aumento no déficit público, no modelo IS/LM, desloca a curva IS para a direita.

Assinale:

a) se somente a afirmativa I estiver correta.

b) se somente a afirmativa III estiver correta.

c) se somente as afirmativas II e III estiverem corretas.

d) se somente as afirmativas I e III estiverem corretas.

e) se todas as afirmativas estiverem corretas.

82. **(Instituto de Planejamento e Apoio ao Desenvolvimento Tecnológico e Científico – IPAD/Analista de Gestão – Economista/Companhia Pernambucana de Saneamento – COMPESA/2009) – Sobre a utilização das políticas fiscal e monetária, julgue os deslocamentos das curvas IS/LM e os efeitos sobre o produto e a taxa de juros**

1. **Aumento de impostos desloca a IS para esquerda, não desloca a LM, diminui o produto e diminui a taxa de juros**

2. **Aumento da moeda desloca a LM para baixo, não desloca a IS, diminui o produto e aumenta a taxa de juros**

3. **Diminuição da moeda desloca a LM para cima, não desloca a IS, diminui o produto e aumenta a taxa de juros**

Está(ão) *correta(s)* apenas

a) 1.

b) 2.

c) 3.

d) 1 e 2.

e) 1 e 3.

83. **(Instituto de Planejamento e Apoio ao Desenvolvimento Tecnológico e Científico – IPAD/Analista de Gestão – Economista/Companhia Pernambucana de Saneamento – COMPESA/2009) – Considere uma economia definida pelas seguintes equações:**

$Y = C + I + G$

$Y = \$ 10.000$

$G = \$ 1.800$

$t = 20\%$

$C = 300 + 0,8Yd$

$I = 1.750 - 35r$

$TR = \$ 1000$

Onde Y (produto), G (gastos do governo), t (alíquota do imposto de renda), Yd (renda disponível), r (taxa de juros) e TR (transferências). A taxa de juros de equilíbrio está entre

a) 18% e 22%

b) 23% e 27%

c) 28% e 31%

d) 32% e 36%

e) 37% e 41%

84. **(Fundação Cesgranrio/Economista/Instituto Estadual do Ambiente – INEA - RJ/2008) – Uma política monetária expansiva leva normalmente ao(à)**

a) aumento da taxa de juros.

b) desvalorização da moeda doméstica se o regime for de câmbio fixo.

c) redução da taxa de inflação.

d) acumulação de reservas internacionais se o regime for de câmbio flutuante.

e) expansão da produção.

85. **(Planejamento e Execução IESES/Analista Judiciário – Economista/Tribunal de Justiça do Estado do Maranhão/2009) – É correto afirmar que:**

a) Mudanças na taxa de juros levam a deslocamentos na inclinação da curva IS.

b) A curva IS é positivamente inclinada porque um aumento na taxa de juros reduz o investimento planejado.

c) A curva IS mostra os níveis de taxas de juros e de renda para os quais o mercado monetário está em equilíbrio.

d) A curva IS mostra os níveis de taxas de juros e de renda para os quais o mercado de bens está em equilíbrio.

86. **(Planejamento e Execução IESES/Analista Judiciário – Economista/Tribunal de Justiça do Estado do Maranhão/2009) – Sobre o equilíbrio no mercado monetário e correto afirmar:**

a) A curva LM mostra os níveis de renda e produção para os quais o mercado monetário está em equilíbrio.

b) A curva LM mostra os níveis de renda e taxa de câmbio para os quais o mercado monetário está em equilíbrio.

c) A curva LM mostra os níveis de renda e taxa de juros para os quais o mercado de bens está em equilíbrio.

d) A curva LM mostra os níveis de renda e taxa de juros para os quais o mercado monetário está em equilíbrio.

87. **(Planejamento e Execução IESES/Analista Judiciário – Economista/Tribunal de Justiça do Estado do Maranhão/2009) – Sobre o Efeito Deslocamento, é correto afirmar:**

a) Este se refere ao caso onde uma política fiscal expansionista faz com que as taxas de câmbio aumentem, reduzindo, portanto, os gastos privados, particularmente o investimento.

b) Este se refere ao caso onde uma política fiscal expansionista faz com que as taxas de juros sejam reduzidas, elevando, portanto, os gastos privados, particularmente o investimento.

c) Este se refere ao caso onde uma política fiscal expansionista faz com que as taxas de juros aumentem, reduzindo, portanto, os gastos privados, particularmente o investimento.

d) Este se refere ao caso onde uma política fiscal contracionista faz com que as taxas de juros aumentem, reduzindo, portanto, os gastos privados, particularmente o investimento.

88. **(Planejamento e Execução IESES/Analista Judiciário – Economista/Tribunal de Justiça do Estado do Maranhão/2009) – Sobre a Curva LM no mercado monetário, é correto afirmar que:**

   a) Se a economia está em uma armadilha de liquidez a curva LM é vertical.

   b) Se a economia está em uma armadilha de liquidez a curva LM é horizontal.

   c) Se a curva LM for vertical, um aumento de gastos do governo terá efeitos sobre o nível de produto na mesma magnitude do gasto.

   d) No caso da armadilha de liquidez a política monetária sempre afeta a taxa de juros integralmente.

89. **(Planejamento e Execução IESES/Analista Judiciário – Economista/Tribunal de Justiça do Estado do Maranhão/2009) – A política fiscal expansionista caracteriza-se por:**

   a) Elevação de gastos do governo e elevação de tributos.

   b) Redução de gastos do governo e elevação de tributos.

   c) Elevação de gastos do governo e redução de tributos.

   d) Redução de gastos do governo e redução de tributos.

90. **(Fundação Carlos Chagas/Economista/Infraero/2009) – Se, em uma economia fechada com nível de equilíbrio de renda abaixo do pleno emprego, a demanda de moeda for infinitamente elástica em relação à taxa de juros, a**

   a) expansão dos gastos do governo será eficaz em termos do aumento do produto.

   b) compra de títulos públicos pelo Banco Central levará à expansão do produto.

   c) elevação de impostos será eficiente na geração de empregos.

   d) diminuição da taxa de reservas compulsórias dos bancos comerciais levará a uma redução da taxa nominal de juros.

   e) redução do déficit público não afetará o nível de emprego.

91. **(Fundação Carlos Chagas/Economista/Infraero/2009) – Considere uma economia em que a taxa de juros é endógena. Se o objetivo do governo for estimular investimentos e tanto a demanda por moeda quanto a demanda por investimentos forem elásticas em relação à taxa de juros, um dos procedimentos de política econômica que poderá ser utilizado é**

   a) aumentar os impostos diretos.

   b) diminuir os gastos do governo e os impostos no mesmo montante.

   c) resgatar títulos públicos no mercado aberto.

   d) conceder subsídios aos importadores.

   e) recolher parte do papel moeda em circulação.

92. **(AOCP Concursos Públicos/Auditor – Economia/Companhia Catarinense de Água e Saneamento/2008) – As Funções da Moeda - Assinale a alternativa que apresenta a sequência correta de palavras que preenchem as lacunas do texto apresentado.**
   A moeda tem três propósitos. É uma reserva de valor, uma unidade de conta e um meio de troca. Em uma economia moderna, o comércio geralmente é indireto e exige o uso da moeda. Ela assume muitas formas. Uma moeda que não tenha valor intrínseco é chamada de _____. O controle sobre a oferta monetária é chamado de _____. O ativo mais óbvio a ser incluído na quantidade de moeda é a _____, a soma entre papel-moeda e moedas metálicas. O elo entre transações e moeda

é expresso na chamada _____. Quando se analisa o modo como a moeda afeta a economia, é geralmente útil expressar a quantidade de moeda em termos da quantidade de bens e serviços que ela consegue adquirir. Esse montante, Moeda/Preço, é chamado de _____.

a) moeda corrente / moeda fiduciária / política monetária /encaixe monetário real / equação quantitativa

b) moeda fiduciária / política monetária / moeda corrente / equação quantitativa / encaixe monetário real

c) encaixe monetário real / equação quantitativa / moeda fiduciária / política monetária / moeda corrente

d) política monetária / moeda corrente / encaixe monetário real / equação quantitativa / moeda fiduciária

e) equação quantitativa / encaixe monetário real / moeda fiduciária / moeda corrente / política monetária

93. (Fundação Cesgranrio/Profissional Básico – Economia/Banco Nacional de Desenvolvimento Econômico e Social – BNDES/2009) – Alguns analistas afirmam que na crise econômica recente ocorreu uma situação de armadilha da liquidez. Num gráfico do modelo IS/LM que representasse a renda na abscissa e a taxa de juros na ordenada, essa situação ocorreria se a curva

a) LM fosse horizontal.

b) LM fosse vertical.

c) LM fosse negativamente inclinada.

d) IS fosse vertical.

e) IS fosse negativamente inclinada.

94. (Analista de Gestão Organizacional – Economista/PRODEPA/2008) – Além dos instrumentos clássicos de Política Monetária, o Banco Central pode afetar o fluxo de moeda pela regulamentação da moeda e do crédito. Assim, relacione as assertivas abaixo com o tipo de Política Monetária que representa:

1 – Política Monetária Expansionista 2 – Política Monetária Contracionista	( ) O Governo efetua a compra de títulos públicos no mercado
	( ) Redução no percentual do depósito compulsório
	( ) Elevação na taxa cobrada nas operações de redesconto
	( ) Aumento na taxa de juros reais da economia

De cima para baixo, a associação correta está em:

a) 1, 2, 1, 2.

b) 1, 1, 2, 2.

c) 2, 1, 2, 2.

d) 2, 1, 1, 1.

95. (Fundação Cesgranrio/Analista de Nível Superior – Economia e Finanças/Casa da Moeda do Brasil/2009) – Se as importações de um país forem maiores que as suas exportações, a(s)

a) moeda do país tenderá a se desvalorizar em relação à moeda estrangeira.

b) balança comercial será deficitária.

c) economia do país tenderá à recessão.

d) conta-corrente do balanço de pagamentos será deficitária.

e) reservas de divisas internacionais diminuirão.

96. **(Fundação Cesgranrio/Agente Judiciário - Economista/Tribunal de Justiçado Estado de Rondô-nia/2009) – No gráfico comum do modelo IS/LM, com a taxa de juros na ordenada e a renda na abscissa, a armadilha da liquidez é representada pela**

a) ausência de curva IS.

b) curva IS horizontal.

c) curva IS vertical.

d) curva LM horizontal.

e) curva LM vertical.

97. **(Fundação Cesgranrio/Agente Judiciário - Economista/Tribunal de Justiçado Estado de Rondô-nia/2009) – A política fiscal expansiva pode ser efetivada através de um aumento**

a) dos gastos do governo.

b) dos impostos.

c) do *superávit* orçamentário do setor público.

d) das tarifas públicas.

e) da oferta monetária.

98. **(Analista de Gestão Organizacional – Economista/PRODEPA/2008) – O Modelo IS-LM é utilizado para analisar os efeitos de diversas medidas de Política Econômica sobre os níveis de equilíbrio da renda e da taxa de juros. Identifique nas alternativas abaixo a situação que representa o efeito de um aumento nos gastos do governo:**

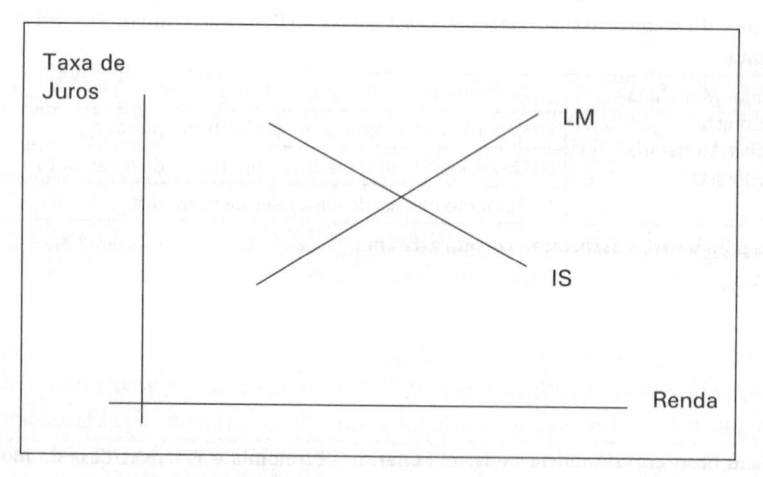

a) Deslocamento da Curva IS para direita.

b) Deslocamento da Curva IS para esquerda.

c) Deslocamento da Curva LM para direita.

d) Deslocamento da Curva LM para esquerda.

99. **(FGV/Economista/Assembleia Legislativa do Estado de Mato Grosso/2013) - Considere o caso clássico do modelo IS-LM. Neste caso**

a) a política fiscal expansionista é totalmente ineficaz, ocorrendo o chamado efeito *crowding-out*.

b) a política fiscal expansionista é totalmente eficaz, com ampliação máxima do produto e estabilidade da taxa de juros.

c) a política fiscal apresenta um grau de eficácia maior quanto mais elástica for a curva IS.

d) a política monetária é totalmente ineficaz, pois qualquer ampliação da oferta monetária será retida pelo público.

e) a política monetária expansionista é totalmente eficaz, com aumento do nível do produto e da taxa de juros.

100.(FGV/Economista/Companhia de Desenvolvimento Urbano do Estado da Bahia/2013) - Considere o modelo IS-LM descrito no gráfico a seguir:

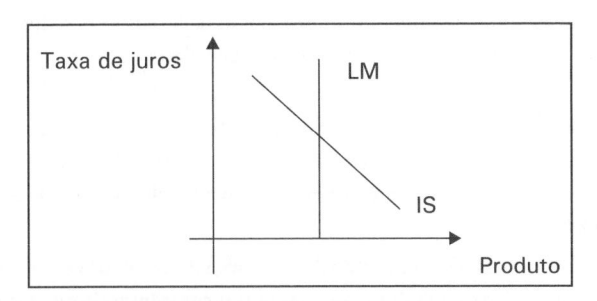

Nesse caso, uma política fiscal contracionista

a) é totalmente ineficaz pois este caso se trata da armadilha da liquidez.

b) é totalmente ineficaz devido ao efeito *crowding-out*, que troca gastos privados por gastos públicos.

c) tem o efeito oposto sobre produto e juros de uma política monetária expansionista.

d) tem impacto nulo na taxa de juros pois este é o caso clássico.

e) reduz os juros, incentivando o aumento dos gastos privados que substituem os gastos públicos.

101.(Fundação Cesgranrio/Análise Socioeconômica/IBGE/2013) - Suponha que os depósitos do público nos bancos sejam considerados como reserva de valor e usados para fazer pagamentos através de cheques ou cartões de débito. Tais depósitos são a única moeda do país. Se os depósitos fossem remunerados à taxa de juros vigente na economia, no gráfico do modelo IS/LM de determinação da renda do país (com a taxa de juros na ordenada e a renda na abscissa), a curva LM seria

a) descontínua

b) vertical

c) horizontal

d) positivamente inclinada

e) negativamente inclinada

102.(Fundação Cesgranrio/Análise Socioeconômica/IBGE/2013) - Em determinada economia, o gasto do governo aumentou 2 bilhões de unidades monetárias. Em consequência, a produção e a renda aumentaram 4 bilhões de unidades monetárias, após o efeito do aumento do gasto se fazer sentir plenamente. Tal fato leva à conclusão de que o(a)

a) deflator do PIB é 100%.

b) multiplicador da base monetária é 2.

c) multiplicador do gasto público é 2.

d) acelerador da produção e da renda é 2.

e) importação de bens e serviços diminui.

103.(UEPA-PROGRAD/Fiscal de Receitas Estaduais/PA/2013) - Sobre a macroeconomia, leia as afirmativas abaixo e julgue em Verdadeiro ou Falso.

( ) Uma das hipóteses keynesianas básicas sustenta que um aumento na renda gera um aumento menor no consumo, tornando a propensão marginal a consumir sempre positiva e menor que a unidade.

( ) Em uma economia em equilíbrio, o produto é igual ao gasto autônomo vezes o multiplicador, calculado a partir da propensão a consumir dessa economia.

( ) A curva IS expressa a condição de equilíbrio no mercado de bens. Esse equilíbrio implica que um aumento da taxa de juros diminua o produto, daí essa curva ser negativamente inclinada. Mudanças em fatores que diminuem a demanda por bens, dada a taxa de juros, deslocam a IS para a esquerda.

( ) Uma política fiscal contracionista como o aumento de impostos desloca a curva de equilíbrio do mercado de bens (IS) para a esquerda e a economia se move sobre a curva de equilíbrio no mercado monetário (LM). Isso leva a uma diminuição do nível do produto de equilíbrio e da taxa de juros de equilíbrio.

( ) Uma política monetária expansionista desloca a curva de equilíbrio do mercado monetário (LM) para baixo. Porém, com a queda dos investimentos e considerando que a curva de equilíbrio do mercado de bens (IS) é negativamente inclinada, essa expansão monetária terá efeitos reais apenas no curto prazo.

A sequência correta é:

a) V,V,V,F,F

b) F,V,V,V,F

c) F,F,F,V,V

d) V,V,V,V,F

e) V,V,F,V,F

104.(ESAF/Analista de Finanças e Controle/Secretaria do Tesouro Nacional/2013) - A curva LM mostra combinações de

a) renda e taxa de juros que equilibram o Balanço de Pagamentos.

b) renda e taxa de juros que equilibram o mercado de bens.

c) preço e taxa de juros que equilibram o mercado monetário.

d) renda e taxa de juros que equilibram o mercado monetário.

e) câmbio e taxa de juros que equilibram o mercado monetário.

105.(ESAF/Analista de Finanças e Controle/Secretaria do Tesouro Nacional/2013) - Considere o modelo IS/LM. Em uma situação conhecida como "Armadilha da Liquidez", um aumento no consumo:

a) aumenta a taxa de juros de equilíbrio da economia e diminui a demanda agregada.

b) não produz efeito sobre o produto da economia, mas aumenta a taxa de juros de equilíbrio.

c) aumenta a renda agregada, mas não altera a taxa de juros de equilíbrio.

d) aumenta a taxa de juros e a renda de equilíbrio.

e) reduz a demanda agregada e a taxa de juros de equilíbrio.

106.(Fundação Cesgranrio/Profissional de Nível Superior I – Ciências Econômicas/CHESF/2012) - Dentre as afirmações a respeito de políticas fiscais e/ou monetárias feitas a seguir, qual é compatível com o modelo IS-LM?

a) Uma política fiscal expansionista sempre gera uma expansão do produto ao custo de uma elevação da taxa de juros.

b) Quando a demanda de moeda é infinitamente elástica em relação à taxa de juros, qualquer expansão da oferta de moeda é retida pelo público.

c) A implementação conjunta de políticas monetária e fiscal contracionistas, no caso clássico, é totalmente ineficaz.

d) Uma política monetária expansionista é necessária caso se deseje manter um nível de produto constante face a uma política fiscal também expansionista.

e) Os efeitos de uma compra de títulos do governo pelo Banco Central resultarão necessariamente em uma redução da taxa de juros e um aumento do nível de renda.

107.(Fundação Cesgranrio/Economista Júnior/Petrobras/2012) - O gráfico abaixo mostra o modelo IS / LM aplicado a uma economia fechada.

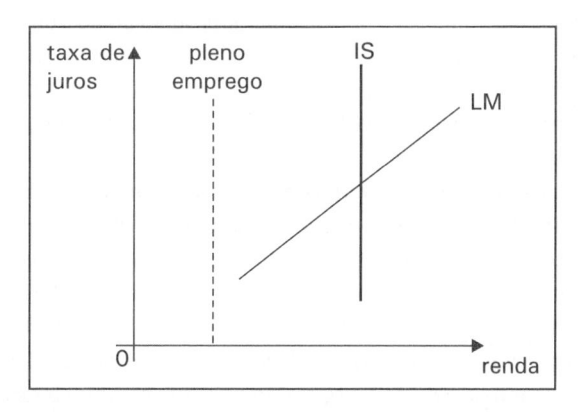

Examinando o gráfico, conclui-se que, nessa economia, há uma situação de

a) armadilha da liquidez

b) impotência da política fiscal para expandir a demanda agregada

c) sensibilidade elevada dos gastos de investimento à taxa de juros

d) balanço de pagamentos deficitário

e) excesso de demanda por bens e serviços

108.(VUNESP/Analista Nível I - Economia/CEAGESP/2010) - Constituem políticas monetárias contracionistas:

a) aumento na taxa de redesconto e aumento das reservas compulsórias.

b) diminuição na taxa de redesconto e compra de títulos no mercado aberto.

c) diminuição na taxa de redesconto e venda de títulos no mercado aberto.

d) diminuição dos impostos e aumento das reservas compulsórias.

e) diminuição dos impostos e diminuição das reservas compulsórias.

109.(FEPESE/Analista Financeiro do Tesouro Estadual/SC/2010) - A partir de um equilíbrio inicial, a adoção de uma política monetária contracionista seguida de uma política fiscal expansionista resulta:

a. ( ) primeiramente, em um deslocamento da curva da LM para a direita e, em seguida, um deslocamento da curva IS para a esquerda.

b. ( ) primeiramente, em um deslocamento da curva IS para a esquerda e, em seguida, um deslocamento da curva IS para a direita, de modo que o produto e a taxa de juros de equilíbrio não se alteram.

c. ( ) em uma situação que pode ser descrita como sendo de estagflação.

d. ( ) em um equilíbrio em que o produto cai em relação à situação inicial e o impacto sobre a taxa de juros é inconclusiva.

e. ( ) em um equilíbrio em que a taxa de juros é mais elevada do que a inicial e o impacto sobre o produto é inconclusivo.

110.(Fundação Cesgranrio/Análise Socioeconômica/IBGE/SC/2010) - Quando o governo adota uma combinação de política monetária expansionista e política fiscal contracionista, numa economia fechada e numa situação em que não haja armadilha da liquidez, a(s)

a) renda diminui.

b) produção aumenta.

c) taxa de inflação acelera.

d) exportações aumentam.

e) taxas de juros diminuem.

111.(Fundação Cesgranrio/Economista Júnior/Petrobras Biocombustível/2010) - O gráfico abaixo, do modelo IS/LM, mostra, em linhas cheias, as posições iniciais dessas duas curvas e mostra, m tracejado, possíveis novas posições dessas curvas.

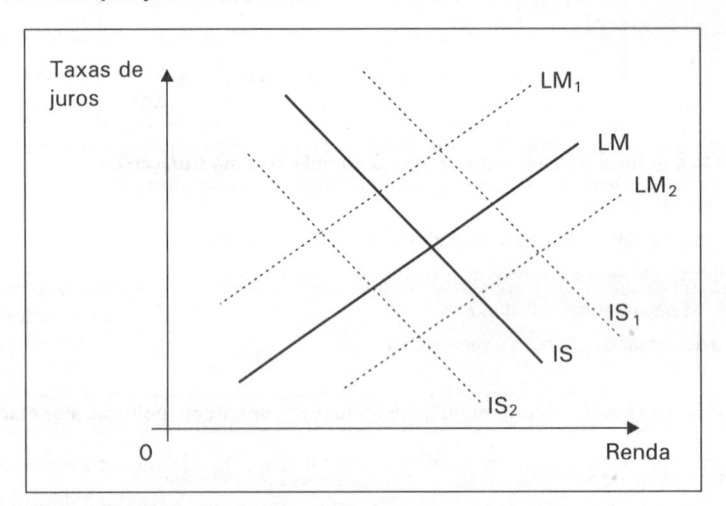

A análise do gráfico leva à conclusão de que a política

a) fiscal contracionista deslocaria a LM para uma posição como LM_2.

b) fiscal expansiva deslocaria a IS para uma posição como IS_2.

c) cambial de desvalorização da moeda do país deslocaria a IS para uma posição como IS_2.

d) monetária restritiva deslocaria a LM para uma posição como LM_1.

e) monetária expansiva deslocaria a LM para uma posição como LM_1.

112.(Cespe-UnB/Consultor do Executivo – Ciências Econômicas/Secretaria de Estado da Fazenda – ES/2010) – Julgue os itens a seguir como verdadeiro ou falso.

(0) A curva IS é uma representação gráfica que mostra uma relação direta entre a taxa de juros e a renda no mercado de bens. A magnitude de sua inclinação, que não depende da sensibilidade ao investimento, depende somente da propensão marginal a consumir.

(1) A cruz keynesiana, por mostrar o crescimento da economia para qualquer nível de investimento planejado, é a base da curva LM.

113.(Cespe-UnB/Técnico Científico – Economia/BASA/2007) - As políticas fiscais e monetárias influenciam significativamente o desempenho da economia. A respeito desse assunto, julgue os itens seguintes.

(0) Déficits públicos que resultem de um declínio no nível de atividade do setor privado estão associados com níveis mais elevados de inflação, de taxas de juros e de produção.

(1) A recente expansão do mercado acionário brasileiro, sumariada pelos recordes sucessivos alcançados pelo IBOVESPA, desloca a curva de oferta agregada da economia brasileira para cima e para a direita, expandindo a produção e reduzindo os preços.

(2) No longo prazo, políticas monetárias expansionistas são ineficazes porque afetam o nível de preços, porém, não têm efeito sobre o lado real da economia, já que essas políticas não alteram o produto potencial da economia.

(3) Contrações monetárias utilizadas para mitigar uma crise inflacionária aumentam as taxas de juros e, conseqüentemente, reduzem os investimentos, porém, elevam a poupança, porque deslocam a curva de oferta dos fundos emprestáveis para baixo e para a esquerda.

114.(Cespe-UnB/Analista Econômico/IEMA/2007) - Acerca da economia monetária, essencial ao entendimento de questões relevantes da economia, julgue os itens que se seguem.

(0) As vendas de títulos públicos por meio de operações de mercado aberto conduzem à retração da oferta de moeda e, portanto, concorrem para elevar a taxa de juros.

(1) O aumento do custo de detenção da moeda, por reduzir a quantidade de moeda em poder do público, eleva os depósitos bancários, permitindo, assim, a expansão do crédito.

115.(Cespe-UnB/Economista/FSCMP/PA/2004) - Julgue o item a seguir, como verdadeiro ou falso:

Empréstimos lançados pelo governo para financiar o déficit público podem provocar redução do investimento privado.

116.(Cespe-UnB/Economista/FSCMP/PA/2004) - Julgue o item a seguir, como verdadeiro ou falso:

De acordo com a visão keynesiana, uma expansão do estoque monetário aumenta a demanda agregada porque as taxas de juros diminuem, o que provoca uma expansão do investimento planejado.

117.(Cespe-UnB/Analista Pericial – Economia/MPE-TO/2006) - A teoria macroeconômica envolve o estudo do comportamento e da mensuração dos grandes agregados econômicos e aborda temas como inflação, desemprego, desequilíbrios externos e crescimento econômico. Utilizando os conceitos fundamentais dessa teoria, julgue os itens subseqüentes como verdadeiro (V) ou falso (F).

(0) Segundo a teoria keynesiana, os gastos de consumo não só dependem da variação da renda corrente mas também são influenciados pela renda futura esperada.

(1) No modelo de determinação do produto, a poupança corresponde à distância entre a linha de 45 graus e a função consumo.

(2) Embora a redução no nível de preços eleve as despesas de consumo e de investimento, não se pode determinar, a priori, o impacto dessa redução sobre a demanda agregada, porque, simultaneamente, ocorre diminuição das exportações líquidas.

(3) Em resposta à elevação das alíquotas de impostos de renda, há redução do multiplicador bem como aumento da inclinação no gráfico da função de consumo keynesiana.

118.(Cespe-UnB/Economista/UFT/2004) – Julgue o item a seguir, como verdadeiro ou falso:

Mantendo-se a oferta monetária real constante, quando as elasticidades da demanda de moeda em relação à renda são elevadas, políticas fiscais expansionistas conduzirão à redução das taxas de juros.

GABARITO DO CAPÍTULO 7

01 – E	19 – B	37 – D	55 – D	73 – C	91 – C	109 – E
02 – D	20 – D	38 – C	56 – C	74 – E	92 – B	110 – E
03 – E	21 – C	39 – B	57 – B	75 – D	93 – A	111 – D
04 – A	22 – B	40 – A	58 – C	76 – E	94 – B	112 – (0) F, (1) F
05 – C	23 – B	41 – D	59 – A	77 – E	95 – B	113 – (0) V, (1) F, (2) V, (3) F
06 – (0) V, (1) F	24 – A	42 – B	60 – B	78 – D	96 – D	114 – (0) V, (1) V
07 – D	25 – D	43 – D	61 – E	79 – D	97 – A	115 – V
08 – D	26 – B	44 – C	62 – A	80 – E	98 – A	116 – V
09 – D	27 – D	45 – E	63 – B	81 – E	99 – A	117 – (0) F, (1) V, (2) F, (3) F
10 – B	28 – E	46 – C	64 – D	82 – A	100 – E	118 – F
11 – A	29 – A	47 – B	65 – E	83 – D	101 – B	
12 – C	30 – D	48 – A	66 – D	84 – E	102 – C	
13 – D	31 – A	49 – D	67 – B	85 – D	103 – D	
14 – E	32 – A	50 – A	68 – B	86 – D	104 – D	
15 – A	33 – A	51 – C	69 – F	87 – C	105 – C	
16 – E	34 – B	52 – B	70 – C	88 – B	106 – B	
17 – D	35 – C	53 – B	71 – D	89 – C	107 – E	
18 – A	36 – C	54 – E	72 – C	90 – A	108 – A	

Capítulo 8

Modelo IS-LM-BP

1. Exercícios Resolvidos de Concursos Públicos

1.1. Exercícios Resolvidos do Tipo "Múltipla Escolha"

01. (Fundação Cesgranrio/Analista do Banco Central do Brasil/2010) - O gráfico abaixo ilustra o modelo IS/LM/BP, representando uma economia em regime de taxa de câmbio fixa.

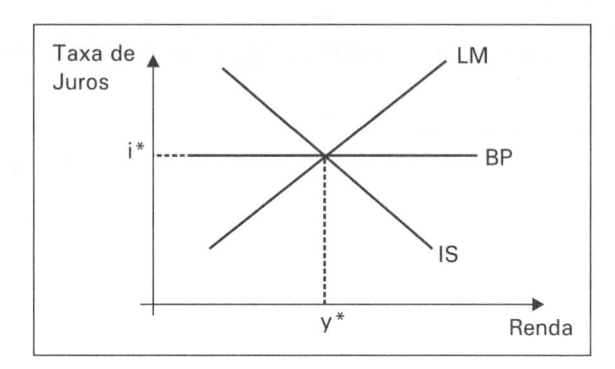

Na situação representada no gráfico, a(o)

a) política monetária é impotente.

b) política fiscal é impotente.

c) taxa de desemprego é elevada.

d) mobilidade internacional do capital financeiro é reduzida.

e) balanço comercial é superavitário.

Solução:

A resposta é a letra "A". Uma **política monetária expansionista**, por exemplo, um aumento da oferta monetária, deslocará a curva LM para a direita e para baixo, reduzindo a taxa de juros interna e aumentando o nível de renda interna, visto que a redução da taxa de juros estimula o investimento. Por um lado, a taxa de juros interna estará menor que a taxa de juros internacional, resultando em uma saída de capitais do país para o exterior, reduzindo o saldo da conta de capitais autônomos (ou conta financeira). Por outro lado, o aumento do nível de renda interna estimulará as importações, resultando em uma piora no saldo comercial. Esses dois resultados obtidos provocam um déficit no balanço de pagamentos, o qual deverá ser financiado por meio da "queima" das reservas cambiais.

De maneira específica, o aumento na demanda por moeda estrangeira (que será enviada ao exterior) provocará uma desvalorização (real e nominal) da moeda nacional. A fim de evitar esse aumento da taxa de câmbio, isto é, para manter a cotação, o Banco Central intervirá no mercado cambial vendendo divisas, isto é, desfazendo-se das reservas internacionais e, assim, desmonetizando a economia. A perda de divisas provocará um "enxugamento" da liquidez da economia em efeito oposto ao da compra de títulos públicos no mercado aberto, de tal forma que ambos os efeitos se anulam, e a curva LM retornará a sua posição original (contrai-se a base monetária). Dessa forma, restabelece-se a condição de igualdade entre as taxas de juros interna e externa, cessando a fuga de capitais. Logo, *a política monetária é ineficiente* para alterar o nível de renda real.

---

02. **(Fundação Cesgranrio/Analista do Banco Central do Brasil/2010) – Considerando o Modelo Mundell-Fleming, analise as proposições abaixo.**

    I. **A política fiscal não exerce influência sobre a renda agregada quando a taxa de câmbio é flutuante.**

    II. **A política monetária não exerce influência sobre a renda agregada quando a taxa de câmbio é flutuante.**

    III. **Um aumento do prêmio pelo risco país eleva a taxa doméstica de juros e desvaloriza a moeda local.**

    É(São) correta(s) a(s) proposição(ões)

    a) I, apenas.

    b) III, apenas.

    c) I e III, apenas.

    d) II e III, apenas.

    e) I, II e III.

Solução:

A resposta é a letra "C". A alternativa I está correta pois, ao considerar o caso do modelo IS-LM-BP com perfeita mobilidade de capitais (isto é, o modelo Mundell-Fleming), uma **política fiscal expansionista** irá deslocar a curva IS para a direita e para cima, aumentado o nível de renda e a taxa de juros interna. A taxa de juros interna estará maior que a taxa de juros internacional, o que implicará uma entrada de capitais no país, em magnitude suficiente para melhorar o saldo da conta de capitais autônomos (conta financeira). A entrada de capitais de curto prazo provocará um aumento da oferta de divisas estrangeiras e da demanda por moeda nacional. Na ausência da intervenção do banco central, ocorrerá uma apreciação (real e nominal) da moeda nacional. A demanda agregada irá reduzir-se, e a curva IS se deslocará para a esquerda e para baixo, havendo a eliminação da pressão da entrada de capitais no mercado de câmbio. Esse processo irá continuar até que a taxa interna de juros iguale a taxa de juros internacional. Nesse contexto, a taxa de câmbio se reduz de tal forma que o acréscimo de demanda agregada proporcionado pela política fiscal expansionista será anulado pela queda das exportações líquidas, anulando o resultado final em termos de produto, com a curva IS retornando à sua posição original. Logo, a **política fiscal é ineficiente**, isto é, não exerce qualquer influência sobre o nível da renda agregada e do emprego, pois induz a uma apreciação da taxa de câmbio, reduzindo proporcionalmente as exportações líquidas.

O item III está correto porque sob perfeita mobilidade de capitais, a equação da paridade da taxa de juros pode ser expressa por: $i = i^* + \theta + \tilde{\varepsilon}$, onde i é a taxa de juros doméstica; i^* é a taxa de juros internacional; θ é o risco cambial (risco país); $\left(E_{t+1}^e - E_t\right)/E_t$ é a expectativa de desvalorização do câmbio nominal; E_t = taxa de câmbio no período t; E_{t+1}^e = taxa de câmbio esperada para o período t + 1. Nesse caso, um aumento do prêmio pelo risco-país θ causa uma fuga de capital e resulta em desvalorização da moeda nacional (isto é, um aumento da taxa de câmbio). O governo reage elevando a taxa de juros doméstica para poder atrair e/ou conter a saída de capitais de curto prazo.

O item II está falso pois, sob perfeita mobilidade de capitais e regime de câmbio flexível (flutuante), a política monetária é eficiente no controle da demanda agregada. A expansão monetária desloca a curva LM para a direita e para baixo, aumentando o nível de renda. Caso a alteração na oferta monetária seja maior do que a demanda por moeda (efeito renda), ocorrerá uma queda na taxa de juros doméstica (em comparação com a taxa de juros internacional), fuga de capital e a necessidade de uma depreciação cambial (aumento da taxa de câmbio, considerando-se ausência de intervenção da autoridade monetária) que melhore o saldo comercial e desloque a curva IS para cima e para direita, com nova elevação na renda e retorno da taxa de juros ao seu nível inicial.

Em resumo, o item II está falso pois, no Modelo IS-LM-BP, sob perfeita mobilidade de capitais e regime de câmbio flutuante, uma política monetária expansionista causa uma redução na taxa de juros interna e aumento no nível de renda da economia. Na ausência de intervenções do Banco Central, a demanda por dólares irá aumentar devido à fuga de capitais, provocando uma depreciação da moeda nacional (aumento da taxa de câmbio). Assim, a política monetária é eficiente no controle da demanda agregada.

---

03. (ESAF/Analista de Finanças e Controle/Secretaria do Tesouro Nacional - STN/2005) - Considere um modelo de regime de câmbio flutuante com livre mobilidade de capitais. Pode ser considerado como fator que tende a provocar uma desvalorização da moeda nacional:

a) política fiscal expansionista.

b) elevação dos juros externos.

c) política monetária contracionista.

d) elevação da taxa básica de juros interna.

e) elevação dos recolhimentos compulsórios dos bancos comerciais.

Solução:

A resposta é a letra "b" porque, em um regime de câmbio flutuante, a elevação dos juros externos irá provocar uma saída de capitais do país, aumentando a demanda por moeda estrangeira. Conseqüentemente, a taxa de câmbio irá aumentar, ou seja, haverá uma depreciação (termo mais correto!) da moeda nacional.

---

04. (Fundação Cesgranrio/Analista Economista/MP/RO/2005) – Em uma economia aberta, com plena mobilidade de capitais, regime de câmbio flexível, na qual a propensão a importar é inferior à propensão marginal a consumir, o multiplicador dos gastos autônomos é:

a) negativo.

b) indeterminado.

c) maior do que 0 e menor do que 1.

d) menor do que 2.

e) menor que o multiplicador de uma economia fechada

Solução:

A resposta é a letra "e". O multiplicador keynesiano de uma economia aberta sempre é menor que o multiplicador keynesiano de uma economia fechada.

---

05. (NCE/Auditoria Geral do Estado de Mato Grosso/2004) - Os fatores que afetam o efeito multiplicador de uma expansão de gastos autônomos num dado país sobre outros países, também conhecido como efeito-transbordamento, são:

a) o tamanho do país, o grau de abertura do comércio e a extensão dos reflexos dos padrões comerciais sobre os multiplicadores;

b) a proximidade geográfica, o grau de complementaridade e o grau de desenvolvimento;

c) o conteúdo das importações, a existência de políticas industriais e o regime cambial;

d) o conteúdo das exportações, a existência de políticas industriais e o regime cambial;

e) a proximidade geográfica, o regime cambial e a taxa de poupança interna e externa.

Solução:

A resposta é a letra "A". Em um mundo interdependente, as mudanças na política econômica nacional afetam, além do país, outros países, e depois novamente a economia nacional. O **efeito transbordamento** advém do vazamento de renda propiciado pelas importações. Por exemplo, no Brasil suponha uma política fiscal expansionista via aumento de gastos públicos que resultará em um aumento do nível de renda da economia. As importações serão estimuladas por serem uma função da renda interna. O aumento das importações significa exportações para os outros países, por exemplo, a Argentina, aumentando assim a atividade econômica deles. Em resumo, o efeito de uma política econômica expansionista transborda para os outros países.

Observe que, do efeito transbordamento advém o **efeito-repercussão**, ou seja, o aumento do nível de renda interno no país (Argentina) cujo setor externo cresceu em decorrência da política econômica expansionista do outro país (Brasil) irá induzir, por sua vez, um aumento das importações desse país. Consequentemente, as exportações do país que realizou a política econômica expansionista original (Brasil) irão aumentar, gerando assim novos efeitos expansionistas sobre sua renda, ou seja, o efeito-repercussão.

Assim, no caso do efeito-transbordamento, os fatores que afetam o efeito multiplicador de uma expansão de gastos autônomos num dado país sobre outros países, são o tamanho do país, o grau de abertura do comércio e a extensão dos reflexos dos padrões comerciais sobre os multiplicadores.

Note que, na prática, quando os Estados Unidos da América (EUA) se expandem, eles tendem a, como uma locomotiva, empurrar o resto do mundo para uma expansão. Da mesma maneira, se o resto do mundo se expande, os EUA compartilham dessa expansão (DORNBUSCH, FISCHER e STARTZ, 2003).

---

06. (ESAF/Analista do MPU/Área Pericial –Economia/2004) - Pode ser consequência de uma política fiscal expansionista, exceto:

a) elevação do emprego.

b) queda nas taxas de juros.

c) elevação da dívida pública.

d) em um regime de câmbio flutuante, tendência de valorização da moeda nacional.

e) em um regime de câmbio flutuante, tendência de desvalorização da moeda estrangeira.

Solução:

A resposta é a letra "b", pois uma política fiscal expansionista desloca a curva IS para direita e para cima, aumentando o nível de renda e a taxa de juros.

---

07. (ESAF/Técnico de Planejamento e Pesquisa do IPEA/2004) - Considere o modelo IS/LM, considerando as seguintes hipóteses:

• **pequena economia aberta.**

• **livre e perfeita mobilidade de capital.**

• **regime de câmbio flutuante.**

Com base nessas informações, é correto afirmar que:

a) uma política monetária contracionista reduz as taxas de juros, porém mantém estável a taxa de câmbio.

b) se o equilíbrio estiver abaixo do pleno emprego, não é possível utilizar a política monetária para elevar o emprego.

c) uma política fiscal expansionista reduz as taxas de juros e provoca uma apreciação da moeda nacional.

d) se o objetivo é elevar o emprego, a autoridade econômica deve utilizar uma política monetária expansionista.

e) uma política fiscal expansionista eleva o emprego tendo em vista a elevação das exportações.

Solução:

A resposta é a letra "*d*". No caso de perfeita mobilidade de capitais e regime de câmbio flutuante, a política monetária é eficiente no controle do nível do produto e do emprego.

08. (ESAF/Auditor do Tesouro Municipal - Prefeitura do Recife/2003) - Considerando uma pequena economia aberta com livre e perfeita mobilidade de capital e supondo e = preço em moeda nacional de uma unidade de dólar, é correto afirmar que:

a) uma política monetária expansionista tende a reduzir as taxas internas de juros. Se a economia opera em um regime de taxa de câmbio flutuante, essa redução tende a elevar *e* e, consequentemente, estimular as exportações, intensificando os efeitos da política monetária expansionista sobre o nível de emprego.

b) se a taxa de câmbio for fixa, somente a política monetária poderá ser utilizada para estimular o nível de emprego.

c) se o regime for de taxa de câmbio fixa, tanto a política fiscal quanto a política monetária não podem ser utilizadas para estimular o nível de emprego da economia.

d) uma política fiscal contracionista tende a reduzir as taxas internas de juros. Essa redução tende a elevar "*e*" e, consequentemente, estimular as exportações, intensificando os efeitos da política fiscal expansionista sobre o nível de emprego.

e) se o regime for de taxa de câmbio flutuante, uma política monetária contracionista tende a elevar o nível de emprego da economia.

Solução:

A resposta é a letra "a". No caso de perfeita mobilidade de capitais e regime de câmbio flutuante, uma política monetária expansionista reduz a taxa de juros e aumento da taxa de câmbio, estimulando as exportações e intensificando os efeitos da política monetária expansionista sobre o nível do produto e do emprego.

09. (VUNESP/Analista Nível I - Economia/CEAGESP/2010) - Em uma economia aberta com regime de taxa de câmbio fixa e perfeita mobilidade de capital, uma contração na oferta monetária

a) diminuirá o produto.

b) aumentará a taxa de juros.

c) aumentará o produto e a taxa de juros.

d) aumentará o produto e diminuirá a taxa de juros.

e) não terá efeito no produto e na taxa de juros.

Solução:

A resposta é a letra "e". No caso de perfeita mobilidade de capitais, em um regime de câmbio fixo, uma política monetária contracionista não altera o nível de renda real e a taxa de juros da economia.

1.2. Exercícios Resolvidos do Tipo "Verdadeiro ou Falso"

01. (Cespe-UnB/Analista em Geociências – Área de Conhecimento: Economia/Companhia de Pesquisa de Recursos Minerais/2013) – Julgue o item a seguir como verdadeiro ou falso.

A decisão de política econômica de adotar, simultaneamente, câmbio fixo, regime de metas de inflação e abertura da conta de capitais é teoricamente inconsistente.

Solução:

Verdadeiro. Trata-se da Trindade Impossível.

02. (Cespe-UnB/Técnico de Planejamento e Pesquisa do IPEA/2008) – Julgue o item a seguir como verdadeiro ou falso:

Em uma economia aberta com ampla mobilidade de capitais que usa um regime de câmbio fixo, a adoção de uma política monetária expansionista ao produzir um deslocamento da curva LM para direita teria um efeito positivo sobre o produto e renda da economia.

Solução:

Falso. Em uma economia aberta com perfeita (livre, ampla) mobilidade de capitais que adota um regime de câmbio fixo, a política monetária é ineficiente para alterar o nível de renda real. O Banco Central não pode promover uma política monetária independente sob o risco de perder ou acumular mais reservas do que desejaria.

03. (Cespe-UnB/Analista de Comércio Exterior/MDIC/2004) – Julgue o item a seguir, como verdadeiro ou falso:

Em uma economia pequena, cuja taxa de câmbio seja flutuante, a política fiscal será inoperante porque um aumento (redução) dos gastos públicos será compensado por uma redução (aumento) nas exportações líquidas.

Solução:

Esse item é verdadeiro porque em um regime de câmbio flutuante a política fiscal é ineficiente, ou seja, não exerce qualquer influência sobre a renda nacional e o emprego.

04. (Cespe-UnB/Analista de Comércio Exterior/MDIC/2004) - Julgue o item a seguir, como verdadeiro ou falso:

No modelo de Mundell-Fleming, tanto as políticas fiscais como as políticas monetárias terão maiores efeitos sobre a renda nacional, se as taxas de câmbio forem flexíveis.

Solução:

Esse item é falso porque em um regime de câmbio flutuante somente a política monetária é eficiente em exercer efeitos sobre a renda nacional.

05. (Cespe-UnB/IRBr/Terceiro Secretário da Carreira de Diplomata/2004) – Julgue o item a seguir, como verdadeiro ou falso:

Em economias pequenas, cuja taxa de câmbio é flutuante, as políticas fiscais são particularmente eficazes, porque a expansão das despesas públicas, ao reduzir a taxa de câmbio, contrai as importações e aumenta a produção doméstica.

Solução:

Esse item é falso porque, em um regime de câmbio flutuante, a política fiscal é ineficiente. A redução da taxa de câmbio provocará um déficit na balança comercial devido à redução das exportações e ao aumento das importações (redução das exportações líquidas).

2. Exercícios Propostos

01. (Fundação Cesgranrio/Economista/EPE/2006) - Em uma economia com câmbio fixo e livre mobilidade de capital, a implementação de uma política monetária expansionista produz inicialmente um(a):

a) superavit no balanço de pagamentos.

b) superavit na balança comercial.

c) deficit no balanço de pagamentos.

d) forte entrada de capitais.

e) elevação da taxa de juros doméstica.

02. (NCE-RJ/Economista/Ministério da Integração Nacional/2005) - De acordo com o modelo Mundell-Fleming, as consequências de uma política monetária expansionista numa grande economia aberta (ou seja, aquela que não pode conceder ou tomar empréstimos à taxa de juros mundial, em montantes elevados, sem deixar de influenciá-la) seriam:

a) a taxa de juros sobe, a renda aumenta e a taxa de câmbio se valoriza;

b) a taxa de juros sobe, a renda cai e a taxa de câmbio se deprecia;

c) a taxa de juros cai, a renda aumenta e a taxa de câmbio se deprecia;

d) a taxa de juros cai, a renda aumenta e a taxa de câmbio se valoriza;

e) a taxa de juros e de câmbio mantêm-se constantes e a renda cai.

03. (NCE-RJ/Economista/Ministério da Integração Nacional/2005) - De acordo com o modelo Mundell-Fleming, as consequências de uma política fiscal expansionista numa grande economia aberta seriam:

a) a taxa de juros cai, a renda aumenta e a taxa de câmbio se deprecia;

b) a taxa de juros cai, a renda aumenta e a taxa de câmbio se valoriza;

c) a taxa de juros sobe, a renda aumenta e a taxa de câmbio se valoriza;

d) a taxa de juros sobe, a renda sobe e a taxa de câmbio se deprecia;

e) a taxa de juros e de câmbio mantêm-se constantes e a renda cai.

04. (NCE-RJ/Economista/Ministério da Integração Nacional/2005) - De acordo com o modelo Mundell-Fleming, as consequências de uma política monetária expansionista numa pequena economia aberta sob o regime de taxas de câmbio fixas seriam:

a) a renda aumenta e não há efeitos sobre as exportações líquidas;

b) não há efeitos sobre a renda e sobre as exportações líquidas;

c) a renda e as exportações líquidas aumentam;

d) a renda e as exportações líquidas diminuem;

e) a renda diminui e as exportações líquidas aumentam.

05. (NCE-RJ/Economista/Ministério da Integração Nacional/2005) - De acordo com o modelo Mundell-Fleming, as consequências do estabelecimento de uma política monetária expansionista numa pequena economia aberta sob o regime de taxas de câmbio flutuantes seriam:

a) a renda e a taxa de câmbio se mantêm constantes e as exportações líquidas diminuem;

b) a renda e as exportações líquidas aumentam e a taxa de câmbio se aprecia;

c) a renda e as exportações líquidas diminuem e a taxa de câmbio se aprecia;

d) a renda aumenta, as exportações líquidas diminuem e a taxa de câmbio se deprecia;

e) a renda e as exportações líquidas aumentam e a taxa de câmbio se deprecia.

06. (Fundação Cesgranrio/Economista/MP/RO/2005) – Em uma economia aberta, com plena mobilidade de capitais, regime de câmbio flexível, na qual a propensão a importar é inferior à propensão marginal a consumir, o multiplicador dos gastos autônomos é:

a) negativo.

b) indeterminado.

c) maior do que 0 e menor do que 1.

d) menor do que 2.

e) menor que o multiplicador de uma economia fechada.

07. (NCE/Suporte Técnico Nível Único/IDF/2006) – O modelo Mundell-Fleming é um modelo IS-LM aplicado a uma pequena economia aberta. Ele considera:

a) o nível de renda dado e mostra as causas das flutuações nos preços e na taxa de câmbio;

b) a política fiscal não exerce influência sobre a renda agregada quando as taxas de câmbio são fixas;

c) a política monetária não exerce influência sobre a renda agregada quando as taxas de câmbio são flutuantes;

d) o nível de preços dado e mostra as causas das flutuações na renda e na taxa de câmbio;

e) as políticas fiscal e monetária não exercem quaisquer influências sobre a renda em economias abertas com contas de capital liberalizada.

08. (NCE/Suporte Técnico Nível Único/IDAF/2006) – Em relação ao impacto de uma contração monetária sobre a taxa de juros e o nível de investimento, é correto afirmar que:

a) no modelo de uma economia fechada, a taxa de juros desce e o investimento aumenta;

b) na pequena economia aberta, não se registram variações nem na taxa de juros nem no investimento;

c) no modelo de uma economia fechada, a taxa de juros e o investimento aumentam;

d) numa grande economia aberta, não se registram variações nem na taxa de juros nem no investimento;

e) numa grande economia aberta, não se registram variações na taxa de juros, apenas no investimento.

09. (Vunesp/Consultor Técnico Legislativo – Economia/CMSP/2007) - Em uma economia aberta com regime de taxa de câmbio fixa e perfeita mobilidade de capital, uma expansão na oferta monetária

a) diminuirá o produto.

b) aumentará a taxa de juros.

c) não terá efeito no produto e na taxa de juros.

d) aumentará o produto e a taxa de juros.

e) aumentará o produto e diminuirá a taxa de juros.

10. (FGV/Fiscal de Rendas/SEFAZ-RJ/2008) - Considere uma economia aberta, com câmbio flutuante e sob perfeita mobilidade de capitais. Qual é o impacto de uma política fiscal expansionista sobre a taxa de câmbio e o nível de produção?

a) A taxa de câmbio se aprecia, e o nível de produção aumenta.

b) A taxa de câmbio se deprecia, e o nível de produção diminui.

c) A taxa de câmbio se deprecia, e o nível de produção permanece inalterado.

d) A taxa de câmbio se aprecia, e o nível de produção permanece inalterado.

e) A taxa de câmbio permanece inalterada, e o nível de produção aumenta.

11. **(NCE/Auditoria Geral do Estado de Mato Grosso/2004) - Em um regime de taxas de câmbio flexíveis, uma política monetária contracionista leva a:**
    a) um aumento do produto e da taxa de juros e a apreciação cambial;
    b) um aumento do produto, a queda da taxa de juros e a depreciação cambial;
    c) um aumento do produto, a queda da taxa de juros e a apreciação cambial;
    d) uma queda do produto, a elevação da taxa de juros e a apreciação cambial;
    e) uma queda do produto, a elevação da taxa de juros e a depreciação cambial.

12. **(NCE-RJ/Economista/MT/2006) - De acordo com o Modelo Mundell-Fleming, numa pequena economia aberta, sujeita a um regime de taxa de câmbio fixa, uma política de restrições às importações teria como consequência:**
    a) aumento do nível de renda e das exportações líquidas;
    b) redução do nível de renda e das exportações líquidas;
    c) manutenção do nível de renda com redução do consumo e aumento do investimento;
    d) aumento do nível de renda, mas redução das exportações líquidas;
    e) redução do nível de renda, mas aumento das exportações líquidas.

13. **(NCE-RJ/Economista/MT/2006) - De acordo com o Modelo Mundell-Fleming, numa pequena economia aberta, sujeita a um regime de taxa de câmbio flutuante, uma política de restrições às importações teria como consequência:**
    a) aumento do nível de renda e das exportações líquidas;
    b) valorização cambial sem nenhum impacto sobre o nível de renda e as exportações líquidas;
    c) desvalorização cambial sem nenhum impacto sobre o nível de renda e as exportações líquidas;
    d) valorização cambial e aumento do nível de renda e das exportações líquidas;
    e) valorização cambial, redução do nível de renda e das exportações líquidas.

14. **(NCE-RJ/Economista/MT/2006) - De acordo com o Modelo Mundell-Fleming, a eficácia das políticas monetária, fiscal e de restrições às importações em termos da renda dependem do regime cambial. Do ponto de vista de alteração do nível de renda:**
    a) a política monetária é eficaz no regime de taxas de câmbio fixas e as políticas fiscal e de restrições às importações no caso de taxas de câmbio flutuantes;
    b) a política monetária é eficaz no regime de taxas de câmbio flutuantes e as políticas fiscal e de restrições às importações no caso de taxas de câmbio fixas;
    c) a política monetária é eficaz em ambos os regimes e fiscal e de restrições às importações, inócuas em ambos;
    d) as políticas fiscal e de restrições as importações são eficazes em ambos os regimes e a monetária, inócua em ambos;
    e) a política monetária e fiscal são eficazes no regime de taxas de câmbio fixas e inócuas com taxas de câmbio flutuantes.

15. **(Fundação Carlos Chagas/Economista/ARCE/2006) – Em uma economia com perfeita mobilidade de capitais no exterior, há ocorrência de desemprego voluntário no curto prazo. A política econômica adequada para reduzir a taxa de desemprego, se a economia adotar o regime de taxas de câmbio fixas, é uma política:**
    a) monetária expansiva.
    b) de valorização do câmbio real.

c) monetária restritiva.

d) fiscal expansiva.

e) fiscal restritiva.

16. **(Cespe-UnB/Analista Judiciário - Economista/Tribunal de Justiça do Estado de Rondônia/2012) – Considerando o modelo IS/LM para uma pequena economia aberta, com mobilidade perfeita de capitais, e que a taxa de juros i seja igual à taxa de juros internacional i^*, assinale a opção correta.**

a) No modelo considerado, a inclinação da curva IS — no eixo das abcissas representa-se o produto e a taxa de juros, no eixo das ordenadas — é menos acentuada do que em uma economia fechada.

b) A curva LM, no modelo IS/LM com câmbio fixo e perfeita mobilidade de capitais, tem a função de determinar, simplesmente, a quantidade de moeda em circulação.

c) A política fiscal é neutra em relação ao produto.

d) Por meio da curva LM é possível determinar, por si só, o produto.

e) Por meio da curva IS é possível determinar a taxa de câmbio de equilíbrio.

17. **(NUCEPE/Economista/Câmara Municipal de Teresina/2012) - Considere uma economia aberta, com câmbio flutuante e sob perfeita mobilidade de capitais. Qual é o impacto de uma política fiscal expansionista sobre a taxa de câmbio e o nível de produção?**

a) A taxa de câmbio se aprecia, e o nível de produção aumenta.

b) A taxa de câmbio se aprecia, e o nível de produção permanece inalterado.

c) A taxa de câmbio se deprecia, e o nível de produção permanece inalterado.

d) A taxa de câmbio se deprecia, e o nível de produção diminui.

e) A taxa de câmbio permanece inalterada, e o nível de produção aumenta.

18. **(FUNCAB/Economista/Prefeitura de Aracruz/2012) - Tendo-se uma visão da economia fechada, as autoridades econômicas acabam se preocupando somente em compatibilizar as políticas fiscal e monetária para atingir seus objetivos. Entretanto, no que concerne à visão de uma economia aberta, as políticas destinadas ao equilíbrio do setor interno precisam estar compatíveis com o objetivo do equilíbrio do balanço de pagamentos. Dentro desse contexto, assinale a opção correta, que diz respeito ao modelo IS-LM-BP.**

a) Dada uma baixa mobilidade de capital, a taxas fixas de câmbio, a política fiscal é eficaz sobre a taxa de juros.

b) Dada uma baixa mobilidade de capital, a taxas fixas de câmbio, a política monetária é eficaz sobre a renda.

c) No regime de câmbio fixo e com alta mobilidade de capital, a política monetária é eficaz sobre a taxa de juros.

d) No regime de câmbio flutuante e com alta mobilidade de capital, a política fiscal é eficaz sobre a renda.

e) Dada uma alta mobilidade de capital, a taxas flexíveis de câmbio, a política monetária é ineficaz sobre a renda.

19. **(Fundação Carlos Chagas/Analista Trainee – Economista/Metrô SP/2008) – Analise:**

I. **Em uma economia aberta com perfeita mobilidade de capitais e taxas de câmbio flexíveis, a política monetária expansiva é um instrumento eficiente no curto prazo para diminuição da taxa de desemprego.**

II. **Em um sistema de taxas de câmbio fixas, a desvalorização da moeda nacional tenderá a aumentar as importações e diminuir as exportações de bens e serviços.**

III. O resgate de títulos públicos em operações de mercado aberto é um dos instrumentos que podem ser utilizados pela autoridade monetária para reduzir os meios de pagamento da economia.

IV. O saldo da balança comercial de um país é função decrescente da renda nacional e função crescente da renda do resto do mundo.

É correto o que consta APENAS em

a) I e II.

b) I e III.

c) I e IV.

d) II e III.

e) II, III e IV.

20. **(Consulplan/Economista/Prefeitura do Município de Porto Velho – RO/2012) – De acordo com o modelo IS-LM para uma economia aberta e assumindo que a curva BP é menos inclinada do que a curva LM, analise.**

I. **Sob mobilidade perfeita de capitais e taxa de câmbio fixa, a política monetária é totalmente ineficaz no sentido de ser capaz de afetar a renda.**

II. **Sob mobilidade imperfeita de capitais, a política monetária é mais eficaz, no sentido de ser capaz de afetar a renda, sob taxa de câmbio fixa do que flexível.**

III. **Sob mobilidade perfeita de capitais e taxa de câmbio flexível, a política fiscal é totalmente ineficaz no sentido de ser capaz de afetar a renda.**

IV. **Sob mobilidade imperfeita de capitais, a política fiscal é mais eficaz, no sentido de ser capaz de afetar a renda, sob taxa de câmbio fixa do que flexível.**

Estão corretas apenas as afirmativas

a) II, III

b) I, III, IV

c) I, IV

d) II, IV

e) II, III, IV

21. **(Fundação Cesgranrio/Agente Judiciário - Economista/Tribunal de Justiçado Estado de Rondônia/2009) – Um aumento na entrada de capital externo para aplicar em ações nas bolsas de valores brasileiras, de imediato, faz com que**

a) diminua o *deficit* em conta corrente do balanço de pagamentos.

b) haja um aumento da taxa de juros doméstica.

c) aumentem as reservas internacionais, se a taxa de câmbio for fixa.

d) desvalorize (mais reais por dólar) a taxa de câmbio, se o regime for de câmbio flutuante.

e) se torne deficitário o orçamento do governo.

22. **(Fundação Carlos Chagas/Economista/Empresa Brasileira de Infraestrutura Aeroportuária – INFRA-ERO/2011) - Em um país de economia aberta e com perfeita mobilidade de capitais que pretenda expandir o produto,**

a) a política monetária será eficaz apenas se a taxa de câmbio for flexível.

b) apenas a política fiscal será eficaz se a taxa de câmbio for flexível.

c) apenas a política monetária será eficaz se a taxa de câmbio for fixa.

d) as políticas monetária e fiscal serão eficazes apenas se a taxa de câmbio for fixa.

e) apenas a política monetária será eficaz se a taxa de câmbio for flexível.

23. **(Fundação Cesgranrio/Agente Judiciário - Economista/Tribunal de Justiçado Estado de Rondônia/2009) – Considere uma economia aberta, com taxa de câmbio fixa, pequena em relação ao resto do mundo, numa situação em que há muita mobilidade internacional de capital. Para estimular a demanda e a produção agregadas, a(s)**

   a) taxa de juros deve ser diminuída.

   b) carga tributária precisa ser aumentada.

   c) política fiscal é potente.

   d) política monetária é potente.

   e) políticas monetária e fiscal são impotentes.

24. **(FUNDATEC/Economista/Companhia Estadual de Distribuição de Energia Elétrica/2010) - Considerando que uma economia cujo regime cambial é o de taxas flexíveis de câmbio e o de movimentação livre de capital, e supondo-se, ainda, que a economia seja caracterizada no curto prazo pelas condições *keynesiana*, assinale a alternativa que não está corretamente definida em relação aos efeitos de políticas econômicas em economia aberta.**

   a) A expansão monetária em um país pequeno terá como efeito uma depreciação cambial e uma melhora da balança comercial.

   b) Uma política fiscal expansionista em um país pequeno conduz a um deslocamento duradouro para a direita da curva IS e a uma apreciação, também duradoura, da moeda.

   c) Uma política fiscal expansionista em um país grande conduz à elevação da demanda agregada, bem como à elevação das taxas de juros internas.

   d) Um aumento da oferta monetária, em um país grande, além de depreciar a moeda desse país, também consegue reduzir a taxa internacional de juros.

   e) Uma política fiscal expansionista de um país grande produz, como efeitos no exterior, a elevação da taxa de juros internacionais e a depreciação da moeda.

25. **(Fundação Carlos Chagas/Economista/Sergipe Gás S.A./2010) – No modelo IS-LM para uma pequena economia aberta com perfeita mobilidade de capitais no curto prazo, em que haja desemprego,**

   a) somente o controle de capitais externos poderá lograr aumentar o nível de emprego interno.

   b) a política monetária expansiva é eficiente para reduzir o desemprego, qualquer que seja o regime cambial do país.

   c) tanto a política monetária quanto a política fiscal expansiva são eficientes para reduzir o desemprego, se as taxas de câmbio forem flexíveis.

   d) a apreciação da moeda nacional poderá reduzir o desemprego e é o único instrumento possível para atingir esse objetivo.

   e) a política fiscal expansiva somente é eficiente para reduzir o desemprego, se a taxa de câmbio for fixa.

26. **(PRODGEP/Economista/UFAC/2010) – Conforme o modelo IS-LM, em economias abertas, quais dos efeitos abaixo decorrem do aumento dos gastos do governo:**

   a) Diminuição do produto e da taxa de juros e uma desvalorização cambial.

   b) Aumento do produto e da taxa de juros e uma desvalorização cambial.

   c) Aumento do produto e da taxa de juros e uma apreciação cambial.

   d) Nenhum efeito sobre o produto, mas aumenta a taxa de juros e aprecia o câmbio.

   e) Nenhuma das respostas anteriores.

27. **(PRODGEP/Economista/UFAC/2010) – Conforme o modelo IS-LM, em economias abertas, quais dos efeitos abaixo decorrem da política de contração monetária:**

a) Diminuição do produto, o aumento a taxa de juros e apreciação do câmbio.

b) Aumento do produto e da taxa de juros e uma desvalorização cambial.

c) Diminuição do produto e da taxa de juros e uma desvalorização cambial.

d) Diminuição do produto e da taxa de juros e uma apreciação cambial.

e) Nenhuma das respostas anteriores.

28. **(Cespe-UnB/Especialista em Estudos e Pesquisas Governamentais – Área: Economia e Estatística/ Instituto Jones dos Santos Neves/2010) – Considerando uma economia aberta do tipo Mundell-Fleming, julgue os itens que se seguem, relativos a regimes cambiais.**

(0) Em um regime cambial de taxa de câmbio fixa, o aumento da mobilidade do capital reduz o multiplicador de gastos governamentais.

(1) No regime de taxa de câmbio flexível, espera-se que a taxa do câmbio flutue livremente para que se equilibre o balanço de pagamentos.

(2) Os bancos comerciais mantêm uma fração dos depósitos à vista em reservas e emprestam o restante de seus recursos. No caso de livre mobilidade de capitais, se o banco central operar em um regime de câmbio flexível, o aumento dessa razão acarretará apreciação da moeda doméstica.

(3) Em uma economia com regime de câmbio fixo, ceteris paribus, uma redução do montante de moeda manual mantida em poder do público resultará em redução da base monetária e aumento da oferta de moeda.

(4) Em uma grande economia que adote o sistema de taxa de câmbio flexível, se for implementada uma política fiscal expansionista, ocorrerão uma elevação da taxa de juros e uma redução do investimento privado.

29. **(NEC/Economista/Universidade Federal do Maranhão/2012) – É correto afirmar:**

a) Um aumento da oferta monetária doméstica sempre influencia a taxa de câmbio real no longo prazo sob a hipótese da paridade do poder de compra.

b) A diferença entre taxa de inflação interna e a do resto do mundo é correspondente a diferença entre taxa de juros interna e a do resto do mundo quando existe paridade não coberta da taxa de juros.

c) Quando o real se encontra desvalorizado em relação ao dólar, pode explicar o fato de que a taxa de juros da economia brasileira é menor do que a taxa de juros da economia americana.

d) Os efeitos de uma política monetária contracionista em uma economia aberta em que a condição de paridade de juros é satisfeita, são a diminuição do produto, o aumento da taxa de juros e a apreciação da moeda doméstica, qualquer que seja o regime cambial vigente.

e) Uma política econômica expansionista, operando sob taxas cambiais fixas, causará um aumento no produto superior ao que seria observado caso essa economia operasse sob taxas cambiais flexíveis.

30. **(COPESE/Economista/Universidade Federal de Juiz de Fora/2012) - Considere o modelo IS-LM-BP, com câmbio flutuante e com perfeita mobilidade de capital. Partindo de uma situação de equilíbrio interno e externo, uma política monetária expansionista teria como efeito final:**

a) redução da taxa de juros e nível de renda inalterado.

b) aumento na taxa de juros e nível de renda inalterado.

c) taxa de juros inalterada e redução do nível de renda.

d) redução da taxa de juros e aumento no nível de renda.

e) taxa de juros inalterada e aumento no nível de renda.

31. (Fundação Cesgranrio/Profissional Básico – Economia/Banco Nacional de Desenvolvimento Econômico e Social – BNDES/2009) – Numa situação de mobilidade imperfeita do capital financeiro internacional, a combinação das políticas monetária restritiva e fiscal expansiva, em certo país com regime de câmbio fixo, ocasionaria, necessariamente, um(a)

a) aumento da taxa de desemprego.

b) redução da taxa de inflação.

c) queda no produto da economia.

d) perda de reservas em divisas internacionais.

e) subida da taxa de juros.

32. (Cespe-UnB/Analista de Correios – Economista/2011) – Julgue o item a seguir como verdadeiro ou falso.

Em uma economia aberta do tipo **Mundell-Fleming** e com **o regime de taxas de câmbio flutuantes**, a ocorrência de um aumento nas despesas do governo desloca a curva IS para a direita e provoca um aumento na taxa de câmbio, elevando a renda.

33. (Economista/Universidade Federal do Estado do Rio de Janeiro – UNIRIO/2011) - Considere uma economia com regime de câmbio flutuante com livre mobilidade de capitais. Pode ser considerado como fator que tende a provocar uma desvalorização da moeda nacional

a) elevação dos juros externos.

b) política fiscal expansionista.

c) política monetária contracionista.

d) elevação da taxa básica de juros interna.

e) elevação dos recolhimentos compulsórios dos bancos comerciais.

34. (Economista/Universidade Federal do Estado do Rio de Janeiro – UNIRIO/2011) - Tendo como base o modelo IS/LM de uma economia aberta, com equilíbrio no balanço de pagamentos, é CORRETO afirmar que

a) no regime de câmbio fixo, o governo perde a capacidade de aquecer a economia mediante aumento de gastos.

b) em regime de câmbio flexível, a expansão do crédito doméstico reduz a taxa de juros.

c) no regime de câmbio fixo, uma expansão monetária provocará, inicialmente, aumentos dos níveis de renda e emprego.

d) em um regime de câmbio flexível, o Banco Central perde o controle da base monetária.

e) a taxa de câmbio nominal é maior que a taxa de câmbio real.

35. (PRODGEP/Economista/Fundação Universidade Federal do Acre/2010) - Conforme o equilíbrio no mercado de bens, caracterizado pela curva IS, em economias abertas, quais dos efeitos abaixo decorrem do aumento dos gastos do governo na economia:

a) Diminuição do produto e déficit comercial.

b) Aumento do produto e superávit comercial.

c) Aumento do produto e déficit comercial.

d) Nenhum efeito sobre o produto e balança comercial.

e) Nenhuma das respostas anteriores.

36. **(Cespe-UnB/Consultor do Executivo – Ciências Econômicas/Secretaria de Estado da Fazenda – Governo do Estado do Espírito Santo/2010) – Julgue os itens a seguir como verdadeiro ou falso.**

   (0) No modelo de Mundell-Fleming com regime de taxas de câmbio fixas, a política monetária não tem efeito sobre a renda porque a oferta de moeda ajusta-se ao nível da taxa de câmbio anunciada.

   (1) No modelo de Mundell-Fleming com regime de taxas de câmbio fixas, a política fiscal é inócua, pois a expansão dos gastos do governo ou a redução de tributos provoca apreciação da moeda, reduz as exportações líquidas e anula seu impacto.

37. **(ISAE/Técnico de Nível Superior – Economista/Secretaria de Cultura do Estado do Amazonas/2012) – Com relação ao modelo IS/LM/BP, analise as afirmativas a seguir.**

   I. **Sob o regime de câmbio fixo, a curva IS é fixa, enquanto sob câmbio flutuante uma variação na taxa de câmbio desloca a curva IS.**

   II. **A curva BP é horizontal quando há perfeita mobilidade de capitais.**

   III. **A política monetária não tem efeito sobre a produção econômica sob câmbio fixo e perfeita mobilidade de capitais.**

   Assinale:

   a) se somente a afirmativa II estiver correta.

   b) se somente as afirmativas I e II estiverem corretas.

   c) se somente as afirmativas I e III estiverem corretas.

   d) se somente as afirmativas II e III estiverem corretas.

   e) se todas as afirmativas estiverem corretas.

38. **(Fundação CEFET Bahia/Economista/Empresa Baiana de Alimentos S.A. – EBAL/2010) - Em relação aos efeitos das políticas fiscais e monetárias em uma economia aberta, pode-se afirmar:**

   a) Uma economia que opera com taxas de câmbio fixas potencializa o efeito da política monetária em relação à outra economia que opera com câmbio flutuante.

   b) As expansões fiscais, em um regime de taxas flutuantes de câmbio e perfeita mobilidade de capitais, são ineficazes para influenciar o nível de renda da economia.

   c) O aumento de impostos diretos configura-se como uma política fiscal expansionista, dado que o governo disporá de mais recursos para seu gasto.

   d) O déficit primário, em uma economia com alta capacidade ociosa, provoca um efeito negativo na economia, com a redução da renda e o aumento da inflação.

   e) Uma consequência negativa, quando o Banco Central fixa a taxa de juros da economia por um longo período, é tornar o efeito da política fiscal nulo.

39. **(FEPESE/Economista/Companhia Integrada de Desenvolvimento Agrícola de Santa Catarina – SIDASC/2011) – Em uma economia aberta:**

   a) A política monetária é mais eficaz em um regime de câmbio fixo.

   b) O regime cambial dos países é definido pelo FMI.

   c) O modelo Mundell-Fleming não se a aplica a regimes de câmbio fixo.

   d) A curva IS se torna menos inclinada em comparação à economia fechada quando o regime de câmbio é flutuante.

   e) O regime de câmbio flutuante significa que as reservas internacionais flutuam para evitar alterações da taxa de câmbio.

40. (Planejamento e Execução IESES/Analista Judiciário – Economista/Tribunal de Justiça do Estado do Maranhão/2009) – Sobre o sistema Financeiro Internacional é correto afirmar que:

a) Em um sistema de perfeita mobilidade de capitais, uma taxa de juros interna, maior do que as taxas de juros internacionais, leva a valorização da moeda nacional.

b) Em um sistema de perfeita mobilidade de capitais, uma taxa de juros interna, maior do que as taxas de juros internacionais, leva a desvalorização da moeda nacional.

c) Em um sistema de perfeita mobilidade de capitais, uma taxa de juros interna, maior do que as taxas de juros internacionais, leva a valorização da moeda estrangeira.

d) Em um sistema de perfeita mobilidade de capitais, uma taxa de juros interna, maior do que as taxas de juros internacionais, leva a elevação do superávit primário.

41. (Fundação Carlos Chagas/Economista/Infraero/2009) – Em uma pequena economia aberta, com perfeita mobilidade de capitais, que adota o sistema de taxas de câmbio flexíveis, o nível de desemprego está muito abaixo de sua taxa natural, gerando pressões inflacionárias no curto prazo. Uma medida de política econômica do Governo visando a remediar esse tipo de situação é

a) a diminuição da taxa do redesconto de liquidez.

b) um aumento igual dos gastos e da tributação simultaneamente.

c) a diminuição dos gastos públicos.

d) o aumento da taxa dos depósitos compulsórios dos bancos comerciais.

e) a diminuição da tributação.

42. (Cetro/Auditor Fiscal Tributário Municipal/Prefeitura do Município de São Paulo/2014) - Considerando o modelo de determinação da renda em economia aberta, assinale a alternativa correta.

a) Um país que não tenha acesso ao mercado internacional de capitais não consegue equilibrar suas contas de Balanço de Pagamentos.

b) No modelo de determinação da renda em economia aberta, a inclinação da curva BP dependerá basicamente do grau de propensão a importar da economia doméstica.

c) A perfeita mobilidade do capital implica igualdade entre as taxas de juros dos ativos nacionais e estrangeiros, independentemente dos fatores relacionados à tributação dos ativos.

d) Sob a hipótese de um regime de câmbio fixo, uma expansão fiscal não resulta em efeitos reais devido à acomodação monetária requerida para manter o câmbio fixo.

e) O multiplicador da demanda agregada será menor em uma economia aberta do que em uma economia fechada, independentemente de a economia apresentar superávit ou déficit comercial.

43. (Fundação Carlos Chagas/Analista Legislativo – Área: Orçamento Público e Desenvolvimento Econômico/Assembleia Legislativa do Estado de Pernambuco/2014) - Considerando o objetivo de reduzir o nível de desemprego involuntário em uma economia, pode-se afirmar que

a) em países de economia aberta e perfeita mobilidade de capitais, a política fiscal é eficaz, independentemente do regime cambial adotado.

b) em países de economia fechada, a eficácia da política monetária independe da elasticidade dos investimentos à taxa de juros.

c) a política fiscal não será eficaz para países de economia fechada cuja demanda por moeda seja perfeitamente inelástica à taxa de juros.

d) caso o país tenha economia fechada e seu consumo responda negativamente a variações da taxa de juros, a política fiscal não será eficaz.

e) o regime cambial adotado não interfere na eficácia da política monetária, caso o país tenha economia aberta e perfeita mobilidade de capitais.

44. **(Fundação Cesgranrio/Economista/CEFET/2014) - Considere uma economia pequena em relação ao resto do mundo, adotando um regime cambial de taxa flutuante, e em uma situação de grande mobilidade internacional do capital financeiro. Suponha que essa economia esteja inicialmente em equilíbrio no balanço de pagamentos, no mercado de bens e no mercado monetário. Caso ocorra uma subida da taxa de juros no exterior, haverá, nessa economia, um(a)**

a) aumento do volume de importações

b) queda da taxa de juros doméstica

c) desvalorização cambial da moeda doméstica

d) diminuição das exportações líquidas

e) diminuição da taxa de inflação

45. **(Instituto Federal Farroupilha/Economista/2014) - Com relação à política fiscal de uma nação com economia aberta é correto afirmar que:**

a) O Aumento dos gastos do governo, com taxas de câmbio fixas, no curto prazo provocará aumento da demanda agregada, aumento da produção, do emprego e das importações.

b) O aumento dos gastos do governo, com taxas de câmbio flutuantes, no curto prazo, provocará aumento da demanda agregada, aumento da produção e do emprego, aumento das importações, aumento da demanda por moeda e redução das taxas internas de juros.

c) O aumento dos gastos do governo, com taxas de câmbio fixas, no curto prazo, provocará aumento da demanda agregada, aumento da produção e do emprego, aumento da demanda por moeda e redução das taxas internas de juros.

d) O aumento dos gastos do governo, com taxas de câmbio fixas, no curto prazo, provocará redução das taxas internas de juros e, consequentemente, aumento da demanda agregada, aumento da produção e do emprego.

e) O aumento dos gastos do governo, com taxas de câmbio fixas, no curto prazo provocará aumento da demanda agregada, aumento da produção e do emprego.

46. **(Instituto Federal Farroupilha/Economista/2014) - Com relação à política monetária de curto prazo de uma nação com economia aberta, pode-se indicar que:**

a) O aumento da oferta monetária, em economia com taxas de câmbio flutuantes, a taxa de juros diminui, gerando aumento da produção e do emprego devido ao aumento da demanda agregada, ao mesmo tempo gera saída líquida de divisas e desvalorização cambial;

b) O aumento da oferta monetária, em economia com taxas de câmbio flutuantes, a taxa de juros diminui, gerando aumento da produção e do emprego devido ao aumento da demanda agregada, ao mesmo tempo gera saída líquida de divisas e valorização cambial;

c) O aumento da oferta monetária, em economia com taxas de câmbio fixas, a taxa de juros diminui, gerando aumento da produção e do emprego devido ao aumento da demanda agregada, ao mesmo tempo gera saída líquida de divisas e desvalorização cambial;

d) O aumento da oferta monetária, em economia com taxas de câmbio fixas, a taxa de juros aumenta, há aumento da produção e do emprego devido ao aumento da demanda agregada,

e) A redução da oferta monetária, em uma economia com taxas de câmbio flutuantes, a taxa de juros diminui, gerando redução da produção e do emprego, a demanda agregada diminui, ao mesmo tempo que gera entrada líquida de divisas e valorização cambial.

47. **(FGV Projetos/Economista/Secretaria de Estado de Saúde do Amazonas – SUSAM/Governo do Estado do Amazonas/2014) - No caso do modelo Mundell-Fleming, a política fiscal expansionista tende a**

a) elevar o nível de renda da economia, mas com a taxa de juros permanecendo constante.

b) ter efeito nulo tanto no nível de renda da economia como na taxa de juros, mas com o câmbio mais valorizado.

c) elevar tanto o nível de renda como a taxa de juros da economia.

d) provocar uma desvalorização da moeda local, impulsionando a procura pelos bens locais e gerando aumento de renda.

e) elevar o nível de renda e a reduzir a taxa de juros, alcançando o máximo de eficácia.

48. **(Economista/Instituto Federal Farroupilha/2014) - Com relação ao modelo IS-LM-BP e partindo do pressuposto que os mercados de bens e monetários e o setor externo estão em equilíbrio, indique qual alternativa está incorreta.**

a) A expansão monetária através da compra de títulos no mercado aberto, em uma economia com taxas de câmbio fixas e grande mobilidade de capital, provoca redução nos juros o que afeta de forma negativa o movimento de capitais, a taxa de câmbio tende a depreciar, e o Banco Central perde reservas ao sustentar a taxa de câmbio.

b) O efeito de uma expansão fiscal, através do aumento dos gastos do governo, levando em consideração uma economia com taxas de câmbio flexíveis e grande mobilidade de capital provoca o deslocamento da IS para a direita, a LM para a esquerda, elevando o nível de renda, os juros se elevam e o balanço de pagamentos sofre efeitos positivos.

c) A expansão fiscal, através do aumento dos gastos do governo em uma economia com taxas de câmbio fixas e baixa mobilidade de capital, provoca o deslocamento da IS para a direita, a LM para a esquerda, elevando o nível de renda, os juros se elevam e o balanço de pagamentos sofre efeitos positivos.

d) O aumento da oferta monetária em uma economia com taxas de câmbio flexíveis e grande mobilidade de capital, em um primeiro momento, resulta em deslocamento da LM para a direita, a taxa de juros diminui provocando a saída de capitais, e as importações aumentam, resultado da elevação da renda.

e) O efeito da desvalorização cambial em uma economia com grande mobilidade de capital de imediato o encarecimento das importações e o barateamento das exportações. Como consequência, tem-se deslocamento da Função BP para a direita. A curva IS se desloca para a direita, devido ao aumento da produtividade doméstica. Com o superávit externo, há entrada líquida de divisas, e como resultado a LM também se desloca para a direita.

49. **(Fundação Carlos Chagas/Economista/Ministério Público do Estado do Amazonas/2014) - Quando um país com perfeita mobilidade de capitais adota a política de taxas de câmbio fixo,**

a) uma valorização cambial não produz qualquer efeito sobre o produto.

b) uma desvalorização cambial tende a piorar o resultado da balança comercial do país.

c) a política fiscal expansionista é eficaz para elevar o nível de renda do país.

d) a política monetária contracionista é eficaz para conter o desemprego da economia.

e) a desvalorização cambial e desoneração tributária, se utilizadas em conjunto, não terão eficácia no combate ao desemprego.

50. **(Economista/Instituto Federal de Educação, Ciência e Tecnologia do Pará/2013) - Analise as proposições abaixo e marque a alternativa CORRETA, no que diz respeito ao modelo IS/LM/BP de uma economia aberta com perfeita mobilidade de capital.**

a) Em regime de câmbio fixo, a política monetária é eficaz para expandir a renda agregada e reduzir a taxa de juros sem provocar déficit no balanço de pagamentos.

b) Em regime de câmbio fixo, uma política fiscal expansionista é inoperante, pois eleva a taxa de juros e provoca déficit no balanço de pagamento via endividamento externo.

c) Em regime de câmbio flutuante, uma expansão do gasto público provoca valorização cambial, estimulando a importação de bens de capital. Portanto, a política fiscal expansionista é eficaz para elevar o produto, mas provoca déficit no balanço de pagamento.

d) Em regime de câmbio flutuante, o aumento da oferta monetária provoca desvalorização cambial e inflação interna induzida pelo aumento do preço dos bens importados. Nesse caso, a política monetária é indesejável, pois além de provocar inflação reduz a competitividade das empresas nacionais.

e) Em regime de câmbio flutuante, uma política monetária expansionista provoca desvalorização cambial, o que estimula as exportações, deslocando a curva IS para direita. Nesse caso, a política monetária é plenamente eficaz, pois melhora o saldo em Transações Correntes, via exportações, e amplia o produto interno.

---

51. **(COPS/Economista/Companhia de Saneamento do Paraná – SANEPAR/2013) - O modelo IS-LM-BP é utilizado para analisar o equilíbrio interno e externo da macroeconomia de um país. Onde IS = equilíbrio no mercado de bens; LM = equilíbrio no mercado monetário; BP = equilíbrio no balanço de pagamentos, BP = 0. Supondo que o governo realize uma política econômica expansionista numa economia com mobilidade imperfeita de capitais e taxa de câmbio flexível, considere as afirmativas a seguir.**

I. **No curto prazo, uma política fiscal expansionista aumenta o produto, aumenta o nível de preços, aumenta a taxa de juros e gera superávit no BP.**

II. **No longo prazo, o efeito da política fiscal expansionista sobre o produto é reduzido porque haverá queda da taxa nominal de câmbio, equilibrando o BP e afetando negativamente a balança comercial.**

III. **No curto prazo, uma política monetária expansionista aumenta o produto, aumenta o nível de preços, aumenta a taxa de juros e gera superávit no BP.**

IV. **No longo prazo, o efeito expansionista da política monetária expansionista deve ser maior que de uma política fiscal, porque o retorno do equilíbrio no BP é alcançado com a depreciação cambial afetando positivamente a balança comercial.**

Assinale a alternativa correta.

a) Somente as afirmativas I e II são corretas.

b) Somente as afirmativas I e IV são corretas.

c) Somente as afirmativas III e IV são corretas.

d) Somente as afirmativas I, II e III são corretas.

e) Somente as afirmativas II, III e IV são corretas.

---

52. **(SUGEP/Economista/UFRPE/2013) - Considere um regime de câmbio flutuante com livre mobilidade de capitais. Pode ser considerado como fator que tende a provocar uma desvalorização da moeda nacional:**

a) política fiscal expansionista.

b) elevação dos juros externos.

c) política monetária contracionista.

d) elevação da taxa básica de juros interna.

e) elevação dos recolhimentos compulsórios dos bancos comerciais.

---

53. **(PROGRAD/Economista/Universidade Federal de Uberlândia/2013) - Considere uma pequena economia aberta com preços constantes. No curto prazo, é correto afirmar que:**

a) Sob uma taxa de câmbio flutuante, um aumento da oferta de moeda leva a um aumento da renda, pois reduz a taxa de juros e aumenta os investimentos.

b) Sob uma taxa de câmbio flutuante, um aumento nas despesas do governo ou uma redução nos impostos desloca a curva IS para a direita, aumentando a taxa de câmbio, sem qualquer efeito sobre a renda.

c) Sob um regime de taxas de câmbio fixas, a curva LM não se desloca.

d) Sob um regime de taxas de câmbio fixas, uma política comercial que restrinja as importações não tem efeito sobre o nível de renda agregada.

54. (Cespe-UnB/Analista em Geociências - Economia/Companhia de Pesquisa de Recursos Minerais/2013) – julgue o item a seguir, como verdadeiro ou falso:

Se a economia operar com **câmbio fixo** e **perfeita mobilidade de capitais**, um aumento da taxa de juros internacional proporcionara aumento da taxa de juros doméstica, aumento da renda de equilíbrio e variação negativa das reservas internacionais.

55. (Consulplan/Economista/Departamento Municipal de Água e Esgotos de Porto Alegre – DMAE) - Tendo como referência as quatros figuras (apresentadas em sentido horário), assinale a alternativa correta.

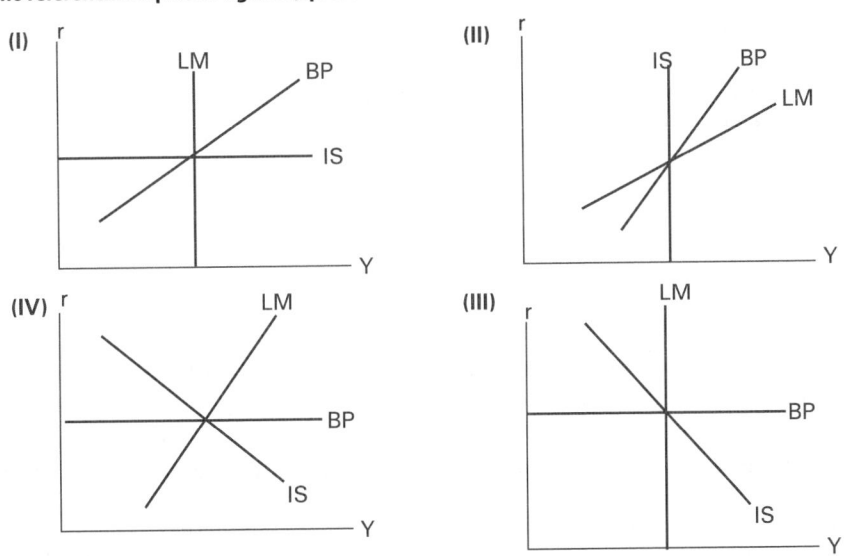

a) Na figura (II), se a taxa de câmbio é fixa, uma política fiscal expansionista eleva a renda e faz surgir um superávit no balanço de pagamentos.

b) A figura (I) representa uma economia com mobilidade perfeita de capitais.

c) Na figura (III), se a taxa de câmbio é fixa, a política monetária eleva a renda e faz surgir um déficit no balanço de pagamentos.

d) Na figura (IV), se a taxa de câmbio for flexível, a política fiscal não afetará em nada o produto.

e) Sob taxa de câmbio fixa, a política monetária é mais eficaz na economia ilustrada pela figura (II) do que pela figura (I).

56. (Fundação Cesgranrio/Analista do Banco Central do Brasil/2010) – Quanto à flexibilidade de taxas, é correto afirmar que no regime cambial de taxa

a) flexível, a política monetária torna-se endógena, de modo que a autoridade monetária perde sua capacidade de definir que política monetária adotar.

b) flexível, com perfeita mobilidade de capitais, as diferenças entre as taxas de juros internas dos diversos países devem refletir expectativas de desvalorização ou valorização cambial das moedas desses países.

c) flexível, a taxa de câmbio varia conforme a demanda e a oferta de moeda estrangeira, mantendo, dessa forma, a paridade entre os preços dos bens importados e os preços dos bens domésticos.

d) fixa, uma política fiscal expansionista aumenta o superávit comercial.

e) fixa, a autoridade monetária fixa a taxa de câmbio da moeda nacional em relação a uma moeda estrangeira, aceita internacionalmente (US dólar, por exemplo), e com isso mantém o poder de controlar a oferta monetária.

---

57. **(Fundação Cesgranrio/Analista do Banco Central do Brasil/2010) – Em uma economia aberta, com taxa de câmbio flexível, o Banco Central muda sua política monetária comprando títulos públicos do setor privado. Como resultado dessa política, pode-se antecipar que, no curto prazo,**

I. **tanto os investimentos quanto o consumo correntes serão estimulados, porquanto os gastos presentes se tornaram mais baratos que os gastos futuros;**

II. **pode ocorrer uma saída de capital para o exterior, causando uma desvalorização da moeda local, a qual deverá estimular a demanda agregada pelo aumento das exportações líquidas;**

III. **os preços dos ativos serão pressionados para cima (ações, habitações, etc.), o que estimulará a demanda agregada.**

Como resultado dessa nova política monetária, não antecipada pelos agentes econômicos, pode-se afirmar que é(são) correta(s) as proposição(ões)

a) II, apenas.

b) I e II, apenas.

c) I e III, apenas.

d) II e III, apenas.

e) I, II e III.

---

58. **(ESAF/Analista da CVM – Mercado de Capitais/2010) - Considere o caso de uma economia aberta de um país pequeno em relação ao resto do mundo, com livre mobilidade de capitais:**

a) um excesso de poupança interna sobre o investimento implica déficit na conta transações correntes.

b) um excesso de investimento sobre a poupança interna implica a necessidade de entrada de capital externo no país.

c) um excesso de investimento sobre a poupança interna implica aumento da taxa de juros no mercado internacional.

d) a livre mobilidade de capitais é suficiente para garantir a igualdade entre a poupança interna e o investimento.

e) um excesso de poupança interna sobre o investimento implica a entrada de poupança externa.

---

59. **(Fundação Cesgranrio/Analista do Banco Central do Brasil/2010) - Em uma economia aberta com taxa de câmbio flexível, se o governo adotar uma política fiscal expansionista, incorrendo em um déficit fiscal financiado pela venda de títulos de dívida pública, com relação ao impacto sobre a demanda agregada, verifica-se que**

a) este será dado por kD, onde k é o multiplicador keynesiano dos gastos autônomos e D o déficit público.

b) este, pelo efeito *crowding-out*, será inferior ao implicado pelo modelo keynesiano básico, porque a equivalência ricardiana não opera plenamente.

c) o efeito *crowding-out* será mitigado pelo influxo de capitais estrangeiros, entretanto, a valorização da moeda local reduzirá as exportações líquidas e, consequentemente, reduzirá o impacto do déficit sobre a demanda agregada.

d) o efeito *crowding-out* será neutralizado pelo influxo de capital estrangeiro atraído pelas altas taxas domésticas de juros.

e) o efeito *crowding-out* será nulo, caso valha a equivalência ricardiana e, portanto, o impacto sobre a demanda agregada será o previsto pelo modelo keynesiano básico.

60. (FUNCAB/Economista/Departamento de Estradas de Rodagem e Transportes – DER/2010) - Vamos supor o modelo IS/LM/BP de macroeconomia aberta. A tabela abaixo contém informações que estão inseridas neste modelo e dizem respeito ao grau de eficácia das políticas econômicas.

Alternativas	Mobilidade de Capitais	Regimes Cambiais			
		Câmbio Fixo		Câmbio Flexível	
		Política Monetária	Política Fiscal	Política Monetária	Política Fiscal
I	Sem	Forte	Nula	Nula	Forte
II	(com) Fraca	Forte	Fraca	Fraca	Forte
III	(com) Forte	Nula	Forte	Forte	Fraca
IV	(com) Perfeita	Nula	Forte	Forte	Nula

De acordo com a tabela, assinale a opção correta em função das colocações apresentadas pelas alternativas acima.

a) I e II são verdadeiras e III e IV são falsas.

b) I e III são verdadeiras e II e IV são falsas.

c) I e IV são verdadeiras e II e III são falsas.

d) III e IV são verdadeiras e I e II são falsas.

e) II e IV são verdadeiras e I e III são falsas.

GABARITO DO CAPÍTULO 8

01 – C	11 – D	21 – C	31 – E	41 – D	51 – B
02 – C	12 – A	22– A	32 – F	42 – E	52 – B
03 – D	13 – B	23 – C	33 – A	43 – C	53 – A
04 – B	14 – B	24 – B	34 – C	44 – C	54 – F
05 – E	15 – D	25 – E	35 – C	45 – E	55 – D
06 – E	16 – B	26 – C	36 – (0) V, (1) F	46 – A	56 – B
07 – D	17 – B	27 – A	37 – E	47 – B	57 – E
08 – B	18 – A	28 – (0) F, (1) V, (2) V, (3) F, (4) V	38 – B	48 – B	58 – B
09 – C	19 – C	29 – C	39 – D	49 – C	59 – C
10 – D	20 – B	30 – E	40 – A	50 – E	60 – D

Capítulo 9

Modelo da Oferta e da Demanda Agregada. Inflação

1. Exercícios Resolvidos de Concursos Públicos

1.1. Exercícios Resolvidos do Tipo "Múltipla Escolha"

01. (Instituto Machado de Assis/Economista/Prefeitura Municipal de Campo Maior – PI/2012) – A Inflação de custos caracteriza-se basicamente pela elevação dos custos de produção, especialmente das taxas de juros, de câmbio, matéria-prima, de salários ou de preços das importações. Neste sentido, uma inflação de custos resultará em:

a) Deslocamento da curva de demanda agregada para direita.

b) Deslocamento da curva de demanda agregada para esquerda.

c) Um deslocamento da curva de oferta para esquerda.

d) Um deslocamento da curva de oferta para direita.

Solução:

A resposta é a letra "c", pois uma inflação de custos resultará em um deslocamento da curva de oferta agregada para a esquerda.

02. (FGV Projetos/Fiscal de Rendas do Estado do Rio de Janeiro/2009) - Supondo que a economia se encontre num ponto de equilíbrio de curto e longo prazo, segundo o modelo clássico de nível de preços, o efeito da emissão de moeda na economia é caracterizado por:

a) no curto prazo, haver um aumento da demanda agregada, levando a um PIB real superior ao de equilíbrio, que ao longo do tempo é ajustado via aumento dos salários nominais.

b) no longo prazo, o efeito nos salários nominais deslocar a curva de oferta de curto prazo para a direita, num novo equilíbrio onde o PIB real é igual ao anterior à mudança, mas sob um nível de preços superior.

c) um novo equilíbrio da economia em que o PIB real é superior ao anterior à mudança, apesar de implicar um nível de preços superior.

d) no longo prazo, haver uma redução da demanda agregada, levando a um PIB real inferior ao de equilíbrio, que ao longo do tempo é ajustado via redução dos salários nominais. O novo equilíbrio da economia é tal que o PIB real é inferior ao anterior à mudança, com um nível de preços superior.

e) no curto e no longo prazo, não haver efeito sob a demanda agregada, apenas um ajuste dos salários nominais, que perdem seu poder de compra.

Solução:

A resposta é a letra "a". Em relação ao modelo de oferta e demanda agregada, supondo que a economia se encontre num ponto de equilíbrio de curto e longo prazo, o efeito da emissão de moeda na economia, ou seja, uma política monetária expansionista, é caracterizado no curto prazo por um deslocamento da curva de demanda agregada para direita e para cima, elevando o nível de preços e o nível de renda (PIB real) em um patamar superior ao de equilíbrio inicial, mas que, ao longo do tempo, é ajustado via aumento dos salários nominais. Ou seja, no longo prazo, este aumento de salários desloca a curva de oferta de curto prazo para a esquerda, num novo equilíbrio onde o PIB real é igual ao anterior à mudança, mas sob um nível de preços superior.

---

03. **(ESAF/Analista de Finanças e Controle/Secretaria do Tesouro Nacional/2008) - Considere o modelo IS/LM e o de oferta e demanda agregada. Supondo que a curva de oferta agregada de curto prazo é positivamente inclinada, é correto afirmar que:**

a) a partir do equilíbrio de longo prazo, no modelo de oferta e demanda agregada, um aumento da base monetária eleva a taxa de juros e reduz o nível de atividade econômica no curto prazo.

b) é possível construir, com o modelo IS/LM, uma teoria para a demanda agregada. A partir dessa teoria, pode-se avaliar os efeitos, por exemplo, de uma política monetária expansionista no modelo de oferta e demanda agregadas.

c) no equilíbrio de longo prazo, um aumento da demanda agregada não provoca inflação.

d) a partir do equilíbrio de longo prazo, uma política fiscal expansionista, quando eleva o nível do produto de curto prazo, não provoca alterações no nível geral de preços.

e) somente a política fiscal pode elevar o produto de equilíbrio de longo prazo sem causar inflação.

Solução:

A resposta é a letra "b". Conforme estudado nesse capítulo, da teoria da preferência pela liquidez se constrói a curva LM, ao passo que a curva IS surge a partir da interação entre a função investimento e a cruz keynesiana. A partir dessas duas curvas surge o modelo IS-LM, que é uma teoria para explicar a demanda agregada. Por exemplo, políticas fiscal ou monetária expansionistas deslocam a curva de demanda agregada para a direita e para cima, elevando os níveis de renda e de preços da economia, ao passo que políticas fiscal ou monetária restritivas deslocam a curva de demanda agregada para a esquerda e para baixo, reduzindo os níveis de renda e de preços da economia.

Lembre-se que no longo prazo, a curva de oferta agregada é vertical (modelo clássico). Neste caso, descolamentos na curva de demanda agregada afetam o nível de preços, mas não o produto, o qual se encontra em pleno-emprego. No curto prazo, entretanto, a curva de oferta não é vertical. Neste caso, alterações na demanda agregada provocam alterações no produto agregado. Além disso, no capítulo 4 (Oferta Monetária e Sistema monetário Nacional) do volume I da obra "Macroeconomia para Concursos...", define-se base monetária como o papel moeda em poder do público mais os encaixes totais, estes últimos compostos pelo caixa, em moeda corrente, dos bancos comerciais, mais os depósitos compulsórios e voluntários dos bancos comerciais na autoridade monetária.

No curto prazo, a análise do modelo IS-LM mostra que o aumento dos depósitos compulsórios pode ser considerado uma política monetária restritiva, deslocando a curva LM para a esquerda e para cima, aumentando a taxa de juros e reduzindo o nível de atividade econômica no curto prazo. No modelo de oferta e demanda agregada de longo prazo, por sua vez, uma política monetária restritiva desloca a curva de demanda agregada para a esquerda e para baixo, reduzindo o nível de preços, mas não o nível de produto, o qual se encontra em pleno-emprego. Por essa razão, o item "a" é falso.

O item "c" está falso porque no equilíbrio de longo prazo, um aumento da demanda agregada provoca um aumento do nível geral de preços (inflação), mas não do produto. O item "d" está falso porque no curto prazo uma política fiscal expansionista desloca a curva de demanda agregada para a direita e para cima, aumentando os níveis de preço e de produto da economia. Mas, no longo prazo, deslocamentos da curva de demanda agregada resultaram apenas em variações no nível geral de preços, mas não do produto. Finalmente, o item "e" está falso porque no longo prazo os deslocamentos da curva de demanda agregada ocasionados pelas políticas fiscal ou monetária resultarão apenas em variações no nível geral de preços (inflação ou deflação), mas não do produto. No longo prazo, somente fatores que influenciam a curva de oferta agregada (por exemplo, capital e mão-de-obra) é que resultaram em alterações no produto de equilíbrio de longo prazo (produto de pleno emprego).

---

04. (Vunesp/Consultor Técnico Legislativo – Economia/CMSP/2007) - Em uma economia concorrencial, se houver rigidez nos salários, a oferta agregada será

a) totalmente inelástica.

b) infinitamente elástica.

c) negativamente inclinada.

d) positivamente inclinada.

e) inexistente.

Solução:

Letra "D". No Modelo Keynesiano, conhecido também como Trecho Intermediário da Oferta Agregada, a curva de Oferta Agregada é crescente (positivamente inclinada). Nesse trecho, existe alguma rigidez de preços e salários nominais, mas também existe alguma flexibilidade de preços e salários nominais.

---

05. (Fundação Cesgranrio/Analista Economista/MP/RO/2005) - No modelo IS-LM/OA-DA, uma política monetária expansionista levará a uma expansão:

a) na demanda agregada.

b) na oferta agregada.

c) nos gastos do governo.

d) no produto e a uma alta da taxa de juros.

e) no produto seguida de uma queda nos preços.

Solução:

A resposta é a letra "a". Uma política monetária expansionista deslocará a curva LM para a direita e para cima, reduzindo a taxa de juros e aumentando o nível de renda. Consequentemente, no modelo de oferta agregada e demanda agregada, a curva de demanda agregada se deslocará para a cima e para a direita, aumentando o nível de preços e o nível de renda da economia.

---

06. **(ESAF/Técnico de Planejamento e Pesquisa do IPEA/2004) - Considere um modelo de oferta e de-manda agregadas supondo as seguintes hipóteses:**
- **Curva de oferta agregada de curto prazo positivamente em decorrência da existência de rigidez de preços e salários no curto prazo.**
- **Curva de oferta agregada de longo prazo vertical no nível de pleno emprego.**
- **Curva de demanda agregada definida a partir do modelo IS/LM.**
- **Preços e salários flexíveis no longo prazo.**

Com base nestas informações, é incorreto afirmar que:

a) na ocorrência de choques de oferta, a autoridade econômica pode-se utilizar de políticas monetária e fiscal para minimizar os custos do desemprego.

b) o equilíbrio de longo prazo pode ser definido pela interseção entre a curva de demanda agregada e as curvas de oferta agregada de curto e longo prazo.

c) no longo prazo, a política monetária só altera o nível geral de preços.

d) uma política fiscal expansionista tende a elevar o nível geral de preços no longo prazo.

e) uma política monetária contracionista tende a elevar o nível geral de preços no curto prazo.

Solução:

A resposta é a letra "e". No curto prazo, uma política monetária contracionista deslocará a curva de demanda agregada para a esquerda e para baixo, reduzindo o nível geral de preços e o produto da economia. Todos os demais itens estão corretos.

---

07. **(ESAF/Analista de Planejamento e Orçamento do MPOG/2003) – Considere o seguinte gráfico:**

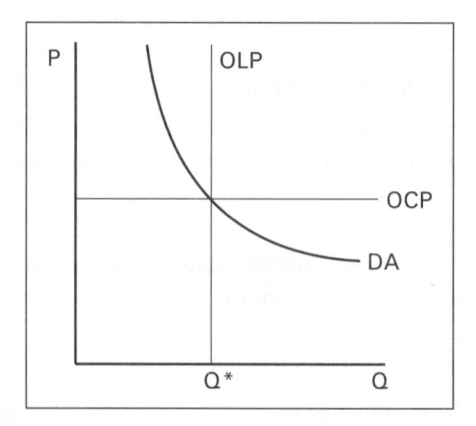

Onde P = nível geral de preços; Q = produto agregado; OLP = Oferta Agregada de longo prazo; OCP = Oferta Agregada de curto prazo; Q* = produto agregado de pleno emprego. Supondo que a eco-

nomia encontra-se no equilíbrio de longo prazo e considerando os fundamentos utilizados para a construção das curvas de oferta e demanda agregada, é correto afirmar que:

a) um aumento na velocidade de circulação da moeda reduz o nível de emprego no curto prazo.

b) uma política fiscal expansionista reduz o nível de emprego no curto prazo.

c) uma política monetária contracionista reduz o nível de emprego no curto prazo.

d) a partir do gráfico, podemos afirmar que existe total flexibilidade nos preços no curto prazo.

e) uma política monetária contracionista gera inflação no curto prazo.

Solução:

A resposta é a letra "c". Relembrando, em períodos curtos (modelo keynesiano extremo), os preços são rígidos, a curva de Oferta Agregada é horizontal e alterações na demanda agregada afetam o produto da economia. No longo prazo (modelo clássico), os preços são flexíveis, a Oferta Agregada é vertical e as alterações na demanda agregada alteram apenas o nível de preços. Logo, modificações na demanda agregada têm efeitos distintos para diferentes períodos de tempo.

Conforme pode ser visto na figura, a economia se situa no ponto de equilíbrio de longo prazo. Podemos ver três curvas: a demanda agregada, a Oferta Agregada de curto prazo e a Oferta Agregada de longo prazo. O equilíbrio no longo prazo é o ponto em que a demanda agregada corta a curva de Oferta Agregada de longo prazo. Os preços se ajustam para alcançar esse equilíbrio. Portanto, quando a economia se encontra no equilíbrio de longo prazo, a curva de Oferta Agregada de curto prazo também cruza esse ponto.

Se o Banco Central promover uma política monetária restritiva, reduzindo a oferta monetária, no que haverá o deslocamento da curva LM para a esquerda e para cima, aumentando a taxa de juros e reduzindo o produto, isso acarretará no deslocamento da curva de demanda agregada para a esquerda e para baixo, reduzindo o nível do produto e o nível de preços. Ou seja, uma política monetária contracionista reduz o nível de emprego no curto prazo, ao reduzir o nível do produto, bem como reduz a inflação, no curto prazo.

---

08. **(ESAF/Especialista em Políticas Públicas e Gestão Governamental/2003) - O Decreto nº 3.088, de 21 de junho de 1999 estabelece a sistemática de "metas para a inflação" como diretriz para fixação do regime de política monetária e dá outras providências. Entre as medidas dentro da sistemática estabelecida, destaca-se:**

a) compete exclusivamente ao Ministro do Planejamento executar as políticas necessárias para o cumprimento das metas.

b) as metas serão calculadas a partir de média geométrica dos três principais índices de inflação do país.

c) os índices de preços para cálculo das metas serão escolhidos pelo Comitê de Política Monetária mediante proposta do presidente do Banco Central.

d) as metas e os respectivos intervalos de tolerância serão fixados pelo Conselho Monetário Nacional - CMN, mediante proposta do Ministro de Estado da Fazenda.

e) considera-se que a meta foi cumprida quando a inflação calculada for inferior a 5% ao ano.

Solução:

A resposta é a letra "d". As metas e os respectivos intervalos de tolerância serão fixados pelo Conselho Monetário Nacional - CMN, mediante proposta do Ministro de Estado da Fazenda. Todos os demais itens estão incorretos.

09. (ESAF/Auditor-Fiscal da Receita Federal/2003) - A curva de Demanda Agregada-Inflação (DAI) mostra, para cada taxa de inflação, o nível do produto de equilíbrio determinado pela análise de renda-demanda. Um exemplo básico de fator que desloca a curva DAI é a política fiscal. Assinale a opção incorreta no que diz respeito aos fatores que diminuem a demanda agregada a cada taxa de inflação, deslocando a curva DAI para a esquerda.

a) Aumento das aquisições do governo.

b) Aumento dos impostos.

c) Diminuição da riqueza.

d) Aumento do pessimismo de empresas ou famílias.

e) Aumento da taxa de juros a cada taxa de inflação.

Solução:

A resposta é a letra "a", pois um aumento dos gastos públicos desloca a curva IS para a direita, aumentando a renda e a taxa de juros. No modelo de demanda e de oferta agregada, o aumento dos gastos públicos irá deslocar para a direita a curva de demanda agregada, aumentando o nível de renda e o nível de preços.

10. (ESAF/Analista de Planejamento e Orçamento/2002) - Considere o modelo de oferta e demanda agregada, supondo a curva de oferta agregada positivamente inclinada e a curva de demanda agregada derivada do modelo IS/LM. É correto afirmar que:

a) um aumento dos gastos do governo eleva o produto, deixando inalterado o nível geral de preços.

b) uma elevação da oferta monetária só resulta em alterações no nível geral de preços.

c) uma elevação do consumo agregado não causa impactos sobre o nível geral de preços.

d) uma elevação das exportações tende a elevar tanto o produto agregado quanto o nível geral de preços.

e) uma redução nos impostos não causa alterações no produto agregado.

Solução:

A resposta é a letra "d". Um aumento das exportações desloca a curva de demanda agregada para a direita e para cima, aumentando o produto agregado e o nível de renda:

$$\uparrow X \Rightarrow \uparrow Y = C + I + G + X - M \Rightarrow \uparrow DA$$

1.2. Exercícios Resolvidos do Tipo "Verdadeiro ou Falso"

01. (Cespe-UnB/Auditor de Controle Externo/Tribunal de Contas do Distrito Federal/2014) - Julgue o item a seguir, como verdadeiro ou falso:

O aumento dos salários nominais acarreta deslocamento da curva de demanda agregada para a direita, além de um aumento do produto de equilíbrio.

Solução:

Falso. O aumento dos salários nominais acarreta deslocamento da curva de oferta agregada para a esquerda, resultando em um aumento do nível geral de preços e redução do nível de renda (produto) da economia, isto é, estagflação.

02. (Cespe-UnB/Economista/Ministério da Justiça/2013) – Julgue o item a seguir, como verdadeiro ou falso.

No modelo de oferta agregada e demanda agregada, o nível de preços é rígido para que as análises de estatística comparativa possam ser realizadas.

Solução:

Falso. O modelo da oferta e demanda agregada constitui um instrumento útil para a análise das flutuações econômica de curto e longo prazo, assim como para o estudo dos efeitos econômicos das políticas fiscal e monetária. Nesse contexto, uma análise dinâmica dos movimentos que ocorrem na produção, nos preços e nos salários, faz os economistas admitirem que a economia apresente propriedades keynesianas no curto prazo e propriedades clássicas no longo prazo. E a diferença entre o curto e o longo prazo no referido modelo é explicada pela rigidez nos preços e salários. Existem três casos a serem analisados:

(i) No **modelo clássico**, cuja análise é de longo prazo, a curva de oferta agregada (OA) é vertical. Nesse caso, deslocamentos na curva de demanda agregada (DA) afetam o nível de preços (ou seja, os **preços são flexíveis**), mas não o nível do produto, que se encontra em nível de pleno emprego. O produto é determinado pela disponibilidade de capital, trabalho e tecnologia.

(ii) No **modelo keynesiano extremo**, a curva de oferta agregada é horizontal. Verifica-se **rigidez total dos preços**, e deslocamentos da demanda agregada afetam apenas o produto agregado. Por exemplo, os efeitos resultantes de um aumento da demanda agregada, quando a oferta agregada é do tipo keynesiano extremo, são: o emprego e o produto crescem, e o nível de preços permanece constante. Ao nível de preços dado, qualquer nível de demanda por produto poderia ser satisfeito. Assume-se que a oferta não é uma limitação do nível de produto. As empresas podem oferecer qualquer quantidade a um nível de preços estabelecido, isto é, a oferta agregada é infinitamente elástica em relação aos preços, de tal forma que a demanda agregada é que determina o nível de produto. Ou seja, prevalece o **Princípio da Demanda Efetiva**: "a demanda cria sua própria oferta", de modo que se houver procura, as firmas irão produzir.

(iii) No **modelo keynesiano simples (caso intermediário)**, o produto também é determinado pela demanda agregada, não existindo restrições pelo lado da oferta para a expansão do produto. Considera-se a existência de recursos desempregados em nível suficiente para que as empresas possam oferecer qualquer quantidade do produto sem pressionar seus custos unitários, ou seja, qualquer nível de demanda pode ser atendido em um nível de preços dado. A curva de oferta agregada é positivamente inclinada. Nesse caso, os efeitos de um aumento na demanda agregada são: o emprego, o produto e o nível de preços crescem. Observa-se uma relação direta entre o nível geral de preços (P) e o produto (Y).

Portanto, no **modelo keynesiano**, cuja análise é de curto prazo, a curva de oferta agregada não é vertical, mas há dois modelos a serem analisados: modelo keynesiano extremo e modelo keynesiano simples.

Atenção: em alguns livros textos de macroeconomia, preços e salários fixos são sinônimos de rigidez total de preços e salários, ao passo que o termo rigidez, apenas, equivale ao trecho intermediário da Curva de Oferta Agregada, em que se observa **alguma rigidez de preços** e salários nominais, mas também **alguma flexibilidade de preços** e salários nominais.

03. (Cespe-UnB/Analista de Empresa de Comunicação Pública – Atividade: Economia/Empresa Brasileira de Comunicação/2011) – Julgue o item a seguir, como verdadeiro ou falso.

O controle inflacionário mediante a redução dos gastos públicos é eficaz quando os aumentos de preços decorrem da expansão da demanda agregada.

Solução:

Verdadeiro. Note que, em uma política monetária expansionista, por exemplo, um aumento dos gastos governamentais, a curva IS se desloca para a direita e para cima, aumentando a renda e a taxa de juros, fazendo com que a curva de demanda agregada também se desloque para a direita e para cima, refletindo um aumento do nível de renda e do nível de preços. Portanto, configura-se uma inflação de demanda. Assim, o controle da inflação de demanda mediante a redução dos gatos públicos é eficaz quando os aumentos de preços decorrem da expansão da demanda agregada.

04. (Cespe-UnB/Analista de Correios – Economista/2011) – Julgue o item a seguir como verdadeiro ou falso.

O conceito de estagflação combina produto declinante e preços crescentes, podendo ela originar-se dos efeitos oriundos de um choque de oferta adverso com aumento dos custos e dos preços, mas com a demanda agregada mantendo-se constante.

Solução:

Esse item é verdadeiro, pois estagflação é a combinação de inflação com recessão econômica, conforme definido anteriormente.

05. (Cespe-UnB/Consultor do Executivo – Ciências Econômicas/Secretaria de Estado da Fazenda do Governo do Espírito Santo/2010) – Julgue o item a seguir como verdadeiro ou falso.

As causas da inflação, segundo a teoria monetarista, estão no estrangulamento da economia decorrente do crescimento econômico, razão pela qual a ação do Estado se torna necessária para promover melhorias na infraestrutura.

Solução:

Falso. Essa questão se refere à teoria estruturalista da inflação, desenvolvida pelos economistas da CEPAL (Comissão Econômica para a América Latina). Por outro lado, para a teoria monetarista, a inflação é um fenômeno monetário, no sentido de que aumentos na oferta monetária da economia resultam em aumentos no nível geral de preços, ou seja, inflação.

06. (Cespe-UnB/Analista em Economia – Perito/Ministério Público da União/2010) – Julgue o item a seguir como verdadeiro ou falso.

Uma economia inflacionária faz com que a moeda perca sua característica de meio de troca.

Solução:

Falso. Em uma economia inflacionária faz com que a moeda perca sua característica de reserva de valor.

07. (Cespe-UnB/Analista de Comércio Exterior/MDIC/2008) – Julgue o item a seguir, como verdadeiro ou falso.

No Brasil, as elevadas alíquotas que incidem sobre os bens de consumo duráveis reduzem o multiplicador keynesiano e tornam, portanto, a curva agregada da economia mais inclinada.

Solução:

Verdadeiro. Um aumento da propensão marginal a tributar ($\uparrow$t) reduz o multiplicador keynesiano ($\downarrow$k) e torna a curva de demanda agregada da economia mais inclinada (mais íngreme, mais "em pé") no modelo de oferta e de demanda agregada (e vice-versa).

08. (Cespe-UnB/Analista Econômico/IEMA/2007) – Julgue o item a seguir como verdadeiro ou falso.

A inflação decorrente do aumento dos gastos públicos é correntemente denominada inflação de custos.

Solução:

Falso. A elevação dos gastos públicos é um dos fatores que provocam a inflação de demanda. No modelo de oferta e demanda agregada, o aumento dos gastos públicos desloca a curva de demanda agregada para cima e para direita, aumentando o nível de preços (inflação) e o produto da economia.

09. (Cespe-UnB/Economista/Ministério do Desenvolvimento Social - MDS/2006) - Julgue os itens a seguir, como verdadeiro ou falso:

(1) A inclinação negativa da curva de demanda agregada explica-se, em parte, pela existência do Efeito Riqueza de Pigou, de acordo com o qual, uma redução no nível de preços aumenta a riqueza real, incentivando, assim, o consumo dos bens e serviços.

Solução:

Verdadeiro. Arthur Pigou argumentou que os saldos monetários reais são parte da riqueza das famílias. Quando os preços caem e os saldos monetários aumentam, $\uparrow\left(\dfrac{M}{\downarrow P}\right)$, os consumidores sentem-se mais ricos e, em consequência, gastam mais, ou seja, ocorre um aumento na riqueza dos consumidores. Por um lado, essa queda no nível geral de preços desloca a curva LM para a direita e para baixo, aumentando o nível de renda, e resulta em um deslocamento da curva de Demanda Agregada para a direita e para cima. Por outro lado, essa queda dos preços irá ampliar a riqueza dos indivíduos, em outras palavras, irá aumentar a renda disponível dos indivíduos. Consequentemente, o consumo agregado se eleva e desloca a curva IS para a direita, ampliando o impacto expansionista da queda de preços na renda.

(2) Mercados financeiros mais eficientes, por reduzirem o custo do capital para as empresas, deslocam, para cima e para a esquerda, a curva de oferta agregada da economia.

Solução:

Falso. Apenas choques adversos de oferta, por exemplo, aumentos de preços agrícolas em função de intempéries climáticas (geadas, temporais, secas, etc) ou choques do petróleo, deslocam para cima e para a esquerda a curva de oferta agregada da economia.

10. (Cespe-UnB/Economista/FSCMP/PA/2004) - Julgue o item a seguir, como verdadeiro ou falso:

Se a economia brasileira estiver funcionando em seu nível de pleno emprego, em que a produção é igual ao produto potencial, um aumento do valor do programa bolsa-família expandirá o consumo agregado e a produção de equilíbrio da economia.

Solução:

Falso. Primeiro, o aumento da renda disponível causada pelos aumentos das transferências de renda, por exemplo, aumento do valor do programa bolsa-família, causa deslocamentos ao longo da função de consumo keynesiana, e não deslocamento da própria curva. Em outras palavras, somente variações no consumo autônomo deslocam a curva de consumo. Segundo, a produção da economia já se encontra no nível de pleno emprego, de modo que a produção da economia não se expandirá.

11. (Cespe-UnB/Economista Júnior – Petrobrás/2004) – Julgue o item a seguir:

O sistema de metas inflacionárias, adotado em julho de 1999, estabeleceu o Índice de Preços ao Consumidor Amplo (IPCA) como indicador para ser usado na condução da política monetária.

Solução:

Verdadeiro. O sistema de metas inflacionárias adotado em julho de 1999 estabeleceu o Índice de Preços ao Consumidor Amplo (IPCA) como indicador para ser usado na condução da política monetária. A seleção de um índice de preços para servir de meta para o Banco Central é de fácil compreensão pelo público, tornando-se transparente o sucesso ou insucesso na condução da política. Atualmente, no caso do Brasil, as metas de inflação têm sido praticadas em combinação com uma política de superávit fiscal sustentável (equilíbrio fiscal) e presença de taxa de câmbio flutuante.

12. (Cespe-UnB/Analista Pleno I – Área Econômica/CNPq/2004) - Julgue os itens a seguir, como verdadeiro ou falso:

(0) Políticas de restrições de crédito concorrem para reduzir os níveis de consumo e, portanto, deslocam a curva de demanda agregada para baixo e para a esquerda.

Solução:

Verdadeiro. Políticas de restrições de crédito podem ser consideradas como uma política monetária restritiva. Nesse caso, a curva de demanda agregada se desloca para esquerda e para baixo, diminuindo o produto agregado e o nível de preços.

(1) No longo prazo, uma curva de oferta agregada vertical é compatível com as ideias dos economistas clássicos.

Solução:

Esse item é verdadeiro. No modelo clássico, a curva de oferta agregada é vertical, de modo que deslocamentos na curva de oferta agregada provocam apenas variações no nível de preços, mas não no produto, o qual se encontra a pleno emprego.

13. (Cespe-UnB/Analista Pleno I – Área Econômica/CNPq/2004) - Julgue o item a seguir, como verdadeiro ou falso:

De acordo com a abordagem keynesiana, um aumento do estoque monetário conduz à expansão da demanda agregada porque leva à redução da taxa de juros e, dessa forma, provoca expansão do investimento planejado.

Solução:

Esse item é verdadeiro. Uma política monetária expansionista desloca a curva LM para a direita, elevando o nível de renda e diminuindo a taxa de juros. A curva de demanda agregada se deslocará para a direita e para cima. Como o investimento é negativamente relacionado com a taxa de juros, uma redução da taxa de juros provoca expansão do investimento privado.

14. (Cespe-UnB/Técnico de Finanças/SEARHP/SEFAZ/2002) – Julgue o item a seguir como verdadeiro ou falso.

A falácia da inflação refere-se ao fato de as pessoas acreditarem que a inflação, por si só, não conduz a reduções do poder aquisitivo da moeda.

Solução:

Falso. Pelo contrário, a falácia da inflação refere-se ao fato de as pessoas acreditarem que a inflação, por si só, conduz, necessariamente, a reduções do poder aquisitivo da moeda.

15. (Cespe-UnB/Consultor do Senado Federal – Política Econômica/2002) – Julgue o item a seguir, como verdadeiro ou falso:

Aumentos da produtividade agrícola que se traduzam em rendas mais elevadas para os agricultores deslocam a curva de Oferta Agregada para cima e para a esquerda.

Solução:

Esse item é falso, porque aumentos da produtividade agrícola representam choques de oferta positivos, os quais deslocam a curva de Oferta Agregada para a direita e para baixo, reduzindo o nível geral de preços e aumentando o nível de renda.

16. (CESPE-UnB/Consultor do Senado Federal – Política Econômica/2002) – Com respeito a gestão da política de estabilização, julgue os itens abaixo.

(0) O sistema de metas inflacionárias fornece uma âncora nominal, estabelece as expectativas de inflação e inibe a inconsistência temporal na gestão da política macroeconômica.

Solução:

Verdadeiro. Com certeza, o sistema de metas de inflação fornece uma âncora nominal e impede que as expectativas de inflação se deteriorem.

Além disso, se um objetivo de política econômica é crível, isto significa que o mercado acredita que pode ser alcançado. Então, uma meta de inflação para um determinado período é plenamente crível se é igual à expectativa de inflação do mercado para o mesmo período, sendo o contrário verdadeiro: se a expectativa de inflação do mercado está bastante distante da meta de inflação do banco central, isto significa que tal objetivo de política econômica carece de credibilidade.

A importância de as metas determinadas estarem dentro de um leque de possibilidades enxergado pelos agentes como factível é de fundamental importância. Quanto mais credibilidade o banco central gozar, menor será a chance, percebida pelos agentes, de ocorrência de inconsistência temporal. A adoção do sistema de metas para a inflação representa um esforço das autoridades monetárias em aumentar seu nível de credibilidade, uma vez que em tal sistema existe o comprometimento formal para com a estabilidade de preços.

(1) O sistema de metas inflacionárias é muito difícil de controlar, e sempre demanda respostas expansionistas aos choques externos e de oferta, gerando taxas altamente variáveis de desemprego.

Solução:

Falso. O regime de metas para a inflação é um sistema de condução de política monetária relativamente simples. Em tal regime, uma instituição designada estabelece uma meta para o aumento dos preços de uma economia ao longo de um intervalo de tempo pré-determinado e balizado por um determinado índice. O governo, desta forma, se compromete formalmente com o controle dos preços, gerando assim confiança à sociedade e principalmente aos mercados, de que não haverá manobras políticas ou ações econômicas populistas que desviem o país de sua estabilidade. O sistema de metas para a inflação é constituído por um arcabouço institucional, onde são considerados o intervalo de tolerância das metas, o horizonte de projeção da inflação futura, a forma com a qual o Banco Central se comunica com a sociedade e com os mercados, as punições envolvidas em caso de não conformidade com a meta, a delegação dos membros que escolhem as mesmas, e assim por diante.

---

17. (CESPE-UnB/Fiscal de Tributos Estaduais/2002) – Julgue o item a seguir, como verdadeiro ou falso:
Durante períodos inflacionários, o custo de detenção de moeda é igual à diferença entre a taxa de juros real e a taxa esperada de inflação.

Solução:

Falso. De acordo com a equação de Fisher, a taxa de juros real é dada pela diferença entre a taxa de juros nominal e a taxa esperada de inflação. Por outro lado, a inflação implica que a moeda perde o poder de comporá e cria um custo de detenção de moeda. Quanto mais alta é a taxa de inflação, menor é o volume de encaixes reais que será detido. Processos inflacionários perversos, por exemplo, as hiperinflações, fornecem um apoio para esta previsão. Sob condições de inflação esperada muito alta, a demanda monetária cai drasticamente em relação à renda. A velocidade aumenta quando as pessoas usam menos moeda na relação com a renda. A taxa de juros real é uma medida do custo de oportunidade de detenção da moeda.

2. Exercícios Propostos

---

01. (VUNESP/Economista/Ministério Público do Estado do Espírito Santo/2013) -
É uma das causas possíveis da inflação de custos, tudo o mais permanecendo constante:

a) diminuição da tributação sem redução dos gastos públicos.

b) concessão de subsídios para estimular a produção industrial.

c) desvalorização real da taxa de câmbio.

d) diminuição das tarifas de importação.

e) resgate de títulos públicos em circulação efetuado pelo Banco Central.

02. (IADES/Economista/Superintendência do Desenvolvimento da Amazônia/2013) - No regime de metas de inflação, o Banco Central se compromete a manter a inflação dentro de certo intervalo de confiança. Partindo-se de uma situação onde os índices de inflação caminham para ultrapassar o intervalo superior, assinale a alternativa correta com relação ao que poderá proporcionar um maior aumento na velocidade de crescimento dos preços.

a) Um aumento nos encaixes compulsórios dos bancos comerciais.

b) Um aumento na taxa de redesconto.

c) Uma redução na taxa Selic.

d) A emissão de títulos públicos.

e) Uma redução na oferta de moeda.

03. (ESAF/Analista de Finanças e Controle da Secretaria do Tesouro Nacional/2013) - O regime de metas de inflação, que começou a ser implementado em diversos países no início da década de 1990, teve como um dos pressupostos o fracasso do regime de expansão monetária ao estilo Friedman pelo FED no final da década de 1970, em função, sobremaneira, da impossibilidade de prever o comportamento da demanda por moeda em um sistema financeiro com inovações financeiras e mobilidade de capitais. Pode-se considerar também como um pressuposto teórico que serviu como ponto de partida para o regime de metas de inflação:

a) a não independência do Banco Central.

b) a política monetária é ineficaz para afetar variáreis reais da economia de forma duradoura.

c) para o sucesso do regime de metas de inflação, é necessário o uso da taxa nominal de câmbio como principal instrumento de política monetária.

d) a política fiscal é totalmente eficaz independentemente do regime de taxa de câmbio.

e) a existência da taxa natural de desemprego seria condição necessária para a adoção do regime de metas de inflação.

04. (Economista/Fundação Universidade do Estado de Santa Catarina/2010) - Qual dos seguintes fatores resulta em uma retração da curva de demanda agregada para a esquerda?

a) Uma redução na tributação.

b) Uma redução nos gastos do governo.

c) Um aumento no nível geral de preços.

d) Um aumento na quantidade nominal de moeda.

e) Uma redução na expectativa de inflação futura.

05. (Fundação Cesgranrio/Economista Júnior/Petrobrás/2012) - No Brasil, o regime de política monetária atual segue a sistemática de metas de inflação. A meta e seu intervalo de tolerância são

a) referenciados ao Índice Geral de Preços da Fundação Getulio Vargas.

b) fixados mensalmente pelo Banco Central do Brasil.

c) fixados pelo Conselho Monetário Nacional.

d) alterados se a economia estiver em recessão.

e) prorrogados se não forem cumpridos.

06. (Planejamento e Execução IESES/Analista Judiciário – Economista/Tribunal de Justiça do Estado do Maranhão/2009) – O Índice de Inflação utilizado pelo Banco Central para as decisões de Política Monetária é:

a) IPCA.

b) INCC.

c) IGP-M.

d) INPC.

07. (FGV Projetos/Fiscal de Rendas do Estado do Rio de Janeiro/2009) – A respeito do efeito de eventos sobre a curva de demanda agregada, que relaciona os preços com o PIB real de uma economia, assinale a afirmativa incorreta.

a) A expectativa de aumento da receita devido à produção de petróleo nos próximos anos implica um deslocamento da curva de demanda agregada para a direita.

b) A queda vertiginosa no valor dos imóveis desloca a curva de demanda agregada para a esquerda.

c) As políticas fiscais afetam a demanda agregada diretamente por meio das compras governamentais e indiretamente devido às mudanças nos tributos e nas transferências governamentais.

d) A política monetária afeta indiretamente a demanda agregada por meio de mudanças na taxa de juros.

e) A expectativa de um mercado de trabalho fraco no próximo ano implica um deslocamento da curva de demanda agregada para a direita.

08. (Economista/Universidade Federal da Fronteira do Sul/2014) - Considere V (verdadeiro) e F (falso). Sobre o princípio da demanda efetiva presente na teoria macroeconômica, pode-se afirmar que:

( ) A demanda agregada de bens e serviços é a soma dos gastos planejados de consumo das famílias, gastos das empresas com investimento, gastos do governo e despesas líquidas do setor externo (exportações – importações).

( ) Com a oferta agregada potencial fixa no curto prazo, alterações no nível de equilíbrio da renda e do produto nacional devem-se exclusivamente às variações da demanda agregada de bens e serviços.

( ) Numa situação de desemprego de recursos, a política econômica deve procurar elevar a demanda agregada, o que permitiria às empresas recuperar sua produção potencial e restabelecer os níveis de renda e emprego.

( ) Embora a elevação da demanda agregada possa se dar por meio de políticas que estimulem o consumo, investimento privado e exportações, Keynes enfatizava o papel dos gastos do governo para que a economia saísse mais rapidamente da crise de desemprego.

A sequência CORRETA, de cima para baixo, é:

a) V, V, V, F.

b) V, F, F, V.

c) F, F, V, V.

d) V, V, V, V.

e) F, F, F, F.

09. (Economista/Universidade Federal da Fronteira do Sul/2014) - Considere V (verdadeiro) e F (falso). Sobre o equilíbrio macroeconômico, pode-se afirmar que:

( ) A renda (produto) de equilíbrio é determinada quando a oferta agregada iguala a demanda agregada de bens e serviços.

( ) Isso pode ocorrer abaixo do pleno emprego, significando que a produção agregada, apesar de abaixo de sua capacidade potencial, atende às necessidades da demanda.

( ) O objetivo da política macroeconômica é fazer com que o equilíbrio entre oferta e demanda agregada ocorra no nível de pleno emprego.

( ) O impulso na demanda agregada não provoca aumento no nível geral de preços em momento algum, dada uma curva de oferta agregada sempre horizontal.

A sequência CORRETA, de cima para baixo, é:

a) V, V, V, F.

b) V, F, F, V.

c) F, F, V, V.

d) V, V, V, V.

e) F, F, F, F.

---

10. **(FGV Projetos/Fiscal de Rendas do Estado do Rio de Janeiro/2009)** – A respeito do efeito de eventos sobre a curva de demanda agregada, que relaciona os preços com o PIB real de uma economia, assinale a afirmativa incorreta.

a) A expectativa de aumento da receita devido à produção de petróleo nos próximos anos implica um deslocamento da curva de demanda agregada para a direita.

b) A queda vertiginosa no valor dos imóveis desloca a curva de demanda agregada para a esquerda.

c) As políticas fiscais afetam a demanda agregada diretamente por meio das compras governamentais e indiretamente devido às mudanças nos tributos e nas transferências governamentais.

d) A política monetária afeta indiretamente a demanda agregada por meio de mudanças na taxa de juros.

e) A expectativa de um mercado de trabalho fraco no próximo ano implica um deslocamento da curva de demanda agregada para a direita.

---

11. **(Planejamento e Execução IESES/Analista Judiciário – Economista/Tribunal de Justiça do Estado do Maranhão/2009)** – O Índice de Inflação utilizado pelo Banco Central para as decisões de Política Monetária é:

a) IPCA.

b) INCC.

c) IGP-M.

d) INPC.

---

12. **(Economista/Fundação Universidade do Estado de Santa Catarina/2010)** - Qual dos seguintes fatores resulta em uma retração da curva de demanda agregada para a esquerda?

a) Uma redução na tributação.

b) Uma redução nos gastos do governo.

c) Um aumento no nível geral de preços.

d) Um aumento na quantidade nominal de moeda.

e) Uma redução na expectativa de inflação futura.

GABARITO DO CAPÍTULO 9

01 – C	05 – C	09 – A
02 – C	06 – A	10 – E
03 – B	07 – E	11 – A
04 – B	08 – D	12 – B

Capítulo 10

Curva de Phillips e Expectativas

1. Exercícios Resolvidos de Concursos Públicos

1.1. Exercícios Resolvidos do Tipo "Múltipla Escolha"

01. **(Fundação Cesgranrio/Economista Jr. – Sociedade Fluminense de Energia Ltda/2009) –** Traçada no gráfico entre a taxa de desemprego (eixo horizontal) e a taxa de inflação (eixo vertical), a posição da Curva de Phillips de longo prazo

a) mostra como o desemprego diminui quando a inflação aumenta.

b) se altera com a política monetária expansiva.

c) depende do valor das expectativas de inflação.

d) é vertical, na taxa natural de desemprego da economia.

e) é horizontal, na taxa de inflação esperada.

Solução:

A resposta é a letra "D". No longo prazo, em que os preços são flexíveis e a economia se encontra no nível de produto de pleno emprego (modelo clássico), a curva de Phillips é vertical (versão Lucas) na taxa natural de desemprego da economia, e se fundamenta na hipótese das expectativas racionais, de modo que os efeitos sobre desemprego e produto são transitórios e ocorrem apenas se os agentes forem pegos de surpresa. Portanto, de acordo com o modelo de expectativas racionais, no longo prazo o *trade-off* entre inflação e desemprego, apontado pela curva de Phillips, não existiria.

02. **(Fundação Cesgranrio/Economista/BNDES/2008)** - A Curva de Philips de curto prazo, representada por AB no gráfico abaixo, não é estável, tornando-se, a longo prazo, vertical, como CD.

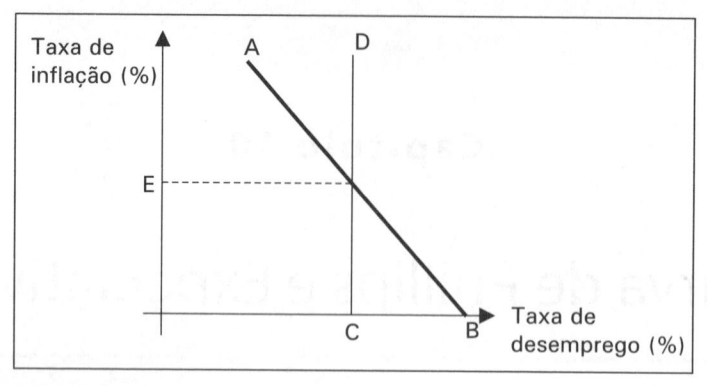

Assim, pode-se afirmar que

a) a taxa natural de inflação é representada por E no gráfico.

b) a taxa natural de desemprego é representada por B no gráfico.

c) a inflação tende a desacelerar caso se mantenha continuamente a taxa de desemprego em C.

d) AB altera sua posição na medida em que as expectativas de inflação se ajustam.

e) AB altera sua posição na medida em que CD se desloca para a direita.

Solução:

A resposta é a letra "D". Segundo o conceito de inflação esperada, a inflação existe porque as pessoas acreditam que haverá inflação. A inclusão da inflação esperada na curva de Phillips deve-se a Milton Friedman e Edmund Phelps. Friedman e Phelps argumentam que a inflação esperada ($\pi^e > 0$) é dada por um deslocamento da curva de Phillips para a direita, ao passo que uma deflação esperada ($\pi^e < 0$) é dada por um deslocamento da curva de Phillips para a esquerda. No curto prazo, a curva de Phillips (curva AB no gráfico) altera sua posição na medida em que as expectativas de inflação se ajustam.

03. **(Vunesp/Consultor Técnico Legislativo – Economia/CMSP/2007)** - Se os preços e os salários forem flexíveis, a curva de Phillips com expectativas racionais será

a) vertical.

b) horizontal.

c) positivamente inclinada.

d) negativamente inclinada.

e) elíptica.

Solução:

A resposta é a letra "A". No longo prazo, em que os preços são flexíveis e a economia se encontra no nível de produto de pleno emprego (modelo clássico), a curva de Phillips é vertical (versão Lucas) na taxa natural de desemprego da economia, e se fundamenta na hipótese das expectativas racionais, de modo que os efeitos sobre desemprego e produto são transitórios e ocorrem apenas se os agentes forem pegos de surpresa. Portanto, de acordo com o modelo de expectativas racionais, no longo prazo o *trade-off* entre inflação e desemprego, apontado pela curva de Phillips, não existiria.

---

04. (ESAF/Técnico em Pesquisas e Planejamento do IPEA/2007) – Com relação à curva de Phillips, é incorreto afirmar que:

a) A inflação depende do desemprego cíclico, isto é, do afastamento do desemprego de sua taxa natural;

b) Se as expectativas forem adaptativas, a inflação presente passa a ter um componente inercial;

c) Dada a mesma taxa de inflação, quanto maior for a expectativa de inflação, menor será a taxa de desemprego;

d) Existe uma "opção conflitiva" entre inflação e desemprego no curto prazo;

e) No caso da existência de inflação inercial, choques de oferta tendem a elevar o patamar da inflação.

Solução:

A resposta é a letra "c". Expectativas inflacionárias são consideradas choques de ofertas que provocam deslocamentos da Curva de Phillips para a direita e para cima, resultando em aumentos da taxa de inflação e do desemprego, ou seja, estagflação (inflação com recessão). Os demais itens estão corretos.

---

05. (FGV/Economista Júnior/Potigas/2006) - Sobre a Curva de Phillips, assinale a alternativa correta.

a) Estabelece uma relação inversa entre desemprego e inflação.

b) Conclui que investimentos e importações aumentam o nível de desemprego.

c) Relaciona diretamente a taxa de juros e o índice de preços.

d) Descreve o comportamento das reservas cambiais.

e) Mostra uma relação inversa entre a taxa de juros e o nível de investimentos.

Solução:

A resposta é a letra "A", pois a versão atual da curva de Phillips descreve a relação antagônica (*trade-off*) entre taxa de inflação e taxa de desemprego.

---

06. (Fundação CESGRANRIO/Técnico em Economia/SEAD/AM/2005) – Considerando a curva de Phillips com expectativas adaptativas, uma política monetária expansionista resulta, no curto prazo, em

a) Elevação dos preços e do desemprego

b) Elevação dos preços e redução do desemprego

c) Elevação dos preços sem nenhum efeito sobre o desemprego

d) Elevação do desemprego e redução dos preços

e) Redução do desemprego e dos preços

Solução:

A resposta é a letra "B". Uma política monetária expansionista resultará no curto prazo em deslocamento da curva de demanda agregada para a direita e para cima, elevando a renda e o nível geral de preços. Deslocamentos da curva de demanda agregada causam um deslocamento na curva de Phillips. De outro modo, inflação de demanda provoca deslocamentos na Curva de Phillips, isto é, ao longo da Curva de Phillips, elevando a taxa de inflação e reduzindo o desemprego.

07. **(NCE/Auditoria Geral do Estado de Mato Grosso/2004) - De acordo com o modelo de expectativas racionais:**

a) o "trade-off" entre inflação e desemprego, apontado pela Curva de Phillips, só existiria no longo prazo;

b) o "trade-off" entre inflação e desemprego, apontado pela Curva de Phillips, só existiria no curto prazo;

c) o "trade-off" entre inflação e desemprego, apontado pela Curva de Phillips existiria tanto no curto quanto no longo prazo;

d) o "trade-off" entre inflação e desemprego, apontado pela Curva de Phillips não existiria;

e) a inflação seria um fenômeno estrutural das economias modernas.

Solução:

A resposta é a letra "D". No longo prazo, em que os preços são flexíveis e a economia se encontra no nível de produto de pleno emprego (modelo clássico), a curva de Phillips é vertical (versão Lucas) na taxa natural de desemprego da economia, e se fundamenta na hipótese das expectativas racionais, de modo que os efeitos sobre desemprego e produto são transitórios e ocorrem apenas se os agentes forem pegos de surpresa. Portanto, de acordo com o modelo de expectativas racionais, no longo prazo o *trade-off* entre inflação e desemprego, apontado pela curva de Phillips, não existiria.

08. **(ESAF/Analista de Finanças e Controle/Secretaria do Tesouro Nacional/2002) - Considere a seguinte relação:**

$$\pi_t = \phi\pi_{t-1} - \alpha(U - Un) + \varepsilon$$

Onde: π_t = taxa de inflação no período t; ϕ = regra de indexação da economia; π_{t-1} = taxa de inflação no período t-1; α = constante positiva; U = taxa de desemprego; U_n = taxa natural de desemprego; ε = choques de oferta.

Com base nesta relação, é incorreto afirmar que:

a) o modelo sugere que o controle inflacionário passa por medidas de desindexação da economia combinado com políticas de controle da demanda agregada.

b) se $\phi > 1$, a dinâmica da inflação terá uma dinâmica explosiva.

c) se $\phi = 1$, os choques de oferta não alteram o patamar da inflação.

d) esta relação constitui uma versão da curva de Phillips sob a hipótese de expectativas adaptativas.

e) a dinâmica do modelo depende do parâmetro ϕ.

Solução:

A resposta é a letra "c" porque, mesmo que $\phi = 1$, os choques de oferta irão alterar o patamar da inflação, os quais estarão representados pela variável ε. Todos os demais itens estão corretos.

09. **(ESAF/Especialista em Políticas Públicas e Gestão Governamental/2002) - A curva que descreve uma relação entre a taxa de inflação e a taxa de desemprego denomina-se:**

a) curva de Phillips

b) curva de Engel

c) curva de demanda hicksiana

d) curva de Lorenz

e) curva de Laffer

Solução:

A resposta é a letra "a", pois a versão atual da curva de Phillips descreve a relação de *trade-off* entre taxa de inflação e taxa de desemprego.

---

10. **(VUNESP/Economista/BNDES/2002) - A curva de Phillips de curto prazo, expandida pelas expectativas, pode ser resumida pela expressão:**

$\pi = \pi^e - \beta (u - u^*) + \varepsilon$

onde: π^e = taxa de inflação esperada pelos agentes econômicos; u = taxa de desemprego; u* = taxa natural de desemprego; ε = choque de oferta; β = parâmetro positivo

Analisando-se a expressão acima, pode-se afirmar que

a) desde que não haja choques de oferta e que a taxa de desemprego esteja muito próxima da taxa natural, a inflação tende a desaparecer por si mesma por não ter qualquer componente inercial.

b) a taxa de inflação está correlacionada positivamente com a taxa de desemprego e negativamente com a inflação esperada pelos agentes econômicos.

c) se os agentes econômicos tiverem expectativas racionais, o Governo terá êxito em reduzir rapidamente a inflação anunciando medidas de política monetária e/ou política fiscal restritivas da demanda agregada, desde que os agentes se convençam de que tais medidas serão realmente implementadas.

d) a taxa de inflação tende a diminuir quanto mais próxima a taxa de desemprego estiver de sua taxa natural.

e) a taxa de inflação será sempre constante, qualquer que seja o desemprego cíclico e mesmo na presença de choques de oferta.

Solução:

A resposta é a letra "c" porque ao considerar que os agentes econômicos tenham expectativas racionais, uma política econômica só terá êxito se os agentes acreditarem na eficácia de tais políticas. A letra "a" é falsa porque existe um componente inercial na equação (π^e). O item "b" está falso porque a taxa de inflação está correlacionada negativamente com a taxa de desemprego e positivamente com a inflação esperada pelos agentes econômicos. O item "d" é falso porque ainda haverá o componente inercial (π^e) e o choque de oferta (ε). O item "e" é falso devido à presença do componente inercial (π^e).

---

11. **(ESAF/Analista do Banco Central do Brasil/2001) - Considere a seguinte equação, também conhecida como curva de Philips:**

$\pi = \pi^e - \gamma(\mu - \mu^*) + \varepsilon$

Onde π = taxa de inflação; π_e = taxa de inflação esperada; μ = taxa de desemprego; μ^* = taxa natural de desemprego; ε = choques de oferta; y > 0.

Com base nesta equação, é correto afirmar que:

a) o modelo trabalha com expectativas racionais.

b) mesmo que a expectativa de inflação seja zero e que a taxa de desemprego esteja em sua taxa natural, pode-se ter deflação.

c) na hipótese de expectativas racionais, não há possibilidade de deflação.

d) para que ocorra inflação inercial, π^e deverá ser zero.

e) o modelo trabalha com a hipótese de expectativas estáticas.

Solução:

A resposta é letra "b". Mesmo que a expectativa de inflação seja zero e que a taxa de desemprego esteja em sua taxa natural, pode-se ter deflação devido a um choque de oferta favorável, caracterizado pelo deslocamento da Curva de Oferta Agregada para a esquerda e para baixo.

12. **(Fundação Escolar Superior do Ministério Público do Rio Grande do Sul/Auditor Público Externo/ Tribunal de Contas do Estado do Rio Grande do Sul/2011) – Indique a opção que completa corretamente as lacunas da assertiva a seguir.**

    Paul Samuelson e Robert Solow repetiram os exercícios de Philips, nos EUA, e demonstraram que, com exceção da década de 1930, existe evidente correlação negativa entre _____ e _____ nos EUA.

    a) taxa de câmbio / inflação

    b) inflação / desemprego

    c) emprego / política monetária

    d) gastos do governo / desemprego

    e) inflação / cortes nos gasto do governo

Solução:

A resposta é a letra "B".

1.2. Exercícios Resolvidos do Tipo "Verdadeiro ou Falso"

01. **(Cespe-UnB/Economista/Ministério da Saúde/2013) – Julgue o item a seguir, como verdadeiro ou falso.**

    De acordo com a Lei de Okun, o aumento do produto de equilíbrio gera o aumento do desemprego.

Solução:

Falso. Conforme será explicado a seguir, de acordo com a Lei de Okun, o aumento do produto gera uma redução do desemprego.

A Lei de Okun relaciona o crescimento do produto à variação no desemprego, e pode ser expressa da seguinte forma:

$$\mu_t - \mu_{t-1} = -\beta \left(g_{yt} - \overline{g}_y \right)$$

Em que:

g_{yt}: taxa de crescimento do produto;

$\overline{g}_y$: taxa normal de crescimento da economia;

β: parâmetro que informa como o crescimento além da taxa normal afeta a taxa de desemprego. A inclinação da Lei de Okun (β) também reflete a organização interna das empresas, bem como as restrições legais e sociais quanto a demissões e contratações;

μ_t: taxa de desemprego no período corrente;

μ_{t-1}: taxa de desemprego no período anterior;

$(\mu_t - \mu_{t-1})$: variação na taxa de desemprego

$\left(g_{yt} - \overline{g}_y\right)$: desvio da taxa de crescimento do produto, em relação à taxa de crescimento normal

Logo, a Lei de Okun reporta que a variação na taxa de desemprego é igual ao desvio do crescimento do produto de seu nível normal. Note que:

$g_{yt} > \overline{g}_y \Rightarrow \mu_{t-1} > \mu_t \Rightarrow\downarrow \mu_t \Rightarrow$ o crescimento do produto acima do seu nível normal provoca uma redução da taxa de desemprego.

$\overline{g}_y > g_{yt} \Rightarrow \mu_t > \mu_{t-1} \Rightarrow\uparrow \mu_t \Rightarrow$ o crescimento do produto abaixo do seu nível normal provoca uma elevação da taxa de desemprego.

$\overline{g}_y = g_{yt} \Rightarrow \mu_t = \mu_{t-1} \Rightarrow$ a igualdade entre o crescimento do produto e sua taxa normal equivale à igualdade entre a taxa de desemprego corrente e a taxa de desemprego passada.

---

02. (Cespe-UnB/Analista de Empresa de Comunicação Pública – Atividade: Economia/Empresa Brasileira de Comunicação/2011) – Julgue os itens a seguir, como verdadeiro ou falso.

(0) A fixação de um salário mínimo acima daquele que prevaleceria no mercado de trabalho contribui para aumentar o desemprego estrutural.

Solução:

Verdadeiro. O desemprego estrutural ocorre quando o número de desempregados é superior ao número de colaboradores que o mercado quer contratar e esse excesso de oferta de trabalhadores não é temporário. Na maior parte dos mercados, o excesso de oferta de um bem levaria a uma descida do seu preço (neste caso salário), que faria aumentar a quantidade procurada e eliminaria o excesso de oferta inicial. **Assim, o desemprego estrutural ocorre, porque existem fatores que impedem as variações dos preços, como por exemplo, a existência de um salário mínimo e legislação trabalhista que impede a flexibilidade de salários.**

(1) Aumentos no salário-desemprego conduzem à expansão da produção e, portanto, propiciam a redução da taxa natural de desemprego.

Solução:

Falso.

---

03. (Cespe-UnB/Auditor de Controle Externo/Tribunal de Contas do Distrito Federal/2011) – Julgue o item a seguir, como verdadeiro ou falso.

Segundo a curva de Phillips, no curto prazo, a inflação e a taxa de desemprego estão relacionadas positivamente.

Solução:

Falso. A Curva de Phillips, no curto prazo, reporta uma relação antagônica (trade-off) entre taxa de inflação e taxa de desemprego, conforme figura a seguir:

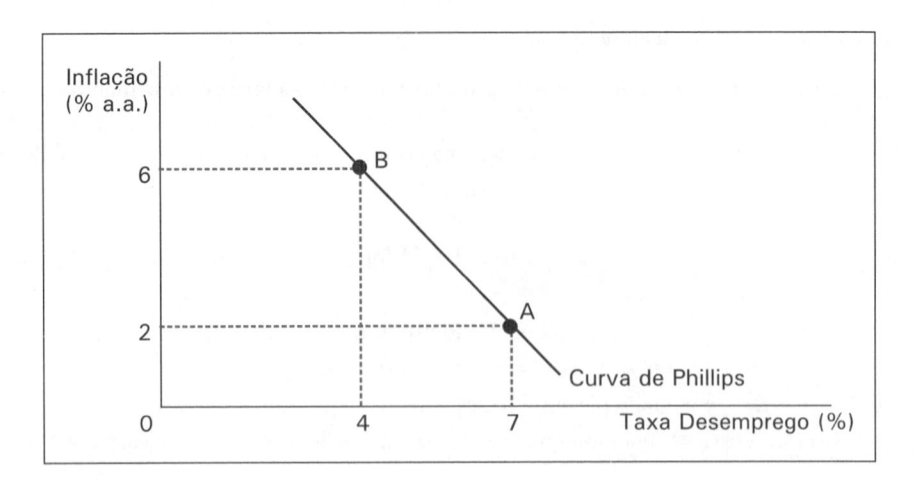

---

04. (Cespe-UnB/Analista Pericial – Economia/MPU/2010) – Julgue o item a seguir como verdadeiro ou falso.

No longo prazo, a curva de Phillips é vertical.

Solução:

Verdadeiro. No longo prazo, em que os preços são flexíveis e a economia se encontra no nível de produto de pleno emprego (modelo clássico), a curva de Phillips é vertical (versão Lucas) na taxa natural de desemprego da economia, e se fundamenta na hipótese das expectativas racionais, de modo que os efeitos sobre desemprego e produto são transitórios e ocorrem apenas se os agentes forem pegos de surpresa. Portanto, de acordo com o modelo de expectativas racionais, no longo prazo o *trade-off* entre inflação e desemprego, apontado pela curva de Phillips, não existiria.

---

05. (Cespe-UnB/Técnico de Planejamento e Pesquisa do IPEA/2008) – Julgue o item a seguir como verdadeiro ou falso:

Uma diferença básica entre a curva de Philips aceleracionista (versão Friedman) e a curva de Philips vertical (versão Lucas) é que na primeira o governo ao adotar uma política monetária expansionista embora gere inflação, pode deslocar no curto prazo o desemprego para um nível abaixo da taxa natural, enquanto que na segunda perspectiva os efeitos sobre desemprego e produto são transitórios e ocorrem apenas se os agentes forem pegos de surpresa.

Solução:

Verdadeiro. A curva de Phillips aceleracionista (versão Friedman) fundamenta-se na hipótese das expectativas adaptativas e mostra a espiral inflacionária, de modo que a relação inversa entre inflação e desemprego só é observada no curto prazo, pois no longo prazo o governo não conseguirá manter indefinidamente a inflação acima da inflação esperada, uma vez que os agentes aprenderam com os erros do passado. A curva de Phillips vertical (versão Lucas) fundamenta-se na hipótese das expectativas racionais, de modo que os efeitos sobre desemprego e produto são transitórios e ocorrem apenas se os agentes forem pegos de surpresa.

2. Exercícios Propostos

01. (Cespe-UnB/Economista/FSCMP/PA/2004) - Julgue o item a seguir, como verdadeiro ou falso:

Para os defensores da abordagem das expectativas racionais, a taxa de sacrifício – exigida para reduzir a inflação – é menos elevada do que aquela implicada pelas estimativas tradicionais, que levam em conta o fato de a inflação esperada depender da inflação passada.

02. (Cespe-UnB/Analista Administrativo – Ciências Econômicas/ANS/MS/2005) - Julgue o item a seguir, como verdadeiro ou falso:

De acordo com a abordagem das expectativas racionais, a taxa de sacrifício exigida para reduzir a inflação é menor que aquelas exigidas pelas estimativas tradicionais, que levam em conta o fato de a inflação esperada depender da inflação passada.

03. (Cespe-UnB/Economista/MDS/2006) - Julgue o item a seguir, como verdadeiro ou falso:

De acordo com a curva de Phillips, se o aumento recente do preço do petróleo for visto como permanente pelos agentes econômicos, isso provocará uma redução duradoura da taxa natural de desemprego.

04. (Cespe-UnB/Analista Pericial – Economia/MPU/2010) – Julgue os itens a seguir como verdadeiro ou falso.

(0) Uma economia inflacionária faz com que a moeda perca sua característica de meio de troca.

(1) A curva de Phillips mostra as combinações de inflação e desemprego que surgem dos deslocamentos da demanda agregada ao longo da oferta agregada.

05. (Fundação Cesgranrio/Economista/Instituto Estadual do Ambiente – INEA - RJ/2008) – Quando as expectativas de inflação doméstica aumentam, a

a) demanda por moeda diminui.

b) demanda por títulos públicos indexados diminui.

c) taxa de juros diminui.

d) economia entra em recessão.

e) Curva de Phillips de longo prazo altera sua posição.

06. (FGV Projetos/Economista/Companhia Pernambucana de Saneamento – COMPESA/2014) – Assuma uma curva de Phillips derivada em uma curva de oferta baseada em preços passados, desconsiderando a influência das expectativas (inflação esperada nula). Um choque climático, que afete negativamente a safra agrícola, gera

a) uma taxa de inflação positiva, se o mercado de trabalho estiver em pleno emprego.

b) uma taxa de inflação positiva, se a taxa de desemprego estiver acima do seu nível natural.

c) uma taxa de inflação nula, mesmo se a taxa de desemprego for igual a sua taxa natural.

d) uma taxa de inflação negativa, se o mercado de trabalho estiver em pleno emprego.

e) uma taxa de inflação negativa, se o mercado de trabalho estiver abaixo do seu nível natural.

07. (FUNCAB/Economista/Prefeitura Municipal de Cacoal – RO/2013) - A relação entre a taxa de desemprego e a taxa de crescimento dos salários nominais pode ser determinada utilizando variáveis como taxa de inflação, elasticidade da inflação em relação aos desvios da taxa de desemprego, taxa de desemprego e a taxa natural de desemprego. Tal relação é expressa pela:

a) equação (paridade) de Fisher.

b) teoria (modelo) de Solow.

c) curva (equação) de Phillips.

d) teoria (modelo) de Mundell-Fleming.

e) teoria (modelo) de Harrod-Domar.

08. **(COPS/Economista/Companhia de Saneamento do Paraná/2013) – Entre as muitas divergências existentes na teoria econômica, uma das mais polêmicas é a que trata da existência ou não de um trade-off (escolha entre objetivos conflitantes) entre inflação e desemprego. Assinale a alternativa que apresenta, corretamente, as distintas interpretações sobre esta questão.**

a) Segundo Phillips, há uma relação inversa entre inflação e desemprego no longo prazo e uma relação direta entre inflação e desemprego no curto prazo.

b) Para Lucas e Sargent, há um trade-off entre inflação e desemprego apenas no curto prazo devido a erros de expectativas, que são corrigidas no longo prazo.

c) De acordo com Keynes, no curto prazo a economia tende a ter inflação com desemprego e no longo prazo, desemprego com deflação.

d) Conforme Friedman e Phelps, no longo prazo não existe trade-off entre inflação e desemprego e a taxa de crescimento da oferta de moeda determina a taxa de inflação.

e) Na tese das expectativas racionais, o trade-off entre inflação e desemprego ocorre porque o mercado antecipa os efeitos das políticas econômicas expansionistas.

09. **(Vunesp/Economista/Fundação Universidade Federal do ABC/2013) - Uma economia fechada apresenta uma taxa de desemprego acima de sua taxa natural. O governo aumentou seus gastos, financiando o déficit com a colocação de títulos da dívida pública. As curvas IS e LM dessa economia apresentam inclinação normal. Em consequência dessa medida, nessa economia,**

a) a taxa de juros aumentou.

b) o produto da economia não se alterou.

c) o investimento privado não se alterou.

d) os meios de pagamento diminuíram.

e) houve uma diminuição no déficit governamental.

10. **(SUGEP/Economista/Universidade Federal Rural de Pernambuco/2013) – Sobre a Curva de Phillips, assinale a alternativa correta:**

a) Estabelece uma relação inversa entre desemprego e inflação.

b) Conclui que investimentos e importações aumentam o nível de desemprego.

c) Relaciona diretamente a taxa de juros e o índice de preços.

d) Descreve o comportamento das reservas cambiais.

e) Mostra uma relação inversa entre a taxa de juros e o nível de investimentos.

11. **(FUNCAB/Economista/Instituto de Pesos e Medidas do Estado de Rondônia – IPEM-RO/2013) – Ao comparar taxas de inflação e taxas de desemprego, notam-se determinadas características, a saber: a inflação será positiva se o desemprego estiver abaixo da taxa natural de desemprego (taxa de desemprego compatível com o pleno emprego); a inflação será zero, se a taxa de desemprego for igual à taxa natural e haverá deflação se o desemprego estiver acima da taxa natural de desemprego. Essas afirmações, que mostram uma relação inversa entre inflação e desemprego, referem-se à:**

a) Teoria Evolucionista.

b) Teoria Inercialista.

c) Curva de Phillips.

d) Teoria Behaviorista.

e) Curva IS-LM.

12. (CETRO/Economista/Prefeitura Municipal de Campinas/2012) – Sobre a oferta agregada, assinale a alternativa correta.

a) A quantidade total de trabalho oferecida numa economia aumentará caso os salários reais ultrapassem os montantes necessários para obter certo nível de mercadorias.

b) O nível geral de salários que a força de trabalho de uma economia recebe e indiferente aos diversos salários recebidos numa economia para todos os diferentes tipos de emprego.

c) A totalidade da produtividade da mão de obra numa economia, além do número de trabalhadores, está correlacionada também com as habilidades e hábitos dos trabalhadores, quantidade e qualidade do capital e nível de tecnologia empregados.

d) A conversão do nível de salários monetários pagos pela utilização de mão de obra é incondizente com os diferentes níveis de salários reais que ocorrem a cada nível de preços.

13. (CETRO/Economista/Prefeitura Municipal de Campinas/2012) – Em relação à inflação e ao desemprego, assinale a alternativa correta.

a) Uma das condições econômicas que podem fazer com que uma economia experimente uma inflação é a elevação da quantidade de mercadorias que os compradores desejam adquirir aos níveis de preços existentes.

b) A elevação da quantidade de mercadorias compradas numa economia e a eliminação ou compensação do aumento da produtividade do trabalho são incoerentes como políticas alternativas quando a produtividade incrementada causa o desemprego.

c) Elevações na produtividade da força de trabalho numa economia são suficientes para assegurar um nível mais alto de produção de bens, evitando, assim, a ocorrência do desemprego mesmo quando a Demanda Agregada na economia não for suficientemente incrementada.

d) Como condição econômica, custos de produção mais elevados – além de não serem causados por aumento dos salários, impostos, taxas de juros e outros componentes de custos – são incapazes de causar tanto inflação como desemprego em uma economia.

14. (Instituto Machado de Assis/Economista/Prefeitura Municipal de Campo Maior – PI/2012) – A "Curva de Phillips" expressa uma relação entre:

a) A taxa de crescimento do produto real e a taxa de crescimento dos gastos do setor público.

b) A taxa de crescimento do nível geral de preços e a parcela do PIB apropriada pelos trabalhadores.

c) A taxa de crescimento do nível geral de preços e a taxa de crescimento dos gastos do setor público.

d) A taxa de desemprego e a taxa de crescimento dos salários nominais.

15. (UFG/Economista/Prefeitura de Goiânia/2012) - A Curva de Phillips descreve uma relação inversa (*trade-off*) entre

a) a taxa de crescimento demográfica e o nível de emprego.

b) a taxa de câmbio e o nível de emprego.

c) a taxa de inflação e o nível do desemprego.

d) a taxa de juros e o nível do desemprego.

16. **(MS Concursos/Economista/Instituto de Previdência e Assistência dos Servidores Municipais de Gravataí – RS/2012) – No modelo de Oferta e Demanda Agregada, temos o que se chama de Curva de Phillips. Sobre esta curva, assinale a alternativa CORRETA:**

   a) Trata das expectativas dos agentes econômicos em relação ao preço dos produtos que vigorará no próximo período.

   b) Trata da independência dos preços da economia.

   c) Trata da relação entre inflação e desemprego.

   d) Expressa a relação entre imposto e preço dos bens e serviços.

   e) Expressa a relação entre inflação e taxa de juros.

17. **(Fundação Dom Cintra/Economista/Prefeitura de Itaboraí/2012) – As combinações da inflação e desemprego que ocorrem no curto prazo, à medida que a curva da demanda agregada move a economia ao longo da curva agregada de curto prazo, formam a Curva de:**

   a) Friedman

   b) Phillips

   c) Lorenz

   d) Pareto

   e) Fisher

18. **(Objetiva Concursos/Economista/Prefeitura de Porto Alegre/2012) – No que tange à chamada Curva de Phillips, assinalar a alternativa CORRETA:**

   a) Em sua versão aceleracionista, o *trade-off* inflação-desemprego só vale no curto prazo.

   b) Em sua versão original, a curva de Phillips estabelece uma relação direta entre inflação e desemprego.

   c) Sob expectativas racionais, mesmo que não haja choques de oferta, a inflação tende a se perpetuar no nível previamente atingido, gerando-se a chamada inércia inflacionária.

   d) Sob expectativas adaptativas, o *trade-off* entre inflação e desemprego é eliminado, tanto no curto quanto no longo prazo.

19. **(Metta C&C/Economista/Prefeitura de Serra Talhada/2012) – Os acontecimentos de curto prazo sejam elas choques de oferta, flutuações da inflação esperada afetam diretamente os custos e os preços aplicados das empresas, gerando um deslocamento da oferta agregada. A curva de oferta agregada poderá deslocar pelos mesmos fatores/ eventualidades. O trecho refere-se:**

   a) Teoria do crescimento;

   b) Curva de Philips;

   c) Modelo Endógeno e Exógeno;

   d) Teoria do consumidor;

   e) Curva Keynesiana.

20. **(Reis & Reis Auditores Associados/Economista/Prefeitura Municipal de Varginha – MG/2012) – A teoria econômica que apregoa que uma menor taxa de desemprego leva a um aumento da inflação, e uma maior taxa de desemprego a uma menor inflação é a:**

   a) Teoria das Restrições;

   b) Curva de Phillips;

   c) Equilíbrio Walrasiano;

   d) Demanda Marshaliana.

21. (COPERVES/Economista/Universidade Federal de Santa Maria/2012) - A relação entre inflação e desemprego é conhecida na literatura como Curva de Phillips. A partir dessa informação, assinale verdadeira (V) ou falsa (F) em cada alternativa a seguir.

( ) Considerando que a inflação efetiva é igual a inflação esperada, então a Curva de Phillips revela que o produto está em seu nível de pleno emprego.

( ) Na Curva de Phillips, quando a inflação efetiva excede a esperada, o desemprego efetivo está abaixo do pleno emprego.

( ) O desemprego está na taxa natural quando a inflação efetiva é igual a esperada.

( ) A estagflação ocorre quando há uma recessão sobre a Curva de Phillips de curto prazo baseada em inflação esperada elevada.

A sequência correta é:

a) V – F – F – F

b) V – V – V – V

c) V – V – V – F

d) V – F – F – V

e) F – F – F – V

---

22. (Economista/VALEC Engenharia, Construções e Ferrovias S.A./2012) - Sobre os conceitos e efeitos da inflação, avalie as seguintes informações:

I. A inflação inercial resulta de memória inflacionária, em que o índice atual é a inflação passada mais a expectativa futura;

II. Caso a economia se encontre em um hiato inflacionário, a política fiscal deve ser direcionada para incentivar a Demanda Agregada.

III. Em uma hiperinflação, a moeda perde a função reserva de valor, mas mantém a função meio de pagamento.

Está correto o que se afirma em:

a) I, apenas;

b) I e II, apenas;

c) I e III, apenas;

d) II e III, apenas;

e) I, II e III.

---

23. (FEPESE/Economista/Companhia Integrada de Desenvolvimento Agrícola de Santa Catarina – CIDASC/2011) - Sobre a Curva de Phillips, é correto afirmar:

a) A versão original da curva mostra a relação entre taxa de desemprego e inflação.

b) A versão com expectativas mostra que os agentes não cometem erros sistemáticos.

c) Para uma curva não linear, o *trade-off* entre inflação e desemprego é constante.

d) A taxa natural de desemprego é, segundo o criador do conceito, estável e de fácil determinação empírica.

e) A inclusão de expectativas adaptativas permite explicar desemprego abaixo do natural com inflação crescente.

24. (Fundação Carlos Chagas/Analista Trainee – Economista/Metrô SP/2008) – A Curva de Phillips expressa o conflito existente no curto prazo entre dois objetivos de política econômica. São eles:

a) aumento da taxa de crescimento econômico e distribuição mais equitativa da renda nacional.

b) diminuição do déficit público e redução da carga tributária.

c) diminuição da taxa de inflação e aumento da taxa de emprego.

d) redução das disparidades regionais de renda e aumento da taxa de crescimento da economia.

e) superávit no balanço de transações correntes e estabilidade da taxa de câmbio.

25. (Economista/Prefeitura Municipal de Maracanaú/2011) – De acordo com a Lei de Okun a taxa de inflação depende de certos fatores, exceto:

a) Choques de oferta;

b) Inflação de Demanda;

c) Choques de Demanda;

d) Expectativa inflacionária;

e) Nenhuma das opções anteriores.

26. (Fundação Cesgranrio/Economista Júnior/Petrobras Transpetro/2011) - O gráfico da curva de Phillips de longo prazo, com a taxa de desemprego na abscissa e a taxa de inflação na ordenada, é vertical porque a

a) produção responde às flutuações da demanda agregada.

b) expectativa de inflação tende a igualar a inflação, a longo prazo.

c) demanda agregada na economia não varia.

d) inflação no longo prazo tende a ser declinante.

e) taxa natural de desemprego varia com a demanda agregada.

27. (Vunesp/Analista Nível I – Economia/CEAGESP/2010) - Se os preços e os salários forem flexíveis, a curva de Phillips com expectativas racionais será

a) positivamente inclinada.

b) horizontal.

c) vertical.

d) negativamente inclinada.

e) assintoticamente tendendo a zero.

28. (Bio Rio Concursos/Prefeitura Municipal de Barra Mansa – RJ/2010) – Segundo o modelo da curva de Phillips, avalie as seguintes afirmações sobre a relação entre desemprego e inflação.

I. quando a taxa de desemprego ultrapassa a taxa natural, a inflação diminui;

II. no longo prazo a taxa de desemprego independe da inflação;

III. o alto desemprego conduz a salários nominais elevados e, em resposta a essa elevação, as empresas aumentam seus preços.

Assinale a alternativa correta:

a) apenas a afirmativa I é verdadeira;

b) apenas a afirmativa II é verdadeira;

c) apenas a afirmativa III é verdadeira;

d) são verdadeiras apenas as afirmativas I e II;

e) são verdadeiras apenas as afirmativas I e III.

29. **(Fundação Cesgranrio/Análise Socioeconômica/IBGE/2013) - Segundo a teoria aceleracionista da inflação, sintetizada pela moderna equação de Phillips, em uma economia fechada em pleno emprego, com o nível de demanda agregada e de produção coincidindo continuamente com o produto potencial, ou seja, o hiato de produto sendo nulo, a(o)**

a) taxa de desemprego tenderá a aumentar.

b) inflação tenderá a ser constante.

c) inflação tenderá a diminuir continuamente.

d) inflação se acelerará continuamente.

e) crescimento real da economia será zero.

30. **(Cespe-UnB/Analista Pericial – Área de Atividade: Economia/Ministério Público da União/2013) – Julgue o item a seguir como verdadeiro ou falso.**

Na presença de expectativas racionais não há inercia inflacionaria no processo de convergência para o equilíbrio, sendo o processo de desinflação da economia menos custoso.

31. **(COMPERVE/Economista/Instituto Federal de Educação, Ciência e Tecnologia do Rio Grande do Norte/2010) - Nos anos de 1950, A. W. Phillips apresentou o resultado de uma pesquisa, que estabeleceu a relação entre duas variáveis, tornando-a conhecida como "Curva de Phillips". Essa Curva mostra que**

a) é possível reduzir a taxa de inflação sem que o Produto Interno Bruto sofra redução através de Políticas Econômicas Ortodoxas.

b) é possível reduzir a taxa de desemprego efetivo abaixo da taxa natural de desemprego sem afetar a inflação.

c) a taxa de inflação e a taxa de desemprego são positivamente relacionadas.

d) a taxa de inflação e a taxa de desemprego são negativamente relacionadas.

32. **(Economista/VALEC Engenharia, Construções e Ferrovias S.A./2012) - Sobre as políticas monetária e fiscal e sua relação com a inflação, é correto afirmar que:**

a) Uma política monetária expansionista e uma política fiscal contracionista resultam em uma menor taxa de inflação.

b) Uma política monetária expansionista e uma política fiscal contracionista resultam em uma maior taxa de inflação.

c) Uma política monetária contracionista e uma política fiscal contracionista resultam em uma menor taxa de inflação.

d) Uma política monetária expansionista e uma política fiscal expansionista resultam em uma menor taxa de inflação.

e) Uma política monetária contracionista e uma política fiscal contracionista resultam em uma maior taxa de inflação.

33. **(Cetro Concursos Públicos/Auditor Fiscal Tributário Municipal Classe I – Gestão Tributária/Prefeitura do Município de São Paulo/2014) - A respeito da Curva de Phillips e da oferta agregada, analise as assertivas abaixo.**

I. **Quando os preços são rígidos, a oferta agregada não é positivamente inclinada.**

II. **Na ausência de assimetrias de informação, a curva de oferta agregada de curto prazo torna-se mais inclinada na medida em que os salários ajustam-se mais rapidamente a variações no desemprego.**

III. **No longo prazo, a possibilidade de que políticas ativas de administração da demanda sejam utilizadas para reduzir a taxa de desemprego, trazendo-a para um nível inferior à taxa natural, in-**

depende do formato da Curva de Phillips, afinal, no modelo original da curva, o *trade off* entre inflação e desemprego é permanente.

IV. Se os salários nominais fossem mais flexíveis, uma política monetária expansionista seria mais eficaz em reduzir a taxa de desemprego.

V. A redução da tributação em uma Curva de Phillips negativamente inclinada expande a demanda agregada, reduz o desemprego, mas eleva a taxa de inflação.

É correto o que se afirma em

a) I, IV e V, apenas.

b) II e IV, apenas.

c) I, II e V, apenas.

d) I, II e III, apenas.

e) IV e V, apenas.

---

34. (Cespe-UnB/Analista de Correios – Especialidade: Economia/Empresa Brasileira de Correios e Telégrafos/2012) – Julgue o item a seguir como verdadeiro ou falso.

A teoria da expectativa racional fundamenta-se na hipótese de que os agentes conhecem um modelo econômico que descreve o comportamento das variáveis endógenas em função das variáveis exógenas. A partir dessa hipótese, essa teoria conclui que a influência sobre o produto vem do excesso da oferta efetiva de moeda em relação à oferta que era esperada.

---

35. (Fundação Cesgranrio/Economista Júnior/Sociedade Fluminense de Energia Ltda – SFE/2009) – Traçada no gráfico entre a taxa de desemprego (eixo horizontal) e a taxa de inflação (eixo vertical), a posição da Curva de Phillips de longo prazo

a) mostra como o desemprego diminui quando a inflação aumenta.

b) se altera com a política monetária expansiva.

c) depende do valor das expectativas de inflação.

d) é vertical, na taxa natural de desemprego da economia.

e) é horizontal, na taxa de inflação esperada.

---

36. (FUNCAB/Economista/Prefeitura de Aracruz/2012) – Sabendo-se que as proposições abaixo dizem respeito à oferta e demanda agregada, bem como sobre a curva de Phillips, assinale a alternativa correta.

I. Supondo uma interseção entre as curvas de oferta e demanda agregada, havendo deslocamentos da curva da demanda agregada (DA) no longo prazo, estes movimentos afetam somente o nível de preços, já, em curto prazo, tais deslocamentos dessa curva DA só tendem a afetar o produto agregado da economia.

II. O *trade-off* entre inflação e desemprego, sumarizado na curva de Phillips de curto prazo, será mais elevado caso sejam utilizadas políticas monetárias, em vez de políticas fiscais.

III. Seja no curto ou no longo prazo, o produto agregado encontra-se no nível de pleno emprego. Nesse sentido, deslocamentos da curva DA só devem gerar inflação, cuja intensidade é maior no longo prazo, fazendo com que a curva de Phillips seja cada vez mais côncava.

a) I, II e III são verdadeiras.

b) I, II e III são falsas.

c) I e II são falsas e III é verdadeira.

d) I e III são falsas e II é verdadeira.

e) II e III são falsas e I é verdadeira.

37. (Economista/Instituto Federal Farroupilha/2014) - Um dos instrumentos analíticos encontrados nas exposições das teorias do controle da inflação é a curva de Philips. Quais das alternativas abaixo corresponde a esse instrumento?

a) A curva de Philips, em longo prazo, descreve a relação entre a inflação e a produção quando a inflação real e a esperada são iguais.

b) A curva de Philips mostra que os salários aumentam mais rapidamente quando mais baixo é o nível de desemprego.

c) A curva de Philips mostra que quanto mais alta a taxa esperada de inflação, mais alta será a taxa de inflação correspondente para um dado nível de produção.

d) A curva de Philips ampliada ou ajustada para considerar a inflação esperada, mostra que os salários aumentam mais quando mais baixa for a taxa esperada de inflação.

e) A curva de Philips corresponde a uma relação direta entre a taxa de variações dos salários nominais e a taxa de desemprego.

38. (FGV Projetos/Economista/Defensoria Pública do Estado do Rio de Janeiro/2014) - Em relação à Oferta Agregada nas diferentes teorias e modelos, analise as afirmativas a seguir

I. O modelo clássico representa a Oferta Agregada como vertical, com o produto no nível de pleno emprego.

II. Segundo a teoria keynesiana, a Oferta Agregada é horizontal, com os preços e salários rígidos.

III. A curva de Phillips expressa a oferta agregada com inclinação positiva, relacionando o *trade-off* entre inflação e desemprego.

Assinale se:

a) somente a afirmativa I estiver correta.

b) somente a afirmativa II estiver correta.

c) somente as afirmativas I e II estiverem corretas.

d) somente as afirmativas I e III estiverem corretas.

e) todas as afirmativas estiverem corretas.

39. (Cespe-UnB/Analista em Geociências – Economista/Companhia de Pesquisa e Recursos Minerais/2013) – Determinada economia é descrita pelas equações a seguir, em que π é a taxa de inflação, u é a taxa de desemprego, u^* é a taxa natural de desemprego ou taxa de desemprego não aceleradora da inflação, e t é o indicativo de tempo:

$$\pi_t = \pi_{t-1} - 0,6(u_t - u^*)$$

$$u_t = 0,5 (u_{t-1} - u_{t-2})$$

Em relação a essa economia, julgue os itens subsecutivos.

(0) Se o BACEN adotar uma estratégia de reduzir de forma permanente a taxa de inflação da economia, no longo-prazo, o nível de desemprego natural será menor que o verificado no momento inicial da política.

(1) O fato de a taxa natural de desemprego depender dos valores passados do desemprego implica, nessa economia, a não ocorrência do fenômeno da histerese.

40. (Cespe-UnB/Analista Administrativo – Área 1: Administração - Economia/Tribunal de Contas do Estado do Espírito Santo/2013) – Considere uma economia descrita pelas equações $\pi_t = \pi_{t-1} - 0,7(u_t - u^*)$ e $u^* = 0,4(u_{t-1} + u_{t-2})$, em que π é a taxa de inflação, u é a taxa de desemprego, u^* é a taxa natural de desemprego ou taxa de desemprego não aceleradora da inflação, e t é o indicativo de tempo. No que se refere a essa economia, assinale a opção correta.

a) A estratégia gradualista de combate a inflação não gera desemprego.

b) A taxa natural de desemprego e fixa e depende unicamente de fatores estruturais e institucionais.

c) Uma estratégia de redução permanente da taxa de inflação gera desemprego em curto prazo, contudo, em longo prazo, o nível de desemprego natural será igual ao verificado no momento inicial da política.

d) Nessa economia, o Banco Central e mais conservador que a média da sociedade.

e) Nessa economia, verifica-se o resultado clássico da histerese.

41. (Cespe-UnB/Analista Judiciário – Economista/Tribunal de Justiça do Estado de Rondônia/2012) – Assinale a opção correta, no que se refere a inflação e crescimento.

a) Expectativas racionais implicam que a racionalidade dos agentes econômicos é capaz de prever, com quase certeza, a inflação esperada para o próximo período.

b) A taxa de desemprego efetivo é aquela obtida quando a economia atinge o nível de produto potencial.

c) Se a taxa de desemprego for superior à taxa natural de desemprego, existem fatores de produção não empregados, excesso de demanda e pressão por aumento nos preços.

d) Expectativa adaptativa diz que a inflação esperada para o próximo período é a média da inflação observada nos últimos períodos.

e) A curva de Phillips, segundo a qual existe uma relação inversa entre taxa de inflação e taxa de emprego, permite avaliar a relação entre crescimento e inflação.

42. (Fundação Cesgranrio/Economista Junior/Petrobrás/2012) – Suponha que, em certa economia, a expectativa adaptativa de inflação formada hoje, (t), para o próximo período, (t + 1), seja igual à expectativa adaptativa que se formou em (t – 1) para hoje, (t). Isso ocorre se o(a)

a) Banco Central for independente.

b) erro da expectativa formada em (t – 1) para (t) for nulo.

c) *deficit* do orçamento do setor público for nulo.

d) taxa de expansão monetária for constante.

e) taxa de inflação for declinante.

43. (Fundação Carlos Chagas/Economista/Infraero/2011) - Considere uma *Curva de Phillips* de curto prazo, expandida pelas expectativas dadas pela seguinte equação:

$$\pi = \pi^e - \beta(u - u^*) + \varepsilon$$

Onde: π = taxa de inflação; π^e = taxa de inflação esperada pelos agentes econômicos; u = taxa de desemprego; u^* = taxa natural de desemprego da economia; ε = choque de oferta; β = parâmetro desconhecido

Em relação a essa formulação, é correto afirmar que

a) a inflação inercial é incompatível com a hipótese de expectativas racionais dos agentes econômicos.

b) toda inflação tem sua origem em excessos de demanda.

c) a fixação de salários por categoria, com indexação anual, constitui um instrumento adequado para combater a inflação de custos.

d) a quebra da safra agrícola é incapaz de deflagrar um processo inflacionário, desde que a taxa de desemprego seja igual à taxa de desemprego natural da economia.

e) o processo inflacionário pode conter três componentes: inflação de demanda, inflação de custos e inflação inercial.

---

44. **(Analista do Meio Ambiente – Economista/Universidade do Estado do Mato Grosso – UNEMAT/2010) – A partir da década de 1990, vários países passaram a utilizar o chamado regime de metas de inflação (*inflation target*), dentre eles, o Brasil (em julho de 1999 por meio da Resolução nº 2.615 do Conselho Monetário Nacional). Especificamente no caso do nosso país, este regime passou a ser uma regra para a política monetária, sendo que as autoridades monetárias se comprometem a cumprir metas de inflação estabelecidas para o ano corrente e próximo. Com efeito, no caso do Banco Central do Brasil, este utiliza-se de vários instrumentos em sua análise para fixar as metas de inflação. O modelo básico para fazer esta análise inclui:**

a) uma curva de Phillips (com equação de previsão de inflação), uma curva IS (com objetivo de encontrar o hiato do produto), a variação do câmbio nominal (pois o câmbio é uma variável explicativa para a inflação) e a avaliação do prêmio risco (que influencia os fluxos de capitais e o próprio câmbio).

b) uma curva de Phillips (com equação de previsão de inflação), uma curva LM (com o objetivo de encontrar o hiato do produto), a variação do câmbio real (pois o câmbio é uma variável endógena para a inflação) e um modelo de crescimento de Harrod-Domar (com o objetivo de analisar o imposto inflacionário).

c) a variação do câmbio nominal (pois o câmbio é uma variável explicativa para a inflação), uma curva LM (com o objetivo de encontrar o hiato do produto), um modelo de crescimento de Harrod-Domar (com o objetivo de analisar o imposto inflacionário) e uma curva IS (tendo como finalidade encontrar o nível correto da base monetária).

d) a variação do câmbio real (pois o câmbio é uma variável exógena para a inflação), uma curva IS (com o objetivo de encontrar o hiato do produto), a avaliação do prêmio risco (que influencia os fluxos de capitais e, próprio câmbio e as exportações) e um modelo de crescimento de Harrod-Domar (com a finalidade de analisar a expectativa do imposto inflacionário).

e) uma curva de Phillips (com equação de previsão de inflação), uma curva IS e uma curva LM (onde a utilização de ambas tem como objetivo encontrar o hiato do produto), as variações do câmbio nominal e real (pois tais variações explicam a inflação) e a avaliação do prêmio risco (que influencia os fluxos de capitais e as exportações).

---

45. **(FUNCAB/Economista/Departamento de Estradas de Rodagem e Transportes/2010) – Suponha dois gráficos um do lado do outro. No primeiro gráfico, há a interseção da curva de demanda agregada no trecho crescente ou intermediário da curva de oferta agregada; e, no segundo gráfico, há uma curva de Phillips. Neste sentido, em função das informações abaixo, assinale a opção correta.**

I. **Uma política expansionista, fiscal ou monetária, desloca a curva de demanda agregada para a direita, fazendo a produção aumentar no curto prazo e a taxa de desemprego cair abaixo da taxa natural, o que nos termos da curva de Phillips, seria representado, no curto prazo, por um movimento ascendente ao longo desta curva (de Phillips).**

II. No longo prazo, uma política expansionista, fiscal ou monetária, acaba gerando uma aceleração das tensões inflacionárias e desloca a curva de Phillips para a direita, ou seja, isto acaba gerando um aumento da inflação antecipada e desloca a curva de oferta agregada para a esquerda, até que a produção e o desemprego possam retomar o seu nível natural.

III. Entre o curto e o longo prazo, uma política monetária, por meio da expansão da moeda, desloca a curva de demanda agregada para a esquerda, diminuindo a produção (que terá um nível inferior do início deste processo) e, ao mesmo tempo, fará com que haja um movimento ascendente ao longo da curva de Phillips onde a taxa de desemprego irá cair abaixo da taxa natural.

IV. Uma expansão monetária no longo prazo, persistindo neste período em uma economia, fará com que haja uma queda da inflação. Tal cenário desloca a curva de Phillips para cima e diminui a inflação antecipada. A diminuição da inflação antecipada irá deslocar a curva de oferta agregada para a direita, o que fará com que os preços voltem a cair, assim como os saldos reais também possam cair.

a) I e II são falsas e III e IV são verdadeiras.

b) I e III são falsas e II e IV são verdadeiras.

c) II e III são falsas e I e IV são verdadeiras.

d) III e IV são falsas e I e II são verdadeiras.

e) II e IV são falsas e I e III são verdadeiras.

46. (Fundação Cesgranrio/Análise Socioeconômica/IBGE/2010) – O gráfico abaixo ilustra o modelo da curva de Phillips que incorpora as expectativas de inflação. A taxa natural de desemprego seria u*.

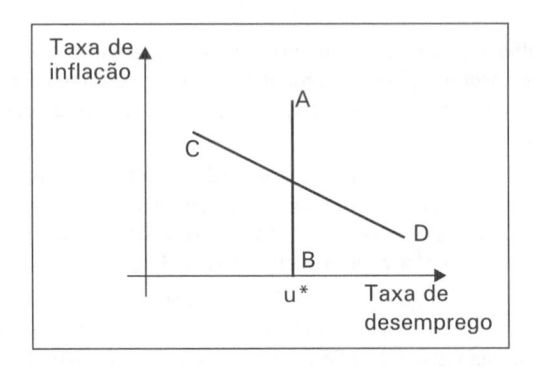

Nesse gráfico,

a) só há escolha entre inflação e desemprego, a curto prazo.

b) a linha AB seria a curva de Phillips de curto prazo.

c) a linha CD seria a curva de Phillips de longo prazo.

d) a oferta agregada na economia seria como a linha CD.

e) u* se alteraria se a demanda agregada variasse.

47. (Fundação Cesgranrio/Economista Júnior/Petrobrás/2010) - A modelagem das expectativas nos modelos econômicos pode seguir o processo denominado de expectativas racionais, o qual tem várias características. Nessa perspectiva, analise as características a seguir.

I. As expectativas se formam usando todas as informações disponíveis.

II. As expectativas são essencialmente iguais às previsões da teoria econômica relevante.

III. As expectativas se formam considerando o comportamento futuro, prospectivo, da variável a ser prevista.

IV. Os agentes econômicos racionais escolhem as expectativas mais convenientes para seu bem-estar.

No caso de expectativas racionais, são corretas APENAS a(s) característica(s)

a) I e II.

b) II e IV.

c) III e IV.

d) I, II e III.

e) II, III e IV.

---

48. (VUNESP/Economista/Ministério Público do Estado do Espírito Santo/2013) - Uma pequena economia aberta apresenta taxa de desemprego acima da natural e oferta agregada infinitamente elástica em relação ao nível geral de preços. Se as taxas de câmbio forem flexíveis e a movimentação de capitais não sofrer qualquer restrição por parte do Governo, a adoção de uma política fiscal de expansão dos gastos do governo provocará

a) um aumento do nível de renda de equilíbrio e um superávit na balança comercial.

b) a diminuição da taxa de juros interna em relação à internacional.

c) nenhum aumento do nível de renda de equilíbrio e uma deterioração da balança comercial.

d) aumento do nível de renda de equilíbrio acima do que seria esperado se a economia fosse fechada.

e) uma entrada líquida de capitais do exterior.

---

49. (Consulplan/Economista/Departamento Municipal de Água e Esgotos de Porto Alegre – DMAE/2011) - Assuma a seguinte equação que descreve o trade-off entre inflação e desemprego:

$$\dot{P}_t - \dot{P}_{t-1} = -\alpha\left(u_t - u_N\right)$$

Onde $\dot{P}_t$: taxa de inflação no período t; $\dot{P}_{t-1}$: taxa de inflação no período $t - 1$; α: coeficiente positivo; u_t: taxa de desemprego no período t; u_N: taxa natural de desemprego. Sabe-se que $\dot{P}_{t-1} = 10\%$; $\alpha = 0,5$; $u_N = 8\%$ e $t = 1$ ano. A partir dessas informações, e supondo que a economia inicialmente operava sobre a sua taxa natural de desemprego, pergunta-se: qual é a "taxa de sacrifício" e a "taxa de desemprego no período t" após o governo ter implementado uma política anti-inflacionária com o objetivo de reduzir em 50% a inflação vigente no período $t - 1$?

a) 0,25 e 4

b) 0,5 e 4,5

c) 0,25 e 18

d) 18 e -0,5

e) 0,5 e 18

---

50. (Fundação Cesgranrio/Economista/Petrobrás Distribuidora S.A./2011) - De acordo com a Curva de Phillips $\pi_t = \pi_t^e + 0,3 - 3\mu + \varepsilon$, π_t é a inflação no ano t, π_t^e é a inflação esperada para t, μ é a taxa de desemprego em t, e ε é uma variável para captar choques de oferta (como aumento dos preços internacionais das *commodities* agrícolas e energéticas) suposta aleatória com esperança zero. A taxa natural de desemprego, cujas variáveis estão expressas em percentuais ao ano, é de:

a) 0,3 (ou seja, 30%)

b) 0,1 (ou seja, 10%)

c) 0,06 (ou seja, 6%)

d) 0,03 (ou seja, 3%)

e) 0,01 (ou seja, 1%)

51. (ESAF/Analista de Finanças e Controle/Secretaria do Tesouro Nacional/2013) - A hipótese de expectativas racionais considera que:

a) em sua versão fraca, os agentes usam as informações passadas e os agentes não comentem erros sistemáticos.

b) o valor esperado da inflação é igual à inflação efetiva e a covariância dos erros igual a zero. Assim, a principal hipótese é de que a política monetária tem pleno efeito sobre o produto e os preços da economia.

c) a curva de Phillips é vertical, tanto no curto quanto no longo prazo, de modo que os desvios ocorrem apenas em função de choques não antecipados.

d) em sua versão forte, considera que os agentes só levam em conta as informações do passado.

e) a curva de Phillips é horizontal no curto prazo.

52. (Fundação Cesgranrio/Especialista em Regulação de Petróleo e Derivados, Álcool Combustível e Gás Natural – Especialidade: Economia/Agência Nacional de Petróleo/2009) – A figura abaixo mostra as Curvas de Phillips de longo prazo AB e de curto prazo CD, correspondente a um determinado nível de expectativa de inflação.

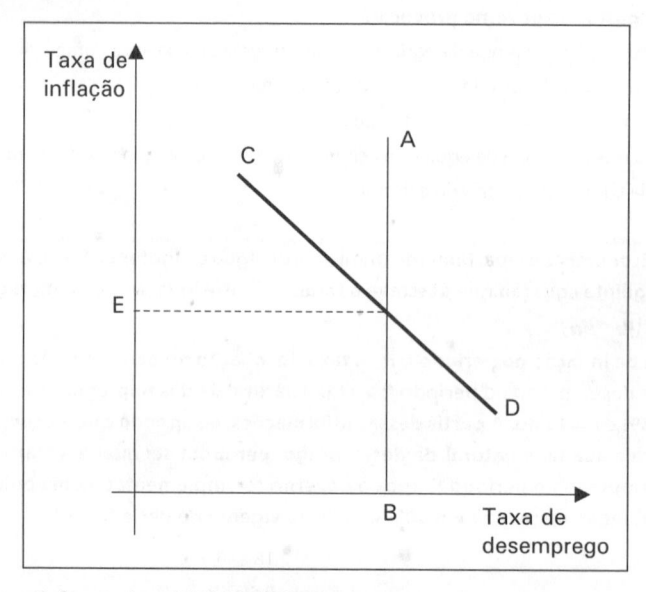

Com base nessas informações, é INCORRETO afirmar que

a) CD tende a AB no longo prazo, à medida que as expectativas inflacionárias se ajustarem.

b) OB corresponde à taxa natural de desemprego.

c) OE corresponde à taxa natural de inflação.

d) além de CD, há uma família de Curvas de Phillips de curto prazo correspondentes a diversas expectativas de inflação.

e) a Curva de Phillips de longo prazo AB é sempre vertical.

53. (Fundação Cesgranrio/Economista/Banco Nacional de Desenvolvimento Econômico e Social – BNDES/2008) – A Curva de Philips de curto prazo, representada por AB no gráfico abaixo, não é estável, tornando-se, a longo prazo, vertical, como CD.

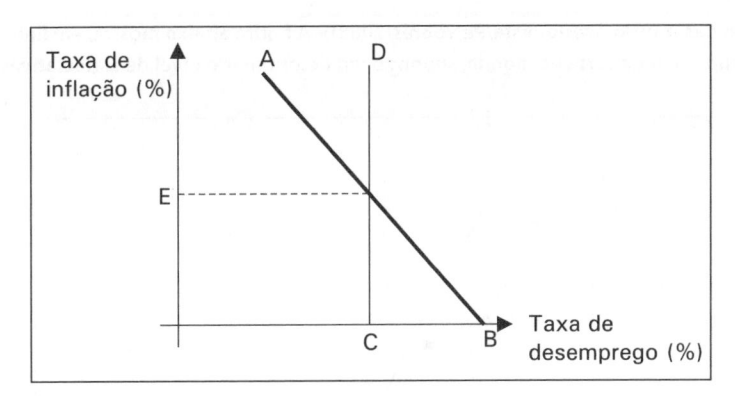

Assim, pode-se afirmar que

a) a taxa natural de inflação é representada por E no gráfico.

b) a taxa natural de desemprego é representada por B no gráfico.

c) a inflação tende a desacelerar caso se mantenha continuamente a taxa de desemprego em C.

d) AB altera sua posição na medida em que as expectativas de inflação se ajustam.

e) AB altera sua posição na medida em que CD se desloca para a direita.

54. **(Fundação Cesgranrio/Economista/Instituto Estadual do Ambiente – INEA - RJ/2008) – Na figura abaixo, as linhas AB e CD mostram, respectivamente, as Curvas de Phillips de curto prazo e de longo prazo de uma determinada economia.**

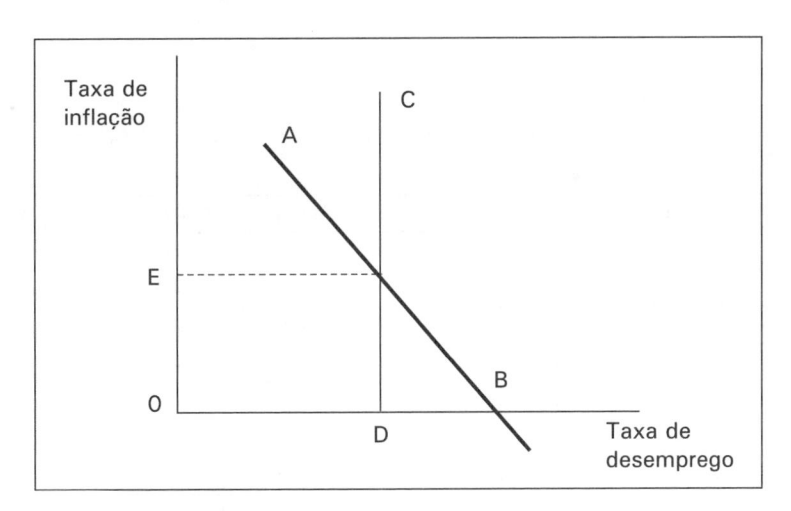

A respeito dessa figura, pode-se afirmar que

a) AB é a curva de demanda agregada da economia.

b) BD é o excesso de demanda agregada na economia.

c) CD se desloca para a posição AB à medida que as expectativas de inflação se ajustam.

d) OD é a taxa natural de desemprego.

e) OE é a taxa natural de inflação.

55. (Fundação Cesgranrio/Economista/Petrobrás/2008) – A figura abaixo mostra, em linha cheia, a Curva de Phillips de uma certa economia, supondo um determinado nível de expectativas de inflação.

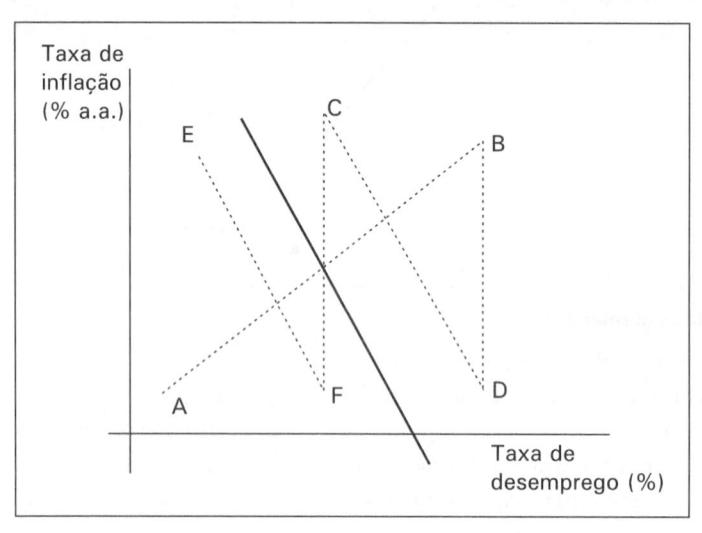

Caso as expectativas de inflação diminuam, a Curva de Phillips mudaria para uma posição como

a) AB

b) CD

c) CF

d) EF

e) BD

GABARITO DO CAPÍTULO 10

01 – V	11 – C	21 – B	31 – D	41 – D	51 – C
02 – V	12 – C	22 – C	32 – C	42 – B	52 – C
03 – F	13 – A	23 – E	33 – C	43 – E	53 – D
04 – (0) F, (1) V	14 – D	24 – C	34 – V	44 – A	54 – D
05 – A	15 – C	25 – C	35 – D	45 – D	55 – D
06 – A	16 – C	26 – B	36 – E	46 – A	
07 – C	17 – B	27 – C	37 – B	47 – D	
08 – D	18 – A	28 – D	38 – E	48 – C	
09 – A	19 – B	29 – B	39 – (0) F, (1) F	49 – E	
10 – A	20 – B	30 – V	40 – E	50 – B	

Capítulo 11

Consumo

1. Exercícios Resolvidos de Concursos Públicos

1.1. Exercícios Resolvidos do Tipo "Múltipla Escolha"

---

01. **(FJPF/DNIT/ECONOMISTA/2006) - Das opções abaixo, aquela que informa como ficou conhecida a hipótese formulada por F. Modigliani, A. Ando e R. Brumberg, para ampliar a fronteira do conhecimento econômico com um melhor entendimento da função consumo keynesiana e das motivações precaucionais para a poupança de longo prazo, é:**
   a) propensão marginal a consumir;
   b) ciclo de vida;
   c) propensão marginal a poupar;
   d) ciclo de estoques;
   e) motivo especulação.

Solução:

A resposta é a letra "b". A hipótese formulada por F. Modigliani, A. Ando e R. Brumger é a hipótese do ciclo de vida, conforme estudado no capítulo.

---

02. **(ESAF/Técnico de Pesquisa e Planejamento do IPEA/2004) - Num modelo de escolha intertemporal, alterações na taxa de juros real resultam em dois efeitos: efeito renda e efeito-substituição. Suponha que o modelo seja de dois períodos, e que o consumidor seja poupador no primeiro período. Então, uma elevação na taxa de juros:**
   a) necessariamente piora a situação do consumidor.
   b) resulta num efeito renda que tende a aumentar o consumo nos dois períodos.
   c) resulta num efeito renda que tende a diminuir o consumo nos dois períodos.
   d) resulta num efeito substituição que faz com que o consumo no segundo período seja reduzido.
   e) não altera a escolha intertemporal do consumidor.

Solução:

A resposta é a letra "b". Supondo que a família é poupadora no presente e que o consumo seja de bens normais, pode-se afirmar que o efeito renda tende a atuar no sentido de aumentar o consumo nos dois períodos ao passo que o efeito substituição tende a reduzir o consumo no primeiro período e aumentá-lo no segundo período, e vice-versa.

---

03. (ESAF/Auditor-Fiscal da Receita Federal/2003) - Considere o seguinte gráfico:

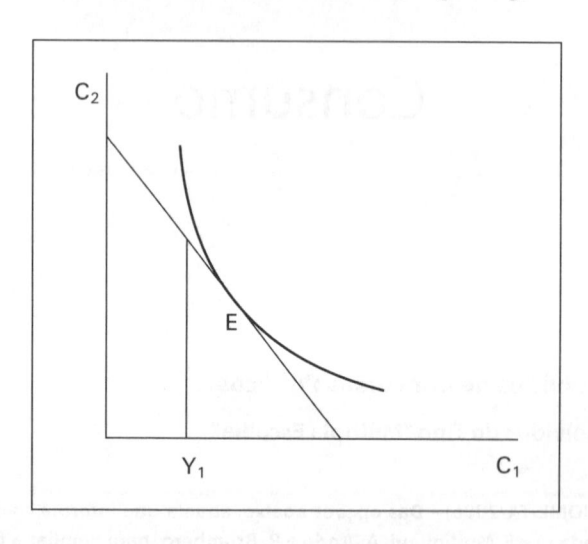

Este gráfico contém:

1. a denominada "restrição orçamentária intertemporal" de um consumidor num modelo de dois períodos, dada pela expressão:

$C_1 + C_2/(1 + r) = Y_1 + Y_2/(1 + r)$

onde: C_1 = consumo no período 1; C_2 = consumo no período 2; Y_1 = renda no período 1; Y_2 = renda no período 2; e r = taxa de juros. e

2. uma curva de indiferença que representa as preferências intertemporais do consumidor.

Com base nestas informações e supondo que o consumidor esteja no equilíbrio E, é correto afirmar que:

a) no equilíbrio "E", $C_1 = Y_1$ e $C_2 = Y_2$.

b) o consumo no primeiro período é menor do que a renda no primeiro período.

c) o modelo sugere a existência de restrições de crédito no primeiro período.

d) o consumidor é devedor no primeiro período.

e) alterações nas taxas de juros não provocam alterações nos consumos dos períodos 1 e 2.

Solução:

A resposta é letra "d" porque o consumidor é devedor no primeiro período. O consumidor deseja consumir mais do que ganha (ponto E), apesar de que a restrição aos empréstimos o impeça de fazê-lo.

04. (ESAF/Analista de Comércio Exterior/2002) - Considere o seguinte modelo de consumo:

$C_1 = - C_2/(1 + r) + (Y_1 - T_1) + (Y_2 - T_2)/(1 + r)$

Onde C_1 = consumo no período 1; C_2 = consumo no período 2; Y_1 = renda no período 1; Y_2 = renda no período 2; T_1 = impostos no período 1; T_2 = impostos no período 2; r = taxa de juros.

Com base neste modelo, é incorreto afirmar que:

a) o consumo no período 1 depende da renda nos dois períodos.

b) alterações na taxa de juros não alteram o consumo no período 1.

c) se o consumidor depara com uma curva de indiferença intertemporal com concavidade

voltada para cima, as restrições de crédito podem piorar o seu bem-estar.

d) a equação apresentada é conhecida como restrição orçamentária intertemporal do consumidor em um modelo de dois períodos.

e) desde que exista um sistema eficiente de poupança e crédito, o consumidor pode consumir mais no primeiro período do que a sua renda permite neste período.

Solução:

A resposta é a letra "b". Segundo a Teoria do Consumo Intertemporal de Irving Fisher, uma elevação nas taxas de juros apresenta dois efeitos: renda e substituição. Supondo que a família é poupadora no presente e que o consumo seja de bens normais, pode-se afirmar que o efeito renda tende a atuar no sentido de aumentar o consumo nos dois períodos ao passo que o efeito substituição tende a reduzir o consumo no primeiro período e aumentá-lo no segundo período, e vice-versa.

05. (ESAF/Analista de Finanças e Controle da Secretaria do Tesouro Nacional/2000) - Considerando o modelo de escolha intertemporal de consumo e a existência de estruturas de preferências, representadas por curvas de indiferenças tradicionais, uma elevação nas taxas de juros apresenta dois efeitos: renda e substituição. Supondo que a família é poupadora no presente e que o consumo seja de bens normais, podemos afirmar que:

a) os efeitos necessariamente se anulam, já que a família é poupadora

b) pelo fato da família ser poupadora, somente o efeito renda é relevante

c) tanto o efeito renda quanto o efeito substituição tendem a elevar o consumo nos dois períodos

d) tanto o efeito renda quanto o efeito substituição reduzem o consumo no primeiro período e aumentam o consumo no segundo período

e) o efeito renda tende a atuar no sentido de aumentar o consumo nos dois períodos ao passo que o efeito substituição tende a reduzir o consumo no primeiro período e aumentá-lo no segundo período

Solução:

A resposta é a letra "e" pois, conforme já visto, o efeito renda tende a atuar no sentido de aumentar o consumo nos dois períodos ao passo que o efeito substituição tende a reduzir o consumo no primeiro período e aumentá-lo no segundo período.

06. (ESAF/ Analista de Finanças e Controle da Secretaria do Tesouro Nacional /1997) - Suponha um consumidor que pode escolher comprar um bem hoje ou amanhã. O consumidor tem uma renda fixa nos dois períodos. Se ele consumir hoje um valor menor que sua renda hoje, a diferença é aplicada e rende juros, que pode aumentar seu consumo amanhã. Se, por outro lado, ele consumir hoje um

valor maior que sua renda, ele pode tomar a diferença emprestada, e pagar juros por ela amanhã, diminuindo seu consumo amanhã. Indique a afirmação <u>falsa</u> dentro deste contexto.

a) Um aumento da taxa de juros terá o efeito de reduzir o consumo presente relativamente ao consumo futuro.

b) A riqueza total do consumidor hoje é expressa pela sua renda hoje, mais sua renda amanhã descontada pela taxa de juros.

c) Um aumento da taxa de juros terá o efeito de aumentar o consumo presente relativamente ao consumo futuro.

d) Se existe inflação entre hoje e amanhã, o valor da taxa de juros relevante para calcular a riqueza do consumidor hoje deve levar em conta esta alteração dos preços.

e) Se o consumidor consome hoje exatamente a renda que recebe hoje, uma alteração na taxa de juros pode levá-lo a decidir consumir hoje menos que esta renda que recebe hoje.

Solução:

A resposta é a letra "c". Segundo a Teoria do Consumo Intertemporal de Irving Fisher, uma elevação nas taxas de juros apresenta dois efeitos: renda e substituição. Supondo que a família é poupadora no presente e que o consumo seja de bens normais, pode-se afirmar que o efeito renda tende a atuar no sentido de aumentar o consumo nos dois períodos ao passo que o efeito substituição tende a reduzir o consumo no primeiro período e aumentá-lo no segundo período, e vice-versa.

---

07. (ESAF/ Analista de Finanças e Controle da Secretaria do Tesouro Nacional /1997) - Com relação ao consumo, é <u>falso</u> afirmar que,

a) De acordo com Friedman, o consumo não responde de forma muito importante às flutuações transitórias na renda.

b) Se a hipótese da renda permanente é correta, e se os consumidores têm expectativas racionais, então mudanças no consumo ao longo do tempo são imprevisíveis.

c) Modelos que relacionam o consumo com a renda futura, além da renda presente, sugerem que a taxa de poupança deveria ajudar a prever o crescimento da renda.

d) Para os consumidores que se defrontam com uma restrição de liquidez, o consumo depende somente da renda corrente.

e) De acordo com o modelo de Fisher, o aumento na taxa de juros afeta positivamente a escolha de consumo no primeiro e segundo períodos.

Solução:

A resposta é a letra "e". Um aumento na taxa de juros diminui as possibilidades de consumo presente, mas aumenta as possibilidades de consumo futuro porque o consumo presente se torna mais caro em relação ao consumo futuro. Logo, o indivíduo será incentivado à poupança e ao consumo futuro. Os demais itens estão corretos.

1.2. Exercícios Resolvidos do Tipo "Verdadeiro ou Falso"

---

01. (Cespe-UnB/Técnico Científico – Economia/BASA/2007) - Julgue o item a seguir, como verdadeiro ou falso:

A hipótese do ciclo de vida afirma que o consumo corrente é financiado pelo estoque de riqueza e pela renda gerada ao longo da vida dos consumidores.

Solução:

Verdadeiro. Segundo a teoria do ciclo da vida de Modigliani, o consumo depende da renda e da riqueza dos trabalhadores, e a poupança varia ao longo da vida de forma previsível. Se o consumidor nivela o consumo ao longo de sua vida, poupará e acumulará riqueza durante os anos em que trabalha e consumirá o patrimônio acumulado na sua aposentadoria. Se a pessoa entra na idade adulta sem riqueza, acumulará riqueza nos seus anos de trabalho e consumirá essa riqueza nos anos da aposentadoria. Dessa forma, os jovens que trabalham poupam, ao passo que os velhos que se aposentam despolpam.

02. CESPE-UnB/Economista Pleno/Petrobrás/2004) – Julgue o item a seguir, como verdadeiro ou falso:

A teoria do ciclo de vida implica que a elevação da idade de aposentadoria, ocorrida recentemente no âmbito da reforma da previdência, conjugada com o aumento da esperança de vida, expande a poupança privada e reduz os gastos de consumo das famílias.

Solução:

Falso. Se for válida a teoria do ciclo da vida de Modigliani, o consumo depende da renda e da riqueza dos trabalhadores, e a poupança varia ao longo da vida de forma previsível. A elevação da idade de aposentadoria, ocorrida recentemente no âmbito da reforma da previdência, conjugada com o aumento da esperança de vida, diminuirá a poupança privada e aumentará os gastos de consumo das famílias. Se o consumidor nivela o consumo ao longo de sua vida, poupará e acumulará riqueza durante os anos em que trabalha e consumirá o patrimônio acumulado na sua aposentadoria. Se a pessoa entra na idade adulta sem riqueza, acumulará riqueza nos seus anos de trabalho e consumirá essa riqueza nos anos da aposentadoria. Dessa forma, os jovens que trabalham poupam, ao passo que os velhos que se aposentam despoupam.

03. (CESPE-UnB/Técnico Científico – Área: Economia/BASA/2004) – Julgue o item a seguir, como verdadeiro ou falso:

Ao alegar que o consumo é influenciado unicamente pela renda corrente, a hipótese do ciclo de vida implica variação previsível da poupança ao longo da vida.

Solução:

Falso. Se for válida a teoria do ciclo da vida de Modigliani, o consumo depende da **renda** e da **riqueza** dos trabalhadores, e a poupança varia ao longo da vida de forma previsível.

04. (CESPE-UnB/Analista Pleno I – Área: Economia/CNPq/2004) – Julgue o item a seguir, como verdadeiro ou falso:

Segundo a hipótese do ciclo de vida, o consumo é influenciado unicamente pela renda corrente, o que implica variação previsível da poupança ao longo da vida.

Solução:

Falso. Se for válida a teoria do ciclo da vida de Modigliani, o consumo depende da **renda** e da **riqueza** dos trabalhadores, e a poupança varia ao longo da vida de forma previsível.

05. (CESPE-UnB/Analista de Comércio Exterior/2001) – O Consumo, variável econômica básica, é importante para a determinação da renda e do produto de equilíbrio. Em relação a essa variável, julgue os itens a seguir:

(1) Na função consumo keynesiana, a propensão média a consumir diminui linearmente com a renda disponível dos indivíduos.

Solução:

Falso. A propensão média a consumir é função decrescente da renda disponível, de modo que aumentos na renda disponível irão diminuir a propensão média a consumir.

(2) Na teoria do consumo da renda permanente, a propensão marginal a consumir a renda corrente é inferior à propensão média a consumir de longo prazo.

Solução:

Verdadeiro. No curto prazo, a propensão média a consumir se reduz quando a renda aumenta, ao passo que no longo prazo a propensão média a consumir é constante.

06. (ESAF/Analista de Finanças e Controle da Secretaria do Tesouro Nacional /1997) – Julgue o item a seguir, como verdadeiro ou falso:

De acordo com Friedman, o consumo não responde de forma muito importante às flutuações transitórias na renda.

Solução:

Esse item é verdadeiro porque apenas a renda permanente afeta o consumo. O consumo depende da renda permanente, porque os consumidores usam a poupança e os empréstimos para nivelar o consumo em resposta a mudanças transitórias na renda. Os consumidores despedem sua renda permanente, mas preferem poupar sua renda transitória. Alterações transitórias na renda teriam pouco ou nenhum efeito sobre o consumo, porque as pessoas tendem a poupar ou despoupar quando ocorrem alterações temporárias na renda, mantendo com isso um padrão estável de consumo ao longo do tempo. Em períodos de crescimento econômico, as famílias poupam a parcela da renda transitória, ao passo que em períodos de recessão econômica as famílias despoupam a parcela da renda transitória.

2. Exercícios Propostos

01. (PROGRAD/Economista/Universidade Federal de Uberlândia/2013) - Com relação à função Consumo na macroeconomia, é correto afirmar que:

a) Segundo Keynes, a taxa de juros não exerce um papel importante na função consumo.

b) De acordo com o modelo de Fischer de escolha intertemporal do consumo, o consumo ótimo em dois períodos se dá quando a taxa marginal de substituição do consumo se iguala à taxa de juros.

c) No modelo de Fischer de escolha intertemporal do consumo, assim como no modelo de Keynes, a renda corrente é o principal determinante do consumo.

d) Se há um aumento da taxa de juros, no modelo de Fisher de escolha intertemporal há uma diminuição do consumo futuro em favor de um aumento do consumo no presente.

02. (Instituto CETRG/TCMSP/Agente de Fiscalização– Economia/2006) - A respeito das teorias sobre Consumo e Poupança, assinale a alternativa correta.

a) A hipótese da renda permanente tem o pressuposto que a renda corrente é o principal determinante do consumo.

b) A hipótese do ciclo de vida tem o pressuposto que no curto prazo a propensão marginal a consumir é maior que a propensão média a consumir.

c) A função consumo keynesiana supõe que o consumo é função da riqueza.

d) A hipótese do ciclo de vida sugere que a poupança é alta quando a renda é alta em relação à renda média da vida.

e) A hipótese da renda permanente supõe que a propensão média a consumir tende cair em períodos recessivos.

03. (NCE-RJ/Economista/Ministério da Integração Nacional/2005) - De acordo com a teoria da renda permanente, as pessoas estabelecem seu nível de consumo com base em:

a) seu nível de poupança e usam financiamentos bancários para nivelar o consumo em resposta a oscilações permanentes da renda;

b) seu nível de poupança e usam financiamentos bancários para nivelar o consumo em resposta a oscilações transitórias da renda;

c) sua renda permanente e usam a poupança e financiamentos bancários para nivelar o consumo em resposta a oscilações transitórias da renda;

d) taxa de juros de longo-prazo e usam financiamentos bancários para nivelar o consumo em resposta a oscilações permanentes da renda;

e) sua renda corrente e usam a poupança e financiamentos bancários para nivelar o consumo em resposta a oscilações permanentes da renda.

04. (Vunesp/Consultor Técnico Legislativo – Economia/CMSP/2007) - Se um país A tem mais da metade da sua população entre as idades de 0 a 15 anos e um país B tem sua população majoritariamente entre 20 e 50 anos, de acordo com a Teoria do Ciclo de Vida, espera-se que

a) a taxa de poupança no país A seja menor do que no país B.

b) a taxa de poupança no país B seja menor do que no país A.

c) o país A importe bens do país B.

d) o país A exporte bens ao país B.

e) o país A tome empréstimos do país B.

05. (ESAF/Analista da CVM – Mercado de Capitais/2010) - Considere as hipóteses usadas para derivar formalmente a regra de Keynes-Ramsey em um modelo de dois períodos. A condição de otimalidade nesse modelo significa que:

a) o investimento no montante da redução do consumo no primeiro período aumenta o estoque de capital, mas não permite um consumo maior no segundo período.

b) um decréscimo do consumo no primeiro período não acarreta uma perda de utilidade no mesmo período.

c) um decréscimo do consumo no primeiro período acarreta uma perda de utilidade no período seguinte.

d) para maximizar o consumo, os agentes não devem consumir todo o capital herdado no período final.

e) sobre uma trajetória temporal ótima de consumo, a taxa de decrescimento da utilidade marginal do consumo deve ser igual à produtividade marginal do capital.

06. **(ESAF/Analista de Finanças e Controle da Secretaria do Tesouro Nacional/2013) - No que concerne às hipóteses de Ciclo de Vida e de Renda Permanente (HCV-RP), todas as informações a seguir estão corretas, exceto:**

   a) a hipótese HCV-RP assume que a propensão marginal a consumir da renda permanente é substancialmente superior à propensão marginal a consumir da renda transitória, o que leva os indivíduos a manterem os seus perfis de consumo relativamente suaves (*smooth*) durante a vida.

   b) segundo o modelo de Ciclo de Vida, um aumento da renda permanente das famílias levará a um aumento da taxa de poupança.

   c) de acordo com o modelo de Renda Permanente, uma valorização das ações em bolsa de valores pode elevar o nível de consumo.

   d) entende-se por restrição de liquidez a situação em que o consumidor estiver impedido de tomar empréstimos para financiar o consumo corrente com base na expectativa de uma renda futura maior.

   e) a hipótese do Ciclo de Vida sugere que a distribuição etária da população e a taxa de crescimento da economia são fatores determinantes da poupança agregada.

07. **(ESAF/Analista de Finanças e Controle da Secretaria do Tesouro Nacional/2013) – Um consumidor típico, fazendo escolhas com vistas a maximizar sua utilidade, vai sempre se ver diante do problema de escolher quanto consumir hoje e quanto consumir no futuro (amanhã). Ele sabe que, quanto maior o consumo hoje (t), menor o estoque de riqueza carregado para amanhã ($t + 1$) e, portanto, menor seu consumo amanhã. Assim, o acréscimo no valor da sua utilidade em t (V_t) decorrente da postergação parcial do consumo será igual ao:**

   a) acréscimo no valor do retorno bruto multiplicado pelo valor da utilidade em t trazido a valor presente por um determinado fator subjetivo de desconto.

   b) acréscimo no valor do retorno bruto multiplicado pelo valor da utilidade em $t + 1$ trazido a valor presente por um determinado fator subjetivo de desconto.

   c) acréscimo no valor esperado do retorno bruto multiplicado pelo valor da utilidade em $t + 1$ trazido a valor presente por um determinado fator subjetivo de desconto.

   d) valor da riqueza acumulada em t trazido a valor presente por um determinado fator subjetivo de desconto.

   e) valor da riqueza acumulada em t trazido a valor presente por um determinado fator objetivo de desconto.

08. **(Fundação Cesgranrio/Profissional de Nível Superior I – Ciências Econômicas/Companhia Hidroelétrica do São Francisco – CHESF/2012) – Para qual teoria, as relações de consumo, investimento e/ou poupança são apresentadas corretamente, segundo suas próprias premissas?**

   a) Segundo a teoria da renda permanente, a propensão marginal a consumir é sempre menor do que a propensão média.

   b) Segundo a teoria da renda permanente, o consumo é determinado pela riqueza esperada do indivíduo.

   c) Segundo a teoria do ciclo de vida, os agentes poupam um valor constante que seja uma fração de sua renda ao longo do ciclo de vida.

   d) Segundo a teoria do ciclo de vida, um aumento da renda permanente gera um aumento na propensão média a poupar.

   e) Segundo a teoria "q" de Tobin, quando a razão do valor de mercado, em relação ao custo de reposição, é menor do que a unidade, gera-se investimento.

09. (COPESE/Economista/Universidade Federal de Juiz de Fora/2012) – Com relação aos gastos com consumo por parte das famílias, pode-se afirmar:

I. A hipótese do ciclo de vida de Franco Modigliane sugere que as propensões a consumir a renda disponível e a riqueza não variam em decorrência da idade da pessoa.

II. Na abordagem keynesiana, o consumo é uma função direta da renda disponível e indireta da taxa de juros.

III. A equivalência de Barro-Ricardo afirma que os cortes de impostos financiados pela dívida pública, ao invés de aumentar o consumo, terão como efeito o aumento da poupança.

Julgue qual opção as classifica como verdadeira (V) ou falsa (F), respectivamente.

a) V, F, F
b) V, V, F
c) F, V, V
d) F, F, V
e) F, F, F

10. (FEPESE/Economista/Companhia Integrada de Desenvolvimento Agrícola de Santa Catarina – CIDASC/2011) - Sobre a função consumo, é correto afirmar:

a) As teorias que lhe dão sustentação não consideram importante a suavização do consumo.
b) Na teoria da renda permanente, a expectativa sobre a renda futura influencia o consumo futuro, mas não o consumo presente.
c) A riqueza humana é o valor futuro do volume de ativos financeiros acumulados.
d) A propensão a consumir não aparece nas funções derivadas das teorias da renda permanente e do ciclo da vida.
e) Na teoria do ciclo da vida, o nível de consumo é positivamente associado com os anos de trabalho.

11. (Bio Rio Concursos/Economista/Prefeitura Municipal de Barra Mansa/2010) - A respeito da decisão entre consumir e poupar, a teoria do consumidor nos indica que:

a) diante de aumento de renda visto como permanente, o consumidor reage com um aumento no consumo superior ao aumento da renda;
b) o fato de o consumidor perceber mudanças correntes na renda necessariamente afeta suas decisões de consumo;
c) consumo e poupança oscilam em direções opostas à taxa de juros;
d) a dependência do consumo em relação às expectativas implica que este pode se alterar mesmo que a renda corrente não varie;
e) devido às expectativas, o consumo tende a reagir em proporção maior que um às variações da renda corrente.

12. (Cespe-UnB/Analista de Comércio Exterior/MDIC/2008) – Julgue o item a seguir, como verdadeiro ou falso:

A ideia de que a propensão média ao consumo deveria se reduzir à medida que a renda das nações aumenta não se sustenta quando se levam em conta as expectativas dos agentes econômicos.

13. (Cespe-UnB/Economista/Conselho Administrativo de Direito Econômico – CADE/Ministério da Justiça/2010) – Julgue o item a seguir como verdadeiro ou falso:

Em uma economia com mais de dois agentes, o consumo das famílias e uma função crescente para diferentes níveis de renda total. Assim, quanto maior a renda total, maior o consumo.

14. (Cespe-UnB/Analista Administrativo – Ciências Econômicas/ANS/MS/2005) – Julgue o item a seguir, como verdadeiro ou falso:

De acordo com a teoria do consumo, que se baseia na renda permanente, a propensão marginal a consumir a renda corrente é inferior à propensão média a consumir a longo prazo.

15. (Cespe-UnB/Economista/FSCMP/PA/2004) - Julgue o item a seguir, como verdadeiro ou falso:

A visão de que as pessoas poupam no presente para consumir em períodos futuros corresponde à teoria keynesiana do consumo.

GABARITO DO CAPÍTULO 11

01 – B	11 – D
02 – D	12 – V
03 – C	13 – F
04 – A	14 – V
05 – E	15 – F
06 – B	
07 – C	
08 – B	
09 – C	
10 – E	

Capítulo 12

Investimento

1. Exercícios Resolvidos de Concursos Públicos

1.1. Exercícios Resolvidos do Tipo "Múltipla Escolha"

01. (ESAF/Técnico de Planejamento e Pesquisa do IPEA/2004) - Uma importante teoria de investimento em economia é conhecida como "teoria q", desenvolvida por James Tobin no final dos anos 60. Segundo esta teoria, as decisões de investimento por parte das empresas baseiam-se na relação entre o valor de mercado do capital instalado e o seu custo de reposição. Com base nessa teoria, e supondo a razão q = valor de mercado do capital instalado/custo de reposição do capital instalado, é correto afirmar que:

a) a razão q é sempre maior do que 1.

b) para que ocorra o investimento, o custo de reposição do capital instalado deve ser maior do que o valor de mercado deste capital.

c) se cair o valor de mercado do capital instalado avaliado pelo mercado de ações, então a empresa terá forte incentivo em investir.

d) se o valor de mercado do capital instalado for maior do que o custo de reposição deste mesmo capital, então a empresa terá incentivos para investir.

e) se a razão q for maior do que 2, então a empresa não terá incentivos em investir.

Solução:

A resposta é a letra "d". Se o valor de mercado do mercado do capital instalado for maior do que o custo de reposição deste mesmo capital, teremos $q > 1$. Isso significa que o mercado acionário está valorizando a empresa mais do que ela vale em termos de reposição do capital instalado. Assim, a empresa terá incentivos para investir.

A letra "a" está falsa porque q pode assumir valores maiores, menores ou igual a um. A letra "b" está falsa porque para que ocorra o investimento, o custo de reposição do capital instalado deve ser menor que o valor de mercado deste mercado. A letra "c" está falsa porque se cair o valor de mercado do capital instalado avaliado pelo mercado de ações, a empresa não terá incentivos para investir. Finalmente, a letra "e" está falsa porque se a razão q for maior do que 2, então a empresa terá incentivos em investir, e não o contrário.

---

02. **(ESAF/Auditor-Fiscal da Receita Federal/2002) - Com relação aos determinantes do investimento é correto afirmar que:**

   a) as decisões de investir dependem do parâmetro "q de Tobin". Se q <1, haverá incentivo por parte das empresas em aumentar o estoque de capital.

   b) o incentivo a investir depende da comparação entre a taxa de depreciação e a taxa de retorno do investimento. Se a taxa de retorno do investimento excede a taxa de depreciação, então as empresas terão incentivos em aumentar o seu estoque de capital.

   c) o incentivo a investir depende apenas do custo do capital. Nesse sentido, as empresas terão incentivos em aumentar o seu estoque de capital enquanto o custo do capital for negativo.

   d) o incentivo a investir depende da comparação entre o valor de mercado do capital instalado e o custo de reposição do capital instalado. Nesse sentido, as empresas terão incentivos em aumentar o seu estoque de capital se o custo de reposição do capital instalado for maior do que o valor de mercado do capital instalado.

   e) o incentivo a investir depende da comparação entre o custo do capital e o produto marginal do capital. Se o produto marginal do capital excede o custo do capital, então as empresas terão incentivos em aumentar o seu estoque de capital.

Solução:

A resposta é a letra "e". Se o produto marginal do capital é superior ao custo marginal, o estoque de capital aumenta e o produto marginal cai. Isso ocorre porque as empresas terão incentivos em aumentar o seu estoque de capital:

$$\left(PMgK = \frac{R}{P} \right) > \left(\frac{P_K}{P} \right)(r+\delta) \Rightarrow \uparrow K \Rightarrow \uparrow I \Rightarrow \downarrow PMgK$$

O item "a" está falso porque se $q < 1$, o estoque de capital é menor do que seu custo de reposição, de modo que não há incentivos para investir e o investimento deverá ser baixo.

Os itens "b" e "c" estão falsos porque o incentivo a investir depende da comparação entre o produto marginal do capital, que no equilíbrio equivale ao preço de arrendamento, e o custo do capital. As empresas irão investir somente se o preço do arrendamento for maior do que o custo do capital, conforme explicado no item "e".

O item "d" relaciona as decisões de investir ao parâmetro "q de Tobin". Esse item está falso porque se o custo de reposição do capital instalado for maior do que o valor de mercado do capital instalado, o "q de Tobin" irá se reduzir e, consequentemente, haverá uma redução dos investimentos:

$$\downarrow q = \left[\frac{\left(valor\ de\ mercado\ do\ capital\ instalado \right)}{\uparrow \left(custo\ de\ reposição\ do\ capital\ instalado \right)} \right]$$

1.2. Exercícios Resolvidos do Tipo "Verdadeiro ou Falso"

01. (CESPE-UnB/Analista de Comércio Exterior/2001) – Julgue o item como sendo verdadeiro ou falso.
A teoria q do investimento de Tobin afirma que o investimento depende dos lucros correntes e esperados derivados do capital instalado.

Solução:

Falso. A conclusão básica da teoria "q", de Tobin, é que as empresas, em suas decisões de investimento, levam em conta a relação entre o valor de mercado do capital instalado (dado pelo mercado de ações) e o custo de reposição do capital:

$$q = \frac{valor \quad de \quad mercado \quad do \quad capital \quad instalado}{custo \quad de \quad reposição \quad do \quad capital \quad instalado}$$

02. (CESPE-UnB/Economista Júnior da Petrobrás/2004) – Julgue o item como sendo verdadeiro ou falso:
O princípio de aceleração afirma que um aumento na oferta monetária acelera o ritmo de crescimento do investimento.

Solução:

Falso. O Princípio do Acelerador postula que o investimento é influenciado pela taxa de crescimento do produto. O modelo do acelerador determina que o investimento é uma proporção linear das mudanças no produto, ou seja, dado um aumento na relação capital/produto, o investimento necessário estaria associado a um dado nível de crescimento do produto, de forma que a relação seja mantida constante. Assim, o investimento líquido seria proporcional à variação no nível do produto.

2. Exercícios Propostos

01. (PROGRAD/Economista/Universidade Federal de Uberlândia/2013) – O investimento é importante fator de flutuação econômica. Com relação à função de investimento em macroeconomia, é correto afirmar que:
a) Um aumento da taxa de juros desloca a função de investimento para a esquerda.
b) Um imposto sobre o lucro do investimento, definido como o preço de arrendamento do capital menos o seu custo, é um desincentivo ao investimento.
c) Se o produto marginal do capital exceder o custo do capital, as empresas deixam o estoque de capital se reduzir.
d) Um aumento do produto marginal do capital desloca para a direita a função de investimento.

02. (Instituto CETRG/TCMSP/Agente de Fiscalização– Economia/2006) – A partir das teorias que procuram explicar o comportamento da demanda com a presença do Investimento nas contas nacionais, assinale a alternativa correta.
a) O conceito de investimento refere-se ao gasto destinado ao aumento do estoque de capital.
b) A teoria neoclássica do investimento em capital fixo considera que o nível de investimento irá depender da taxa de mudança no produto da economia.

c) A teoria do investimento habitacional considera que a taxa de investimento é dada pelas vendas efetivas de parte do estoque de imóveis existente em determinado período, ao preço de mercado.

d) O investimento em estoques aumenta quando ocorre uma queda não antecipada das vendas.

e) O modelo do acelerador considera que o nível de investimento irá depender do grau de mudança na taxa de juros.

---

03. **(COPESE/Economista/Universidade Federal de Juiz de Fora/2012) - Com relação aos gastos com investimentos, pode-se afirmar:**

I. **A teoria q de Tobin enfatiza que o investimento em capital físico aumenta quando o mercado acionário está em alta.**

II. **Na abordagem keynesiana para o investimento, quanto menor for a taxa de juros real maior será o investimento.**

III. **Na abordagem neoclássica para o investimento, quando a taxa de lucratividade do investimento proposto for maior que a taxa de juros do mercado, haverá um incentivo a se realizar o investimento.**

Julgue qual opção as classifica como verdadeira (V) ou falsa (F), respectivamente.

a) V, F, F

b) V, V, F

c) F, V, V

d) F, F, V

e) F, V, F

---

04. **(Economista/Universidade Federal do Estado do Rio de Janeiro – UNIRIO/2011) –**

O investimento é condicionado por um conjunto de variáveis, sendo que podemos destacar como a mais importante

a) a taxa de desemprego.

b) a taxa de crescimento.

c) a taxa de juros.

d) o grau de dependência externa.

e) o grau de endividamento.

---

05. **(Cespe-UnB/Economista/FSCMP/PA/2004) - Julgue os itens a seguir, como verdadeiro ou falso:**

(0) Níveis elevados de inflação estimulam a poupança porque aumentam a taxa líquida de retorno das aplicações financeiras.

(1) Oscilações nos níveis de investimento constituem a principal causa de instabilidade macroeconômica.

---

06. **(Cespe-UnB/Técnico Científico – Economia/BASA/2007) - Considerando a teoria macroeconômica, que analisa o comportamento dos grandes agregados econômicos, julgue o próximo item.**

Se o otimismo dos investidores estrangeiros, em face da recente redução do risco-país brasileiro, ampliar as oportunidades de negócios no Brasil, isso representa um deslocamento ao longo da curva de demanda de investimento, no país, e conduz a um aumento das inversões acompanhado de uma redução das taxas de juros.

GABARITO DO CAPÍTULO 12

01 – C
02 – D
03 – A
04 – C
05 – (0) F, 1(V)
06 – F

Capítulo 13

Demanda por Moeda

1. Exercícios Resolvidos de Concursos Públicos

1.1. Exercícios Resolvidos do Tipo "Múltipla Escolha"

01. **(NCE/Economista/Ministério das Cidades/2005) - Dos itens a seguir, o que NÃO aumentará a demanda nominal de moeda é:**

a) um aumento no nível de preço;

b) um aumento na taxa de juros;

c) um aumento nos gastos dos consumidores;

d) um aumento no custo de transação de um título por moeda;

e) um aumento da renda.

Solução:

A resposta é a letra "b". Quanto maior a renda ou quanto menor a taxa de juros, maior será a demanda por moeda (e vice-versa):

$$\uparrow \left(\frac{M}{P} \right)^{d} = f\left(\uparrow Y, \downarrow i \right)$$

$$e$$

$$\downarrow \left(\frac{M}{P} \right)^{d} = f\left(\downarrow Y, \uparrow i \right)$$

02. **(ESAF/Técnico de Pesquisa e Planejamento do IPEA/2004) – O denominado modelo Baumol-Tobin constitui uma importante teoria de demanda por moeda. O modelo parte da premissa de que existem custos e benefícios em se guardar moeda. Os custos podem ser representados pela seguinte relação:**

$C = i \times Y/(2 \times N) + B \times N$

onde C = custo total de se reter moeda; i = taxa de juros; Y = valor que o indivíduo planeja gastar ao longo do ano; N = número de idas ao banco; e B = custo de ida ao banco. Com base neste modelo, a retenção média de moeda que minimiza C será igual a:

a) $((Y \times B)/(2 \times i))^{0,5}$

b) $((Y)/(2 \times i))^{0,5}$

c) $((B)/(2 \times i))^{0,5}$

d) $((2 \times i)/(B))^{0,5}$

e) $(Y \times B))^{0,5}$

Solução:

A resposta é a letra "a". À semelhança do desenvolvimento da equação (3), visto anteriormente, a retenção média de moeda que minimiza C será igual a:

$$\frac{M}{P} = \sqrt{\frac{Y}{2} \times \frac{B}{i}} \Leftrightarrow \frac{M}{P} = \left(\frac{Y \times B}{2 \times i} \right)^{0,5}$$

1.2. Exercícios Resolvidos do Tipo "Verdadeiro ou Falso"

01. (Cespe-UnB/Analista Pericial – Economia/MPE-TO/2006) - Julgue o item a seguir como verdadeiro (V) ou falso (F).

Diante de uma expansão da demanda de moeda, caso o Banco Central decida manter a taxa de juros em seu nível inicial, ele precisará vender títulos da dívida pública.

Solução:

Falso. A expansão da demanda de moeda pressiona uma alta dos juros, caso a oferta seja constante. Se o Banco Central decida manter a taxa de juros em seu nível inicial, a autoridade monetária terá que aumentar a oferta de moeda (política monetária expansionista), que será feito via operações de mercado aberto (*open market*) pela compra de títulos da dívida pública, mas não pela venda desses títulos.

02. (CESPE-UnB/Terceiro Secretário da Carreira de Diplomata/2004) – Julgue o item a seguir, como verdadeiro ou falso:

Taxas de juros mais elevadas aumentam o custo de oportunidade de detenção da moeda e, portanto, contribuem para se expandir a demanda de moeda.

Solução:

Falso. O modelo de Baumol-Tobin de demanda por moeda fundamenta microeconomicamente a retenção de moeda. Assim, quanto mais elevada for a taxa de juros, menor será a demanda de moeda para transações: $\downarrow \left(\frac{M}{P} \right)^d = \sqrt{\frac{\downarrow Y \times f \downarrow}{2 \times i \uparrow}}$.

03. (CESPE-UnB/Agente de Polícia Federal/2004) – Julgue o item a seguir, como verdadeiro ou falso:

A disseminação de cartões de crédito, ao permitir que as pessoas façam seus pagamentos de uma só vez, contribui para reduzir a demanda de moeda por motivos transacionais.

Solução:

Verdadeiro. A disseminação de cartões de crédito, ao permitir que as pessoas concentrem seus pagamentos em um determinado momento – o dia do vencimento dos cartões – contribui para reduzir a demanda de moeda por motivos transacionais.

04. (CESPE-UnB/Analista de Comércio Exterior/2001) – Julgue os itens a seguir, como verdadeiro ou falso:

(0) De acordo com o modelo de Baumol-Tobin, a detenção média de moeda – tanto das firmas como das famílias – aumenta quando a taxa de inflação se eleva.

Solução:

Falso. O modelo de Baumol-Tobin de demanda por moeda fundamenta microeconomicamente a retenção de moeda. Assim, quanto mais elevada for a taxa de juros, menor será a demanda de moeda para transações:

$$\uparrow \left(\frac{M}{P} \right)^d = \sqrt{\frac{\uparrow Y \uparrow f}{2i \downarrow}}$$

$$e$$

$$\downarrow \left(\frac{M}{P} \right)^d = \sqrt{\frac{\downarrow Y \downarrow f}{2i \uparrow}}$$

Todavia, ao se considerar o Efeito Fisher, a demanda por moeda pode ser expressa como uma função da expectativa da inflação e da taxa real de juros, de modo que um aumento da taxa real de juros e da expectativa inflacionária elevam a demanda por moeda, e vice-versa:

$$\uparrow \left(\frac{M}{P} \right)^d = f\left(Y, \uparrow i = \uparrow r + \uparrow \pi^e \right)$$

$$e$$

$$\downarrow \left(\frac{M}{P} \right)^d = f\left(Y, \downarrow i = \downarrow r + \downarrow \pi^e \right)$$

onde i é a taxa nominal de juros, r é a taxa real de juros e π^e é a taxa de inflação esperada, percebe-se que a taxa nominal de juros se eleva ou por aumentos na taxa real de juros, ou por aumentos na expectativa de inflação.

(1) A atual disseminação de cartões de crédito na economia brasileira contribui para aumentar a demanda de moeda.

Solução:

Falso. A disseminação de cartões de crédito, ao permitir que as pessoas façam seus pagamentos de uma só vez, contribui para reduzir a demanda de moeda por motivos transacionais.

2. Exercícios Propostos

01. **(PROGRAD/Fiscal de Receitas Estaduais/Governo do Estado do Pará/2013) - Por desempenhar funções econômicas essenciais, a moeda é procurada pelos agentes que transacionam em sistemas economicamente organizados. Do outro lado do mercado, as autoridades monetárias dispõem de instrumentos para influenciar a oferta de moeda da economia. Nesse estudo da demanda e da oferta de moeda, é correto afirmar que:**

a) na versão de Tobin, a demanda de moeda agregada para fins de transação é semelhante à da versão keynesiana. Um aumento da taxa de juros implica a redução dos saldos sob a forma de moeda.

b) mantida a taxa de juros, a demanda de moeda para fins transacionais cai à medida que o nível de renda se desloca positivamente, no modelo de Baumol.

c) quando o Banco Central aumenta a taxa de reservas compulsórias exigidas espera-se uma redução dos meios de pagamento. Efeito inverso terá a uma operação de compra dos títulos da dívida pública no mercado aberto.

d) o Banco Central aumenta as reservas bancárias quando realiza operações de compra de títulos no mercado aberto.

e) a demanda de moeda na versão keynesiana é expressa por dois componentes distintos: um inteiramente inelástico, pois deriva do nível da renda monetária, e outro agregativamente expresso como uma função contínua, influenciável pela taxa de juros.

02. **(Instituto CETRG/TCMSP/Agente de Fiscalização– Economia/2006) – Com relação ao papel da moeda nas teorias macroeconômicas, é correto afirmar que**

a) no modelo clássico a moeda desempenha as funções de meio de troca, unidade de conta e reserva de valor.

b) no modelo keynesiano os indivíduos sofrem de ilusão monetária ao demandarem moeda.

c) no modelo keynesiano quanto maior a taxa de juros menor a demanda de moeda.

d) no modelo clássico os indivíduos demandam moeda pelos motivos transação e especulação.

e) no modelo clássico a oferta monetária determina a taxa de juros.

03. **(Fundação Carlos Chagas/Analista Judiciário – Economia/TRT 4ª. Região/2006) – A demanda de moeda é função decrescente da**

a) propensão marginal a poupar

b) renda nacional

c) propensão marginal a consumir

d) quantidade de encaixe compulsório dos bancos comerciais

e) velocidade-renda da moeda

04. **(VUNESP/Economista/Ministério Público do Estado do Espírito Santo/2013) - Em relação a oferta e demanda de moeda, analise as afirmações a seguir, classificando-as como verdadeiras (V) ou falsas (F).**

( ) A oferta de moeda, em seu conceito convencional, corresponde à soma do papel-moeda em poder do público com os depósitos á vista nos bancos comerciais.

( ) A demanda especulativa de moeda é uma função crescente da taxa de juros da economia.

( ) Base monetária e oferta monetária de uma economia são termos sinônimos.

( ) A demanda de moeda é uma função de sua velocidade-renda.

A sequência correta obtida, de cima para baixo, é:

a) V, F, F, F.

b) V, F, F, V.

c) V, V, V, F.

d) V, V, F, F.

e) F, F, V, V.

---

05. **(Fundação Carlos Chagas/Economista/Agência Reguladora de Serviços Públicos Delegados do Estado do Ceará – ARCE/2012) - Na teoria econômica contemporânea, a demanda de moeda**

a) é uma função determinada pelo prazo médio de pagamento de salários.

b) decresce quando a taxa de juros da economia aumenta.

c) é função crescente da magnitude da taxa de reservas compulsórias estabelecida pelo Banco Central aos bancos comerciais.

d) é uma função decrescente do nível de renda nominal da economia.

e) diminui se houver superávit no balanço de pagamentos da economia.

---

06. **(COPESE/Economista/Universidade Federal de Juiz de Fora/2012) - Considere as seguintes afirmações:**

I. **Na abordagem Clássica para a demanda por moeda, a demanda por moeda era uma função inversa da taxa de juros de mercado.**

II. **Na abordagem keynesiana para demanda de moeda, o motivo transação está relacionado às incertezas do nível de atividade econômica.**

III. **Na abordagem keynesiana para demanda de moeda, o motivo especulação está relacionado à incerteza quanto ao comportamento futuro do mercado de ações.**

Julgue qual opção as classifica como verdadeira (V) ou falsa (F), respectivamente.

a) V, F, F

b) V, V, F

c) F, V, V

d) F, F, V

e) F, F, F

---

07. **(Economista/VALEC Engenharia, Construções e Ferrovias S.A./2012) – Sobre a demanda por moeda e sua relação com o resto da economia, é correto afirmar que:**

a) para Friedman, a demanda por moeda independe da renda nominal e, por isso, a oferta de moeda não afeta o nível geral de preços;

b) o motivo transação da demanda por moeda surge da incerteza das pessoas quanto aos pagamentos que podem ter que fazer;

c) Keynes dividiu o fator que determina o motivo transacional da moeda em motivo renda e motivo giro dos negócios.

d) segundo Keynes, as expectativas sobre o comportamento futuro das taxas de juros não se relacionam com a demanda de moeda por especulação;

e) segundo Keynes, o motivo transação e precaução varia de acordo com a taxa de juros, enquanto o motivo especulativo varia de acordo com a renda monetária.

08. (FEPESE/Economista/Companhia Integrada de Desenvolvimento Agrícola de Santa Catarina – CIDASC/2011) - Sobre a demanda de moeda, é correto afirmar:

a) Em seu conceito M1 tem relação negativa com a taxa nominal de juros.

b) A velocidade de circulação da moeda é igual para os diferentes agregados monetários.

c) As inovações financeiras das últimas décadas não a influenciaram.

d) A taxa real de juros é o custo de oportunidade relevante.

e) É independente dos aspectos institucionais relacionados aos hábitos de pagamento.

09. (Planejamento e Execução IESES/Analista Judiciário – Economista/Tribunal de Justiça do Estado do Maranhão/2009) – Sobre a Demanda por moeda é correto afirmar que:

a) A demanda por moeda é inversamente proporcional ao nível de renda real, ou seja, maior a renda menor a demanda por moeda.

b) A demanda por moeda está relacionada positivamente com a taxa de câmbio, ou seja, quanto maior a taxa de câmbio, maior a demanda por moeda.

c) A demanda por moeda está relacionada positivamente com a taxa de juros, ou seja, quanto maior a taxa de juros, maior a demanda por moeda.

d) A demanda por moeda é diretamente proporcional ao nível de renda real, ou seja, maior a renda, maior a demanda por moeda.

10. (Fundação Cesgranrio/Especialista em Regulação de Petróleo e Derivados, Álcool Combustível e Gás Natural – Especialidade: Economia/Agência Nacional de Petróleo/2009) – A demanda por moeda num determinado país NÃO é afetada

a) pela taxa de juros.

b) pela taxa esperada de inflação.

c) pelo nível de renda.

d) pelo *déficit* orçamentário do setor público.

e) pelos hábitos de frequência de pagamentos da população.

GABARITO DO CAPÍTULO 13

01 – E
02 – C
03 – E
04 – B
05 – B
06 – A
07 – C
08 – A
09 – D
10 – D

Capítulo 14

Política Econômica

1. Exercícios Resolvidos de Concursos Públicos

1.1. Exercícios Resolvidos do Tipo "Múltipla Escolha"

01. (Economista/Universidade Federal do Maranhão/2012) - Sobre política monetária é correto afirmar:

a) A política monetária, ao determinar a quantidade de dinheiro em circulação, determina também a formação da taxa de juros, ou seja, a taxa de juros pode ser interpretada como sendo o preço do dinheiro. No entanto, se as taxas de juros permanecem elevadas por um período longo, podem prejudicar o crescimento econômico.

b) A lógica da política monetária consiste em controlar a oferta de moeda (liquidez), mas não consegue determinar a taxa de juros de referência do mercado.

c) Os governos que necessitam diminuir a taxa de inflação aumentam a oferta monetária e reduzem a taxa de juros. Esse mecanismo controla o nível de preços.

d) O Banco Central, no Brasil, precisa da autorização do Congresso Nacional para elevar a taxa de juros.

e) A política monetária não tem relação com o regime cambial adotado pelo país.

Solução:

Letra "a". A política monetária se refere às diretrizes que determinam o grau e a taxa de crescimento da oferta monetária do país, que estão sob o controle da autoridade monetária (banco central). Em outras palavras, refere-se à escolha do banco central no que diz respeito ao nível de oferta monetária na economia. Trata-se da utilização das reservas monetárias (dinheiro) pelo banco central para afetar as taxas de juros e, por conseguinte, o nível de atividade econômica e a inflação, por exemplo. Em resumo, trata-se de ações tomadas pela autoridade monetária para afetar as condições monetárias e financeiras em uma economia.

02. (Fundação Cesgranrio/Analista do Banco Central do Brasil/2010) – Em uma economia aberta, com taxa de câmbio flexível, o Banco Central muda sua política monetária comprando títulos públicos do setor privado. Como resultado dessa política, pode-se antecipar que, no curto prazo,

I. **tanto os investimentos quanto o consumo correntes serão estimulados, porquanto os gastos presentes se tornaram mais baratos que os gastos futuros;**

II. **pode ocorrer uma saída de capital para o exterior, causando uma desvalorização da moeda local, a qual deverá estimular a demanda agregada pelo aumento das exportações líquidas;**

III. **os preços dos ativos serão pressionados para cima (ações, habitações, etc.), o que estimulará a demanda agregada.**

Como resultado dessa nova política monetária, não antecipada pelos agentes econômicos, pode-se afirmar que é(são) correta(s) as proposição(ões)

a) II, apenas.

b) I e II, apenas.

c) I e III, apenas.

d) II e III, apenas.

e) I, II e III.

Solução:

Letra "e", pois todos os itens estão corretos.

03. (ESAF/Analista de Planejamento e Orçamento/2008) - Com relação à política monetária, identifique a única opção incorreta.

a) A política monetária apresenta maior eficácia do que a política fiscal quando o objetivo é uma melhoria na distribuição de renda.

b) Se o objetivo é o controle da inflação, a medida apropriada de política monetária seria diminuir o estoque monetário da economia, como, por exemplo, o aumento da taxa de reservas compulsórias (percentual sobre os depósitos que os bancos comerciais devem colocar à disposição do Banco Central).

c) A política econômica deve ser executada por meio de uma combinação adequada de instrumentos fiscais e monetários.

d) Uma vantagem, frequentemente apontada, da política monetária sobre a fiscal é que a primeira pode ser implementada logo após a sua aprovação, dado que depende apenas de decisões diretas das autoridades monetárias, enquanto que a implementação de políticas fiscais depende de votação do Congresso.

e) A política monetária refere-se à atuação do governo sobre a quantidade de moeda e títulos públicos.

Solução:

O item "a" está falso porque o governo, através da política fiscal, desempenha três funções básicas. São elas alocativa (provisão de bens e serviços), distributiva (distribuição de renda) e estabilizadora (estabilização econômica).

O item "b" está correto porque uma política monetária restritiva (por exemplo, o aumento da taxa de reservas compulsórias), desloca a curva LM para a esquerda e para cima, aumentando a taxa de juros e reduzindo o nível de renda. Consequentemente, no modelo de oferta agregada e de demanda agregada, a curva de demanda agregada se deslocará para esquerda e para baixo, reduzindo o nível de preços e o nível de renda.

O item "c" está correto porque a política econômica deve ser executada por meio de uma combinação adequada entre as políticas fiscal e monetária.

O item "d" está correto. O debate sobre a política econômica gira em torno das defasagens interna e externa. A defasagem do primeiro tipo é aquela que acontece entre o momento do choque e o momento em que a autoridade implementa a política; a defasagem externa marca a diferença de tempo entre a implementação da política e o efeito desta sobre a economia. A política fiscal, em particular, é caracterizada por longa defasagem interna, principalmente nos países onde as decisões para implementá-la dependem de negociações entre partidos no Congresso (Mankiw, 2003). Por incorporar tal característica, alguns analistas entendem que essa política pode contribuir para ampliar, ao invés de suavizar, os ciclos econômicos, principalmente onde os esforços para alcançar a estabilidade financeira do setor público levam à implementação do que se tem denominado política fiscal discricionária.

Por exemplo, no Brasil, as decisões sobre gastos e tributação devem ter a participação do Poder Legislativo Federal (Congresso Nacional) e o Poder Executivo Federal (Ministério da Fazenda), sendo que, no tocante à tributação, deve-se respeitar o princípio da anterioridade tributária, conforme dispõe o art. 150, III, "b" e "c".

Entretanto, a possibilidade de ocorrer defasagens de tempo entre a adoção de uma medida política e os efeitos dessa intervenção pode reduzir a eficácia da política fiscal sobre a atividade econômica. Se isso acontece, uma política fiscal restritiva poderia começar a ter efeitos no momento errado, isto é, seus efeitos surgiriam num período de recessão, quando a economia precisava realmente de efeitos de política expansionista.

Por outro lado, uma vantagem, frequentemente apontada, da política monetária sobre a fiscal é que a primeira pode ser implementada logo após a sua aprovação, dado que depende apenas de decisões diretas das autoridades monetárias (no caso do Brasil, o Comitê de Política Monetária – COPOM).

O item "e" está correto porque a política monetária refere-se à atuação do governo sobre a oferta monetária e os títulos públicos, basicamente.

1.2. Exercícios Resolvidos do Tipo "Verdadeiro ou Falso"

01. (Cespe-UnB/Analista Econômico/IEMA/2007) – Julgue esse item como verdadeiro ou falso:

Estabilizadores automáticos, como o seguro-desemprego e o imposto de renda progressivo, embora não eliminem as flutuações econômicas, concorrem para atenuá-las, reduzindo, assim, a necessidade de se recorrer a políticas fiscais discricionárias.

Solução:

Verdadeiro. A política fiscal é um instrumento estabilizador da atividade econômica. A fim de desempenhar esta tarefa de estabilização, o governo deve buscar uma política fiscal expansionista durante os períodos recessivos, o contrário ocorrendo durante os períodos expansivos. Em outros termos, a política fiscal deve seguir um padrão anticíclico. Para reduzir a magnitude dos ciclos estimulando a atividade econômica nos períodos de recessão ou desestimulando nos períodos de expansão, o governo pode fazer uso dos estabilizadores fiscais automáticos (tributação progressiva ou seguro-desemprego) ou usar a política fiscal discricionariamente. Por exemplo, os gastos governamentais não teriam somente um componente endógeno associado ao seu caráter de estabilizador automático, mas teriam um componente exógeno ou autônomo associado a decisões discricionárias do gestor fiscal.

O seguro-desemprego e o imposto de renda progressivo constituem exemplos de estabilizadores automáticos da economia porque elevam o déficit público durante as recessões e o reduzem durante os períodos de expansão econômica. Esses dois instrumentos mantêm o multiplicador pequeno, portanto estabilizam a economia enquanto protegem a mesma de reagir bruscamente a cada pequeno movimento na demanda autônoma.

---

02. (CESPE-UnB/Analista Legislativo/Câmara dos Deputados/2002) – Julgue os itens subsequentes.

(1) A possibilidade da **existência de inconsistência temporal** fortalece os argumentos dos adeptos das **políticas fiscais discricionárias** em relação àqueles preconizados pelos defensores de regras fixas na condução da política econômica.

Solução:

Falso. Pelo contrário, um argumento em favor do uso de regras, ao invés de políticas discricionárias, surge do problema da inconsistência temporal da política econômica. Em algumas situações, os formuladores de política econômica podem querer anunciar com antecedência a política que seguirão, a fim de influenciar as expectativas dos agentes econômicos da iniciativa privada. Mais tarde, depois que os agentes privados agiram com base em suas expectativas, os formuladores de política econômica podem se sentir tentados a voltar atrás em seu anúncio. Por compreenderem que tais formuladores podem ser inconsistentes ao longo do tempo, os agentes privados são levados a desconfiar dos anúncios de política econômica.

(2) Uma maneira de diminuir os pagamentos de juros ao exterior, no futuro, seria combinar uma política fiscal contracionista com uma política monetária expansionista.

Solução:

Verdadeiro. Por um lado, uma política fiscal contracionista (ou restritiva) desloca a curva IS para a esquerda e para baixo, reduzindo a taxa de juros e o nível de renda da economia. Por outro lado, uma política monetária expansionista desloca a curva LM para a direita e para baixo, reduzindo ainda mais a taxa de juros e contribuindo para o aumento do nível de renda.

(3) De acordo com os adeptos da **escola das expectativas racionais**, no longo prazo, os efeitos de variações não-antecipadas na política monetária provocam aumentos no nível de preço, mas não alteram o nível de produção.

Solução:

Esse item é falso. Para reduzir a taxa natural de desemprego, pela hipótese das expectativas racionais, as medidas de política econômica são inócuas no curto e longo prazo porque qualquer política de redução de desemprego anunciada (antecipada) pelo governo se transformará em inflação. **Portanto, sob a hipótese das expectativas racionais, apenas as políticas monetárias não antecipadas (não anunciadas, não previstas), são eficientes para alterar o nível de atividade econômica.** Contudo, **caso o governo tenha credibilidade e os agentes confiem nas medidas anunciadas e as consideram adequadas aos fins propostos, estes agentes irão rever suas expectativas, e a inflação poderá reduzir-se sem qualquer perda do produto.**

---

03. **(CESPE-UnB/Consultor do Senado Federal – Política Econômica/2002) – As políticas fiscais e monetárias constituem importante instrumento da ação do governo para a estabilização econômica. Com relação a esse assunto, julgue os itens abaixo.**

(1) Com base no pressuposto de **existência de um processo adaptativo de formação de expectativas**, um aumento na demanda agregada decorrente de uma política fiscal expansionista não acarretará impacto de longo prazo no Produto Interno Bruto (PIB).

Solução:

Verdadeiro. No longo prazo, prevalece a teoria clássica, em que a Curva de Oferta Agregada é Vertical. Logo, deslocamentos na Curva de Demanda Agregada para a direita e para cima, decorrentes de uma política fiscal expansionista, só irão afetar o nível geral de preços, mas não o PIB, que se encontrará em seu nível potencial.

(2) Com base no pressuposto de **existência de um processo adaptativo de formação de expectativas**, um choque de oferta que gere elevação de preços, caso não seja acomodado pôr uma expansão da demanda, resultará em recessão.

Solução:

Verdadeiro. Um choque de oferta deslocará a Curva de Oferta Agregada para a esquerda e para cima, aumentando o nível geral de preços (inflação de oferta) e reduzindo o nível de atividade econômica (recessão).

(3) Se prevalece um **processo racional de formação de expectativas**, a política monetária não afeta o nível de atividade da economia.

Solução:

Falso. Para reduzir a taxa natural de desemprego, pela hipótese das expectativas racionais, as medidas de política econômica são inócuas no curto e longo prazo porque qualquer política de redução de desemprego anunciada (antecipada) pelo governo se transformará em inflação. **Portanto, sob a hipótese das expectativas racionais, apenas as políticas monetárias não antecipadas (não anunciadas, não previstas), são eficientes para alterar o nível de atividade econômica.** Contudo, **caso o governo tenha credibilidade e os agentes confiem nas medidas anunciadas e as consideram adequadas aos fins propostos, estes agentes irão rever suas expectativas, e a inflação poderá reduzir-se sem qualquer perda do produto.**

(4) Se há um **processo racional de formação de expectativas**, um choque de oferta não acarretará em impacto significativo no nível de atividade da economia.

Solução:

Falso. Expectativas inflacionárias provocam inflação de oferta. A Curva de Oferta Agregada se desloca para esquerda e para cima, aumentando o nível geral de preços e reduzindo o produto, acarretando em impacto negativo significativo no nível de atividade econômica da economia.

(5) Para os defensores da **abordagem das expectativas racionais**, a taxa de sacrifício exigida para reduzir a inflação é mais elevada que as estimativas tradicionais, que levam em conta o fato de a inflação esperada depender da inflação passada.

Solução:

Esse item é falso. Para os defensores da abordagem das expectativas racionais, a taxa de sacrifício — exigida para reduzir a inflação — é menos elevada do que aquela implicada pelas estimativas tradicionais, que levam em conta o fato de a inflação esperada depender da inflação passada.

---

04. (CESPE-UnB/Consultor do Senado Federal – Política Econômica/2002) – Com respeito a gestão da política de estabilização, julgue os itens abaixo.

(1) Há argumentos contrários ao **ativismo** na gestão da política macroeconômica, dos quais destaca-se a existência de defasagens entre as mudanças nos instrumentos e a reação final das variáveis que se pretende influenciar.

Solução:

Verdadeiro. Os defensores da **política econômica passiva** argumentam que as defasagens (interna e externa) longas e variáveis associadas às políticas monetária e fiscal tornam mais difícil a estabilização da economia, e podem ser desestabilizadoras. Por exemplo, suponha que a condição da economia mude entre o início de uma ação de política econômica e seu impacto na economia. Nesse caso, a política ativa pode estimular a economia quando se encontra superaquecida, ou restringindo a economia que está em processo de esfriamento.

Além disso, acham que o nosso atual conhecimento da economia é muito limitado para ser útil na formulação de uma política de estabilização bem-sucedida, e que a política econômica inepta é uma fonte freqüente de oscilações econômicas.

(2) Os que argumentam a favor do **ativismo** o fazem com base na percepção de que apesar da defasagem acima mencionada, é factível estimar com boa precisão o valor dos multiplicadores, permitindo que se tenha clareza sobre a dimensão do efeito dos instrumentos sobre as variáveis macroeconômicas.

Solução:

Verdadeiro. Os defensores da política econômica ativa admitem que essas defasagens exigem que as autoridades sejam cautelosas, mas argumentam também que as defasagens não significam necessariamente que a política deva ser passiva, ainda mais quando ocorre um declínio econômico severo e prolongado.

Por exemplo, os estabilizadores automáticos (tributação progressiva e seguro-desemprego) são considerados um tipo de política fiscal sem qualquer defasagem interna porque são projetados para reduzir as defasagens associadas à política de estabilização. Por exemplo, a tributação progressiva (imposto de renda) automaticamente reduz os impostos quando a economia entra em recessão porque as pessoas e as empresas pagam menos impostos quando seus rendimentos diminuem. Por outro lado, a procura pelos recursos do seguro-desemprego cresce quando a economia aproxima-se de uma recessão.

(3) Em função dessas críticas há aqueles que defendem a criação de um arcabouço com base em **regras** previamente definidas, como o **sistema de metas inflacionárias**, que garante que as políticas fiscal e monetária não serão utilizadas como instrumento de estabilização macroeconômica.

Solução:

Falso. Uma regra de política econômica defendida com frequência é a meta de inflação, em que o Banco Central anuncia uma meta para a taxa de inflação (em geral baixa), para depois ajustar a oferta de moeda quando a inflação efetiva se desviar da meta. A meta de inflação isola a economia das variações da velocidade da moeda. Logo, a política monetária pode ser utilizada como instrumento de estabilização macroeconômica.

---

05. (CESPE-UnB/Analista de Comércio Exterior/MDIC/2001) – Julgue os itens a seguir, como verdadeiro ou falso:

(0) O sistema de seguro-desemprego constitui um exemplo típico da **inconsistência intertemporal** das políticas fiscais.

Solução:

Falso. O seguro-desemprego é um exemplo de estabilizador automático. Estabilizadores automáticos são programas de proteção social, tais como o seguro-desemprego, assistência social, tributação progressiva etc., cujas transferências tendem a crescer com o aumento do desemprego, colaborando para manter o consumo elevado, e se retrairiam com a retomada do emprego. Assim, os estabilizadores automáticos contribuem para aumentar os gastos governamentais durante as recessões e reduzi-los durante os períodos de expansão econômica.

(1) Os adeptos da **teoria das expectativas racionais** tendem a recomendar que o governo utilize políticas fiscais discricionárias.

Solução:

Falso. Por exemplo, os adeptos da macroeconomia novo-clássica, que incorporam a hipóteses das expectativas racionais em seus fundamentos teóricos, são contrários ao uso de políticas econômicas discricionárias por acreditarem que essas políticas causam instabilidade econômica.

(2) De acordo com a **crítica de Lucas**, os métodos de avaliação das políticas econômicas não levam em conta, de maneira apropriada, o impacto das mudanças nas políticas sobre as expectativas dos agentes econômicos.

Solução:

Verdadeiro. Lucas afirma que os modelos tradicionais de avaliação de política não são confiáveis, pois, quando as políticas governamentais mudam muito, os coeficientes desses modelos não são seguros (são instáveis). Em essência, Lucas argumenta que esses modelos não tratam as expectativas adequadamente e, portanto, não é provável que sejam eficazes para prever os efeitos de alteração das regras políticas. Segundo a crítica de Lucas as expectativas são importantes para muitas relações entre variáveis agregadas, e mudanças na política muito provavelmente afetam essas expectativas. Como resultado, mudanças na política podem mudar as relações agregadas da economia.

(3) O fato de a taxa de participação da força de trabalho ser extremamente sensível às variações no produto nacional constitui um dos argumentos contrários à condução de **políticas ativas de estabilização**.

Solução:

Falso. Pelo contrário, os defensores da **política econômica ativa** consideram que a economia está sujeita a choques que levam o produto agregado e o nível de emprego a oscilações desnecessárias (por exemplo, recessões, alto desemprego etc.), a menos que haja uma resposta de política fiscal ou monetária. Portanto, a política econômica tem sido bem-sucedida na estabilização do produto e do nível de emprego da economia.

(4) No tocante ao combate à inflação, em razão da **existência de inconsistência temporais**, o uso de políticas monetárias discricionárias pode conduzir a resultados subótimos.

Solução:

Verdadeiro. Os monetaristas são a favor de regras em lugar da discricionariedade dos formuladores de políticas econômicas para determinar o estoque de moeda. Em outras palavras, os monetaristas acreditam que a adoção de uma regra seja a melhor forma de obter crescimento monetário estável. Os economistas monetaristas propõem que o Banco Central de um país mantenha constante a expansão da oferta monetária, pois acreditam que as variações na oferta monetária são responsáveis pela maior parte das grandes flutuações econômicas. Eles acreditam que o crescimento constante da oferta de moeda impede grande parte das oscilações do produto, do emprego e dos preços.

Por exemplo, o sistema de metas inflacionárias fornece uma âncora nominal, estabelece as expectativas de inflação e inibe a inconsistência temporal na gestão da política macroeconômica.

(5) Após uma mudança credível nas políticas fiscais ou monetárias, a **hipótese das expectativas racionais**, quando comparada com a hipótese das expectativas adaptativas, implica que a transição para um novo equilíbrio de longo prazo será mais demorada.

Solução:

Falso. Por exemplo, nas expectativas adaptativas, se a inflação esperada depende da inflação observada recentemente, então a inflação possui uma inércia, o que significa que o combate à inflação exige ou um choque de oferta favorável ou um período de alto desemprego e produção reduzida. Contudo, no caso das expectativas racionais, uma mudança na política econômica dotada de credibilidade pode influir diretamente nas expectativas e reduzir a inflação sem provocar recessão.

(6) De acordo com a **hipótese da taxa natural**, a curva de Phillips de longo prazo é negativamente inclinada porque as taxas de inflação mais elevadas coexistem com baixas taxas de desemprego.

Solução:

Falso. De acordo com a Hipótese da Taxa Natural de Desemprego, a Curva de Phillips de Longo Prazo é Vertical.

---

06. (Cespe-UnB/Auditor de Controle Externo/Tribunal de Contas do Distrito Federal/2012) – Julgue o item a seguir como verdadeiro ou falso.

Para lograr êxito na estabilização da economia no longo prazo, a política fiscal deve atuar sobre as receitas e despesas, de modo a impactar o produto interno bruto real e a inflação interna, mesmo se a demanda do setor público for compensada por uma variação contrária à demanda do setor privado.

Solução:

Falso. Note que tanto a política monetária quanto a política fiscal atuam na estabilização da economia nos curto e médio prazos. No modelo de oferta e de demanda agregada, isso equivale aos trechos horizontal e positivamente inclinado da curva de oferta agregada, respectivamente. Já no longo prazo, a curva de oferta agregada é vertical, de modo que o produto se encontram em seu nível de pleno emprego, logo, as políticas fiscal e monetária irão exercer efeitos apenas sobre o nível de preços.

2. Exercícios Propostos

---

01. (Cespe-UnB/Consultor Legislativo/Câmara dos Deputados/2014) - Com relação à política monetária, julgue os itens a seguir.

(0) Os mecanismos de transmissão da política monetária são os canais por meio de que as mudanças na taxa de juros básica afetam o comportamento de outras variáveis econômicas, principalmente preços e produto.

(1) O objetivo principal da política monetária deve ser a obtenção e a manutenção da estabilidade de preços. Sob a perspectiva puramente keynesiana, a política monetária pode e deve ser utilizada como instrumento de controle da taxa de inflação, a fim de gerar estabilidade no nível de preço, ao passo que, para os monetaristas, o Estado e agente indispensável para a obtenção de um sistema de pleno emprego.

(2) A política monetária refere-se aos mecanismos de controle creditício e liquidez do sistema econômico e procura alcançar os objetivos de estabilização, redistribuição e alocação de recursos, ou seja, busca regular o suprimento de meios de pagamentos e a disponibilização adequada dos demais estoques de ativos financeiros.

(3) Os instrumentos tradicionais de política monetária são a taxa de redesconto, o recolhimento compulsório e as operações de compra e venda de títulos públicos, as quais são destinadas a regular a liquidez geral da economia e condicionam diretamente o volume de moeda e a taxa de juros.

---

02. (Economista/Universidade Federal da Fronteira do Sul/2014) - Considere V (verdadeiro) e F (falso). Sobre os instrumentos de política macroeconômica, pode-se afirmar que:

( ) A Política Fiscal consiste em controlar a taxa de juros para influenciar o investimento e o consumo da economia.

( ) A Política Cambial é fundamental para manter os gastos do governo sob controle, pois o ideal é que esta política permita um equilíbrio orçamentário.

( ) A Política Monetária é realizada pelo Banco Central do Brasil e busca manter um determinado nível de taxa de juros que permita o cumprimento de uma meta de inflação definida pelo Conselho Monetário Nacional.

( ) A Política Fiscal é responsável pelos efeitos dos gastos do governo e da tributação na economia, podendo provocar efeito multiplicador sobre a renda agregada.

A sequência CORRETA, de cima para baixo, é:

a) V, V, V, F.

b) V, F, F, V.

c) F, F, V, V.

d) V, V, V, V.

e) F, F, F, F.

---

03. (Economista/Universidade Federal da Fronteira do Sul/2014) - Considere V (verdadeiro) e F (falso). Sobre uma economia com desemprego de recursos (situação de crise), os instrumentos de política econômica seriam:

( ) Diminuição dos gastos públicos.

( ) Elevação da carga tributária sobre bens de consumo, desestimulando os gastos com consumo.

( ) Diminuição da taxa de juros para favorecer a elevação do investimento e dos gastos com consumo de bens duráveis.

( ) Isenção de impostos sobre os gastos de consumo da população para estimular o consumo e permitir um aumento da produção.

A sequência CORRETA, de cima para baixo, é:

a) V, V, V, F.

b) V, V, F, F.

c) F, F, V, V.

d) V, V, V, V.

e) F, F, F, F.

---

04. (Cespe-UnB/Analista Judiciário – Especialidade: Economista/Tribunal de Justiça do Estado de Rondônia/2012) - Assinale a opção correta, no que concerne à avaliação das políticas econômicas.

a) A expressão "política monetária" não corresponde à atuação do Banco Central para definir as condições de liquidez da economia.

b) Entre os tipos de moeda, o papel-moeda corresponde às notas de papel emitidas pelo governo que não possuem lastro em nenhuma mercadoria.

c) As operações passivas realizadas pelos bancos correspondem às aplicações feitas com recursos captados junto ao público.

d) Quando o Banco Central realiza uma operação de compra de títulos, espera-se um aumento da oferta de moeda na economia.

e) Segundo argumento do modelo keynesiano, uma política fiscal expansionista gera expansão, mais que proporcional, na demanda do produto, se existir capacidade ociosa.

05. (Universidade Estadual do Piauí/Economista/Câmara Municipal de Teresina/2012) - Tratando-se de políticas monetária e fiscal, assinale a alternativa incorreta.

a) O aumento dos meios de pagamento e da base monetária aumenta o nível de renda.

b) Uma política monetária anti-inflacionária diminui o nível de renda e aumenta a taxa de juros.

c) Uma política fiscal anti-inflacionária diminui a taxa de juros e o nível de renda.

d) Uma política fiscal expansiva aumenta o nível de renda e reduz a taxa de juros.

e) O aumento da oferta de moeda diminui a taxa de juros.

06. (AOCP Concursos Públicos/Economista/Governo do Estado de Tocantins/2010) - Os efeitos da política monetária sobre a economia podem ser avaliados segundo mecanismos de transmissão, entre estes encontra-se, EXCETO

a) mecanismo de equilíbrio de carteira.

b) mecanismo da riqueza.

c) mecanismo da disponibilidade de crédito.

d) mecanismos das expectativas.

e) mecanismos fiscais.

07. (FEPESE/Economista/Companhia Integrada de Desenvolvimento Agrícola de Santa Catarina – SI-DASC/2011) – Sobre a operação da política monetária, é correto afirmar:

a) A mudança da condução da política monetária de meta de agregado monetário para meta de juros decorre da estabilidade da demanda por moeda.

b) O objetivo das operações de mercado aberto é socorrer bancos com dificuldades de liquidez.

c) Alterações de depósito compulsório operam através da capacidade de os bancos oferecerem crédito.

d) São medidas contracionistas por parte do banco central uma elevação do depósito compulsório e a compra de títulos públicos em poder do mercado.

e) A regra de Taylor não é adequada para a análise da política monetária quando esta tem como objetivos metas para inflação e produto.

08. (FEPESE/Economista/Companhia Integrada de Desenvolvimento Agrícola de Santa Catarina – SI-DASC/2011) – 54. Sobre políticas econômicas, é correto afirmar:

a) Políticas governamentais de transferência de renda são neutras sobre o resultado fiscal.

b) As despesas com juros são parte importante do resultado primário das contas do governo.

c) Para o agregado da economia é indiferente se o déficit fiscal é financiado através de títulos vendidos ao público ou ao banco central.

d) Quando a política monetária tem uma meta de taxa de juros podem ser necessárias operações de esterilização de variações autônomas da base monetária.

e) Congelamentos de preços como os adotados no Brasil na década de 1980 são classificados como uma combinação de política monetária e fiscal.

09. (Cespe-UnB/Analista em Geociências – Área de Conhecimento: Economia/Companhia de Pesquisa de Recursos Minerais/2013) – Julgue o item a seguir como verdadeiro ou falso.

A política monetária por meio da fixação da taxa de juros é preferível à fixação da quantidade de moeda nos casos em que os choques da economia ocorrem, majoritariamente, sobre o multiplicador monetário.

10. (Cespe-UnB/Economista/Ministério da Saúde/2013) – Julgue o item a seguir, como verdadeiro ou falso.

Os formuladores de políticas econômicas habitualmente têm de fazer escolhas que podem variar de acordo com a ênfase atribuída a diferentes objetivos. Quando, por exemplo, a economia se aproxima do pleno emprego dos recursos, e esses passam a escassear, os custos de produção tenderão a aumentar, com repasse para os preços, principalmente se houver pouca concorrência. O impacto inflacionário, entretanto, poderá ser amenizado de acordo com o grau de abertura da economia, ou se estiver ocorrendo, simultaneamente, aumento da produtividade.

11. (Fundação Cesgranrio/Economistas Júnior/Petrobrás S.A./2010) – Uma meta de política monetária para o Banco Central, fundamentada em determinado agregado monetário, depara-se com a dificuldade de

a) ser aplicável somente se a economia não for aberta para o exterior.

b) necessitar de superávits orçamentários do governo, para poder ser aplicada.

c) gerar um desemprego médio mais elevado do que a taxa natural de desemprego.

d) desconsiderar a instabilidade da relação moeda-renda, qualquer que seja a definição de moeda escolhida.

e) promover o crescimento do produto potencial da economia.

12. (Planejamento e Execução IESES/Analista Judiciário – Economista/Tribunal de Justiça do Estado do Maranhão/2009) – Sobre a Política Fiscal é correto afirmar que:

a) . A Política Fiscal é a Política do Governo que se preocupa com as compras do governo, a estrutura fiscal e o nível de transferências.

b) A Política Fiscal é a Política do Governo que se preocupa com as compras do governo, a estrutura fiscal e o nível de investimento das empresas privadas.

c) A Política Fiscal é a Política do Governo que se preocupa com as compras do governo, a estrutura fiscal e o nível da taxa real de câmbio.

d) A Política Fiscal é a Política do Governo que se preocupa com as compras do governo, a estrutura fiscal e o nível de consumo das famílias.

GABARITO DO CAPÍTULO 14

01 – (0) V, (1) F, (2) F, (3) F	11 – D
02 – A	12 – A
03 – C	
04 – E	
05 – D	
06 – E	
07 – C	
08 – D	
09 – V	
10 – V	

Capítulo 15

Ciclos Econômicos

1. Exercícios Resolvidos de Concursos Públicos

1.1. Exercícios Resolvidos do Tipo "Múltipla Escolha"

---

01. (NCE/Economista/Estado do Mato Grosso/2006) – A ideia de que alterações na oferta monetária NÃO produzem alterações na renda real, inclusive no curto-prazo a menos que sejam inesperadas, faz parte da seguinte escola de pensamento macroeconômico:

a) pós-keynesianos;

b) monetaristas;

c) neo-keynesianos;

d) schumpeterianos;

e) novo-clássicos.

Solução:

A resposta é a letra "E". Os **economistas novo-clássicos** sustentam que o produto real (renda real) e o emprego não são afetados por políticas previstas (antecipadas) de ampliação da demanda agregada. Pode ocorrer de haver mudanças imprevistas na demanda agregada, e estas, sim, afetam o produto real (renda real) e o emprego.

---

02. (NCE/Suporte Técnico Nível Único/IDF/2006) - De acordo com o modelo de expectativas racionais e, portanto, os novo-clássicos:

a) o *trade-off* entre inflação e desemprego, apontado pela Curva de Phillips, só existiria no longo prazo;

b) o *trade-off* entre inflação e desemprego, apontado pela Curva de Phillips, só existiria no curto prazo;

c) o *trade-off* entre inflação e desemprego, apontado pela Curva de Phillips, existiria tanto no curto quanto no longo prazo;

d) o *trade-off* entre inflação e desemprego, apontado pela Curva de Phillips, não existiria;

e) a inflação seria um fenômeno estrutural das economias modernas.

Solução:

A resposta é a letra "D". A política monetária, para a **visão novo-clássica**, possui, por um lado, um componente que é a regra de política monetária coerente com a evolução real da economia, e, de outra parte, um componente aleatório. A renda real, por outro lado, possui no curto prazo um componente tendencial de longo prazo mais um componente que reflete o impacto da política monetária não antecipada. Com base neste modelo, uma política monetária expansionista (um choque de demanda) visando a elevação do emprego só poderia surtir efeito no curto prazo se fosse imprevista, visto que, caso contrário, seria antecipada e o resultado seria somente a elevação da inflação. Desta forma, nem o aumento passageiro do emprego previsto pela curva de Phillips monetarista ocorreria. **Ou seja, não existe a curva de Phillips de curto prazo, ou alguma alternativa entre produção e inflação com taxa de desemprego menor que a natural** (Sheffrin, 1985).

---

03. **(NCE/UFRJ – Economista/Eletronorte 2006) - De acordo com o modelo de expectativas racionais, alterações surpreendentes na oferta monetária efetuadas pelas autoridades monetárias:**
   a) alteram a renda real no curto-prazo;
   b) alteram a renda real no curto e no longo-prazo;
   c) deixam sempre constante o nível de preços;
   d) não alteram a renda real;
   e) são sempre neutralizadas imediatamente.

Solução:

A resposta é a letra "a". De acordo com o modelo de expectativas racionais, somente políticas monetárias não anunciadas afetam o nível de renda. Em outras palavras, políticas monetárias antecipadas pelos agentes econômicos não possuem efeito sobre o nível de renda da economia, e somente alterações não esperadas da oferta monetária afetam o nível do produto. Para reduzir a taxa natural de desemprego, pela hipótese das expectativas racionais, as medidas de política econômica são inócuas no curto e longo prazo porque qualquer política de redução de desemprego anunciada (antecipada) pelo governo se transformará em inflação. Portanto, sob a hipótese das expectativas racionais, apenas as políticas monetárias não anunciadas, ou seja, não antecipadas, são eficientes para alterar o nível da renda real no curto prazo. Segundo a macroeconomia novo-clássica, com a hipótese das expectativas racionais, a taxa de desemprego diferente da taxa natural está associada à variação não antecipada da inflação. Como essa hipótese não implica previsão perfeita, ela é compatível com a ocorrência de desvios da taxa de desemprego em relação a seu valor natural no curto prazo. Para reduzir a taxa natural de desemprego, pela hipótese das expectativas racionais, as medidas de política econômica são ineficientes no curto e longo prazo porque qualquer política de redução de desemprego anunciada (antecipada) pelo governo se transformará em inflação. Portanto, sob a hipótese das expectativas racionais, **apenas as políticas monetárias não anunciadas (surpresa monetária)**, ou seja, não antecipadas, são eficientes para alterar o nível do produto. Porém, ao se anunciar medidas de políticas monetárias restritivas da demanda agregada para combater a inflação, por exemplo, o governo somente terá êxito se os agentes se convencerem de que tais medidas serão realmente implementadas, ou seja, se o governo tiver credibilidade perante os agentes econômicos.

2. Exercícios Propostos

01. **(Cetro Concursos Públicos/Economista/Ministério das Cidades/2013) – Sobre as divergências entre keynesianos e monetaristas a respeito da curva de Phillips, analise as assertivas abaixo.**

I. Há divergência entre keynesianos e monetaristas sobre o formato da curva tanto na sua interpretação do curto quanto na do longo prazo.

II. No modelo keynesiano, no curto prazo, a curva de Phillips tem inclinação negativa.

III. A tese de que há um *trade off* entre inflação e desemprego não é aceita pelos keynesianos.

É correto o que se afirma em

a) I, apenas.

b) II, apenas.

c) III, apenas.

d) I e II, apenas.

e) II e III, apenas.

02. **(CONUPE/Economista/Secretaria da Mulher – Estado de Pernambuco/2013) – A oferta agregada e a demanda agregada mostram uma visão do equilíbrio macroeconômico. Assim sendo, é INCORRETO afirmar que**

a) o argumento dos economistas novos Keynesianos de que existe percepção equivocada dos empresários quanto ao nível geral de preços e ao preço do mercado específico em que atuam ocasiona uma curva de oferta agregada ascendente.

b) a curva descendente de demanda agregada tem como justificativa a redução dos preços e a consequente redução da taxa de juros, estimulando o investimento e a demanda por bens e serviços.

c) o efeito riqueza de Pigou é um dos argumentos que justifica uma curva descendente de demanda agregada.

d) a demanda ou procura agregada é determinada, entre outros fatores, pelo nível de renda disponível e pelas expectativas dos agentes econômicos, enquanto que a oferta agregada expressa o quantum totalizado de bens e serviços que os produtores estão dispostos a produzir e a vender, dados diferentes níveis de preços.

e) a curva descendente de demanda agregada tem como justificativa a queda dos preços, das taxas de juros e a elevação da taxa de câmbio, estimulando as exportações líquidas e a demanda por bens e serviços.

03. **(Fundação Cesgranrio/Especialista em Regulação de Petróleo e Derivados, Álcool Combustível e Gás Natural – Especialidade: Economia/Agência Nacional de Petróleo/2009) – Segundo a hipótese de expectativas racionais,**

a) a economia evolui continuamente em pleno emprego, não se afastando desta situação.

b) as surpresas em política monetária podem causar um desvio da produção em relação à sua posição de equilíbrio.

c) os agentes econômicos racionais não erram em suas previsões sobre a inflação e a produção.

d) os agentes econômicos formam suas expectativas baseados unicamente nas suas experiências passadas.

e) os preços na economia são perfeitamente flexíveis.

04. **(Economista/Universidade Federal de Alfenas/2013) – A análise adequada em relação às teorias keynesiana, monetarista, novo-clássica e novo-keynesiana é:**

a) A curva LM apresenta uma alta elasticidade da demanda por moeda em relação aos juros segundo os monetaristas.

b) A posição da curva de demanda agregada é determinada basicamente pelo nível de investimentos da economia na visão monetarista.

c) Uma política monetária não antecipada pelos agentes econômicos não tem efeito algum sobre o nível de produto no longo prazo para os novo-clássicos.

d) A rigidez dos salários monetários é um determinante fundamental para explicar o desemprego e o papel da oferta agregada na economia segundo os novo-keynesianos.

e) A curva de Philips não varia do curto prazo para o longo prazo, visto que as expectativas dos trabalhadores com respeito aos preços permanecem inalteradas conforme os keynesianos.

05. **(VUNESP/Economista/Câmara Municipal de Mauá/2012) – São motivos para a existência de uma curva de oferta agregada positivamente inclinada (não vertical):**
I. salários flexíveis;

II. custos de menu;

III. contratos sobrepostos.

Está correto o contido em

a) I, apenas.

b) II, apenas.

c) I e II, apenas.

d) II e III, apenas.

e) I, II e III.

06. **(Fundação Universa/Economista/Conselho Federal de Economia/2010) - Fundamentado nos instrumentos de política monetária e no estudo do multiplicador monetário, assinale a alternativa correta.**

a) A redução da taxa de encaixe voluntário dos bancos comerciais, mantidos inalterados outros fatores, implica também, uma redução no efeito multiplicador da moeda bancária.

b) A política monetária pode ser definida como o controle da oferta de moeda e das taxas de juros, no sentido de que sejam atingidos os objetivos da política econômica global do governo.

c) As taxas de reserva somente podem ser empregadas no sentido de contrair as disponibilidades dos bancos e diminuir o efeito multiplicador da moeda escritural.

d) À medida que o Banco Central aumenta a taxa de redesconto, as reservas bancárias tendem a diminuir, reduzindo-se consequentemente o multiplicador da moeda escritural.

e) Quando a linha de atuação de um governo é considerada monetarista, as autoridades monetárias detêm todo o controle da política econômica, sendo então totalmente descartados outros instrumentos de ação.

07. **(FEPESE/Economista/Companhia Integrada de Desenvolvimento Agrícola de Santa Catarina – SIDASC/2011) – Sobre as diferentes escolas de pensamento, é correto afirmar:**

a) O multiplicador keynesiano é a base para os modelos de expectativas racionais.

b) A teoria neokeynesiana incorpora a rigidez de preços no curto prazo.

c) Expectativas adaptativas são racionais porque mostram os agentes econômicos aprendendo com o passar do tempo.

d) A produção de bens de consumo para as classes mais pobres é o objetivo da política econômica defendida pelos novos clássicos.

e) Os keynesianos defenderam a adoção de políticas econômicas, especialmente fiscal, para incentivar a demanda em períodos recessivos, enquanto o mercado se ajustaria em casos de expansão rápida.

08. (FEPESE/Economista/Companhia Integrada de Desenvolvimento Agrícola de Santa Catarina – SI-DASC/2011) – Apesar de em períodos recentes a teoria macroeconômica ter tido uma série de convergências, há diferenças relevantes entre as vertentes teóricas, sobre as quais é correto afirmar:

a) As ideias estruturalistas foram desenvolvidas em estudos realizados no FMI.

b) O monetarismo é uma versão mais antiga da teoria quantitativa da moeda.

c) Aumentos de preços decorrentes de choque negativo de produção agrícola são um exemplo de inflação que ocorre sem relação com a oferta de moeda na teoria estruturalista.

d) A evolução recente dos termos de troca do Brasil segue o previsto pela teoria estruturalista.

e) Para a teoria monetarista, os benefícios de uma política monetária ativa são superiores a eventuais custos gerados pela inflação mais elevada.

09. (NCE-RJ/Economista/MT/2006) – O seguinte elemento encontra-se presente na explicação neo-keynesiana da determinação do nível de investimento, mas NÃO na neoclássica, nem na novo-clássica:

a) eficiência marginal do capital;

b) volume de poupança;

c) taxa de juros nominal;

d) taxa de juros real;

e) expectativas racionais.

10. (Fundação Cesgranrio/Economista Júnior/Petrobrás Combustíveis/2010) – No caso em que os agentes econômicos formam expectativas racionais para determinar seu comportamento,

a) a curva de Phillips de longo prazo, traçada no gráfico com a taxa de desemprego na abscissa e a inflação na ordenada, será vertical.

b) a política monetária não terá efeito nas variáveis reais da economia, se for inesperada, surpreendente.

c) as expectativas se formam, considerando somente a evolução passada da variável à que se referem.

d) as expectativas se formam independentemente do modelo econômico usado.

e) erros sistemáticos de expectativas persistirão, mesmo a longo prazo.

11. (Fundação Sousândrade/Analista Técnico – Economista/Agência Goiana de Habitação S.A. - AGEHAB/2010) – Para os clássicos, os preços sempre desempenham a função de equilibrar oferta e demanda e somente a existência de informações imperfeitas podem perturbar esse quadro. Sendo assim, indique a única opção VERDADEIRA.

a) O modelo dos novos clássicos apenas admite perfeita flexibilidade de preços, mas não de salário.

b) O modelo dos novos clássicos difere do modelo dos clássicos porque não admite perfeita flexibilidade de preços e salários.

c) Os salários são rígidos independentemente dos ciclos econômicos.

d) Alterações do nível do produto têm como causa mudanças nas curvas de procura e oferta de trabalho.

e) O modelo dos novos clássicos apenas admite perfeita flexibilidade de salários, mas não de preços.

12. (Fundação Sousândrade/Analista Técnico – Economista/Agência Goiana de Habitação S.A. - AGEHAB/2010) – Para os neoclássicos, os juros são um prêmio pela renúncia ao gasto presente em troca de um consumo futuro. A taxa de juro, consequentemente,

a) é determinada conjuntamente pela oferta de fundos e pelo investimento.

b) é determinada exclusivamente com base na produtividade marginal do capital.

c) é determinada exclusivamente com base na política monetária do governo.

d) é determinada conjuntamente pela propensão média a investir e pelas expectativas dos poupadores.

e) é determinada pelos retornos futuros esperados dos investimentos.

13. **(FUNCAB/Economista/Departamento de Estradas de Rodagem e Transportes/2010)** –Leia e analise as seguintes proposições abaixo que se referem ao lado e ao mercado monetário.

I. Dentre os motivos pelos quais há a demanda por moeda, os monetaristas destacam, por exemplo, o motivo transação, pois para eles as pessoas demandam moeda fundamentalmente porque querem comprar produtos em um futuro imediato.

II. Os defensores da teoria quantitativa da moeda, entre os quais cabe destacar os monetaristas, que argumentam que a variação percentual dos preços é determinada pelo excesso da variação da oferta monetária nominal em relação à variação da produção.

III. Ao analisar a equação quantitativa da moeda, os clássicos supunham que, como a economia estava no pleno emprego a curto prazo, a velocidade de circulação era constante e que o crescimento da produção real era exógeno, pois era determinado pelo aumento dos fatores de produção e da tecnologia.

IV. A equação quantitativa da moeda também pode ser utilizada para explicitar ainda mais a capacidade do Banco Central de utilizar a política monetária para controlar o crescimento e o processo inflacionário no país. Neste sentido, por exemplo, se o objetivo principal da política monetária é estabilizar os preços, a implementação desta política pode ser a de diminuir as taxas de juros.

a) I e II são verdadeiras e III e IV são falsas.

b) I, II e IV são verdadeiras e III é falsa.

c) III e IV são verdadeiras e I e II são falsas.

d) I, II e III são verdadeiras e IV é falsa.

e) II, III e IV são verdadeiras e I é falsa.

14. **(BIO RIO Concursos/Economista/Prefeitura Municipal de Barra Mansa/Estado do Rio de Janeiro/2010)** – Sobre a introdução das expectativas racionais na análise macroeconômica a partir dos modelos keynesianos, avalie as afirmativas a seguir.

I. Os modelos keynesianos não poderiam ser usados no auxílio à política econômica, pois captavam apenas as relações entre as variáveis econômicas sob políticas passadas.

II. Segundo essa abordagem, as pessoas, ao prever o futuro, usam otimamente todas as informações que dispõem, inclusive informações sobre as políticas governamentais.

III. Nos modelos keynesianos, os desvios do produto de seu nível natural eram de longa duração.

Assinale a alternativa correta:

a) apenas a afirmativa I está correta;

b) apenas a afirmativa III está correta;

c) apenas as afirmativas I e II estão corretas;

d) apenas as afirmativas II e III estão corretas;

e) todas as afirmativas estão corretas.

15. **(Cespe-UnB/Analista Administrativo – Ciências Econômicas/ANS/MS/2005)** - Julgue o item a seguir, como verdadeiro ou falso:

Para os monetaristas, o financiamento de um déficit fiscal por meio de endividamento, em virtude da acumulação de juros, pode, no longo prazo, gerar maiores taxas de inflação do que o financiamento via emissão monetária.

16. **(NCE-RJ/Economista/MT/2006) – A ideia de que alterações na oferta monetária NÃO produzem alterações na renda real, inclusive no curto-prazo a menos que sejam inesperadas, faz parte da seguinte escola de pensamento macroeconômico:**
    a) pós-keynesianos;
    b) monetaristas;
    c) neo-keynesianos;
    d) schumpeterianos;
    e) novo-clássicos.

17. **(NCE-RJ/Economista/MT/2006) – De acordo com o modelo neo-keynesiano:**
    a) o *trade-off* entre inflação e desemprego, apontado pela Curva de Phillips, só existiria no longo prazo;
    b) o *trade-off* entre inflação e desemprego, apontado pela Curva de Phillips, só existiria no curto prazo;
    c) o *trade-off* entre inflação e desemprego, apontado pela Curva de Phillips, não existiria;
    d) o *trade-off* entre inflação e desemprego, apontado pela Curva de Phillips, existiria tanto no curto quanto no longo prazo;
    e) a inflação seria sempre decorrente de pressões de custo.

18. **(Cespe-UnB/Analista Pericial – Economia/MPU/2010) – Julgue o item a seguir como verdadeiro ou falso.**
    A neutralidade da moeda em termos reais não se aplica no longo prazo.

19. **(Fundação Cesgranrio/Economista Júnior/Sociedade Fluminense de Energia Ltda – SFE/2009) – Num modelo macroeconômico com expectativas racionais, a política monetária expansiva terá um efeito**
    a) expansivo sobre o produto real, se for inesperada.
    b) expansivo sobre as exportações da economia, se for inesperada.
    c) nulo sobre o nível de preços, se for perfeitamente esperada.
    d) nulo sobre a taxa de juros nominal, se for perfeitamente esperada.
    e) contracionista sobre o produto real, se for perfeitamente esperada.

GABARITO DO CAPÍTULO 15

01 – B	11 – D
02 – A	12 – A
03 – B	13 – D
04 – C	14 – C
05 – D	15 – V
06 – B	16 – E
07 – B	17 – D
08 – C	18 – F
09 – A	19 – A
10 – A	

Capítulo 16

Teorias sobre Crescimento no Longo Prazo

1. Exercícios Resolvidos de Concursos Públicos

1.1. Exercícios Resolvidos do tipo "Múltipla Escolha"

01. (ESAF/Analista do Banco Central do Brasil/2002) - Considere o modelo de crescimento de Solow sem crescimento populacional e progresso tecnológico.
Suponha as seguintes informações:

$y = k^{0,5}$

$\delta = 0,05$

Onde: y = produto por trabalhador; k = estoque de capital por trabalhador; δ = taxa de depreciação.

Com base nestas informações, os níveis de produto por trabalhador; estoque de capital por trabalhador; taxa de poupança; investimento por trabalhador; e consumo por trabalhador, no estado estacionário e supondo a "regra de ouro" são, respectivamente:

a) 10; 100; 0,25; 3; 7

b) 5; 25; 0,5; 2,5; 2,5

c) 5; 25; 0,5; 3; 2

d) 10; 100; 0,5; 5; 5

e) 10; 100; 0,25; 4; 6

Solução:

A resposta é a letra "d". Seja s = taxa de poupança (propensão marginal a poupar); i' = investimento pôr trabalhador; c = consumo pôr trabalhador; Δk = variação do estoque de capital per capita. Considere também,

$$y = c + i'$$
$$c = (1-s)y$$
$$i' = sy \Leftrightarrow i' = sf(k)$$
$$\Delta k = i' - \delta k \Rightarrow \Delta k = sf(k) - \delta k$$

Fazendo $\Delta k = 0$ chega-se ao crescimento equilibrado ou estado estacionário de longo prazo, em que o nível de investimento é igual à depreciação do capital:

$$sf(k) = \delta k \Rightarrow i' = \delta k$$

O estado estacionário pode ser considerado como um equilíbrio de longo prazo. Substituindo os dados do exercício, obtém-se:

$$sk^{0,5} = (0,05)k \Rightarrow sk^{\frac{1}{2}} = (0,05)k \Rightarrow \frac{k}{k^{\frac{1}{2}}} = \frac{s}{0,05} \Rightarrow kk^{-\frac{1}{2}} = \frac{1}{0,05}s \Rightarrow k^{\frac{1}{2}} = 20s \Rightarrow$$

$$\left(k^{\frac{1}{2}}\right)^2 = (20s)^2 \Rightarrow k^* = 400s^2$$

onde k^* é o estoque de capital por trabalhador ou nível de capital per capita no estado estacionário)

Ignorando o efeito do progresso técnico, o estado estacionário pode ser determinado pelo ponto em que o montante de poupança é apenas suficiente para cobrir a depreciação do estoque existente. Além disso, na ausência de progresso tecnológico, o conceito de equilíbrio estacionário refere-se às condições requeridas para manter inalterado o estoque de capital *per capita* da economia. Sabe-se que,

$$i' = \delta k \Rightarrow i' = \delta k^* \Rightarrow i' = (0,05)(400s^2) \Rightarrow i' = 20s^2$$

Supondo que,

$$y = c + i' \Rightarrow c = y - i' \Rightarrow c = k^{1/2} - 20s^2 \Rightarrow c = 20s - 20s^2$$

Derivando c em relação a s,

$$\frac{dc}{ds} = 20 - 40s$$

Igualando este resultado a zero, chega-se a:

$$20 - 40s = 0 \Rightarrow 40s = 20 \Rightarrow s = \frac{20}{40} \Rightarrow s = \frac{1}{2} = 0,5$$

A taxa de poupança determina a quantidade do estoque de capital por trabalhador e, portanto, o nível do produto por trabalhador no estado estacionário. Considerando esse valor para a taxa de poupança, tem-se que:

$$k^* = 400s^2 \Rightarrow k^* = 400\left(\frac{1}{2}\right)^2 \Rightarrow k^* = 100$$

que é o nível de capital *per capita* no estado estacionário.. Esse equilíbrio é denominado na literatura econômica como nível ótimo de acumulação de capital, ou "Regra de Ouro". Agora, basta encontrar os dados restantes:

Investimento *per capita*: $i^* = 20s^2 \Rightarrow i^* = 20\left(\dfrac{1}{2}\right)^2 \Rightarrow i^* = 5$

Consumo *per capita*: $c^* = 20s - 20s^2 \Rightarrow c^* = 20\left(\dfrac{1}{2}\right) - 20\left(\dfrac{1}{2}\right)^2 \Rightarrow c^* = 10 - 5 \Rightarrow c^* = 5$

Nível do produto *per capita*: $y^* = k^{1/2} \Rightarrow y^* = (100)^{1/2} \Rightarrow y^* = \sqrt{100} \Rightarrow y^* = 10$

---

02. (ESAF/Auditor-Fiscal da Receita Federal - AFRF/ 2002) - Considere as seguintes informações:
Função de produção: Y = K$^{1/2}$L$^{1/2}$

onde K = estoque de capital e L = estoque de mão-de-obra

Taxa de poupança: 0,3

Taxa de depreciação: 0,05

Considerando o modelo de Solow sem progresso técnico e sem crescimento populacional, o estoque de capital por trabalhador no estado estacionário será de:

a) 36,0

b) 6,7

c) 15,2

d) 5,0

e) 2,0

Solução:

A resposta é a letra "a". Sejam s = taxa de poupança (propensão marginal a poupar); i' = investimento pôr trabalhador; c = consumo pôr trabalhador; Δk = variação do estoque de capital per capita. Considere também:

$$y = c + i'$$
$$c = (1 - s)y$$
$$i' = sy \Leftrightarrow i' = sf(k)$$
$$\Delta k = i' - \delta k \Rightarrow \Delta k = sf(k) - \delta k$$

1º PASSO: Cálculo da função de produção *per capita*:

$$y = \frac{Y}{L} = \frac{K^{\frac{1}{2}}L^{\frac{1}{2}}}{L} = \frac{K^{\frac{1}{2}}}{LL^{-\frac{1}{2}}} = \frac{K^{\frac{1}{2}}}{L^{\frac{1}{2}}} = \left(\frac{K}{L}\right)^{\frac{1}{2}} = k^{\frac{1}{2}}$$

<u>2º PASSO</u>: Cálculo do nível de capital *per capita* no estado estacionário:

$$i' = sy \Rightarrow i' = sf(k) \Rightarrow i' = (0,3)k^{\frac{1}{2}}$$

<u>3º PASSO</u>: $\Delta k = i' - \delta k \Rightarrow \Delta k = sf(k) - \delta k \Rightarrow \Delta k = (0,3)k^{\frac{1}{2}} - (0,05)k$

Fazendo $\Delta k = 0$ chega-se ao crescimento equilibrado ou estado estacionário de longo prazo, em que o nível de investimento é igual à depreciação do capital:

$$\Delta k = 0 \Rightarrow sf(k) = \delta k \Rightarrow i' = \delta k$$

O estado estacionário pode ser considerado como um equilíbrio de longo prazo. Substituindo os dados do exercício, obtem-se:

$$(0,05)k = (0,3)k^{\frac{1}{2}} \Rightarrow \frac{k}{k^{\frac{1}{2}}} = \frac{0,3}{0,05} \Rightarrow kk^{-\frac{1}{2}} = 6 \Rightarrow k^{\frac{1}{2}} = 6 \Rightarrow \left(k^{\frac{1}{2}}\right)^2 = (6)^2 \Rightarrow k^* = 36$$

---

03. (ESAF/Auditor-Fiscal da Receita Federal - AFRF/2002) - Considere os seguintes dados para o modelo de crescimento de Solow:

k = estoque de capital por trabalhador; d = taxa de depreciação; y = produto por trabalhador; s = taxa de poupança

Sabendo-se que $y = k^{0,5}$, d = 0,1 e s = 0,4, os níveis de k e y no estado estacionário serão, respectivamente:

a) 16 e 4

b) 16 e 8

c) 4 e 16

d) 4 e 8

e) 4 e 12

Solução:

A resposta é a letra "a". Trata-se do Modelo de Solow sem progresso técnico e sem crescimento populacional.

Sejam s = taxa de poupança (propensão marginal a poupar); i' = investimento pôr trabalhador; c = consumo pôr trabalhador; Δk = variação do estoque de capital per capita.

$$y = c + i'$$
$$c = (1-s)y$$
$$i' = sy \Leftrightarrow i' = sf(k)$$
$$\Delta k = i' - \delta k \Rightarrow \Delta k = sf(k) - \delta k$$

<u>1º PASSO</u>: Função de Produção: $y = k^{1/2} = k^{0,5}$

2º PASSO: Cálculo do nível de capital per capita no estado estacionário:

$$i' = sy \Rightarrow i' = sf(k) \Rightarrow i' = (0{,}4)k^{\frac{1}{2}}$$

3º PASSO: $\Delta k = i' - \delta k \Rightarrow \Delta k = sf(k) - \delta k \Rightarrow \Delta k = (0{,}4)k^{\frac{1}{2}} - (0{,}1)k$

Fazendo $\Delta k = 0$ chega-se ao crescimento equilibrado ou estado estacionário de longo prazo, em que o nível de investimento é igual à depreciação do capital:

$$\Delta k = 0 \Rightarrow sf(k) = \delta k \Rightarrow i' = \delta k$$

O estado estacionário pode ser considerado como um equilíbrio de longo prazo. Substituindo os dados do exercício, obtem-se:

$$(0{,}1)k = (0{,}4)k^{\frac{1}{2}} \Rightarrow \frac{k}{k^{\frac{1}{2}}} = \frac{0{,}4}{0{,}1} \Rightarrow kk^{-\frac{1}{2}} = 4 \Rightarrow k^{\frac{1}{2}} = 4 \Rightarrow \left(k^{\frac{1}{2}}\right)^2 = (4)^2 \Rightarrow k^* = 16$$

4º PASSO: Cálculo do produto per capita no estado estacionário:

$$y = k^{\frac{1}{2}} \Rightarrow y^* = \left(k^*\right)^{\frac{1}{2}} \Rightarrow y^* = (16)^{\frac{1}{2}} \Rightarrow \left(y^*\right)^2 = \left[(16)^{\frac{1}{2}}\right]^2 \Rightarrow$$
$$\left(y^*\right)^2 = 16 \Rightarrow y^* = \sqrt{16} \Rightarrow y^* = 4$$

---

04. (ESAF/Auditor-Fiscal da Receita Federal - AFRF/2002) - Com relação ao modelo de Solow, é incorreto afirmar que

a) o estado estacionário que maximiza o consumo é aquele definido pela denominada "regra de ouro".

b) a taxa de poupança determina a quantidade do estoque de capital por trabalhador e, portanto, o nível do produto por trabalhador no estado estacionário.

c) quanto maior a taxa de poupança, maior o bem-estar da sociedade.

d) o estado estacionário pode ser considerado como um equilíbrio de longo prazo.

e) somente o progresso tecnológico explica o crescimento de longo prazo.

Solução:

A resposta é a letra "c". **A taxa de poupança (ou propensão marginal a poupar) da sociedade não tem efeito sobre a taxa de crescimento do produto no longo prazo**, isto é, no modelo de Solow, **a taxa de crescimento de equilíbrio de longo prazo independe da taxa de poupança de uma nação**. Caso a economia apresente elevado nível de poupança, essa economia possuirá grande estoque de capital e, consequentemente, alto nível de produção *per capita*. Isso, no entanto, não significa que essa economia manterá um crescimento sustentado em *y* ao longo do tempo. Esse crescimento ocorrerá apenas **na passagem de um estado estacionário para outro** (figura 5 do texto), isto é, trata-se de um **aumento temporário**. Quando o novo equilíbrio estacionário for alcançado, a renda *per* capita volta a crescer à taxa de progresso técnico constante, mas é mais elevada que no equilíbrio estacionário inicial. O crescimento persistente que explica os altos padrões de vida sustentados por nações desenvolvidas vem do progresso tecnológico, e o aumento da propensão marginal a poupar não exerce efeito sobre o crescimento, mas sim sobre o nível de produto *per capita*. No longo prazo, a taxa de crescimento do produto *per capita* é igual à taxa de progresso tecnológico. Todos os demais itens estão corretos.

---

05. **(ESAF/ Auditor-Fiscal da Receita Federal - AFRF/2003) - Com relação ao modelo de crescimento de Solow, é correto afirmar que, no equilíbrio de longo prazo:**
    a) quanto maior for a taxa de depreciação, maior será o estoque de capital por trabalhador.
    b) a taxa de crescimento do produto por trabalhador é igual à taxa de depreciação.
    c) quanto maior for a taxa de poupança, maior será o consumo por trabalhador.
    d) quanto maior for a taxa de crescimento populacional, maior será o estoque de capital por trabalhador.
    e) quanto maior a taxa de poupança, maior será o estoque de capital por trabalhador.

Solução:

A resposta é a letra "e". **A taxa de poupança (ou propensão marginal a poupar) da sociedade não tem efeito sobre a taxa de crescimento do produto no longo prazo**, isto é, no modelo de Solow, **a taxa de crescimento de equilíbrio de longo prazo independe da taxa de poupança de uma nação.** Caso a economia apresente elevado nível de poupança, essa economia possuirá grande estoque de capital e, consequentemente, alto nível de produção *per capita*. Isso, no entanto, não significa que essa economia manterá um crescimento sustentado em *y* ao longo do tempo. Esse crescimento ocorrerá apenas **na passagem de um estado estacionário para outro** (figura 5 do texto), isto é, trata-se de um **aumento temporário**. Quando o novo equilíbrio estacionário for alcançado, a renda *per* capita volta a crescer à taxa de progresso técnico constante, mas é mais elevada que no equilíbrio estacionário inicial. O crescimento persistente que explica os altos padrões de vida sustentados por nações desenvolvidas vem do progresso tecnológico, e o aumento da propensão marginal a poupar não exerce efeito sobre o crescimento, mas sim sobre o nível de produto *per capita*. No longo prazo, a taxa de crescimento do produto *per capita* é igual à taxa de progresso tecnológico. Todos os demais itens estão errados.

---

06. **(ESAF/Técnico de Pesquisa e Planejamento do IPEA/2004) - Considere o modelo de crescimento de Solow com as seguintes informações:**
    - $y = k^{0,5}$
    - $\delta = 0,1$
    - $s = 0,3$

    onde y = produto por trabalhador; k = estoque de capital por trabalhador; s = taxa de poupança.

    Com base nessas informações, os valores do estoque de capital por trabalhador, produto por trabalhador e consumo por trabalhador, no equilíbrio de longo prazo, são, respectivamente:

    a) 9; 3; 1,5
    b) 16; 4; 2,5
    c) 9; 3; 2,1
    d) 16; 4; 2,1
    e) 25; 5; 2,5

Solução:

A resposta é a letra "c". Trata-se do Modelo de Solow sem progresso técnico e sem crescimento populacional. As equações básicas do modelo são:

$$y = c + i'$$
$$c = (1 - s)y$$
$$i' = sy \Rightarrow i' = sf(k)$$
$$\Delta k = i' - \delta k \Rightarrow \Delta k = sf(k) - \delta k$$

1º PASSO: Função de Produção: $y = k^{1/2} = k^{0,5}$

2º PASSO: Cálculo do nível de capital per capita no estado estacionário:

$$i' = sy \Rightarrow i' = sf(k) \Rightarrow i' = (0,3)k^{\frac{1}{2}}$$

3º PASSO: $\Delta k = i' - \delta k \Rightarrow \Delta k = sf(k) - \delta k \Rightarrow \Delta k = (0,3)k^{\frac{1}{2}} - (0,1)k$

Fazendo $\Delta k = 0$ chega-se ao crescimento equilibrado ou estado estacionário de longo prazo, em que o nível de investimento é igual à depreciação do capital:

$$\Delta k = 0 \Rightarrow sf(k) = \delta k \Rightarrow i' = \delta k$$

O estado estacionário pode ser considerado como um equilíbrio de longo prazo. Substituindo os dados do exercício, obtem-se:

$$(0,1)k = (0,3)k^{\frac{1}{2}} \Rightarrow \frac{k}{k^{\frac{1}{2}}} = \frac{0,3}{0,1} \Rightarrow kk^{-\frac{1}{2}} = 3 \Rightarrow k^{\frac{1}{2}} = 3 \Rightarrow \left(k^{\frac{1}{2}}\right)^2 = (3)^2 \Rightarrow k^* = 9$$

4º PASSO: Cálculo do produto per capita no estado estacionário:

$$y = k^{\frac{1}{2}} \Rightarrow y^* = \left(k^*\right)^{\frac{1}{2}} \Rightarrow y^* = (9)^{\frac{1}{2}} \Rightarrow \left(y^*\right)^2 = \left[(9)^{\frac{1}{2}}\right]^2 \Rightarrow$$
$$\left(y^*\right)^2 = 9 \Rightarrow y^* = \sqrt{9} \Rightarrow y^* = 3$$

5º PASSO: Consumo por trabalhador:

$$c^* = (1 - s)y^* \Rightarrow c^* = (1 - 0,3)(3) \Rightarrow (0,7)(3) \Rightarrow 2,1$$

ou

$$y^* = c^* + (i^*)' \Rightarrow c^* = y^* - (i^*)' \Rightarrow c^* = y^* - s.y^* \Rightarrow c^* = 3 - (0,3)(3) \Rightarrow c^* = 3 - 0,9 \Rightarrow c^* = 2,1$$

---

07. **(NCE/UFRJ – Economista/Eletronorte 2006) O resíduo de Solow tenta captar a importância dos choques tecnológicos. Ele mede:**

a) a variação percentual do consumo antes e depois do choque tecnológico;

b) a variação percentual do produto menos a variação percentual dos insumos ponderados por sua participação no produto;

c) a variação percentual do produto menos a média da variação dos insumos;

d) a variação do investimento nos setores de rápido desenvolvimento tecnológico menos a variação do investimento em setores menos dinâmicos tecnologicamente;

e) a variação percentual do investimento.

Solução:

A resposta é a letra "b". O resíduo de Solow ($\Delta T/T$), que mede a variação percentual do produto menos a variação percentual dos insumos ponderados por sua participação no futuro, tenta captar a importância dos choques tecnológicos e representa a mudança no produto que não pode ser explicada pelas alterações nos insumos:

$$\frac{\Delta T}{T} = \frac{\Delta Y}{Y} - \alpha\frac{\Delta K}{K} - (1-\alpha)\frac{\Delta L}{L}$$

08. **(FEPESE/Economista/Celesc Distribuição S.A./2013) - Sobre as características do modelo neoclássico de crescimento, é correto afirmar:**

a) A taxa de crescimento de longo prazo é endogenamente determinada e depende da taxa de crescimento da população e da depreciação.

b) Em um modelo de Solow, um aumento da propensão a poupar eleva a taxa de crescimento da economia, mas não altera o nível de capital per capita de estado estacionário.

c) Uma das hipóteses do modelo é que, em uma economia fechada, o capital está sujeito a rendimentos decrescentes.

d) Tais modelos explicam o crescimento econômico de curto prazo, sua natureza cíclica e a dependência do produto per capita, em relação à demanda efetiva.

e) Tais modelos enfatizam o crescimento econômico de longo prazo, como consequência de variáveis como mudanças institucionais, inovações e investimentos em setores de alto efeito multiplicador, como bens de capital.

Solução:

A resposta é a letra "c". No modelo de Solow, mesmo com retornos constantes de escala, existe rendimentos decrescentes, de modo que a produtividade marginal do capital é decrescente.

09. **(Instituto Machado de Assis/Economista/Prefeitura Municipal de Campo Maior/2012) – Segundo o modelo neoclássico de crescimento econômico, a acumulação de capital é o primeiro passo para compreender o crescimento. No entanto, só esta variável não explica a enorme produtividade que os diversos setores da economia têm experimentado. Nesse sentido, foi incorporada às analises neoclássicas as mudanças tecnológicas e os avanços no processo de produção e a introdução de novos e melhores bens e serviços. Como esse avanço não pode ser calculado, o economista norte americano Robert Solow o calculou de forma residual. Segundo ele a contribuição do progresso técnico para o crescimento pode ser obtida:**

a) Pela diferença entre crescimento observado do produto por trabalhador e o crescimento do capital por trabalhador.

b) Pela diferença entre o crescimento da poupança e o crescimento das taxas de juros.

c) Pela diferença entre as taxas de investimento e a taxa de poupança.

d) Pela diferença entre a taxa de investimento e a taxa de juros.

Solução:

A resposta é a letra "c", pois para Solow a contribuição do progresso técnico do crescimento pode ser calculado de forma residual (resíduo de Solow) pela diferença entre as taxas de investimento e de poupança.

1.2. Exercícios Resolvidos do Tipo "Verdadeiro ou Falso"

01. (CESPE-UnB/Consultor do Senado Federal – Política Econômica/2002) – Com base no modelo de crescimento econômico proposto por Robert Solow, julgue os itens a seguir.

(1) Ignorando o efeito do progresso técnico, uma mudança na razão entre poupança nacional e produto não irá provocar uma mudança permanente na taxa de crescimento do produto.

Solução:

Verdadeiro. No modelo de Solow com progresso técnico, um aumento permanente da taxa de poupança leva apenas a um aumento temporário da taxa de crescimento da renda per capita. O crescimento persistente que explica os altos padrões de vida sustentados por nações desenvolvidas vem do progresso tecnológico, e o aumento da propensão marginal a poupar não exerce efeito sobre o crescimento, mas sim sobre o nível de produto per capita.

(2) A taxa de poupança afeta o nível de produto por trabalhador a longo prazo.

Solução:

Verdadeiro. A taxa de poupança não afeta a **taxa de crescimento do produto per capita** no longo prazo, que permanece igual a zero, mas o aumento da taxa de poupança provoca o aumento do **nível de produto per capita** no longo prazo. Ou seja, a taxa de poupança determina a quantidade do estoque de capital por trabalhador e, portanto, o nível do produto por trabalhador no estado estacionário. As economias que apresentam renda *per capita* mais elevada são as aquelas que têm maiores taxas de poupança.

02. (Cespe-UnB/Analista do Banco Central do Brasil/2013) – Julgue o item a seguir como Verdadeiro ou Falso.

O modelo de crescimento de Solow prevê que a relação capital-produto apresenta tendência de descolamento, na medida em que a produção aumenta em um ritmo mais acelerado que o de acúmulo de capital.

Solução:

Falso. No Modelo de Solow sem progresso tecnológico, o produto per capita (ou produto por trabalhador) é função do estoque de capital por trabalhador, em outras palavras, $y = f(k)$. Assim, não se pode afirmar que a relação capital-produto apresenta tendência de deslocamento, pois o produto é função do capital, de modo que ambos crescem a taxas proporcionais.

Já no Modelo de Solow com progresso tecnológico, o efeito é o mesmo. A mudança tecnológica, considerada como multiplicadora dos fatores de produção, aumenta a produtividade dos fatores de produção, deslocando para cima a curva de investimentos e de produto por trabalhador (produto per capita), ambas na mesma proporção, mantendo dessa forma a relação produto-capital.

2. Exercícios Propostos

01. **(FEPESE/Economista/Companhia Integrada de Desenvolvimento Agrícola de Santa Catarina – CIDASC/2011) - O modelo de Solow é o mais conhecido para explicar crescimento econômico. Sobre ele, é correto afirmar:**
    a) A taxa de poupança é definida de acordo com a maximização da utilidade das famílias.
    b) O crescimento populacional não é considerado no modelo por estar se reduzindo.
    c) O nível de capital associado à regra de ouro é aquele que assegura a sua maior taxa de crescimento.
    d) O estoque de capital crescerá à mesma taxa que a depreciação exogenamente incorporada ao modelo.
    e) Os aumentos de produtividade são o fator com maior influência sobre a taxa de crescimento da economia.

02. **(Consulplan/Economista/Departamento Municipal de Água e Esgotos de Porto Alegre – DMAE/2011) – Tendo como referência as afirmações que discutem o modelo de crescimento de Solow com progresso tecnológico e crescimento demográfico, marque V para as afirmativas verdadeiras e F para as falsas.**
    ( ) **No equilíbrio de estado estacionário, o investimento é igual ao estoque de capital por trabalhador multiplicado pela soma das taxas de crescimento demográfico, de progresso tecnológico e de depreciação.**
    ( ) **Quanto maior a taxa de crescimento demográfico, maior será a taxa do consumo por trabalhador de equilíbrio.**
    ( ) **Dada a seguinte função de produção: $Y = K^{0,5} . L^{0,5}$, pode-se afirmar que a produção apresenta retornos constantes de escala.**
    ( ) **No nível de capital ótimo, o produto marginal líquido deste é igual a soma das taxas de crescimento demográfico, de depreciação e de progresso tecnológico.**

    A sequência está correta em
    a) F, V, F, V
    b) V, F, V, F
    c) F, F, V, V
    d) V, V, F, F
    e) V, V, V, V

03. **(Consulplan/Economista/Departamento Municipal de Água e Esgotos de Porto Alegre – DMAE/2011) – A função de produção do Modelo de Solow e comumente apresentada por meio de uma função Cobb-Douglas como mostrado a seguir: $Y = K^{0,5}.L^{0,5}$. Lembrando que no modelo de Solow, o consumo por trabalhador (c) e a depreciação (D) são definidos como: $c = (1 – s)$ e $D = \delta.k$. Assumindo que a poupança equivale a 40% ($s = 0,40$) do produto por trabalhador; que há uma depreciação anual de 10% ($\delta = 0,10$) do capital por trabalhador, pergunta-se: qual o valor do capital por trabalhador compatível com o estado estacionário (k^*)?**
    a) 1
    b) 2
    c) 3
    d) 4
    e) 5

04. (Economista/Prefeitura Municipal de Maracanaú/2011) – Sobre o Modelo de Solow-Swan sem progresso técnico, assinale e hipótese falsa:

a) A economia produz somente um bem;

b) A poupança é uma função proporcional simples da renda e a taxa de poupança é endógena;

c) A taxa de depreciação do estoque de capital é constante;

d) A força de trabalho cresce a uma taxa constante proporcional n;

e) A função de produção neoclássica apresenta três propriedades: exibe produtos marginais decrescentes e positivos com respeito a cada fator de produção, retornos constantes de escala e atende às condições de Inada.

05. (ESAF/Analista da CVM – Mercado de Capitais/2010) - No modelo Solow-Swan, a hipótese de retornos decrescentes de cada fator de produção torna-se fundamental para assegurar a solução de equilíbrio da economia. A partir desse modelo, é possível afirmar que:

a) é com base nessa hipótese que se extrai o argumento que sustenta a existência de uma relação negativa entre a distância do nível de renda per capita de um país em relação ao seu estado-estacionário e a velocidade da taxa de crescimento dessa renda.

b) essa hipótese é equivalente à hipótese de rendimentos decrescentes de escala.

c) nesse modelo não há como testar empiricamente o pressuposto de convergência de renda entre países ou regiões para um dado estado estacionário.

d) essa hipótese assegura a não-existência de desenvolvimento tecnológico.

e) no modelo, a tecnologia é uma variável endógena.

06. (VUNESP/Economista/CEAGESP/2010) - Em um modelo de crescimento de Solow, se a propensão marginal a poupar for 0,2 e a depreciação 0,1, se não houver crescimento populacional nem desenvolvimento tecnológico exógeno e a função de produção da economia for dada por $f(K,L) = \sqrt{KL}$, em que K representa as unidades de capital e L as unidades de trabalho, o nível de capital *per capita* no estado estacionário é:

a) zero.

b) 1.

c) 2.

d) 3.

e) 4.

07. (Fundação Cesgranrio/Economista/BNDES/2008) - Na Teoria do Crescimento Endógeno de Lucas e outros, ao contrário de outros modelos (clássico, neoclássico, etc.),

a) o limite do crescimento econômico decorre das restrições à formação de capital físico.

b) o crescimento da economia é consequência única da ligação weberiana entre o capitalismo e o protestantismo.

c) o investimento em capital humano, estimulando a capacidade de criação e a invenção, é considerado um fator básico para crescer.

d) os recursos naturais do país são considerados o fator fundamental para o crescimento.

e) as restrições externas, de balanço de pagamentos, limitam o crescimento da economia.

08. (Fundação Cesgranrio/Economistas Júnior/Petrobrás S.A./2010) – No modelo de crescimento neoclássico desenvolvido por Solow, na década de 1960, a taxa de crescimento de equilíbrio de longo prazo

a) independe da taxa de poupança.

b) independe da taxa de crescimento da força de trabalho.

c) é igual à taxa de poupança.

d) diminui com os aumentos da taxa de poupança.

e) aumenta com o nível de renda alcançado.

09. (Fundação Cesgranrio/Economistas Júnior/Petrobrás Biocombustíveis S.A./2010) – Os modernos modelos de crescimento econômico endógeno

a) não têm estado estacionário.

b) não têm equilíbrio de curto prazo.

c) desconsideram o papel do investimento em infraestrutura e em capital fixo no crescimento econômico.

d) enfatizam o crescimento populacional e as riquezas naturais, como os fatores mais importantes para o crescimento econômico.

e) explicam, no âmbito do próprio modelo, o resíduo de crescimento atribuído pelos modelos exógenos ao progresso tecnológico.

10. (Cespe-UnB/Consultor do Executivo – Ciências Econômicas/Secretaria de Estado da Fazenda/Governo do Estado do Espírito Santo/2010) – Julgue o item a seguir como verdadeiro ou falso.

A macroeconomia estuda as flutuações econômicas e o produto efetivo em análises de curto prazo. Já em avaliações de longo prazo, ela estuda o crescimento econômico e produto potencial.

11. (FGV Projetos/Economista/Agência de Fomento do Estado de Santa Catarina S.A/2010) – Com relação aos *modelos de crescimento econômico*, analise as afirmativas a seguir.

I. O modelo de Solow-Swan requer retornos constantes de escala para capital e trabalho em separado e retornos decrescentes para a função de produção conjunta.

II. No modelo de Romer, os produtos marginais do capital e do trabalho são constantes.

III. O modelo de Romer é um modelo de crescimento exógeno baseado no crescimento do fator de produção tecnologia.

Assinale:

a) se somente a afirmativa II estiver correta.

b) se somente as afirmativas I e II estiverem corretas.

c) se somente as afirmativas I e III estiverem corretas.

d) se somente as afirmativas II e III estiverem corretas.

e) se todas as afirmativas estiverem corretas.

12. (FGV Projetos/Economista/Agência de Fomento do Estado de Santa Catarina S.A/2010) – Com relação aos modelos de crescimento endógeno, analise as afirmativas a seguir.

I. No modelo AK de crescimento endógeno os produtos médio e marginal do capital são constantes em relação a A e, assim, $f(k)/k = A$.

II. No modelo de crescimento endógeno de Romer (1990), a taxa de crescimento e a taxa de lucro são determinadas simultaneamente.

III. No modelo AK, a poupança constante e exógena e o nível de tecnologia fixo, são duas hipóteses.

Assinale:

a) se somente a afirmativa I estiver correta.

b) se somente as afirmativas I e II estiverem corretas.

c) se somente as afirmativas I e III estiverem corretas.

d) se somente as afirmativas II e III estiverem corretas.

e) se todas as afirmativas estiverem corretas.

13. **(FUNDATEC/Economista/Companhia Estadual de Distribuição de Energia Elétrica – CEEE/Governo do Estado do Rio Grande do Sul/2010) – Considere as seguintes assertivas, que se referem ao modelo de crescimento econômico de Solow.**

    I. **Entende-se por aprofundamento do capital, de acordo com esse modelo, o aumento do capital por trabalhador.**

    II. **No estado estável, a poupança *per capita* iguala-se à ampliação do capital.**

    III. **O ritmo de crescimento da renda *per capita* no equilíbrio estável de longo prazo é determinado pelo ritmo do progresso técnico.**

    Quais estão corretas?

    a) Apenas I.

    b) Apenas II.

    c) Apenas I e II.

    d) Apenas II e III.

    e) I, II e III.

14. **(Fundação Cesgranrio/Economista/Eletrobras/2010) – O modelo de crescimento neoclássico simples de Solow difere do modelo de crescimento de Harrod-Domar porque**

    a) não admite o crescimento populacional.

    b) permite a substituição entre os fatores de produção, capital e trabalho.

    c) supõe uma taxa de poupança variável no tempo.

    d) admite o desemprego dos fatores de produção.

    e) nunca alcança um estado estacionário.

15. **(Economista/Fundação Nacional de Saúde – FUNASA/2010) – Um determina país possui relação poupança/produto igual a 4 e relação capital/produto igual a 2. De acordo com o modelo simplificado de crescimento de Harrod-Domar, a taxa de crescimento do produto deste país equivale a:**

    a) 2

    b) 4

    c) 6

    d) 8

    e) 12

16. **(BIO RIO Concursos/Economista/Prefeitura Municipal de Barra Mansa/2010) – Considere o modelo de crescimento econômico de Solow. Indique qual das alternativas abaixo está correta:**

    a) um aumento da taxa de poupança em uma economia que se encontra no estado estacionário irá diminuir o produto per capita;

    b) um aumento na taxa de crescimento populacional em uma economia em estado estacionário eleva o estoque de capital;

c) a trajetória de crescimento equilibrado ocorre somente quando capital, produto, consumo e população possuem taxas de crescimento nulas;

d) um país com baixo estoque de capital necessariamente terá uma taxa de crescimento do produto maior do que a de um país com alto estoque de capital;

e) ao longo da trajetória de crescimento equilibrado, o produto por trabalhador cresce à taxa do progresso tecnológico exógeno.

17. **(Fundação Carlos Chagas/Economista/Sergipe Gás S.A./2010) – No modelo neoclássico de crescimento de Solow, é correto afirmar:**

a) Quanto maior for a taxa de poupança, maior será o bem-estar da sociedade.

b) Somente o progresso tecnológico pode explicar o crescimento da renda real *per capita* da sociedade no longo prazo.

c) Não é considerado o efeito que a depreciação provoca no estoque de capital por trabalhador.

d) Quanto maior o crescimento populacional, maior será o nível de renda *per capita* da sociedade.

e) Quanto menor for a taxa de poupança, tudo mais igual, maior será o nível de renda no estado estacionário.

18. **(Instituto de Planejamento e Apoio ao Desenvolvimento Tecnológico e Científico – IPAD/Analista de Gestão – Economista/Companhia Pernambucana de Saneamento – COMPESA/2009) – Considerando o modelo de crescimento de Solow, pode-se afirmar:**

a) A taxa de poupança é endógena e a taxa de tecnologia exógena.

b) A taxa de poupança é exógena e a taxa de tecnologia endógena.

c) Ambas são exógenas.

d) Ambas são endógenas.

e) Ambas não são parâmetros do modelo de Solow.

19. **(Fundação Carlos Chagas/Economista/Infraero/2009) – A função de produção de uma economia é dada por:**

$Y = K^{1/2} L^{1/2}$

Onde:

Y = produto da economia

K = estoque de capital da economia

L = população empregada

Admita-se, de forma pouco realista, que o crescimento demográfico e o progresso tecnológico dessa economia sejam nulos. Se a taxa de poupança dessa economia for 20% e a taxa de depreciação anual do capital for 5%, o valor do estoque de capital por trabalhador dessa economia no estado estacionário será igual a

a) 25

b) 16

c) 12

d) 8

e) 4

20. (Fundação Cesgranrio/Profissional Básico – Economia/Banco Nacional de Desenvolvimento Econômico e Social – BNDES/2009) – O Modelo Básico de Crescimento de Solow considera o papel da taxa de poupança na formação de capital físico e o aumento da mão de obra efetiva, dado exogenamente, para explicar o crescimento da economia. Os modelos de crescimento endógeno consideram o(a)

a) papel da poupança na acumulação de capital físico como irrelevante.

b) aumento populacional como um entrave ao crescimento, por expandir o consumo.

c) volume de poupança externa entrando no país como o promotor fundamental de seu crescimento.

d) explicação do processo de acumulação de capital humano e de conhecimento como parte do modelo.

e) insuficiência da demanda agregada como o principal obstáculo ao crescimento sustentado da economia.

---

21. (Cespe-UnB/Analista de Comércio Exterior/MDIC/2008) – Julgue o item a seguir, como verdadeiro ou falso:

A explicação de que o aumento de longo prazo da renda per capita dos países do Leste Asiático decorre essencialmente das elevadas taxas de poupança que caracterizam esses países conforma-se tanto às predições da teoria neoclássica quanto às teorias associadas aos modelos de crescimento endógeno.

---

22. (ESAF/Auditor-Fiscal da Receita Federal do Brasil/2009) – Considere o Modelo de Solow dado pelas seguintes equações e informações:

$y = k^{0,5}$

$\delta = 0,05$

onde:

y = produto por trabalhador;

k = estoque de capital por trabalhador;

δ = taxa de depreciação.

Supondo a taxa de crescimento populacional igual a zero, a taxa ótima de poupança dada pela "regra de ouro" gera um nível ótimo de investimento por trabalhador igual a:

a) 5,0

b) 2,5

c) 10,0

d) 25,0

e) 1,5

---

23. (Vunesp/Consultor Técnico Legislativo – Economia/CMSP/2007) - O produto Y de uma economia é dado por $Y = K^{0,5}L^{0,5}$, onde K é o estoque de capital e L o número de trabalhadores. Se houver 1000 trabalhadores na economia, se a taxa de poupança for 0,2 e a taxa de depreciação for 0,1, o estoque de capital no estado estacionário, de acordo com o modelo de Solow, será

a) 2 000.

b) 3 000.

c) 4 000.

d) 5 000.

e) 10 000.

24. **(Fundação Cesgranrio/Analista do Banco Central do Brasil/2010) – A teoria do crescimento endógeno, associada aos trabalhos de Paul Romer e Robert Lucas, diferente de outras construções com base no Modelo de Crescimento de Solow, considera que**

a) capital humano, externalidades positivas entre firmas e investimentos em pesquisa e desenvolvimento são os fatores determinantes do crescimento econômico e explicam a não verificação da hipótese de convergência das diferentes taxas de crescimento.

b) as instituições sociais são um fator determinante para o crescimento econômico e explicam a não verificação da hipótese de convergência das diferentes taxas de crescimento.

c) a taxa de crescimento do capital físico resultante dos investimentos financiados pela poupança é o fator determinante do crescimento econômico.

d) a disponibilidade de recursos naturais limita o processo de crescimento que, para ser promovido, depende da abertura da economia para o comércio e para as transações financeiras internacionais.

e) o desenvolvimento de tecnologia própria e adequada às condições internas é o fator preponderante na promoção do crescimento econômico.

25. **(Cetro Concursos Públicos/Auditor-Fiscal Tributário Municipal – Gestão Tributária/Prefeitura do Município de São Paulo/2014) – Sobre crescimento de longo prazo, analise as assertivas abaixo.**

I. **No estado estacionário do modelo de Solow em que não há progresso técnico, a taxa de crescimento do produto real da economia será igual a zero.**

II. **No modelo de crescimento de Solow em estado estacionário, a renda depende da taxa de poupança da economia.**

III. **A "regra de ouro" consiste em determinar que taxa de poupança maximiza o consumo por trabalhador no estado estacionário.**

É correto o que se afirma em

a) I e II, apenas.

b) II e III, apenas.

c) I e III, apenas.

d) I, II e III.

e) II, apenas.

26. **(Economista/Instituto Federal de Educação, Ciência e Tecnologia da Paraíba/2014) – Analise os itens a respeito do Modelo de Crescimento de Solow.**

I. **O modelo parte das mesmas ideias de Harrod-Domar, mas avança ao permitir a substituição de fatores, ao contrário da hipótese de coeficientes fixos, e evitando cair em resultados extremos como o "equilíbrio em fio da navalha".**

II. **Embora considere o progresso tecnológico neutro, assim como a taxa de crescimento da força de trabalho, o modelo enfatiza que a acumulação de capital físico explica apenas parte do crescimento econômico, existindo outras fontes, denominadas de Resíduo de Solow.**

III. **No estado estacionário, a poupança *per capita* é suficiente para fazer frente tanto à depreciação física quanto ao aumento da força de trabalho.**

Está CORRETO o que se afirma em

a) I apenas.

b) II apenas.

c) I e II apenas.

d) I e III apenas.

e) I, II e III.

27. (Economista/Instituto Federal de Educação, Ciência e Tecnologia da Paraíba/2014) – No Modelo de Crescimento de Harrod-Domar, com uma função poupança $S = 0,4y$ e com uma relação capital-produto igual a 8, em equilíbrio, a taxa de crescimento da renda é:

a) 4%

b) 2%

c) 8%

d) 5%

e) 12%

28. (Centro de Seleção UFG/Técnico de Planejamento, Orçamento e Finanças – Área: Economia/Universidade do Estado do Amapá/2014) – Com base no modelo de crescimento econômico de Solow, no estado estacionário, os níveis de capital e produto da economia dependem

a) da taxa de poupança.

b) do nível de consumo das famílias no curto prazo.

c) das expectativas dos empresários.

d) das expectativas dos consumidores.

29. (VUNESP/Agente Técnico – Economista/Ministério Público do Estado do Espírito Santo/2013) – Um dos modelos de crescimento exógeno mais conhecido na literatura econômica é o modelo de Solow. Sobre esse modelo, é correto afirmar que:

a) uma de suas hipóteses básicas é de que a função de produção macroeconômica apresente rendimentos crescentes de escala no longo prazo.

b) quanto maior a taxa de poupança da economia, tudo o mais constante, menor será o crescimento econômico da economia no longo prazo.

c) o crescimento da economia e o aumento da produtividade do trabalhador no longo prazo são explicados pelo crescimento da população economicamente ativa.

d) um aumento da taxa de poupança da economia no longo prazo implica necessariamente uma produção maior e um maior bem-estar da sociedade.

e) o modelo sugere que a variável que explica o crescimento da produtividade do trabalhador no longo prazo é o progresso tecnológico.

30. (FGV Projetos/Economista/Companhia de Desenvolvimento Urbano do Estado da Bahia/2013) – Considere as nomenclaturas a seguir:

k = capital por trabalhador;

y = produto por trabalhador;

s = taxa de poupança;

n = taxa de crescimento populacional;

d = taxa de depreciação do capital.

Assinale a alternativa que descreve uma estática comparativa que esteja de acordo com o modelo de Solow sem progresso técnico.

a) Se $n = 0$ e há um aumento de s, tal que $s > d$, logo k diminui.

b) Se s diminui, a taxa de crescimento de longo prazo de y também diminui.

c) Se d diminui, o k e y vão se elevar até atingir o novo equilíbrio estacionário.

d) Se s diminui, o investimento realizado passa a ser maior do que o necessário para manter k constante.

e) Mesmo se n diminuir, a taxa de crescimento do nível do capital e do produto nominal se mantém nula.

31. **(Cespe-UnB/Analista Pericial – Economia/Ministério Público da União/2013) – Julgue o item a seguir como verdadeiro ou falso.**

O aumento da taxa de crescimento populacional aumenta a taxa de crescimento do produto

32. **(Cetro Concursos Públicos/Economista/Ministério das Cidades/2013) – Sobre o modelo de crescimento de longo prazo de Solow, analise as assertivas abaixo.**

I. **A taxa de poupança determina o estoque de capital e, por conseguinte, seu produto.**

II. **O crescimento econômico sustentado não é determinado, por si só, por uma taxa elevada de poupança.**

III. **O crescimento populacional é relevante para a determinação do padrão de vida no longo prazo.**

É correto o que se afirma em:

a) I, apenas.

b) II, apenas.

c) I e II, apenas.

d) II e III, apenas.

e) I, II e III.

33. **(Fundação Cesgranrio/Profissional de Nível Superior I – Ciências Econômicas/Companhia Hidroelétrica do São Francisco – CHESF/2012) - Considere o modelo de crescimento de Solow, cuja função de produção é dada por Y=(K/L)0,5. A taxa de poupança é de 5%, a taxa de crescimento populacional é de 1%, e a taxa de depreciação é de 4%. A razão capital-trabalho no estado estacionário é igual a**

a) 1/2

b) 1/81

c) 4/9

d) 1

e) 2

34. **(ESAF/Analista de Comércio Exterior/Ministério do Desenvolvimento, Indústria e Comércio Exterior/2012) - No modelo de Solow, considere a situação em que a economia encontra-se em um equilíbrio com menos capital por trabalhador do que aquele verificado no "estado estacionário" dado pela "regra de ouro". Suponha que o formulador de política econômica altere a taxa de poupança no sentido de alcançar o "estado estacionário" dado pela "regra de ouro". É correto afirmar que**

a) nada acontecerá com o consumo, já que a economia permanecerá no denominado "estado estacionário".

b) para atingir o novo equilíbrio, o formulador de política econômica deverá reduzir a taxa de poupança no sentido de estimular o consumo e estimular as empresas a elevar o estoque de capital com base nas expectativas de um maior consumo no futuro.

c) no momento em que é alterada a taxa de poupança, haverá uma forte elevação do consumo por trabalhador. Será esse efeito que garantirá a condução da economia para o equilíbrio ótimo.

d) no momento em que é alterada a taxa de poupança, o consumo por trabalhador cairá. Ao longo do tempo, entretanto, com a economia sendo conduzida para o novo equilíbrio dado pela "regra de ouro", esse consumo aumentará até atingir novo patamar, que será superior ao patamar dado pelo equilíbrio anterior.

e) haverá uma elevação permanente do consumo total e uma queda no estoque de capital por trabalhador na economia.

35. (Fundação Cesgranrio/Economista Júnior/Petrobrás/2012) - Considere o modelo de crescimento econômico de Solow com progresso técnico aumentando a efetividade da mão de obra à taxa de 2% ao ano. Nesse modelo, a renda *per capita*

a) cresce a taxas menores que 2% ao ano, quando a economia evolui no estado estacionário.

b) cresce a taxas menores que 2% ao ano, quando a economia evolui a curto prazo.

c) diminui se a taxa de poupança aumentar, reduzindo a demanda agregada.

d) diminui se houver desemprego estrutural, causado pelas mudanças tecnológicas.

e) percorre uma trajetória temporal mais elevada, se a taxa de poupança aumentar.

36. (Economista/Câmara Municipal de Teresina/2012) – Considerando o modelo de crescimento de Solow, é correto afirmar que:

a) a partir de uma situação estática de equilíbrio de longo prazo, um progresso técnico poupador de capital eleva o produto marginal do capital.

b) no estado estacionário de uma economia com crescimento da população, o consumo equivale ao produto menos a depreciação do capital.

c) uma queda na taxa de crescimento populacional está associada a um aumento da renda per capita e a uma queda na taxa de crescimento do produto.

d) a taxa de crescimento do produto em equilíbrio estacionário será igual à taxa de crescimento do progresso técnico, menos a taxa de crescimento da população.

e) economias com maior propensão a poupar terão, *ceteris paribus*, uma taxa de crescimento de equilíbrio mais elevada do que economias com propensão a poupar menos.

37. (FUNCAB/Economista/Prefeitura de Aracruz/2012) – As alternativas abaixo dizem respeito à análise do modelo de crescimento de Solow. Neste sentido, marque a alternativa correta.

a) A taxa de poupança de um país determina de maneira inversa a quantidade de estoque de capital e, dessa forma, um menor nível de produção da economia.

b) Se o investimento por trabalhador é inferior à depreciação por trabalhador, a mudança no capital por trabalhador é negativa e, neste caso, o capital por trabalhador diminui.

c) Quanto mais elevado o crescimento populacional, mais alto o nível do produto por trabalhador, fazendo com que haja uma maior renda para a economia de um país.

d) No estado de crescimento equilibrado, o produto por trabalhador efetivo e o capital por trabalhador efetivo são constantes, isto é, crescem a uma taxa menor que a do progresso técnico.

e) O nível de capital que maximiza o consumo é chamado de nível de Regra de Ouro. Nesse nível, o produto marginal líquido do capital é maior do que a taxa de crescimento do produto.

38. (Instituto Machado de Assis/Economista/Prefeitura Municipal de Campo Maior/2012) – Segundo o modelo de crescimento econômico neoclássico, os fatores que determinam a taxa de crescimento de equilíbrio de longo prazo de um país são os que afetam:

a) A taxa de mudança tecnológica; o crescimento da mão de obra e a taxa de formação de capital.

b) A eficiência marginal do capital; taxa de poupança e taxa de formação de capital.

c) A taxa de investimentos; eficiência marginal do capital e taxa de poupança.

d) A taxa de crescimento de mão de obra; eficiência marginal do capital e taxa de poupança.

39. **(Objetiva Concursos/Economista/Prefeitura Municipal de Porto Alegre/2012) – Em relação ao chamado Modelo de Solow, assinalar a alternativa CORRETA:**

　a) No estado estacionário, o PIB real total da economia não cresce, mesmo que a taxa de crescimento da força de trabalho seja positiva.

　b) O aumento da poupança leva a uma redução no nível de produção no longo prazo.

　c) Somente o progresso tecnológico, que permite sucessivos deslocamentos da função de produção para cima, pode explicar o crescimento do produto por trabalhador ao longo do tempo.

　d) Uma elevação da taxa de crescimento da população não tem efeito sobre o produto e a renda na economia.

40. **(Consulplan/Economista/Prefeitura Municipal de Porto Velho/2012) – Tendo como referência o modelo de crescimento de Solow e a figura a seguir, marque V para as afirmativas verdadeiras e F para as falsas.**

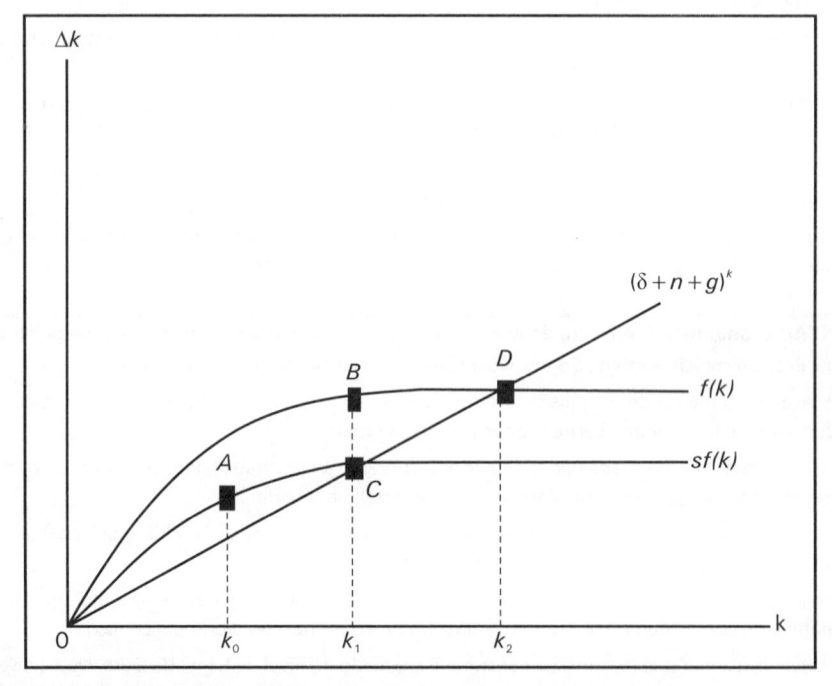

( ) A distância entre os pontos B e C corresponde ao consumo por trabalhador.

( ) O ponto D corresponde a uma variação nula do estoque de capital em unidades de trabalho eficiente.

( ) Se a economia se encontrar no ponto A, então haverá um aumento momentâneo dos investimentos.

( ) O valor do estoque de capital em unidades de trabalho eficiente correspondente à "Regra de Ouro" fica entre k_1 e k_2.

A sequência está correta em

　a) F, F, V, V

　b) V, V, F, F

　c) F, V, F, V

　d) V, F, V, F

　e) V, V, V, V

41. (NEC/Economista/Universidade Federal do Maranhão/2012) – Sobre o modelo de Solow, com relação ao equilíbrio de longo prazo, é correto afirmar:

a) O crescimento populacional interfere de forma positiva no estoque de capital por trabalhador.

b) Quanto maior a taxa de poupança, maior o consumo por trabalhador.

c) O estoque de capital do trabalhador é diretamente proporcional à taxa de poupança.

d) A taxa de depreciação é igual à taxa de crescimento do produto por trabalhador.

e) O estoque de capital por trabalhador cresce de forma diretamente proporcional à taxa de depreciação.

42. (NEC/Economista/Universidade Federal do Maranhão/2012) – Com base no modelo de Solow, assinale a alternativa correta:

a) A Hipótese da Convergência preconiza que a taxa de crescimento de uma economia relaciona-se diretamente com a renda, de forma que, no longo prazo, a renda de todos os países converge para o mesmo valor.

b) O nível de produto por trabalhador no longo prazo não poderá ser afetado por variações na taxa de poupança.

c) De acordo com Solow, quando se consideram os efeitos do progresso tecnológico isto não afeta a taxa de crescimento estacionária.

d) Mudanças na razão entre poupança nacional e produto, se for ignorado o efeito do progresso técnico não provocará uma mudança permanente na taxa de crescimento do produto.

e) A taxa de poupança é importante na determinação do nível de renda e da taxa de crescimento de curto prazo, porém a taxa de poupança influencia a taxa de crescimento no longo prazo.

43. (COMPERVE/Economista/Universidade Federal do Rio Grande do Norte/2012) – De acordo com o modelo de crescimento convencional de *Solow*, é correto afirmar:

a) Economias com maior nível de renda *per capita* tendem a crescer mais depressa do que as de menor nível de renda *per capita*.

b) Um aumento da taxa de poupança aumenta a taxa de crescimento da renda *per capita* em estado estacionário.

c) Na fase dinâmica de transição, as taxas de crescimento natural e do estoque de capital são diferentes.

d) Uma redução da taxa de crescimento populacional aumenta a taxa de crescimento da renda *per capita* em estado estacionário.

44. (Cespe-UnB/Analista dos Correios – Especialidade: Economista/Empresa Brasileira de Correios e Telégrafos/2011) – Entre as teorias que se propõem a examinar as questões ligadas ao crescimento econômico, destacam-se os modelos keynesianos e neoclássicos. Com relação a esses modelos, julgue os próximos itens.

(0) No modelo de Harrod-Domar, para uma dada taxa de crescimento da renda per capita, aumentos da população exigem níveis mais elevados de investimentos.

(1) De acordo com o modelo básico de Solow, países com taxas mais elevadas de crescimento populacional deveriam apresentar maiores taxas de crescimento econômico.

(2) Dois países com a mesma taxa de crescimento populacional e com acesso às mesmas tecnologias terão os mesmos níveis de produção e renda no estado estacionário.

(3) No modelo neoclássico de crescimento econômico, uma diminuição da taxa de poupança conduz à redução da relação capital-trabalho e da renda per capita, que prevalece no estado estacionário.

GABARITO DO CAPÍTULO 16

01 – E	11 – A	21 – F	31 – V	41 – C
02 – B	12 – E	22 – A	32 – E	42 – D
03 – B	13 – E	23 – C	33 – D	43 – C
04 – B	14 – B	24 – A	34 – D	44 – (0) V, (1) V, (2) F, (3) V
05 – A	15 – A	25 – B	35 – E	
06 – A	16 – E	26 – E	36 – C	
07 – C	17 – B	27 – D	37 – B	
08 – A	18 – A	28 – A	38 – B	
09 – E	19 – B	29 – E	39 – C	
10 – V	20 – D	30 – C	40 – D	

Capítulo 17

Macroeconomia do Setor Público

1. Exercícios Resolvidos de Concursos Públicos

1.1. Exercícios Resolvidos do Tipo "Múltipla Escolha"

01. (Economista/Instituto Federal de Educação, Ciência e Tecnologia do Acre/2012) - Analise as afirmativas e assinale a alternativa correspondente.

Os cidadãos e agentes informados da sociedade brasileira sabem que essas quatro funções básicas do governo são vitais para o bom funcionamento de qualquer sistema econômico.

I. **Reguladora:** o Estado deve regular a atividade econômica mediante leis e disposições administrativas. Com isso, torna-se possível o controle de alguns preços, monopólios e ações danosas ao direito do consumidor.

II. **Provedora de bens e serviços:** o governo, também, deve prover ou facilitar o acesso a bens e serviços essenciais, principalmente àqueles que não são de interesse do setor privado, tais como, educação, saúde, defesa, segurança, transporte e justiça.

III. **Redistributiva:** as políticas econômicas devem atingir e vir a beneficiar os mais necessitados da sociedade. Com isso, modificam a distribuição de renda e riqueza entre pessoas e/ou regiões. A igualdade social deve ser uma prioridade a ser buscada pelos órgãos públicos.

IV. **Estabilizadora:** os formuladores de políticas econômicas devem estar preocupados em estabilizar/controlar os grandes agregados macroeconômicos, tais como, taxa de inflação, taxa de desemprego e nível de produção, com o intuito de beneficiar a população.

a) São verdadeiras todas as afirmativas.

b) São verdadeiras apenas as afirmativas I,II e III.

c) São verdadeiras apenas as afirmativas I, II e IV.

d) São verdadeiras apenas as afirmativas II e IV.

e) São verdadeiras apenas as afirmativas III e IV.

Solução:

A resposta é a letra "a", em que todos os itens são verdadeiros.

---

02. **(FGV Projetos/Economista/Companhia Pernambucana de Saneamento - COMPESA/2014) - Leia o fragmento a seguir.**
   "A educação é um bem meritório e, por isso, justifica-se a sua provisão pelo setor público em complemento ao setor privado. Nesse sentido, o governo está exercendo sua função _____. Por sua vez, no caso de provimento do benefício de prestação continuada (BPC), que é destinado a pessoas com deficiência e idosos, o governo exerce uma função _____."
   Assinale a opção que completa corretamente as lacunas do fragmento acima.
   a) distributiva – estabilizadora.
   b) distributiva – alocativa.
   c) estabilizadora – distributiva.
   d) alocativa – distributiva.
   e) alocativa – estabilizadora.

Solução:

A resposta é a letra "d". Conforme visto antes, a função alocativa do governo está associada ao fornecimento de bens e serviços não oferecidos adequadamente pelo sistema de mercado, por exemplo, educação. Já a função distributiva do governo é voltada na necessidade do governo de intervir na economia para tentar corrigir a desigualdade existente na distribuição da renda nacional que, normalmente, não é igualitária

---

03. **(Economista/Prefeitura Municipal de Iguatu/Estado do Ceará/2013) – Considerando-se as funções econômicas do setor público, como se denomina a função relacionada com a intervenção do Estado na economia, para alterar o comportamento do nível de preços e emprego?**
   a) Função estabilizadora;
   b) Função distributiva;
   c) Função alocativa;
   d) Função restritiva;
   e) Função burocrática.

Solução:

A resposta é a letra "a". O uso de uma política econômica que estimule a geração de empregos mas, ao mesmo tempo, mantenha os preços estáveis se refere à função estabilizadora.

---

04. **(FGV Projetos/Economista/Companhia de Desenvolvimento Urbano do Estado da Bahia/2013) – Assinale a alternativa que descreve corretamente uma característica da *função alocativa do governo*.**
   a) O Estado impõe alíquotas tributárias elevadas para os bens de luxo.
   b) O Estado determina um sistema de seguridade social que melhore a distribuição de renda.
   c) O Estado usa a política fiscal visando à melhora do emprego e do crescimento econômico.
   d) O Estado usa a política monetária para realizar ajustes na taxa de inflação.
   e) O Estado determina a quantidade de bens públicos que devem ser oferecidos à população.

Solução:

A resposta é a letra "e", pois a função alocativa do governo está associada ao fornecimento de bens e serviços não oferecidos adequadamente pelo sistema de mercado. Em outras palavras, essa função tem o objetivo de alocar os recursos quando não seja possível, pelas condições de mercado, a determinação de preços de bens e serviços de forma a assegurar uma maior eficiência na utilização dos recursos disponíveis na economia. Por exemplo, o Estado determina a quantidade de bens públicos que devem ser oferecidos à população.

05. **(Fundação Getúlio Vargas/Fiscal de Rendas/Sefaz-RJ/2009) - As dificuldades financeiras da década de 80 impediram que o Brasil obtivesse recursos no mercado internacional para financiar os gastos do governo. Uma das soluções encontradas pelo governo, à época, foi o recurso ao imposto inflacionário. A respeito das implicações da política adotada, analise as afirmativas a seguir:**

I. **A intensidade do uso desse instrumento foi um dos determinantes da hiperinflação observada no país à época.**

II. **O recurso ao imposto inflacionário teve efeitos distributivos na economia, pois corroeu o poder de compra dos mais ricos.**

III. **Para fugir da corrosão do poder de compra derivada do processo inflacionário, foi adotado, entre outras medidas, o gatilho salarial, que corrigia os salários nominais segundo um índice inflacionário.**

Assinale:

a) se somente a afirmativa I estiver correta.

b) se somente as afirmativas I e III estiverem corretas.

c) se somente as afirmativas I e II estiverem corretas.

d) se somente as afirmativas II e III estiverem corretas.

e) se todas as afirmativas estiverem corretas.

Solução:

A resposta é a letra "b". O recurso ao imposto inflacionário teve efeitos distributivos na economia, pois corroeu o poder de compra dos mais pobres, em sua maioria, sem acesso aos serviços bancários de correção monetária, diferente dos mais ricos. Por isto, a alternativa II é incorreta. As demais são corretas.

06. **(SUFRAMA/Conhecimentos Específicos/Economista/2008) - O governo, através da política fiscal, desempenha três funções básicas. São elas**

a) normativa, distributiva e estabilizadora.

b) normativa, assistencialista e estabilizadora.

c) normativa, alocativa e distributiva.

d) alocativa, distributiva e estabilizadora.

e) alocativa, assistencialista e distributiva.

Solução:

A resposta é a letra "d", porque são três as funções desempenhadas pelo Estado: distributiva, alocativa e estabilizadora.

07. **(ESAF/ANALISTA DE FINANÇAS E CONTROLEE-CE/TCU/2000) - No que tange à medição dos resultados do setor público, consagraram-se os conceitos de Necessidade de Financiamento do Setor Público (NFSP) Nominal, Operacional e Primário; em relação a estes, podemos afirmar que:**

a) a NFSP operacional é igual à NFSP nominal acrescida da taxa nominal de juros paga sobre a dívida externa do governo

b) a NFSP nominal é igual à NFSP primária mais os juros reais pagos em função da dívida interna do governo

c) a NFSP operacional é igual à NFSP primária acrescida dos juros reais pagos sobre as dívidas interna e externa do governo

d) a NFSP primária é igual à NFSP nominal acrescida da correção monetária que incide sobre as dívidas externa e interna do governo

e) a NFSP nominal é igual à NFSP operacional diminuída da correção monetária que incide sobre as dívidas interna e externa do setor público

Solução:

A resposta é a letra "c", em que a NFSP operacional é igual à NFSP primária acrescida dos juros reais pagos sobre as dívidas interna e externa do governo. Os demais itens estão errados.

08. **(ESAF/ANALISTA DE FINANÇAS E CONTROLE-STN/2000) - Os governos podem auferir receita como resultado de seu monopólio na emissão de moeda. Neste contexto, surge o conceito de seigniorage. É correto afirmar que:**

a) Define-se seigniorage como sendo o produto da expansão monetária pela inflação. A partir desta definição, seigniorage é necessariamente igual ao imposto inflacionário.

b) Define-se seigniorage como sendo o produto da expansão monetária pelos saldos monetários nominais. A partir desta definição, seigniorage não necessariamente é igual ao imposto inflacionário.

c) Define-se seigniorage como sendo o produto da expansão monetária pelo nível geral de preços. A partir desta definição, seigniorage é necessariamente igual ao imposto inflacionário.

d) Define-se seigniorage como sendo o produto da expansão monetária pelos saldos monetários reais. A partir desta definição, seigniorage não necessariamente é igual ao imposto inflacionário.

e) Define-se seigniorage como sendo o produto da expansão monetária pelo imposto inflacionário. A partir desta definição, seigniorage é necessariamente diferente do imposto inflacionário.

Solução:

A resposta é a letra "d". A letra "a" está falsa porque seigniorage é o produto da expansão monetária pelos saldos monetários reais e, não necessariamente seigniorage é igual ao imposto inflacionário. A letra "b" está falsa por se tratar de saldos monetários reais, e não nominais. As letras "c" estão totalmente falsas, e basta compará-las com a alternativa "d" para melhor entendimento.

09. **(ESAF/AUDITOR-FISCAL DA RECEITA FEDERAL – 2000) - Utilizando conceitos básicos de finanças públicas, assinale a única opção correta em relação ao déficit público.**

a) A diferença entre o déficit primário e o déficit operacional está em que o primeiro considera as despesas e receitas financeiras.

b) O déficit nominal é sempre menor do que o déficit operacional.

c) A diferença entre o déficit operacional e o déficit nominal está em que o segundo não considera o imposto inflacionário como receita real do governo.

d) O déficit público é a única causa de expansão da base monetária.

e) Enquanto o país conviveu com elevadas taxas de inflação, o déficit nominal foi menor do que o déficit primário.

Solução:

A resposta é a letra "c". O déficit nominal não considera o imposto inflacionário como receita real do governo.

---

10. **(ESAF/Especialista em Políticas Públicas e Gestão Governamental/1997) - Pode-se afirmar que o déficit público no Brasil é determinado**

a) pelo investimento privado menos o déficit do balanço de pagamentos total.

b) pela poupança bruta do setor privado menos o investimento privado mais o déficit do balanço de pagamentos em transações correntes.

c) pela poupança bruta do setor privado menos o investimento privado.

d) pela poupança bruta do setor privado menos a depreciação.

e) pela poupança bruta do setor privado mais as importações menos o investimento privado

Solução:

A resposta é a letra "b". Define-se déficit público como o excesso da poupança (bruta) do setor privado sobre o investimento privado, mais a poupança externa: $D_g = (S_g - I_p) + S_e$.

---

11. **(Fundação Carlos Chagas/Analista Legislativo – Especialidade: Consultoria Legislativa/Área: Orçamento Público e Desenvolvimento Econômico/Assembleia Legislativa do Estado de Pernambuco/2014) - Em relação às funções do Estado na economia,**

a) para que o Estado possa cumprir adequadamente sua função distributiva, necessariamente terá de abrir mão das funções alocativa e estabilizadora, levando o país a suportar surtos inflacionários.

b) a adoção de políticas de transferência de renda em favor de populações mais carentes é um instrumento para que o Estado cumpra sua função distributiva.

c) os instrumentos de política monetária não são adequados para que o Estado cumpra sua função estabilizadora.

d) a criação de empresas estatais é o único meio pelo qual o Estado poderá cumprir suas funções alocativa e distributiva.

e) para que o Estado possa cumprir com suas funções alocativa e distributiva acabará necessariamente incorrendo em déficit orçamentário, sacrificando assim a função estabilizadora.

Solução:

A resposta é a letra "b". Por exemplo, no que diz respeito à economia brasileira, no Governo Lula predominou a função distributiva de renda, em que se verificou a adoção do Programa Bolsa Família, que é um Programa de Transferência Condicionada de Renda (PTRC), experiência que vem apresentando bons resultados sociais em países como o México (Programa Oportunidades) e o Chile (Programa Chile Solidário).

---

12. **(FGV Projetos/Economista/Defensoria Pública do Estado do Rio de Janeiro/2014) – Suponha que existam 3 tipos de governo: A, B e C. O governo A prioriza a qualidade na oferta de bens públicos para a população. Por sua vez, o governo B prioriza reformas tributárias que visem à redução do índice de Gini dos rendimentos da população. Por fim, o governo C lança mão de uma política econômica que estimule a geração de empregos, mas, ao mesmo tempo, mantenha os preços estáveis. Logo, os governos A, B e C exercem, respectivamente, funções**

a) alocativa, distributiva e estabilizadora.

b) distributiva, alocativa e estabilizadora.

c) alocativa, estabilizadora e distributiva.

d) distributiva, estabilizadora e alocativa.

e) estabilizadora, alocativa e distributiva.

Solução:

A resposta é a letra "a". Em relação ao governo A a priorização da qualidade na oferta de bens públicos para a população está associada à função alocativa. Quanto ao governo B, a priorização de reformas tributárias que visem à redução do índice de Gini dos rendimentos da população está relacionada à função distributiva. Finalmente, no que diz respeito ao governo C, o uso de uma política econômica que estimule a geração de empregos mas, ao mesmo tempo, mantenha os preços estáveis se refere à função estabilizadora.

1.2. Exercícios Resolvidos do Tipo "Verdadeiro ou Falso"

01. **(Cespe-UnB/Especialista em Regulação de Serviços de Transporte Terrestre/ANTT/2013) – Com base nas informações a seguir, julgue os itens que se seguem.**
O superávit primário do setor público consolidado alcançou R$ 5,7 bilhões em maio. O superávit primário acumulado no ano alcançou R$ 46,7 bilhões, comparativamente a R$ 62,9 bilhões no mesmo período do ano anterior. Os juros nominais, apropriados por competência, alcançaram R$ 20 bilhões em maio. No ano, os juros nominais acumularam R$ 100,5 bilhões. No acumulado em doze meses, os juros nominais alcançaram R$ 219,4 bilhões.

Política Fiscal. Nota para a imprensa BCB. 28/06/2013.

(0) A necessidade de financiamento do setor publico foi positiva em maio, haja vista o resultado nominal negativo nesse mês.

Solução:

Verdadeiro. A NFPS, conceito primário, apresentou um saldo de R$ 5,7 bilhões. Agora, a NFSP, conceito nominal, apresentou um saldo de R$ 25,7 bilhões.

$NFSP_{cn} = NFSP_{cp}$ + (juros nominais do estoque da dívida da União, Estados, Distrito Federal, Municípios e Empresas Estatais)

$NFSP_{cn} = 5,7 + 20 = 25,7$

(1) O setor público gastou menos do que arrecadou no mês de maio, conforme evidenciado pelo superávit primário de R$ 5,7 bilhões, que considera o esforço para o pagamento de juros nominais de R$ 20 bilhões nesse mês.

Solução:

Falso. Pode-se apenas argumentar que a arrecadação tributária excedeu os gastos governamentais. Lembre-se também que na NFSP, conceito primário, são consideradas apenas as receitas genuínas. Por outro lado, não são considerados os juros nominais da dívida líquida. Em outras palavras, exclui das necessidades de financiamento nominais, o pagamento de juros nominais que incide sobre a Dívida Fiscal Líquida (DFL).

02. (Cespe-UnB/Economista/Ministério da Justiça/2013) – Julgue os itens a seguir, como verdadeiro ou falso.

(0) Pelo conceito primário, as necessidades de financiamento do setor público excluem a correção monetária que incide sobre a dívida fiscal líquida.

Solução:

Falso. **Necessidade de Financiamento do Setor Público, Conceito Operacional.** Nesse conceito, deduzem-se as correções monetária e cambial pagas sobre a dívida. Também conhecida como **déficit operacional do setor público.** Exclui das necessidades de financiamento nominais a correção monetária (efeito inflacionário) que incide sobre a dívida fiscal líquida (DFL). Seu correspondente pelo critério "acima da linha" é o déficit operacional.

(1) O déficit governamental pode ser expresso a partir do déficit público nominal, que é calculado subtraindo-se as receitas totais do governo das despesas totais.

Solução:

Verdadeiro.

Déficit Nominal = Déficit Primário + Juros Nominais do Estoque da Dívida Pública

Déficit Nominal = Déficit Primário + Juros das dívidas interna e externa + correção monetária sobre as dívidas interna e externa

(2) O lucro dos bancos públicos federais não consta do resultado fiscal do setor público.

Solução:

Verdadeiro.

(3) O cálculo do resultado primário inclui a parcela de juros da dívida pública.

Solução:

Falso. Na NFSP, conceito primário é considerado apenas as receitas genuínas. Por outro lado, não são considerados os juros nominais da dívida líquida. Em outras palavras, exclui das necessidades de financiamento nominais, o pagamento de juros nominais que incide sobre a Dívida Fiscal Líquida (DFL).

03. (Cespe-UnB/Economista/Ministério da Saúde/2013) – A respeito dos vários conceitos concernentes aos resultados e à situação das contas públicas, julgue os itens seguintes.

(0) A sustentabilidade do endividamento público costuma estar associada à evolução da relação dívida/arrecadação. Entre as medidas que contribuem para a melhoria da sustentabilidade menciona-se a redução dos prazos de vencimento das obrigações.

Solução:

Falso. A redução dos prazos de vencimento das obrigações não melhoraria a relação dívida/arrecadação, pelo contrário, provocaria uma piora no aspecto de pagamento dessa mesma dívida.

(1) Na década de 80 do século passado, a inflação foi um dos fatores preponderantes para encobrir o déficit fiscal. Enquanto o valor real da receita se deteriorava, as despesas acompanhavam as variações nominais dos bens e serviços consumidos pelo setor público.

Solução:

Falso. O déficit fiscal não foi coberto na década de 1980, e tampouco a inflação se tornou fator preponderante para encobrir o déficit fiscal.

(2) As chamadas necessidades de financiamento do setor público baseiam-se em critério de apuração do déficit público "abaixo da linha", que leva em conta a variação dos estoques da dívida pública. Para a determinação do resultado nominal, a Secretaria do Tesouro Nacional deduz o ativo disponível e os haveres financeiros da União.

Solução:

Verdadeiro. As chamadas necessidades de financiamento do setor público, ou NFSP, são exatamente o critério de apuração do déficit público conhecido como "abaixo da linha", que leva em conta a variação dos estoques da dívida pública. Esse critério "abaixo da linha" está sob responsabilidade do Banco Central do Brasil. A segunda parte da afirmação está correta, mas cabe lembrar que a Secretaria do Tesouro Nacional é responsável pelo cálculo utilizando o critério "acima da linha".

2. Exercícios Propostos

01. (ESAF/Analista de Finanças e Controle/Secretaria do Tesouro Nacional/2013) – A sustentabilidade da política fiscal está associada ao tamanho do déficit público. Com base nessa afirmação, podemos considerar que:

a) incondicionalmente, o estoque futuro esperado da dívida pública, descontado pela taxa de juros da economia, tende a zero quando o horizonte temporal tende para o infinito.

b) o estoque futuro esperado da dívida pública, descontado pela taxa de juros da economia, tende a zero quando o horizonte temporal tende para o infinito, desde que o governo pague sua dívida corrente por meio da emissão de dívida nova.

c) admitindo a condição de jogo não Ponzi, o estoque futuro esperado da dívida pública nunca tenderá a zero, mesmo com o tempo tendendo para o infinito.

d) o estoque futuro esperado da dívida pública, descontado pela taxa de juros da economia, tende a zero quando o horizonte temporal tende para o infinito se, e somente se, a dívida crescer na mesma velocidade do crescimento da taxa de juros.

e) o estoque futuro esperado da dívida pública, descontado pela taxa de juros da economia, tende a zero quando o horizonte temporal tende para o infinito, desde que a dívida cresça mais lentamente que a taxa de juros.

02. (FIDENE/Economista/Município de Ijuí/2013) – Uma elevação do déficit público (redução da poupança pública) reduz a poupança nacional e, consequentemente:

a) Desloca a curva de poupança para a direita em um gráfico de taxa de juros real *vs* Poupança e/ou Investimento.

b) Reduz o nível de taxa de juros.

c) Eleva o nível do Investimento de Equilíbrio.

d) Eleva o nível da taxa de juros real do sistema econômico.

e) Desloca a curva de poupança para a esquerda e com isso a taxa de juros real é reduzida.

03. (Cetro Concursos Públicos/Economista/Ministério das Cidades/2013) – Sobre a Necessidade de Financiamento do Setor Público, que é uma medida do superávit ou déficit do setor público, analise as assertivas abaixo.

I. Pode ser calculada a partir da variação do estoque da dívida pública líquida em determinado período, através da metodologia conhecida como "abaixo da linha".

II. Na metodologia "acima da linha" não são consideradas as despesas com os gastos de custeio.

III. Pode ser calculada pela diferença entre receitas e despesas do setor público, a partir da metodologia conhecida como "acima da linha".

É correto o que se afirma em

a) I, apenas.

b) II, apenas.

c) I e II, apenas.

d) I e III, apenas.

e) II e III, apenas.

---

04. (Economista/Prefeitura Municipal de Iguatu/Estado do Ceará/2013) – Devido a falhas de mercado e tendo em vista a necessidade de aumentar o bem estar da sociedade, o setor público intervém na economia, desempenhando três funções básicas, denominadas de:

a) Função Alocativa – Função Redistributiva – Função Estabilizadora;

b) Função Restritiva – Função Alocativa – Função Derivada;

c) Função Derivada – Função Estabilizadora – Função Nacionalista;

d) Função Redistributiva – Função Derivada – Função Econômica;

e) Função Nacionalista – Função Alocativa – Função Externadora.

---

05. (Economista/Prefeitura Municipal de Iguatu/Estado do Ceará/2013) – Do ponto de vista macroeconômico, de uma forma geral, todo imposto deve seguir alguns princípios fundamentais básicos, nesse sentido, como se denomina aquele princípio que "implica que os impostos não devem mudar os preços relativos da economia, a fim de não afetar a alocação de recursos"?

a) Produtividade;

b) Neutralidade e eficiência;

c) Equidade;

d) Benefício;

e) Capacidade de contribuição.

---

06. (Economista/Prefeitura Municipal de Iguatu/Estado do Ceará/2013) – O tipo de déficit público medido pelo déficit total, excluído a correção monetária e cambial e os juros reais da dívida contraída anteriormente é denominado de:

a) Déficit nominal;

b) Déficit total;

c) Déficit primário ou fiscal;

d) Déficit operacional;

e) Déficit de caixa.

07. **(FGV Projetos/Economista/Superintendência do Desenvolvimento do Nordeste/2013) - Assinale a alternativa que completa, corretamente, o fragmento a seguir.**

O déficit do governo, ou seja, a necessidade de financiamento do governo, incluindo governo central, mas excluindo as empresas estatais,

a) aumenta quando a poupança do governo aumenta.

b) aumenta quando o investimento do governo aumenta.

c) aumenta quando a receita tributária aumenta.

d) diminui quando os juros da dívida aumenta.

e) diminui quando o consumo do governo aumenta.

08. **(FGV Projetos/Economista/Superintendência do Desenvolvimento do Nordeste/2013) - Considere as seguintes siglas:**

DLSP: *Dívida Líquida do Setor Público*

NFSP: *Necessidade de Financiamento do Setor Público*

RP: *Receita das Privatizações*

OAP: *Outros Ajustes Patrimoniais*

Uma condição para que a variação da DLSP seja necessariamente positiva é:

a) $NFSP - RP - OAP > 0$.

b) $NFSP = RP = 0$ e $OAP < 0$.

c) $NFSP + RP + OAP > 0$.

d) $NFSP < RP - OAP$.

e) $NFSP = 0$ e $RP + OAP > 0$.

09. **(FGV Projetos/Economista/Superintendência do Desenvolvimento do Nordeste/2013) - Considerando o conceito teórico da curva de Laffer e de neutralidade dos impostos, assinale V para a afirmativa verdadeira e F para a falsa.**

( ) **A relação entre alíquota e receita tributárias é positiva para um trecho inicial e negativa para o trecho seguinte, sendo que existe uma alíquota ótima que gera uma receita máxima.**

( ) **A receita arrecadada pelo governo será máxima se a alíquota tributária do imposto de renda for fixada em 100%, na hipótese de inexistência de sonegação.**

( ) **Impostos sobre consumo são um exemplo de quando é válido o conceito de neutralidade.**

As afirmativas são, respectivamente,

a) F, V e F.

b) V, F e F.

c) V, F e V.

d) V, V e F.

e) V, V e V.

10. **(FGV Projetos/Economista/Superintendência do Desenvolvimento do Nordeste/2013) - A função alocativa do governo se refere, dentre outros motivos,**

a) à alocação de recursos visando uma distribuição de renda que seja considerada justa pela sociedade.

b) à estabilização do nível de preços e a redução do nível de desemprego.

c) ao cálculo do valor de contribuição compulsória para financiamento da produção do bem público.

d) ao uso da política fiscal e monetária visando a um maior nível de crescimento econômico.

e) à imposição de alíquotas tributárias mais altas a bens de luxo e mais baixas a bens necessários.

---

11. **(FGV Projetos/Economista/Superintendência do Desenvolvimento do Nordeste/2013) – Em relação às finalidades especificamente atribuídas à emissão dos títulos públicos, assinale V para a afirmativa verdadeira e F para a falsa.**

( ) **Refinanciamento da dívida pública.**

( ) **Financiamento do déficit orçamentário.**

( ) **Execução da política monetária.**

As afirmativas são, respectivamente,

a) F, V e F.

b) F, V e V.

c) V, V e F.

d) V, F e V.

e) V, V e V.

---

12. **(VUNESP/Economista/Fundação Universidade Federal do ABC/2013) – Os conceitos de déficit público (DP) e de necessidades de financiamento do setor público (NFSP) referem-se a duas óticas de medida da diferença entre receitas e despesas do setor público brasileiro. No caso brasileiro, pode-se dizer que:**

a) o DP é calculado a partir das informações das receitas e despesas do Setor Público, enquanto as NFSP são calculadas a partir dos dados orçamentários do governo federal.

b) as NFSP são calculadas a partir das informações das receitas e despesas do Setor Público como um todo, enquanto conceito de DP é calculado a partir de dados de endividamento coligidos pelo Banco Central.

c) ambos os conceitos utilizam exclusivamente dados federais contabilizados pela Secretaria do Tesouro Nacional.

d) nenhum dos dois conceitos utiliza dados orçamentários contabilizados pela Secretaria do Tesouro Nacional.

e) o DP é calculado a partir das informações das receitas e das despesas do Setor Público, enquanto as NFSP são calculadas a partir dos dados de endividamento coligidos pelo Banco Central.

---

13. **(VUNESP/Economista/Fundação Universidade Federal do ABC/2013) – A curva de Laffer nos indica a relação entre alíquotas de um imposto sobre a renda e sua arrecadação, podendo-se deduzir que**

a) a base tributária do imposto sobre a renda não afeta sua arrecadação.

b) a arrecadação do imposto sobre a renda tende a crescer com o aumento da alíquota, atingindo um máximo para algum certo nível de alíquota, passando a decrescer com alíquotas superiores.

c) a arrecadação do imposto sobre a renda sempre decresce com o aumento da alíquota, atinge um mínimo e depois passa a crescer.

d) um aumento de alíquota sempre levará a aumento da arrecadação.

e) a alíquota marginal não afeta o volume de arrecadação do imposto sobre a renda.

14. **(VUNESP/Economista/Fundação Universidade Federal do ABC/2013) – Entre os princípios gerais de tributação, destacam-se o da equidade e o da neutralidade, podendo-se afirmar que o princípio da**

   a) equidade diz respeito à justa distribuição de uma dada carga tributária entre segmentos de uma sociedade, e o da neutralidade diz respeito à interferência de um tributo sobre as decisões dos agentes econômicos.

   b) neutralidade estabelece que cada um suporte tributos segundo sua capacidade para pagar.

   c) neutralidade diz respeito à justa distribuição de uma dada carga tributária entre segmentos de uma sociedade, e o da equidade diz respeito à interferência de um tributo sobre as decisões dos agentes econômicos.

   d) equidade diz respeito à justa aplicação dos recursos públicos, e o da neutralidade diz respeito à interferência de um tributo sobre as decisões dos agentes econômicos.

   e) neutralidade estabelece que cada um suporte tributos segundo o benefício que receba da ação do setor público.

15. **(PROAD/Economista/Universidade Federal de Mato Grosso/2013) – O resultado primário e o resultado nominal são relevantes indicadores da sustentabilidade da política fiscal e da gestão da dívida de um ente público. Sobre o assunto, marque V para as afirmativas verdadeiras e F para as falsas.**

   ( ) O resultado nominal é o resultado primário acrescido dos juros da dívida pública.

   ( ) O resultado primário é a diferença entre as receitas não financeiras e as despesas não financeiras.

   ( ) O resultado nominal mede a necessidade de financiamento do setor público.

   ( ) O resultado primário é a diferença entre as receitas primárias e as despesas primárias.

   Assinale a sequência correta.

   a) F, F, F, F

   b) V, V, V, F

   c) V, V, V, V

   d) F, V, F, V

16. **(SUGEP/Economista/Universidade Federal Rural de Pernambuco/2013) – A respeito dos gastos e receitas do governo, assinale a alternativa incorreta.**

   a) O superávit primário é igual ao total arrecadado menos os gastos correntes do governo.

   b) A correção monetária da dívida é igual ao déficit nominal menos o déficit operacional.

   c) O governo não pode sempre elevar a sua arrecadação elevando a alíquota do imposto.

   d) A diferença entre o déficit nominal e o déficit operacional é o pagamento dos juros nominais da dívida.

   e) Pode-se medir o déficit por meio da variação do endividamento.

17. **(FUNCAB/Economista/Instituto de Pesos e Medidas do Estado de Rondônia – IPEM/2013) – O déficit operacional é considerado a medida mais apropriada para mostrar as reais necessidades de financiamento do setor público e é determinado pelo(a):**

   a) soma dos gastos públicos correntes e os juros reais da dívida pública, subtraindo-se a receita fiscal corrente.

   b) parcela do déficit público financiada pelas autoridades monetárias.

   c) soma dos gastos públicos correntes, os juros reais da dívida pública e a correção monetária e cambial da dívida.

   d) soma dos gastos públicos correntes, os juros reais da dívida pública e a correção monetária e cambial da dívida, subtraindo-se a receita fiscal corrente.

   e) resultado da subtração da receita fiscal corrente do total dos gastos públicos correntes.

18. **(Cespe-UnB/Analista Judiciário – Especialidade: Economista/Tribunal de Justiça do Estado de Rondônia/2012) – A respeito das transações normais efetuadas em uma economia e da economia monetária, assinale a opção correta.**

a) Se um agente econômico transfere recursos de sua conta corrente para a sua poupança, haverá, nesse caso, destruição de meios de pagamento.

b) Déficits do Tesouro Nacional financiados por empréstimos do Banco Central geram, como consequência, contração da base monetária.

c) Elevação da taxa de juros gera, como consequência, aumento da demanda por moeda, pois os agentes, ceteris paribus, irão aumentar o volume de investimentos efetuados nos bancos.

d) Se um banco comercial adquire de outro banco comercial títulos da dívida pública emitidos pelo Tesouro Nacional, haverá, nesse caso, variação dos meios de pagamento.

e) Se um banco comercial adquire imóvel de uma construtora para constituição de agência bancária, haverá, nesse caso, destruição de meios de pagamento.

19. **(Cespe-UnB/Analista Judiciário – Especialidade: Economista/Tribunal de Justiça do Estado de Rondônia/2012) – Acerca do Estado e das funções econômicas governamentais, assinale a opção correta.**

a) Na função alocativa, o objetivo do governo é corrigir vários tipos de falhas de mercado, por exemplo, o poder do monopólio.

b) A função distributiva consiste em o governo reduzir a renda de certas classes sociais e transferi-la para outras.

c) Economia de escala indica que o aumento da produção de determinado bem por uma firma implica o aumento do custo médio por produto.

d) A função do governo que procura atingir e manter níveis satisfatórios de crescimento econômico e de emprego é a denominada equitativa.

e) As funções de governo são classificadas em alocativas, equitativas e distributivas.

20. **(Cespe-UnB/Analista Judiciário – Especialidade: Economista/Tribunal de Justiça do Estado de Rondônia/2012) – No que diz respeito à dívida pública, à necessidade de financiamento do setor público (NFSP) e ao resultado primário, assinale a opção correta.**

a) O déficit público pode ser apurado por dois tipos de regimes: o de competência e o de caixa.

b) A carga tributária bruta é a diferença entre as transferências governamentais e a carga tributária líquida.

c) O conceito de NFSP adotado pelo Fundo Monetário Internacional (FMI) envolve os governos regionais e o governo central, mas exclui as empresas estatais.

d) Uma das duas formas de se medir a NFSP é segundo o conceito operacional, que se caracteriza por englobar qualquer demanda de recursos pelo setor público.

e) Déficit primário corresponde à NFSP medida pelo conceito nominal e deduzidas as receitas e despesas financeiras.

21. **(Cespe-UnB/Auditor/Tribunal de Contas do Estado do Espírito Santo/2012) – Julgue os itens a seguir como verdadeiro ou falso.**

(0) Em um país com superávit primário e déficit operacional, os juros pagos são maiores que as necessidades de financiamento no conceito operacional.

(1) Uma política protecionista, por meio do aumento das alíquotas de importação, atende à função estabilizadora do Estado, pois reduz os preços dos bens nacionais, ajudando a controlar a inflação.

(2) A adoção de uma política tributária de aumento generalizado de impostos indiretos possibilita que o governo cumpra sua função distributiva.

22. **(Fundação Cesgranrio/Profissional de Nível Superior I – Ciências Econômicas/Companhia Hidroelétrica do São Francisco – CHESF/2012) - Elevadas taxas de inflação têm várias consequências sobre a economia. Dentre essas consequências, NÃO se encontra o(a)**

a) efeito Oliveira-Tanzi, a partir do qual há corrosão do valor da arrecadação fiscal do governo.

b) elevação dos custos de transação, visto que os agentes devem gastar mais tempo e recursos comparando o custo relativo de bens e serviços.

c) perda da noção de preços relativos, principalmente se a inflação está acelerada, reduzindo a eficiência dos mecanismos de alocação de recursos do mercado.

d) piora do saldo do Balanço de Pagamentos, devido, exclusivamente, ao fato de os agentes comprarem mais moeda estrangeira como reserva de valor.

e) piora da distribuição de renda, mesmo na hipótese de todos os agentes terem acesso aos mesmos instrumentos financeiros.

23. **(VUNESP/Economista/Câmara Municipal de Mauá/2012) – A curva que relaciona o valor do imposto a suas diferentes taxas é denominada**

a) curva de Phillips.

b) curva IS.

c) curva LM.

d) curva de Engle.

e) curva de Laffer.

24. **(FUNCAB/Economista/Prefeitura de Aracruz/2012) – As alternativas abaixo se referem à macroeconomia keynesiana e clássica e bem como às definições de déficit das contas públicas. Nesse contexto, assinale a alternativa INCORRETA.**

a) No modelo macroeconômico keynesiano simples, como a economia de um país está no pleno emprego da utilização dos seus fatores de produção, o consumo depende diretamente da renda da economia e inversamente da taxa de juros.

b) No que diz respeito à macroeconomia clássica, que partia do pressuposto de que o mundo econômico é governado por leis naturais, os preços e salários eram sempre flexíveis e a moeda não era utilizada com fins de entesouramento.

c) Com base na teoria quantitativa da moeda, os clássicos concluíram que, sendo a velocidade da moeda constante, e dada uma determinada quantidade de moeda, a produção variava em relação inversa e proporcional aos preços.

d) Define-se como déficit primário (ou fiscal) ao resultado da diferença entre os gastos públicos correntes com a receita fiscal corrente.

e) Tem-se um déficit operacional quando a receita fiscal corrente é menor que o somatório dos gastos públicos correntes com os juros reais da dívida pública.

25. **(Fundação Ajuri/Economista/Prefeitura Municipal de Boa Vista/2012) – O aumento da participação do governo na economia data do final do século XIX e início do século XX. Os motivos estão relacionados ao aumento dos monopólios que passaram a limitar a oferta e a aumentar os preços dos bens. Assim, a partir de 1920, o Estado acrescentou às funções tradicionais de justiça e segurança a de ofertante de bens públicos - rodovias, saneamento, portos, eletricidade, comunicação entre outros. Desta forma, aponte as funções econômicas do setor público:**

a) equilíbrio fiscal/distributiva/alocativa/controle inflacionário;

b) equilíbrio no balanço de pagamentos/equilíbrio das contas externas/alocativa/ distributiva;

c) alocativa/distributiva/estabilizadora/crescimento econômico;

d) crescimento econômico/equilíbrio no balanço de pagamentos/estabilizadora/distributiva;

e) equilíbrio fiscal/reguladora/distributiva/alocativa.

26. (Instituto Machado de Assis/Economista/Prefeitura Municipal de Campo Maior/2012) - A curva que demonstra a relação entre a arrecadação tributária e a taxa de impostos na economia é a:

a) Curva de Lorenz.

b) Curva de Lafer.

c) Curva de Lexis.

d) Curva de Kusnetz.

27. (Fundação Dom Cintra/Economista/Prefeitura Municipal de Itaboraí/2012) – Em uma economia aberta, o impacto da existência de déficits orçamentários do governo sobre a taxa de juro, sobre o investimento externo líquido e sobre a oferta de dólares no mercado de câmbio, produz, respectivamente, os seguintes efeitos:

a) aumento, aumento, redução

b) redução, redução, aumento

c) redução, aumento, aumento

d) aumento, redução, redução

e) redução, aumento, redução

28. (FUNDEP/Economista/Prefeitura Municipal de Lagoa Santa/2012) – A curva de Laffer expressa a relação ambígua existente entre aumentos de alíquotas dos impostos e aumentos da receita tributária. Sobre os princípios básicos da construção dessa curva, assinale a alternativa INCORRETA.

a) Do lado esquerdo da curva, aumentos das alíquotas produzem um desestímulo às atividades formais que geram perda da receita.

b) Segundo a curva de Laffer, o imposto é pago sem sonegação se a alíquota for suficientemente baixa.

c) Do lado direito da curva, aumentos das alíquotas são contraproducentes, podendo gerar uma evasão que supera o aumento da alíquota, gerando perda de receita.

d) Há um ponto ótimo de alíquota que gera uma receita tributária máxima.

29. (Fundação Dom Cintra/Economista/Prefeitura Municipal de Petrópolis/2012) – A relação entre aumentos de alíquotas tributárias e aumentos de receita pode ser expressa pela (o):

a) efeito Tanzi;

b) lei de Wagner;

c) curva em J;

d) curva de Laffer;

e) efeito Bacha.

30. (Economista/Prefeitura Municipal de Santo Antônio da Platina/2012) –
"O tributo não altera o preço relativo e não interfere na decisão econômica dos agentes (escolha dos recursos produtivos)". Essa afirmação diz respeito a qual princípio de tributação?

a) Princípio da neutralidade

b) Princípio da equidade

c) Princípio do benefício

d) Princípio da capacidade de pagamento

e) Princípio da paridade do poder de compra

31. (Economista/Prefeitura Municipal de Santo Antônio da Platina/2012) – A afirmação: "Após um certo nível de alíquota do imposto, qualquer elevação da taxa, ao invés de aumentar a arrecadação total, traz uma redução da mesma devido à evasão fiscal (sonegação) e ao desestímulo provocado sobre os negócios", diz respeito a qual efeito tributário?

a) Imposto Proporcional

b) Imposto Progressivo

c) Curva de Lafer

d) Efeito Oliveira – Tanzi

e) Curva de Lorenz

32. (Economista/Prefeitura Municipal de Santo Antônio da Platina/2012) – O Déficit Público total, excluída a correção monetária, a cambial e os juros reais da dívida contraída anteriormente, ou seja, a diferença entre os gastos públicos e a arrecadação tributária no exercício, independente dos juros e correção monetária da dívida passada, representa que conceito de déficit público?

a) Déficit nominal ou total

b) Déficit primário ou fiscal

c) Déficit de caixa

d) Déficit operacional

e) Déficit da balança comercial

33. (Metta Cursos e Concursos/Economista/Prefeitura Municipal de Serra Talhada/2012) – As políticas públicas de intervenção econômica geram discussões quanto à afetabilidade do bem estar social, sobretudo num aumento no déficit público que induz um aumento equivalente na poupança privada. A teoria da equivalência ricardiana (ER) focaliza nos efeitos:

I. Déficit público sobre a acumulação de capital.

II. Alterações dos impostos sobre o consumo privado.

III. Seguridade social sobre a poupança privada e a acumulação de capital.

a) Apenas a primeira está correta;

b) Apenas a segunda está correta;

c) Apenas a terceira está correta;

d) Nenhuma está correta;

e) Todas estão corretas.

34. (ISAE/Economista/Secretaria de Estado da Cultura do Estado do Amazonas/2012) – Com relação aos conceitos de déficit e dívida pública, assinale a afirmativa incorreta.

a) As necessidades de financiamento do Setor Público correspondem à variação real dos saldos da dívida interna líquida menos os fluxos externos efetivos.

b) A dívida pública líquida é a dívida pública bruta menos a soma dos créditos do setor público não-financeiro e do Banco Central.

c) A dívida pública mobiliária interna do Governo Federal é o total dos títulos públicos federais fora do Banco Central em poder do público.

d) A dívida pública federal é a soma da dívida pública mobiliária interna do Governo Federal, da dívida mobiliária externa e da dívida contratual externa.

e) O Resultado Primário corresponde ao déficit nominal (NFSP) menos os juros nominais incidentes sobre a dívida interna e menos os juros externos.

35. (PROGRAD/Economista/Universidade Federal Fluminense/2012) - Existe um método que mede o tamanho do déficit público pelo lado do financiamento, ou seja, pela forma como foi financiado, e não pela forma como foi gerado. Assim, toda a variação da dívida pública se deve à ocorrência de um deficit. Este método é denominado:

a) acima da linha;

b) acompanhamento fiscal;

c) de balanço financeiro;

d) regime primário;

e) abaixo da linha.

36. (PROGRAD/Economista/Universidade Federal Fluminense/2012) - O efeito adverso da inflação sobre a arrecadação de impostos e, em consequência disso, sobre o deficit público, foi objeto registro doutrinário. Este efeito é denominado efeito:

a) propagação;

b) Lucas;

c) Laffer;

d) fiscal ajustado;

e) Olivera-Tanzi.

37. (COPESE/Economista/Universidade Federal de Juiz de Fora/2012) – Considere uma economia em que o coeficiente dívida/PIB seja de 60%, a taxa de juros reais seja de 6% e a taxa de crescimento real do PIB seja de 2%. Para manter constante o coeficiente dívida/PIB, qual deveria ser o valor superávit primário em termo de porcentagem do PIB?

a) 6%

b) 4%

c) 3,2%

d) 2,4%

e) 1,6%

38. (CEPS/Economista/Universidade Federal do Oeste do Pará/2012) – Dentre as várias medidas utilizadas para medir o volume do *déficit* público, destaca-se a de Necessidade de Financiamento do Setor Público não financeiro – NFSP. Sobre o NFSP, é correto afirmar que:

a) O objetivo do conceito é medir a pressão do setor público não financeiro sobre a poupança da economia, compreendendo-se como setor público o governo central, os governos estaduais e os governos municipais.

b) O NFSP pode ser apresentado nas formas nominal e operacional. O NFSP nominal é calculado através da fórmula $NFSP = G - T + rB$, onde G corresponde ao total de gastos públicos não financeiros, T ao total de arrecadação não financeira, B ao estoque de títulos públicos e r à taxa real de juros.

c) O *déficit* operacional do setor público, em cuja estimativa não são considerados as correções monetária e cambial pagas sobre a dívida, corresponde ao valor NFSP conceito operacional.

d) O *déficit* primário, medida também muito utilizada do *déficit* público e que corresponde à diferença entre as receitas não financeiras e os gastos não financeiros pode ser obtido com base na dedução das receitas e gastos financeiros da NFSP conceito nominal.

e) Dado que o objetivo da NFSP é conhecer a pressão do setor público sobre os recursos financeiros da economia, em sua estimativa são considerados, também, as amortizações de capital constantes nos orçamentos públicos.

39. (COPERVES/Economista/Universidade Federal de Santa Maria/2012) – Com relação a um sistema tributário ideal, todas as alternativas a seguir estão corretas, à exceção de:

a) A distribuição do ônus tributário deve ser equitativa, ou que cada indivíduo pague sua contribuição justa.

b) A arrecadação tributária deve ser conduzida no sentido de onerar os indivíduos de maior renda.

c) A relação existente entre aumento das alíquotas e aumento das receitas é expressa no que a literatura econômica denomina Curva de Laffer.

d) O sistema tributário deve ser eficiente a fim de facilitar o entendimento dos agentes econômicos, minimizando assim os custos de fiscalização da arrecadação.

e) O sistema tributário deve ser estruturado de forma a interferir o máximo possível na alocação dos recursos da economia para que o governo mantenha sua arrecadação tributária.

40. (Economista/Universidade Federal do Amapá/2012) – Sobre política fiscal e monetária, marque a proposição CORRETA:

a) Quando a taxa de juros diminuir, o investimento aumentará enquanto o capital estiver abaixo do seu novo valor de equilíbrio.

b) Entende-se por "superávit fiscal primário" a diferença entre receitas e gastos governamentais, além da inclusão das despesas com pagamentos de juros.

c) Déficit primário no orçamento público faz crescer o déficit público total, e diminuir os gastos com pagamento de juros.

d) Uma economia que não apresenta um crescimento real o endividamento é a única forma de se pagar por programas governamentais.

e) Quando a economia passa de um patamar de alta inflação para um patamar de baixa inflação, mantendo o produto constante, a oferta real de moeda diminui.

41. (Economista/VALEC Engenharia, Construções e Ferrovias S.A./2012) – Com relação às Finanças Públicas, em geral, às necessidades de financiamento do setor público, é INCORRETO afirmar que:

a) A dívida líquida do setor público corresponde ao saldo líquido do endividamento do setor público não-financeiro e do Banco Central com o sistema financeiro (público e privado), o setor não-privado e o resto do mundo;

b) A dívida externa líquida corresponde à soma da dívida externa líquida do setor público não-financeiro e do Banco Central, acrescida de suas aplicações em moeda estrangeira e das reservas internacionais do Banco Central;

c) A dívida bruta do governo geral abrange o total de débitos de responsabilidade do Governo Federal, dos governos estaduais e dos governos municipais, junto ao setor privado, ao setor financeiro público, ao Banco Central e ao resto do mundo;

d) o resultado nominal das Necessidades de Financiamento do Setor Público sem desvalorização cambial corresponde à variação nominal dos saldos da dívida líquida, deduzidos os ajustes patrimoniais efetuados no período (privatizações e reconhecimento de dívidas);

e) A dívida bancária líquida corresponde ao endividamento líquido de aplicações, do setor público junto ao sistema financeiro.

42. (Cespe-UnB/Professor do Ensino Básico, Técnico e Tecnológico/Instituto Federal de Educação, Ciência e Tecnologia de Brasília/2011) – Julgue os itens a seguir como verdadeiro ou falso.

(0) Em uma economia fechada e sem inflação, déficit operacional iguala-se ao déficit nominal.

(1) O financiamento de dívida pública com a emissão de títulos provoca elevação adicional do nível de endividamento do país.

43. (Fundação Cesgranrio/Economista Júnior/Petrobrás S. A./2011) – Em um modelo econômico que incorpore à propriedade de equivalência ricardiana um aumento dos gastos do governo, financiado com a emissão de títulos públicos:

a) não alteraria o balanço de pagamentos.

b) não alteraria a taxa de juros da economia.

c) aumentaria a taxa de juros da economia.

d) diminuiria o *déficit* orçamentário do setor público.

e) levaria a uma expansão monetária.

44. (ISAE/Economista/Assembleia Legislativa do Estado do Amazonas/2011) – Com relação às restrições e relações de política fiscal com o resto da economia, analise as afirmativas a seguir.

I. A adoção de uma regra de orçamento equilibrado significa que a política fiscal atua de forma anticíclica sobre a variação do PIB em épocas de crise.

II. A existência de *superávit* operacional significa que o governo não tem capacidade de financiar expansão fiscal para uma política fiscal expansionista.

III. Um aumento na dívida pública que restringe a atuação de política fiscal resulta de diminuições na taxa de juros que impactam as despesas fiscais.

Assinale:

a) se somente a afirmativa I estiver correta.

b) se somente as afirmativas I e II estiverem corretas.

c) se somente as afirmativas II e III estiverem corretas.

d) se somente as afirmativas I e III estiverem corretas.

e) se todas as afirmativas estiverem corretas.

45. (ISAE/Economista/Assembleia Legislativa do Estado do Amazonas/2011) – A respeito da execução de política monetária no Brasil, assinale a afirmativa correta.

a) O Banco Central determina a taxa sobre os depósitos interbancários que geram o agregado monetário M2.

b) O tamanho do Déficit Operacional é o mecanismo pelo qual o Banco Central regula a SELIC.

c) O Sistema de Metas de Inflação tem como base o IGP-M, cuja variação determina as escolhas de política monetária do Banco Central.

d) As operações no mercado aberto de títulos públicos representam uma das formas pelas quais o Banco Central controla a quantidade de moeda e, por sua vez, a taxa de juros.

e) O Banco Central utiliza as taxas das debêntures para controlar a variação da quantidade de Moeda na economia e, por sua vez, da taxa de juros.

46. (ISAE/Economista/Assembleia Legislativa do Estado do Amazonas/2011) – Com relação aos conceitos de *déficit* público, dívida pública e as relações com os agregados macroeconômicos, assinale a afirmativa correta.

a) Se a poupança pública for igual ao *déficit* público, a poupança do setor privado será idêntica ao consumo agregado.

b) Igualdade entre poupança e investimento somente acontece quando o *déficit* operacional é igual a zero.

c) Em uma economia com *superávit* primário e *déficit* operacional, a dívida pública diminui.

d) Em uma economia com dívida pública positiva, um *déficit* primário implica também em *déficit* operacional.

e) Em uma economia com *déficit* primário nominal constante, a relação entre a dívida pública e o PIB mantém-se também constante.

47. **(ISAE/Economista/Assembleia Legislativa do Estado do Amazonas/2011) – A respeito da relação dos gastos públicos com a atividade econômica, é correto afirmar que:**

a) os gastos públicos são mais eficientes que investimentos privados e, portanto, o aumento da demanda agregada é sempre maior quando se aumenta I e não G.

b) o financiamento dos Gastos Públicos através de emissão de papel moeda diminui a base monetária e, portanto, o nível de crédito na economia.

c) os gastos públicos deslocam investimentos privados em situações de crise e, portanto, o governo deve fazer política fiscal contracionista nessa situação.

d) o financiamento dos Gastos Públicos através da emissão de títulos públicos aumenta a base monetária e, portanto, diminui o nível de crédito na economia.

e) o financiamento dos Gastos Públicos através da emissão de títulos públicos mantém constante a base monetária, mas aumenta a dívida pública.

---

48. **(ESAF/Analista de Planejamento e Orçamento/Ministério do Planejamento, Orçamento e Gestão – MPOG/2010) - Com relação ao Déficit Público, Dívida Pública e Necessidade de Financiamento do Setor Público, aponte a opção incorreta.**

a) O déficit público é uma medida de caixa, ou seja, a mensuração deve ser feita em relação a determinado período de tempo.

b) O governo pode financiar seu déficit pela emissão de moeda e também por meio da venda de títulos da dívida pública ao setor privado.

c) O desempenho fiscal pode ser mensurado pelo déficit primário, que é dado pela diferença entre receitas e despesas não financeiras.

d) A Necessidade de Financiamento do Setor Público corresponde ao conceito de déficit nominal apurado pelo critério "acima da linha".

e) A Dívida Fiscal Líquida (DFL) é dada pela diferença entre a Dívida Líquida do Setor Público e o ajuste patrimonial.

---

49. **(ESAF/Analista – Mercado de Capitais/Comissão de Valores Mobiliários - CVM/2010) - O sistema tributário deveria levar em conta as diferenças entre as preferências dos agentes econômicos. Mas essas informações são privadas e não perfeitamente reveladas na economia. Por isso, é correto afirmar que:**

a) o sistema tributário é distorcivo e ineficiente no sentido de Pareto.

b) a eficiência econômica não está relacionada com as distorções que um sistema tributário provoca no comportamento dos agentes econômicos.

c) o governo utiliza o *lump sum tax*, isto é, um imposto de montante fixo, como forma de corrigir essas dificuldades.

d) o conceito de justiça tributária não está relacionado com a equidade entre os agentes econômicos da sociedade.

e) um sistema tributário ótimo é definido pela estrutura tributária que maximiza o bem-estar social, independente da restrição de receita do governo.

---

50. **(Cespe-UnB/Especialista em Estudos e Pesquisas Governamentais/Instituto Jones dos Santos Neves/2010) - Com referência a inflação, estabilização, déficit público e senhoriagem, julgue os itens seguintes.**

(0) A mensuração do déficit público pelo conceito abaixo da linha representa a mensuração pela forma como o déficit foi financiado e considera a execução orçamentária.

(1) Se o aumento no nível de preços for não antecipado e os agentes possuírem expectativas racionais, os preços aumentarão mesmo antes de a oferta de moeda aumentar.

(2) Senhoriagem pode ser considerada como alíquota de tributação e também pode ser igual a imposto inflacionário, somente se a taxa de emissão monetária for igual à inflação.

(3) O déficit público pode ser financiado pelo incremento nas receitas correntes do governo, em lugar da venda de títulos públicos, quando o objetivo for alterar os meios de pagamentos e não alterar a base monetária.

---

51. (Cespe-UnB/Economista/Ministério da Saúde/2010) – Julgue o item a seguir como verdadeiro ou falso.

Déficit nominal é também conhecido como necessidades de financiamento líquido do setor público. Já déficit primário exclui do déficit nominal correções e juros da dívida interna.

---

52. (Fundação Cesgranrio/Economistas Júnior/Petrobrás S.A./2010) – A Equivalência Ricardiana é uma proposição sobre a(o)

a) necessidade de equilibrar o orçamento do setor público, evitando déficits ou superávits.

b) forma de financiamento do gasto público, sendo indiferente para os contribuintes o uso de impostos ou de endividamento.

c) vantagem comparativa similar de países com a mesma dotação de fatores de produção.

d) eficácia das políticas fiscal, monetária e cambial, quando as expectativas se formam racionalmente.

e) aumento do valor adicionado, no caso das exportações de produtos industrializados pelos países em desenvolvimento.

---

53. (Cespe-UnB/Consultor do Executivo – Ciências Econômicas/Secretaria de Estado da Fazenda/Governo do Estado do Espírito Santo/2010) – Julgue o item a seguir como verdadeiro ou falso.

A senhoriagem não pode ser considerada receita, mesmo que sua obtenção ocorra quando o governo emite moeda para financiar suas despesas.

---

54. (FGV Projetos/Economista/Agência de Fomento do Estado de Santa Catarina S.A/2010) – As funções do governo são:

X. alocativa;

Y. distributiva;

Z. estabilizadora.

Em relação a essas funções são feitas as afirmativas a seguir.

I. Utiliza os instrumentos macroeconômicos para manter adequado o nível de utilização dos recursos produtivos, sem criar problemas inflacionários

II. Deve contrabalançar os princípios da equidade e eficiência de forma a não criar incentivos perversos para os recipientes ou financiadores de políticas sociais.

III. Estabelece incentivos para resolver problemas de ineficiência em determinados mercados microeconômicos.

Assinale a alternativa que apresenta a combinação correta entre as funções e as afirmativas.

a) X-I, Y-II e Z-III

b) X-III, Y-II e Z-I

c) X-I, Y-III e Z-II

d) X-II, Y-I e Z-I

e) X-III, Y-I e Z-II

55. **(FUNCAB/Departamento de Estradas de Rodagem e Transportes – DER/2010) – Vamos supor que o governo brasileiro está com uma situação de déficit no resultado das suas contas públicas. Sabendo-se que, além das medidas tradicionais que o governo pode utilizar em relação a uma política fiscal, esta entidade também tem como financiar este déficit através dos chamados recursos extra-fiscais. Uma das medidas abaixo, então, caracteriza-se como sendo uma das fontes destes recursos para que tal financiamento possa ser realizado e, ao mesmo tempo, mostra qual a devida consequência que a mesma medida pode trazer para a economia do país. Identifique-a.**

   a) Aumentar os impostos com a finalidade de ampliar a base de arrecadação do governo, mas gera-se uma recessão ao realizar tal procedimento.

   b) Monetizar a dívida, significando que o Banco Central diminui a base monetária, mas financia a dívida do Tesouro, porém gera-se, consequentemente, uma elevação da dívida pública.

   c) Diminuir os gastos públicos com o objetivo de reduzir o endividamento público, mas, consequentemente, há uma queda da capacidade do governo em gerar investimentos.

   d) Vender títulos da dívida pública ao setor privado (interno e externo), entretanto, isto provocaria uma pressão inflacionária na economia do país.

   e) Emitir moeda, onde o Tesouro Nacional pede emprestado ao Banco Central, porém gera-se, com tal medida, o imposto inflacionário.

56. **(Economista/Fundação Nacional de Saúde – FUNASA/2010) – Os bens públicos distinguem-se dos demais fundamentalmente pela indivisibilidade do consumo. De acordo com a teoria de finanças públicas, o dever do governo de determinar o tipo e a quantidade de bens públicos a serem ofertados está associado à seguinte função:**

   a) equitativa

   b) alocativa

   c) tributativa

   d) distributiva

   e) estabilizadora

57. **(ESAF/Analista Contábil-Financeiro da Secretaria de Fazenda do Estado do Ceará/2006) - De acordo com os vários conceitos de déficit para acompanhar o desempenho das contas públicas, indique a única opção falsa.**

   a) O conceito de déficit operacional foi utilizado no Brasil nos períodos de inflação elevada para se ter uma medida nominal do déficit público.

   b) O conceito de déficit de caixa, que se refere aos resultados do Tesouro Nacional, é limitado, porque é passível de controles temporais, por meio, por exemplo, do retardamento das liberações de recursos.

   c) Superávits operacionais ocorreram em 1990-1991, conseqüência do aumento da carga tributária e da redução das despesas com juros, viabilizada pelo bloqueio dos ativos financeiros do Plano Collor.

   d) As necessidades de financiamento do setor público correspondem ao conceito de déficit nominal apurado pelo critério "acima da linha".

   e) O conceito de déficit nominal corresponde aos gastos totais deduzidas as receitas totais.

58. **(Economista/INVESTE RIO/2010) – Utilização de transferências, produção e provisão de bens ou serviços públicos e o uso da política econômica visando proteger a economia de flutuações bruscas são conceitos ligados, respectivamente, às seguintes funções básicas da política fiscal:**

   a) função alocativa – função produtiva – função estabilizadora.

   b) função estabilizadora – função alocativa – função distributiva.

   c) função alocativa – função distributiva – função estabilizadora.

   d) função distributiva – função alocativa – função estabilizadora.

   e) função distributiva – função estabilizadora – função alocativa.

59. (Fundação Dom Cintra/Economista/Ministério da Agricultura, Pecuária e Abastecimento – MAPA/2010) – A ação do governo através da política fiscal abrange três funções básicas. Uma dessas funções pode ser empregada quando o governo deseja obter uma taxa apropriada de crescimento econômico. Trata-se da função:

a) estabilizadora;

b) alocativa;

c) redistributiva;

d) desenvolvimentista;

e) anti-inflacionária.

60. (Economista/Secretaria da Inclusão e Mobilização Social – SIMS/Governo do Estado do Amapá/2010) – O setor público tem a função de atender as demandas sociais através da oferta de serviços públicos, mas há a necessidade de buscar recursos na própria sociedade, por meio de receitas tributárias. As finanças do Estado dependem do plano do governo e suas funções vinculantes. Os gastos do estado são importantes para fomentar o setor produtivo, realizar distribuição de renda e manter a máquina administrativa. Há sempre críticas quando se refere aos gastos públicos, uma vez que poderá desencadear déficit público, podendo até provocar um processo inflacionário. Sobre essa temática, marque a alternativa CORRETA.

a) Com o poder de senhoriagem o Estado poderia emitir mais moeda, e consequentemente manter os índices de inflação controlados.

b) Aumentando a taxa de juros básica, ocorrerá um estímulo ainda maior no setor produtivo para mais investimento na economia.

c) A venda de títulos da dívida pública influencia diretamente na expansão dos meios de pagamentos.

d) Para conter o aumento da inflação poderá haver uma diminuição da taxa de juros básica.

e) O Estado que não tendo déficit público poderá viabilizar uma redução das taxas básicas de juros.

61. (Fundação Cesgranrio/Economista/Petrobrás/2008) – A senhoragem é(são) a(os)

a) receita recebida pelo governo por emitir moeda.

b) capacidade política do governo de aplicar impostos.

c) prejuízos à receita fiscal decorrentes da inflação.

d) ganhos fiscais dos agentes econômicos.

e) desequilíbrios da economia doméstica, consequentes da inflação elevada.

62. (ESAF/Analista de Planejamento e Orçamento/Ministério do Planejamento, Orçamento e Gestão - MPOG/2010) - Uma das principais formas de política econômica é a Política Fiscal. Com relação à política fiscal, identifique a única opção incorreta.

a) Em períodos inflacionários, o imposto progressivo contribui para reduzir o crescimento na renda disponível e na demanda do setor privado.

b) A ação do governo complementa a ação do mercado no que diz respeito à função estabilizadora, promovendo a alocação de recursos na economia.

c) A tributação imposta pelo governo aos bens e serviços incide sobre o fluxo dos produtos no sistema de mercado; esta tributação é denominada como indireta.

d) O mecanismo da tributação, associado às políticas orçamentárias, intervém diretamente na alocação dos recursos, na distribuição de recursos na sociedade, podendo reduzir também as desigualdades na riqueza, na renda e no consumo.

e) As mudanças demográficas são uma importante variável para explicar as alterações e o crescimento dos gastos públicos, seja pelo acréscimo absoluto da população ou por sua própria distribuição etária.

63. (Instituto CETRG/TCMSP/Agente de Fiscalização– Economia/2006) - Com relação ao debate teórico sobre o papel macroeconômico dos déficits orçamentários do governo e da dívida pública, analise as proposições seguintes sob a ótica de diversos modelos econômicos.

I. O modelo keynesiano admite uma política transitória de déficit orçamentário financiado pela dívida pública para expandir o crescimento econômico.

II. No modelo de equivalência ricardiana, o déficit orçamentário não tem efeito sobre o crescimento econômico.

III. No modelo keynesiano, o pagamento futuro da dívida pública é garantido pelo aumento da receita de impostos em decorrência do crescimento econômico.

IV. No modelo de equivalência ricardiana, o déficit orçamentário presente representa o ônus da dívida pública a ser paga pelas gerações futuras.

V. O modelo de equivalência ricardiana recomenda uma política fiscal de permanente superávit orçamentário.

Pode-se afirmar que

a) estão corretos apenas os itens I e II.

b) estão corretos apenas os itens III e IV.

c) todos os itens estão corretos.

d) estão corretos apenas os itens I, III e V.

e) estão corretos os itens I, II, III e IV.

---

64. (NCE-RJ/Economista/Ministério da Integração Nacional/2005) - O cálculo do déficit operacional público, diferentemente do cálculo do déficit nominal público, exclui:

a) os gastos correntes;

b) os investimentos públicos;

c) as transferências;

d) a correção monetária dos juros da dívida pública;

e) os juros reais da dívida pública

---

65. (Vunesp/Consultor Técnico Legislativo – Economia/CMSP/2007) – É parte da função alocativa do Estado

a) aplicar alíquotas maiores de imposto aos mais ricos.

b) fornecer iluminação pública.

c) fazer investimentos para aumentar o emprego.

d) determinar a taxa básica de juros.

e) fiscalizar a evasão de impostos.

---

66. (Vunesp/Consultor Técnico Legislativo – Economia/CMSP/2007) – Em um determinado ano, os gastos não financeiros do governo totalizaram 1 000, foram arrecadados 1 050 em impostos, o estoque da dívida pública no início do ano era 2 000, a taxa de juros (nominal) foi 5% e a inflação 2%. Pode-se afirmar que o resultado primário do governo foi

a) superávit de 50.

b) equilíbrio.

c) déficit de 10.

d) déficit de 50.

e) déficit de 90.

67. (Vunesp/Consultor Técnico Legislativo – Economia/CMSP/2007) – Em relação à questão 66, o resultado operacional do governo foi

a) superávit de 50.

b) equilíbrio.

c) déficit de 10.

d) déficit de 50.

e) déficit de 90.

68. (Vunesp/Consultor Técnico Legislativo – Economia/CMSP/2007) – Ainda sobre a questão 66, o resultado nominal do governo foi

a) superávit de 50.

b) equilíbrio.

c) déficit de 10.

d) déficit de 50.

e) déficit de 90.

69. (Vunesp/Consultor Técnico Legislativo – Economia/CMSP/2007) - A existência de diferentes alíquotas por faixa de renda faz com que o imposto de renda se torne

a) eficiente.

b) abusivo.

c) indireto.

d) progressivo.

e) regressivo.

70. (FGV/Fiscal de Rendas/SEFAZ-RJ/2008) - Déficit primário é definido como:

a) a diferença entre as receitas do governo e os gastos públicos com bens e serviços.

b) a diferença entre o pagamento de juros reais e o déficit nominal.

c) a diferença entre o déficit nominal e o déficit operacional.

d) a diferença entre o déficit nominal e os juros nominais.

e) a diferença entre os gastos totais do governo e as receitas do governo.

71. (FGV/Economista Júnior/Potigas/2006) - O governo pode financiar suas despesas de diversas formas. Uma dessas formas, denominada *senhoriagem*, conceitua o financiamento das despesas do governo por meio de:

a) aumento dos tributos.

b) emissão de moeda.

c) lançamento de títulos da dívida pública.

d) contratação de empréstimos.

e) alienação de bens imóveis.

72. (NCE/Auditoria Geral do Estado de Mato Grosso/2004) - O déficit público operacional:

a) inclui no cálculo do déficit público a correção cambial;

b) inclui no cálculo do déficit público a correção monetária;

c) exclui do cálculo do déficit público as correções monetária e cambial;

d) exclui do cálculo do déficit público o investimento público;

e) exclui do cálculo do déficit público as transferências para estados e municípios.

73. **(ESAF/Especialista em Políticas Públicas e Gestão Governamental/2009) - Com relação ao Déficit Público, uma das afirmações a seguir é falsa. Identifique-a.**

a) O governo pode financiar seu déficit por meio de recursos extrafiscais.

b) O déficit de caixa omite as parcelas do financiamento do setor público externo e do resto do sistema bancário, bem como de fornecedores e empreiteiros.

c) No cálculo do déficit público, segundo o conceito operacional, incluem-se as despesas com a correção monetária e cambial pagas sobre a dívida.

d) O déficit total indica o fluxo líquido de novos financiamentos, obtidos ao longo de um ano pelo setor público não financeiro, nas três esferas de governo e administrações.

e) A apuração do déficit pelo método "abaixo da linha" mede o tamanho do déficit pelo lado do financiamento.

74. **(Fundação Cesgranrio/Analista do Banco Central do Brasil/2010) – Em uma economia aberta com taxa de câmbio flexível, se o governo adotar uma política fiscal expansionista, incorrendo em um déficit fiscal financiado pela venda de títulos de dívida pública, com relação ao impacto sobre a demanda agregada, verifica-se que**

a) este será dado por kD, onde k é o multiplicador keynesiano dos gastos autônomos e D o déficit público.

b) este, pelo efeito *crowding-out*, será inferior ao implicado pelo modelo keynesiano básico, porque a equivalência ricardiana não opera plenamente.

c) o efeito *crowding-out* será mitigado pelo influxo de capitais estrangeiros, entretanto, a valorização da moeda local reduzirá as exportações líquidas e, consequentemente, reduzirá o impacto do déficit sobre a demanda agregada.

d) o efeito *crowding-out* será neutralizado pelo influxo de capital estrangeiro atraído pelas altas taxas domésticas de juros.

e) o efeito *crowding-out* será nulo, caso valha a equivalência ricardiana e, portanto, o impacto sobre a demanda agregada será o previsto pelo modelo keynesiano básico.

75. **(NCE-RJ/Economista/MT/2006) – O cálculo do déficit operacional público NÃO inclui:**

a) os gastos com o pessoal;

b) a correção monetária dos juros da dívida pública;

c) os gastos de custeio;

d) o déficit da previdência pública;

e) os investimentos públicos em infraestrutura.

76. **(NCE-RJ/Economista/MT/2006) – Quando os gastos do setor público brasileiro com juros são superiores ao superávit primário obtido, significa que estamos diante de um/uma:**

a) aumento da poupança pública;

b) redução da dívida pública;

c) aumento da dívida pública;

d) aumento das transferências públicas;

e) aumento da oferta monetária.

77. (ESAF/Analista Contábil-Financeiro da Secretaria de Fazenda do Estado do Ceará/2006) - Segundo a Teoria das Finanças Públicas, indique a única opção errada no que diz respeito aos conceitos de déficit público.

a) O conceito de déficit primário mostra, efetivamente, a condução da política fiscal do governo.

b) Um ponto importante a ser destacado em relação ao déficit público e seu financiamento é o comportamento da variável dívida ao longo do tempo.

c) A relevância do conceito de déficit primário está no fato de separar o esforço fiscal do impacto das variações nas taxas de juros e câmbio.

d) Uma medida muito utilizada para avaliar a capacidade de pagamento do setor público é a relação dívida/PIB.

e) Quando se mede o déficit com base na execução orçamentária, das entidades que o geram, isto é, diretamente das receitas e das despesas, usa-se o método denominado "acima da linha".

78. (ESAF/Analista Contábil-Financeiro/SEFAZ/CE/2008) - Segundo a Teoria das Finanças Públicas, a carga tributária de uma economia pode ser classificada em regressiva, proporcional e progressiva. Indique a única opção falsa.

a) O tributo é regressivo à medida que o peso da sua incidência cresce com o nível de renda do contribuinte.

b) O tributo progressivo, como o Imposto de Renda, é o mais adequado do ponto de vista da equidade.

c) O imposto sobre o consumo de produtos alimentares é exemplo de imposto regressivo.

d) Um sistema tributário considerado justo do ponto de vista social deveria prever incidência de carga tributária, tanto direta como indireta, coerente com o nível de renda do contribuinte.

e) A carga tributária é regressiva, quando ela cresce à medida que o nível de renda se reduz.

79. (Fundação Cesgranrio/Especialista em Regulação de Petróleo e Derivados, Álcool Combustível e Gás Natural – Especialidade: Economia/Agência Nacional de Petróleo/2008) – Se o Banco Central de determinado país aumentar substancialmente a oferta monetária, ou seja, adotar uma política monetária expansiva, tenderá a ocorrer, de imediato, um(a)

a) aumento no *déficit* do setor público.

b) aumento nas reservas internacionais do banco central.

c) aumento nas taxas de juros domésticas por causa da inflação.

d) valorização da moeda nacional em relação à estrangeira, se o regime cambial for de taxa fixa.

e) desvalorização da moeda nacional em relação à estrangeira, se o regime cambial for de taxa flutuante.

80. (Fundação Cesgranrio/Economista/Banco Nacional de Desenvolvimento Econômico e Social – BNDES/2008) – No estabelecimento de um sistema tributário, o clássico Princípio da Equidade sugere que

a) um imposto que incida mais de uma vez sobre uma atividade produtiva não é adequado.

b) os tributos devem incentivar os investimentos e o crescimento da economia.

c) os impostos devem corrigir as distorções na alocação de recursos causadas pelas imperfeições de mercado.

d) a capacidade individual de contribuição é um critério importante para a escolha dos tributos.

e) a política fiscal deve ser usada para a estabilização da economia.

81. **(ESAF/Analista Contábil-Financeiro/SEFAZ/CE/2008) - Segundo a Teoria das Finanças Públicas, indique a única opção errada no que diz respeito aos conceitos de déficit público.**

a) O conceito de déficit primário mostra, efetivamente, a condução da política fiscal do governo.

b) Um ponto importante a ser destacado em relação ao déficit público e seu financiamento é o comportamento da variável dívida ao longo do tempo.

c) A relevância do conceito de déficit primário está no fato de separar o esforço fiscal do impacto das variações nas taxas de juros e câmbio.

d) Uma medida muito utilizada para avaliar a capacidade de pagamento do setor público é a relação dívida/PIB.

e) Quando se mede o déficit com base na execução orçamentária, das entidades que o geram, isto é, diretamente das receitas e das despesas, usa-se o método denominado "acima da linha".

82. **(ESAF/Analista Contábil-Financeiro/SEFAZ/CE/2008) - De acordo com os vários conceitos de déficit para acompanhar o desempenho das contas públicas, indique a única opção falsa.**

a) O conceito de déficit operacional foi utilizado no Brasil nos períodos de inflação elevada para se ter uma medida nominal do déficit público.

b) O conceito de déficit de caixa, que se refere aos resultados do Tesouro Nacional, é limitado, porque é passível de controles temporais, por meio, por exemplo, do retardamento das liberações de recursos.

c) Superávits operacionais ocorreram em 1990-1991, conseqüência do aumento da carga tributária e da redução das despesas com juros, viabilizada pelo bloqueio dos ativos financeiros do Plano Collor.

d) As necessidades de financiamento do setor público correspondem ao conceito de déficit nominal apurado pelo critério "acima da linha".

e) O conceito de déficit nominal corresponde aos gastos totais deduzidas as receitas totais.

83. **(ESAF/Analista de Planejamento e Orçamento/MPOG/2008) - Nos últimos anos tem crescido o debate em torno da atuação do governo na economia, particularmente no Brasil. Com relação aos conceitos de déficit e dívida pública, não se pode afirmar que:**

a) o déficit público é a diferença entre o investimento público e a poupança do governo em conta corrente.

b) o endividamento do setor público representa nova categoria de gastos públicos: a rolagem e o pagamento dos serviços dessa dívida.

c) quanto maior for o estoque da dívida, maior será o gasto com juros e, conseqüentemente, menor será a diferença entre carga tributária bruta e líquida.

d) como alternativas de financiamento do déficit público, podem ser citadas a venda de títulos ao setor privado e a venda de títulos ao Banco Central.

e) o tamanho do déficit público, em última instância, dá a participação do governo na atividade econômica em termos de complementação da demanda privada.

84. **(ESAF/Analista de Planejamento e Orçamento/MPOG/2008) - O financiamento para que o Estado cumpra suas funções com a sociedade é feito por meio de arrecadação tributária, ou receita fiscal. Identifique a única opção errada referente aos princípios de tributação.**

a) Pelo princípio da eqüidade, um imposto, além de ser neutro, deve ser equânime, no sentido de distribuir o seu ônus de maneira justa entre os indivíduos.

b) De acordo com o princípio do benefício, um tributo justo é aquele em que cada contribuinte paga ao Estado um montante diretamente relacionado com os benefícios que recebe do governo.

c) A neutralidade pode ser avaliada sob dois princípios: princípio do benefício e princípio da capacidade de pagamento.

d) Os impostos podem ser utilizados na correção de ineficiências do setor privado.

e) Os argumentos favoráveis à utilização da renda como capacidade de pagamento baseiam-se na abrangência desta medida, pois renda inclui consumo e poupança.

85. (ESAF/Analista de Planejamento e Orçamento/MPOG/2008) - Os sistemas de tributação diferenciam-se entre si de acordo com o tratamento tributário dado às diversas camadas de renda da sociedade. Com relação aos sistemas de tributação, identifique a única opção correta.

a) O sistema de imposto progressivo tem a característica básica de tributar mais fortemente as camadas mais baixas de renda.

b) A aplicação de um sistema de imposto proporcional altera o padrão da distribuição de renda da sociedade.

c) A aplicação de um sistema de imposto progressivo não altera o padrão da distribuição de renda da sociedade.

d) No sistema regressivo, o percentual do imposto pago diminui com o aumento do nível de renda.

e) No sistema proporcional, o percentual de imposto a ser pago depende do nível de renda.

86. (Fundação Cesgranrio/Economista/BNDES/2008) - No estabelecimento de um sistema tributário, o clássico Princípio da Equidade sugere que

a) um imposto que incida mais de uma vez sobre uma atividade produtiva não é adequado.

b) os tributos devem incentivar os investimentos e o crescimento da economia.

c) os impostos devem corrigir as distorções na alocação de recursos causadas pelas imperfeições de mercado.

d) a capacidade individual de contribuição é um critério importante para a escolha dos tributos.

e) a política fiscal deve ser usada para a estabilização da economia.

87. (Fundação Cesgranrio/Economista/BNDES/2008) - A paulatina redução da dívida do setor público no Brasil, em relação ao PIB do país, tende a

a) encurtar o prazo médio para vencimento da dívida pública.

b) reduzir a participação percentual das despesas com juros nos gastos totais do governo.

c) aumentar a taxa de juros paga pelos títulos públicos.

d) aumentar a arrecadação fiscal obtida com o Imposto de Renda sobre as aplicações financeiras.

e) aumentar os lucros do setor bancário.

88. (Planejamento e Execução IESES/Analista Judiciário – Economista/Tribunal de Justiça do Estado do Maranhão/2009) – Assinale a alternativa correta:

a) Superávit primário reflete a diferença entre a arrecadação do Governo e a sua despesa incluindo a despesa com salários de servidores públicos federais.

b) Superávit primário reflete a diferença entre a arrecadação do Governo e a sua despesa excluindo-se a despesa com juros.

c) Superávit primário reflete a diferença entre a arrecadação do Governo e a sua despesa incluindo a despesa com juros.

d) Superávit primário reflete a diferença entre a arrecadação do Governo e a sua despesa excluindo-se a despesa com salários de servidores públicos federais.

89. (Planejamento e Execução IESES/Analista Judiciário – Economista/Tribunal de Justiça do Estado do Maranhão/2009) – Sobre Política Monetária é Correto afirmar:

a) O Tesouro Nacional reduz seus empréstimos a pessoas físicas para desacelerar o consumo das famílias.

b) O Banco Central eleva a taxa de câmbio da economia como forma de conter a Inflação.

c) O Banco Central eleva a taxa de juros (Selic) da economia como forma de conter a Inflação.

d) O Tesouro Nacional emite Moeda para conter a inflação.

90. (Fundação Cesgranrio/Especialista em Regulação de Petróleo e Derivados, Álcool Combustível e Gás Natural – Especialidade: Economia/Agência Nacional de Petróleo/2008) – Se o governo de um certo país aumentar os gastos públicos, financiando-os com emissão de base monetária, necessariamente vai ocorrer

   a) redução da arrecadação fiscal do governo.

   b) expansão da demanda agregada e da produção.

   c) aumento dos preços dos bens e serviços.

   d) aumento das exportações.

   e) aumento da taxa de desemprego.

91. (Planejamento e Execução IESES/Analista Judiciário – Economista/Tribunal de Justiça do Estado do Maranhão/2009) – Assinale a alternativa correta:

   a) Superávit primário reflete a diferença entre a arrecadação do Governo e a sua despesa incluindo a despesa com salários de servidores públicos federais.

   b) Superávit primário reflete a diferença entre a arrecadação do Governo e a sua despesa excluindo-se a despesa com juros.

   c) Superávit primário reflete a diferença entre a arrecadação do Governo e a sua despesa incluindo a despesa com juros.

   d) Superávit primário reflete a diferença entre a arrecadação do Governo e a sua despesa excluindo-se a despesa com salários de servidores públicos federais.

92. (Planejamento e Execução IESES/Analista Judiciário – Economista/Tribunal de Justiça do Estado do Maranhão/2009) – Sobre Política Monetária é Correto afirmar:

   a) O Tesouro Nacional reduz seus empréstimos a pessoas físicas para desacelerar o consumo das famílias.

   b) O Banco Central eleva a taxa de câmbio da economia como forma de conter a Inflação.

   c) O Banco Central eleva a taxa de juros (Selic) da economia como forma de conter a Inflação.

   d) O Tesouro Nacional emite Moeda para conter a inflação.

93. (Fundação Cesgranrio/Economista/Petrobrás/2008) – A hipótese da Equivalência Ricardiana nos modelos macroeconômicos consiste em supor que

   a) a forma pela qual o governo financia seus gastos (impostos ou empréstimos) não tem efeito na economia.

   b) a política fiscal e a monetária são igualmente potentes.

   c) a redistribuição de renda influencia os resultados do modelo.

   d) os modelos abstratos retratam fielmente o comportamento da economia real.

   e) ao dobrar a oferta monetária, os preços dobram, nada mais se alterando na economia.

94. (Cetro Concursos Públicos/Auditor-Fiscal Tributário Municipal – Gestão Tributária/Prefeitura do Município de São Paulo/2014) – A equivalência ricardiana parte do princípio de que

   a) os agentes econômicos não encontram motivos para alterar sua conduta de consumo presente em razão da redução dos impostos por parte do governo.

   b) a baixa na carga tributária do presente refletirá em aumento de arrecadação futura, o que compensa a manutenção de dívida pública ao longo do tempo.

   c) as famílias determinam seu padrão de consumo em função de sua renda disponível.

   d) se o governo baixar a carga tributária, os agentes econômicos respondem positivamente ao consumo e, portanto, contribuem para o crescimento econômico do presente.

   e) o déficit público é impulsionador do crescimento econômico e, neste aspecto, assemelha-se à política fiscal expansionista.

95. (ESAF/Analista de Planejamento e Orçamento/MPOG/2008) - Em organizações federativas, o sistema tributário é o elemento central na estruturação das relações financeiras entre níveis de governo. Com relação ao Federalismo Fiscal no Brasil, não se pode afirmar que:

a) a Constituição Federal brasileira de 1988 provocou graves desequilíbrios no federalismo fiscal, especialmente porque não dimensionou bem as atribuições de cada ente federado e suas respectivas fontes de receitas.

b) na concepção do federalismo fiscal de 1988, não foi considerado o cenário de abertura e de competitividade econômica internacional nem os processos de integração econômica internacional.

c) o equilíbrio federativo e a descentralização fiscal são importantes para que o Brasil se insira num contexto de integração econômica internacional com uma harmonização jurídico-tributária e com a remoção de tributos que inviabilizem a competição e impeçam uma integração econômica bem-sucedida.

d) durante o período de 1970/1988, a fragilidade financeira dos estados e municípios impossibilitou a maior atribuição de funções de caráter regional e local a esses níveis de governo.

e) em termos verticais, os principais privilegiados pelo processo de descentralização brasileiro, principalmente após a Constituição de 1988, foram os estados, que praticamente dobraram sua participação no total da receita tributária disponível.

96. (ISAE/Economista/Assembleia Legislativa do Estado do Amazonas/2011) – Com relação aos conceitos de *déficit* público, dívida pública e as relações com os agregados macroeconômicos, assinale a afirmativa correta.

a) Se a poupança pública for igual ao *déficit* público, a poupança do setor privado será idêntica ao consumo agregado.

b) Igualdade entre poupança e investimento somente acontece quando o *déficit* operacional é igual a zero.

c) Em uma economia com *superávit* primário e *déficit* operacional, a dívida pública diminui.

d) Em uma economia com dívida pública positiva, um *déficit* primário implica também em *déficit* operacional.

e) Em uma economia com *déficit* primário nominal constante, a relação entre a dívida pública e o PIB mantém-se também constante.

97. (ISAE/Economista/Assembleia Legislativa do Estado do Amazonas/2011) – A respeito da relação dos gastos públicos com a atividade econômica, é correto afirmar que:

a) os gastos públicos são mais eficientes que investimentos privados e, portanto, o aumento da demanda agregada é sempre maior quando se aumenta I e não G.

b) o financiamento dos Gastos Públicos através de emissão de papel moeda diminui a base monetária e, portanto, o nível de crédito na economia.

c) os gastos públicos deslocam investimentos privados em situações de crise e, portanto, o governo deve fazer política fiscal contracionista nessa situação.

d) o financiamento dos Gastos Públicos através da emissão de títulos públicos aumenta a base monetária e, portanto, diminui o nível de crédito na economia.

e) o financiamento dos Gastos Públicos através da emissão de títulos públicos mantém constante a base monetária, mas aumenta a dívida pública.

98. (Cespe-UnB/Especialista em Estudos e Pesquisas Governamentais/Instituto Jones dos Santos Neves/2010) - Com referência a inflação, estabilização, déficit público e senhoriagem, julgue os itens seguintes.

(0) A mensuração do déficit público pelo conceito abaixo da linha representa a mensuração pela forma como o déficit foi financiado e considera a execução orçamentária.

(1) Se o aumento no nível de preços for não antecipado e os agentes possuírem expectativas racionais, os preços aumentarão mesmo antes de a oferta de moeda aumentar.

(2) Senhoriagem pode ser considerada como alíquota de tributação e também pode ser igual a imposto inflacionário, somente se a taxa de emissão monetária for igual à inflação.

(3) O déficit público pode ser financiado pelo incremento nas receitas correntes do governo, em lugar da venda de títulos públicos, quando o objetivo for alterar os meios de pagamentos e não alterar a base monetária.

---

99. (Cespe-UnB/Economista/Ministério da Saúde/2010) – Julgue o item a seguir como verdadeiro ou falso.

Déficit nominal é também conhecido como necessidades de financiamento líquido do setor público. Já déficit primário exclui do déficit nominal correções e juros da dívida interna.

100.(Cespe-UnB/Fiscal da Receita Estadual/SEFAZ/AC/2009) - Acerca da classificação quanto ao tipo do tributo, o ICMS é, essencialmente,

a) direto e regressivo.

b) indireto e progressivo.

c) indireto e regressivo.

d) direto e progressivo.

101.(Vunesp/Consultor Técnico Legislativo – Economia/CMSP/2007) - A incidência de imposto indireto sobre um bem produzido por uma empresa monopolista

a) certamente fará com que o preço aumente.

b) pode diminuir o preço.

c) inviabilizará o monopólio, forçando a entrada de novas empresas.

d) será regressiva, pois o imposto será repassado ao consumidor.

e) fará com que o monopolista produza ainda menos.

102.(Vunesp/Consultor Técnico Legislativo – Economia/CMSP/2007) - No Brasil, os estados arrecadam um imposto sobre valor agregado, em cada etapa da produção, que incide sobre a circulação de mercadorias e serviços (ICMS). A substituição desse imposto por um imposto que incidisse direta-mente sobre o consumo,

a) dependendo da alíquota, não faria a menor diferença.

b) beneficiaria o consumidor, que pagaria menos impostos.

c) prejudicaria o consumidor, que pagaria mais impostos.

d) aumentaria a corrupção,

e) beneficiaria estados que não produzem os bens.

103.(ESAF/Auditor-Fiscal da Receita Federal do Brasil/2009) – Em matéria de tributação, não se pode afirmar que:

a) a carga tributária de um país é considerada progressiva quando é realizada, principalmente, por meio de impostos incidentes sobre a produção industrial.

b) os impostos em cascata são cobrados indistintamente de todos os agentes, nas transações intermedi-árias, somando-se ao preço dos insumos e do produto final.

c) segundo o princípio da neutralidade, as decisões sobre alocação de recursos baseiam-se nos preços relativos determinados pelo mercado.

d) os impostos de renda são progressivos e, portanto, mais justos ou equânimes do ponto de vista fiscal.

e) um imposto proporcional sobre a renda seria neutro, do ponto de vista do controle da demanda agre-gada, pois a renda total, a renda disponível e o gasto em consumo crescem às mesmas taxas.

104.(ESAF/Analista de Planejamento e Orçamento/MPOG/2008) - Identifique qual das afirmações abaixo não corresponde a uma descrição da situação fiscal ou do contexto macroeconômico no período 1981/1994.

a) O período posterior a 1986 caracterizou-se pela observação de taxas de inflação superiores a 1000% ao ano em quase todos os anos.

b) Foi uma fase caracterizada por uma estagnação contínua da economia ao longo do período.

c) Devido à elevação da inflação, os mecanismos de indexação tributária foram sucessivamente aperfeiçoados ao longo do período.

d) Em que pese a tese de que o déficit público causa o aumento dos preços, a alta inflação do início dos anos 1990 parece ter colaborado para diminuir o déficit operacional do setor público.

e) As principais causas da deterioração das contas públicas nos anos de 1980 foram: o aumento do gasto com pessoal, notadamente na esfera estadual e municipal, maiores despesas previdenciárias e o crescimento do fluxo de pagamento de juros da dívida pública.

105.(ESAF/Analista de Planejamento e Orçamento/MPOG/2008) - A reforma do Estado deve ter como referencial a urgente necessidade de fortalecê-lo e não promover seu aniquilamento. Assim sendo, não é correto afirmar que:

a) quanto maior a complexidade da organização social, menor é a necessidade de o Estado intervir para arbitrar e regular conflitos.

b) a retração do Estado e o estímulo à entrada do setor privado em setores/atividades que, até então, vinham sendo predominantemente do setor público irão exigir uma revisão de normas vigentes com respeito à contratação de serviços, cessão de direitos, mecanismos de controle e critérios de avaliação.

c) na esfera regional, assim como na social, o Estado deve intervir no sentido de assegurar a igualdade de oportunidades.

d) a remoção das causas que contribuem para a reprodução das desigualdades, ao longo do tempo, deve ser o alvo prioritário de atenção.

e) a redefinição das funções do Estado deve ter como ponto de partida o pleno reconhecimento de suas principais responsabilidades.

106.(ESAF/Analista de Planejamento e Orçamento/MPOG/2008) - Identifique a única opção incorreta com relação às características básicas de um modelo de reforma tributária coerente com os princípios da responsabilidade (recuperação da ética tributária), visibilidade, equilíbrio e solidariedade (sem espaço para antagonismo).

a) A tributação da renda deve ser feita de forma abrangente, reduzindo-se ao mínimo as deduções e abatimentos, eliminando-se os regimes especiais e restringindo-se a progressividade das alíquotas ao imposto cobrado sobre a renda familiar.

b) O combate à evasão e à sonegação deve ser conduzido, prioritariamente, por medidas de cunho repressivo e policial.

c) Nenhum imposto deve onerar a exportação e a aquisição de máquinas e equipamentos indispensáveis à modernização tecnológica, ao aumento da capacidade produtiva e à geração de maiores oportunidades de emprego.

d) A simplificação tributária requer não apenas a redução do número de impostos, mas também a simplificação e estabilidade das normas jurídicas aplicadas à administração e cobrança dos tributos.

e) O imposto sobre a propriedade deve ser utilizado como reforço do vínculo de co-responsabilidade entre o Estado e o cidadão contribuinte, no plano das relações do poder público local com as comunidades.

107.(Cespe-UnB/Economista/Conselho Administrativo de Direito Econômico – CADE/Ministério da Justiça/2014) – A economia do setor público e o pilar econômico que permite a compreensão das atividades governamentais, em particular no que se refere as finanças públicas. Em relação a esse assunto, julgue os itens que se seguem. Nesse sentido, considere que a sigla NFSP, sempre que for utilizada, se refere a Necessidade de Financiamento do Setor Público.

(0) O resultado fiscal do governo, ou a necessidade de financiamento, representa o montante de recursos que o setor público não financeiro precisa obter junto ao setor financeiro. A NFSP indica o aumento líquido da dívida em determinado período de tempo.

(1) Resultado primário e o equilíbrio entre as receitas e as despesas totais, o que equivale ao conceito de NFSP. Ao utilizar o método abaixo da linha, o resultado primário representa a variação total da dívida fiscal liquida no período.

(2) Por meio do resultado nominal, procura-se corrigir o efeito da inflação incidente sobre o resultado primário, pois parte-se da premissa de que a inflação não distorce o aspecto real da economia, mas somente seu aspecto monetário.

108.(Fundação Carlos Chagas/Analista Legislativo – Especialidade: Consultoria Legislativa/Área: Orçamento Público e Desenvolvimento Econômico/Assembleia Legislativa do Estado de Pernambuco/2014) - Considere:

I. A Carga Tributária Líquida como percentual do produto da economia corresponde à razão entre os valores nominais da arrecadação tributária das três esferas de governo e do Produto Interno Bruto medido a preços de mercado.

II. As Necessidades de Financiamento do Setor Público – NFSP, em seu conceito nominal, são calculadas a partir da variação da Dívida Líquida do Setor Público (DLSP), descontada a variação da taxa de câmbio sobre os estoques de dívida interna indexada ao câmbio, de dívida externa e das reservas internacionais.

III. O conceito de Dívida Externa utilizado pelo Banco Central do Brasil inclui a dívida pública externa de curto, médio e longo prazos, líquida de reservas internacionais e garantias.

IV. O Resultado Operacional do setor público não inclui em seu cômputo os juros da dívida pública interna. Já o Resultado Primário os inclui tornando essa medida de suma importância para a avaliação da sustentabilidade da dívida pública a longo prazo.

Está correto o que consta APENAS em

a) I e II.

b) III e IV.

c) II e III.

d) I e III.

e) II e IV.

109.(Cespe-UnB/Consultor Legislativo/Câmara dos Deputados/2014) – Julgue os itens a seguir como verdadeiro ou falso.

(0) O resultado primário, que corresponde ao resultado nominal excluída a parcela referente aos juros nominais incidentes sobre a dívida líquida, indica, efetivamente, o esforço fiscal do setor público sem os efeitos dos déficits incorridos no passado.

(1) O conceito de resultado operacional consiste em indicador de ampla relevância em países de inflação alta, como o Brasil antes do Plano Real, uma vez que exclui o impacto da inflação sobre a necessidade de financiamento do setor público.

110.(VUNESP/Economista/Agência de Desenvolvimento Paulista – DESENVOLVE SP/2014) – A Curva de Laffer:

a) descreve o fenômeno de que a arrecadação dos impostos pode cair quando se aumenta a alíquota do mesmo quando esta já é elevada.

b) é a curva que, dentro da Caixa de Edgeworth, une os pontos que são ótimos no sentido de Pareto.

c) relaciona negativamente taxas de inflação e de desemprego.

d) é a curva que relaciona a demanda de um bem com sua renda à medida que deslocamentos da restrição orçamentária são feitos.

e) é a curva que representa o ajuste que é feito ao longo do tempo no preço de equilíbrio de mercado quando a oferta depende do preço passado.

111.(Economista/Instituto Federal Farroupilha/2014) - A respeito dos conceitos de déficit e dívida pública no Brasil, é correto afirmar:

a) O déficit primário corresponde à diferença entre receitas e gastos do governo, incluindo o pagamento de juros sobre a dívida.

b) A única forma de financiamento do déficit público é através da emissão de moeda.

c) Se o superávit primário for igual ao pagamento de juros sobre a dívida, essa permanecerá inalterada.

d) Se houver superávit primário, o governo irá, necessariamente, reduzir seu estoque de dívida.

e) O déficit nominal é menor do que o déficit primário.

112.(Economista/Instituto Federal Farroupilha/2014) - Para que o sistema tributário de um país seja "ideal", é preciso que ele cumpra alguns pré-requisitos, entre eles o da equidade e progressividade, significando que:

a) Cada contribuinte deve contribuir com uma parcela "justa" para cobrir os custos do governo e que a alíquota de tributação diminua quando aumentar o nível de renda.

b) Cada contribuinte deve contribuir com uma parcela "justa" para cobrir os custos do governo e que a alíquota de tributação eleve-se quando aumentar o nível de renda.

c) Cada grupo de contribuinte (p. exemplo), os operários devem contribuir com uma parcela "justa" para cobrir os custos do governo e que a alíquota de tributação eleve-se quando aumentar o nível de renda.

d) Cada contribuinte deve pagar somente e tão somente pelos serviços de que desfruta diretamente e que a alíquota de tributação eleve-se quando aumentar o nível de renda.

e) Cada contribuinte deve contribuir com uma parcela "justa" para cobrir os custos do governo, mas a alíquota de tributação deve permanecer a mesma quando aumentar o nível de renda.

113.(FGV Projetos/Economista/Defensoria Pública do Estado do Rio de Janeiro/2014) – Considerando a Curva de Laffer, defina V para a afirmativa verdadeira e F para a falsa.

(i) Se a alíquota tributária é de 100%, a receita será nula, pois as pessoas não ofertarão mão de obra no setor formal.

(ii) Há uma alíquota que gera o máximo de receita para o governo.

(iii) Existe um trecho da curva em que acréscimos de alíquota geram decréscimos de receita pois estimulam sonegação fiscal.

As afirmativas são, respectivamente,

a) F – V – V.

b) V – F – V.

c) V – V – F.

d) V – F – F.

e) V – V – V.

114. (FGV Projetos/Economista/Defensoria Pública do Estado do Rio de Janeiro/2014) – Considere o conceito de déficit do governo (necessidade de financiamento do governo) em um contexto de inflação nula. O déficit se reduz quando o governo, *ceteris paribus*

a) eleva o seu investimento na economia.

b) reduz a poupança pública.

c) reduz a taxa de juros paga para os títulos públicos.

d) eleva os gastos em obras públicas.

e) reduz temporariamente o imposto sobre produtos industrializados.

115. (FGV Projetos/Economista/Assembleia Legislativa do Estado de Mato Grosso/2013) – Supondo inflação nula e considerando o conceito de déficit do governo (necessidade de financiamento do governo) e seus componentes, assinale a alternativa que indica a estática comparativa que descreve o efeito correto.

a) Quando o investimento do governo fica acima da sua poupança, o déficit é positivo.

b) Um aumento dos juros da dívida deve se contrapor a um aumento da poupança pública.

c) Um aumento dos impostos reduz os investimentos do governo por expulsar o setor privado.

d) Quando os impostos ficam maiores do que a poupança, deve haver necessariamente uma elevação do consumo do governo.

e) Quando os impostos superam o consumo do governo, a poupança pública é necessariamente positiva.

116. (FGV Projetos/Economista/Assembleia Legislativa do Estado de Mato Grosso/2013) –Em relação às funções do governo, assinale V para a afirmativa verdadeira e F para a falsa.

( ) Na *função alocativa*, o governo se preocupa na provisão de bens semi-públicos.

( ) Na *função distributiva*, o objetivo do governo é o pleno emprego.

( ) Na *função estabilizadora*, a assistência social auxilia indivíduos de baixa renda.

As afirmativas são, respectivamente,

a) F, V e V.

b) F, V e F.

c) F, F e F.

d) V, F e F.

e) V, V e V.

117. (FGV Projetos/Economista/Assembleia Legislativa do Estado de Mato Grosso/2013) – Ao considerar a curva de Laffer, um governo que deseja maximizar sua receita deve

a) fixar a alíquota tributária em 100%, o que permitiria extrair todo excedente dos contribuintes.

b) fixar uma alíquota tributária crescente de acordo com o nível de renda das famílias.

c) adotar o conceito de neutralidade para alcançar o máximo de eficiência do sistema tributário.

d) elevar a fiscalização para que nenhum tipo de evasão ou atividade informal ocorra.

e) iniciar com uma alíquota tributária nula e elevá-la gradativamente até que a receita marginal seja nula.

118. (Cespe-UnB/Especialista em Regulação de Serviços de Transportes Terrestres/Agência Nacional de Transportes Terrestres – ANTT/2013) – Julgue o item a seguir como verdadeiro ou falso.

O resultado primário do setor público corresponde ao déficit nominal deduzido dos juros nominais apropriados por competência, incidentes sobre a dívida pública. Para facilitar a mensuração do efeito da política fiscal executada pelo governo, a parcela dos juros externos e incidentes sobre a dívida mobiliaria em moeda estrangeira não e considerada.

119. (FGV Projetos/Economista/Companhia de Desenvolvimento Urbano do Estado da Bahia/2013) - De acordo com o *Princípio da Equivalência Ricardiana*, assinale a afirmativa correta.

a) Uma política fiscal expansionista não impacta o nível do produto, pois o gasto privado é reduzido na mesma magnitude.

b) O governo deve manter um orçamento fiscal de modo que sua restrição orçamentária esteja sempre em equilíbrio em cada período do tempo.

c) O endividamento público via títulos públicos pode ser considerado como riqueza pelos agentes privados, o que acaba afetando o consumo.

d) Um aumento dos impostos no período *t* reduz o consumo no período t, mas o eleva no período t+1 pois o governo reduzirá a carga tributária no período *t*+1.

e) Os agentes privados não alteram o seu nível de poupança corrente pois sabem que alterações da política tributária hoje serão revertidas nos períodos subsequentes.

120. (FGV Projetos/Economista/Companhia de Desenvolvimento Urbano do Estado da Bahia/2013) – Segundo o princípio da Curva de Laffer, uma elevação da alíquota tributária

a) eleva a receita tributária, para qualquer nível inicial e final da alíquota.

b) reduz a receita tributária, na hipótese de inexistência de sonegação.

c) mantém a receita tributária constante, na hipótese de inexistência de sonegação.

d) pode elevar a receita tributária mesmo que a alíquota após o aumento esteja à direita da alíquota ótima.

e) incentiva toda população a deixar de trabalhar, para qualquer nível inicial e final da alíquota.

121. (FGV Projetos/Economista/Companhia de Desenvolvimento Urbano do Estado da Bahia/2013) – Supondo inflação nula e considerando o conceito de necessidade de financiamento do governo, assinale V para a afirmativa verdadeira e F para a falsa.

( ) Se o governo apresenta déficit, logo sua poupança é negativa.

( ) Um aumento do gasto do governo gera necessariamente uma ampliação do déficit, mantido os demais componentes constantes.

( ) Quando o resultado da soma do consumo do governo com os juros da dívida é nulo, o déficit do governo é dado pela diferença entre investimento do governo e a receita tributária.

As afirmativas são, respectivamente,

a) V, V e V.

b) V, F e V.

c) F, F e V.

d) F, V e V.

e) F, F e F.

122. (Fundação Cesgranrio/Tecnologista em Informações Geográficas e Estatísticas – Análise Socioeconômica/Instituto Brasileiro de Geografia e Estatística - IBGE/2013) – Suponha que, em certa ocasião, o Banco Central do Brasil espere um recrudescimento da inflação nos meses subsequentes, com o percentual de variação de preços se aproximando do limite superior da meta de inflação. O Banco Central, então, vende, no mercado financeiro, um grande volume de títulos públicos de sua carteira própria. Tal atuação tenderia a

a) baixar a taxa de juros de mercado dos títulos públicos.

b) estimular a demanda agregada na economia.

c) reduzir o *deficit* orçamentário consolidado do governo.

d) aumentar as importações de bens e serviços.

e) aumentar a taxa de desemprego.

---

123. (Fundação Cesgranrio/Economista/Banco Nacional do Desenvolvimento Econômico e Social/2013) – Em um determinado país, em crise de dívida pública excessiva, uma política fiscal austera é efetivada através de um corte no gasto do governo de 10 bilhões de unidades monetárias (u.m.). Essa política resulta em uma diminuição do *deficit* do orçamento público menor do que 10 bilhões de u.m.. Uma possível explicação para esse fato é a(o)

a) redução da taxa de poupança

b) redução da arrecadação fiscal

c) redução das exportações

d) aumento das importações

e) aumento do *deficit* comercial

---

124. (Cespe-UnB/Especialista em Regulação de Serviços de Transportes Terrestres – Área: Economia/2013) – Julgue o item a seguir como verdadeiro ou falso.

A dívida bruta do governo federal e apurada pelo critério de competência, considerando-se a apropriação de encargos contabilizada na forma *pro rata*, independentemente de ocorrerem liberações ou reembolsos no período.

---

125. (Cespe-UnB/Analista Pericial – Área de Atividade: Economia/Ministério Público da União/2013) – Considerando o financiamento da dívida pública e os seus principais conceitos e metodologias de cálculo, julgue os itens seguintes.

(0) As operações compromissadas efetuadas pelos bancos públicos junto ao Banco Central são computadas para fins da apuração da dívida bruta do governo geral.

(1) O resultado nominal é apurado pelo conceito "abaixo da linha".

---

126. (PROGRAD/Fiscal de Receitas Estaduais/Governo do Estado do Pará/2013) – Sobre a dívida pública, política fiscal e política monetária é correto afirmar que:

a) a emissão monetária é uma das fontes de financiamento do déficit público, definindo-se como senhoriagem a receita total do governo oriunda do aumento da base monetária. A receita de senhoriagem pode ser interpretada como imposto e decomposta em crescimento dos saldos monetários reais mais o imposto inflacionário.

b) há uma relação entre déficit público e as contas externas de uma economia. Porém, um dos principais mecanismos de transmissão dos déficits gêmeos pode ocorrer por mudanças na taxa de juros, mas não da taxa de câmbio, posto que a política cambial é quem determina o nível dessa variável.

c) se o aumento da dívida pública no longo prazo reduz a poupança nacional, então o crescimento dessa dívida aumenta a produtividade marginal do trabalho e os salários.

d) na análise keynesiana, os aumentos do déficit e da dívida pública por meio de uma política fiscal expansionista pode levar a uma queda da renda e do produto nacionais, posto que no curto prazo isso implica em uma queda da renda disponível do setor privado.

e) os aumentos do déficit e da dívida pública por meio da redução de impostos e gastos inalterados pode levar a uma queda da renda e do produto nacionais, posto que no curto prazo isso implica em uma queda da renda disponível do setor privado.

GABARITO DO CAPÍTULO 17

01 – E	27 – D	53 – F	79 – E	105 – A
02 – D	28 – A	54 – B	80 – D	106 – B
03 – D	29 – D	55 – E	81 – C	107 - (0) V, (1) F, (2) F
04 – A	30 – A	56 – B	82 – A	108 – C
05 – B	31 – C	57 – A	83 – C	109 – (0) V, (1) V
06 – C	32 – B	58 – D	84 – C	110 – A
07 – B	33 – E	59 – A	85 – D	111 – C
08 – A	34 – A	60 – E	86 – D	112 – B
09 – B	35 – E	61 – A	87 – B	113 – E
10 – C	36 – E	62 – B	88 – B	114 – C
11 – C	37 – D	63 – E	89 – C	115 – A
12 – E	38 – C	64 – D	90 – B	116 – D
13 – B	39 – E	65 – B	91 – B	117 – E
14 – A	40 – A	66 – A	92 – C	118 – F
15 – C	41 – B	67 – C	93 – A	119 – A
16 – E	42 – (0) V, (1) V	68 – D	94 – A	120 – D
17 – A	43 – B	69 – D	95 – E	121 – C
18 – A	44 – A	70 – B	96 – D	122 – E
19 – B	45 – D	71 – B	97 – E	123 – B
20 – A	46 – D	72 – C	98 – (0) F, (1) F, (2) V, (3) F	124 – F
21 – (0) V, (1) F, (2) F	47 – E	73 – C	99 – V	125 – (0) V, (1) V
22 – D	48 – A	74 – C	100 – C	126 – A
23 – E	49 – A	75 – B	101 – B	
24 – A	50 – (0) F, (1) F, (2) V, (3) F	76 – C	102 – E	
25 – C	51 – V	77 – C	103 – A	
26 – B	52 – B	78 – A	104 – B	

Capítulo 18

Temas para Provas Discursivas em Macroeconomia

Nesse capítulo, apresentamos temas de provas discursivas em macroeconomia que foram cobrados em diversas provas de concursos públicos, para que o aluno possa praticar seus conhecimentos adquiridos.

01 - (Cespe-UnB/Admissão à Carreira de Diplomata/Instituto Rio Branco/2014) – O regime de câmbio flutuante puro, na realidade, não se verifica há algum tempo em nenhum país. Mesmo os países que flutuam o câmbio, a exemplo dos Estados Unidos da América, da Europa do euro e do Japão, entre outros, intervêm, vez ou outra, no mercado cambial, adotando assim o denominado regime "sujo". No Brasil, desde a crise cambial de 1999, tem-se, na prática, um sistema de câmbio administrado pelas frequentes intervenções no mercado cambial, como se verifica nas subidas e descidas na curva de câmbio nominal real/dólar, especialmente a partir da crise financeira de 2008.

Considerando esse contexto, explique as razões dessas subidas e descidas, considerando, separadamente: (a) os fatores externos; (b) os fatores domésticos que resultam em apreciação cambial. Ao apresentar seus comentários, considere os seguintes elementos: liquidez internacional, taxas internacionais de juros, fluxo de capital externo, termos de troca, taxa de poupança doméstica, política fiscal do governo em termos de gastos e déficit público, e inflação.

02 - (ESAF/Analista de Finanças e Controle/Secretaria do Tesouro Nacional/2013) - A partir do "multiplicador monetário" e do "balancete do Banco Central", explique como funcionam os instrumentos de política monetária disponíveis para um país e aponte as possíveis limitações desses instrumentos.

03 - (Cespe-UnB/Analista em Geociências – Área de Conhecimento: Economia/Companhia de Pesquisa de Recursos Minerais – CPRM/2013) – Depois da crise financeira de 2008, os bancos centrais de todo o mundo adotaram instrumentos monetários não convencionais de estímulo à economia. Nessa linha de atuação, em abril de 2013, o primeiro ministro Japonês, Shinzo Abe, anunciou uma série de medidas de política econômica com o intuito de estimular a economia do país, em um pacote conhecido como "Abenomics".

Tendo o texto acima como referência inicial, redija um texto dissertativo em que se discutam as hipóteses e os mecanismos de transmissão da política monetária [valor: 7,00 pontos] e a eficiência do *Quantitative Easing* (emissão "fácil" de moeda) e do *Qualitative Easing* (recompra de títulos públicos ou operações Twist) no Japão. [valor: 14,00 pontos] Em seu texto, explique como essas medidas de política econômica podem estimular a economia do pais, especialmente levando-se em consideração o longo período de deflação observado. [valor: 7,50 pontos]

---

04 - (FGV Projetos/Economista/Superintendência do Desenvolvimento do Nordeste – SUDENE/2013) – Nos últimos meses, o Índice Nacional de Preços ao Consumidor Amplo (IPCA), no acumulado de 12 meses, se elevou, chegando a superar o teto da meta inflacionária, definida pelo governo. Alguns economistas veem com receio essa subida, em que um cenário de inflação crescente e baixo crescimento econômico para 2013 e 2014 não estaria descartado. Dentro desse possível cenário,

(i) Apresente as características de uma *economia em pleno emprego* e explique como esta situação contribui para o cenário apresentado. Nesse sentido, descreva o tipo de inflação (de demanda ou de custos) que se insere nesse contexto e o explique.

(ii) Analise, para esse cenário, o papel dos estímulos de demanda dados pelo governo.

(iii) Como o *crescimento real dos salários* pode contribuir para esse cenário? Indique o tipo de inflação que esse fato geraria.

---

05 - (Instituto Brasileiro de Educação e Gestão – IBEG/Economista/Saneamento de Goiás S.A. - SANEAGO/2013) – Os fatores ou fenômenos econômicos podem ser observados de dois ângulos diferentes, razão pela qual a Teoria Econômica se classifica em Microeconomia e Macroeconomia. Microeconomia é o estudo da atividade econômica do indivíduo ou empresa. Macroeconomia é o estudo da atividade econômica global de todos os indivíduos e empresa. Disserte um texto sobre a divisão da Teoria Econômica.

---

06 - (Instituto Brasileiro de Educação e Gestão – IBEG/Economista/Saneamento de Goiás S.A. - SANEAGO/2013) – Nos últimos cinco anos, passamos por um período de grandes turbulências nas economias mundiais, e isso afetou a nossa economia diretamente ou indiretamente e, fez com que os Governos, Lula e Dilma tomassem algumas medidas preventivas para conter o avanço da inflação, lançando mão dos recursos da política fiscal e política monetária. Discorra um texto dissertativo sobre a eficácia da política fiscal e política monetária no controle da inflação.

---

07 - (Instituto Brasileiro de Formação e Capacitação – IBFC/Economista/Fundação Hemominas/2013) – Explique por que em países em que o Banco Central não é independente do governo federal, existe uma tendência maior a apresentarem-se altas taxas de inflação.

---

08 - (Fundação Cesgranrio/Economista/Banco Nacional de Desenvolvimento Econômico e Social – BNDES/2013) – A política monetária afeta o desempenho da economia por meio de intervenções no mercado financeiro que influenciam a taxa de juros. O Plano Real foi um dos planos mais engenhosos de combate à inflação do Brasil, conseguindo, após muitas tentativas sem sucesso, reduzir a inflação de forma sustentável no país.

a) Quais são as três funções que a moeda desempenha no sistema econômico?

b) Há duas correntes de pensamento alternativas, as quais consideram a taxa de juros como uma remuneração ou um prêmio. Indique, em cada corrente, o tipo de prêmio atribuído à taxa de juros.

c) Explique, no sistema de Metas de Inflação, a função básica da política monetária e o principal instrumento utilizado para atingir tais metas.

09 - (Fundação Euclides da Cunha/Economista/Agência de Fomento Investe Rio/2011) – Considere uma economia regida pelo modelo Keynesiano simples. Suponha que, numa determinada economia, sejam dadas as seguintes informações relativas à demanda agregada:

C = 80 + 0,7 YD

I = 80; G = 90; T = 65; X = 50; M = 30.

No desenvolvimento, divida o texto em parágrafos, escreva em conformidade com as normas de redação adotadas na língua culta e considere o ordenamento proposto abaixo:

1) Explicite com os agregados a situação de equilíbrio da economia.
2) Explicite e calcule o total do gasto autônomo na Demanda Agregada.
3) Determine o nível de renda de equilíbrio.

10 - (Cespe-UnB/Admissão à Carreira de Diplomata/Instituto Rio Branco/2011) – Os ingressos líquidos de divisas na conta financeira do balanço de pagamentos têm possibilitado o financiamento integral do déficit em transações correntes, bem como a continuidade da política de fortalecimento das reservas internacionais, via aquisições de dólares pelo Banco Central do Brasil no mercado doméstico.

Banco Central do Brasil. Relatório da Administração, 2010, p. 6 (com adaptações).

A partir dessas informações, redija um texto dissertativo, abordando, necessariamente, os seguintes aspectos: (i) a estrutura básica do balanço de pagamentos e, de maneira sucinta, a situação do balanço de pagamentos do Brasil; (ii) as razões para o aumento das reservas cambiais brasileiras; (iii) os benefícios e custos de se manterem reservas elevadas.

11 - (Cespe-UnB/Admissão à Carreira de Diplomata/Instituto Rio Branco/2011) – Duas são as principais explicações para o fenômeno inflacionário: a inflação de demanda e a inflação de custos. Redija um texto dissertativo acerca de cada uma dessas vertentes do pensamento econômico, apontando a filiação teórica de cada uma delas e comentando a recente tendência de elevação de preços observada nos países que integram o BRIC.

12 - (Cespe-UnB/Admissão à Carreira de Diplomata/Instituto Rio Branco/2011) – As taxas de juros estão entre os aspectos mais discutidos em relação à economia brasileira nos últimos anos. O Banco Central do Brasil argumenta que a queda na taxa de juros depende da redução dos gastos públicos, cujo aumento, de acordo com alguns analistas, foi necessário para se evitarem os efeitos da crise mundial. Com relação a esse assunto, responda aos seguintes questionamentos.

(i) Como o aumento dos gastos públicos influencia as taxas de juros, considerando-se os mercados de fundos emprestáveis?
(ii) Como o aumento dos gastos públicos pode afetar o produto de equilíbrio, considerando-se o mercado de bens e serviços?

13 - (Diretoria de Concursos e Vestibulares da Universidade do Estado de Mato Grosso – UNEMAT/ Analista Regulador – Economista/Governo do Estado de Mato Grosso/2010) – Por que vários Bancos Centrais usam metas intermediárias com frequência e por que não se concentrar simplesmente nos objetivos finais das políticas econômicas, como a inflação e o desemprego?

14 - (Fundação Cesgranrio/Analista do Banco Central do Brasil/2010) – Considere a seguinte reportagem:

"Tenho investimentos no Brasil, mas estou pensando em sair", diz Krugman

Economista, ganhador do Nobel em 2008, afirma que o "mundo está gostando demais do Brasil"

O economista Paul Krugman, ganhador do prêmio Nobel de Economia em 2008, afirmou, nesta quarta-feira (2), que o Brasil se saiu bem diante da crise mundial, mas ressaltou que ainda são necessários muitos ajustes para que o país continue a crescer. "O Brasil está indo bem, mas não quer dizer que vá se tornar uma superpotência no ano que vem", disse a jornalistas antes da palestra de encerramento da ExpoManagement, que ocorreu no Transamérica Expo Center, em São Paulo. Krugman afirmou que ele mesmo tem "algum investimento" no país. "Mas estou pensando em sair porque o mundo está gostando demais do Brasil". Para Krugman, o Brasil apresentava desta vez condições muito melhores do que em crises anteriores. Ele enumerou fatores como dívida externa menor, inflação sob controle e bancos em boa situação. "Isso permitiu ao Brasil, pela primeira vez, gerar políticas anticíclicas de estímulos fiscais e de redução de juros, em vez de subir as taxas, como fazia antes". De acordo com o economista, as medidas brasileiras puderam ser bastante semelhantes às aplicadas por países desenvolvidos, como Suécia e Inglaterra, em crises como essa. "É uma história feliz que, na minha vida profissional, nunca tinha visto acontecer no Brasil", disse. Entretanto, Krugman afirmou que a taxação da entrada de capital estrangeiro no país, por meio do Imposto sobre Operações Financeiras (IOF), com alíquota de 2%, não foi suficiente para resolver a questão do câmbio. Segundo ele, deve haver outras medidas para que a valorização da moeda brasileira não prejudique a economia nacional.

Disponível em: http://revistaepoca.globo.com/Revista/Epoca/0,,EMI108211-15259,00.html Acesso em: 4 dez, 2009.

Você concorda com as opiniões de Krugman? Em virtude do depoimento desse economista, você considera o Brasil de alto risco em termos de investimentos? O depoimento do economista configura-se como puramente técnico ou camufla interesses diversos? O fato de o mundo estar gostando demais do Brasil pode prejudicar o país ou os investidores? Como? Construa um texto argumentativo sobre o tema proposto, com o mínimo de 45 e o máximo de 50 linhas, tendo por base o texto acima, que deve ser utilizado, apenas, como referência para uma reflexão sobre o tema, não podendo ser transcrita qualquer passagem do mesmo. Lembre-se de que não há uma resposta certa ou errada. O importante é que você apresente as suas ideias sobre o assunto fundamentando-as devidamente.

---

15 - (Cespe-UnB/Admissão à Carreira de Diplomata/Instituto Rio Branco/2010) –Considerando que a taxa de câmbio é uma variável fundamental em uma economia aberta, e que sua determinação pode-se dar de formas distintas:

a) Explique a determinação da taxa de câmbio em regimes de câmbio fixo e flutuantes.

b) Comente o papel das reservas internacionais nos dois regimes.

---

16 - (Cespe-UnB/Admissão à Carreira de Diplomata/Instituto Rio Branco/2009) – Considere os seguintes componentes do Produto Interno Bruto, PIB (Y), de uma economia aberta: consumo final total das famílias e do Governo (C), investimento total (I), exportações (X) e importações (M) de bens e serviços. Estes últimos não incluem as rendas dos fatores de produção recebidas do exterior nem as enviadas ao resto do mundo. Considere também os seguintes componentes do saldo das transações correntes (TC) do balanço de pagamentos: saldo da balança comercial e da conta de serviços (BC), saldo de rendas (BR) e saldo das transferências unilaterais (TU). Responda aos itens abaixo e justifique as respostas correspondentes.

a) A Tabela abaixo apresenta as participações dos quatro referidos componentes do PIB, em porcentagem (%) do PIB, no Brasil, entre 1995 e 1999. Por exemplo, o consumo representou 83,5 % do PIB em 1995. A última coluna mostra o saldo da balança comercial e da conta de serviços (BC) em % do PIB. Calcule os valores representados na Tabela pelas letras x, y, z e w.

Tabela: Componentes do PIB (% do PIB), no Brasil, de 1995 a 1999.

Ano	C/Y	I/Y	X/Y	M/Y	BC/Y
1995	83,5	y	7,3	8,8	-1,5
1996	84,8	17,0	z	8,4	-1,8
1997	84,8	17,4	6,8	9,0	w
1998	x	17,0	6,9	8,9	-2,0
1999	85,0	16,4	9,4	10,8	-1,4

b) Considerando as definições de PIB, de Produto Nacional Bruto (PNB) e de saldo de transações correntes (TC), demonstre que: PNB = C + I + TC - TU.

c) A Renda Disponível Bruta (RDB) corresponde ao PNB acrescido do saldo das transferências unilaterais. Defina a Poupança Bruta (S), em termos do Investimento (I) e de um ou mais componente(s) do balanço de pagamentos.

d) O Brasil financiou os investimentos, entre 1995 e 1999, mediante recurso à poupança externa? Justifique a resposta especialmente com base em seu conhecimento sobre a economia brasileira.

e) Para uma economia sem governo e fechada, ou seja, sem transações com o resto do mundo, qual a relação entre Poupança (S) e Investimento (I)? Se a função consumo pudesse ser descrita pela equação C = 0,8 RDB, ou seja, igual a oito décimos da RDB, qual seria a taxa de investimento, em % do PIB?

f) Ainda para uma economia fechada, pode-se estimar o impacto de um aumento independente dos investimentos sobre o produto total. Se a propensão marginal ao consumo é 1/5, qual o impacto imediato de uma elevação de R$ 10 bilhões nos investimentos sobre esse produto total? Qual é o impacto final dessa elevação sobre o produto total, uma vez integralizada a progressão em cadeia dos seus efeitos sobre os dispêndios? Defina e calcule o multiplicador (keynesiano) correspondente.

---

17 - (Planejamento e Execução IESES/Analista Judiciário – Economista/Tribunal de Justiça do Maranhão/2009) – Suponha uma economia aberta que opera com taxas de câmbio fixas. Esta economia inicialmente está em equilíbrio no mercado de bens e em equilíbrio no mercado monetário. Agora suponha que o Banco Central perceba uma ameaça inflacionária gerada por excesso de demanda agregada, e assim o Banco Central eleva a taxa de juros da economia. Descreva de forma detalhada, a partir de um modelo IS-LM, com economia aberta, a sequência de eventos que decorre desta medida do Banco Central, concluindo se esta medida é eficaz ou ineficaz no sistema cambial descrito.

---

18 - (Fundação Cesgranrio/Economista/Banco Nacional de Desenvolvimento Econômico e Social – BNDES/2009) – Há críticas importantes de alguns economistas à adoção de uma política de metas inflacionárias a serem cumpridas por Bancos Centrais independentes, usando para tal seus instrumentos de política monetária. Apresente sucintamente o argumento crítico utilizado por estes economistas.

19 - (Cespe-UnB/Admissão à Carreira de Diplomata/Instituto Rio Branco/2008) – Recorde seus estudos sobre política monetária e macroeconomia para responder aos itens a seguir.

a) Quais são os principais instrumentos que os bancos centrais utilizam para controlar a oferta de moeda? Explique, de modo sumário, como cada um deles atua sobre a oferta de moeda.

b) Comente o impacto da política monetária sobre o nível de atividade da economia.

20 - (Cespe-UnB/Admissão à Carreira de Diplomata/Instituto Rio Branco/2008) – São apresentados abaixo alguns dos dados relativos às Contas Nacionais e ao Balanço de Pagamentos do país Novidade, onde não há governo, no ano 2015:

(i) Produto Interno Bruto = 1.000

(ii) Produção (Valor Bruto da Produção) = 1.200

(iii) Investimento Bruto Doméstico = 200

(iv) Saldo de Transações Correntes = 135

(v) Saldo da Balança Comercial = 220

(vi) Saldo de Serviços = !94

(vii) Rendas recebidas do Exterior = 65

(viii) Rendas enviadas ao Exterior = 340

(ix) Saldo da Conta Capital e Financeira = 173

(x) Erros e Omissões = !2

Calcule:

a) a renda líquida enviada ao exterior

b) a Renda Nacional Bruta

c) o saldo da conta de Transferências Unilaterais

d) a Renda Disponível Bruta

e) o resultado do Balanço de Pagamentos

f) a variação das reservas (ou dos haveres) internacionais

g) o saldo da Conta de Capital das Contas Econômicas Integradas

h) o saldo da Conta de Operações Correntes com o Resto do Mundo

i) o valor da produção destinada ao consumo intermediário

j) as despesas de Consumo Final

21 - (CESPE-UnB/Técnico de Planejamento e Pesquisa do IPEA/Cargo 13: Macroeconomia e Tópicos de Desenvolvimento Econômico/2008) – Em linhas gerais, a grande diferença entre os modelos pós-keynesianos de um lado e novos-keynesianos e novos-clássicos de outro é que para os primeiros o mercado de trabalho não tem autonomia para determinar o nível de emprego, para os segundos, sim. Na interpretação pós-keynesiana, o nível de emprego depende do nível de produto, que, por sua vez, depende das decisões de gastos de consumo, investimento etc. Para os novos-keynesianos e novos-clássicos, o mercado de trabalho tem força para determinar o nível de emprego a partir da demanda e oferta de mão-de-obra. Para os novos-keynesianos, no curto prazo, a demanda é capaz de definir o nível de produção e emprego, mas, no longo prazo, a economia volta para o nível de emprego NAIRU. O desemprego surge muito mais como um problema de rigidez do mercado de trabalho, especialmente em relação a sindicatos que insistem em manter um salário elevado, que atrapalha o equilíbrio desse mercado. Ou, ainda, empresas que pagam sa-

lários acima do nível de equilíbrio no mercado de trabalho como estímulo a aumentos de produtividade dos trabalhadores (salário-eficiência). No pensamento novo-clássico, o nível de emprego corrente é sempre um nível ótimo e de equilíbrio, ou seja, só existe desemprego voluntário. Para os pós-keynesianos o desemprego é involuntário.

Para os pós-keynesianos, as flutuações de renda dependem das decisões de gasto dos agentes, ou seja, dos componentes de consumo, gasto do governo e investimentos. O ciclo econômico surge de oscilações na demanda agregada, especialmente por conta da volatilidade de decisões sobre investimento em um ambiente de incerteza. Em uma leitura pós-keynesiana mais a *la* Minsky, o ciclo também pode ser atribuído ao movimento de inflação e deflação de ativos. Assim, nos momentos otimistas, o crédito se expande, o preço dos ativos sobe e a produção e a renda aumentam via gastos de investimento e consumo; nos momentos pessimistas, há deflação de ativos, retração de crédito e diminuição do nível de produção e renda. Para os novos-keynesianos, no curto prazo, a demanda agregada é ainda a responsável por flutuações econômicas, mas, no longo prazo, a economia caminha para o equilíbrio NAIRU determinado no mercado de trabalho. Para os novos-clássicos, especialmente a escola do *real business cycle* (RBC), flutuações econômicas são respostas ótimas a mudanças nas preferências dos agentes e choques tecnológicos, ou seja, decorrem basicamente de movimentos do lado da oferta da economia. O governo não deve tentar atenuar o ciclo econômico na medida em que este já é uma resposta ótima do sistema.

A solução para o problema do desemprego, no pensamento pós-keynesiano, passa necessariamente pela administração do nível de demanda agregada. Seja via gasto público, estímulo a investimentos ou gastos de consumo via crédito, a demanda agregada deve ser administrada pelo governo para que o pleno emprego seja alcançado. O problema do desemprego decorre de uma insuficiência de gastos que tira a economia de sua plena capacidade de produção, resultando em desemprego no mercado de trabalho. Para os novos-keynesianos, o desemprego resulta de imperfeições no mercado de trabalho. Medidas no sentido de desregulamentação, redução de benefícios, redução do poder dos sindicatos, etc. podem contribuir para a redução do desemprego. Para os novos-clássicos, todo desemprego existente é fruto de decisões de maximização dos trabalhadores, logo, é um desemprego voluntário.

Snowdon e Vane, 2005 (com adaptações).

A questão do desemprego continua sendo um problema atual tanto para países desenvolvidos quanto para países em desenvolvimento. A solução para tal problema não é simples e economistas ainda divergem sobre os possíveis diagnósticos e soluções. A esse respeito, e tendo o fragmento de texto acima como referência inicial, comente as principais diferenças entre os atuais programas de pesquisa em macroeconomia dos pós-keynesianos, novos-keynesianos e novos-clássicos. Em seu texto, procure destacar como cada uma dessas escolas enxerga:

(i) o problema do desemprego e o funcionamento do mercado de trabalho;

(ii) a questão das flutuações do nível de renda e do ciclo econômico;

(iii) soluções para o problema do desemprego.

---

22 - (CESPE-UnB/Técnico de Planejamento e Pesquisa do IPEA/Cargo 14: Proteção Social, Direitos e Oportunidades/2008) - Em recente entrevista à revista Época (2/10/2008), o renomado economista Nouriel Roubini, professor da Universidade de Nova York – que, em 2006, quando ninguém falava em quebradeira de bancos, provocou risadas na plateia ao prever a atual crise financeira durante uma palestra realizada na sede do Fundo Monetário Internacional (FMI), em Washington –, afirmou o seguinte:

Há dois anos, quando comecei a falar sobre o risco de haver uma crise no mercado imobiliário, vi excessos, como a multiplicação dos preços dos imóveis por dois em apenas dez anos. Isso não me parecia justificável. Eu me dei conta de que havia uma bolha no mercado de crédito de forma geral, pouco rigor para a concessão de empréstimos e percebi que o consumidor americano estava excessivamente endividado. Aí, cheguei à conclusão de que uma crise no mercado imobiliário levaria a outra nas empresas de crédito imobiliário e que isso, somado a uma alta nos preços do petróleo e de outras fontes de energia, jogaria a economia numa recessão e poria o mercado financeiro numa crise séria. Já vimos isso acontecer várias vezes antes, tanto nos EUA como em outros países. Então, era só uma questão de unir os pontos e perceber que isso era insustentável e levaria a uma crise financeira. (...) O mundo pode não estar derretendo, apesar de, nas últimas duas semanas, termos chegado perto de um derretimento do setor financeiro. Mas essa crise certamente é a pior que os EUA e os países desenvolvidos viveram desde a Grande Depressão, em 1929. A crise não deverá ser tão severa como a Grande Depressão, em que houve um encolhimento de 20% ou mais na economia. Mas, mesmo que haja uma recessão e uma crise bancária que durem dois anos, será muito mais séria e longa que qualquer outra crise nos últimos 40 ou 50 anos. (...) Se você imaginar que ela começou em janeiro deste ano, vai durar no mínimo até meados do ano que vem, talvez até o final de 2009. Isso significa duas vezes mais que a média das recessões americanas. Também não vamos encontrar uma solução para a crise bancária nos próximos meses. Isso vai se arrastar por dois anos. Muitos bancos ainda vão quebrar. Depois, vamos ter de limpar o sistema bancário, mudar algumas normas regulatórias, aumentar a supervisão dos bancos. Isso se as autoridades dos EUA não cometerem os mesmos erros que ocorreram no Japão, quando eles viveram uma bolha na bolsa de valores e no mercado imobiliário. Lá, acabaram jogando o país numa estagnação que durou vários anos. (...) Considerando o que está acontecendo nos EUA e na Europa, o risco de que os mercados emergentes enfrentem uma aterrissagem brusca e de entrarmos numa recessão global está aumentando.

Considerando que as previsões de Roubin, acima transcritas, se confirmem, redija um texto que responda o seguinte questionamento:

Quais os seus reflexos da crise financeira no Brasil? Em sua resposta, aborde, necessariamente, os seguintes aspectos.

(i) condições de vida;

(ii) previdência social;

(iii) mercado de trabalho;

(iv) financiamento e gasto público social.

---

23 - (Cespe-UnB/Admissão à Carreira de Diplomata (Terceiro Secretário)/Instituto Rio Branco/2006) – Como uma desvalorização cambial pode ajustar a balança comercial em um país onde a taxa de câmbio é determinada pelo Banco Central (câmbio fixo)? Compare com o caso de um país que possui taxas de câmbio flexíveis.

---

24 - (Economista/Tribunal de Justiça do Estado do Paraná/2006) – Discuta os efeitos de uma política monetária contracionista em regime de câmbio flutuante com mobilidade imperfeita de capitais (curva BP mais inclinada que a curva LM) até a economia encontrar seu novo equilíbrio interno e externo. Represente graficamente, os deslocamentos das curvas IS-LM-BP. Considere i como sendo a taxa de juros; e Y o nível de renda real.

25 - (Instituto Cetro/Agente de Fiscalização – Economia/TCMSP/2006) – O diagnóstico empregado para verificar se há crescimento econômico, e se este pode exercer pressão sobre os preços, consiste em estimar o chamado PIB potencial e compará-lo ao produto efetivamente gerado. A diferença entre essas duas medidas denomina-se Hiato de Produto.

Desse modo, produza um texto dissertativo que analise as limitações do uso de uma função de produção agregada para aferir o crescimento da economia.

26 - (Instituto Cetro/Agente de Fiscalização – Economia/TCMSP/2006) – A taxa de juros, como variável-chave nas economias globalizadas, assumiu diferentes atribuições conforme as diretrizes da política econômica no Brasil.

Apesar da polêmica quanto à eficácia de seu uso, uma certeza existe: a taxa básica (Selic) se mantém em patamar muito elevado, desde 1995, o que já rendeu ao Brasil o título de país com a maior taxa real do mundo. Analise e redija um texto dissertativo sobre:

a) os efeitos dessa taxa elevada para as finanças dos municípios brasileiros;

b) os esforços feitos pelos municípios brasileiros para promover o ajuste fiscal. Leve em consideração as mudanças constitucionais e ordinárias promovidas com esse objetivo.

27 - (BNDES/Economia/2005) – O Plano Real, implementado entre 1994 e 1998, viabilizou a conquista da estabilidade de preços no Brasil, após quase duas décadas de alta inflação e diversas tentativas frustradas de estabilização. Por outro lado, conduziu a economia a uma situação de crescente vulnerabilidade externa, que culminou com a crise cambial de 1999.

Analise as relações entre esse quadro externo e o Plano Real, considerando tanto o modelo de estabilização implementado, quanto a condução da política macroeconômica no período.

28 - (NCE-UFRJ/Economista do Ministério das Cidades/2005) – A partir de 1º de julho de 1994, foi introduzida a nova moeda brasileira, o Real, cuja paridade inicial foi fixada em R\$ 1 = US\$ 1.

a) Descreva a evolução da taxa de câmbio real (real por dólar) de julho de 1994 até o início da década de 2000.

b) Comente o impacto da evolução da taxa de câmbio real no período acima sobre as contas externas do Brasil.

29 - (Cespe-UnB/Economista/Companhia de Processamento de Dados do Pará – PRODEPA/2004) –
De acordo com a teoria keynesiana tradicional, no curto prazo, uma política monetária expansionista poderia estimular o nível da atividade econômica. Considerando essa assertiva, e baseando-se na
teoria da neutralidade monetária, redija um texto dissertativo que explique, da forma mais completa possível, porque, no longo prazo, tal política não seria sustentável.

30 - (ESAF/Técnico de Pesquisa e Planejamento do IPEA/2004) – Faça uma dissertação sobre o seguinte tema: Política Cambial Brasileira Recente: Impactos Macroeconômicos.

31 - (VUNESP/BNDES/Economista/2002) – Analise as causas do sucesso do Plano Real, implantado
em 1994, ao reduzir substancialmente a taxa de inflação brasileira, destacando o papel representado pelos vários instrumentos de política econômica utilizados na arquitetura do plano e os efeitos
negativos de alguns deles no comportamento da balança comercial brasileira.

32 - (VUNESP/BNDES/Economista/2002) – Suponha uma pequena economia aberta, com mobilidade perfeita de capitais, cuja oferta agregada seja infinitamente elástica ao nível geral de preços
corrente e que esteja em equilíbrio num nível de renda aquém do produto potencial. Analise os
efeitos de políticas monetária e fiscal expansivas sobre a economia nos casos de taxas de câmbio
fixas e flutuantes. Descreva pormenorizadamente o ajustamento da economia nos quatro cenários
alternativos.

33 - (CESPE-UnB/Consultor do Senado– Política Econômica/2002) – Há um amplo debate em relação
à gestão da política monetária, embasado na dicotomia regras versus ativismo. No entanto, essa dicotomia é uma simplificação exagerada e não representa a realidade que os bancos centrais enfren-
tam. Na prática, não existe uma regra absoluta que possa guiar a política monetária. Todos os regimes monetários são, em maior ou menor grau, sujeitos a algum tipo de ativismo. O ativismo pode
ser guiado pelas preferências dos gestores do Banco Central ou fruto das mudanças no contexto
político-eleitoral. Alternativamente, a intervenção na política monetária pode ocorrer dentro de um
arcabouço institucional bem definido, em que os objetivos gerais e as táticas dos gestores — embora não suas ações — sejam estabelecidos a priori. Há evidência clara de que o sistema de metas
inflacionárias gera esse arcabouço, permitindo a existência de um "ativismo restringido". Ao impor
uma estrutura conceitual e uma disciplina intrínseca ao Banco Central, sem eliminar totalmente a
flexibilidade de sua ação, o sistema de metas inflacionárias combina as vantagens tradicionais atribuídas ao sistema de regras com as vantagens do ativismo na política monetária.

Ben S. Benanke et al. Inflation targeting. Princeton: Princeton University Press, 1999 (traduzido e adaptado).

Com base no texto apresentado acima, elabore um parecer, fundamentado nos princípios conceituais e legais pertinentes, que contemple, justificadamente, da forma mais completa possível, os
tópicos seguintes.

• O texto acima apresenta, de forma adequada, o debate recente sobre a gestão da política monetária?

• Quais são os limites e possibilidades da gestão da política monetária com base no sistema de
  metas inflacionárias?

• Que contribuição o Poder Legislativo poderia trazer para o estabelecimento e a manutenção do
  sistema de "ativismo restringido" conforme mencionado acima?

- Descreva, de forma clara e sucinta, o sistema de gestão da política monetária no Brasil. Até que ponto há semelhança entre ele e o sistema de metas inflacionárias como descrito no texto acima?
- Caracterize os principais aspectos e avalie a gestão da política monetária no Brasil ao longo dos últimos três anos.
- Mudanças ou aperfeiçoamentos poderiam ser feitos? Em caso afirmativo, quais?

(extensão: mínima de 70 e máxima de 90 linhas)

---

34 - (CESPE-UnB/Consultor do Senado – Sistema Financeiro e Dívida Pública/2002) – Com o objetivo de aperfeiçoar a sua atuação em face da legislação que versa a respeito da responsabilidade fiscal, o Banco Central do Brasil (BACEN) propôs ao Senado Federal, pela via competente, as medidas que se seguem.

1 Revogação dos §§ 2º e 3º do art. 164 da Constituição da República, visando desconstitucionalizar, respectivamente, o permissivo para que sejam utilizados títulos do Tesouro Nacional com o intuito de regular a oferta de moeda ou a taxa de juros e a determinação para que as disponibilidades da União sejam depositadas no BACEN.

2 Revogação do art. 34 da Lei de Responsabilidade Fiscal, resgatando a faculdade de a autoridade monetária emitir títulos próprios para o exercício da política monetária, incorporando a creditícia e a cambial, com a inclusão de dispositivos que obriguem o Poder Executivo a informar o custo estimado da execução da programação monetária sugerida, independentemente dos indicadores de desempenho escolhidos para aferir os resultados da política monetária.

3 Regulamentação do art. 192 da Constituição da República, mediante lei complementar:

3.1 facultando ao Poder Legislativo alterar a programação monetária proposta, explicitando a responsabilidade do Congresso Nacional em compatibilizar e orientar, grosso modo, os objetivos perseguidos pela política econômica por intermédio das políticas fiscal e monetária com os custos estimados;

3.2 concedendo mandato, com termos prefixados, à diretoria do BACEN para conferir estabilidade ao projeto monetário e, por conseguinte, maior estabilidade aos mercados financeiros;

3.3 retirando a possibilidade de decisão *ad referendum* do ministro da Fazenda e conferindo poder de veto ao presidente do BACEN, no âmbito do CMN, como forma de contrabalançar a superioridade numérica do viés fiscal e coibir a prevalência da política fiscal, em detrimento da política monetária e em prol da transparência da relação institucional entre essas políticas e da responsabilização dos agentes públicos.

A fim de subsidiar a atuação legislativa de determinado senador, elabore um parecer que aborde cada um dos itens e subitens acima listados.

---

35 - (CESPE-UnB/Consultor do Senado/área 10: Economia – Desenvolvimento Regional/2002) – No período de globalização, a velocidade com que os pedaços do território são valorizados e desvalorizados, determinando mudanças de usos, é temerária. Para produzir modernamente, indústrias convocam outros atores a participar de suas ações hegemônicas, levados, desse modo, a agir segundo uma lógica subordinada à da firma global. No plano da produção, conflitos eliminam-se e a modernidade instala-se à custa das empresas tributárias. Mas o conflito não pode ser suprimido da história do território. Nos lugares escolhidos, o resto dos objetos, o resto das ações, e, enfim, o resto do espaço, tudo isso é, assim, chamado a colaborar na instalação da nova empresa; e tudo é permeado por um discurso eficaz sobre o desenvolvimento, a criação de empregos diretos e indiretos, as indústrias complementares, a exportação. Nada se fala sobre a robotização, a drenagem dos

cofres públicos para o subsídio das atividades, a monofuncionalidade dos portos e de outras infra-estruturas, os *royalties* e o aumento da dívida externa, a importação de insumos. E o território passa a ser organizado e usado com a lógica exclusiva dessa produção, ou melhor, dessa possibilidade de produção, pois, em muitos casos, não há ainda a implantação das indústrias. Desse modo, e em função da política territorial de uma empresa e da promessa de objetos modernos que chegarão, os lugares entram em guerra.

M. Santos e M. L. Silveira. O Brasil: território e sociedade no início do século XXI. Rio de Janeiro: Record, 2001, p. 112 (com adaptações).

Com base no texto acima, de caráter unicamente motivador, redija um parecer, fundamentado nos princípios conceituais e legais pertinentes, que responda justificadamente, da forma mais completa possível, aos seguintes questionamentos.

- Do ponto de vista conceitual, como tem sido caracterizado o impacto da globalização sobre a valorização do território de um país? Quais são as principais hipóteses com relação a esse impacto?

- A guerra entre lugares é, necessariamente, prejudicial para o país?

- A guerra entre lugares pode ser considerada um fenômeno importante no processo recente de reorganização produtiva do território brasileiro? Cite pelo menos dois exemplos que ilustrem sua resposta.

- De maneira geral, quais são os principais instrumentos tributários e não-tributários utilizados na guerra entre lugares? Quais deles têm sido utilizados no caso brasileiro?

- Que alterações de caráter legal-normativo poderiam ser propostas para coibir ou controlar a guerra entre lugares? Há perspectiva de que algumas dessas medidas sejam implementadas?

(extensão: mínima de 70 e máxima de 90 linhas)

---

36 - (CESPE-UnB/Consultor do Senado/área 9: Economia – Agricultura/2002) – Foi encaminhado ao Congresso Nacional o projeto de Lei Complementar nº 167/2000, que propõe substituir o Estatuto da Terra e no qual constam os seguintes artigos:

Art. 35. São insuscetíveis de desapropriação social, para fins de reforma agrária, a propriedade produtiva e a pequena e a média propriedade, desde que seu proprietário não possua outra.

§ 1º Pequena propriedade é o imóvel rural cuja área total seja igual ou inferior a 30 hectares, exceto aqueles localizados no Polígono das Secas, no Pantanal ou na Amazônia, cuja área pode atingir 100 hectares.

§ 2º Média propriedade é o imóvel rural cuja área atinge, no máximo, cinco vezes a área da pequena propriedade.

Art. 36. Propriedade produtiva é aquela explorada de forma racional e adequada, segundo critérios técnicos, econômicos e ecológicos que busquem eficiência agronômica e garantia de renda familiar.

§ 1º O caráter produtivo da propriedade será estabelecido com base em índices de produtividade definidos pela pesquisa agronômica, considerando os níveis de tecnologia utilizados na produção, conforme regulamento específico.

§ 2º O caráter produtivo da propriedade será estabelecido com base em análise dos últimos três anos agrícolas, considerados normais quanto aos fatores climáticos.

§ 3º É considerado produtivo o imóvel rural sujeito a projeto técnico-agropecuário elaborado por profissional habilitado, desde que assegurado o cumprimento de cronograma registrado no órgão competente, incluída a recuperação de áreas de pastagens e culturas permanentes.

Redija um parecer que discuta, do ponto de vista econômico da agricultura, os artigos acima transcritos e que contemple, justificadamente, da forma mais completa possível, os seguintes tópicos.

- O módulo rural onera a reforma agrária devido ao tamanho mínimo dos lotes?
- O módulo fiscal descartou o uso do conceito de módulo rural?
- A terra é o componente mais caro dos assentamentos?
- A propriedade da terra continua sendo uma possibilidade de progresso individual?
- É a tecnologia ou o tamanho da propriedade que determina os níveis de rentabilidade e eficiência?
- As matas em propriedades particulares são consideradas improdutivas?

(extensão: mínima de 70 e máxima de 90 linhas)

---

37 - (CESPE-UnB/Consultor do Senado/área 11: Economia – Minas e Energia/2002) – Um senador, membro da Comissão de Serviços de Infra-estrutura, deseja fazer um discurso no plenário do Senado, em março de 2002, analisando a atual situação energética do Brasil. Esse senador solicitou ao órgão competente a preparação de um parecer que desse embasamento a seu discurso. Em face da situação apresentada, redija o parecer solicitado, abordando, necessariamente, os seguintes tópicos, além de outros que julgar relevantes:

- as decisões político-econômico-administrativas (ou sua falta) que elevaram a taxa de exposição do Brasil ao risco de racionamento de energia elétrica;
- o comportamento, nos últimos anos, do nível de armazenamento dos reservatórios das usinas hidrelétricas nas diversas regiões brasileiras, que apresentam regimes hidrológicos diferentes;
- as razões de esses reservatórios não se terem compensado mutuamente nos últimos anos;
- a meta do governo de elevar a participação do gás natural na matriz energética brasileira para atingir 10% dessa matriz em 2010;
- o Programa Prioritário de Termeletricidade (PPT) e a influência da localização das usinas a gás natural na expansão da malha brasileira de gasodutos.

ANOTAÇÕES

ANOTAÇÕES

ANOTAÇÕES

ANOTAÇÕES

EDITORA
*Jus*PODIVM

www.editorajuspodivm.com.br

Pré-impressão, impressão e acabamento

GRÁFICA
SANTUÁRIO

grafica@editorasantuario.com.br
www.graficasantuario.com.br

Aparecida-SP